华信经管 创优系列

Internet Financial Tutorial

互联网金融教程

主　编　秦成德
副主编　江艾芸　武　琦　秦立波

电子工业出版社
Publishing House of Electronics Industry
北京·BEIJING

内 容 简 介

电子商务和电子金融经过十多年的逐步融合，中国互联网金融进入了爆发式增长时期，"互联网金融"概念风起云涌，2013年被金融界和互联网界称为中国"互联网金融元年"。电子商务的迅速发展改变着我们的生活方式，但互联网金融的良好支撑和网络企业的规范行为是电子商务健康、持续发展的保障。本书阐述了互联网金融活动涉及的诸多问题，对P2P网络信贷、众筹融资、第三方支付、虚拟货币、互联网银行、算法交易、供应链金融、互联网理财、互联网保险等崭新领域的专业难题等都用专门章节做了阐述。而对于最新的互联网金融模式与立法监管等新的进展，特别是互联网金融的普惠性实务给予应有的重视。

作者力图提供一本课程体系合理、学科理论深入、教学内容充实、支撑材料新颖、涉及范围宽广、叙述简明扼要、条理渐进清晰，适合电子商务类或金融类专业本科教学需要的互联网金融方面的教材。本书不但适合电子商务、金融、国际贸易、经济管理、信息技术等专业本科生或研究生使用，也可供从事互联网金融实务或科学研究的人员，如会计、审计师、律师、财务管理人员等一切对此有兴趣的人士阅读。

未经许可，不得以任何方式复制或抄袭本书之部分或全部内容。
版权所有，侵权必究。

图书在版编目（CIP）数据

互联网金融教程 / 秦成德主编 . —北京：电子工业出版社，2017.1
（华信经管创优系列）
ISBN 978-7-121-29994-0

Ⅰ．①互… Ⅱ．①秦… Ⅲ．①互联网络—应用—金融—教材
Ⅳ．① F830.49

中国版本图书馆CIP数据核字（2016）第233655号

策划编辑：王志宇
责任编辑：王志宇　　特约编辑：侯学明
印　　刷：涿州市京南印刷厂
装　　订：涿州市京南印刷厂
出版发行：电子工业出版社
　　　　　北京市海淀区万寿路173信箱　　邮编：100036
开　　本：787×1092　1/16　　印张：22.25　　字数：584千字　　插页：1
版　　次：2017年1月第1版
印　　次：2017年1月第1次印刷
定　　价：49.00元

凡所购买电子工业出版社图书有缺损问题，请向购买书店调换。若书店售缺，请与本社发行部联系，联系及邮购电话：(010) 88254888，88258888。
质量投诉请发邮件至 zlts@phei.com.cn，盗版侵权举报请发邮件至 dbqq@phei.com.cn。
本书咨询联系方式：(010) 88254523，wangzy@phei.com.cn。

前言

随着互联网+的快速发展和广泛应用,互联网金融成为国民经济和社会信息化的重要组成部分,我国互联网金融的应用已经渗透到社会生产的各个行业,由此也拉动了社会对互联网金融人才的巨大需求。当前国际危机对中国经济的负面影响隐约可见,中国经济社会发展面临着严峻的考验。互联网金融产业已经成为我们迎战危机的强大动力和坚定支撑。在互联网金融模式下,物联网、移动支付、大数据、社交网络、搜索引擎和云计算等技术手段极大地减少了金融市场的信息不对称问题,使得支付、投资、融资等金融活动均可迅捷地通过互联网来实现。互联网金融作为一种新型金融业态,前途无量。

随着 WiFi、3G、4G、GPS、GIS 等通信标准和移动技术的成熟应用,以及智能手机、平板计算机等移动终端的广泛普及,未来 5~10 年,将是互联网金融发展的"黄金时代"。由于"平等、开放、协作、分享"的互联网精神与"安全性、私密性、专业性"的金融交易客观属性存在着天然的冲突,"互联网金融"作为新生事物,在高速发展的同时,也在信息安全、消费者保护、金融体系稳定等方面带来了诸多的问题和风险,并对传统法律体系和金融监管提出了挑战。

2006—2009 年,教育部全国高校电子商务类专业教学指导委员会制定了电子商务专业知识体系及核心课程教学大纲,根据第二届教指委的文件精神,我们确定了"互联网金融"课程新的教材写作大纲。在这种情况下,受电子工业出版社的委托,我们着手《互联网金融教程》的撰写工作,力图为电子商务或金融类专业学生提供一本理论深入、内容充实、材料新颖、范围宽广、叙述简洁、条理清晰,适合教学的互联网金融方面的教材。我们对《互联网金融教程》的体系进行了重新构筑,形成了符合互联网金融教学要求的理论体系。本教材是作者在教学层次上采纳了众多教学理论和实践的经验及总结。

本书分为15章:第1章互联网金融概论;第2章互联网金融技术;第3章互联网金融模式;第4章互联网银行;第5章网络借贷;第6章众筹融资;第7章第三方支付;第8章互联网证券;第9章虚拟货币;第10章供应链金融;第11章互联网保险;第12章互联网金融理财;第13章互联网金融征信;第14章互联网金融立法;第15章互联网金融监管。我们认为,上述内容足以涵盖互联网金融业务的各个方面,形成完整的体系。

本书的撰写工作由国内多所院校的互联网金融教师共同完成，主要参与者是西安邮电大学秦成德教授、中国互联网金融工作委员会秘书长江艾芸女士、西安邮电大学武琦老师、都邦保险辽宁分公司秦立波等。本书写作按分工编写，全书由秦成德总纂完成。

在本书的撰写过程中，得到了教育部全国高校电子商务类专业教学指导委员会的支持和指导，得到了中国电子金融产业联盟的支持，得到了电子工业出版社王志宇编辑的大力帮助，也得到中国电子商务协会领导、移动商务专家咨询委员会的大力支持，并受到中国信息经济学会电子商务专业委员会的热情关怀。本书写作过程中，不但依靠了全体撰稿人的共同努力，同时也参考了许多中外有关研究者的文献和著作，在此一并致谢。

互联网金融是一个方兴未艾、日新月异的领域，许多问题尚在发展和探讨之中，观点的不同、体系的差异，在所难免。本书不当之处，恳请专家及读者批评指正。

秦成德[1]

注：1. 主编秦成德，西安邮电大学教授，中国电子商务协会移动商务专家委员会秘书长，中国信息经济学会电子商务专业委员会副主任，北京信息产业协会专家委员会专家，中国电子金融产业联盟副秘书长，中国互联网金融智库专家。

目 录

第1章 互联网金融概论 / 1

案例导入 / 1

1.1 互联网金融的内涵 / 2
- 1.1.1 互联网金融的定义与特点 / 3
- 1.1.2 互联网金融的作用 / 6
- 1.1.3 互联网金融的崛起 / 7

1.2 国内外互联网金融的发展 / 8
- 1.2.1 中国 / 9
- 1.2.2 美国 / 9
- 1.2.3 欧盟 / 10
- 1.2.4 日本 / 11
- 1.2.5 俄罗斯 / 12
- 1.2.6 南非 / 13

1.3 互联网金融的业务模式 / 14
- 1.3.1 互联网融资类 / 14
- 1.3.2 互联网服务类 / 16
- 1.3.3 金融产品网络销售类 / 18

1.4 互联网金融的风险 / 19
- 1.4.1 机构定位模糊 / 20
- 1.4.2 资金第三方存管制度缺失 / 20
- 1.4.3 内控制度的不健全 / 20

本章小结 / 20
本章案例 / 21
本章习题 / 22

第2章 互联网金融技术 / 23

案例导入 / 23

2.1 大数据 / 24
- 2.1.1 大数据的内涵 / 24
- 2.1.2 大数据的趋势 / 24
- 2.1.3 大数据促进互联网金融发展 / 25
- 2.1.4 大数据前景 / 26

2.2 云计算 / 28
- 2.2.1 云计算的内涵 / 28
- 2.2.2 云计算的特点 / 30
- 2.2.3 云计算的服务形式 / 30
- 2.2.4 云计算的核心技术 / 31
- 2.2.5 云计算的平台 / 33

2.3 移动互联网 / 34
- 2.3.1 移动互联网的概念 / 34
- 2.3.2 移动互联网的特点 / 36
- 2.3.3 移动互联网技术 / 37

2.4 物联网 / 39
- 2.4.1 物联网的内涵 / 39
- 2.4.2 物联网应用 / 40
- 2.4.3 物联网产业链 / 42
- 2.4.4 物联网发展模式 / 43

本章小结 / 45
本章案例 / 45
本章习题 / 46

第3章 互联网金融模式 / 47

案例导入 / 47

3.1 互联网金融的创新 / 48
- 3.1.1 互联网金融的融合 / 48
- 3.1.2 商业模式被互联网技术深刻改变 / 49

3.2 互联网金融的演化 / 50

3.2.1 基础设施层 / 50
3.2.2 接入系统层 / 51
3.2.3 应用层 / 51
3.2.4 传统金融与互联网融合的三种形态：渗透、打通、交融 / 53

3.3 互联网金融商业模式发展 / 54
3.3.1 互联网金融模式的性质 / 54
3.3.2 互联网金融演进的经济社会属性 / 54
3.3.3 互联网金融演进的产业组织属性 / 55
3.3.4 互联网金融演进的消费文化属性 / 56
3.3.5 互联网金融演进的模式功能属性 / 57
3.3.6 互联网金融模式创新的必然 / 58

3.4 互联网金融商业模式类型 / 58
3.4.1 第三方支付 / 58
3.4.2 P2P借贷 / 59
3.4.3 线上供应链金融和产融结合 / 59
3.4.4 征信体系 / 61
3.4.5 众筹融资 / 62
3.4.6 互联网理财 / 62
3.4.7 互联网巨头切入金融 / 63
3.4.8 传统金融机构接入互联网 / 63

3.5 互联网金融的未来格局 / 65

本章小结 / 66
本章案例 / 66
本章习题 / 68

第4章 互联网银行 / 69

案例导入 / 69

4.1 互联网银行的内涵 / 70
4.1.1 互联网银行的概念 / 70
4.1.2 互联网银行的属性 / 71
4.1.3 互联网银行发展的驱动机制 / 71

4.2 互联网银行崛起 / 72
4.2.1 核心在于大数据 / 73
4.2.2 互联网银行刚开始起跑 / 73

4.3 互联网银行的价值 / 74
4.3.1 核心逻辑链 / 74
4.3.2 大数据之源：UGC网络 / 75
4.3.3 点石成金：从数据到信息 / 76
4.3.4 寻找最具价值的环节 / 76

4.4 互联网银行的效应 / 77
4.4.1 互联网银行的颠覆效应 / 77
4.4.2 互联网银行的互补效应 / 78
4.4.3 互联网银行自身的规模效应 / 78
4.4.4 互联网银行的社会效应 / 78
4.4.5 对传统银行的影响 / 79

4.5 美国互联网银行的发展模式与启示 / 80
4.5.1 美国互联网银行发展模式 / 80
4.5.2 美国经验对我国互联网银行发展的启示 / 82

4.6 互联网银行的发展趋势 / 84
4.6.1 创造客户价值为核心竞争力 / 84
4.6.2 多业态经营拓展盈利空间 / 84
4.6.3 加强风控管理实现可持续增长 / 84
4.6.4 全方位实现普惠金融 / 85

4.7 互联网银行的风险 / 85
4.7.1 互联网银行的风险类型 / 85
4.7.2 互联网银行的跨国风险管理 / 86
4.7.3 互联网银行风险管理体系建设 / 87
4.7.4 推进互联网银行发展 / 89

本章小结 / 89
本章案例 / 90
本章习题 / 92

第5章 网络借贷 / 93

案例导入 / 93

5.1 P2P网络借贷的内涵与本质 / 94
5.1.1 网络借贷的概念 / 94

5.1.2 网络借贷的兴起 / 95
5.1.3 网络借贷的特点 / 95
5.1.4 P2P 网络借贷及运作模式 / 97

5.2 网络借贷的意义与作用 / 97
5.2.1 网络时代的金融脱媒对落后体制的冲击 / 97
5.2.2 从网络借贷看金融市场的统一性 / 98
5.2.3 P2P 贷款对我国金融监管体制的挑战 / 99
5.2.4 P2P 网络贷款规制 / 100

5.3 网络借贷的个人信息权保护 / 101
5.3.1 网络借贷平台的信息操作 / 101
5.3.2 P2P 网络借贷客户信息权益 / 101
5.3.3 国外网络借贷的个人信息保护方式 / 102
5.3.4 我国网络借贷的个人信息保护缺欠 / 103

5.4 国外网络借贷的发展 / 103
5.4.1 美国对 P2P 贷款的法律监管 / 103
5.4.2 英国 P2P 网络借贷监管 / 106

5.5 我国 P2P 网络借贷的风险与监管 / 107
5.5.1 P2P 网络借贷的风险 / 107
5.5.2 我国 P2P 网络借贷监管的现状 / 108
5.5.3 我国 P2P 网络借贷监管的可行性 / 109
5.5.4 我国 P2P 网络借贷平台监管的政策 / 109

5.6 我国网络借贷法律制度构建 / 111
5.6.1 加快互联网金融的个人信息保护立法 / 111
5.6.2 建立完善的个人信用体系 / 112
5.6.3 建立安全的个人信息保护制度 / 112

本章小结 / 113
本章案例 / 113
本章习题 / 114

第 6 章 众筹融资 / 115

案例导入 / 115

6.1 众筹融资的定义及特征 / 116
6.1.1 众筹融资的定义 / 116
6.1.2 众筹融资兴起于美国 / 117

6.2 众筹产生和发展的原因 / 118
6.2.1 中小企业界定及融资现状 / 118
6.2.2 中小企业融资障碍分析 / 120

6.3 众筹模式的划分 / 121
6.3.1 股权众筹融资模式 / 122
6.3.2 股权众筹的优势与劣势 / 123

6.4 众筹项目运作机理 / 124
6.4.1 商品众筹项目 / 124
6.4.2 股权众筹项目 / 124
6.4.3 商品众筹与股权众筹的对比 / 125
6.4.4 众筹平台分类 / 125

6.5 众筹平台数据分析 / 126
6.5.1 商品众筹网站 / 126
6.5.2 股权众筹网站 / 127

6.6 我国众筹融资发展状况 / 128
6.6.1 我国众筹行业发展环境 / 128
6.6.2 我国众筹市场发展驱动力 / 129
6.6.3 我国众筹行业发展价值 / 129
6.6.4 我国众筹融资发展现状 / 130

6.7 众筹的风险与法律问题 / 130
6.7.1 投资者参与众筹面临的风险 / 131
6.7.2 我国众筹发展面临的法律问题 / 132
6.7.3 互联网众筹风险控制 / 134
6.7.4 众筹模式引发的变革 / 135

本章小结 / 136
本章案例 / 136
本章习题 / 137

第 7 章 第三方支付 / 138

案例导入 / 138

7.1 第三方支付概述 / 139
7.1.1 第三方支付的概念 / 139
7.1.2 第三方支付的主体 / 139

7.1.3　第三方支付的特点 / 140

7.2　第三方支付的支付模式 / 141
　　7.2.1　独立的支付网关模式 / 141
　　7.2.2　账户型支付网关模式 / 142
　　7.2.3　移动支付模式 / 143

7.3　第三方支付模式的优越性 / 143
　　7.3.1　支付平台交易顺利 / 143
　　7.3.2　满足商家的需求和利益 / 144
　　7.3.3　消费者网上交易安全 / 144

7.4　第三方支付的发展现状 / 144
　　7.4.1　监管法规不断完善 / 144
　　7.4.2　交易规模保持强劲增长 / 145
　　7.4.3　支付宝仍占据主要市场份额 / 146
　　7.4.4　业务模式不断创新 / 147
　　7.4.5　第三方支付在竞争中面临的问题 / 148

7.5　国外第三方支付市场规制的启示 / 148
　　7.5.1　美国对第三方支付规制的经验 / 148
　　7.5.2　欧盟对第三方支付规制的经验 / 150
　　7.5.3　亚洲国家和地区规制的经验 / 150
　　7.5.4　国外第三方支付规制经验的启示 / 151

7.6　我国第三方支付的法律规制 / 151
　　7.6.1　第三方支付中的法律关系分析 / 151
　　7.6.2　法律监管的必要性和可实施性 / 152
　　7.6.3　构建第三方支付法律规制 / 153

本章小结 / 156
本章案例 / 156
本章习题 / 157

第 8 章　互联网证券 / 158

案例导入 / 158

8.1　互联网证券概述 / 159
　　8.1.1　互联网金融对证券行业的影响 / 159
　　8.1.2　互联网证券交易模式的改变 / 160

8.2　互联网证券交易技术 / 164
　　8.2.1　算法交易的兴起 / 164
　　8.2.2　高频交易的内涵与现状 / 166

8.3　算法交易的发展综述 / 167
　　8.3.1　类型及绩效评估研究 / 168
　　8.3.2　算法交易与市场效率 / 169
　　8.3.3　算法交易与市场结构 / 170

8.4　互联网证券交易原理 / 170
　　8.4.1　趋势策略 / 171
　　8.4.2　价差策略 / 171
　　8.4.3　做市策略 / 172
　　8.4.4　策略开发中的考量 / 172

8.5　算法交易与资本市场监管 / 174
　　8.5.1　算法交易对资本市场的影响 / 174
　　8.5.2　算法交易在中国资本市场试水 / 175
　　8.5.3　高频交易监管的政策 / 176

8.6　算法交易的展望 / 177

本章小结 / 178
本章案例 / 178
本章习题 / 178

第 9 章　虚拟货币 / 179

案例导入 / 179

9.1　虚拟货币概述 / 180
　　9.1.1　虚拟货币的概念 / 180
　　9.1.2　虚拟货币的分类 / 181
　　9.1.3　虚拟货币的特点 / 181
　　9.1.4　虚拟货币与法定货币的比较 / 181

9.2　虚拟货币的性质 / 182
　　9.2.1　个性化货币 / 182
　　9.2.2　个人决定货币 / 183
　　9.2.3　价值交换机制不同 / 183
　　9.2.4　银行电子货币 / 183
　　9.2.5　信用信息货币 / 184
　　9.2.6　个性化信用凭证 / 184

9.3　虚拟货币的功能 / 185
　　9.3.1　小额支付功能 / 185

        9.3.2　奖励功能 / 186
        9.3.3　信息功能 / 186
        9.3.4　文化价值定位 / 186
        9.3.5　提升传统产业 / 186
        9.3.6　开辟个人所得税源 / 187
9.4　虚拟货币的风险 / 187
        9.4.1　发行人的破产风险 / 187
        9.4.2　网络虚拟货币的通货膨胀风险 / 187
        9.4.3　网络违法犯罪风险 / 188
        9.4.4　对现实金融体系的影响 / 189
9.5　虚拟货币的监管 / 190
        9.5.1　虚拟货币的立法 / 190
        9.5.2　虚拟货币发行和交易的监管 / 190
        9.5.3　虚拟货币持有人的保护 / 191
9.6　发展虚拟货币大势所趋 / 191
        9.6.1　看准虚拟货币崛起前景 / 191
        9.6.2　虚拟货币应是各国货币间的合法媒介 / 192
        9.6.3　使用者必须有全球性视野观 / 192
        9.6.4　透析虚拟货币背后的价值 / 193
        9.6.5　虚拟货币的发展——区块链 / 193

本章小结 / 195
本章案例 / 195
本章习题 / 196

第10章　供应链金融 / 197

案例导入 / 197

10.1　供应链金融内涵 / 198
        10.1.1　供应链金融产生的背景 / 198
        10.1.2　供应链金融的概念 / 198
        10.1.3　供应链金融的多方位视角 / 200
        10.1.4　供应链金融的意义 / 201
        10.1.5　供应链金融的优势 / 201
        10.1.6　供应链融资的基本流程 / 202

10.2　供应链金融理论 / 202
        10.2.1　供应链与供应链管理 / 202
        10.2.2　供应链管理的价值 / 203

        10.2.3　企业融资 / 203
        10.2.4　MM理论 / 204
10.3　供应链金融的主体 / 204
        10.3.1　银行 / 204
        10.3.2　核心企业 / 205
        10.3.3　配套企业 / 205
        10.3.4　物流企业 / 206
        10.3.5　协同发展 / 206
10.4　供应链金融协同 / 207
        10.4.1　银行与中小企业的关系 / 207
        10.4.2　银行与核心企业的关系 / 207
        10.4.3　核心企业与中小企业的关系 / 208
        10.4.4　第三方物流企业与其他主体的关系 / 208
        10.4.5　基于代理的供应链金融协同 / 208
10.5　供应链金融模式 / 209
        10.5.1　供应链金融模式的分类 / 209
        10.5.2　应收账款融资模式 / 210
        10.5.3　动产质押融资模式 / 211
        10.5.4　应付账款融资模式 / 212
10.6　供应链金融风险 / 213
        10.6.1　供应链金融的主要风险 / 213
        10.6.2　供应链金融风险的防范 / 214
10.7　中国供应链金融发展方向 / 215
        10.7.1　改善供应链金融服务 / 215
        10.7.2　提高供应链金融产品创新 / 216
        10.7.3　优化融资业务流程 / 216
        10.7.4　供应链金融服务领域拓宽 / 216
        10.7.5　促进电商平台与银行电子化的结合 / 216
        10.7.6　供应链金融的展望 / 217

本章小结 / 218
本章案例 / 218
本章习题 / 221

第11章　互联网保险 / 222

案例导入 / 222

11.1 互联网保险概述 / 223
- 11.1.1 互联网保险的兴起 / 223
- 11.1.2 互联网保险的内涵 / 224
- 11.1.3 我国互联网保险的发展历程 / 226
- 11.1.4 互联网保险的研究 / 226
- 11.1.5 互联网保险的静态环境分析 / 227
- 11.1.6 互联网保险的动态环境分析 / 230

11.2 众安在线业务模式 / 232
- 11.2.1 互联网保险企业 / 232
- 11.2.2 案例——众安在线 / 233

11.3 互联网保险的风险控制 / 237

11.4 我国互联网保险的现状与问题 / 237
- 11.4.1 我国互联网保险的主要模式 / 237
- 11.4.2 我国互联网保险的特点 / 238
- 11.4.3 我国互联网保险发展的现状 / 239
- 11.4.4 我国互联网保险存在的问题 / 239

11.5 国内外互联网保险的比较 / 241
- 11.5.1 国外互联网保险发展现状及前景 / 241
- 11.5.2 以 InsWeb 为例 / 242
- 11.5.3 借鉴意义 / 242
- 11.5.4 我国保险公司电商发展趋势 / 243

本章小结 / 243
本章案例 / 243
本章习题 / 245

第 12 章 互联网金融理财 / 246

案例导入 / 246

12.1 互联网金融理财概述 / 247
- 12.1.1 互联网金融理财的概念 / 247
- 12.1.2 互联网金融理财的创新 / 248

12.2 互联网金融理财的现状——余额宝 / 249
- 12.2.1 余额宝的发展背景 / 249
- 12.2.2 余额宝的特点 / 250
- 12.2.3 余额宝的困境 / 252

12.3 互联网金融理财的实证分析 / 253
- 12.3.1 余额宝类理财产品与商业银行存款业务的比较 / 253
- 12.3.2 余额宝对商业银行证券价格的影响 / 255

12.4 外国商业银行的互联网金融理财 / 259
- 12.4.1 外国商业银行个人理财业务的经验 / 259
- 12.4.2 对我国商业银行个人理财业务的启示 / 260

12.5 互联网金融理财的监管 / 261
- 12.5.1 互联网金融理财的风险 / 261
- 12.5.2 余额宝的法律关系分析 / 263
- 12.5.3 互联网金融理财的监管原则 / 265
- 12.5.4 互联网金融理财的规制措施 / 265

本章小结 / 266
本章案例 / 266
本章习题 / 267

第 13 章 互联网金融征信 / 268

案例导入 / 268

13.1 信用体系概述 / 269
- 13.1.1 信用 / 269
- 13.1.2 个人信用 / 271
- 13.1.3 个人信用体系 / 272
- 13.1.4 个人征信体系 / 273
- 13.1.5 个人信用体系分析 / 274

13.2 互联网金融信用 / 274
- 13.2.1 互联网金融信用的产生 / 275
- 13.2.2 我国互联网征信业的兴起 / 275
- 13.2.3 互联网金融征信体系的重要性 / 277
- 13.2.4 我国互联网金融征信体系的现状 / 278

13.3 国外互联网金融征信体系的启示 / 279
13.3.1 国外征信体系建设模式 / 279
13.3.2 国外征信体系建设模式的比较借鉴 / 280
13.3.3 国外互联网金融征信体系的经验 / 281

13.4 大数据征信 / 282
13.4.1 大数据征信的含义 / 282
13.4.2 大数据征信的价值与意义 / 284
13.4.3 大数据征信的发展应用 / 285
13.4.4 大数据征信面临的主要挑战 / 285

13.5 我国互联网金融征信体系建设 / 287
13.5.1 内部环境建设 / 287
13.5.2 外部环境建设 / 288

本章小结 / 291
本章案例 / 291
本章习题 / 292

第 14 章 互联网金融立法 / 293

案例导入 / 293

14.1 法律体系尚待完善 / 295
14.1.1 上位法律缺失 / 295
14.1.2 法规不成体系 / 296
14.1.3 法规规章冲突 / 296
14.1.4 司法救济不足 / 297

14.2 民法领域的问题 / 297
14.2.1 隐私保护和信息安全 / 297
14.2.2 电子合同的效力 / 298
14.2.3 金融消费者权益保护 / 298
14.2.4 居间、代理和自营 / 299
14.2.5 担保物权制度的网络适用 / 300

14.3 金融法领域的问题 / 300
14.3.1 主体资格及特许经营 / 300
14.3.2 金融产品证券化 / 301
14.3.3 分业经营抑或混业经营 / 302
14.3.4 跨境交易和跨境支付 / 302
14.3.5 虚拟货币的法律地位 / 303
14.3.6 非法集资的法律边界 / 303
14.3.7 反垄断机制的互联网适用 / 304

14.4 程序法领域的问题 / 304
14.4.1 司法管辖权 / 305
14.4.2 证据效力和举证责任 / 305
14.4.3 跨境交易的法律适用 / 306

14.5 构建互联网金融法律体系 / 306
14.5.1 国外立法适应互联网金融发展 / 307
14.5.2 国外监管顺应互联网金融发展 / 307
14.5.3 构建中国互联网金融法律体系 / 309
14.5.4 健全中国互联网金融监管体系 / 310

本章小结 / 312
本章案例 / 313
本章习题 / 315

第 15 章 互联网金融监管 / 316

案例导入 / 316

15.1 互联网金融监管概述 / 317
15.1.1 互联网金融对金融监管体系的挑战 / 317
15.1.2 互联网金融监管的必要性和特殊性 / 318
15.1.3 互联网金融监管机制上的国际借鉴 / 320
15.1.4 互联网金融发展外部要求上的国际借鉴 / 320

15.2 互联网金融下的金融监管 / 321
15.2.1 互联网下金融混业经营 / 321
15.2.2 世界各国的混业经营模式 / 322
15.2.3 世界金融经营模式演进 / 324
15.2.4 各国金融监管模式 / 324
15.2.5 各国监管模式比较 / 325

15.3 互联网金融的功能监管 / 326
15.3.1 互联网金融的风险 / 326
15.3.2 我国互联网金融监管存在的问题 / 327

15.3.3 互联网金融的监管方式 / 328

15.3.4 互联网金融的机构监管和监管协调 / 330

15.4 构建我国互联网金融监管体系 / 332

15.4.1 我国对互联网金融的监管模式的选择 / 332

15.4.2 健全我国互联网金融监管体系 / 334

15.4.3 互联网金融监管法律制度构建 / 335

15.4.4 互联网金融监管的创新 / 336

本章小结 / 337

本章案例 / 337

本章习题 / 339

参考文献 / 340

第 1 章　互联网金融概论

学习目标

1. 互联网金融的定义与特点
2. 互联网金融的崛起因素
3. 国内外互联网金融的状况
4. 互联网金融的业务模式
5. 互联网金融的风险

案例导入

小蚂蚁大胃口

刘成城最近可谓春风得意，作为一名88年的创业者，其公司（36氪）（2015年10月15日）上周四刚宣布被蚂蚁金服领投，而这周一又和国务院总理李克强在中关村拍合照，且在当日下午与天使汇、拉勾网宣布战略合作计划。

与此同时，蚂蚁金服CEO彭蕾向经济观察网表示，从最初支付宝到现在涵盖支付、银行、保险、信用、金融云等新金融体系，完全是依托于所服务的对象，用户的需求在哪，我们就在哪里更好的服务用户与合作伙伴。"我们现在做的事，很容易被解读为小蚂蚁大胃口。实际上很多业务都是应运而生。"

蚂蚁金服脱胎于阿里巴巴，其在互联网金融领域的布局，以及在云锋基金（以马云和聚众传媒创始人虞锋的名字命名而成的基金）的互联网金融投资项目，两者的投资链条连起来，或可窥见马云在互联网金融领域的投资逻辑，几乎涉及当前互联网金融的所有领域，背后直指打通各个环节，实现闭环。

（资料来源：根据报刊资料整理）

讨论：

蚂蚁金服为何有那么大的胃口？

1.1　互联网金融的内涵

　　1969年互联网在美国诞生。当时是美国国防部研究计划署在制定的协定下将美国西南部的大学加利福尼亚大学洛杉矶分校、斯坦福大学研究学院、加利福尼亚大学和犹他州大学的四台主要的计算机连接起来。这个协定由剑桥大学执行，在1969年12月开始联机。互联网的产生对整个社会的生产生活方式来说是革命性的，它几乎涉及了社会生活的方方面面，社会的生产生活方式不仅仅是与互联网简单地结合，可以说互联网"开放、平等、协作、分享"的理念，与社会的生产方式进行了最底层的结合，很大程度上颠覆了人们的思维方式和生产、生活方式。今天在金融领域互联网正以迅雷不及掩耳之势席卷而来，使得传统金融从业者们坐立不安，他们已经意识到互联网金融将使得整个金融架构发生变化。"山雨欲来风满楼"新的生产方式的出现总会伴随着反对的声音，这个反对的声音有来自固有利益集团的固执己见，也有来自对社会公平、公正、进步诉求的人们。2014年2月21日，凤凰网、搜悦等媒体报道央视证券资讯频道执行总编辑兼首席新闻评论员钮文新指责余额宝是附在银行身上的"吸血鬼"、典型的"金融寄生虫"，并主张取缔余额宝。当然我们应当善意地认为这种阻力大多数是有利于新生势力成长的。良性的社会生活总是能够让各个利益集团的诉求通过博弈、妥协上升为法律，成为国家意志。在法律的规制下，社会朝着自由、公正、秩序之路前行。

　　"互联网金融"这个概念，是中国近两三年新提出来的一个经济学名词，从这个意义上说，它是一个新生事物。但是，从余额宝、微信红包、P2P等普及范围较广的互联网金融产品来看，互联网金融在当下的发展势头是比较迅猛的。谢平继2012年对互联网金融模式进行解析之后，又在《互联网金融手册》一书中明确地给出互联网金融的定义："互联网金融是一个谱系的概念，涵盖因为互联网技术和互联网精神的影响，从传统银行、证券、保险、交易所等金融中介和市场，到瓦尔拉斯一般均衡对应的无金融中介或市场情形之间的所有金融交易和组织形式"。

　　就中国金融发展的历史而言，从农业金融发展到商业金融（清代中期达到高峰），用了2 000多年的时间；从商业金融发展到工业金融（清末民初进入以银行为主的工业金融时代），用了不到200年的时间；从工业金融发展到互联网金融（20世纪90年代跨入互联网金融的门槛），用了不到100年的时间。而互联网金融的发展比前几个时代的跨越更为迅速。自1997年开始有电子银行算起，在不到20年的时间内，互联网金融已经迅速跨越了三个关键的阶段。第一阶段是传统金融机构利用互联网扩展其服务渠道的方式来开展金融业务，1997年开始创立的电子银行是这一阶段开始的表现。这一阶段的互联网金融还是以传统银行为主体，互联网只是传统银行开展金融业务的延伸，利用互联网技术是主要目的。第二阶段是相关机构基于互联网平台设立起来的新的金融模式，有第三方支付、人人贷（P2P）等。这个阶段上，很多不从事银行业务的网络机构，通过提供支付通道、信息平台的方式，跻身金融领域，并奠定了它们逐渐向金融领域渗透，甚至掌握更大优势的基础。第三阶段是互联网金融与传统金融的初步融合竞争阶段，互联网金融在网络与金融领域搭建桥梁，开始以全新的方式开展网上金融业务，不仅吸引了潜在的网络客户，还分流了传统银行的客户和业务；传统金融业通过自建电商平台，将传统业务放在互联网上进行，与第三方支付机构等建立融资、结算关系，逐步使自己变得"互联网化"。在这个阶段，二者的融合、合作相对较多，但是"余额宝"等新型业务的出现，似乎拉开了二者不断竞争的序幕，需要我们给予足够的重视。通过历史长时空的对比分析，我们认为互联网金融的成长速度已经远远超出了人们的预期，我们要关注互联网金融。

1.1.1 互联网金融的定义与特点

1. 互联网金融的定义

互联网金融是一个谱系的概念，涵盖因为互联网技术和互联网精神的影响，从传统银行、证券、保险、交易所等金融中介和市场，到瓦尔拉斯一般均衡对应的无金融中介或市场情形之间的所有金融交易和组织形式。互联网金融是金融市场供求双方借助互联网平台直接交易金融业务的模式，是金融"脱媒"的新形式。互联网以其包罗万象、分布式、去中心化的功能体系，对现实的世界表现出极大的诱惑力。一方面，互联网公司积极开拓金融业务；另一方面，金融公司借用计算机信息技术以互联网模式改造传统金融业务。互联网金融展示出开放、共享、自由、和谐、共赢的新金融业态。

从广义上讲互联网金融是指任何涉及广义金融的互联网应用。而互联网金融不仅仅是金融领域与互联网的简单结合，更深层次的说是传统金融行业与互联网精神、理念相结合的新兴领域。互联网金融与传统金融的区别不仅仅在于金融业务所采用的媒介不同，更重要的在于金融参与者深谙互联网"开放、平等、协作、分享"的精髓，通过互联网、移动互联网等工具，使得传统金融业务具备透明度更强、参与度更高、协作性更好、中间成本更低、操作上更便捷等一系列特征。

2. 互联网金融的特点

互联网金融从产生到现在在融通资金、资金供需双方的匹配等多个方面越来越深入到传统金融业务的核心，其经历了网上银行、第三方支付、个人贷款、企业融资等多个阶段。其模式的特点主要有：(1) 信息处理能力强；(2) 风险评估能力强；(3) 脱离中介的资金供求的期限和数量的匹配；(4) 超级集中支付系统和个体移动支付的统一；(5) 脱离中介的直接交易；(6) 产品结构简单化，风险对冲需求减少；(7) 金融市场交易成本极低，运行完全互联网化。互联网本身多点连接的特性使得金融中介的地位越来越弱化，其所独有的数据产生、数据挖掘、数据安全和搜索引擎技术成为互联网金融有力的技术支撑。社交网络、电子商务、第三方支付、搜索引擎等形成了庞大的数据量。大数据挖掘和运用在云计算和行为分析理论的支撑下使得互联网从业者们很容易挖掘到客户资源并使得经营者们对客户的信用评级很容易实现。隐私保护技术和交易安全技术的成熟使得交易能够顺畅便捷地进行。这些技术的发展使得人们对互联网金融的参与度极大地提高，同时也降低了金融交易的成本和风险，金融服务的边界得到了前所未有的扩大。以第三方支付平台支付宝推出的增值服务余额宝为例，其购买门槛仅为一元，让客户体验到了"碎片化理财"的魅力，且程序简便，界面友善，大大增加了人们对金融理财的参与度。

1）互联网金融本质是金融

（1）为资金供给和需求方提供中介，以满足实体经济需要。金融体系具有六大基本功能：支付功能；信息功能；资源配置功能；集合资金和细化股权；风险管理功能；激励功能。互联网金融的业态模式均有涉及，如第三方支付具有支付功能，互联网融资平台具有资源配置的功能，余额宝类模式具有集合资金的功能和风险管理的功能，众筹融资模式具有细化股权的特点，比特币虚拟货币具有提供价格的信息功能，微信红包类业务具有激励功能。谢平（2012）认为互联网金融具有支付、信息功能、资源配置三大支柱功能，满足用户的支付、投资、融资需求。

（2）金融契约的内涵未改变。金融契约的本质是资金供求双方有关资本交易的约定。互联网金融的契约以电子化的形式存在，但其内涵未改变。比如，电子债权脱媒一般是指在进行交易时跳过所有中间人而直接在供需双方间进行。所谓金融脱媒是指在金融管制的情况下，资金供给绕开商业银行体系直接输送给需求方和融资者，完成资金体外循环。

契约依旧约定债权人有向债务人索款的权利，电子股权契约依旧代表着股东对公司具有控制权和收益权。随着互联网信息技术的发展，我国金融契约多数以电子形式存在，并建立了相应的制度。

（3）金融风险、外部性等概念的内涵不改变。互联网金融中，依旧存在着多种风险，如信用风险、操作风险、流动性风险、法律合规风险和市场风险，且这些风险的理论分析框架依然适用。互联网金融行为中私人成本或私人收益依旧溢向第三方，其经济外部性没有改变。

2）互联网金融是新型金融业务模式

互联网金融的发展倒逼传统商业银行进行变革创新。互联网金融区别于传统金融业务模式主要体现在互联网因素对金融体系的渗入，它包括两个方面。

（1）互联网技术的渗入。互联网行业与金融行业的结合，引入了第三方支付、大数据、社交网络、云计算搜索引擎等互联网技术，使得金融交易的成本明显降低，金融信息的不对称程度明显下降。同时，应用互联技术进行金融产品创新，可以更好地满足实体经济的需求。互联网技术的渗入还提高了金融的风险管理效率和风险定价，使得资金供给双方直接交易成为可能，改变了金融交易形式。

（2）互联网精神的渗入。互联网精神的核心是开放、平等、自由、普惠、去中心化，而传统金融的精神是精英化、神秘化，制造信息不对称赚钱。传统金融的创新主要在金融契约方面，即应用金融知识和相关法律手段设计出新的金融产品。这样的业务创新模式要求具备相应资质和技术水平的专业人才。同时，传统金融的服务也差别化提供给用户。相比传统金融的精神，互联网金融产品简单、服务门槛低，更接近大众客户的需求，更具有普惠性。互联网金融平台式模式，给用户带来平等、自由选择的体验。

3）互联网金融的优势

（1）小而分散。互联网本身的多点连接网状结构使得互联网金融从业者很容易走入基层连接群众，以众筹创富通宝"平台下债权转让模式"为例，这种多对多模式将借款需求和投资打散组合，将大的债权分割转移给其他投资人以此获得资金，通过资金和期限的交错配比，一边发放贷款获取资金，一边不断将金额与期限交错配比，不断进行拆分转让。这在传统的金融领域是不可想象、无法操作的。

（2）低成本。和传统金融机构相比，互联网金融无需固定的营业场所，客服人员相对较少，同时不同于传统的金融中介机构，资金供求双方通过互联网进行信息的对接，在更加开放透明的平台下，消费者可以快速地找到适合自己的金融产品，削弱了信息不对称，使得交易更加省时省力。

（3）高效率。互联网金融的业务通过计算机操作完成，业务处理速度快，客户体验好，且技术也在不断发展和完善，随着移动技术的不断完善，交易也变得越来越普遍和容易。如阿里小贷机遇风险分析和资信调查模型，客户从申请贷款到贷款发放仅需要几秒钟的时间，阿里信贷因此日均可完成一万笔交易，是名副其实的"信贷工厂"。

（4）门槛低。由于交易成本低，操作极为便捷，互联网金融真正能够深入到人数众多、金额较小但是总量可观的小微客户中去。互联网平台有效地突破了传统金融场所和推广速度的限制，通过互联网金融产品可以很快地抵达客户。

（5）金融创新能力强。互联网金融创新相对于传统金融更加容易，其技术壁垒基本上不存在，产品创新以及对现有产品持续不断地优化相对容易实现。事实也确实如此，基于互联网的金融产品如雨后春笋般层出不穷。目前互联网金融主要有六大模式：第三方支付，网络小额信贷，互联网金融渠道，网络信贷，互联网金融门户，众筹模式。

（6）促进金融混业趋势。网络条件下金融机构的界限以及业务范围已相互渗透，相互交叉，银行、保险、基金、信托等业务进一步集合出现在一个金融机构的业务范围中。金融机构开始提供一站式、一体化的金融业务。

3. 互联网金融的特点

互联网金融的主要特点表现为它无所不及的普惠性，消灭级差的平台性，信息流动的充分性和碎片金融的聚合性。

（1）普惠金融

"互联网金融"所提供的金融服务是普惠金融服务。"普惠金融"这个经济学名词出自于以扶贫为宗旨的"扶贫协商小组"于2005年给出的普惠金融体系这一词汇。"普惠金融"是指经济社会中的金融体系应该将其金融服务惠及到社会上的所有阶层的资金需求者，不仅仅只是为传统金融体系所定位的大客户服务，更应该服务于那些难以从传统金融体系获得金融服务的中小客户群体。

长期以来，我国的传统金融体系都是由证券、银行、保险及信托等主流金融机构构成的。在这种传统金融体系中，金融机构一直将资金规模相对较大的客户作为其目标客户，相应的就形成了高门槛，进而使得中小客户群体较难获得资金支持，最终表现为金融市场中资金的供求不平衡。在这种金融模式下，不能从传统金融服务体系中获得资金的客户形成巨大的长尾市场。互联网金融所拥有的普惠性这一特点，使得互联网金融可以无视传统金融行业的高门槛，为长尾市场中的中小客户提供他们所需要的金融服务，进而深化互联网金融服务在市场中的影响。同时，互联网金融通过为长尾客户服务，使得金融体系能够惠及弱势群体，又会反过来从更大程度上来提高互联网金融的普惠程度。

（2）平台金融

互联网金融是在平台经济理论的制度基础上建立起来的。所谓平台经济理论，指的是经济主体在平台上通过促进交易中的供求双方之间的交易活动，以赚取佣金或价差方式来获取利润的经济理论。平台经济的特点有以下几点：一是规模效应，随着规模的增加，边际成本会随之减少，边际价值随之增加；二是以客户为中心，随着客户数量的不断增加，供给方的数量也会随之增加，使之达到一种平衡。

由于互联网金融凭借移动支付、社交网络、搜索引擎、云计算和大数据等技术为人们提供金融服务，因而可以在缩短人们在时间上和空间上存在的距离的同时，还能够使交易成本降低。具体来讲，这种低成本来自于在与传统金融行业的服务平台相比互联网金融依赖的服务平台的较低的创立成本，这也就为互联网金融平台的发展起到了极大的促进作用，进而使得互联网金融平台得到较快发展。在金融市场上，由平台经济带来的显著的规模效应下不断下降的边际成本使得互联网金融的市场份额在不断地增加，间接地反映出客户在金融市场上的选择。综上所述，拥有高效、便捷、安全等特点的平台型金融服务将能在金融市场上吸引到更多的客户。

（3）信息金融

截至2014年年底，我国所拥有的网民的数量已达到了6.49亿，手机网民用户也达到了5.57亿，另外，中国移动互联网用户达到了8.75亿。网民将会在网络社会中留下很多的与其相关的数据信息，通过网络的集聚可以形成互联网金融独特的大数据信息，这些大数据信息涵盖基本信息、相关经济活动的交易记录等的信息。在当下这个大数据时代，这些数据信息就可以形成互联网金融的一项独特的资产，通过对这些数据信息资产的运用可以使互联网金融拥有优于传统金融的资源方面的比较优势。通过对这些大数据的分析，互联网金融可以锁定客户及客户需求，了解市场的热点，进而向客户销售适合的金融产品。另外，分析客户过往的相关经济交易记录等可以快速且充分地了解客户，确定与客户进行的相关交易的风险，进而确定一个可以进行交易的合理定价，最终达到有效控制风险的目的。

综上，在当下这个大数据的信息化时代，互联网金融凭借其对大数据的运用，能够掌握金融领域中的有效信息资源，减少信息不对称引起的道德风险和逆向选择，在互联网金融活动中形成自身的核心竞争力，进而为其创造出商业价值。

（4）碎片金融

"长尾理论"是由美国人克里斯·安德森提出的，它指出：在信息化条件下，由于能够对数据进行更好地搜集和分析，监测和关注差异化的客户的成本大大降低。在这种情况下，如果能够设计出低门槛的投、融资产品，满足消费者的个性化需求，将能大大提高盈利水平。

在互联网时代，资金、时间等碎片资源有了可以聚集起来并且汇集成巨大的商业价值的可能性。从资金的聚集上来讲，随着互联网的发展，特别是移动互联网的发展，改变了用户获取金融信息的方式，金融供需信息不对称得到了有效解决，用户可以借助互联网金融来灵活运用自己的资金。也就是说，个人的"碎片化"的资金能够参与以前只有大量资金才能参与的项目，并且能从其中获取较高的收益。阿里的余额宝就是将支付宝市场中的碎片化的资金以"余额宝"这种理财产品为其提供收益的理财方式。因此，"余额宝"能够在上线的短短 18 天里就吸纳到 251.56 万用户和 66 亿元资金。

从时间上的聚集来讲，移动互联网的发展，客户可以利用自己的零散的上网时间进行交易。另外，互联网上的各类业务服务都提供了更多较短的期限选择，这些都极大地降低了时间成本。总而言之，如果能够采用某种方式将市场上的碎片化的资金和时间加以整合，那么就能够获得规模巨大的长尾市场。互联网金融正是凭借互联网技术平台将这些碎片化的资金和时间等资源加以整合利用，获取了规模巨大的长尾市场。

1.1.2 互联网金融的作用

我们可以预见互联网将在小微金融领域大展拳脚，在创富领域，以往步履艰难的小微金融正被拥有大数据分析处理能力的第三方支付机构深度聚焦。2008 年中国人民银行、中国银监会联合相关部门在经过充分调研和论证的基础上在五个省份进行小额信贷公司试点工作，2015 年又进一步扩大试点范围。中国人民银行 2015 年发布的统计报告显示，截至 2015 年年末，全国共有小额贷款公司 8910 家，贷款余额 9412 亿元，全年新增贷款 76 亿元。但是，由于自身的特点和各个方面的原因，小额信贷公司的发展依然存在大量的问题，如小额信贷公司的可持续发展问题；监管问题；信贷效果；风险管控；等等。互联网为这些困境带来了更加巧妙的解决途径，其带来的便携、智慧、具有针对性的支付方式必将广泛惠及广大的中小微企业和商户。

互联网金融的相关业内专家认为，当互联网金融的从业者们将这种极具创新的金融产品推向市场之时，将使得金融支付彻底带入"基层"，实现金融领域与小微企业的更加贴身的零接触时，也预示着中小微企业将成为互联网金融发展中最大的赢家，以此标榜互联网精神的时代意义，这将有利于中国经济可持续健康稳定地发展，同时对整个金融行业也将有着重要和深远的影响。

目前，学术界对互联网金融内涵的界定，存在着一些争议。从国内学者关于互联金融的研究成果来看，主要有颠覆和继承两大观点。

（1）颠覆观认为，互联网金融是现代互联网技术与金融相互结合，以互联网等技术为基础，对原有金融机构运作模式、金融产品和服务的生产流程进行颠覆性改造的一种金融创新形式。谢平、邹传伟（2012）将介于传统金融中介和非金融中介之间的所有组织形式和金融活动归为互联网金融，并认为互联网金融是一种全新的不同于传统金融模式的金融业态。随着互联网金融的发展，谢平（2014）进一步抛出"颠覆论"，认为互联网金融对传统金融而言是颠覆式的，互联网不仅仅是金融发展的一种工具，而是互联网金融发展的关键性技术，随着互联网技术的进步，传统的金融模式必然被互联网金融所取代。从区分互联网金融和金融互联网的角度，马云（2013）指出，未来的金融有两大机会：一是金融互联网，金融行业走向互联网；二是互联网金融，纯粹的外行领导，其实很多行业的创新都是外行进来才引发的。金融行业也需要搅局者，更需要那些外行的人进来进行变革。杨东（2014）认为互联网金融是一种新的金融业态，它不是简单地将电子计算机技术应用到传统的金融行业中，而是互联网等新技术改变了传统金融的组织结构和运行机制。也有广义和狭义角度界定互联网金融的，如《中国金融稳定报告（2014）》，报告指出广义的互联网金融既包括作为非金融机构的互联网企业从事的金融业务，也包括金融机构通过互联网开展的业务。狭义的互联网金融仅指互联网企业开展的、基于互联网技术的金融业务。

（2）继承观认为互联网金融的核心是金融，创新并未忘本。互联网金融的功能依旧是创造信用货币和投融资双方的中介，只是提供金融服务的渠道发生改变，由传统网点改变成互联网渠道。张晓朴（2014）认为互联网金融没有改变金融的本质功能，只不过是经营模式和业务技术上有所创新，这些创新只是传统金融在互联网技术上的延伸。吴晓求（2014）指出互联网金融的运行机制和经营模式与传统金融相比，并未发生根本性变化；但互联网金融不仅具有传统金融功能链，而且能够独立生存和运行，是在传统金融组织的基础上，运用现代信息技术创新了金融产品和服务、健全了金融体制和机制。曾刚（2012）将互联网金融的优劣势与传统金融的优劣势进行比较，发现互联网金融的多数功能比传统金融发挥得更好；但是未来互联网金融的发展具有多种不确定性因素，短期内其发展由于监管部门不确定的态度而受到抑制，但长期两者更可能是互相合作、相互融合的关系。

随着互联网金融的快速发展和学术界研究成果增多，人们对其内涵的认识和理解正逐渐深入。无论颠覆观还是继承观，金融的功能是比较稳定的。金融体系具有六大基本功能：支付与结算功能；信息功能；资源配置功能；集合资金和细化股权；风险管理功能；激励功能。谢平（2012）认为互联网金融具有支付功能、信息功能、资源配置三大支柱功能，根据目前各种互联网金融形态在这三大支柱功能上的差异，可以将它们划分成五种主要类型：支付功能；网络融资；金融产品网络销售；互联网货币；金融互联网化。本文将围绕支付、网络融资和金融产品网络销售三种业态模式展开分析。

1.1.3 互联网金融的崛起

互联网金融并不是我们以往所认为的仅仅是传统金融的有效补充，它将在很大程度上重新构造整个金融体系，对整个金融体系产生深远影响。第三方支付平台的分流将直接带来商业银行支付结算、银行卡、代理业务等手续费收入的下降，而银行个人客户的全部负债也有遭受冲击的潜在可能，包括个人活期存款、个人定期存款等。理财平台对于传统银行业的冲击主要体现在两个方面。首先，是对代理业务的冲击。基金、保险等产品通过第三方平台直销比例的上升将降低银行代销渠道的收入，导致银行代理业务手续费收入的下降。一般银行代销基金的费率在 0.5%~1%，代销保险的费率在 2%~3%；然而若采用第三方平台线上直销的方式，银行仅能获得在线支付 0.2%~0.5% 的手续费收入。其次，是对银行存款理财的冲击。第三方理财销售平台的便捷性将有可能造成个人存款以及理财资金的流失。

互联网金融的发展顺应了网络营销与网络消费的新趋势，得到了社会各界的广泛关注，在两会期间也成为热议的话题。新生事物的诞生从来就不是一帆风顺的，在曲折和矛盾的斗争中，互联网金融的前途依然扑朔迷离。以余额宝为例，从 2013 年 6 月第三方支付平台支付宝推出这款产品开始，它就一直处在风口浪尖。2014 年 2 月 21 日，央视评论员钮文新首先发难："余额宝就是金融吸血鬼"。其指出，余额宝是附在银行身上的"吸血鬼"，是典型的"金融寄生虫"。它并未创造价值，而是通过拉高全社会的融资成本来渔利。它"通过向公众输送一点点蝇头小利，为自己赢得了巨额利润，同时让全社会为之买单。"引起社会的广泛讨论，2014 年 2 月 28 日，证监会在其官方微博中正式提出，将加大对余额宝等互联网金融理财方式的关注。

余额宝从诞生之日便一路高歌猛进，这是首度遭遇监管层的"点名关注"。然而，真正点燃余额宝战争硝烟的应属 2014 年 3 月 3 日召开的"两会"。据路透社 2014 年 3 月 4 日报导，"两会"开幕式上，代表纷纷聚焦互联网金融行业监管问题，传统银行代表们更是开足火力。在银行这边，央行于 2014 年 3 月 13 日下发了关于暂停支付宝公司线下条码（二维码）支付等业务意见的函，对支付宝、腾讯的虚拟信用卡产品和条码（二维码）支付等面对面支付服务进行暂停。不过央行自己的解释是虚拟信用卡和二维码业务涉及许多创新和新的程序，为了交易安全，央行需要研究和论证。然而，业内人士指出，也不排除利益博弈的结果，中信证券就认为，有鉴于 2013 年 8 月支付宝中止线下 POS 业务的情况，此行为也可能是银联的再次反击，线下支付可能成为传统金融机构和互联网企业政策博弈的重要战场。另外，来自中金公司的观点认为此次叫停的主要原因是支付宝等触动了银联的利益。"中金"指出，以二维码支付为例，用线上方式来做线下收单业务是二维码等支付方式的本质。在传统的线下收单业务模式中，发卡行、收单行、银联分成方式按照 7:2:1 进行，而在线上收单模式中，刷卡手续费仅有发卡行和收单行（主要是第三方支付企业，银联完全没有份额）。

可以说互联网金融从产生之初就是在曲折中发展，如何发展和规制互联网金融成为社会各界广泛关注的话题。

1.2 国内外互联网金融的发展

互联网与金融的结合早已开始，早在 1996 年，美国电子股票信息公司开始利用互联网为客户提供股票交易服务，越来越多的银行开通了网上银行业务，互联网金融业开始走入百姓家庭。最近随着物联网、大数据、移动互联网等信息技术的创新发展，互联网正在改变着传统金融存贷、支付等核心业务，开创了互联网与金融融合发展的新格局，互联网金融产业链正在形成。在国外，互联网金融业务模式各有不同，因而，针对互联网金融不同业务模式，也就有不同的立法和监管。即使相同的业务模式，因各国法律环境与文化习俗不同，在监管上也会有差异。如美国、英国与意大利和法国在互联网金融监管方式上各有不同。

1.2.1 中国

中国人民银行 2014 年 4 月发布《中国金融稳定报告（2014）》，将我国互联网金融发展历程划分为三个阶段。

1. 互联网与金融的初步结合阶段

2005 年以前为第一阶段，在这一阶段，互联网与金融有了初步结合，但还没有出现真正意义上的互联网金融。金融机构开始开展网上银行业务，把互联网作为技术来支持传统业务的开展。商业银行在网上开展的业务较为简单，局限于开户、查询、转账等基本业务。同时，出现了提供金融行情的网站，为客户提供信息和咨询服务。

2. 互联网金融的萌芽阶段

2005 年到 2012 年，是互联网金融发展的第二阶段，在这一阶段，互联网技术如第三方支付、移动支付、云计算、社交网络、搜索引擎等快速发展，并且渗入到金融业务当中。2007 年，我国第一家互联网借贷平台拍拍贷成立，标志着我国互联网借贷模式开始出现；2011 年，中国人民银行给支付宝发放了第三方支付牌照，对第三方支付机构进行规范管理，互联网支付模式逐渐发展成熟。

3. 互联网金融的快速发展阶段

互联网金融发展的第三阶段是以 2012 年为起点。2012 年谢平提出互联网金融的概念，2013 年被誉为"互联网金融元年"。在这一阶段，互联网金融发展更加快速，互联网金融的业态模式出现了更多的创新，如 P2P、众筹等网络融资业务、余额宝、众安在线等金融产品网络销售业务大胆地突破了传统金融的运营模式，迎合了客户的需求。同时，政府部门开始关注互联网金融，并开始制定相关监管政策，促进互联网金融健康有序的发展。

1.2.2 美国

1. 网络信贷

近年来，随着网络的普及和使用率的上升，网络借贷作为新生事物也悄然出现，在一定程度上解决了个人及中小企业融资难的问题。美国对网络信贷的监管框架相对较为复杂，涉及多家监管机构，但与存款类金融机构相比，对网络信贷机构的监管较为宽松，基本没有市场准入的限制，重点是对放贷人、借款人利益的保护。美国监管当局对 P2P 网络贷款给予了较明确的定论。美国著名 P2P 网络借贷平台主要有 Prosper、Lending Club 等，其中 Prosper 是行业领先者。美国监管机关对于网络贷款的法律性质给予了明确界定：借出人和借款人自由交易，是一种直接融资方式。Prosper 搭建并运作这一平台，向借出人发行票据构成了证券法规定的证券发行行为，应当纳入证券监管的范畴，要求按照证券法规定注册。另外一家网络贷款机构 Lending Club 也受到了同样的处罚，而 Zopa 则关闭了它在美国分支行的业务。禁令发出的 9 个月后，Prosper 完成了注册并获准重新开业。由此，在美国 P2P 网络贷款有了清晰的定位，并获得了合法经营的基础，并将其纳入监管轨道，防范金融风险，保护投资者。美国纳入证券业监管，侧重于市场准入和信息披露。

2. 众筹融资

2012 年，美国通过了创业企业融资法案 JOBS 法案。旨在使小型企业在满足美国证券法规要求的同时，更容易吸引投资者并获得投资，解决美国当前面临的失业问题。法案放开了众筹股权融资，而且在保护投资者利益方面做出了详细的规定。一是适当放开众筹股权融资。法案明确了满足条件的众筹融资平台不必到 SEC（Securities and Exchange Commission，美国证券交易委员会）注册就可以进行股权融资。二是保护投资者利益。法案对筹资者和提供服务的融资平台提出了相应要求，以保护投资者利益。筹资者必须向 SEC 和投资者提交关于企业运行和财务情况的年度报告。同时法案从业务准入、行业自律、资金转移、风险揭示、预防诈骗、消费者保护等方面对融资平台进行约束。

3. 第三方支付

美国对第三方支付实行功能监管，将第三方支付视为货币转移业务，把从事第三方支付的机构界定为非银行金融机构，监管机构涉及财政部通货监理署、美联储、联邦存款保险公司等多个部门，其监管的重点是交易过程而非从事第三方支付的机构。欧盟对第三方支付实行机构监管，倾向于对第三方支付机构做出明确界定，并主要通过对电子货币的监管来实现，第三方支付机构只有获得银行或电子货币机构营业执照的情况下才能从事相关业务。

4. 网络银行

美国的监管模式以现有立法为基础，根据网络银行的特点，通过补充新的法律法规，使原有的监管规则适用于网络电子环境。因此在监管政策、执照申请、金融消费者保护等方面，美国对网络银行的监管与传统银行的要求十分类似，但在监管措施方面采取了审慎宽松政策，强调网络和交易安全，维护银行经营的稳健和对银行客户的保护，重视网络银行在降低成本、服务创新方面的作用，基本上不干预网络银行的发展。

5. 互联网理财

从美国对互联网理财 PayPal 的监管实践看，由于 PayPal 货币市场基金由非隶属于 PayPal 的独立实体进行运作，并严格根据美国联邦证券交易委员会（SEC）的有关规则运作并受其日常监管，而且该货币市场基金的资金并未反映在 PayPal 的资产负债表中，因此当局在无先例可循的前提下，采取了保持现状、相对审慎的对策，尚未将其作为新兴业态专项立法进行监管。

6. 比特币

目前，部分发达国家对比特币（Bitcoin）的快速发展已高度关注。2013 年 3 月 19 日，美国财政部下属金融犯罪执法网络（FinCEN）发布《关于个人申请管理、交换和使用虚拟货币的规定》，将比特币等虚拟货币纳入反洗钱监管范围。作为获得和转移虚拟货币的管理者和交易员，或者是作为转移虚拟货币的买入者和卖出者，都在 FinCEN 监管之内。对于金额超过 3 万美元的交易，都必须记账，并向主管部门汇报。

1.2.3 欧盟

1. 网络信贷

欧盟与网络信贷相关的立法主要是消费者信贷、不公平商业操作和条件等方面的指引性文件，这些指引对信贷合同缔约前交易双方提供的信息（如包含所有可预见税费在内的信贷成本）及各方义务进行了规定。在具体监管上要求只有注册的信贷机构才有权通过网络发布信贷广告，并对网络信贷制定了比其他信贷形式更为严格的信息披露要求。

2. 第三方支付

近年来，欧美等发达国家对第三方支付的监管指导思想逐步从"自律的放任自由"向"强制的监督管理"转变，先后制定了一系列有关电子支付、非银行金融机构和金融服务的法律法规，形成了与本国第三方支付发展相适应的监管模式。

欧盟将第三方支付机构纳入金融类企业监管，对第三方支付的监管为机构监管，并对第三方支付机构给出明确的界定。

3. 网络银行

欧盟对网络银行的监管模式较为新颖，欧洲中央银行要求各成员国国内监管机构对网络银行采取一致性监管原则，并负责监督统一标准的实施，其监管的目标是提供一个清晰、透明的法律环境，坚持适度审慎和保护消费者的原则，监管重点集中在以下四个方面：

（1）区域问题，包括银行间的合并与联合、跨境交易活动等；
（2）安全问题，包括错误操作和数据处理产生的风险、网络被攻击风险等；
（3）服务技术能力；
（4）随着业务数量和范围扩大而增加的信誉和法律风险，包括对不同的监管当局、法律体系可能造成的风险。

4. 比特币

2013年初，法国政府核准，由法商Paymium经营的比特币交易平台"比特币中央"取得一般欧洲银行用来辨别身份的国际银行账号（IBAN），由此跻身准银行之列，但同时也受到了相应的政府监管。

1.2.4 日本

日本主要是通过《贷金业法》《出资法》《利息限制法》对非银行民间金融公司资金借贷进行管理，强化对贷金业者的行为规范。以下是一个日本电商企业嬗变为银行的案例。

日本乐天是做电子商务起家，并且在本土获得了巨大成功的互联网集团。乐天财报中将其业务划分为互联网服务、互联网金融、其他三大部分。看看乐天的营收结构，金融证券贡献营收1564亿日元，其中仅银行和卡业务营收合计为1028亿日元，与在线零售平台"乐天市场"1069亿日元的营收相当。可以说，世界电商范围内，金融玩得最好的便是日本乐天。

1. 从证券入手

乐天向金融领域拓展的第一步是于2003年11月收购一家证券公司，此次收购乐天花费300亿日元，取得该证券公司96.67%的股份，并于2004年7月4日变更公司名称为"乐天证券"。乐天希望收购的证券业务可以与乐天集团电商等业务相互促进，让证券业务为乐天带来更多的会员，让乐天在线零售平台"乐天市场"积累的大量会员转化为证券业务的消费者，通过互联网的方式，让证券投资变得更为方便，从小众变得逐渐普及，并通过提供金融服务扩大集团的业务范围。当前乐天证券排在SBI证券之后，是日本第二位的网络证券公司。乐天证券主营的业务有日本国内、国外股票，以及投资信托、债券、国内外期货、外汇、基金、贵金属等。

2. 信用卡是核心

卡、货到付款、银行转账。在日本，第三方支付工具目前几乎没有什么市场（日本经济产业省的统计结果）。对七成交易都是通过信用卡来支付的"乐天市场"而言，信用卡是把控消费资金来源的重要支付手段，与电商业务关系紧密，信用卡于乐天而言就好比支付宝在阿里的位置一样。近年来使用乐天信用卡购物的交易金额增幅明显，2012年达18020亿日元，比 2011 年增加了 36%。2009 年 2 月乐天收购了日本第二个诞生的网络银行 eBANK Corporation。乐天收购 eBANK，首先是看中其业界领先的支付结算能力，可为乐天数千万会员带来更为便利的支付结算体验；其次是可以充分利用乐天庞大的消费者群体，开发个人贷款、住宅贷款、电子货币等金融产品。依靠乐天庞大的用户优势，eBANK 纳入乐天旗下一年便成功扭亏为盈。

3. 乐天银行

2010 年 5 月将乐天更名为乐天银行，目前乐天银行是日本最大的网络银行，截至 2015 年 2 月底开户数达到 422 万个，吸收存款 8 194 亿日元。银行吸储功能为乐天带来了大量资金，存款资金池里面的钱可以源源不断地为乐天的业务拓展补充能量。使用乐天银行提供的服务获取的积分可以用于在线购物等其他服务，通过其他服务获取的积分也可以支付银行手续费。目前乐天银行业务账户分为个人、个体业者、企业三类，业务涉及传统线下银行的几乎所有领域。

1.2.5 俄罗斯

俄罗斯网民人数在欧洲诸国位居第一，并且保持着将近 20% 的增长速率，2016 年达到 5 080 万。在包括搜索、社交、电商等在内的领域内，俄罗斯互联网的发展都有值得人们重视和借鉴的地方。

1. 搜索

Yandex 占据了 60% 以上的俄罗斯搜索市场份额，同时还是国内最大的网站，无论 Google 如何努力，始终无法突破 30% 的市场占有率，Yandex 每天要处理超过 1.5 亿次的搜索请求，2 500 万用户每天都在使用着它提供的各项服务。

2. 社交

统计显示，俄罗斯网民保持着对社交网络的狂热爱好，80% 以上的俄罗斯网民都使用着社交网站，2010 年才进入俄罗斯市场的 Facebook 尽管征服了全球 10 亿网民，但在俄罗斯却不得不向本土社交网站俯首称臣。俄罗斯最流行的社交网站 VK 拥有超过 1.2 亿注册用户，主打同学社交的本土社交网站 Odnoklassniki.ru 市场占有率也在 Facebook 之前。和国内的人人网相比，VK 无论是用户活跃度还是访客数量表现明显更加优秀，与微博的火热在中国引起的 SNS 衰落相比，社交网络在俄罗斯的境况要好得多。

3. 门户

Mail.ru 是俄罗斯本土最大的门户网站，同样还有 rambler.ru，但是这些网站还仅仅只是单纯的浏览入口，并没有建立起自己完善的产品和服务平台。尽管 Mail.ru 也在尝试着自己的轻博客服务，但从实际效果来看，这种努力并不算成功，同时受到社交网站的冲击，传统的门户网站对用户的吸引力正不可避免地下降。在投资市场上呼风唤雨的 DST 同样还是 Mail.ru 的股东，这意味着在它和 VK 之间可以实现有效的用户互动，无论对门户还是社交网站来说，都是现在情势下不多的可以挽救颓势的措施。

4. 电商

Ozon 乍看起来并不起眼，但这家 1998 年就上线和 Amazon 一样以售书起家的 B2C 网站依靠着在物流方面、本土化等优势击败了 Amazon。如今拥有超过 650 万用户，每天的访问量虽然只有 50 万，但是却创造了超过 100 万美元的收入，俄罗斯的电商行业在未来几年将成长为一个规模超过 100 亿美元的巨大市场，虽然规模无法和中国、美国相比，但是对立足本土并拥有优势的 Ozon 等 B2C 网站来说，这无疑是它们未来成长的大好机遇。俄罗斯流量最大的前 10 个网站中，Google、YouTube、Facebook 乃至 Wiki 网站和俄罗斯本土网站各占半壁江山，尽管如 Yandex、VK 等现在和这些竞争对手相比占有明显的优势，但是面对越来越开放的市场和互联网情况以及不容乐观的整体经济环境，日后如何继续保持并扩大这种优势才是对他们的最大考验。

5. 互联网投资

2014 年 3 月 18 日上午消息，俄罗斯亿万富豪阿利舍尔·乌斯马诺夫（Alisher Usmanov）的一位顾问透露，他已经抛售了苹果和 Facebook 的股票，转而投资阿里巴巴等中国科技公司的股票。在阿里巴巴的营收大增后，市场对该公司的平均估值增至 1530 亿美元。该公司已经启动在美上市事宜，有望成为美国近两年来规模最大的 IPO（首次公开招股）交易。腾讯参股的京东商城也可能在下月 IPO，估值预计可超过 200 亿美元。

6. 俄罗斯封杀比特币

2014 年 2 月 10 日俄罗斯总检察院办公室发表声明，宣布在俄罗斯境内不得使用比特币。原因是使用这种虚拟货币的犯罪活动日益猖獗，并且这种货币风险很高。俄罗斯总统普京于 2002 年签署生效的法律称，"俄罗斯联邦的官方货币是卢布。禁止引入其他货币单位和货币代替品。"与此同时，国外最大的比特币交易网站 Mt.Gox 发布官方公告称因技术问题，需暂停比特币提款，表示将会在 2014 年 2 月 10 日前解决此问题。

1.2.6 南非

1. 网络借贷的发展

南非几代人都在从事社交网络借贷。社交网络借贷就像很多南非熟悉的群体借贷形式，成为了很多人除了正规的金融网络之外进行借贷活动的标志。随着美国的 Lending Club 和英国的 Zopa 平台的建立，社交网络借贷，也就是 P2P 网络借贷，已经开始在发达国家兴起。类似的 P2P 网贷平台也在南非开始涌现，例如最新的 Lendico，由非洲互联网控股公司推出（AIH）的平台。紧跟着的就是国产的 RainFin，它的出现引起了传统银行的兴趣，Barclays Africa 就在 2014 年早些时候购买了该公司 49% 的股份。P2P 网贷平台有着显著的潜力去赶超传统实体银行，特别是在非洲大陆，AIH 已经推出了一系列的在线业务。而这些平台不同于银行，他们是在国家信用监管局进行注册的。

2. 社交网络借贷平台

从 2012 年 6 月开始，RainFin 从借款人那里所获得的平均利率在 14.1% 左右。一个推动市场的机构投资者，其撮合了 42% 的贷款。在扣除了 5.2% 的坏账以后，机构投资人的平均收益一直保持在 9.1% 的水平。RainFin 在其信用评级体系外提供了一个"朋友-朋友"的平台，其主要服务于当借贷关系发生在借贷双方相互认识信任的情况下。RainFin 则起到一个中间人的作用，它可以有效地解决朋友家人之间借钱时所可能产生的人际关系的局限性。

3. 行业监管者的注视

从监管者的角度出发，RainFin 的运行确实存在不安全的因素。RainFin 并不办理存款业务，但是却如同房产中介一样在基于信任行为的基础上掌握着实际的资金。它也从来不向大众筹款进行转贷业务，所以它并不需要银行执照。该平台早已决定任何发生在该平台的借贷活动都要基于国家信贷法案的准则之下，并且每个人在心中都应该为其信贷活动起到负责任的作用。RainFin 的借款人更多的是企业，他们一直在寻找多样化的投资机会并且深深地被那些被投资人的想法所吸引。致力于无担保信用贷款只是一部分，RainFin 正在探索担保贷款的平台发展，比如汽车可以被当为抵押品。由于巴克莱银行的入股，RainFin 正在计划发布从无担保信用贷款到担保贷款以及面向小生意到大企业的一系列 P2P 产品。在这个计划下，他希望越来越多的大资产管理者将会被吸引并参与到里面。毕竟因为 RainFin 还是一个正在成长的企业。尽管如此，其目的是要"让任何人在南非的任何地方得到金融服务。"南非中央储备银行和国家信贷管理局都没有对此发表评论。

1.3 互联网金融的业务模式

按照中国人民银行对互联网金融三阶段的划分，目前我国互联网金融进入了高速发展的第三阶段。在这一阶段，互联网金融各种业态模式均有了显著地发展。从金融功能的角度区分，互联网金融功能可分为融资功能和服务功能两种，在融资功能下的业务模式有互联网银行、众筹融资、P2P 等，而在服务功能下的业务模式有互联网支付、互联网理财等。其他还有算法交易、虚拟货币、供应链金融等，本书有专章介绍。

1.3.1 互联网融资类

互联网融资是指通过互联网平台，为资金供给方提供中介服务。现阶段，我国互联网融资模式主要有互联网银行、网络微贷、P2P 网络借贷模式、众筹融资模式和大数据金融模式五种模式。

1. 互联网银行

互联网银行依据其是否有物理营业网点可以分为网络银行和网上银行这两种运营模式。

网络银行是一种纯粹依赖网络来提供金融服务的独立的网络银行，它不设立物理营业网点。网络银行有两种模式，一种是与传统银行之间不存在直接相关关系的网络银行，如美国的 SFNB；另外一种是与企业平台相关而建立起来的网络银行，如日本的乐天银行和德国的 Entriunl Direct 银行。网络银行的运行特点有以下几个：

（1）通过网络平台提供银行服务；

（2）经营成本低，由于依托网络平台提供服务，人力成本降低，而且不发放实体银行卡，使得工本费降低；

（3）交易费率低，与传统银行相比，在资产业务项下的贷款业务中有较强的竞争力；

（4）服务对象以资金需求额度较小的需求者为主，相比传统金融客户范围来说，拥有较大的客户资源；

（5）适应性较强，随着市场需求和网络技术的发展，网络银行能及时产生与之相适应的经营策略。

网上银行是传统银行将互联网技术运用于其业务领域，以这种方式来开展业务。网上银行的运行特点有：

（1）以传统银行的已有资源为建设基础，通过网络平台来优化客户服务，同时降低经营成本；

（2）从风险管理上来看，网上银行可以利用传统银行的丰富的风险管理经验来控制风险；

（3）使传统银行拓展了业务渠道，同时可以进行贷款、存款、投资理财、电子商务平台功能等方面的电子银行业务创新,有利于传统银行的发展。

2. 网络微贷

"网络微贷",指的是在中国当下这个较为独特的金融环境中产生的由互联网领域里的非存款类放贷机构来发放小额贷款的放贷业务。阿里金融中的阿里小额贷款是网络微贷中的典型代表。阿里小额贷款凭借拥有的数据信息可以确定其进行交易的基准,然后基于O2O这种综合交易模式的运用,让互联网成为有资金需求的小微型商户与阿里巴巴所掌控的小额贷款公司之间的沟通桥梁。阿里巴巴电商平台上的客户留存下来的相关数据信息,加上与之相匹配的信息处理能力使得其拥有对客户进行精准定位的强大的市场竞争能力。通过这种方式使得阿里金融能够提供"批量化生产"式的金融业务和"程序化运作"式的金融服务。网络微贷模式的特点有:

(1)通过自己拥有的电商平台累积客户的相关交易信息数据,作为其开展贷款业务的信息来源,在贷款业务中能进行较精准的风险评估,最终使得贷款定价更为合理;

(2)网络微贷以电商平台客户为主,主要是为他们提供资金支持,形成电商平台的良性循环;

(3)相关金融机构通常需要规模较大的资金量来支撑其形成较大的资金池。

3. P2P 贷款

P2P 网络借贷模式,指通过互联网平台实现的点对点的贷款。其中,P2P 网络信贷平台作为借贷款人之间的中介,从每笔成功的交易金额中收取管理费。这种信贷模式减少了信息的不对称程度,有助于推动利率市场化改革。截至 2013 年年末,我国至少有 800 家 P2P 网络借贷机构,成交规模将近 1 000 亿元。网络信贷平台充当媒介或信用担保的角色,面向个人或个体户的小微贷款,目前存在的风险如下。

(1)信用风险:不良贷款的控制;借款人的信誉。

(2)资本风险:潜在的拨备压力。

P2P 贷款(Peer-to-Peer Lending)即人人贷,最早在欧美国家兴起,它指的是经济社会的单个个体之间进行的贷款交易业务,在这种经济交易之中,资金供给方和资金需求方都是个体,双方之间的资金融通是通过互联网来进行的,而且是一种信用贷款。P2P 模式以 P2P 平台来进行借贷,这样使得资金借贷的债权方与债务方脱离了传统的资金媒介。

P2P 贷款的主要特点有:

(1)使借贷活动的参与主体范围扩大了,与传统金融相比,P2P 贷款的门槛低,不仅不把投资者限定为某类或某个特定的经济主体,而且还不限制参与方式,使得个体也能参与;

(2)交易操作简单且交易成本低,P2P 平台改变传统金融行业贷款发放的多层级的审批核准模式,对于符合平台交易条件的客户,发放贷款所需时限远远少于传统金融行业的时限,不仅简化了交易操作,还大大减少了交易成本;

(3)P2P 贷款的核心技术主要是依赖互联网技术,这就要求具有较高水平的互联网技术;

(4)信息透明度高,经济交易的参与双方可以互相了解,有助于合理评估风险,达到降低风险的目的。

4. 众筹融资

所谓众筹(Crowd Funding),指的是通过社会大众来满足经济主体筹集资金需求的一种筹资方式,点名时间就是众筹模式下一个比较具有代表性的例子。众筹指的是用互联网众筹平台连接项目发起人与对项目有兴趣且有能力投资的支持者,使发起人得以成功筹资的一种筹资方式。它一般是通过在网络上"团购+预购"的方式来进行的，通过聚集互联网网民的闲散资金形成较大的资金规模来支持项目发起人，同时，使得资金供给者获取收益，达成经济交易双方的互利共赢。按照项目运用的筹资方式的不同，众筹有捐助类、报酬类、权益类、借贷类四类。

众筹融资的特点有：

（1）不限制发起人的资格，仅仅只注重项目本身是否有创意以及吸引力；

（2）项目可以多种多样，众筹项目可以是公益、健康、环境、科技、艺术、影视等各个领域的项目；

（3）支持者的准入门槛低，普通网民就可以参加，能够吸引潜在客户。筹资人在互联网平台上发布创意的项目，众多的投资者选择合意的项目提供资金支持，并约定投资者会获得一定的回报。

目前，众筹模式在中国还处于非法集资的边缘地带，但美国法律已经认可了这种融资方式。但我国的众筹融资不能许诺资金收益，只能以实物回报。商业银行贷款在审批和管理上成本较高，因此商业银行对具有较高风险的中小微企业开展信贷业务并不情愿。这使得中小微企业融资困难成为普遍问题，然而互联网融资模式解决了这个难题。互联网平台，运用大数据技术对风险进行评估，将分散的民间借贷搬到互联网上，不仅提高了贷款业务的审批效率，而且为中小微企业提供了一个重要的融资来源。2013年9月底，点名时间共完成497个项目，成功239个，成功筹资总额830万元。通过众筹融资平台，筹资者发布有关项目计划，以获得投资者的资金注入。

众筹融资目前存在的风险有：

（1）法律风险：面临可能来自监管方面非法融资质疑；

（2）投资风险：缺乏相关投资收益保护及监管。例如，点名时间、追梦网等。

5．大数据融资模式

大数据融资是指通过对客户的交易信息进行挖掘和分析，掌握用户的消费习惯，并准确预测其行为，从而使金融服务平台可以针对性的营销和控制风险。大数据金融目前主要有阿里小贷模式和供应链融资模式。阿里小贷与银行贷款的模式在征信方面截然不同，它是一种自动放贷机制。阿里小贷利用大数据技术分析淘宝网上用户的大量信息得到一个风险定价，然后通过支付宝发放该定价额度的贷款。供应链融资是指电商平台通过小贷公司帮助其供应商或经销商进行融资。电商平台可通过自身的商品流、信息流、资金流的情况，把控贷款风险，提升供应链整体效益。截至2014年6月，阿里小贷已累计投放贷款金额超过2 110亿；2013年底"京保贝"在上线一个多月时间里放贷规模超过10亿元。一般限于电商平台向其供应商提供融资，以供应商应收账款为抵押。

大数据融资目前存在的风险有：

（1）信用风险：采取的信用评估方法与信用政策带来的风险；

（2）资本风险：减少平台自有现金流的风险。例如，阿里小贷、京保贝等。

1.3.2 互联网服务类

1．互联网支付

互联网支付是指通过移动通信设备、利用无线通信技术来转移货币价值以清偿债权债务关系。在互联网支付模式中，第三方支付和移动支付最为典型。依据目前市场上的支付模式可以将互联网支付划分为两种,一种是第三方支付,一种是移动支付(手机支付)。

(1)第三方支付。在网络交易模式中的运作模式如下:买家在选择好所需商品并提交购物订单通过审核后,通过电商提供的第三方支付平台来进行支付,第三方根据支付结果通知给卖家,卖家再依据第三方的通知给买家发货;买家只有在验收货物并确认后,才会通知第三方让其给卖家付款,在这之后卖家才能得到货款。在这种作用模式中,第三方在交易过程中所起的作用是保障交易双方的资金与货物的安全,一定程度上通过对资金的监管来控制互联网金融欺诈风险。第三方支付模式根据其所依赖的服务平台来划分,可以分为以下两种运行模式。一种是以银行支付平台为支撑开通的网上支付通道,典型的代表如拉卡拉等;另一种是利用自建的电子商务网站平台提供支付服务,如支付宝,财付通等。在中国人民银行 2010 年发布的《非金融机构支付服务管理办法》中指出,第三方支付是指非金融机构作为中介机构为收付款人提供货币资金转移服务。其中,货币资金转移服务包括网络支付、预付卡、银行卡收单等。第三方支付作为电子商务行业的重要产业支持,从诞生之初就以几何级增长方式发展。截至 2014 年 7 月,中国人民银行已经为 269 家企业颁发了第三方支付的牌照,主要有"支付宝"(约占 80% 市场份额)"财付通""微信支付""快钱"和"拉卡拉"等企业。我国第三方支付交易规模从 2006 年的 451 亿元增长到 2014 年的 80 767 亿元,第三方支付组织和交易规模的迅速发展,使第三方支付成为支付体系的重要组成部分。2010—2018 年中国第三方互联网支付交易规模如图 1-1 所示。

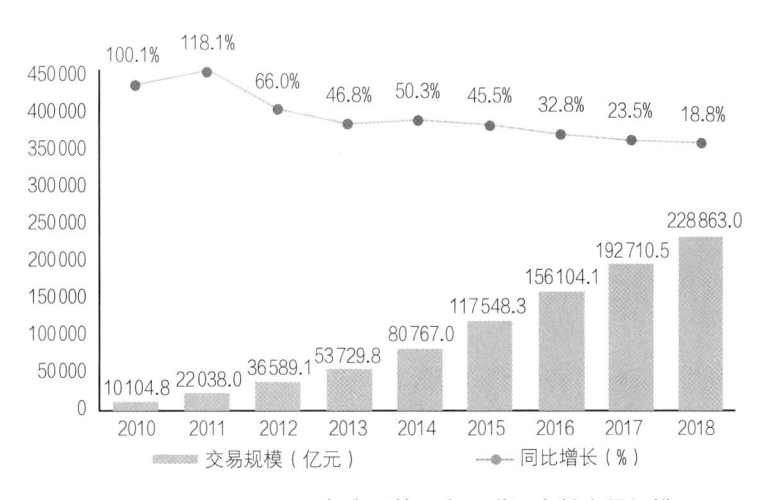

图 1-1 2010—2018 年中国第三方互联网支付交易规模

(2)移动支付。移动支付也称手机支付,指用户使用移动终端(通常为手机)进行账务支付的一种服务方式。移动支付方式随着智能手机普及开始渗透到用户生活的各个方面。如打车、看电影、逛超市都可以用移动支付来支付。截至 2013 年年底,移动支付的交易规模达到 12 197.4 亿元,较 2012 年增长 700%。移动支付规模的猛烈增长,使第三方支付企业和银行机构加速研发移动支付产品,如支付宝研发了"支付宝钱包"APP 等。互联网支付方式因不受支付终端成本的限制,且快捷有效,而发展前景向好。移动支付(手机支付)是商业银行等相关金融机构与移动通信运营商之间的跨行业合作之后创造出来的一种支付模式,它主要是借助移动互联网平台向客户提供银行服务。移动支付业务模式有两类,一类是有商业银行作为主体借助移动互联网而形成的手机支付模式,根据运用载体的不同,可以分为以

WAP 为载体的模式、以客户端为载体的模式和以短信为载体的模式三种；另一类是移动运营商作为主体开展的手机支付模式，这种模式是以运营商所设立的手机钱包为载体来提供支付服务。

2. 互联网理财

互联网理财即通过对互联网大数据的运用，明确客户对金融理财产品以及服务的需求，进而为客户提供合适的产品与服务。互联网理财的商业模式主要有理财模式、自销模式、支付模式和电商模式四种。互联网理财的主要特点如下。

（1）较高的效率，较低的成本。从销售渠道来看，互联网理财模式下，通过互联网平台销售基金，具体来讲，互联网理财凭借云计算和大数据等互联网技术支撑的互联网平台来开展基金业务，这种理财方式下所采用的销售模式比传统的基金公司所采用的以商业银行平台进行的销售模式在效率和成本方面具有很明显的高效率和低成本上的优势，最重要的一点是投资人获得了相比以往更高的收益率。

（2）业务操作程序便捷，客户准入门槛低。互联网金融的这种简单又方便快捷的程序在经济交易活动中从很大程度上给客户带来了优质的服务享受。此外，采用互联网平台作为基金业务的服务平台带来较低的理财成本，使得互联网理财模式下的申购交易可以设置较低的资金门槛，也就是说，原来市场上存在的小散客户持有的小散资金有了可以投资的渠道，这样一来，互联网理财的这种低门槛在缓解市场中的金融排斥上起到了一定的作用，同时，对金融社会中的福利水平的提升也起到了一定的作用。通常来说，在基金市场上的基金申购起点通常从千元起，而互联网理财模式下的理财产品的申购起点远远低于这个门槛，绝大部分都是不超过1元的。在这些互联网理财产品中，参与交易的门槛最高的也仅仅只有100元（天天基金网设立的"活期宝"），而最低的参与门槛低到了1分钱（汇添富公司设立的"现金宝"）。

（3）使金融市场中的信息达到对称，供求双方的需求达到匹配。互联网理财模式下基金公司与客户之间的交易是通过互联网平台来进行的，这种交易模式在一定程度上使得基金产品在销售上脱离了以往的金融媒介，基金公司与客户在基金产品的交易中能够达到供求匹配。与此同时，互联网平台使得理财产品能够实现自行对比，自行匹配，为交易者提供适合的理财产品，进而使得市场上的存量资金能够在一定程度上被激活，最终使得社会资金的使用效率得以提高。

1.3.3 金融产品网络销售类

金融产品网络销售，本质上是通过互联网渠道匹配金融产品的供给者和需求者。目前，根据网络平台承担风险范围和业务特点，本文将金融产品网络销售类业务归纳为以下三种。

1. 第三方金融产品销售平台

在第三方金融产品销售平台上，客户可以根据自己的需求和消费偏好购买不同基金、保险产品或其他金融产品。以销售保险产品为例，我国互联网保费收入规模从2009年的2.8亿元，增长到2014年的870亿元，互联网保费收入占整体保费收入比例从2009年的0.03%快速增长到2014年的4%。总体上，互联网保险业务规模较小，但发展却非常迅速。在第三方金融产品销售平台上，保险产品只是其中一种尚且有如此大的规模，可推知第三方金融产品销售业务在未来会有很大的提升空间。

2. 与第三方支付平台相结合的金融产品销售平台

与第三方支付平台相结合的金融产品销售模式主要有余额宝、微信通等典型代表。以支付宝和天弘基金合作研发的余额宝为例，如图1-2所示，从2013年6月到2014年4月，支付宝用户转入余额宝的资产规模呈现幂指数增长趋势，2014年5月增长开始趋缓维持在5000亿~6000亿元的水平。尽管如此，天弘基金已经稳居国内行业第一。

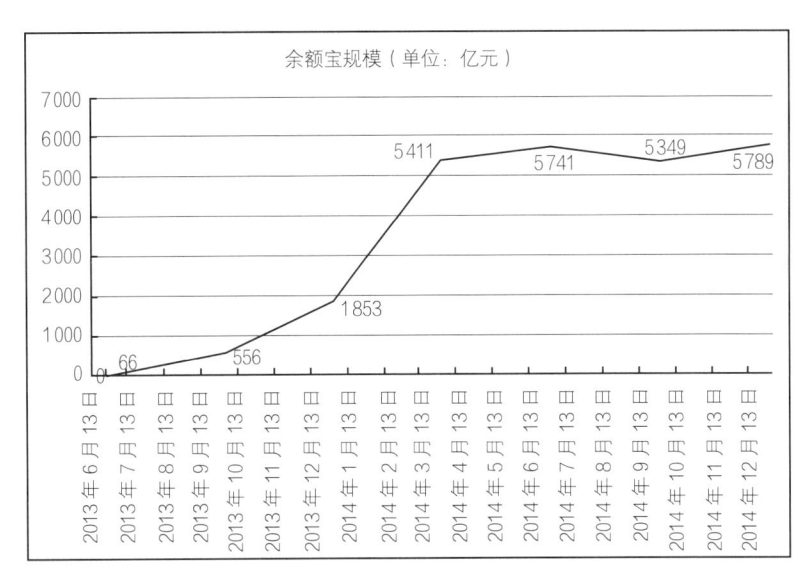

图1-2 余额宝规模变化

（资料来源：天弘基金公布数据整理）

3. 互联网保险——众安保险

众安保险是互联网行业和保险行业合作尝试的互联网金融，是我国第一家互联网保险公司。在网点方面，众安保险与传统保险机构有着很大的区别，它只有上海的分支机构，其他地区完全通过互联网方式开展产品销售和理赔服务等工作。众安保险自上线以来，推出的第一款产品是"众乐宝-保证金计划"，这是针对淘宝平台上的卖家定制的保证金保险。如果用户注册成为淘宝网的卖家，他不需要缴纳消保保证金，就可以享受淘宝平台的消费者保障服务。淘宝网的卖家通过众乐宝可以免缴"消保金"，即减轻资金压力，又增加了流动资金。

金融产品网络销售业务相比商业银行代销业务，具有操作简单快捷、不受地域时间限制、门槛极低等优势。此类业务的发展在一定程度上分流了商业银行的中间业务收入，并对商业银行代销业务的垄断地位产生冲击。

1.4 互联网金融的风险

互联网金融虽然新颖、便捷、灵活、获利高，但是始终悬在这些诱人模式基础上的是互联网金融的专属风险。比如，网络状态下金融交易的真实性风险、金融监管法规无法跟随互联网金融发展速度的滞后风险、互联网技术漏洞引致的风险等。这些风险与传统银行业金融风险相比，有更强的渗透性、更广的扩散性，以及更大的破坏和传染效应，对此，需要我们引起高度重视。其实，互联网金融风险是互联网金融发展的硬约束，互联网金融的脚步必须在风险可控的前提下迈进，任何超越风险控制水平的盲目发展，都会对互联网金融造成毁灭性的打击，并会造成我国互联网金融的滞后发展。但是，过分的谨慎又可能阻碍互联网时代的金融创新。互联网金融个人理财，与千万理财者的利益密切相关，也和人们对互联网理财的信心密切相关，在理财模式、理财产品设计上，要首先考虑可能产生的风险，将互联网金融潜在的系统性风险程度降低到可控范围之内。央行副行长刘士余表示，互联网金融的风险主要存在三个方面：第一是机构定位模糊；第二是资金第三方存管制度的缺失；第三是内控制度不健全。

1.4.1 机构定位模糊

金融创新产品层出不穷，支付、理财、担保、保险的界限很容易在产品的创新下出现模糊化的趋势，事实也确实如此，以余额宝为例，实际是余额宝将资金委托给天弘基金来管理，目前它受到银监会和证监会两大部门的管理。不仅如此，对于互联网金融机构及所从事的金融业务定位不清也可能触犯刑法的两条底线：一是非法集资，二是非法吸收公众存款。仅就这两项罪名，罪与非罪的界限在学界存在大量的争议，主要焦点在于民事法律关系和刑事法律关系交织在一起界限模糊。

1.4.2 资金第三方存管制度缺失

所谓"客户结算资金第三方存管"就是按照有关法律、法规的规定，客户交易结算资金统一交由独立于券商的第三方存管机构来存管。第三方存管机构是指具备第三方存管资格的商业银行。关于互联网金融资金第三方存管制度的缺失问题，就网络借贷平台和第三方支付平台来说，沉淀在账户里的资金如果没有外部监管很容易出现挪用资金等风险，广大用户的利益无法得到保证。

1.4.3 内控制度的不健全

互联网金融发展迅猛，很多公司内部缺乏必要的自我约束和监管机制，容易出现片面追求效率和业绩的现象，为不法分子提供洗钱等违法犯罪的平台。同时内部约束和监管机制的欠缺也极易引发客户隐私泄露的危险。所以有必要在立法上做出硬性的规定，建立健全互联网从业公司的内部约束和监管机制。

本章小结

通过本章学习，要理解互联网金融的内涵，包括互联网金融的定义与特点，互联网金融的作用，互联网金融崛起的原因。熟悉国内外互联网金融的状况，能简述某一国家互联网金融发展情况。掌握互联网金融的业务模式，如互联网融资类、服务类以及金融产品网络销售类。理解互联网金融的风险，具有防范意识。

本章案例

马云在瞄准谁

一位专注于投资 TMT 项目的上海投资人表示，不仅在互联网金融领域，大部分互联网及移动互联网创业项目都被以 BAT 为首的互联网巨头及资本布局，他们甚至已关注和研究"00 后"的消费习惯。这一方面提高了创业者成功的概率，但另一方面留给市场中其他机构的机遇也在降低。仍以当前的互联网金融市场而言，对于当前的市场参与者，要么做大被更大的机构或资本收购，要么抱团成为另一种新兴的市场力量，要么被淘汰，而目前第一种和第三种情况正在发生，第二种也即将开始。

"我们所在的场景基本上都是跟人和钱有关系。在所有有人和有钱的地方我们需要在技术上加强什么，安全上加强什么，有了钱以后需要理财，有了账户以后对他的信用有一些要求。完全是顺着这样的体系在做的。"彭蕾向经济观察网记者称。

蚂蚁金服正在打造互联网金融生态，除自由业务外，蚂蚁金服已投资多领域。蚂蚁金服总裁井贤栋认为，对于蚂蚁金服而言，投资互联网金融机构最重要的是，该企业有没有给最后的生态系统创造价值。

一位蚂蚁金服内部人士向经济观察网记者透露，蚂蚁金服正在布局互联网金融全生态，旨在利用互联网金融的力量推进创业和创新的快速发展，并将与更多公司在支付、私募股权融资、技术、云计算等多个领域展开合作，并以此服务整个小微企业生态。目前蚂蚁金服正和多家机构谈判，只是目前还没有可以披露的阶段。蚂蚁金服的官网或许已然昭显对互联网金融的更大谋划：蚂蚁无处不在。

然而，这样一个互联网金融航母，目前并无向市场完全袒露真实计划，井贤栋表示，目前蚂蚁金服并无上市的考虑，也没有任何的时间表。

蚂蚁金服金融事业部总经理袁雷鸣向经济观察网表示，每个公司都会有自己的边界，不是所有事情都能做的。对蚂蚁金服来说，它会专注于去搭建一个平台，为金融机构输出数据、技术、渠道，为金融机构赋能和服务，而不是自己去做具体的金融业务，和金融机构竞争。

互联网金融专家、大成律师事务所肖飒律师向经济观察网表示，当前正规金融业务需要金融牌照，觊觎更大的市场空间，互联网金融巨头正希望获取更多金融牌照。虽然目前他们进驻一些不需要牌照的细分领域，但未来他们必将成为持牌金融机构，不排除拿下银行、证券、基金等牌照，发展为金融控股公司。

某位国有大型银行人士向经济观察网表示，大企业渗透到某个市场或放弃，取决于它是否掌握市场的需求，以及它自身战略发展。由于国内长期的金融市场压抑，现在互联网巨头一端可以连接资金，一端确有巨量需求，如果再满足市场需求前提下的盈利指标，进入市场是必然的。所以，市场需求及盈利指标决定着是否进入，而互联网时代，企业的边界比以往时代要大得多。

经济观察网记者注意到，马云除用蚂蚁金服的平台在互联网金融领域纵横捭阖外，还积极运用云峰基金向互联网金融领域布局。这家由马云、虞锋创立的私募基金近日已领投国内金融领域智能搜索平台——融 360，融 360 CEO 叶大清向经济观察网表示，正积极考虑评估国内上市的可行性。

无论蚂蚁金服，还是融360，都是国内较为领先的互联网金融机构，而这两家背后都有马云在互联网金融领域布局的影子。

（资料来源：2015 经济观察网）

讨论：

互联网金融在驱动马云干什么？请举例评说。

本章习题

1. 试述互联网金融的定义与特点。
2. 论述互联网金融的作用。
3. 简述国内外互联网金融的状况。
4. 分析互联网金融的业务模式，有哪些互联网融资类业务？
5. 试论互联网金融的风险。

第 2 章 互联网金融技术

学习目标

1. 熟悉大数据的内涵、趋势、作用和前景
2. 了解云计算的内涵、特点、技术和平台
3. 掌握移动互联网的概念、特点和技术
4. 理解物联网的内涵、应用和发展模式

案例导入

50% 的手机摄影者都利用云服务备份和存储照片

曾几何时,对于没有学过计算机科学的人来说,云服务只是一个非常陌生的、技术化的词汇。但是现在,云服务已融入人们的日常生活之中。Suite 48 Analytics 是一家专门研究手机摄影的公司,它通过调查发现,现在有 50% 的手机摄影爱好者都在使用云服务存储照片。

"照片云端存储服务进一步普及的主要原因是,这些服务能够明显地解决手机摄影爱好者最为紧迫的照片存储需求:安全的备份。"Suite 48 Analytics 公司的总裁汉斯·哈特曼(Hans Hartman)说。

被调查者选择的云服务不一而足,有些云服务支持在设备和云端之间同步更新照片;有些云服务则可以聚合多个云端照片集,以便用户浏览和搜索。接受调查的受访者使用云端照片存储服务的主要原因包括存档、备份、跨设备浏览、便于分享以及编辑处理等。

云服务公司的各种服务增加了很多免费的、深受用户喜爱的功能,例如,时间轴、数据元照片搜索、视觉检索和统一的照片浏览方式。此外,它们还提供超大存储空间,

可让有需求的用户付费购买。

然而，并非所有人都对云端存储服务感兴趣。很多人会质疑：他们的照片云端存储服务能否提供安全的备份，以及如果他们的设备崩溃或被盗，他们当初存储在云端的照片集是否能够完全恢复。

（资料来源：eNet硅谷动力，2014）

讨论：
1. 请结合案例分析为什么50%的手机摄影者都利用云服务备份和存储照片？
2. 如何解决质疑者的疑问？

2.1 大数据

2.1.1 大数据的内涵

研究机构Gartner对于"大数据"（Big Data）给出了这样的定义。"大数据"是需要新处理模式才能具有更强的决策力、洞察发现力和流程优化能力的海量、高增长率和多样化的信息资产。

根据维基百科的定义，大数据是指无法在可承受的时间范围内用常规软件工具进行捕捉、管理和处理的数据集合。

大数据技术的战略意义不在于掌握庞大的数据信息，而在于对这些含有意义的数据进行专业化处理。换言之，如果把大数据比作一种产业，那么这种产业实现盈利的关键，在于提高对数据的"加工能力"，通过"加工"实现数据的"增值"。

从技术上看，大数据与云计算的关系就像一枚硬币的正反面一样密不可分。大数据必然无法用单台的计算机进行处理，必须采用分布式架构。它的特色在于对海量数据进行分布式数据挖掘，但它必须依托云计算的分布式处理、分布式数据库和云存储、虚拟化技术。

随着云时代的来临，大数据也吸引了越来越多的关注。《著云台》的分析师团队认为，大数据通常用来形容一个公司创造的大量非结构化数据和半结构化数据，这些数据在下载到关系型数据库用于分析时会花费过多时间和金钱。大数据分析常和云计算联系到一起，因为实时的大型数据集分析需要像MapReduce一样的框架来向数十、数百甚至数千台的计算机分配工作。

大数据需要特殊的技术，以有效地处理大量的容忍经过时间内的数据。适用于大数据的技术，包括大规模并行处理（MPP）数据库、数据挖掘电网、分布式文件系统、分布式数据库、云计算平台、互联网和可扩展的存储系统。

2.1.2 大数据的趋势

伴随着大数据技术与数据分析的发展趋势，拥有丰富数据的分析驱动型企业应运而生。下面我们来具体看下大数据技术与数据分析有哪些趋势和创新。文中也用了一些IBM的创新型大数据解决方案的应用案例。

1. 数据驱动创新

如今，数据已成为企业竞争优势的基石。利用数据和复杂数据分析的企业将目光投向了

"创新"，从而打造出高效的业务流程，助力自身战略决策，并在多个前沿领域超越竞争对手。

2. 数据分析需先进技术

如果没有数据分析，大部分数据毫无用处。而大数据和数据分析又会带来哪些机遇呢？国际数据公司（IDC）预测，2015年，富媒体（视频、音频和图像）分析将至少扩大两倍，并成为大数据以及分析技术投资的关键驱动力。富媒体数据分析需要先进的分析工具，这为企业提供了重大的市场机遇。以针对电商数据进行图像搜索为例，对图像搜索结果的分析要准确，且无需人工介入，这就需要强大的智能分析。未来，随着智能分析水平的不断提升，企业将获得更多机遇。

3. 预测分析必不可少

当前，具有预测功能的应用程序发展迅速。预测分析通过提高效率、评测应用程序本身、放大数据价值以及维持动态适应性基础架构来提升整体价值。因此，预测分析功能正在成为分析工具的必要组成部分。

4. 混合部署是未来趋势

IDC预测，未来5年，在基于云的大数据解决方案上的花费将是本地部署解决方案费用的4倍之多，混合部署将必不可少。IDC还表示，企业级元数据存储库将被用来关联云内数据和云外数据。企业应评估公共云服务商提供的产品，这有助于其克服大数据管理方面的困难：

（1）安全和隐私政策及法规影响部署选择；

（2）数据传输与整合要求混合云环境；

（3）为避免出现难以应付的数据量，需构建业务术语表并管理映射数据；

（4）构建云端云数据存储库。

5. 认知计算打开新世界

认知计算是一种改变游戏规则的技术，利用自然语言处理和机器学习帮助实现自然人机交互，从而扩展人类知识。未来，采用认知计算技术的个性化应用可帮助消费者购买衣服，挑选酒，甚至创建新菜谱。IBM最新的计算机系统Watson率先利用了认知计算。

6. 大数据创造更多价值

越来越多的企业通过直接销售其数据或提供增值内容来获利。IDC调查表明，目前70%的大公司已开始购买外部数据。到2019年，这一数字将达到100%。因此，企业必须了解其潜在客户重视的内容，必须精通包装数据和增值内容产品，并尝试开发"恰当"的数据组合，将内容分析与结构化数据结合起来，帮助需要数据分析服务的客户创造价值。

2.1.3 大数据促进互联网金融发展

（1）互联网金融依托电商平台进行大数据分析，供货商和消费者所有的登记信息和交易行为都有完整的记录，并且这个记录是真实的，可以互相印证。可明确的分析企业、客户的资信情况。有效地解决了信息不对称和个体信用问题。金融服务的供需双方信息明确、客户获得金融服务的门槛更低。金融服务便捷高效。

（2）互联网金融经营体制灵活，技术先进。与客户互动性强，可低成本、快速的传播产品信息并可在线实时交易。

（3）互联网金融可通过大数据开展精准营销和销售。基于客户的外部数据及企业自身积累的非结构化数据、交易数据，对客户进行精确划分，由此可主动推荐产品。

（4）互联网金融理财产品较传统金融业务，对小散户的管理成本极低。可积少成多，形成规模优势。

（5）互联网金融提高了资金融通的效率，透明度高，参与广泛，中间成本低，信用数据更为丰富。

2.1.4 大数据前景

1. 国家的大数据战略

2015年9月，国务院印发《促进大数据发展行动纲要》（以下简称《纲要》），系统部署大数据发展工作。

《纲要》明确，推动大数据发展和应用，在未来5至10年打造精准治理、多方协作的社会治理新模式，建立运行平稳、安全高效的经济运行新机制，构建以人为本、惠及全民的民生服务新体系，开启大众创业、万众创新的创新驱动新格局，培育高端智能、新兴繁荣的产业发展新生态。

《纲要》部署三方面主要任务。

（1）要加快政府数据开放共享，推动资源整合，提升治理能力。大力推动政府部门数据共享，稳步推动公共数据资源开放，统筹规划大数据基础设施建设，支持宏观调控科学化，推动政府治理精准化，推进商事服务便捷化，促进安全保障高效化，加快民生服务普惠化。

（2）要推动产业创新发展，培育新兴业态，助力经济转型。发展大数据在工业、新兴产业、农业农村等行业领域应用，推动大数据发展与科研创新有机结合，推进基础研究和核心技术攻关，形成大数据产品体系，完善大数据产业链。

（3）要强化安全保障，提高管理水平，促进健康发展。健全大数据安全保障体系，强化安全支撑。

2. 大数据发展行业应用

目前，大数据已经在医疗信息、智慧旅游、在线学习、电子商务等领域得到了广泛的应用，取得了显著的效果。

（1）医疗信息

医疗信息大数据可以为医疗服务提供有效的支撑，实现智能诊断、病例挖掘、医保大数据服务等，提高医疗信息的智能化，比如，可以详细地分析某种疾病在每年各个月份的发生率，寻找最大发生率月份进行专项防治，降低疾病对人类造成的损害。

（2）智慧旅游

智慧旅游大数据可以有效整合旅游资源，将旅游景点、酒店餐饮、交通出行等形成一条完整的产业链，为用户推荐最佳的旅游线路资源。在用户搜索旅游景点、选择酒店住宿、购买交通票务时为用户量身定制和推荐最佳方案。智慧旅游经过深入研究和应用，已经能够实现旅游资源的网上查询、发布、点评，数据挖掘技术可以发现旅游者对景点资源的偏好，发现旅游旺季、淡季的时间，以便制定完善的旅游体系，提高游客自主性、互动性、趣味性和积极性，给游客带来新的体验，提高旅游服务水平。

（3）在线学习

大数据可以为在线教育整合、集成和设计教育产品，包括在线教育平台、网校、APP应用软件等，可以根据学习者的需求，利用大数据挖掘算法进行细分，将其划分为英语培训、出国留学培训、考验培训、中小学课外辅导、职业教育培训、公务员考试培训等。目前，随着在线教育市场的火爆，在线教育超越时空限制，为人们提供了便捷、灵活、经济的高质量服务，已经诞生了新东方网校、人人网在线学习等各大企事业单位推出的网上大学等，并且能够进行网络模拟考试、端点续传等操作，为人们提供极其方便的学习源地。

（4）电子商务

目前，随着淘宝网、天猫网、京东商城、国美商城、蘑菇街等电子商务网站的快速发展和进步，电子商务已经如雨后春笋般出现在人们的生活中，积累了海量的用户消费数据资源，根据用户的购买喜好使用数据挖掘算法为用户推荐商品，可以提高消费者搜索的精准程度，提高消费者的商品搜索的便捷性，同时可以为商家制定营销策略，及时准确地获取最畅销的商品信息，提高供销比。

3. 数据挖掘的广泛推广

1）应用现状

大数据时代，为了能够提高网络数据资源的利用率，需要设计高效的数据挖掘算法，从互联网中提取、组织和处理相关的数据信息，并且根据用户需求反馈搜索结构，以便满足人们利用大数据资源进行医疗诊断、文档分类、语音识别、视频搜索等需求。数据挖掘技术可以有效地从网络海量数据资源中提取有价值的信息，实现信息资源分类管理，为人们的决策提供有效帮助。

目前，数据挖掘已经在多个领域得到了广泛的应用，并且引起了许多学者的关注。

大数据挖掘常用的技术包括支持向量机、神经网络、遗传算法、专家系统等。

（1）支持向量机

支持向量机（Support Vector Machine，SVM）基于统计学理论，采用结构风险最小化原理，可以解决非线性、小样本、高维空间大数据挖掘问题，以便能够利用有限的样本发现数据中隐藏的有价值信息，为人们提供良好的大数据挖掘结果。支持向量机与其他算法相结合，逐渐应用到火炮控制、雷达扫描、地质勘探等非线性大数据挖掘的复杂场景。

（2）神经网络

神经网络可以对训练数据进行自组织、自适应的学习过程，并且能够学习到最具典型特征的样本和区分数据能力，以便能够得到不同的数据价值信息。神经网络具备的分布式存储、并行处理和容错能力，都可以通过训练学习时调整不同的神经网络参数权值进行，具有较强的外界环境适应变化能力，同时具备非常强的抗干扰能力。神经网络的不足之处是很难获得样本数据，并且学习精度也需要依赖于神经网络训练次数，如果加入了新的数据特征，需要重新训练网络，训练步骤较为复杂，耗费较长的时间。神经网络已经在医学图像处理、机器人、工业控制等大数据挖掘领域得到了广泛的应用。

（3）遗传算法

遗传算法是一种非常有效的模拟生物进化的大数据挖掘算法，该算法可以针对一串描述字符的位串进行操作，不同位串在实际的应用环境中代表不同的问题。遗传算法可以从若干个初始的种群开始搜索，根据当前的种群成员，模仿生物的遗传进化过程，选择基因优良的下一代作为进化的目标。目前，遗传算法已经在很多领域得到了广泛的应用，比如自动组卷过程中、基因序列预测过程中、数据库链接优化过程中，均得到了广泛的使用。

（4）基于专家系统方法

专家系统是最为常见的一种大数据挖掘技术，其依赖网络中产生的专家经验知识为基础，构建一个核心的知识库和推理机，以知识库和推理机为中心，构建一个能够进行规则识别、分析的系统，并且可以通过规则匹配进行模式识别。专家系统已经在经营管理、金融管理、决策分析等领域得到了广泛应用，并且逐渐引入了马尔科夫链、贝叶斯理论、概率论、模糊数学等统计分析知识，可以确保专家系统量化识别功能，不再仅仅依靠经验知识推论。

2）发展趋势

随着大数据的应用和发展，数据量将会更大，数据结构也更加复杂，因此大数据挖掘技术未来的发展趋势主要包括以下两个关键方面。

（1）提高数据挖掘准确度

由于大数据资源具有动态性、分布性等特征，大数据在应用过程中也日趋复杂，为了提高电子商品推荐的精确度、智慧旅游线路推荐的合理性等，需要提高大数据挖掘的准确度，提高精确度的方法包括引入自适应、模拟退火、粒子计算等理论，具有较好的作用。

（2）改善数据挖掘的时间复杂度

在大数据挖掘过程中，由于用户的时效性要求较高，为了提高用户的感知度，需要改善数据挖掘算法的时间复杂度，以便能够更加迅速地挖掘数据中潜在的信息，为用户进行在线学习、医疗诊断等提供决策支撑。

大数据已经在现代信息社会得到了广泛的应用，为人们提供医疗、购物、旅游和学习等决策支持，提供更加完善的、丰富的信息服务。大数据挖掘技术可以有效提高数据检索效率，提高数据的微观和宏观分析能力，实现智能推理指导人们的实际生活，具有重要的作用。

4. 移动大数据推动创新

移动网络的大数据格局可能比其他行业更为复杂，不仅是因为存在种类繁多的数据种类，如各种业务和支撑系统数据、设备日志、流量数据、音视频、物联网传感器数据等各种形态，而且半结构化或非结构化的数据比例远超过结构化数据，因此无论在数据的产生和存储环节，还是在清洗转换集成环节，抑或是在分析应用环节，很少会有单一普适的解决方案可以满足所有应用场景的需求。

因此运营商应对大数据挑战的根本方法，还是应从业务实际需求出发，剖析各相关数据源的特性及其联系，为目标应用场景找到合适的数据分析逻辑。例如，爱立信在重庆等多地定制实施的精确营销系统，就在动态分析用户设备、上网行为、人口特征等多维度多形态数据的基础上，动态描绘出精细化的用户群组，帮助运营商快速精准的进行流量经营和客户服务，极大地提升了用户体验和品牌感知。作为电信领域系统和服务领导者，爱立信将凭借对各类通信网元的专业设计和深度理解，继续努力为全国客户定制各种大数据解决方案，创建更多符合本地化特征的大数据应用，不断提升企业精细化运营的成效，并始终伴随企业新业务新模式的创新和发展。

2.2 云计算

2.2.1 云计算的内涵

云计算（Cloud Computing）是一种新兴的商业计算模型。它将计算任务分布在大量计算机构成的资源池上，使各种应用系统能够根据需要获取计算力、存储空间和各种软件服务。这种资源池称为"云"。"云"是一些可以自我维护和管理的虚拟计算资源，通常为一些大型服务器集群，包括计算服务器、存储服务器、宽带资源等。云计算将所有的计算资源集中起来，并由软件实现自动管理，无需人为参与。这使得应用提供者能够更加专注于自己的业务，有利于创新和降低成本。

云计算（Cloud Computing）是网格计算（Grid Computing）、分布式计算（Distributed Computing）、并行计算（Parallel Computing）、效用计算（Utility Computing）网络存储（Network Storage Technologies）、虚拟化（Virtualization）、负载均衡（Load Balance）等传统计算机技术和网络技术发展融合的产物。它旨在通过网络把多个成本相对较低的计算实体整合成一个具有强大计算能力的完美系统，并借助软件即服务（Software as a Service，SaaS）、平台即服务（Platform as a Service，PaaS）、基础设施即服务（Infrastructure as a Service，IaaS）、成功的项目群管理（Managing Successful Program，MSP）等先进的商业模式，把这强大的计算能力分布到终端用户手中。

云计算的一个核心理念就是通过不断提高"云"的处理能力，进而减少用户终端的处理负担，最终使用户终端简化成一个单纯的输入输出设备，并能按需享受"云"的强大计算处理能力。

云计算的基本原理是，将计算分布在大量的分布式计算机上，而非本地计算机或远程服务器中，企业数据中心的运行将与互联网更加类似，如图2-1所示。这使得企业能够将资源投入到用户需要的应用上，并根据需求访问计算机和存储系统。

云计算在广泛应用的同时还有云存储作为其辅助。所谓"云存储"，就是以广域网为基础，跨域、跨路由来实现数据的无所不在，无须下载、无须安装即可直接运行，实现一种云计算架构。最简单的云计算技术在网络服务中已经随处可见，例如，搜索引擎、网络信箱等，使用者只要输入简单指令即能得到大量的信息。

以云计算为代表的分布式网络信息处理技术正是为了解决互联网发展所带来的海量数据存储与处理需求，而在物联网规模发展后产生的数据量将会远远超过互联网的数据量，海量数据的存储与计算处理需要云计算技术的应用。规模化是云计算服务物联网的前提条件，实用技术是云计算服务物联网的实现条件。

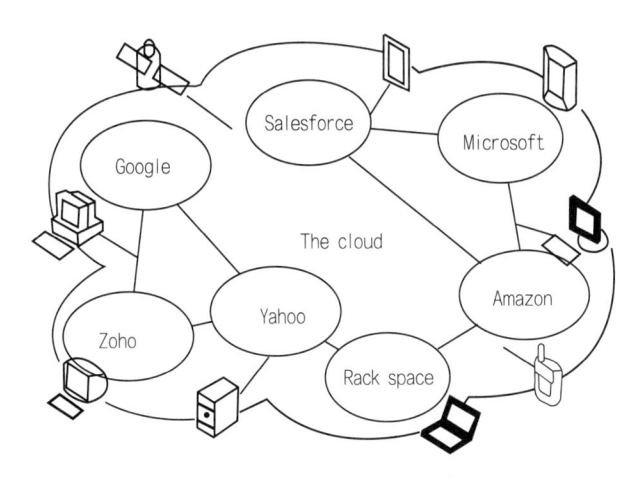

图 2-1　云计算将计算分布到大量的分布式计算机上

2.2.2 云计算的特点

（1）超大规模。"云"具有相当的规模，Google 云计算已经拥有 100 多万台服务器，Amazon、IBM、微软、Yahoo 等的"云"均拥有几十万台服务器。企业私有云一般拥有数百上千台服务器。"云"能赋予用户前所未有的计算能力。

（2）虚拟化。云计算支持用户在任意位置、使用各种终端获取应用服务。所请求的资源来自"云"，而不是固定的有形的实体。应用在"云"中某处运行，但实际上用户无需了解、也不用担心应用运行的具体位置。只需要一台笔记本或者一部手机，就可以通过网络服务来实现我们需要的一切，甚至包括超级计算这样的任务。

（3）高可靠性。"云"使用了数据多副本容错、计算节点同构可互换等措施来保障服务的高可靠性，使用云计算比使用本地计算机可靠。

（4）通用性。云计算不针对特定的应用，在"云"的支撑下可以构造出千变万化的应用，同一个"云"可以同时支撑不同的应用运行。

（5）高可扩展性。"云"的规模可以动态伸缩，满足应用和用户规模增长的需要。

（6）按需服务。"云"是一个庞大的资源池，按需购买，可以像自来水、电、煤气那样计费。

（7）极其廉价。由于"云"的特殊容错措施可以采用极其廉价的节点来构成云，"云"的自动化集中式管理使大量企业无需负担日益高昂的数据中心管理成本，"云"的通用性使资源的利用率较之传统系统大幅提升，因此用户可以充分享受"云"的低成本优势，经常只要花费几百美元、几天时间就能完成以前需要数万美元、数月时间才能完成的任务。

总之，云计算服务应该具备以下特征：①用户不知道数据来源；②基于虚拟化技术快速部署资源或获得服务；③实现动态的、可伸缩的扩展；④按需求提供资源、按使用量付费；⑤通过互联网提供、面向海量信息处理；⑥用户可以方便地参与；⑦形态灵活，聚散自如；⑧减少用户终端的处理负担。如图 2-2 所示。

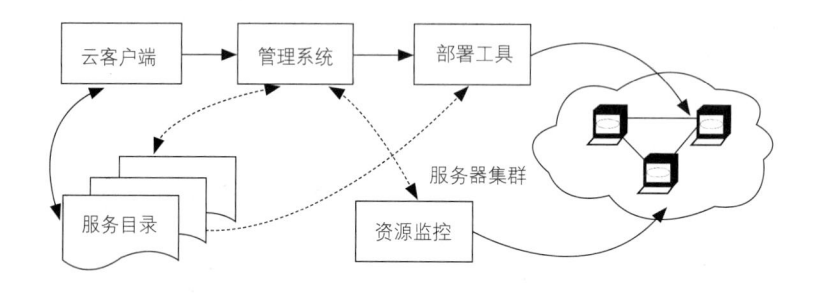

图 2-2 组成云计算的系统

2.2.3 云计算的服务形式

云计算还处于发展阶段，有各类厂商在开发不同的云计算服务。云计算的表现形式多种多样，简单的云计算在人们日常网络应用中随处可见，比如腾讯 QQ 空间提供的在线制作 Flash 图片，Google 的搜索服务，Google Doc，Google Apps，等。目前，云计算的主要服务形式有：软件即服务（Software as a Service，SaaS），平台即服务（Platform as a Service，PaaS），基础设施即服务（Infrastructure as a Service，IaaS）。

1. 软件即服务

SaaS 服务提供商将应用软件统一部署在自己的服务器上，用户根据需求通过互联网向厂商订购应用软件服务，服务提供商根据客户所定软件的数量、时间的长短等因素收费，并且通过浏览器向客户提供软件的模式。这种服务模式的优势是，由服务提供商维护和管理软件、提供软件运行的硬件设施，用户只需拥有能够接入互联网的终端，即可随时随地使用软件。这种模式下，客户不再像传统模式那样花费大量资金在硬件、软件、维护人员上，只需要支出一定的租赁服务费用，通过互联网就可以享受到相应的硬件、软件和维护服务，这是网络应用最具效益的营运模式。对于小型企业来说，SaaS 是采用先进技术的最好途径。实际上云计算 ERP 正是继承了开源 ERP 免许可费用只收服务费用的最重要特征，是突出了服务的 ERP 产品。目前，Salesforce.com 是提供这类服务最有名的公司，Google Doc、Google Apps 和 Zoho Office 也属于这类服务。

2. 平台即服务

把开发环境作为一种服务来提供。这是一种分布式平台服务，厂商提供开发环境、服务器平台、硬件资源等服务给客户，用户在其平台基础上定制开发自己的应用程序并通过其服务器和互联网传递给其他客户。PaaS 能够给企业或个人提供研发的软件平台，提供应用程序开发、数据库、应用服务器、试验、托管及应用服务。Google App Engine 是 Sales force 的 force.com 平台，八百客的 800APP 是 PaaS 的代表产品。以 Google App Engine 为例，它是一个由 python 应用服务器群、BigTable 数据库及 GFS 组成的平台，为开发者提供一体化主机服务器及可自动升级的在线应用服务，用来编写应用程序并在 Google 的基础架构上运行就可以为互联网用户提供服务，Google 提供应用、运行及维护所需要的平台资源。

3. 基础设施即服务

IaaS 即把厂商的由多台服务器组成的"云端"基础设施，作为计量服务提供给客户。它将内存、I/O 设备、存储和计算能力整合成一个虚拟的资源池为整个业界提供所需要的存储资源和虚拟化服务器等服务。这是一种托管型硬件方式，用户付费使用厂商的硬件设施。例如，Amazon Web 服务（AWS），IBM 的 Blue Cloud 等均是将基础设施作为服务出租。IaaS 的优点是用户只需低成本硬件，按需租用相应计算能力和存储能力，大大降低了用户在硬件上的开销。如图 2-3 所示。

2.2.4 云计算的核心技术

云计算系统运用了许多技术，其中以编程模型、海量数据存储技术、海量数据管理技术、虚拟化技术、云计算平台管理技术和移动云计算最为关键。

1. 编程模型

MapReduce 是 Google 开发的 Java、Python、C++ 编程模型，它是一种简化的分布式编程模型和高效的任务调度模型，用于大规模数据集（大于 1TB）的并行运算。严格的编程模型使云计算

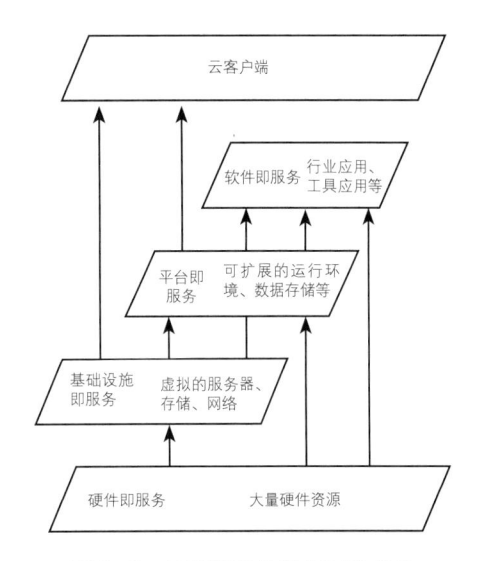

图 2-3 云计算系统服务层次结构

环境下的编程十分简单。MapReduce 模式的思想是将要执行的问题分解成 Map（映射）和 Reduce（化简）的方式，先通过 Map 程序将数据切割成不相关的区块，分配（调度）给大量计算机处理，达到分布式运算的效果，再通过 Reduce 程序将结果汇整输出。

2. 海量数据分布存储技术

云计算系统由大量服务器组成，同时为大量用户服务，因此云计算系统采用分布式存储的方式存储数据，用冗余存储的方式保证数据的可靠性。云计算系统中广泛使用的数据存储系统是 Google 的 GFS 和 Hadoop 团队开发的 GFS 的开源实现 HDFS。GFS 即 Google 文件系统（Google File System），是一个可扩展的分布式文件系统，用于大型的、分布式的、对大量数据进行访问的应用。GFS 的设计思想不同于传统的文件系统，是针对大规模数据处理和 Google 应用特性而设计的。它运行于廉价的普通硬件上，但可以提供容错功能。它可以给大量的用户提供总体性能较高的服务。一个 GFS 集群由一个主服务器（Master）和大量的块服务器（Chunk Server）构成，并被许多客户（Client）访问。主服务器定期通过 HeartBeat 消息与每一个块服务器通信，给块服务器传递指令并收集它的状态。GFS 中的文件被切分为 64MB 的块并以冗余存储，每份数据在系统中保存 3 个以上备份。客户与主服务器的交换只限于对元数据的操作，所有数据方面的通信都直接和块服务器联系，这大大提高了系统的效率，防止主服务器负载过重。

3. 海量数据管理技术

云计算需要对分布的、海量的数据进行处理、分析，因此，数据管理技术必须能够高效地管理大量的数据。云计算系统中的数据管理技术主要是 Google 的 BT（BigTable）数据管理技术和 Hadoop 团队开发的开源数据管理模块 HBase。BT 是建立在 GFS、Scheduler、LockService 和 MapReduce 之上的一个大型的分布式数据库，与传统的关系数据库不同，它把所有数据都作为对象来处理，形成一个巨大的表格，用来分布存储大规模结构化数据。Google 的很多项目使用 BT 来存储数据，包括网页查询、Google earth 和 Google 金融。这些应用程序对 BT 的要求各不相同：数据大小（从 URL 到网页到卫星图像）不同，反应速度不同（从后端的大批处理到实时数据服务）。对于不同的要求，BT 都成功地提供了灵活高效的服务。

4. 虚拟化技术

通过虚拟化技术可实现软件应用与底层硬件相隔离，它包括将单个资源划分成多个虚拟资源的裂分模式，也包括将多个资源整合成一个虚拟资源的聚合模式。虚拟化技术根据对象可分成存储虚拟化、计算虚拟化、网络虚拟化等，计算虚拟化又分为系统级虚拟化、应用级虚拟化和桌面虚拟化。

5. 云计算平台管理技术

云计算资源规模庞大，服务器数量众多并分布在不同的地点，同时运行着数百种应用，如何有效地管理这些服务器，保证整个系统提供不间断的服务是巨大的挑战。云计算系统的平台管理技术能够使大量的服务器协同工作，方便地进行业务部署和开通，快速发现和恢复系统故障，通过自动化、智能化的手段实现大规模系统的可靠运营。如图 2-4 所示。

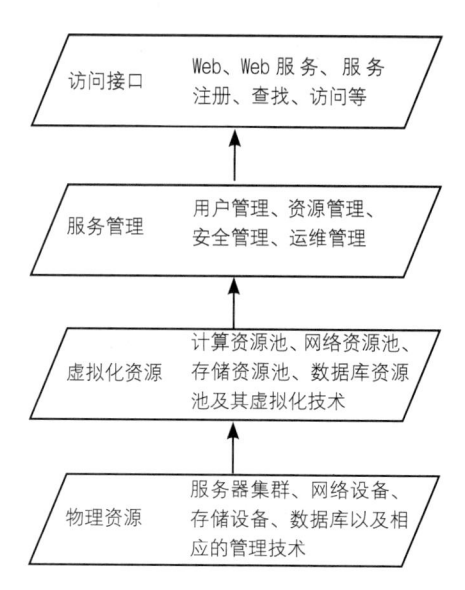

图 2-4 实现云计算的关键技术

6. 移动云计算

"移动云计算"一词通常是指被扩展以处理移动设备的企业云计算基础设施。被提供给用户使用的数据存储和计算处理资源都在云计算平台端而不是在移动设备本身。移动互联网与云计算合在一起就是"移动云计算",可以称之为移动互联网中的云计算。随着移动设备的发展越来越快,从智能手机、移动互联网设备、笔记本计算机,到智能笔记本和其他设备,都可以快速连接到高速无线网络。企业级移动云计算服务领域将获得巨大的发展。

2.2.5 云计算的平台

目前,国外已经有多个云计算的科学研究项目,比较有名的是 Scientific Cloud 和 Open Nebula 项目。产业界也在投入巨资部署各自的云计算系统,参与者主要有 Google、IBM、Microsoft、Amazon 等。众多的 IT 厂商先后推出了形形色色的云计算产品和服务。国内关于云计算的研究也已起步,并在计算机系统虚拟化基础理论与方法研究方面取得了阶段性成果。在此选取一些与云计算相关的服务提供商及其应用系统,如 Amazon、Google、IBM 等典型的云计算平台,进行介绍。

1. Amazon 云计算基础架构平台

Amazon(亚马逊)公司是美国一家电子商务网站,也是美国最大的在线零售商,被业界认为是云计算的先行者之一。典型的云计算系统是称为 Amazon 弹性计算云的 Amazon EC2。这是一项能提供弹性计算能力的 Amazon 网络服务(Amazon Web Services,AWS;http://aws.amazon.com)。Amazon 网络服务主要包括 4 个核心服务:Simple Storage Services,Elastic Compute Cloud,Simple Queue Service 以及 Simple DB。

2. Google 云计算应用平台

Google 使用的云计算基础架构模式主要包括四个相互独立又紧密结合在一起的系统,即建立在集群之上的文件系统(Google File System,GFS)、针对 Google 应用程序特点提出的 Map Reduce 编程模式、结构化的分布式数据存储系统 BigTable、Hadoop 框架,以及 Google 其他的云计算支撑要素,如分布式的锁机制 Chubby 等。

3. Microsoft 云计算服务

Microsoft 的云计算服务为用户提供包括电子邮件、日程表、协作工具和通信软件在内的诸多工具。Microsoft 已经发布了完整的融入"云计算"的产品和策略,如 Azure 系列"云计算"服务,网络传递、轻巧版的 Office 应用软件及最新的 Live Mesh 中介软件等。同时,由公共云与私有云共同组合成的 Microsoft 云计算平台赋予用户更多根据自身需求选择应用部署的自由。而且,Microsoft 延续其操作系统的传统优势,通过与众多业内合作伙伴的共同努力,使其云计算平台在互操作性等方面取得了卓越的成果。

4. IBM 云计算服务

IBM 构建了用于公共云和私有云服务的多种云计算解决方案。IBM 云计算构建服务包括服务器、存储和网络虚拟化、服务管理解决方案,支持自动化负载管理、用量跟踪与计费,以及各种能够使最终用户信赖的安全和弹性产品。

综上所述,云计算是基于互联网的商业计算模型,它利用高速互联网的传输能力,将数据的处理过程从个人计算机或服务器移到互联网上的服务器集群之中。这些服务器由一个大型的数据处理中心管理,数据中心按用户的需要分配计算资源,达到与超级计算机同样的效果。云计算是分布式处理(Distributed Computing)、并行处理(Parallel Computing)和网格计算（Grid Computing）的发展，或者说是这些计算机科学概念的商业实现。

2.3 移动互联网

2.3.1 移动互联网的概念

移动互联网是通信网和互联网的融合，其不同定义如下。

（1）Information Technology 论坛定义：无线互联网是指通过无线终端，如手机和 PDA 等使用世界范围内的网络。无线网络提供了任何时间和任何地点的无缝链接，用户可以使用 E-mail、移动银行、即时通信、天气、旅游信息及其他服务。总的来说，想要适应无线用户的站点就必须以可显示的格式提供服务。

（2）维基百科定义：移动互联网是指使用移动无线 Modem，或者整合在手机或独立设备（如 USB Modem 和 PCMCIA 卡等）上的无线 Modem 接入互联网。

（3）WAP 论坛的定义：移动互联网是指用户能够通过手机、PDA 或其他手持终端通过各种无线网络进行数据交换。

中国最有代表性的是中兴通讯公司在《移动互联网技术发展白皮书》给出的定义，分为狭义和广义两种。

（1）狭义：移动互联网是指用户能够通过手机、PDA 或其他手持终端通过无线通信网络接入互联网。

（2）广义：指用户能够通过手机、PDA 或其他手持终端以无线方式通过多种网络（WLAN、BWLL、GSM 和 CDMA 等）接入互联网。

由以上定义可以看出，移动互联网包含两个层次。首先是一种接入方式或通道，运营商通过这个通道为用户提供数据接入，从而使传统互联网移动化；其次在这个通道之上，运营商可以提供定制类内容应用，从而使移动化的互联网逐渐普及。

本质上，移动互联网是以移动通信网作为接入网络的互联网及服务，其关键要素为移动通信网络接入，包括 3G、4G（不含通过没有移动功能的 WiFi 和固定无线宽带接入提供的互联网服务）；面向公众的互联网服务，包括 WAP 和 Web 两种方式，具有移动性和移动终端的适配性特点；移动互联网终端，包括手机、专用移动互联网终端和数据卡方式的便携式计算机。如图 2-5 所示。

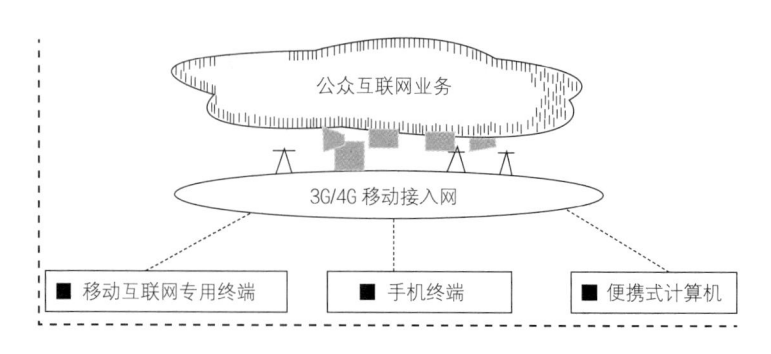

图 2-5　移动互联网的内涵

移动互联网的立足点是互联网，显而易见，没有互联网就不可能有移动互联网。从本质和内涵来看，移动互联网继承了互联网的核心理念和价值，如体验经济、草根文化和长尾理论等。移动互联网的现状具有三个特征：

（1）移动互联应用和计算机互联网应用高度重合，主流应用当前仍是计算机互联网的内容平移，数据表明目前在世界范围内浏览新闻、在线聊天、阅读、视频和搜索等是排名靠前的移动互联网应用，同样这也是互联网上的主流应用；

（2）移动互联网继承了互联网上的商业模式，后向收费是主体，运营商代收费生存模式加快萎缩；

（3）Google，Facebook，Youtube，腾讯和百度等互联网巨头快速布局移动互联网，如腾讯公司的手机 QQ 用户从 5 年前占其 QQ 用户的 0.5％上升到 2015 年的 20％。这三个特征也表明移动互联网首先是互联网的移动。

移动互联网的创新点是移动性，移动性的内涵特征是实时性、隐私性、便携性、准确性和可定位等，这些都是有别于互联网的创新点，主要体现在移动场景、移动终端和移动网络三个方面：

（1）在移动场景方面，表现为随时随地的信息访问，如手机上网浏览；随时随地的沟通交流，如手机 QQ 聊天；随时随地采集各类信息，如手机 RFID 应用等；

（2）在移动终端方面，表现为随身携带、更个性化、更为灵活的操控性，越来越智能化，以及应用和内容可以不断更新等；

（3）在移动网络方面，表现为可以提供定位和位置服务，并且具有支持用户身份认证、支付、计费结算、用户分析和信息推送的能力等。

移动互联网的价值点是社会信息化，互联网和移动性是社会信息化发展的双重驱动力。

首先，移动互联网以全新的信息技术、手段和模式改变并丰富人们沟通交流等生活方式。例如，Facebook 将用户状态、视频、音乐、照片和游戏等融入人际沟通，改变和丰富了人际沟通的方式和内容。手机微博更是提供了一种全新的、便捷的沟通交流方式，新浪微博注册用户中，手机用户占比为 46％左右。其次，移动互联网带来社会信息采集、加工和分发模式的转变，将带来新的广阔的行业发展机会，基于移动互联网的移动信息化将催生大量的新的行业信息化应用。例如，IBM 推进的"智慧地球"计划很大程度上就是将物联网与移动互联网应用相结合，而将移动互联网和电子商务有效结合起来就拓展出移动商务这一新型的应用领域。

目前，移动互联网上网方式主要有 WAP 和 WWW 两种，其中 WAP 是主流。WAP 站点主要包括两类网站，一类是由运营商建立的官方网站，如中国移动建立的移动梦网，这也是目前国内最大的 WAP 门户网站；另一类是非官方的独立 WAP 网站，建立在移动运营商的无线网络之上，但独立于移动运营商。

移动互联网的发展分为如下三个阶段。

（1）Mobile Internet 1.0：2002 年—2006 年基于 WAP、封闭的移动互联网，借鉴互联网的经验，将一部分内容直接移植到手机上。网络带宽和终端处理能力有限，只能提供如文本等简单业务，并且由运营商主导，典型产品有 WAP 门户。

（2）Mobile Internet 2.0：2006 年—2010 年是手机和互联网融合的移动互联网，实现手机和互联网的融合，用户属性多元化和产业主导权争夺激烈。网络带宽和终端处理能力增强，各类互动应用层出不穷，呈现终端业务一体化的趋势。主导商增加，运营商、终端厂商和互联网服务商都可主导，典型产品包括 iPhone 手机平台、139 移动邮箱和 Google 搜索等。

（3）Mobile Internet 3.0：2010 年以后，实现无处不在的信息服务。基于用户统一的身份认证，为客户提供多层面和深入日常生活的各类信息服务，形成新的产业核心力量。网络带宽和终端处理能力取得突破，不再成为业务瓶颈。用户识别实现基于统一的身份认证的信息服务，主导商主要基于客户关系。

根据摩根士丹利的分析和预测，移动互联网将成为 50 年来继第一代主机计算、微型计算、个人计算、桌面网络计算之后的第 5 个新技术周期。移动互联网的增长速度超过了桌面互联网，未来 5 年手机上网用户会超过计算机上网用户。在移动互联网时代，典型企业将创造比之前大得多的市值，如苹果公司已经超越微软和 Google 成为全球市值最大的企业。4G 技术、社交网络、视频、IP 电话及移动设备等基于 IP 的产品和服务正在增长和融合，将支撑移动互联网迅猛增长，如图 2-6 所示。

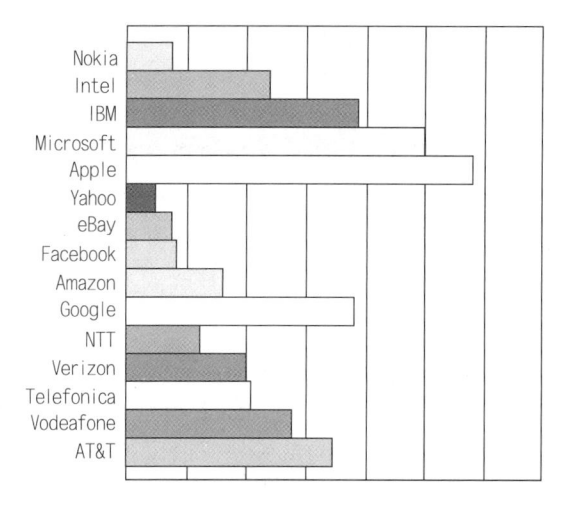

图 2-6 国外主要的电信运营商、互联网企业和 IT 企业市值比较

（资料来源：2010-12-21 美股数据，通信信息所整理）

2.3.2 移动互联网的特点

区别于传统的电信和互联网网络，移动互联网是一种基于用户身份认证、环境感知、终端智能和无线泛在的互联网应用业务集成。最终目标是以用户需求为中心，将互联网的各种应用业务通过一定的变换在各种用户终端上进行定制化和个性化的展现，它具有典型的技术特征。

（1）技术开放性。开放是移动互联网的本质特征，移动互联网是基于 IT 和 CT 技术之上的应用网络，其业务开发模式借鉴 SOA 和 Web 2.0 模式将原有封闭的电信业务能力开放出来，并结合 Web 方式的应用业务层面，通过简单的 API 或数据库访问等方式提供集成的开发工具给兼具内容提供者和业务开发者的企业和个人用户使用。

（2）业务融合化。业务融合在移动互联网时代下催生，用户的需求更加多样化和个性化，而单一的网络无法满足用户的需求，技术的开放已经为业务的融合提供了可能性及更多的渠道。融合的技术正在将多个原本分离的业务能力整合起来，使业务由以前的垂直结构向水平结构方向发展，创造出更多的新生事物。种类繁多的数据、视频和流媒体业务可以变换出万花筒般的多彩应用，如富媒体服务、移动社区和家庭信息化等。

（3）终端的集成性/融合性和智能化。由于通信技术与计算机技术和消费电子技术的融合，移动终端既是一个通信终端，也成为一个功能越来越强的计算平台、媒体摄录和播放平台，甚至是便携式金融终端。随着集成电路和软件技术的进一步发展，移动终端还将集成越来越多的功能。终端智能化由芯片技术的发展和制造工艺的改进驱动，二者的发展使得个人终端具备了强大的业务处理和智能外设功能。Windows CE、Symbian、Android 和 IOS 等终端智能操作系统使得移动终端除了具备基本的通话功能外，还具备了互联网的接入功能，为软件运行和内容服务提供了广阔的舞台。很多增值业务可以方便运行，如股票、新闻、天气、交通监控和音乐图片下载等，实现"随时随地为每个人提供信息"的理想目标。

（4）网络异构化。移动互联网的网络支撑基础包括各种宽带互联网络和电信网络，不同网络的组织架构和管理方式千差万别，但都有一个共同的基础，即 IP 传输。通过聚合的业务能力提取，可以屏蔽这些承载网络的不同特性，实现网络异构化上层业务的接入无关性。

（5）个性化。由于移动终端的个性化特点，加之移动通信网络和互联网所具备的一系列个性化能力，如定位、个性化门户、业务个性化定制、个性化内容和 Web 2.0 技术等，所以移动互联网成为个性化越来越强的个人互联网。移动互联网业务的特点不仅体现在移动性上，可以"随时、随地、随心"地享受互联网业务带来的便捷，还表现在更丰富的业务种类、个性化的服务和更高服务质量的保证。当然，移动互联网在网络和终端方面也受到了一定的限制。

（6）终端移动性。移动互联网业务使得用户可以在移动状态下接入和使用互联网服务，移动的终端便于用户随身携带和随时使用。

（7）终端和网络的局限性。移动互联网业务在便携的同时也受到了来自网络能力和终端能力的限制，在网络能力方面，受到无线网络传输环境和技术能力等因素限制；在终端能力方面，受到终端大小、处理能力和电池容量等的限制。

（8）业务与终端、网络的强关联性。由于移动互联网业务受到了网络及终端能力的限制，因此其业务内容和形式也需要适合特定的网络技术规格和终端类型。

（9）业务使用的私密性。在使用移动互联网业务时，所使用的内容和服务更私密，如手机支付业务等。

2.3.3 移动互联网技术

1. 移动互联网的架构

移动互联网的结构可以从网络层面和应用层面两个方面理解。

1）从网络层面来看

移动互联网是互联网的一个接入网，GPRS、CDMA2000 和 WiFi 等无线数据网都是这样接入网络。4G 技术带来了更好的移动性和高速的数据传输速率，更容易带给用户更丰富的应用。而且把 4G 网络作为主要的移动接入网已经是运营商的力推目标，所以 4G 网络将会成为移动互联网的主要接入网。4G 网络作为接入网比传统的 IP 接入网要复杂得多，运营商对用户的控制也比传统 IP 接入网要强得多。网络层面的竞争主要存在于运营商之间，以下主要以 4G 网络作为移动互联网的接入网络来讨论。

2）从应用层面来看

典型的移动互联网应用有如下两种形式。

（1）以计算机作为用户的使用终端通过数据卡、手机或嵌入式模块接入 4G 等无线网络访问互联网。这里的 4G 网络等无线网络仅作为一个数据通道，用户的实际应用和有线接入的互联网没有不同，仍然是互联网应用。运营商主要为用户提供了一个和有线接入不同的互联网接入手段，除了提供数据通道外，所能提供的业务有限。

（2）以手机等移动终端作为用户的使用终端通过 4G 等无线网络访问互联网。由于受限于移动终端的体积、性能和操作特殊性等原因，所以大多数应用专门为移动终端设计（如 WAP 等）。在这种应用中，因为运营商能够更容易控制用户终端，所以也具有比互联网应用更大的话语权。

移动互联网的整体架构如图 2-7 所示。

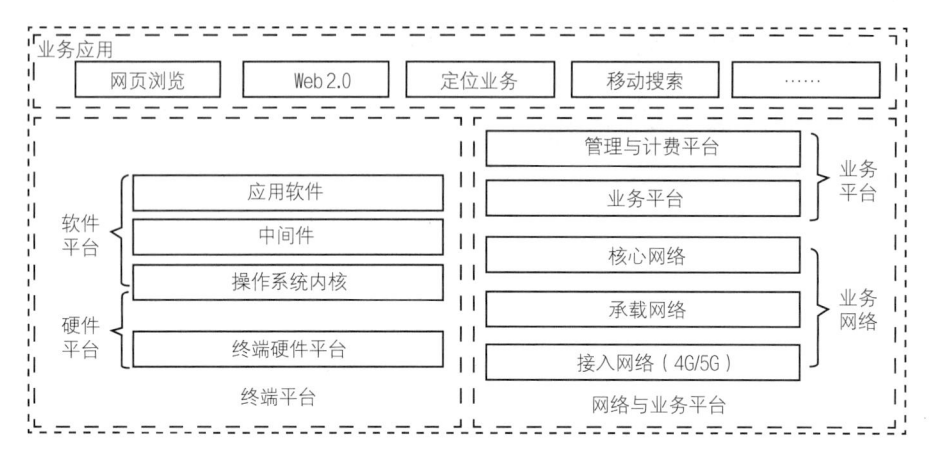

图 2-7 移动互联网的整体架构

从网络上看，除了接入技术的不同，移动互联网与固定互联网在架构上并无本质不同。然而通过深入分析，由于发展特点和阶段的不同，所以移动互联网的终端平台与固定互联网有巨大的差异。相比于固定互联网，移动互联网架构体系的最大特点是非标准化和封闭性。目前阶段，移动终端平台在移动互联网的发展中具有关键作用，移动互联网的业务提供与创新需要终端平台的适配和开放。

移动终端的硬件平台包括 3 种形式，如图 2-8 所示。

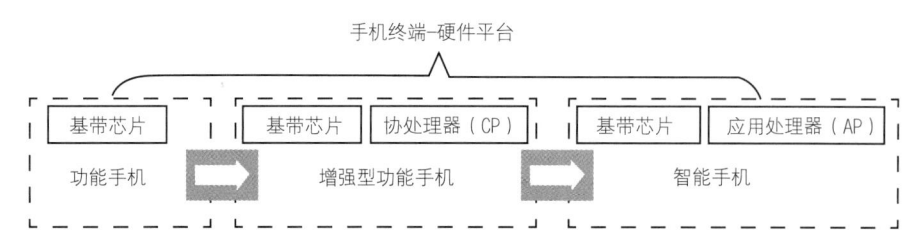

图 2-8 移动终端的硬件平台

（1）所有功能集成在一起的功能手机。
（2）基带芯片和协处理器（CP）分离的增强型功能手机，其中基带芯片主要用于通信功能；而协处理器主要负责多媒体方面的功能。
（3）智能手机内含基带芯片和应用处理器 AP。AP 的功能已类似计算机的处理器芯片，其上可加载操作系统和应用软件，从而构成了一个功能强大的移动计算平台，如图 2-9 所示。

智能手机（smart phone）功能手机（feature phone）

从功能手机到增强型功能手机再到智能手机，移动终端的计算能力和多媒体功能越来越强，呈现互联网应用的能力也越来越强。从趋势看，智能手机是移动互联网理想的平台。

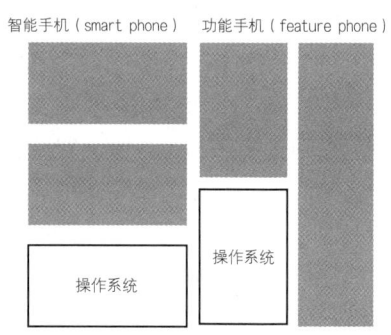

图 2-9 移动计算平台

2. 移动互联网的产业链

移动互联网是移动网和互联网融合的产物，移动互联网业务呈现出移动通信业务与互联网业务相互融合的特征。其应用也正循着传统互联网业务的发展路径前行，从门户、即时通信和搜索拓展到社交服务等。互联网业务移动化日趋明显，而且传统互联网的一些盈利模式正在移动互联网上得以复制。

就移动互联网而言，其产业链更趋复杂，包括终端厂商（MID）、电信运营商、服务提供商和系统开发商等在内的多个成员。因此移动互联网的商业模式也更趋复杂，并且更趋多样化，如图 2-10 所示。

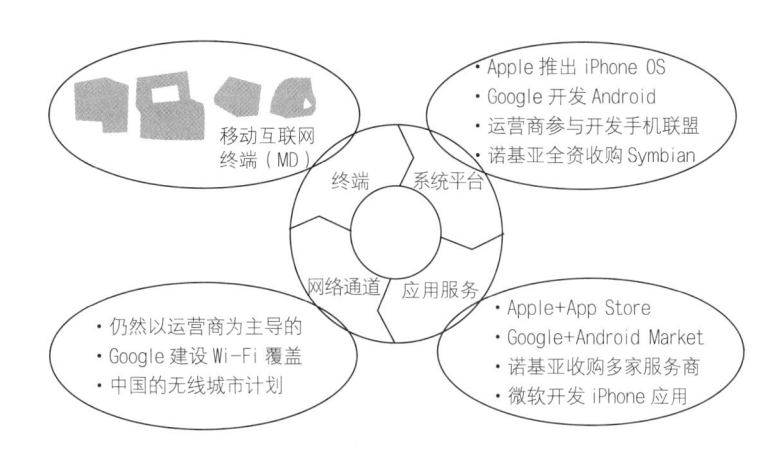

图 2-10 移动互联网的产业链

从国际经验来看，移动互联网产业链中各企业均在争夺标准的制定权，从而实现对整个产业链的主导和企业利益的最大化。具体来看，各企业采取的策略又有所不同。典型的产业链各方转型策略见表 2-1。

表 2-1 典型的产业链各方转型策略

产业链各方	典型代表	转型策略
领先型终端厂商	Apple	全面主导"终端+OS+内容"，增强对产业链掌控力度。封闭的操作系统，仅限于苹果终端 iPhone 的应用，使得应用整合难度大大降低；同时促进终端的销售
追赶型终端厂商	NOKIA	与多厂商合作，提供适用不同厂家和类型的终端 收购塞班，终端内置多种软件服务 OS 操作系统由封闭走向开放
互联网服务商	Google	与多厂商合作，建立开发联盟 推出 Android 操作系统及相应的终端，并内置多项 Google 服务 内置自身丰富的互联网应用 开放的操作系统平台，吸引更多的应用提供者
运营商	NTT Docomo	在其 3G 品牌 FOMA 下推出全新的 i-mode 运用模式 i-mode 模式通过"内容，标准，价格，终端" 4 大关键要素牢牢把控产业链

2.4 物联网

2.4.1 物联网的内涵

物联网是继计算机、互联网与移动通信网之后的又一次信息产业浪潮。物联网对促进互联网发展、带动人类的进步发挥着重要的作用，并将成为未来经济发展的新增点。目前，国外对物联网的研发、应用主要集中在美、欧、日、韩等少数国家。在中国，物联网日益受到重视，物联网产业被正式列为国家重点发展的五大战略性新兴产业之一。

1. 物联网简介

物联网就是带有传感/标识器的智能感知信息网络系统，涵盖了当初的物联网、传感网等概念，是在传感、识别、接入网、无线通信网、互联网、计算技术、信息处理和应用软件、智能控制等信息集成基础上的新发展，是物联网传感技术、通信技术以及计算技术的一个集合。物联网包括传感设备层、网络层以及应用层；传感设备层的主要任务是信息的采集；网络层的主要功能是实现网络的连接管理以及数据管理，目的是将信息送到应用层；应用层运用现代的信息技术来对信息进行处理，最终实现识别、控制、监测等功能。物联网技术目前所面临的最大的问题莫过于统一性的问题。物联网中用于信息采集的传感网就是非标准化的网络，它是一个多网络、多设备、多应用并且相互融合的大的网络，包括计算机、传感器和通信网络，这要求针对通信网络的规划都要发生变化。所以，制定出统一的接口、标准以及通信协议是必经之路。

2. 物联网的意义

（1）物联网是 21 世纪国家综合国力的增长点

无论是从未来发展战略还是从国民经济增长角度看，物联网是国家综合国力的又一新的增长点，在社会发展中占有举足轻重的地位。

（2）物联网促进了国际间的经济合作

随着经济的发展，跨国大公司和国际间经济协作日渐增多。而在这一过程中，物联网发挥了重要作用。企业运用先进的物联网技术来综合管理遍布全球的各种经营业务。物联网缩短了空间的距离，也将国家与国家，民族与民族更紧密地联系了起来。

（3）物联网促进了社会结构的变革

物联网的发展，不但促进了一些新的行业的诞生，"白领"和"蓝领"差别日渐消失，劳动就业结构向知识化、高技术化发展，而且改变了家庭职能和城市化结构。随着信息技术的发展，城市分散化趋向已有显现。这样的分散化可以促使合理利用物质资源，而且大量利用信息产品可以节约物质资源，最明显的是缓解了社会交通矛盾。

（4）物联网促进了人类自身的发展

纵观人类历史，没有哪个时代人与人之间的联系像今天这样密切，不论距离是多么的遥远，通过物联网，人们总是可以自由地相互交流。物联网使现在的人更具有全球意识，具有更开阔的眼界。现在人们更多的是把自己放在世界范围内来思考问题，这样使人更具有了社会性，增加了参与社会、国家管理的机会，使人们能够加强对政府机构工作的监督。

（5）物联网带来了经济效益

作为国民经济组成部分的物联网，它提供的社会经济效益由两部分组成：物联网业自身的经济效益，称直接经济效益；由物联网为国民经济提供的经济效益，称间接经济效益。由于在现代社会的各种经济活动中，使用物联网手段，可以使用户获得缩短空间距离、减少时间消耗和降低费用支出，加速社会生产过程，提高社会生产力的效益。

2.4.2 物联网应用

物联网用途广泛，遍及智能交通、环境保护、政府工作、公共安全、平安家居、智能消防、工业监测、农业管理、老人护理、个人健康等多个领域。在国家大力推动工业化与信息化两化融合的大背景下，物联网将是工业乃至更多行业信息化过程中一个比较现实的突破口。一旦物联网大规模普及，无数的物品需要加装更加小巧智能的传感器，用于动物、植物、机器等物品的传感器与电子标签及配套的接口装置数量将大大超过目前的手机数量。举一个物联网应用与物流的例子——供应链中物品自动化的跟踪和追溯。物联网可以在全球范围内对每个物品实施跟踪监控，从根本上提高对物品生产、配送、仓储、销售等环节的监控水平，成为继条形码技术之后，再次变革商品零售、物流配送及物品跟踪管理模式的一项新技术。它从根本上改变供应链流程和管理手段，对于实现高效的物流管理和商业运作具有重要的意义；对物品相关历史信息的分析有助于库存管理、销售计划以及生产控制的有效决策；通过分布于世界各地的销售商可以实时获取其商品的销售和使用情况，生产商则可及时调整其生产量和供应量。由此，所有商品的生产、仓储、采购、运输、销售以及消费的全过程将发生根本性的变化，全球供应链的性能将获得极大的提高。图2-11展示了未来物联网的应用场景。

1. 交通领域

通过使用不同的传感器和RFID可以对交通工具进行感知和定位，及时了解车辆的运行状态和路线；方便地实现车辆通行费的支付；显著提高交通管理效率，减少道路拥堵。上海移动的车务通在2010年世博会期间全面运用于上海公共交通系统，以最先进的技术保障世博园区周边大流量交通的顺畅。上海浦东国际机场防入侵系统铺设了3万多个传感节点，覆盖了地面、栅栏和低空探测，多种传感手段组成一个协同系统后，可以防止人员的翻越、偷渡、恐怖袭击等攻击性入侵。

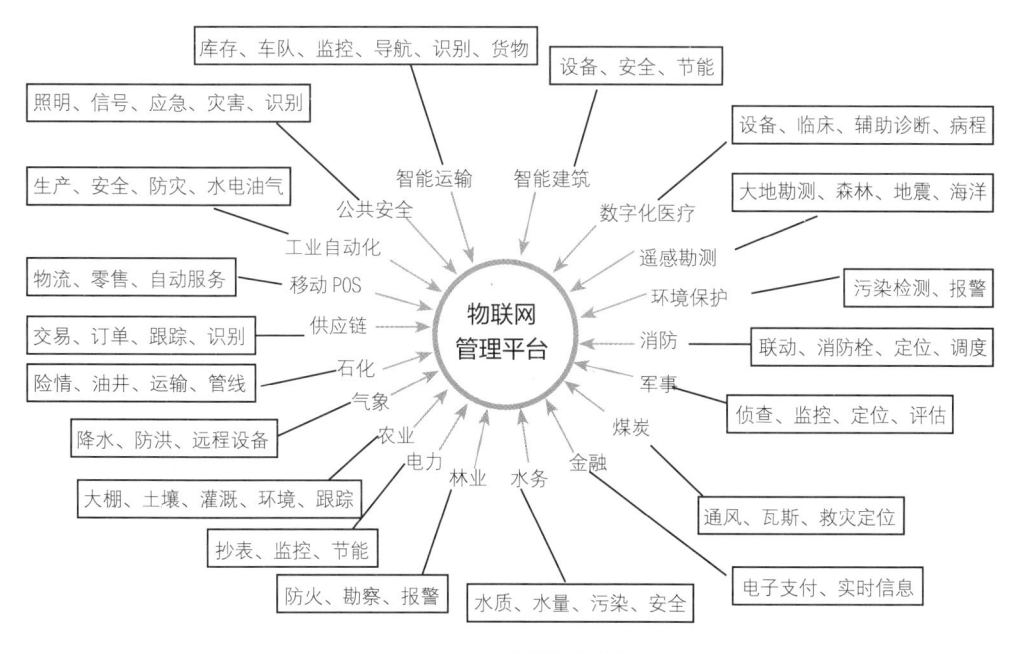

图2-11 物联网的应用

2. 医疗领域

通过在病人身上放置不同的传感器，对病人的健康参数进行监控，及时获知病人的生理特征，提前进行疾病的诊断和预防，并且实时传送到相关的医疗保健中心，如果有异常，保健中心通过手机提醒您去医院检查身体；通过RFID标识与病人绑定，及时了解病人的病历以及各种检查结果。

3. 农业应用

通过使用不同的传感器对农业情况进行探测，帮助进行精确管理。在牲畜溯源方面，给放养牲畜中的每一只羊都贴上一个二维码，这个二维码会一直保持到超市出售的肉品上，消费者可通过手机阅读二维码，知道牲畜的成长历史，确保食品安全。我国已有 10 亿存栏动物贴上了这种二维码。

4. 零售行业

比如沃尔玛等大的零售企业要求他们采购的所有商品上都贴上 RFID 标签，以替代传统的条形码，促进了物流的信息化。

5. 电力管理

江西省电网对分布在全省范围内的两万台配电变压器安装传感装置，对运行状态进行实时监测，实现用电检查、电能质量监测、负荷管理、线损管理、需求管理等高效一体化管理，一年来降低电损 1.2 亿千瓦时。

6. 数字家庭

数字家庭以计算机技术和网络技术为基础，包括各类消费电子产品、通信产品、信息家电及智能家居等，通过不同的互联方式进行通信及数据交换，实现家庭网络中各类电子产品之间的"互联互通"的一种服务。数字家庭提供信息、通信、娱乐和生活等功能。

7. 军事领域

随着计算机信息技术、超大规模集成电路技术和低价、微型芯片技术的不断成熟，物联网时代即将来临，必将给军队作战和后勤保障领域带来深刻变革。美国国防部和各军事部门对军用物联网高度重视，在现有的 C4ISR，即指挥、控制、通信、计算、情报、监视和侦察指控系统的基础上提出了 C4ISRT 计划，强调战场态势的实时感知能力、信息的快速处理和运用能力。同时，物联网将会引发军队物资存储、调用、对接、评估等方式的重大变革。可以预见，物联网将在战场上架起一座物资保障的"无形桥梁"，使精确化物资保障无缝对接战场不再是梦。

2.4.3 物联网产业链

物联网产业链中包括设备提供商（前端终端设备、网络设备、计算机系统设备等）、应用开发商、方案提供商、网络提供商，以及最终用户，如图 2-12 所示。

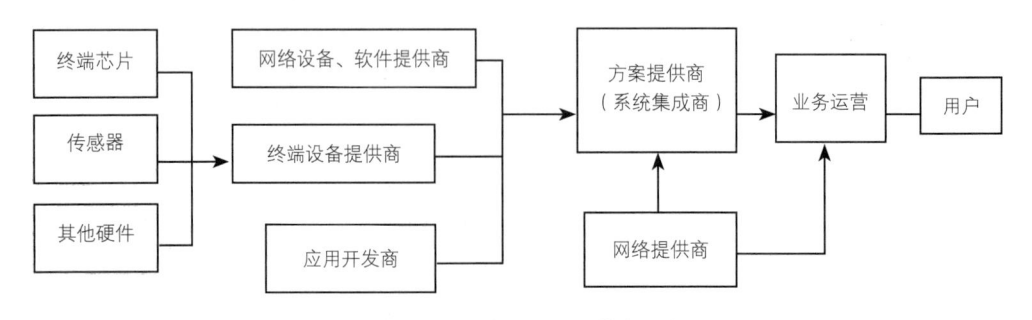

图 2-12 物联网产业链基本组成

初期，业务的推动以终端设备提供商为主，终端设备提供商通过获取行业客户需求，寻求应用开发商根据需求进行业务开发，网络提供商（电信运营商）提供网络服务，方案提供商提供整体解决方案给业务使用方或业务应用方。这种终端设备厂商推动型的模式，虽然能够适时根据客户需求，满足客户对终端设备多样化的需求，但由于市场零星，缺乏规模化发展的条件，市场比较混乱，业务功能比较单一，特别是对系统的可靠性、安全性要求较高的行业应用，该模式下很难得到整体质量保障。随着产业规模的进一步扩大，面临产业规划和统筹发展的问题，包括技术规划、业务发展规划等。因此，在政府引导和鼓励的环境下，利用一定的产业扶持政策，将形成国家统筹指导，需求方主导，科研、设备制造、网络服务等产业链多方通力合作的局面。目前物联网大发展除了技术成熟度外，还面临规模和成本的问题，传感器网络需要使用数量庞大的微型传感器，按照某个市场调查公司预测，预计2020年，物联网传感器节点与人口比例为30：1，即一个人平均将拥有30个节点，这样成本因素将成为制约其初期发展的重要因素。

物联网与其说是一个网络，不如说是一个业务集合体，是由多种类型各异、应用千姿百态的业务网络组成的一个互联网络。目前，物联网的发展正处于起步阶段，仍然面临技术完备性不足、产品成熟度低、成本偏高等诸多制约因素，但目前良好的外部环境，将有利于这些问题的解决。物联网的发展是一个持续长效的工程，点点滴滴的业务推动必将构建出远大宏伟的"泛在网络"。

2.4.4　物联网发展模式

物联网应用发展面临互联网发展初期相似的问题，如何解决内容应用丰富和商业运营模式的问题，互联网虽然到目前为止尚无一个固定的发展模式，但通过开放的内容和形式、采用传统电视广告模式，以及投资者着眼于长线发展等方式逐步解决了整个互联网发展瓶颈。物联网是通信网络的延伸应用，是信息网络上的一种增值应用，其有别于语音电话、短信等基本的通信需求，因此物联网发展初期面临着广泛开展需求挖掘及投资消费引导的问题。

在目前技术背景、政府高度重视的大环境下，需要产业链各方深度挖掘物联网的优势和价值。首先，对于消费者来说，物联网可以提供以下方面的功能优势：

（1）自动化，降低生产成本和提高效率，提升企业综合竞争能力；
（2）信息实时性，借助通信网络，及时地获取远端的信息；
（3）提高便利性，如RFID电子支付交易业务；
（4）有利于安全生产，及时发现和消除安全隐患，便于实现安全监控监管；
（5）提升社会的信息化程度；等等。

总体来说，物联网将在提升信息传送效率、改善民生、提高生产率、降低企业管理成本等方面发挥重要的作用。首先，从实际价值和购买能力来看，企业将有望成为物联网应用的第一批用户，其应用也将是物联网发展初期的主要应用。从企业点点滴滴的应用开始，逐步延伸扩大，推进产业链成熟和应用的成熟。其次，物联网应用极其广泛，从日常的家庭个人应用，到工业自动化应用。目前，比较典型的应用包括水电行业无线远程自动抄表系统、数字城市系统、智能交通系统、危险源和家居监控系统、产品质量监管系统等，见表2-2。

当前，物联网正处于产业发展初期，规模经济不够，成本相对较高。物联网现在的发展与IT业最初阶段非常类似，都有着广阔的市场前景，甚至可以达到万亿元级市场规模，但是整个行业目前都在寻找稳定和有利可图的商业模式。

表 2-2 物联网主要应用类型

应用分类	用户 / 行业	典型应用
数据采集应用	公共事业基础设施 机械制造 零售连锁行业 质量监管行业	自动水电抄送 智能停车场 环境监控 电梯监控 货物信息跟踪 自动售货机 产品质量监管等
自动化控制应用	医疗 机械制造 建筑 公共事业基础设施 家庭	医疗监控 危险源集中监控 路灯监控 智能交通 智能电网等
日常便利性应用	个人	交通卡 新型支付 智能家居 工业和楼宇自动化等
定位类应用 （结合定位功能）	交通运输 物流	警务人员定位监控 物流车辆定位监控等

从物联网广泛的应用看，发展物联网产业将可能会形成以下几种类型的商业模式。

（1）政府买单模式。我国目前大部分物联网示范应用都是由政府买单，而用户自发建设的却比较少。政府为关系物联网发展具有战略性、全局性、示范性的一些公共服务、民生工程买单，有助于产业化过程中加强各行业主管部门的协调与互动，能有效地保障物联网产业的顺利发展。从市场的角度来讲，任何商业模式的确立都需要参与主体的主动性，在物联网领域亦应如此。为后续的发展买单，示范工程在全国的推广应用，这些应该是企业关注的问题。

（2）免费模式。在全球最大的 100 家公司中，有 60 家的大部分收入都源于这样一种商业模式：公司通过向某一类客户收取少量费用或提供免费服务，来吸引足够数量的同类客户，然后再依靠他们来大量吸引另一类客户，而后者贡献的收入将大大超过公司获取和服务前者的成本。"免费"就是这样的一种商业模式。它所代表的正是数字化网络时代的商业未来。因此，当今的网络商业模式中的免费策略仍不失为一种好的选择，例如谷歌和百度。在物联网的产业发展初期，可以先通过免费服务吸引大量用户的关注和使用，并逐渐将其中的一部分升级为付费的 VIP，以更好的增值服务作为交换。

（3）运营商推动模式。运营商包括电信运营商和软件服务运营商，他们依据定位的客户市场和客户群体共性需求特征，充分利用传感技术和运营商的运营服务能力，形成智能终端或其他智能应用，广泛服务于大规模的用户群体，直接带动社会化的应用创新和生活方式的改变。

（4）用户与厂商联合推动模式。这类应用的推动力量来自行业（领域）用户的业务需求，系统集成商或软件产品厂商作为系统的实施方，充分发挥自身技术优势，针对用户需求形成满足行业（领域）需要的智能化服务方案（如环保领域的碳足迹监控系统、智能化城市交通系统等），这类应用将在促进两化融合、保障民生、促进社会生活健康发展方面发挥重要作用。

（5）垂直应用模式。这种模式高度标准化，与企业流程紧密结合，专业性强，业务门槛特别高。在这种模式下物联网应用推进速度非常快，同时需要跟企业实施战略合作才能有效推进。电力、石油、铁路等行业领域都可采取此种模式。

（6）行业共性平台模式。共性是一个行业内往往存在一个或几个大型企业，具有非常强的执行力。这个行业内的企业碎片化，存在很多大大小小的企业，因此该行业的物联网难以规模发展，需要公共平台的支持和服务。另一方面，这样的行业标准化推进难度非常大，需要政府、行业、企业共同合作推进，运营商提供的行业共性平台服务才有市场。

本章小结

通过本章内容的学习，应掌握云计算的服务与技术。云计算是一种新兴的商业计算模型，它将计算任务分布在大量计算机构成的资源池上，使各种应用系统能够根据需要获取计算力、存储空间和各种软件服务。云计算系统运用了许多技术，其中以编程模型、海量数据管理技术、海量数据存储技术、虚拟化技术、云计算平台管理技术和移动云计算最为关键。掌握云计算平台的特点，国外已经有多个云计算项目，主要有Amazon、Google、IBM、Microsoft等。熟悉移动云计算服务的内涵。利用移动云计算的各种无线互联网的服务也将深入人们的生活当中，人们对无线互联网各类服务的大量使用，又将反过来推动技术的发展。移动云计算不仅会流行起来，而且将在各种挑战下不断地发展，而这正是我们的机遇所在。

本章案例

手机招三轮还能微信支付

网上曾经流传一段笑话：有人用手机软件叫车，却来了辆电马儿，乘客愤而离去。现在，这种情况真的发生了。一款名叫"嘟嘟接送"的软件，号称能帮你在成都龙泉驿区叫三轮车、电瓶车、自行车甚至滑板车。

当日下午，成都商报记者使用这款软件，成功叫到一辆电动三轮车，抵达目的地后，用微信支付付款，整个过程与目前流行的手机打车软件如出一辙。

对于这种"新型"的叫车方式，龙泉驿区交通管理局工作人员表示，电三轮、火三轮本来就不能营运。"营运已属非法，这款软件再通过网络的方式，让乘客网络招三轮车，绝对不合法。"

现场体验：手机招三轮还能微信支付。

当日下午，成都商报记者来到龙泉驿区洪河地铁站口，三名年轻人正在发放"嘟嘟接送"的广告宣传单，宣传单上"摩的界的滴滴打车"几个大字分外耀眼。地铁站外，停着一排三轮车，部分三轮车上还张贴着"嘟嘟接送"的大幅广告语。

站在地铁口，成都商报记者通过"嘟嘟接送"，单击了"我要叫车"，定位后，选择了目的地。软件的计价规则是起步价3元（含1公里），里程单价1.5元/公里。如果短时间内没有司机接单，还可以加价叫车。叫车需求发出后，很快，一名师傅接了单。

几分钟后，一辆电动三轮车停在了记者面前，"是你叫的车吗？"在得到肯定答复后，记者坐上这辆三轮车。成都商报记者注意到，这辆三轮车没有牌照，车身上贴满了"嘟嘟接送"的大幅广告宣传画。

"嘟嘟接送"软件显示，这名接单的师傅姓胡。胡师傅告诉成都商报记者，他在上个月下载了软件的司机端，并申请了司机资格，开始跑单。这是他今天用这个软件接的第三单。"昨天接了两单，今天是第三单，现在用的人还不多。"

胡师傅向成都商报记者说明了整个接单的流程，"乘客叫车后，软件会根据距离的远近，推送到附近的三轮车师傅手机上，三轮车师傅再选择是否抢单。如果抢单后就联系乘客，把乘客载到目的地，然后收钱。"

从洪河地铁站到附近的某小区，平时坐三轮车一般需要8元钱，但通过"嘟嘟接送"软件，价格为4.5元。"比平时跑的钱少，主要是挣软件的补贴。"胡师傅说，"如果一个星期接单率达到50%的话，有300元补贴；如果达到80%的话，有400元补贴。"

车到目的地后，胡师傅问："给现金还是微信支付？"记者选择微信支付后，单击确认支付，随后胡师傅的手机显示了金额到账通知。

根据"嘟嘟接送"软件上的说明，成都商报记者看到，与大多数打车软件一样，司机可在每周三选择提款，提出账户上的钱。

（资料来源：成都商报，2015-10-27）

讨论：

"嘟嘟接送"靠的是哪种支付方式？是互联网金融吗？

本章习题

1. 分析大数据的内涵、趋势和前景。
2. 简述大数据在互联网金融中的应用。
3. 简述云计算的概念与特点。
4. 试述国际知名的云计算平台。
5. 试述移动互联网的优点。
6. 简述移动互联网的技术优势。
7. 分析物联网在互联网金融中的作用。
8. 论述我国物联网的发展模式。

第3章　互联网金融模式

学习目标

1. 互联网金融创新的必然
2. 传统金融与互联网融合的三种形态
3. 互联网金融商业模式的发展
4. 互联网金融演进的各种属性
5. 互联网金融商业模式类型

案例导入

余额宝为何能崛起？

互联网，特别是移动支付、搜索引擎、社交网络和云计算等现代信息科技，将对人类金融模式带来重大的变革。回顾过去十年，在图书、音乐、通信、商品零售等领域已发生颠覆性影响。现实金融领域的供给和需求在互联网上直接进行匹配，移动支付、支付宝、余额宝、P2P贷款、阿里小贷等多种形式的金融创新服务应运而生，引发了金融机构脱媒现象，对商业银行支付、融资、金融理财等基本功能带来了冲击和挑战。截至2014年12月31日，余额宝上线约一年半，其交易规模达到了5789亿元，相当于同期北京银行存款8345亿元的70%，跃身全球规模最大的七大货币基金排行榜。同样，百度百发产品在上线的几个小时后，销售规模就超过了10亿元，是余额宝上线首日5000万的销售规模的20倍。如此惊人的业绩，引发了互联网公司和商业银行抢夺互联网基金理财市场，各种类似余额宝的产品层出不穷，"互联网金融"一词受到热议。互联网金融有哪些业态模式？同时，互联网金融作为新兴事物，其发展也不断遭受着争议，因此，研究互联网金融自身存在的模式，找出其对商业银行业务影响的机制，有益于我国整个金融行业的科学有序发展。

对于以"存款立行"的商业银行来说，余额宝类金融产品网络销售，将人们的存款抽离银行体系，已经是严重的打击。而支付宝类第三方支付平台规模日渐壮大，分流了商业银行的中间业务收入，冲击银行作为支付的垄断地位。阿里巴巴等互联网公司还凭借其平台和技术的优势，推出迎合中小微企业融资需求的网络贷款业务。互联网金融大大降低了信息成本和交易成本，对商业银行客户和业务产生持续的冲击。

（资料来源：根据相关资料整理）

讨论：

你还知道哪些余额宝类金融产品？他们的命运如何？

3.1 互联网金融的创新

继农业时代、工业时代、信息时代之后，移动互联网推动了人类社会的又一次巨大变革。互联网悄无声息地从"云端"降临，并在众多看似不相关的行业中生根发芽，涤荡和改造着行业内在的基因和模式。

3.1.1 互联网金融的融合

金融行业也随着互联网的发展和移动互联时代的到来掀起了惊涛骇浪。任何行业任何个体，都要实现内外部信息流和资金流的相互融通。这种与各行业主体和消费者相互联系，利用数据提供服务的相近模式使得互联网服务业天生具备与金融服务业相互交融的基础，互联网企业通过各类金融创新，向金融行业渗透，打破不同金融业态界限，与金融行业相互交融，相互促进与发展。

正是基于互联网与金融融合发展的潜在可能性，可以预见，未来，互联网金融将继续进行行业细分和模式创新，O2O 金融服务、产融结合等领域的蓝海价值将会显现。互联网金融产业整体规模将持续走高，并不断涌现新业态和新商业模式，推动互联网金融走向应用和服务深化的发展新阶段。

想要在这片充满无限可能的领域取得成功，无论是互联网新贵，还是传统金融机构，都需要具备互联网思维，选择最适合自己的商业模式，合理组织金融服务的价值链。金融市场竞争的关键在于有效把控价值链上的核心环节，充分利用拥有的资源和能力，在互联网金融生态系统中选择合理的交易主体，设计合理的交易客体和标的，并充分利用互联网大数据合理定价，进而设计出便捷、合理、风险可控的交易结构，从而在互联网金融的竞争中占得先机。

互联网金融是互联网技术革命与金融创新共舞下的深刻商业变革。在互联网技术下，金融业务会出现新的形态和创新的商业模式，比如 P2P、第三方理财、移动支付等。

从广义上看，互联网金融包括一切以互联网为渠道、工具或流转平台的金融产品和服务，既包括传统金融机构通过互联网渠道销售传统金融产品和基于互联网技术进行金融创新，也包括各种非传统金融机构依托互联网提供的金融产品和服务。从狭义上看，多数时候我们指的是后者。

互联网对金融的突破，其根源来自于计算机技术和通信技术的革新。

日常消费场景的改变，信息数据 24 小时获取，多样化的线上、线下行为数据——这些改变都在倒逼着整个金融体系的革命，当金融行业的参与者、参与内容、参与方式都发生改变时，金融必然要发生改变。

进入移动互联网时代，传统金融产业将发生哪些突破？如果从商业模式的分析视角来看，金融行业的价值空间、交易成本、驱动力、结构形态等都有可能产生突破。

3.1.2 商业模式被互联网技术深刻改变

按照魏炜、朱武祥、林桂平的论著《商业模式的经济解释》所定义：商业模式是利益相关者的交易结构，包括交易主体、交易客体、交易方式、交易定价四个方面。而正如上文所述，从宏观视角来看，互联网金融是互联网从根本上对传统金融行业的一场颠覆性的改革，通过对传统金融行业交易主体、交易客体、交易方式、交易定价四个方面的改进而提升。

互联网金融创新，融入和改造了银行、券商、保险、信托四大传统金融体系，实现了业务创新、模式创新、价值创新，有效改善了国内原有金融产品供给不足的现状，同时促进金融理财需求的快速发展。而受益于智能移动终端和4G通信网络等互联网基础设施的普及与推广，互联网征信的逐步发展，以及多维度数据的低成本归集，互联网行业将与金融行业进一步融合沟通，最终会促使互联网金融继续拓展其边界，为金融改革带来更为深远的影响。

互联网，尤其是移动互联网，为金融行业引入大量新的利益相关者和交易主体，定义了新的交易方式和定价方法，从而产生了新结构、新模式和新金融业态。在我们看来，在这一系列颠覆和创新中，交易结构的改变是互联网金融与传统金融最根本的不同，无论是新的参与方、新的投资标的，还是新的交易方式、交易定价，都在交易结构中一览无遗。因此，从商业模式视角出发，能够较为完整地看清移动互联网对金融业态的改变，进而帮助互联网公司和传统金融机构对产品、对用户、对市场、对价值链乃至对企业整体所处商业生态进行新的审视、设计与改造。

以下将分析商业模式交易结构的四个交易维度，窥探互联网对金融行业的再造。

（1）金融体系的参与主体得到拓展，金融业态更为丰富

借助互联网的力量，万物互联，金融机构能够更强有力地将其金融服务渗透到人们生活的每一个场景，将金融服务交易主体扩展到更为广阔的人群。

在客户方面，互联网技术使服务长尾客户成为可能，让普罗大众也可以享受到金融的个性化服务。在金融业态方面，借助互联网的平台构筑能力，P2P、众筹等新的金融业态纷纷涌现，原先与金融行业无甚关联的企业也参与到互联网金融的大潮之中。

（2）交易客体形式多样化，信息多维度、多频次化

互联网金融背景下，主要的交易客体仍是资本、资产和信息，而依托互联网技术，资本、资产与信息的切割、转化更为方便快捷且容易定价，进而使交易资产类型、交易资金额度范围和交易频次得到极大的丰富和发展。小额长尾资金的利用、小额支付的运用在低成本甚至零成本的互联网交易过程中取得长足发展。

在交易信息方面，互联网时代的信息呈多维度、多频次变化，社交信息、支付信息等行为数据在互联网时代备受重视，成为征信的重要依据。互联网金融丰富了交易客体，更让原先不被重视的数据等资源被重新发现和重视。

（3）交易模式和风险控制手段创新，交易时间和交易场所拓展

互联网有效降低了信息不对称，改变了以往投融资两端的信息封闭性，让投融资方自由交流、定价，进而自主进行资金融通。这些改变促使了金融交易模式的创新，比如绕开金融中介的P2P模式，创造了银行之外的借贷新渠道新平台；而众筹模式则构建了交易所外的股权融资平台。

此外，互联网金融对交易方式的改变还体现在交易时间、场所和风险控制等多个方面：

在交易场所上，原先只能在交易所或银行柜台的交易转移到 PC 或移动端，交易方式更为灵活多变；在交易时间上，很多金融交易可以随时随地发生，更高频次的资金流动更有利于金融"融通你我"的功能；在交易风险控制上，由于互联网的去中介化，更多的交易倾向于投资者风险自担；而信息共享，则让交易更趋透明化和低风险化。

（4）交易定价的变革，改变交易双方的议价力量格局

基于互联网所产生的全面数据，金融行业定价的关键因子不再拘泥于以往的借贷风险模型，而是更多地基于交易主体、客体全面的信用评级和风险信息数据。

此外，互联网金融也改变了交易方的议价能力，长尾客户利用群体的力量完全可以和金融机构议价，改变了弱势客户被动接受定价的局面。

综上，移动互联网时代下的金融业的交易结构有了巨大改变，而这种改变也正是互联网对于金融行业的价值提升和模式改造的核心点。在后面的章节中，本文将继续从商业模式分析视角出发，梳理互联网金融带来的新金融业态的交易主体、交易客体、交易方式、交易定价变革，通过比较传统金融和互联网金融的商业模式，以此发现互联网带来的创新业务和创新模式，进而分析互联网还可以从哪些渠道切入到金融行业，带来新的商业模式。

3.2 互联网金融的演化

为了更清晰地反映金融体系交易结构所出现的新改变，我们从宏观到微观，从基础到应用，将产业体系的交易结构分为三层：基础设施层、接入系统层、应用层。

3.2.1 基础设施层

互联网金融建立和进一步发展的基础，是相关交易结构赖以存在的基本要素。互联网金融的基础设施具体来说包括了支付清算体系、征信系统、交易平台、金融信息安全系统等"硬件"，也涵盖了整体金融法制环境、市场服务体系、社会信用环境、各类规则标准等"软件"，进而构成了整个金融基础设施体系。

（1）支付清算体系。支付清算是所有金融交易乃至所有交易行为的必需环节，也是互联网金融最早取得突破的区域。在第三方支付、银行、银联的竞争与合作下，愈发畅通无阻的支付结算通道，更高频次的支付和交易以及更多便利的支付方法将继续颠覆原有的支付结算体系，创造安全与便捷兼具的支付渠道、工具与方法。

（2）征信体系。在中国，正在进行着多网融合的系统工程，包括政府、公共部门、第三方评价等非借贷信息开始汇入征信系统，尤其是以 BAT 三家为代表的互联网数据正在成为中国政府与外资巨头企业的争抢合作对象。非银行借贷数据（P2P、小额借贷、担保公司）也逐步纳入征信体系，修正信贷风险概率。互联网时代下新的信用风险模型正在改写定价。

（3）资产交易平台。近年资产交易平台的兴起促进了以标准化和证券化产品为主的金融创新产品的发展。资产交易平台可有效促进金融产品的流动性和可交易性，推动金融交易规模的扩大和交易频次的增长。

（4）金融信息安全体系。互联网金融的飞速发展也使其面临愈发严峻的信息安全风险。而金融信息安全体系作为互联网金融的重要基础设施也值得重视。按照中国金融认证中心总经理季小杰的观点，网络信任体系、数据安全保护和电子凭证的推广是互联网金融大厦不可或缺的三块基石。

在当前存在多个金融基础设施主体以及主体间处于割裂状态的大背景下，只有搭建起基础体系和平台，打通底层基础设施，才有望把我国金融生态引向真实信用风险定价的轨道上来。

3.2.2 接入系统层

第三方支付便捷高效地满足了移动互联生活交易场景的多样性需求，是互联网金融基础设施层互相连接的通道，也是各应用层主体最重要的接入端口。

（1）第三方支付有效连接了互联网金融的基础设施层。首先，作为支付结算体系中的重要工具，第三方支付有效增强支付结算体系的运作效率，提高支付结算领域的竞争性；同时，作为交易过程中的信用中介，第三方支付在其虚拟账户累积了交易过程中的信用数据，可有效融入征信体系中；此外，其资金安全保护系统也是金融信息安全体系的重要组成部分。

（2）第三方支付是应用层至关重要的接入端口。无论是面向商户还是面向个人，无论是投资平台还是融资平台，都可以利用第三方支付虚拟账户的入口效应有效导流，从而使第三方支付平台成为潜在的连接投融资端的通道甚至平台。

3.2.3 应用层

各种金融机构实施其资本市场作用的层面，主要连接融资端与投资端。下面我们将按融资端、各金融机构、投资端具体展开说明，同时分析在传统金融体系下应用层的现存矛盾，并通过商业模式工具分析各融资渠道的开闭模式。如图3-1所示。

（1）从融资需求的角度，融资需求可以分为个人融资需求和机构融资需求。个人融资需求相对比较简单，大部分个人融资需求为房屋抵押贷款。这就决定了个人融资可以采用的融资方式相对单一，目前只有通过银行获取贷款。贷款额度较小的，则通过小贷公司获取资金。

在融资端，目前最为突出的矛盾在于融资需求的多样性和利率机制不够灵活之间的矛盾。在利率市场化彻底完成之前，信用风险溢价作用无法全面发挥，从而导致金融机构对客户逆向选择，具体表现为特定阶段（如初创期）、特定规模（主要为中小微企业）或特定行业的企业融资困难。

（2）从投资者的角度，按照投资者的资产规模及风险承受能力可以划分为不同层次，这就决定了该类型投资可选择的投资渠道。传统的保险业务针对风险规避者，投资者选择将风险转嫁给保险机构；银行及债券类产品则是为稳健型投资者所选择；相比而言，券商渠道则是针对有一定风险抵抗能力的个人和机构；信托则对投资者的资产规模有着较高的要求。实际上银行、券商、信托等主体也是投资者，这些金融机构投资者，一方面是作为金融机构为投资者提供金融服务，另一方面也作为一个市场主体，离不开对自身资产的投资，因此银行、券商等也可以进入到投资者行列，进入到不同的投资渠道。因此，投资者可以根据自身的资产规模及风险承受能力，判断自己可选择的投资渠道。

目前投资端存在的重要矛盾在于投资门槛较高，由于传统金融机构成本控制等因素，无论是银行理财产品还是信托产品，都存在较高投资门槛，而大量长尾客户受限于资产规模，缺乏丰富的投资渠道。

（3）从金融机构本身（管道）角度来看，各类金融主体发挥自身资源能力优势，各自占据投融资领域的一个或数个细分市场，在利润丰厚的领域或存业务上的交叉，而由于监管机构的引导，各类金融机构虽有融合趋势，但基本上还是处于分业经营的状态。金融机构本身存在的矛盾在于金融产品无法全面覆盖所有投融资端需求的市场，仍有部分市场需求无法得到满足。

如图 3-1 所示，除了看到原有体系内的固有矛盾外，还有一个重要的发现则是各个投融资渠道的开闭模式。具体而言，虽然我们将图分成三大版块，分别代表资金池的投资端、管道的金融产品以及融资端，但是实际上，并不是所有的金融产品都连接了投资端和融资端，比如说银行的票据业务，小贷公司的小额贷款业务等。这就出现了没有打通的链条，从投资、融资价值链的角度可以很容易理解没有打通的链条是不稳定的。虽然可以认为没打通链条的存在是因为金融机构将自己作为投资者参与到该链条中，但是封闭主体资金的可持续性与直接连通整个资金池管道资金的可持续性是有差别的，这样就存在打通或者被打通的可能性。再者，从纵向上看，不同金融主体间必然存在一定的业务往来，而这些业务往来会受到法律或者主体形态等客观条件的限制，不同主体间交易顺畅程度的不同必然会影响金融市场的效率。而在这需求决定供给的市场上，该种需求必然和提高不同主体间交易往来效率的金融工具同时出现，比如银联的出现提高了不同银行间的资金划转的速度。因此，可以说从纵向上看，金融业态也存在着打通的可能性和必要性。

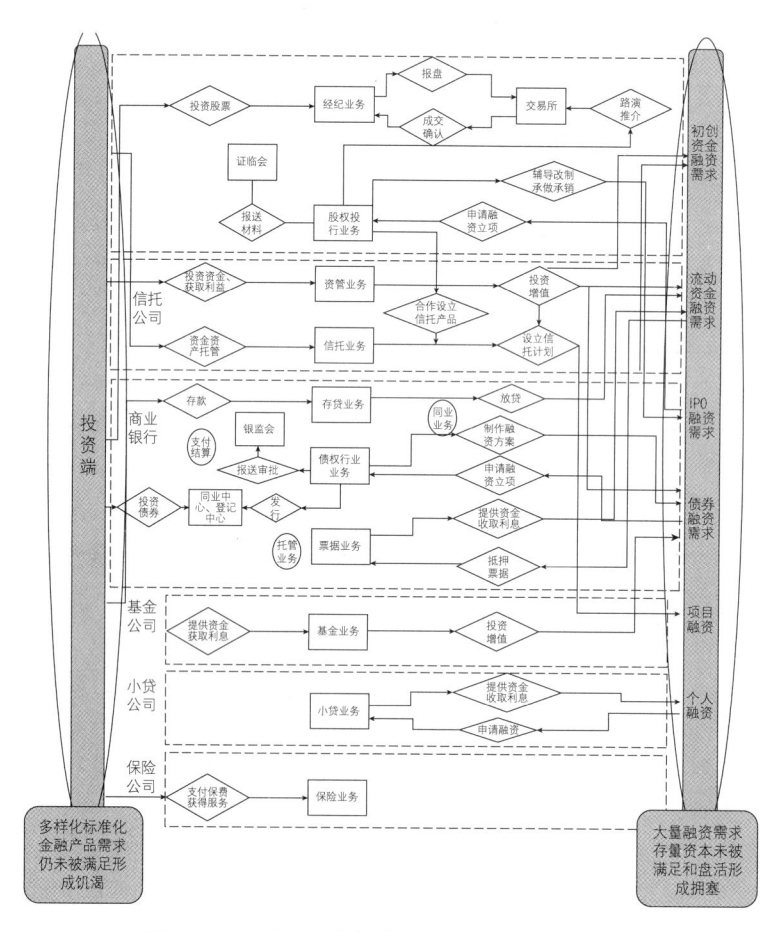

图 3-1 应用层现状与传统金融机构闭合模式图

（为了方便行文的表述，我们采取了统一的图例系统示意企业的业务系统。本文所有业务系统图皆用下述图例表述。）

系统的稳定是系统持续发展的必要条件，一旦存在不稳定点，可以想象，随着时间的推移，必然会有外界对其造成冲击，对原有体系推倒重来，并达到新的稳定状态。近十年来对整个社会冲击最大的当属互联网，从工作方式、生活方式、消费方式看都产生极大的变化，金融行业必然也受到互联网的冲击，而根据自然界的规律，这种冲击必然从最不稳定点入手。比如，P2P影响了小贷公司的小额贷款业务，众筹改变了传统的股权融资，第三方支付冲击了移动支付形式，这些刚好都与图中反映的不稳定点，也就是非连通点相吻合。同时P2P、众筹、第三方支付、移动支付均是对传统金融体系长期存在的矛盾的一种释放，这种互联网金融模式让高端金融走下神坛，逐渐回归到长期以来被抑制的大众投资理财融资需求中。

此外，金融交易是不确定环境下跨时间、跨空间的关于价值、风险和未来现金流的契约行为，而金融机构在契约签订的过程中应充当中介人的角色，风险由契约直接参与的双方承担，金融机构仅仅起到一个风险缓释的作用，并不能代为承担风险。但是我们目前看到的依然是以刚性兑付为主的投资意识，金融机构在这个过程中直接参与契约的制定。而随着金融行业逐渐成熟，必然要求金融机构逐渐转变其角色定位，从参与者的身份回归到中介人的身份，这些在受到互联网冲击下的社会里，其转变速度将有可能大大加快。

3.2.4 传统金融与互联网融合的三种形态：渗透、打通、交融

不管是基础设施层、接入系统层还是应用层，这三层金融体系都将会经历与互联网的渗透、打通、交融。

（1）渗透是指金融参与主体利用互联网"开放、平等、协作、分享"的精髓和各类互联网工具，改造传统金融业务，使其成本更低，操作更便捷，透明度更强，协作性更好，参与度更高，从而实现互联网渠道对金融领域原有业务的渗透。渗透侧重互联网金融在渠道上的低交易成本优势，典型案例为第三方支付对商业银行及银联原有支付结算渠道的颠覆。

（2）打通是指互联网金融利用其渗透性和开放性，用更低成本服务于更多原本被忽略的长尾用户，打通原本不连通的投融资渠道，创造新的金融产品和金融平台的过程，比如余额宝，打通长尾用户与货币基金的隔绝状态，为广大用户提供新的投资渠道。打通侧重新渠道、新平台的建立和新商业模式的产生，P2P、众筹等新型互联网金融商业模式是其典型代表。

（3）交融是指互联网金融发展到更深层次后，资金在各个主体之间直接自由地游走，各金融机构中介作用不断被弱化，最终转变为数据中心和风控匹配中心，进而促进各金融主体和互联网企业商业模式趋向融合的状况，交融阶段只是笔者预估的理想状态，目前尚无典型代表。

上面阐述的均为目前我们整个金融体系的现状和断点，他们都会随着互联网技术的兴起而得到改变。正是因为银行存在种类繁多的账户体系，这才孕育了第三方支付的市场；正是因为中小微企业无法通过抵押获得融资，80%的低净值个人投资需求无法得到满足，这才催生了如火如荼的P2P风暴；正是因为创业团队得到天使基金和VC机构投资的机会有限，才使众筹成为了大家最时髦的社交参与。但是，如何让互联网金融真正从"点状闪现"到"完全交融"，还是要依靠金融基础设施的完善和发展，如果征信、支付清算、网络安全、资产流转的体系建设问题不能得到解决，互联网金融仍然只能在局部绽放，不能真正实现普惠大众的金融。

3.3 互联网金融商业模式发展

3.3.1 互联网金融模式的性质

互联网金融作为互联网与金融相结合的新兴产物,吸收了互联网"开放、平等、协作、分享"的特性,以其参与度更广、心理体验更佳、操作更便捷、交易成本更低、规模效用更大等金融产品和金融服务优势获得了迅猛发展,第三方支付、网络信贷、虚拟货币、电商金融等互联网金融商业模式百花齐放,给传统金融业带来跨时空的颠覆性突破。《中国人民银行年报2013》的统计数据显示,截至2013年末,互联网众筹融资行业发展迅速,全国已有21家众筹融资平台;以"余额宝"为代表的基于互联网的基金销售业务飞速发展,仅通过"余额宝"的累计申购金额就达4294亿元;全国范围内活跃的P2P借贷平台已超过350家,累计交易额超过600亿元;非P2P的网络小额贷款行业不断发展,仅阿里金融旗下三家小额贷款公司累计发放贷款已达1500亿元,累计客户数超过65万家。

2014年3月,国务院总理李克强在政府工作报告中提出,要促进互联网金融健康发展,完善金融监管协调机制,这表明互联网金融凭借其对现代金融业的巨大影响力,已进入国家决策层视野。

互联网金融与传统金融的最大区别在于经济学基础甚至金融理论不同(刘英,2013)。伴随着互联网金融超常规、跨越式发展及其商业模式的不断创新,对传统金融商业模式的冲击日趋强劲。建立在物本经济基础上的传统金融模式,正在被新经济形态下的社会生活人本价值创造性思维理念重新定义,以满足人们心理需求和精神需求为目的,以快速便捷、个性服务、精神体验和网络消费文化等要素为体现的"广义"虚拟价值已渗透到互联网金融的方方面面和整个发展过程,深刻地影响着互联网金融商业模式的价值创造与业态演进,凸显广义虚拟经济对一些传统经济学规则的挑战。对于广义虚拟经济,林左鸣(2005)将其定义为同时满足人的物质需求和心理需求(并且往往是以心理需求为主导)的经济,以及只满足人的心理需求的经济的总和。广义虚拟经济理论对人们的生理需求和心理需求等精神信息都有深刻研究,其实质是基于"生活价值论"的人本经济。因此,本文运用广义虚拟经济理论的研究理念,以经济人类生活对象化的人本价值逻辑为基础,从经济社会、产业组织、消费文化、功能模式等多维分析框架,深刻剖析互联网金融发展演进的本质属性,科学把握其业态再造和模式创新的内生驱动及进化趋势,以期为互联网金融研究提供新的理论视阈,提升对互联网金融发展源泉和价值创造的诠释力、引导力。

3.3.2 互联网金融演进的经济社会属性

现代社会已经实现了现实生活和虚拟社区的完美结合,还实现了现实金融和虚拟货币、虚拟金融之间的转换,而且这种变化已经慢慢地改变了人们的交友、生活和交易方式(向松祚,2013),推动社会经济进入到一个以满足人们心理需求和精神需求为目的,以品牌、服务、体验和文化消费等要素为体现的广义虚拟经济时代。广义虚拟经济价值已渗透到包括金融业在内的社会经济活动的所有领域,并深刻影响着人们的生活方式、消费习惯和需求体验。社会大众的消费态势从传统的基本生活消费逐步向发展型和享受型消费过渡,从随众型、模仿型向个性化和多元化转变,对教育、娱乐、文化、通信、医疗保健、旅游、电子商务等蕴含诸多精神消费的需求更加强烈。单纯的生理需求已经无法满足人类对更高生活的追求,通过创新激活需求、满足精神感受的重要性显著上升。这种虚拟经济现象是人类生活的交换扩大化的产物，随着生理需求的满足之后必然产生满足人类心理和精神需求的价值，将精神和心理需求也纳入了交换的范围，引致传统的物本经济转向社会生活人本价值创造基础上的广义虚拟经济形态。

伴随着经济社会生态的演变，与经济消费形态同步的金融功能也发生了变化。以人为本、注重感知体验、满足用户心理价值和提供个性化服务等金融创新理念向传统金融的强力渗透，成为广义虚拟经济时代金融的使命和功能进化转型的内生驱动力。以家庭为主的农耕时代自给自足的经济，具有较强的区域性、封闭性特征，经济活动较为落后，相对应的金融功能仅是朴实的货币功能。工业时代交通工具的创新和运输能力的持续增长，出现了远距离的贸易、铁路和通信，社会化大生产方式与分工劳动创造了跨地区、跨国界的互动，金融的功能从简单的支付结算再到信贷的出现，进行系统的配置资源。而互联网时代，新型通信工具、社交媒体和网络平台极大丰富了人们信息交流的空间和价值创造的路径，信息壁垒和封闭性被进一步打破，信息的流动在数量、速度等各个环节前所未有地膨胀，甚至出现了跨时空、跨虚实的交互（邓俊豪等，2014）。人们对情感的归宿、精神体验的需求进一步上升，经济发展所需要消费的金融资源成本，将不再局限于传统的货币成本、流通成本，也融合了精神体验、信息传播以及虚拟价值相匹配的虚拟成本，推动金融由服务生产为主转向满足客户全方位需求与价值创造的服务消费为主，并在网络信息技术的推动下呈现出空前的活力。作为金融体系与互联网技术全面的关联交互和延展迭代，互联网金融具有金融的核心功能，融合了移动互联网时代的商业基因、创新思维和消费方式，兼有电子商务属性、金融属性、社交属性和虚拟电子货币属性，创造出不同于传统金融的以服务消费为主的服务体系和商业模式，并以其快速便捷、个性体验及所产生的社交圈层效应，改变了现代经济社会人们的消费习惯和信息获取方式，在追求金融行为更加广泛高效的同时，也满足了社会大众的投资性、普惠性金融需求，打上了关注内心、关注体验、关注精神、关注感受的广义虚拟经济思想烙印，蕴含着人本生活价值重塑的社会经济生态变迁逻辑。

3.3.3 互联网金融演进的产业组织属性

经济社会变迁、互联网技术进步、生活方式提升、价值创造手段革新以及面向大众的传统金融服务滞后，是互联网金融产业组织动态进化的动力源泉。以人本价值创造为核心的新经济发展理念的逐步建立，以互联网为基础的信息技术的广泛渗透，打破了传统企业组织运营的时间、空间限制，催生出新的资源配置与价值创造形态。互联网金融商业模式正是基于现代金融组织以用户需求体验为核心，将人本生活价值化理念融入其中，借助互联网技术和移动通信技术，实现金融信息传递、金融业务拓展、金融服务深化的价值创造形态创新。其产业组织的核心属性体现于互联网系统与金融系统的复杂交织和动态演变，既蕴含着互联网企业和"开放、平等、协作、分享"的互联网精神向金融机构的渗透，也包含金融机构利用现代信息技术创新金融服务模式的业态进化。互联网企业跨界渗透和传统金融机构基于互联网的业务创新，使得原本不交叉的两种产业领域实现了跨界融合。互联网金融的两端，一端是传统银行、证券、保险、交易所等金融中介和市场，另一端是瓦尔拉斯一般均衡对应的无金融中介或市场情形（谢平，2014），其商业模式本质上可归结为介于两端之间的各种金融交易和组织形式，并伴随着持续的交织、耦合与互动，生成新的组织架构和商业模式。

互联网金融产业组织及其商业模式的进化演变，具有典型的广义虚拟经济二元价值容介态特征，亦即融合了以物质态为载体的用于满足人们生理需求的使用价值以及以信息态为载体的用于满足人们心理需求的虚拟价值，并形成使载体及其价值产生质变和进化的运动形态。传统银行业是从支付清算起家的，因而形成了现今主要从事存、贷、汇（结算、清算）的以物理形态存在的金融业务体系，人们可以真实地看到相关单据和操作印鉴等26种实物形态。而互联网金融借助互联网技术的创新发展、广泛传播与受众扩展，以不具有可视性的电子化方式来进行金融活动，并融入了以人为本、注重感知体验、满足用户心理价值和提供个性化服务等要素，具有形态虚拟化、运行方式网络化、人本生活价值化等特性。金融企业在以信息技术为工具展开金融活动中，人本服务的价值创造愈加重要，更强调满足用户的心理需求，让其因享受个性化和差异化的服务而拥有感受价值。并通过在虚拟市场空间中对信息等无形资源的加工利用，使得金融企业自身的价值增值方式摆脱了从有形资源转化为终端产品并销售给客户的传统路径，将价值链上社会大众的主体需求与企业利益整合协调在一起，推动金融市场中的交易可能性边界拓展，金融的交易成本和信息不对称程度大幅下降，在充分满足用户差异化金融服务需求的同时，极大地增加了用户的感受价值，形成具有金融民主化、人本生活价值化特征的产业组织属性和价值创造路径。

3.3.4　互联网金融演进的消费文化属性

在人本生活价值重塑基础上的互联网金融商业模式演进，以其普惠性金融服务、快速便捷性体验及其所产生的社交圈层效应，改变了现代人的金融消费行为、消费理念和消费文化。在广义虚拟经济视阈下，互联网金融消费不仅是狭义上的金融交易行为，也蕴含着丰富的信息消费和精神文化体验。以浏览器视窗界面为窗口的互联网金融交易平台，打开的是一个色彩视觉冲击和多媒体组合的世界，以及碎片化的信息结构和快餐式的文化冲击。作为消费者的互联网金融客户摆脱了时间、空间的限制，被赋予了极大的自由，获得了传统金融媒介无法比拟的消费自主权、消费体验与信息分享。借助互联网平台和社交媒体、社区互动平台，互联网金融创造的"拟态环境"诱导消费者认同其消费理念和服务方式，通过推出创新性的金融产品和满足用户差异化需求的金融服务，增加用户的消费黏性和感受价值，进而衍生出不同于传统金融商业模式的信息传播渠道、生活体验方式和消费文化习性。

与传统金融商业模式相比，参与主体多元化是互联网金融消费文化的重要特征，体现为一种人人都有充分权利和便捷途径参与到金融活动之中并乐享金融服务的新型消费文化。作为具有"活性"的微观主体，个人、企业、金融机构和政府等互联网金融参与主体，各自扮演着资金提供者、资金需求者、资金融通平台与中介、金融监管者等不同角色，并与资金、人才、规则、机制等创新要素以及创新环境形成一个更加宏观的价值创造体系。由多种主体共同参与、不同类型主体间相互关系的有效协调是互联网金融成功实施的基础条件（张玉明、王洪生，2014）。

互联网金融通过网络平台的"聚众"效应，既要调整规范不同参与主体之间的相互关系，又要协同互联网企业和金融机构合作推出金融创新的产品和服务，吸引更多群体的加入，感受更好的精神体验，形成专业化与多元化、个性化与综合化、平台化与生态化的有机统一。其消费文化具有个性化和群体性并存的特点，不仅体现在消费者的群体特征上，也更多地体现在消费者行为模式改变以及消费者虚拟身份构建等心理状态的转变上。互联网金融企业借助网络即时互动的技术手段，通过对消费者的浏览内容、身份、社会圈子、浏览轨迹、消费偏好、历史消费记录等数据的积累、分析和挖掘，来实现线上金融服务与线下客户需求的相互匹配，强化以"客户为中心、精准营销"的个性化服务功能，以此扩大、提升企业的市场影响力和销售业绩，用金融变现所建立和累计起来的客户和数据优势，直接把金融服务整合到服务当中变成自身服务，为消费者提供便捷的通道和贴心的消费体验。在为消费者创造价值的基础上吸引更多用户，用较低的成本将消费者的金融资源消费体验与传统产品和服务有机结合，从而为形成变现用户价值、实现利益回报的企业文化价值奠定基础。同时，互联网金融商业模式交易的便捷、成本的降低、信息的分享以及良好的心理感受，增强了消费者的黏性，刺激了消费者的金融消费欲望，在消费过程中充分享受便利的普惠金融服务，这是蕴含着人本生活价值创造的互联网金融消费文化能够迅速流行并得到消费者广泛认同的一大法宝。

3.3.5　互联网金融演进的模式功能属性

互联网经济的边际效用递增、边际成本递减特征，决定了它可以聚集冷门商品的分散用户，以较低的边际成本打开无数的利基市场。互联网在金融领域的摧毁和重构就是利用互联网活动中的边际效益递增规律使个体金融服务供需模式得到进一步优化，使资金融通的时间、空间和数量边界得以扩展。广义虚拟经济时代，新的人群、新的需求、新的产品、新的服务以及新的交易关系不断涌现，冲击并颠覆着物本经济基础上的传统商业服务模式格局与功能属性。正如林左鸣（2011）所言：正是此类让虚拟价值走上前台的规则变化和观念更新，使商业模式创新成为必要并且可能。商业模式不断创新的根本原因在于满足市场个性化需求的经营理念已越来越广泛地被人们所接受，而这种个性化需求正是背离千篇一律的社会性的虚拟价值。

广义虚拟经济重新定义行业的价值分工、经营链和商业模式，推动互联网金融用新思维、新技术对传统金融的商业模式和服务功能进行创新，其价值创造效用同时体现于有形的实物和无形的服务之上，具有满足生理需求和心理需求的双重功能。互联网金融将金融的业态模式和本质功能加以网络化、场景化、及时化，在融资、支付和交易中介等金融基本功能的基础上，通过移动支付、供应链金融、大数据服务等模式创新和功能拓展，营造新的金融生态圈及其价值创造方式。尽管互联网金融没有改变金融的核心特征（支付、储存、货币流通、信用），但对金融五要素（对象、方式、机构、市场及制度、调控机制）进行了重塑，降低市场信息不对称，帮助服务双方、资金供需双方直接交易，大幅减少交易成本，同时精确对接用户的需求盲点，让金融回归普惠和民主化，让服务更加个性化和定制化，满足用户良好的精神体验，提高资源配置效率和金融服务覆盖率，从而挑战传统金融的二八法则，充分体现互联网金融的碎片化金融、普惠金融的功能再造以及分享平等金融服务的人本价值精神。

依靠开放式的金融平台、人性化的产品服务、交互式的营销手段、傻瓜式的操作流程和扁平化的管理模式，互联网金融模式功能能够把客户体验做到极致，形成用户、前瞻、快速、协同、极致这五大颠覆传统金融的利器。其终极目标显然不只是把产品、服务卖给用户，而是以用户需求和用户体验为中心，通过商业服务模式创新与功能拓展，向用户开放金融服务、金融产品的制定权和所有权，为用户提供带有互联网基因的优质品质生活体验和全新金融消费生态链。譬如，网上银行作为商业银行借助互联网平台以提供新型服务模式的一种金融创新，通过银行网站与公共信息网络以及客户计算机或通信终端的连接，直接向客户提供支付、转账、账户查询等基本服务，以及投资理财、资信管理、信息交流等智能化服务。非银行金融机构的网上金融业务涵盖各类基金、保险等金融产品的网销，是非银行金融机构与互联网的交汇而实现的深化与成长。

第三方支付方式的出现源自于电子商务交易过程中货款支付时间与安全性产生的冲突。网上银行与电商企业联合创造了第三方支付方式解决资金的合理支付问题。互联网金融商业模式演进与功能拓展，既取决于互联网技术对金融业的渗透，也取决于现代社会大众对金融产品和金融服务更高层次的需求体验。

3.3.6 互联网金融模式创新的必然

互联网金融是广义虚拟经济时代金融创新的必然产物，凸显精神信息态的广义虚拟价值对现代金融商业模式的强力渗透与冲击，体现出社会经济生态和人本价值创造平台的动态演进趋势。尽管互联网金融的本质仍属于金融，但与传统金融模式相比有着商业基因、消费动力学机制、进化路径和价值创造模式等显著差异，蕴含着经济社会、产业组织、消费文化、功能模式等多维异质属性。互联网金融的发展演进，是随着人们生活方式的多元化与活动空间的扩展，融入了新经济生活场景和金融活动，进而生成新的金融功能、服务体系及其价值创造模式的现代金融转型衍生品。

互联网金融商业模式演进已成为广义虚拟经济时代金融创新的重要标志与发展趋势，极大地改变着现代金融体系的运作模式和人们的经济金融生活，充分体现了考虑用户的体验和感知，为用户提供便捷、安心、愉快和个性化的金融生活，满足人们的心理需求和感受价值，服务于人们的金融经济生活，这正是广义虚拟经济所强调的"生活对象化"的一种"以人为本"的经济，凸显互联网金融演进与广义虚拟经济的共通之处。正因为互联网金融的发展可能给现代金融体系乃至人类社会带来革命式、颠覆式的深刻影响，如果没有对其发展源泉和本质属性的准确认识及深刻把握，习惯性地按照传统思维和经验制定相关的制度规则，就可能严重束缚、阻碍互联网金融的健康持续发展，这是广义虚拟经济时代构建新的金融体系面临的突出矛盾与挑战。而广义虚拟经济的分析范式与研究理念，以其前瞻性理念和包容性视阈，更加科学地揭示了不同于传统金融的互联网金融发展演进的真实图景和本质属性。

3.4 互联网金融商业模式类型

从渗透到打通再到交融，互联网对金融行业的改造循序渐进，在每个阶段，都会有相应的模式大放异彩。本章研究了 8 个互联网金融创新领域，收集超过 30 个案例，涉及基础设施层、接入系统层和应用层。下面将依次介绍目前互联网金融的主流模式，概述其发展历程、特点和未来展望。

3.4.1 第三方支付

所谓第三方支付，就是一些和产品所在国家以及国外各大银行签约、并具备一定实力和信誉保障的第三方独立机构提供的交易支持平台。与传统支付相比第三方支付主要服务于碎片化的客户群体，提供的是个性化、定制化服务，且偏重于增值服务。

第三方支付介质、场景更加多样，可以更灵活地为企业用户量身订制支付方案，同时与更多商家合作，为个人用户创造更加丰富的支付场景。每一个接口都能创造性接入新的利益相关者，提供的服务更加丰富，其盈利来源也更加多样。

当第三方支付数据积累到一定程度，便不只是提供新的渠道和入口，还能利用交易数据开展更多想象空间。首先，支付流水被加工处理后，可以形成征信数据，成为政府征信体系的有益补充，直接服务于银行、P2P等；其次，第三方支付成为精准营销的数据来源和销售渠道，并最终承担私人理财师的角色。

第三方支付业务本身虽不能直接盈利，但它能将流量和数据引入到其他能够创造收入的地方。所以，无论阿里巴巴还是腾讯，最终也免不了相互竞争抢占支付端口，因为作为基础设施的支付系统和作为接入层的第三方支付蕴含着无限可能。

3.4.2 P2P借贷

中小企业由于缺乏有效质押物和信用记录，加上融资需求量小、频率高的特点，很难从银行处获得贷款。P2P的出现为中小企业找到了新的、快捷的融资渠道。P2P在互联网一推出，便开始如野草般疯长。

P2P作为纯粹的中介平台，实现的是点对点完全透明的交易：借款人在平台发放相应借款标的，投资者通过竞标向借款人放贷。在整个借贷过程中，借贷方资料与借贷相关资金、合同、手续等全部通过网络实现。然而传统银行借贷采取的是资金池的方式，信息完全不透明：借款人既不知道自己的钱借给了谁，贷款人也不知道资金的来源。

P2P充分利用社会闲置长尾资金对接小微企业和个人信用贷款，打通原本彼此隔绝的投融资端，为投资方带来更高交易价值，为融资方带来更充足的资金。在中国，由于信用体系不够完备，许多P2P公司采用了"线上+线下"协同模式，如人人贷就与友众信业合作委托后者进行贷前审核管理，将催收环节外包给第三方进行；同时很多平台充当了借款方的担保者，承诺"本息安全"，充当了信用中介的角色。

P2P的未来发展亟须厘清其在金融体系中的角色定位，而非在银行、小贷公司、保理公司、融资租赁公司或担保公司等既有主体中选择一种或多种功能，再叠加线上发布和撮合的用户交易模式。

3.4.3 线上供应链金融和产融结合

线上供应链金融是基于供应链交易活动，在线提供的贸易融资、支付结算等综合金融服务。线上供应链金融最先由平安银行于2009年率先推出，随着互联网金融的井喷引发了物流公司、供应链服务公司、电商企业、民间金融等众多主体的参与热情，其中以平台类企业借助大数据和云计算技术，通过挖掘海量交易数据为平台商户提供金融服务最为典型。比如，京东集团和阿里巴巴集团利用自身电商平台的场景优势和数据资源，正逐渐深入拓展相应业务，其实践具样本分析意义。

线上供应链金融进一步发展后可能的方向是产融结合。产业与金融的结合是金融手段深入到行业内部的表现。谈及互联网浪潮下产融结合的商业模式，比较成功的是日本乐天集团的"乐天经济圈"。

专栏：日本乐天构建"乐天经济圈"

乐天打造了一个共同繁荣的共生体模式，形成了其无可替代的生态系统——"乐天经济圈"。该经济圈从电商和金融两个方向入手，打造B2B2C电子商务平台，采用联营模式，整合线下商户资源，并构建自己的物流供应链体系。

乐天收入的主要来源就是从给利益相关者提供的各种服务中收取服务费和佣金。这一过程中乐天积攒了海量会员数据，形成了会员数据库，根据这一核心，衍化出目前的六大业务（电子商务、旅游、证券、通信、门户媒体、信用卡和支付），同时在平台层用乐天超级积分来将各个业务打通，又用自己的付费平台和银行来做整体支持，这是乐天成功的关键。

维系整个"乐天经济圈"运营的内核是一个数据系统——乐天超级DB，它是乐天积分平台，囊括了乐天会员属性、购买商品信息、购买历史、购入金额及购买频次等各种数据。该数据库不仅可以存储数据，还会将数据按照会员的人口统计学属性、地理信息、心理属性等特征进行分析之后再返回乐天超级DB。如图3-2所示。

可以看出来，乐天真正的核心竞争力便是对规模庞大的数据的分析、控制、推送和反馈能力，同时这个数据库也是金融业务的核心。如果新用户申请乐天信用卡，乐天便会调取其交易数据进行评价，从而决定是否发卡以及判断信贷额度。另一方面，信用卡又可以完成线上和线下交易，再将消费数据反馈到后台，不断完善超级DB系统。这种产业和金融的水乳交融，使乐天经济圈真正形成了一条良性的闭合产业链，也就是说一旦各个利益相关者进入这一经济圈，便会对其产生依赖。

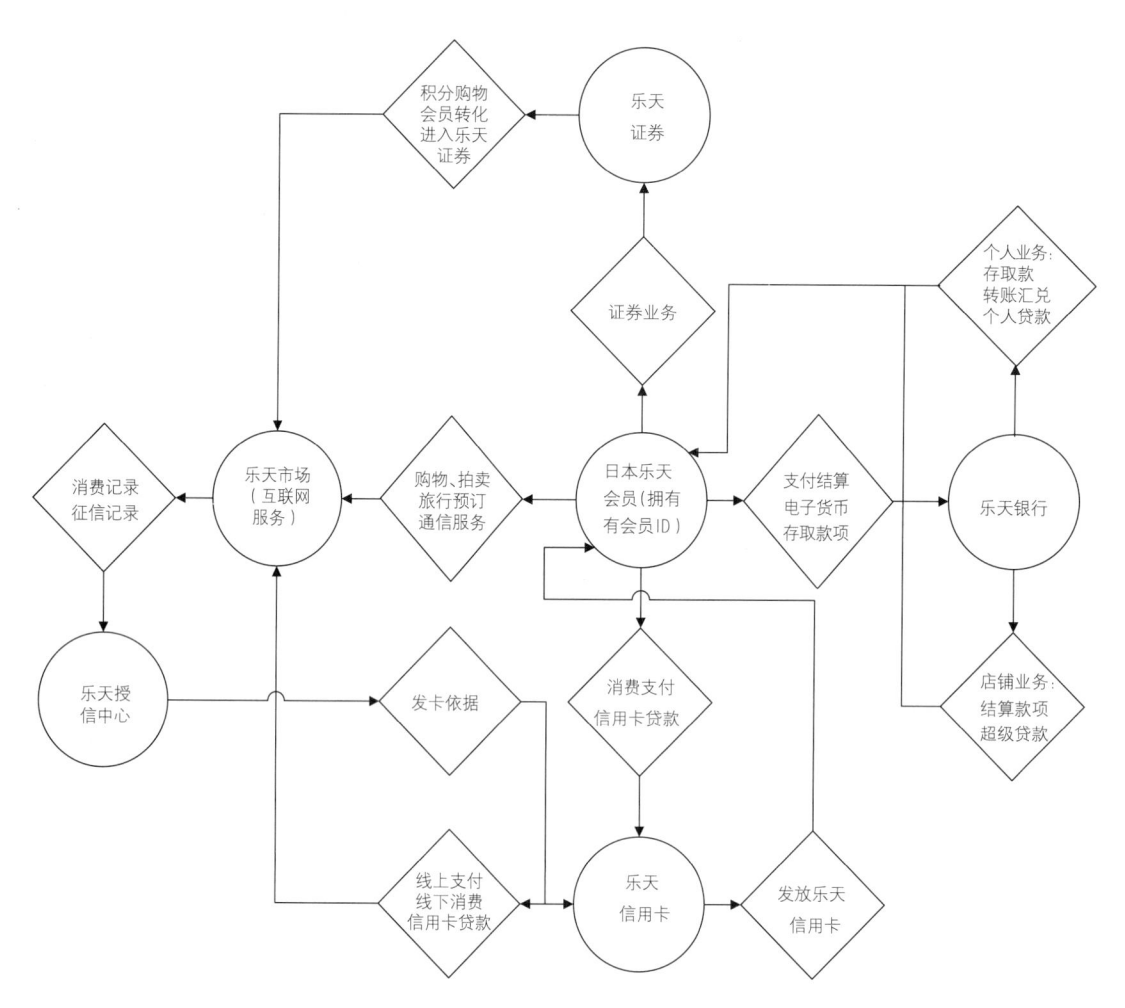

图3-2 产融结合业务系统图（以日本乐天为例）

3.4.4 征信体系

征信行业是金融体系的基础设施。完善的征信体系,便于制定风险价格,优化和促进一系列的金融活动,成为整个金融机制运行的润滑剂。

目前国内征信体系难称健全,征信立法尚未完善。而互联网的发展加快了国内征信行业的发展进程。以互联网技术为核心的线上征信,信息搜集成本极低,可有效利用原先不被重视的社交信息、交易信息等作为信用评价的重要因素。数据分析能力的上升极大提高了信用机构为客户提供解决方案的速度,系统可以根据消费过程中新的行为数据即时甚至于自动做出响应,产生新的营销信息,并立即推送到客户移动终端。

由于 O2O 的持续发展,线上和线下征信的界限越来越模糊,线上线下信用信息逐渐融合在一起,不分彼此,形成一个统一的信用信息数据网。

专栏:美国个人征信机构 Experian 成为以信息为核心的信息服务提供商

Experian 是美国市场份额最大的个人征信机构,并逐步发展成为提供信用报告、决策分析工具、解决方案等以信息为核心的信息服务提供商。

公司目前有四大业务:信用服务(Credit Services),决策分析服务(Decision Analytics),营销解决方案(Marketing Solution),消费者服务(Consumer Service)。信用服务作为公司最基础、核心的业务,对营业收入的占比将近50%,其他业务都是在信用服务业务积累的个人信用数据基础之上逐步衍生发展而来。如图3-3所示。

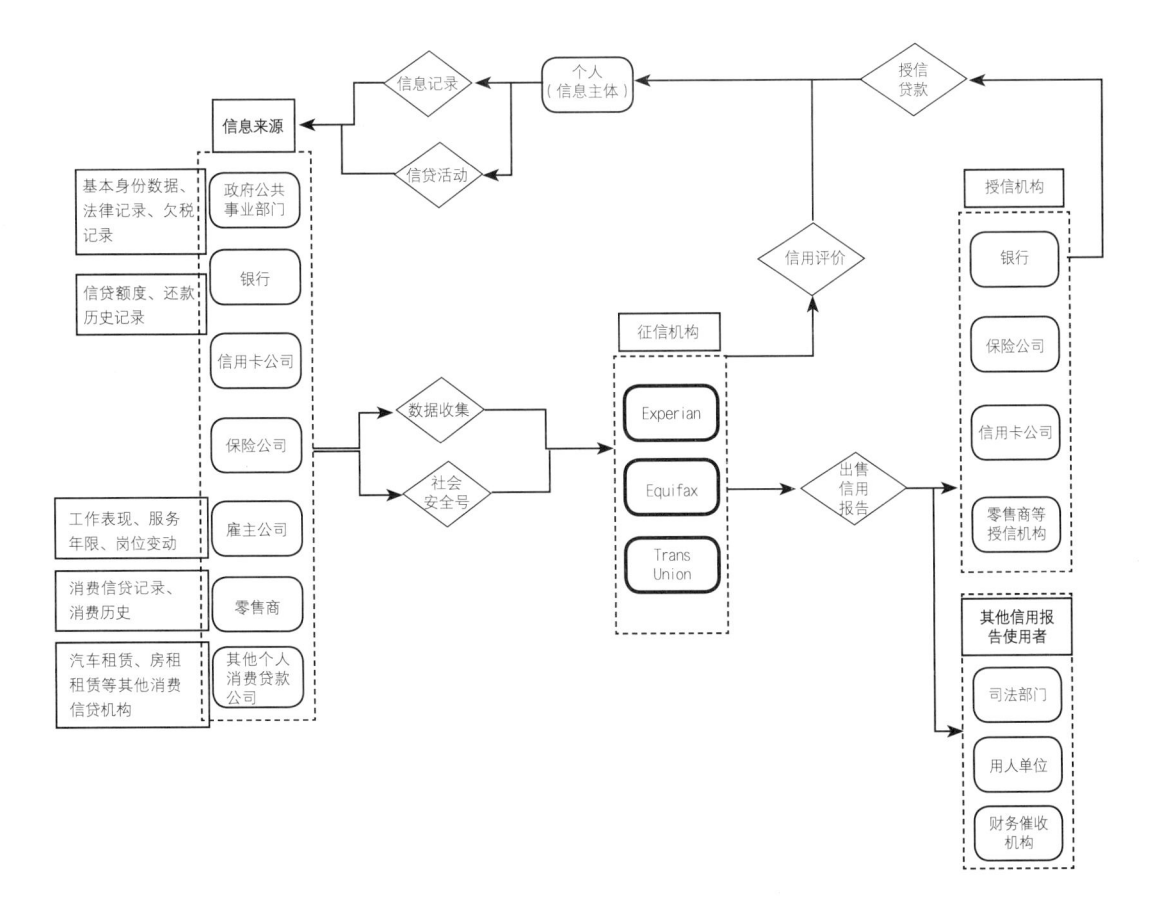

图 3-3 美国征信体系业务系统图

如图 3-3 所示，从企业的主要竞争者提供的产品服务来看，只有 Experian 涉及了四大业务，其他竞争者都是在一个、两个或三个业务上与之竞争。Experian 提供了更为全面的产品和服务。由于信用产品的背后支撑是数据库，不同数据库信息组合产生范围经济的效果也使得 Experian 的多元化产品服务更具优势。

征信公司 Experian 的盈利方式依靠销售信用报告、出售信息数据、信息数据处理软件、工具以及提供信息解决方案来获得收入。因此其主要的成本支出在于人力成本和数据的获取成本。与公司的主要业务相对应，公司的主要客户集中在金融行业、零售行业以及直接面向消费者的信用业务。公司在 2013 年不断扩展新的行业客户，使客户的构成更加多样化，2013 年新增的行业包括了科技传媒以及医疗业。拥有大数据作为基础，通过不断挖掘数据本身的价值以及不同数据相组合后产生的信息，公司还可以扩展更多有潜在需求的客户。

3.4.5 众筹融资

众筹是指项目发起人利用互联网，发动众人力量，筹集资源、能力和渠道，为小微企业或个人进行某项活动、项目或创办企业提供必要的资金援助的融资方式。如果说 P2P 是互联网金融时代的新型债权融资渠道，那么众筹（尤其是股权制众筹）则是互联网金融时代的新型股权融资渠道。

众筹的参与者一般是发起者、支持者和平台，其中平台作为连接发起者和支持者的媒介，借用互联网搜索技术和数据分析技术，将众筹发起者和支持者相互匹配，从而更好地确保投资者或者是支持者便捷地搜寻到投资标的，而发起者（或是融资者）顺利募集到资金或其他资源。也就是说，作为平台，其主要职责是撮合筹资者和投资者，消除信息不对称，促进项目成功。所以对于项目的初步创意、产品设计、后期运作、风险控制不需要影响，而是将主要的资源用在项目筛选分类、项目包装和宣传建议上，促进支持者和发起者信息的沟通。

众筹模式也是借助互联网低交易成本的优势，筹集个人闲置或项目支持者的零散资金。众筹融资额度偏小，渠道来源宽广，事实上是打通了长尾投资者与股权融资者的通道，为小微企业和个人项目活动提供更宽广的融资渠道。相较于其他股权融资模式，众筹可以实现低门槛创业，能够有效预测市场需求和市场响应，同时可以实现低成本的市场推广。

当然，众筹模式不仅仅有股权制众筹，还有诸如债券性众筹、奖励制众筹和募捐性质的众筹等，其目标都是实现资金供求方自由匹配，双向互动，实现一对多的资金募集。作为互联网金融最引人瞩目的模式之一，众筹因诸如监管和国内对公开募资的规定等诸多限制因素仍然无法发展壮大，仍待政策完善和立法的规范。

3.4.6 互联网理财

互联网第三方理财是指独立于银行、信托等传统金融机构，独立分析客户财务状况和理财需求，为客户选择投资工具，提供理财规划的中介机构。在互联网兴起之前，只有高净值客户才能享受第三方理财公司的专业理财服务。互联网兴起之后，第三方理财的客户范围拓展到了广大的普通客户，采用原先不能低成本使用的投资工具得以有效汇聚大量闲置资金，购买相应的金融产品。

移动互联网从两方面有效突破了制约第三方理财业务发展的桎梏，放量增长的潜力值得期待。一方面，理财产品可以在随身携带的移动客户端上提供，解放了理财者的作业空间；另一方面，互联网金融的低成本优势可以方便快捷地汇聚闲置长尾资金，满足碎片化的理财需求。并且，在大众理财需求得到满足的过程中理财意识与习惯也将得到培养与强化，从而增强用户黏性和创造更多的理财需求、带动更多的理财供给。面向未来，第三方理财产品不仅要颠覆基金业，还将更深度扩展资产管理和财富管理，不断为客户创造价值。

专栏：美国 Mint 定位普通家庭中的理财者

Mint 是美国个人理财软件中最为成功的案例之一。传统的第三方理财定位于高净值客户，而 Mint 则定位于美国和加拿大普通家庭中的理财者。

Mint 的商业价值是非常可观的。Mint 的利益相关者包括用户、理财产品供应商。用户可以将储蓄、贷款、投资、退休金等多个账户与 Mint 账户绑定在一起，用户可以在 Mint 这一个平台上快捷地查询其他账户的信息。Mint 为用户提供数据分析与统计的功能，并根据用户的信息为其制定理财方案、推荐最省钱、最赚钱的理财产品。银行、基金公司、保险公司等传统金融机构为 Mint 提供理财产品，Mint 向用户推荐购买，并从中收取佣金。

Mint 奉行互联网普惠化、大众化的原则，向用户提供免费的理财服务，良好的用户体验为其积累了丰富的用户资源。这种向用户免费、向金融机构收取佣金的盈利模式简单易行，为 Mint 带来不少利润，众多其他理财软件也纷纷效仿。

3.4.7 互联网巨头切入金融

BAT 三家互联网巨头对互联网金融的发力体现了资源能力出发点的差异。百度百发的起点在于百度的海量信息和搜索技术，打通的是搜索和理财；阿里巴巴余额宝的起点在于支付宝的海量存量用户和资金，打通的是电商交易和理财；腾讯微信支付的起点则在于微信的社交关系，打通的是社交和支付。

当然，由于互联网的技术更具备普遍性，巨头间的竞争也逐渐出现"你中有我，我中有你"的局面：阿里巴巴的支付宝移动端加入了社交元素；腾讯的微信支付加入了交易关系，微店、打车，都是有益的尝试。

随着移动互联网的深化演进，每个人的不同属性和场景都会被切割的无限细，从而会出现两种背离的趋势，在不同场景、不同属性下采用不同的业务，或者不同业务之间形成场景、属性的整合。所以，小到支付宝和微信支付的竞争，大到 BAT 甚至京东的互联网金融竞争，都会呈现越来越复杂的趋势。你中有我，我中有你，竞争与合作共存、交替出现，在未来将成为一种新常态。

专栏：腾讯微信支付

微信及第三方支付平台财付通共同创新的移动支付产品——微信支付，目的是为大众微信用户和商户提供更便捷的支付服务，其中财付通为微信提供支付及安全系统，其主要应用范围：线下扫码支付、公众号支付、Web 扫码支付。目前为止，微信支付支持好友转账、条码刷卡付款、话费充值、理财通购买、微信红包、Q 币充值、微信电影票、飞机票、大众点评、嘀嘀打车、信用卡还款等各类功能。

微信支付是联通 O2O 的超级生活服务平台，实现 O2O 闭环，满足线上用户的线下需求。微信支付打通了电商渠道，同时为微生活和 O2O 微店打下了坚实的基础。

3.4.8 传统金融机构接入互联网

互联网金融的不断涌现，给传统金融机构带来压力的同时，也促进了传统金融机构进行金融创新。

金融本质上是不确定环境下跨时间、跨空间的关于价值、风险和未来现金流的契约行为。核心有两点：第一，对不同资产形式的转换和风险定价；第二，打通产业与金融的链条，形成真正的产融结合。而这两点，传统金融机构都具备一定的先天优势。

平安集团的探索正迎合了以上两点：上海陆家嘴国际金融资产交易市场股份有限公司（以下简称陆金所）的出现和高速发展，实质上是把银行传统的票据等资产形式，通过互联网技术进行风险定价，并借助P2P的互联网交易方式实现了与客户的去中心化无缝链接；平安银行橙e平台的推出则在于借助移动互联网技术和交易思维打通产业与金融，目标在于实现真正的互联网时代产融结合。

此外，传统金融机构通过把传统金融业务电子化、互联网化，也可以实现"触网"的目标。国金证券与腾讯的合作即是传统业务借助与互联网巨头的联手，形成商业模式上的互利共赢。

总而言之，互联网金融是互联网技术变革下的金融创新。互联网金融创新对传统金融机构是机遇还是挑战，考验的是应对态度、业务设计、产品创新和商业模式。

专栏：平安银行橙e平台

平安银行"橙e网"，一个集网站、移动APP等各项服务于一身的大型平台，意在帮助中小企业建立更加完善的"电子商务 + 综合金融"的生意管理系统和营商生态。如图3-4所示。

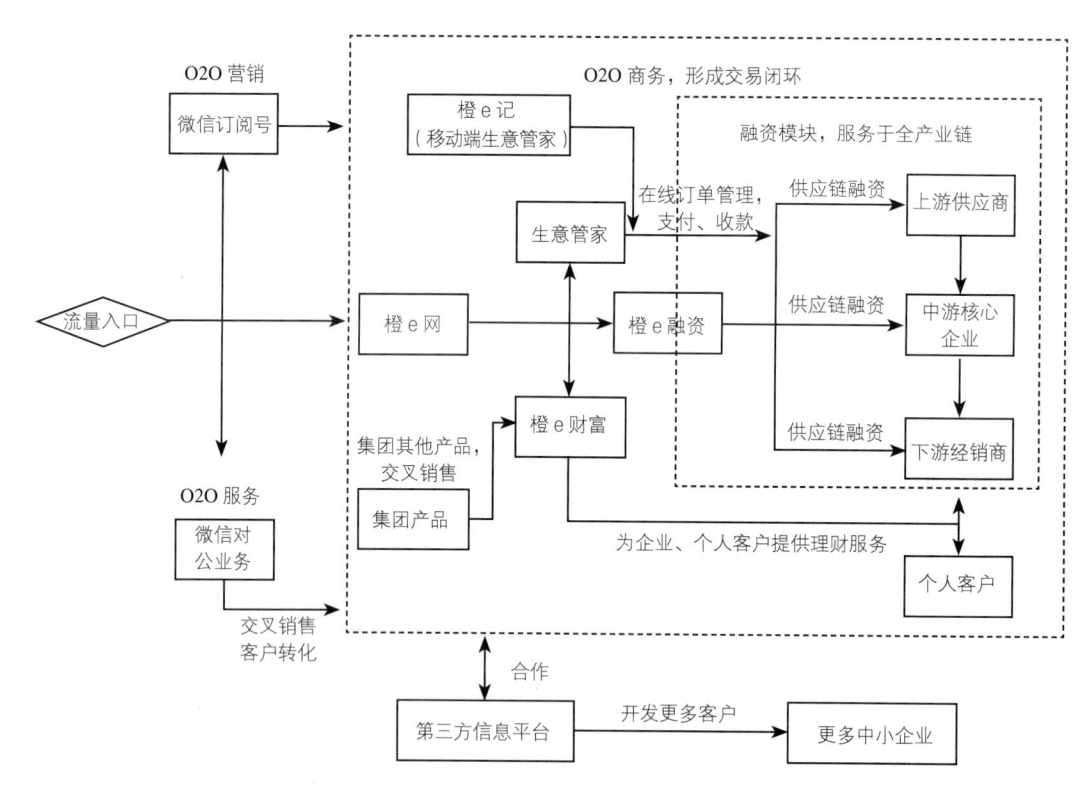

图3-4 平安银行橙e平台业务系统图

橙e平台中的橙e财富、橙e融资以及第三方信息平台有着特殊的意义。橙e财富将融资扩展到资产管理领域，既可以探索进行一些类资产证券化的服务以应对界外机构竞争，同时也为平台上众多B端用户（企业）的具体经办人C提供了一站式理财增值服务。

而橙e融资则可以服务于供应链的全链条企业，不仅仅是上游企业。

橙 e 融资将第三方信息平台作为批量获取供应链金融客户的战略合作伙伴。供应链金融 3.0 时代是平台与平台之间的竞争，而第三方信息平台，特别是细分行业的深度垂直产业互联网平台，是橙 e 融资直接介入合作的对象。

同时，橙 e 网与政府、企业、行业协会等广结联盟，广泛汇聚企业的价值信息数据并探索基于大数据挖掘创新网络融资服务。橙 e 网秉承供应链金融领先优势，通过形成"订单、运单、收单"闭环数据，集成"价值信息＋供应链信用"，新近推出了一系列网络融资产品，如与大型超市服务平台——合力中税合作推出"商超供应贷"；与海尔电器日日顺平台推出"采购自由贷"；与上海电子口岸的东方支付平台推出"货代运费贷"；与行业垂直类电商惠海国际推出"赊销池融资"；与跨境供应链服务平台—达通推出"在线贷贷平安"；与各地政府、产业园区合作基于纳税人在税务机关的纳税记录推出"橙 e 税金贷"等，帮助中小企业借助商业信用、交易信息和日常经营管理信息，有效降低信贷门槛和借贷成本。

与此同时，橙 e 平台还将微信订阅号、微信服务号、橙 e 网建成"O2O 营销""O2O 服务""O2O 金融电商"的协同互动架构,形成微信订阅号营销导入流量、橙 e 网电商经营流量、微信服务号以服务转化流量的良性循环。平安银行公司微信服务号积极探索网络虚拟平台与银行线下网点的互动创新，率先推出微信开户、票据贴现预审预约等 O2O 服务，迄今已有近 3 万企业享有该项特色服务，持续向橙 e 网转化流量客户。

整个橙 e 平台已经形成了一个闭环交易系统,打通了供应链金融的全部环节。总而言之，橙 e 网让平安银行在银行业的创新能力、互联网思维等得到了社会公众的进一步肯定。

3.5　互联网金融的未来格局

通过上面对目前主流互联网金融的多种模式的陈述，我们认为：互联网金融体系取代传统金融体系的时刻还没到来，也许永远都不会到来。互联网金融和传统金融的未来关系应该呈现出"你中有我，我中有你，彼此辉映，相得益彰"的图景。

完整的现有图景可以用图 3-5 做一个概括：基础设施层、接入系统层、应用层都存在不同程度的渗透、打通、交融。在时间上，渗透、打通、交融是不同的阶段；但由于金融体系不同产业层面的发展存在时差，因此从某个时间点看，渗透、打通、交融将呈现同时存在的状态。

具体而言，征信在金融基础设施这一层里面算是开始与移动互联渗透，因为人们的线下线上行为开始得到企业或政府的重视，多个互联网大数据创业团队也以此来提供人性化的征信报告。

间融和直融通过 P2P 和众筹打通了以往传统金融机构不怎么关注的长尾市场。第三方理财仍属于摸索阶段，人们对第三方理财软件仍在培养信任和使用习惯阶段；在交易方式上，有待转变为真正的定制化个人理财方案而不是简单的产品销售；在风险意识培育上，还有待"刚性兑付"的打破，并迎来理财产品第三方专业评价市场的发展。

线上供应链金融成为各银行竞相争夺的战场，大家都在铺设昂贵的供应链系统，引发了 IBM 等咨询系、华为等技术系、银行等金融系人才的创业潮。产业链上企业未来将会实现互联网化和移动互联网化，实时跟踪到物流、资金流、信息流、人流，但实现产融结合还为时尚早。

车辆保险、意外险、旅游险等简单险种基本实现了互联网化，但寿险类产品仍处于原始的代理人线下销售状态，泰康率先玩起了"微互助"防癌险，保险资金的投入开始实现透明化和购买过程的社交娱乐化。

因此，就目前而言，在整个金融体系的互联网化进程中，旧的界限正在被打破，但新的结构还远远没建立起来。

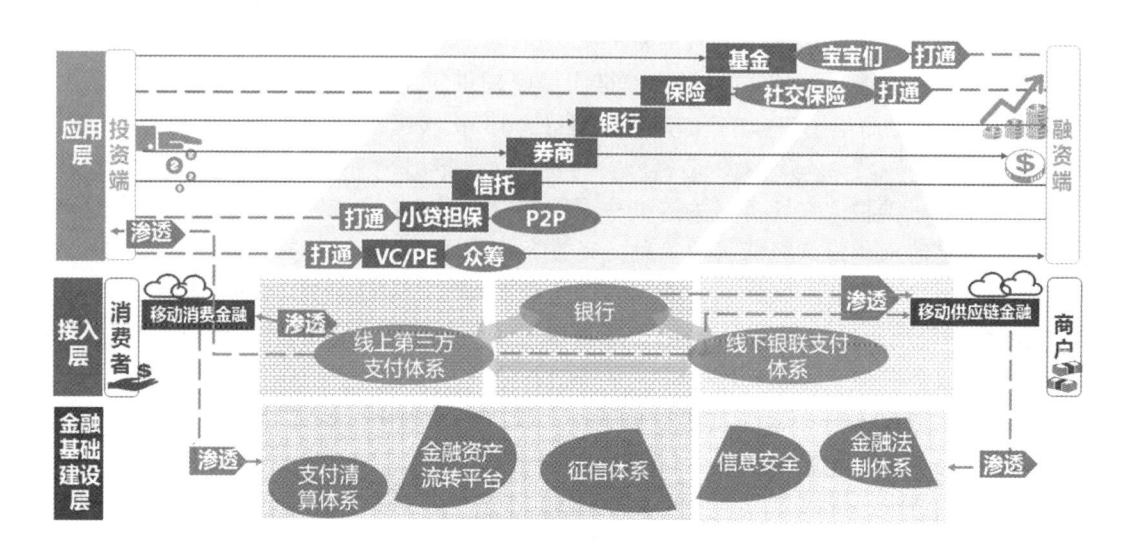

图 3-5　互联网金融和传统金融相互渗透、打通、交融

本章小结

通过本章的学习，应首先掌握互联网金融的创新原理，由于互联网金融的融合能力，金融商业模式被互联网技术深刻改变导致了互联网金融的产生。要掌握互联网金融的演化进程，熟知它的基础设施层、接入系统层和应用层，理解传统金融与互联网融合的三种形态。本章的核心是互联网金融商业模式发展，包括互联网金融模式的性质、互联网金融演进的经济社会属性、产业组织属性、消费文化属性和模式功能属性，因此，互联网金融模式创新是必然的。要掌握互联网金融商业模式类型，如第三方支付、P2P 借贷、线上供应链金融和产融结合、征信体系、众筹融资、互联网理财、互联网巨头切入金融，以及传统金融机构接入互联网。

本章案例

焦点访谈：莫让微信成"危信"

央视网消息(焦点访谈)：微信是这两年在手机用户中非常火的一款聊天交友工具。它不光能和朋友聊天、发信息，还有很多其他新鲜功能。微信好玩、方便，吸引了很多人，可也有人在玩微信的时候，玩出了意想不到的危险。

玩微信：年轻人的新风尚

微信是2011年面市的一款新型聊天工具，使用者可以通过手机网络和好友之间进行语音短信、视频、照片和文字交流。不到两年的时间，它的注册用户已经超过了2亿。玩微信成为了很多年轻人的新风尚。

记者随机采访了超过30位市民，除了两位中年人不知道微信外，其他人都是微信用户。在微信里，查找"附近的人"就是通过手机定位，能搜索到距离1000米以内使用微信的人，而"摇一摇"能找到跟你同一时刻摇晃手机的人，如彼此愿意，就能加为好友互相聊天。年轻人交朋友大多讲究新鲜和缘分，微信功能受到了很多人的欢迎。

微信交友带来的杀身之祸

通过定位功能来找人，是手机微信这个新型交友平台和以往其他交友方式的根本区别，但现在大家都习惯于享受这一科技进步所带来的便捷和乐趣而忽略了使用者的复杂性。微信有一个位置发现功能，在100米到1000米范围内，使用者能找到需要攀谈的对象，作为交友来说是很好的事情，但它同时也拉近了被害人和犯罪分子的距离。

徐小红今年36岁，是昆明一家服装店的老板，离异后一直独自生活，今年2月份，一个偶然的机会，她通过微信的定位功能发现并结交了一山东籍男子尹某，两人很快结成了男女朋友。

其实，徐小红的这位男友已经有一位交往多年的女朋友，玩微信只是为了排遣寂寞，他并没有跟徐小红长远在一起的打算。但微信上的你来我往，却让徐小红彻底放下了防备。在和尹某交往不久，她就向尹某透露，自己有一笔50多万的拆迁补偿款，此时尹某因为生意失败急于用钱，这让尹某打起了这笔钱的主意。

5月24日21点33分，徐小红离开服装店下班。此时，尹某和他的两名同伙已经带好头套，埋伏在徐小红店外停车场内等待着她。三人逼她说出银行卡密码，但是当他们去拉受害人的时候，受害人就惊叫起来，他们就把受害人脸部压在水沟里面，受害人就溺水身亡了。

徐小红怎么也没想到，微信结交的缘分带来的竟然是杀身之祸。

微信有危险，使用需谨慎

今年以来，通过微信犯罪的案例时有发生。据统计，从2015年12月到2016年2月，杭州警方共接到与微信有关的诈骗、盗窃案件近20起。重庆市公安局和广州市公安局都在其官方微博上特意提醒使用微信的年轻女性注意安全。那么，与以往的QQ和电信犯罪相比，刚面市不久的微信为何如此频繁地成为了犯罪分子的作案工具呢？

业内人士指出，微信绑定在手机上，用手机随时随地可以登录；微信倡导导入通讯录好友，真实名字、真实照片，给人感觉这是一个非常真实的社区，大家的提防心理会小一点。

其实微信中的个人信息同样是真假难辨，28岁的云南蒙自青年彭某是个微信迷，对微信的产品特性了如指掌。与一般人不同的是，他有多个微信号，其中有一个微信号竟然是冒充女生注册的。

彭某已失业一年，房租、车贷已经花光了他所有的积蓄。用"李婷"的假身份，彭某只搜索有钱人，如果对方不符合他所认定的条件就立即删除。不久后，彭某在众多微友中锁定了一个目标王某。

为从这条大鱼身上搞点钱花，彭某进行了周密的策划。他让女朋友杨某冒充"李婷"去跟王某见面，然后实施麻醉抢劫的计划。彭某把十片安眠药磨成粉末交给杨某，让她趁机在聊天过程中下药。

就这样，王某在不知情的情况下喝光了混有安眠药的啤酒，两人于19点55分离开酒吧回到了王某的车上，十分钟后，王某就昏迷了。随后赶来的彭某抢走了王某随身携带的欧米茄镶钻金表、金首饰、手机、现金等，折合人民币317600元。所幸的是，彭某和杨某在案发第二天就被警方抓获，除15000元现金外，其他赃物都被追回。

警方提醒，在使用微信时一定要慎重发布个人信息并在确认对方身份和自身安全的前提下见面，使用过程中及时关闭手机定位功能。

被骗财、骗色甚至丢掉生命，有网友就这样说，"微信有危险，使用需谨慎。""微信微信，只能微微信。"2年，2亿多用户，说明微信深受用户的欢迎，但一个个案例提醒人们，微信在给人们带来快乐和便利的同时，也可能给不法分子可乘之机。今后，像微信这样的聊天工具还会层出不穷，在使用它们的时候，如何保护我们的个人信息不被泄露，保障我们的人身安全不被侵害，这是使用者、运营商和相关管理部门都要面对的新课题。

（资料来源：CCTV2，2012-12-10）

讨论：

你用微信时遇到过危险情况吗？如何处理？

本章习题

1. 为何说互联网金融是创新的产物？
2. 试分析传统金融与互联网融合的三种形态。
3. 试论互联网金融商业模式发展的脉络。
4. 试述互联网金融演进的各种属性。
5. 举例说明互联网金融各类商业模式的特点。

第 4 章　互联网银行

学习目标

1. 互联网银行的概念与属性
2. 互联网银行崛起于大数据征信技术
3. 互联网银行的价值
4. 互联网银行的效应
5. 美国互联网银行的发展模式与启示
6. 互联网银行的发展实现普惠金融
7. 互联网银行风险管理体系建设

案例导入

银行卡密码泄露案

2002年10月，洪某在永嘉某银行罗浮营业所申办了一张银行卡，作为经商业务上存取资金之用。2005年2月2日，洪某发现卡上的10.25万元被人以网上交易的方式转至别人的两张卡上并盗走。据警方调查，2004年11月22日，涉案犯罪嫌疑人以洪某的名义，持虚假的洪某身份证到温州某银行开办了网上银行，获取了网上银行的客户证书及网上银行密码，并成功注册。自注册成功后至2005年2月2日，该嫌犯几乎未间断上网，在网上多次发起对原告账户的查询与交易的尝试。2005年2月2日，该嫌犯分两次成功提取了洪某存在银行卡上的10.25万元。案发后，洪某在接受警方调查时承认，他曾因业务上的需要，将该银行卡的密码告知过他人。

10多万元存款不翼而飞，责任到底归谁？双方诉至法院。经法院审理后认为，银行未能认真核实验明办理网上银行注册人提供的资料的真实性，违规操作，才导致嫌犯成功注册网上银行，进而成功冒领了洪某的存款。因此，该违规失职行为与该存款被冒领有着直接的因果关系。至于嫌犯是通过何种途径获取洪某卡号的密码，公安部门尚无定论。但就本案而言，他人取得原告银行卡密码，并不等于取得了原告的存款，原告的该笔存款并非是凭银行卡的密码在自动取款机或营业柜台上被支取，而是由于银行违规操作，为嫌犯开办了网上银行，在网上银行划出的，因此原告密码泄露并不会必然导致存款被冒领。据此，法院作出以上判决。

（资料来源：中国法院网 http://www.chinacourt.org/public）

讨论：

1. 由于他人利用网上银行交易，致使洪某银行卡上的存款被人盗走。责任在谁？
2. 银行卡密码在电子支付中有何重要意义？

用技术打破信息壁垒，以数据追踪信用记录，互联网金融给传统金融业带来了平等、便利化的服务理念。作为互联网思维介入传统金融的一种模式，互联网银行在中国发展迅速。

中国首家互联网银行——微众银行自2014年12月获得监管部门批准开业到2015年1月放出第一笔贷款，推进动作火速；另一家互联网银行——浙江网商银行于2015年3月完成基于金融云的系统开发，进入开业准备阶段。"互联网+"战略首次列入政府工作报告，中国人民银行下发《关于银行业金融机构远程开立人民币银行账户的指导意见（征求意见稿）》，互联网银行迎来发展的有利环境。面对灵活、低成本、移动的在线金融管理与支付服务的强力竞争，传统商业银行若不能实现转型，则必将面临金融脱媒，损失与客户的关联性，并最终在金融服务价值链上丧失竞争优势。

目前，全球有许多国家已经开始采用互联网银行这种新金融模式，自20世纪90年代中期全球首家网上银行——美国安全第一网络银行（SFNB）对公开放至今，针对互联网银行的研究已经奠定了丰富的理论基础，对互联网银行的风险监管也逐步探索出完整的实践经验和方法。国内外诸多学者对互联网银行的内涵与属性、驱动机制、效应、未来发展趋势等方面展开了广泛的研究。目前，中国互联网银行的发展尚处于起步阶段，总结和学习国外经验对互联网银行的发展具有重要的理论与实践价值。

4.1 互联网银行的内涵

4.1.1 互联网银行的概念

（1）脱离柜面实现线上交易。互联网银行是电子信息技术应用于银行业的具体表现，允许消费者在线上获得信息类和交易类两方面的服务。互联网银行的提供主体既可以是具有分支机构的大型银行，也可以是不设任何网点、纯网络运营的虚拟云端银行。互联网银行的服务廉价省时，并且不受时空限制。将互联网作为银行服务的交付渠道对于银行自身、商业和零售消费者都具有巨大的发展空间，值得金融机构、监管部门以及研究人员关注。

（2）以大数据、云计算为业务基础。大数据与云计算赋予了互联网银行相较于传统渠道更广泛的信息来源和更高价值的数据分析决策。①大数据能够通过追踪信用记录影响银行与客户建立联系的方式,并可以提供包括交易数据、用户数据、用户操作及行为数据在内的各种类型的数据。金融服务业可通过对大数据的挖掘整合内外渠道的综合信息,增加客户黏性,进而增强自身竞争力。②大数据和云计算明显提升了互联网银行的运行效率和数据分析价值。互联网汇聚海量信息提高金融市场透明度,打破信息壁垒促使资金迅速聚集。以微众银行为例,其通过人脸识别技术和大数据评级,使客户无需提供财产担保即可实现非现场开户与贷款发放。③云计算的存储和计算能力能够为高速处理海量信息提供保障。互联网银行可实现根据客户偏好与需求进行大规模定制的目标,进而推进创新产品与服务,以更低成本实现精准营销和客户交流。

4.1.2 互联网银行的属性

(1)渠道属性。互联网银行开辟了银行交付产品与服务的新渠道。随着异步技术和安全电子交易技术的发展,更多银行将互联网银行作为交易中介和信息媒介。按照交易复杂程度划分,互联网银行服务包括基础账户查询和账户间转账及其他在线交易;按照交易规模划分,互联网银行服务包括零售、微价值的服务与大额电子支付及批发银行业务。

(2)平台属性。互联网银行更具有互联网特性,极为强调平台属性。目前,传统商业银行与互联网企业的竞争已经由技术层面上升至商业层面,平台发展已成为互联网金融竞争的核心环节。互联网银行已由传统网银的功能导向转变为客户核心需求导向,服务和营销成为其发展的核心。在这一阶段,移动互联技术将进入服务植入生活场景,更加注重与客户的交互方式及手段,建立全新的数据采集与分析体系,为客户提供随心随行的综合金融服务。

4.1.3 互联网银行发展的驱动机制

1. 宏观环境因素驱动

(1)普惠金融对互联网银行的需求。普惠金融倡导金融渠道的公平性理念,要求金融体系内部制度、机构和产品的创新,承担了为传统金融机构所排斥的低端客户提供服务的责任,发展互联网银行恰恰符合普惠金融的内涵。①互联网银行的应用能够降低金融服务成本,增加金融服务供给,呈现出与传统银行不同的"客户平民化"特征,拓宽了金融需求宽度,为缓解中国小微企业、民营经济和"三农"面临的融资约束提供了破题的新思路。②互联网金融的普及强化了金融服务消费者的参与深度,事实也证明互联网银行的应用已经促进诸多发展中国家的普惠金融发展。

(2)监管框架创建了有利条件。①主要发达国家对互联网金融的监管呈现出从宽松自由到加强规范的趋势,但对传统银行并未做出过多限制。与之不同,中国人民银行、证监会以及保监会等相关部门对互联网金融服务始终持支持和宽松的态度,国内宽松的监管环境鼓励银行将自身业务向非传统银行领域拓展。②存款保险制度不断完善。金融安全网的建立不仅向互联网银行提供健全的风险防范保障,引导储户经由互联网银行这一渠道构建多元化投资组合,还有效遏制了信息不对称和负外部性导致的银行挤兑与传染效应,对互联网银行的所有者和管理者施加反向激励。

(3)信息技术促进银行产业链提升。信息技术在金融领域的应用从四个层面推进传统银行产业链向更高层次发展。①数据库的发展提升了针对单个产品和服务进行的信用风险评估水平,推动个人金融管理系统的建设;②信息技术推动社交平台及支付平台的完善,减少运营成本,促进在线交易,拓宽服务交付渠道,提高整体效率;③信息技术允许来自电信、零售、IT 公司的金融服务提供者的进入，为互联网新产品的开发提供技术支持；④互联网银行可通过大数据平台实现银行间客户数据共享，增加与客户互动频率。

（4）社会发展趋势推进互联网银行的普及。未来十年，人口老龄化程度加剧，进入劳动力市场的年轻人数量不断下降，这必将导致自助服务在未来的广泛盛行。网络自助服务能够使企业主动联系客户并响应客户需求成为可能，客户可快速找到自身需要的服务，提高整体服务效率。另外人口老龄化将带来居民储蓄率的下降，萌生对银行理财业务的较大需求，互联网银行可通过提供个性化定制服务填补这一市场空缺。

2. 银行业转型压力迫切

（1）银行业面临的内外压力不断加大。根据波特竞争理论，企业竞争优势主要来源于成本领先和服务差异化两方面。①从银行内部来看，互联网银行利用非价格因素创造竞争优势。首先，互联网银行具有强大的信息管理系统，可以逐步解决传统银行与客户之间的信息不对称问题；其次，产品与服务的广泛性可以避免将风险集中于单一的客户、行业、经济部门或者国家；最后，信息技术的进步将优化销售渠道、降低银行运营成本，在不降低现有服务水平的前提下降低各类成本，提高综合竞争力。②从银行外部来看，由于互联网银行不再需要高额的固定成本和可变成本建设分布广泛的分支机构，竞争对手的准入门槛降低，众多非银行机构与传统银行开始占有市场份额，这激励互联网银行不断开发新产品，提供差异化服务。

（2）开发维护客户关系的需要。①大部分互联网使用人群具有较好的教育背景，为互联网银行提供了潜在的高净值客户。互联网银行业务的客户中年轻客户为主要群体，而他们正是未来银行业的主力客户。②互联网银行通过便捷的访问和丰富的产品服务为银行提供开发和维护客户关系的方式，一方面可以利用品牌识别提供更广泛的金融服务，另一方面金融机构可以对电子客户关系管理（e-CRM）进行投资，通过整合交易数据为不同生命周期的各类客户提供定制金融产品，满足个别用户的高精度需求和偏好，面对当今市场大规模自动化和单一化的产品和服务已接近饱和的状态制定更有效的商业策略。

（3）线上交易的乘数效应。客户规模的扩大和随之而来的利润增长进一步促使金融机构不断增加对线上服务投资的支持，形成互联网银行的交易乘数效应。对网民数量居世界首位的中国来说，截至 2014 年 12 月，互联网普及率为 47.9%，互联网金融产品（服务）的网民渗透率达 61.3%，线上交易的乘数效应将愈发明显。在资本推动、中国网民投融资和支付需求逐步释放的大背景下，互联网银行的渗透率将进一步提升。

3. 客户需求的驱动，加速互联网银行的发展

客户在不同金融机构和产品之间的转换愈发便捷，使其传统惯性不断减小，从而对传统银行提出更高的服务要求。互联网银行服务质量的提升及其服务的便利性大大增加了客户的满意程度，加速促进互联网银行发展。当今银行的企业客户对更复杂业务的需求，也为银行产品创新提供了契机，从而创造了更大的获利机会。

4.2 互联网银行崛起

2014 年下半年，我国成立了两家互联网银行。我们将互联网银行的核心逻辑链归纳为：创设场景—导流—大数据—征信并授信。其中，将大数据转换为有用的信息，用以对借款人征信，是最为关键的环节。谁掌握了优异的大数据征信技术，谁就能执互联网银行之牛耳。

腾讯旗下的微众银行和蚂蚁金融旗下的浙江网商银行，分别于 2014 年 7 月、9 月获批

筹建，于 2015 年第 2 季度陆续开业，成为我国首批真正的互联网银行。两家银行的具体运营方式并未明确，但均定位于小微企业和个人，政府对它们也寄予了较高的希望，希望它们能够在解决小微企业融资难的问题上发挥积极作用。

4.2.1 核心在于大数据

互联网不是新生事物，"互联网+银行"也不是新生事物，只有大数据是新生事物。大数据来源于新型互联网模式，尤其是网络 2.0、UGC 网络的兴起，在用户创造内容的过程中，大数据开始迅速积累。典型的 UGC 网络包括资讯分享、社交、电商等。借助大数据，互联网银行能够批量、海量、快速、低廉地完成小微客户征信，从而使小微信贷成为可能。

1. 利用大数据征信

大数据征信是互联网银行核心逻辑链上最关键的环节。和传统银行征信相比，大数据征信采用完全不同的逻辑。近期热门的美国 ZestFinance 公司是大数据征信的龙头，它广泛收集借款人的各种数据，通过机器学习等方式，最终形成信用分数，效果良好，且能覆盖传统征信系统不能服务的群体。我国目前已有芝麻信用、腾讯信用等公司在尝试大数据征信。

2. 数据互联网化

互联网银行的创新在于将数据、征信的环节"互联网化"（而不是业务办理的互联网化）。新建的互联网银行目前与传统银行错位竞争，对整个经济体形成有益补充，优化整体金融生态。传统银行也通过"借用"其他机构大数据的方式，进入互联网银行业务领域。

4.2.2 互联网银行刚开始起跑

1. 微众银行试水

2014 年 7 月，银监会披露已正式批准 3 家民营银行的筹建申请，其中包括由腾讯、百业源、立业为主发起人的深圳前海微众银行（以下简称"微众银行"）。2014 年 12 月 12 日，微众银行完成筹建，获准开业。

根据当时披露的公开信息，微众银行注册资本金为 30 亿元，经营范围包括吸收公众主要是个人及小微企业存款，主要针对个人及小微企业发放短期、中期和长期贷款；办理国内外结算以及票据、债券、外汇、银行卡等业务。业务模式上，微众银行定位于"个存小贷"，服务个人消费者和小微企业客户。

2014 年 12 月 28 日，微众银行官网（www.webank.com）上线，成为我国第一家互联网银行。2015 年 1 月 4 日，微众银行在李克强总理见证下发放了首笔贷款，金额为 3.5 万元。2015 年 1 月 18 日，微众银行试营业为银行股东、银行员工办理开户；邀请目标客户参与业务体验；加强同业联动，建立合作关系等（不是正式对外营业）。

2. 网商银行筹建

相比微众银行，另一家互联网银行，蚂蚁金融旗下的浙江网商银行（以下简称"网商银行"）成立进度略慢。

2014 年 9 月，银监会批复，同意浙江蚂蚁小微金融服务集团有限公司等发起人筹建浙江网商银行。根据程序要求，筹建工作应自批复之日起 6 个月内完成。根据公开信息显示，网商银行将坚持"小存小贷"的业务模式，目标客户锁定为电子商务平台的小微企业和个人消费者，产品主要是贷款等适合网络操作、结构相对简单的金融服务，主要提供 20 万元以下的存款产品和 500 万元以下的贷款产品。

3. 三个虚构的小案例

对于微众银行和网商银行将来如何具体运营，我们目前并没有很清晰的图景，银行自身也表示仍在摸索之中。我们先分享3个虚构的小案例。然后，我们试图顺着互联网金融、互联网银行的逻辑，推导可能的业务模式。最后给出行业的预判。

互联网银行如何借助数据判断一个人的诚信？阿里巴巴掌握电商交易和支付数据，相对简单（如果这些数据可以提供给网商银行使用）。比如对于淘宝用户小强（同时也是支付宝用户），阿里巴巴能看到他每月还信用卡的账单，按时缴纳水电煤费，每月10日会有一小笔钱存入余额宝（可能是工资的一部分），购物过程中也未与任何卖家产生过纠纷，因此有把握相信小强是一个诚信的人，可结合其收入水平谨慎地给予授信。

腾讯旗下的微众银行，掌握的交易数据、支付数据不多，多的是社交数据，甚至都称不上数据，而是文本。但借助一定的文本挖掘技术，也能够用来判断一个人的诚信。比如微信用户小明（同时也是QQ用户），经常在微信（或QQ）上与朋友、客户等约定见面的时间地点，而后者到达前，总会向对方发送类似"我到了""我在正门口"之类的语句。腾讯发现小明发出这句话的时间总是比约定时间早几分钟，这也能从一个侧面反映出小明为人诚信。但是，当腾讯用同样方式去考察另一位客户小红时，却发现小红会在微信上和别人约定时间地点，到地点了却没有见到她类似"我到了"的语句。后来才发现，小红按时到达目的地后，习惯用手机联络对方。这意味着仅掌握自己的数据是不够的，还需要从体外获取数据，比如电信运营数据。

4.3 互联网银行的价值

对于我国银行业乃至金融业而言，互联网金融是新生事物。那么，"新"在何处？

首先，肯定不是新在"互联网"上，因为互联网不是新生事物，互联网和金融的结合已实践了10多年，但传统的网络银行业、网络证券业并不是我们讨论的互联网金融。于是，我们必须思考现今的互联网行业和过去相比有何变化？我们认为最显著的新特征在于"大数据"，互联网金融的核心创新就是大数据。

我们将互联网银行视为互联网金融的一个子业态（就像银行是金融的子业态一样）。因此，互联网银行一方面要遵循互联网行业的最新逻辑；另一方面仍然要遵循金融业、银行业的本质逻辑。

4.3.1 核心逻辑链

互联网金融核心逻辑链：场景—导流—大数据—征信并授信。

和任何金融交易一样，互联网金融要实现放款过程中的风险定价（也就是量化风险，然后据此科学地拟订利率）。传统银行业通过对借款人的贷前尽职调查实现风险定价，这种尽职调查结果不可能彻底量化，很大程度上需要信贷审批人员的经验。而互联网金融则试图通过分析大数据实现批量、海量、快速地征信并授信，并且几乎是纯量化的。

这种征信有两点意义。

（1）成本低廉。由于互联网金融面对长尾市场，单个客户金融交易的金额很小，因此能够承担的融资成本也非常小。比如一笔总额几万元的贷款，按照传统利差估计，银行能够从中获取的收入也就几百元钱，完全无法用传统的实地尽职调查等方式来完成征信。至于这种征信方式能否实现更好的风险控制则取决于数据分析能力，也就是能否将纷繁复杂的大数据转换成能够用于征信的信息。这可能是所有互联网金融面临的问题。以此，互联网银行利用大数据批量快速实现授信，首先能够降低成本。

（2）海量客户。同样由于单个客户交易金额微小，能够回报金融服务商的对价更小，金融服务商只有通过批量覆盖海量客户，才能实现这项业务的整体盈利，（见图4-1）互联网金融主要定位于长尾市场，客户微小但很多，因此，互联网金融的核心是基于大数据。

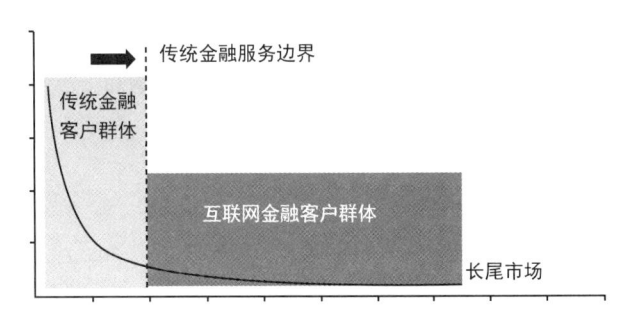

图4-1 传统金融与互联网金融对应的客户群体

4.3.2 大数据之源：UGC网络

因此，这一切的前提在于大数据。我们回顾互联网发展史能够发现，互联网并不天然等于大数据。事实上，大数据是随着Web 2.0、UGC（User Generated Content，用户生成内容）兴起后才慢慢积累起来。在UGC网络兴起之前，由网站主办方单方面从事信息生产，信息总量毕竟有限。只有UGC网络充分发展后才出现了真正的信息爆炸，大幅推进了数据的积累和传播。典型的UGC网络包括社交（包括熟人社交和生人社交）网络、资讯共享网络等，电商网络也能视为UGC的一种类型，交易就是它的内容。UGC网络所产生的信息，又分为公开和私密两大类，比如电商网络的交易数据是私密的，只有放贷人有权获取，Web 2.0网站内容如图4-2所示。

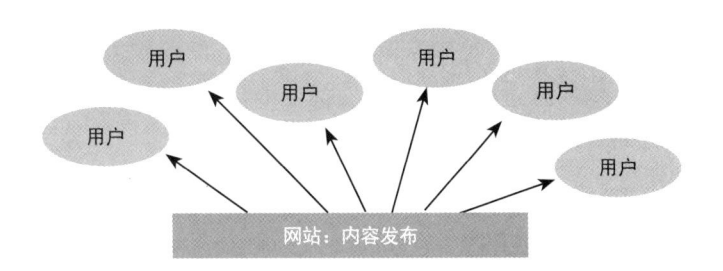

图4-2 Web 2.0由网站主导生成内容

UGC网络的主办方不再提供内容服务，它们仅提供平台服务，而由用户自行完成互动从而实现数据留存。大数据因"大"而有价值，因此这些网络会想方设法导入流量，并且有可能为此花费大量支出，俗称"烧钱"。沿着这一核心发展逻辑，我们就能知道到哪里寻找大数据：一是大型UGC网络，典型代表有腾讯、阿里巴巴，建立平台再慢慢积累流量；二是UGC网络创设各种场景主动去引流，导入流量，最终是为了导入数据。当然，创设场景不能是胡乱创设，而是要抓住用户的实际需求。因此，大型UGC网络及其导流行为，是金融业务获取宝贵大数据的基础，如图4-3所示。

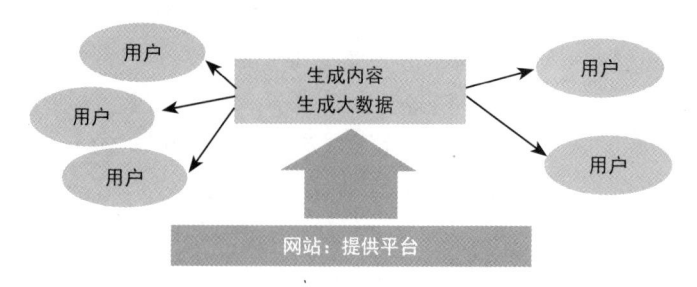

图 4-3 Web 2.0、UGC 网络由用户生成内容和大数据

4.3.3 点石成金：从数据到信息

掌握大数据后，更为关键的一步是从数据到信息的转换，即将大数据转换成能够用于征信的有用信息。毫无疑问，电商网络的数据是最为直接的可以应用于征信的，因为那是最直接的交易信息，其存储本身是结构化的，也易于处理。

但简单也有其弱点，就是其背后的变量和算法容易被用户掌握，从而使恶意骗贷者有机可乘。这类似于淘宝"刷信用"的行为，即如果信用体系是相对明晰的，那么用户可以有针对性地采取行动，刻意美化那些变量，达到"好信用"的标准。同样，其他客户如果刚好遇到某个变量不再优异，则可能会被"错杀"。为解决该问题，目前逐渐引用非结构化的数据征信。比如近期比较热门的美国大数据征信公司 ZestFinance。

ZestFinance 广泛收集借款人的数据，包括第三方数据（信贷记录、司法记录、居住情况等），用户自身提交的数据（水、电、煤账单、电话记录等），互联网公开数据（来自阿里巴巴与腾讯及其他网络的信息）等，然后通过机器学等方式，进行大数据挖掘，寻找变量间的关联性，再据此逐步转换为有用的测量指标，代入模型，模型结论最后还要经模型投票，形成最终的信用分数。

ZestFinance 的核心是建立数据挖掘模型，将大量原始变量间的关联性进行"解读"，让模型"读懂"其真实含义，并最终运算出有用的征信信息。原始变量规模巨大，使借款人"刷信用"难度大为增加，也使部分达不到常规征信标准的用户能够有机会申请到贷款。非结构化数据的大数据征信应用在我国尚处于起步阶段，阿里巴巴、腾讯等公司均有尝试，分别建有芝麻信用，腾讯信用公司，已获央行批准进入征信市场。

4.3.4 寻找最具价值的环节

我们首先据此梳理出互联网银行的核心逻辑链，然后，再沿着逻辑链寻找最有价值的环节。我们把上述逻辑链概括为以下环节，每个环节的任务如图 4-4 所示。

创设场景 → 导入流量 → 大数据 → 征信并授信

图 4-4 互联网银行的逻辑链

一是从流量中要大数据：抓住客户需求，创设应用场景，使客户在自身的平台上热烈互动，以此将大数据留存；二是从大数据中要征信：通过大数据征信技术实现从数据到信息的质变。大数据是越"大"越好，有时还会需要从别人那里获取，这就涉及合作问题；三是授信：以征信信息为基础，实现海量、快速地授信，发放贷款。

（1）第一个环节是建立大数据的基础，其实就是导流。这其实是所有互联网企业面临的课题（不是互联网银行独有的问题）。目前，我国新设的2家互联网银行，在这一环节上都已有很好的基础，因此也不是难点。但阿里巴巴与腾讯所掌握的大数据有所区别，阿里巴巴最宝贵的是交易和支付数据，结构化程度高；腾讯则以社交数据为主。

（2）第二个环节则是全新的挑战。阿里巴巴目前使用电商交易数据，本身足够结构化，易用于征信，已经使用在阿里小贷公司的业务上，效果良好（根据中国人民银行杭州市中心支行发布的《2013年浙江省金融运行报告》，截至2013年年末，阿里小额贷款不良贷款率为1.12％）。但阿里巴巴显然不会就此满足，也在收集其电商系统里的其他非结构化数据，处理后用于征信。而腾讯所掌握的数据则大多是非结构化的，需要更强大的大数据处理能力。

（3）第三个环节是授信，这完全是建立在第二个环节的结果上。所以，在大家都已经握有大数据的现状下，比拼的将是谁的大数据处理能力更强。换言之，大数据的处理这一环节，才是整个逻辑链中最具价值的环节。谁掌握了优异的大数据征信技术，谁就能执互联金融之牛耳了。

4.4 互联网银行的效应

4.4.1 互联网银行的颠覆效应

1. 互联网银行降低交易信息的不对称性

互联网开放、共享以及去中心化的精神改变了传统金融业精英化、利用信息不对称盈利的模式。现代金融中介理论认为金融中介存在的意义在于降低信息不对称产生的借贷成本，减少学习复杂金融工具并参与到市场中的成本、提供流动性蓄水池，以降低交易双方流动性风险。互联网银行提供的产品与服务的定价更加透明，客户信息获取成本降低，通过互联网可实现对产品和服务的优劣进行实时比较，使区域性价格垄断现象得到改善。同时，互联网银行可打通不同市场间资金通道，发挥"鲶鱼效应"，推动国内利率市场化改革，更好地体现金融体系的价格发现功能。

2. 互联网将改变传统银行的存款与结算行为

互联网银行一般会提供更高的存款利率，且由于激烈的市场竞争和存款账户转移的便利性，对传统银行存款业务造成较大冲击。互联网银行存款的不稳定将增加对共同基金、资产证券化或者同业银行市场之间的依赖。互联网银行将资本市场和货币市场连接起来，将间接金融和直接金融连接起来，创造了新的金融工具，为投资者带来更高收益。互联网银行在支付结算特别是线上小额支付结算领域将对传统银行形成较大挑战，在代理理财和负债业务领域对传统银行造成分流，并且互联网银行通过软硬件结合竞争客户入口，对传统银行造成客户资源的持续分流。

4.4.2 互联网银行的互补效应

1. 互联网银行促进客户分类，与传统银行在客户群体上形成互补

互联网银行通过多项分销渠道增加有效的市场覆盖率，使不同的产品服务投向不同类别客户。互联网金融凭借低交易成本和高信息透明度，扩大受众范围，覆盖传统银行难以触及的长尾群体，并锁定"长尾"客户，颠覆传统银行"二八"法则。互联网金融在传统银行主要依靠大型企业客户和高端零售客户的基础上，将中小企业、年轻人及广大市民作为服务对象，提供更全面的差异化银行服务。

2. 互联网银行加快业务分流，与传统银行在业务种类上形成互补

最初传统银行把互联网作为提高效率的方式，目前将其作为转换业务的战略方式，主要体现在把标准化、低附加值的交易分流到廉价的互联网渠道中，将专业化、高附加值的交易分流到分支银行渠道，传统银行分支机构的基础设施不断完善，提供了银行专家与客户亲密接触、提供专业咨询服务的开放空间。大量国外研究和实践表明，互联网银行擅长交易型融资业务，不擅长对私人信息收集和处理要求较高的关系型融资业务，从而在业务上与传统银行形成互补。

4.4.3 互联网银行自身的规模效应

1. 大型银行更具提供互联网银行服务的优势

互联网银行属于技术密集型产业，互联网银行发展规模更大时将获得规模效应。银行的规模影响其提供网上服务的类型，银行规模影响了银行的商业战略和表现，同时也影响互联网银行的采用率。大型银行在网络上拥有更丰富的经验，可增加更多功能来吸引用户，因此大型银行组织在网络上提供的服务要更加丰富。在提供互联网银行服务的机构中，规模大、提供互联网服务时间久的银行更倾向于在网上提供广泛的服务。在为中小企业提供金融产品和服务方面，大型多功能银行由于对新技术的使用、商业模式的新颖以及完善的风险管理系统，因而能够提供更广泛的金融产品和服务。

基于技术的规模经济，互联网银行规模变得更大时，与传统银行之间的盈利差距将会缩小，当互联网银行盈利能力增大时，监管部门将会鼓励更多的人去使用这种交付渠道，解决他们的安全顾虑，这将导致互联网银行获得更多的潜在规模效应。

2. 规模效应将愈发明显

互联网对银行业绩的影响需要时间来证明。将互联网作为交付手段极大地减少了银行的管理费用，例如人力、营销费用，这种效应在采用互联网一年半之后尤为显著。最初的互联网银行公司往往表现不佳，对于银行来说单一互联网商业模式并不是经济可行的，形成规模效应之后将快速提升盈利能力，有利于银行的发展。互联网银行的成功取决于能否达到足够的规模以及是否具有强大的管理。

4.4.4 互联网银行的社会效应

1. 加快推进普惠金融

互联网银行在一定程度上解决了传统金融不能解决的融资难题，推动实体经济发展。首先，对于中小企业来说，互联网银行的服务不再由供给驱动，而是可以低成本实现个性化定制，使用便捷，省时省力，切实降低了融资成本；其次，在更依赖银行的金融体系中，互联网银行的出现可以降低市场集中度，增强行业竞争性，推动银行提供差异化、优质的服务。另外，对于银行来说，互联网银行操作成本低、信息透明度强、自动化程度高、贷款决策迅速，改善银行为中小企业融资面临高风险、高成本、低收益的状况，推进普惠金融的发展。

2. 实现企业社会责任

基于社会认同理论，一个组织无论核心商业模式是什么，必须通过非经济的社会问题来建立一个公共身份并获得合法性，银行的网站构建是一个重要方面。互联网银行低成本低能耗，是一种绿色可持续发展的服务渠道。另外，互联网银行也是银行构建公共身份取得社会认同的方式，可综合运用社交媒体工具和其他方式创造竞争优势。

3. 完善金融体系建设

互联网银行的发展有利于构建强大的银行体系，加速金融改革的推进。根据熊彼特模型，企业通过生产优质产品获取更多利润，而金融机构则通过金融创新对企业家进行筛选，互联网银行作为一种金融创新可以促进技术创新而实现经济增长。互联网银行通过提供周全的金融服务而与客户需求进行无缝对接，减少由于银企错配而导致的信贷错配现象，并作为IT技术的载体通过金融创新推动了市场化发展。

4.4.5 对传统银行的影响

事实上，上述互联网银行的逻辑链，传统银行的线下业务也同样具备。比如，如果一家新企业主动找上银行申请贷款，银行对它很陌生，显然不可能看了他的财务报表后就立即发放贷款。此时，银行往往会要求企业在本行开立结算账户，将企业日常经营结算放到该账户，银行观察一段时间该账户的情况。观察时间为1~2个季度，基本上就可了解该企业的日常经营。

只是，上述例子是一家大银行，企业会主动找上门，因此银行没有"导流"环节。而有些小银行就有导流环节，主动拜访企业，为其开立账户，该账户没有任何手续费（包括账户管理费、汇兑手续费等），以此吸引该企业使用该账户进行日常经营结算。日后，企业用该账户进行日常经营结算，根据企业现金流，初步判断该企业的偿债能力。

当然，传统银行也会在征信中引进非结构化数据，比如，给小微企业授信时需要考察企业主的软信息，由客户经理凭经验主观判断。因此，上述逻辑其实是银行业的永恒逻辑：导流—大数据—征信并授信。只不过传统银行是在线下进行授信，而互联网银行则在线上进行，其核心是大数据收集与处理过程的"互联网化"。

而传统银行与互联网银行会不会发生遭遇战，则取决于两者的客户定位会不会重叠，这又取决于两者的大数据会不会重叠，因为放款业务是基于大数据的。就目前掌握的情况来看，我们认为两者错位竞争，客户定位截然不同，因此，不但不会发生明显遭遇战，互联网银行反而是对现有银行体系的有益补充。

大体来看，两家互联网银行均定位于小微客户，与传统银行错位竞争（传统银行也尝试做小微，但仍不是主流）。正如此次政府开办的征信。至于这种征信方式能否实现更好的风险控制，则取决于数据分析能力，也就是能否点石成金：从数据到信息，将纷繁复杂的大数据转换成能够用于征信的信息。这可能是所有互联网金融面临的问题。

4.5 美国互联网银行的发展模式与启示

4.5.1 美国互联网银行发展模式

美国互联网银行经过十几年的发展，已经形成较为成熟的运营模式。目前，美国的互联网银行主要有互联网平台、直销银行、银行服务商三种发展模式，这三种发展模式各具特色，各有优势。

1. 模式一：互联网平台模式

该模式以 Bofi 控股公司为代表，成立于 1999 年，是一家纯正的美国本土互联网银行，通过互联网在全美范围内提供消费领域的银行服务，未设立一个物理网点。这与我国微众银行的运营模式类似。

（1）运营模式

针对互联网和移动互联网的兴起，Bofi 控股公司采取以线上线下结合、线上为主的方式开展负债、资产业务，以互联网平台和大数据技术为支持，从而快速、有效地满足客户需求。负债端，Bofi 主要以互联网＋手机 App＋借记卡形式，凭借有吸引力的利率和较少的收费来吸收存款；资产端，主要是通过互联网发放居民住房抵押贷款，获取安全性高又稳定的利息收入和服务费。

（2）业务经营

Bofi 在存款业务上采取线上与线下相结合的方式。线上针对客户群体特点，提供有针对性的产品，并以较高的利率、较少的收费项目吸引目标群体；线下则与连锁超市等结成合作伙伴，通过提供快捷的支付方式，吸引此类客户。由于不存在物理网点，Bofi 通过多种手段为客户提供相关快捷服务，包括手机银行（用手机查询余额、转账、存支票、支付账单）、预算和理财管理、在线账单支付、邮件或短信转账、借记卡、免费使用 ATM 提取现金等。同时为了吸引客户，Bofi 对存款利率定价较高，其存款付息率要高于美国的富国、摩根大通银行等大银行。从存款账户看，2009 年到 2013 年总的存款账户数保持稳定增长，2013 年总存款账户数达到 3.4 万；从存款构成看，2009 年到 2013 年各类存款账户的户均余额保持持续增长，特别是定期存款占比达 50% 以上，户均余额达到 9.5 万美元，大额定期存款占比较高。

Bofi 的贷款发放同样采取线上、线下相结合的方式。Bofi 最初以房地产抵押贷款为主，主要是面向居民的住房按揭贷款，后来逐渐拓展到汽车消费贷款、保理业务。在保持风险可控的前提下，开始向中小企业贷款延伸。以住房抵押贷款为例，线上贷款人可以通过网络直接申请贷款，而线下则通过与房屋经纪人合作，同时还通过电话中心向现有客户营销，实现交叉销售。

（3）效应分析

该模式使用互联网技术，减少了物理网点的租金成本，节约了人工成本，可以在客户和负债规模增长的同时，保证运营成本不增加，实现规模经济。以技术为杠杆实现了自动操作、互联网平台、电子化处理流程，能够快速进行互联网营销，快速调整利率，应对环境变化，达到规模快速增长。Bofi 以合理的净息差、较低的信用成本、远低于行业平均水平的成本收入比获得了高出同行业的资本回报水平。而随着互联网的逐渐普及和网络优势对于客户的持续吸引，Bofi 实现了规模和利润的快速增长。

2. 模式二：直销银行模式

该模式以 ING 美国直销银行为代表，成立于 2000 年，是荷兰 ING 集团拓展海外零售市场的重要手段。

（1）运营模式

ING 美国直销银行是荷兰 ING 银行主动结合互联网的一种典型运作模式，银行没有营业网点，不发放实体银行卡，客户主要通过计算机、电子邮件、手机、电话等远程渠道获取银行产品和服务，在关键城市设立具有理财顾问功能的咖啡馆，实现线上与线下的有效结合。其目标客户定位为 30~50 岁受过良好教育的上班族，已经接受或通过电话、网络理财，收入水平高于市场平均水平，喜欢自助理财。ING 美国直销银行采取"薄利多销"的经营模式，较高存款利率、较低贷款利率的"高买低卖"方式，以较低的净息差获得规模效益。

（2）业务经营

ING 美国直销银行面向零售客户，产品和服务流程简单、标准化，风险控制依赖"硬信息"和"大数法则"。从产品角度看，ING 美国直销银行采取"高利率、简单、标准化"的产品策略，针对直销渠道提供有限的产品选择，使有限的产品选择集中在储蓄产品和部分贷款产品上，客户易于尝试；通过相互关联，即时从活期账户中获取资金，如果需要，则利用联邦快递将支票递送给客户；专注于简化的"自助"银行产品，可由消费者独立管理，电子账单整合相关账户信息，提供九种不同的共同基金。客户体验主要表现为利率高，开户便捷，储蓄没有最低存款金额限制，无储蓄和存单费用。从提供产品和服务的渠道来看，以互联网（网页＋手机移动终端）为主，线下少量咖啡馆作为补充。服务手段则可通过网络和电话处理，通过与活期账户关联获取资金；如果有线下服务需求，也可与顾问在咖啡馆会面。从风险控制看，ING 美国直销银行重定价速度快，40% 的资产在 1 年内重定价；严格限制期限错配，规定可变利率储蓄的期限不能太长。

目前，该银行主要盈利来源于利差收入，公司强调通过较高的存款利率吸引目标客户，利率水平高于行业平均水平，同时没有复杂的存款收费项目，资产运用包括房屋贷款和证券投资，贷款占生息资产的 50% 左右。银行成立初期由于规模扩张的需要，其净息差在 1% 左右。目前，其净息差低于 2%，远低于美国银行业平均水平 200 bps 左右。

（3）效应分析

该模式采取"虚实结合"的模式，即以纯网上自助为主，提供全系列远程服务（邮件、7 天 24 小时电话和网上实时聊天），线下以在关键城市设立具理财顾问功能的咖啡馆的模式有效地降低了互联网银行运营成本，ING 美国直销银行成本收入比在 50% 左右，显著低于美国传统银行 60% 的行业平均水平。同时，ING 美国直销银行低利率贷款，低存贷比以及高付息率，导致净息差低于行业平均水平；不对客户收取额外费用，非息收入几乎为零；资本充足率超过 20%，财务杠杆较低。虽然有着低于行业的成本收入比，但较低的净息差、没有非利息收入使得 ING 直销银行的净资产收益率处于较低的水平，最高时也不超过 0.6%，这大大低于同期的行业平均水平。但是其采用"薄利多销"的经营模式，随着规模的不断扩张，ING 美国直销银行成立两年即实现盈利。

3. 模式三：银行服务商模式

该模式以 Simple 为代表，成立于 2009 年，是一家通过网页和手机移动客户端提供个人综合金融服务的银行服务商。

（1）运营模式

Simple 本身不是银行，而是作为一个移动金融服务提供商，将个人客户与合作银行连接在一起。合作银行提供一个受 FDIC 存款保险的 NOW 存款账户，而 Simple 则在此账户基础上为个人客户提供包括综合理财在内的个人金融服务。

（2）业务经营

Simple 自身没有物理网点，客户可以通过网页或者手机 App 申请账户，通过邮寄获得 Simple 的借记卡。通过手机 App，用户可以获得传统银行提供的主要个人服务：Simple 的借记卡可以在 5.5 万台 ATM 机上免费取现；手机 App 提供最近的 ATM 状况，可以通过拍照扫描方式存入纸质支票，可以与使用人的其他银行账户实现免费、迅速的转账，可以实现对其他人转账、移动支付。其运营模式是向客户提供包括储蓄、消费、理财等综合服务，通过增加消费、储蓄计划等功能提供增值服务。Simple 对于开设账户不进行最低余额限制，与其他银行的存款账户相比，收费项目少。当前 Simple 账户的利率只有 0.01%，这一水平普遍较低，但 Simple 通过特有的金融增值服务实现对客户的吸引，以获得分成收益。

（3）效应分析

便捷的移动银行和具有黏性的理财功能是该模式的主要特征。Simple 的手机 App+借记卡，基本解决了无物理网点带来的问题，与传统银行相比，在便捷性上优势更加明显。提供包括储蓄和消费计划的理财服务，一旦用户的储蓄和消费习惯形成，将对其具有较强的黏性。其收入主要来源于合作银行按比例分配的存贷利差与支付所产生的收单费用，其利用互联网技术和大数据挖掘能够满足客户的专业化服务和个性化需求，实现客户规模低成本扩张，目前已基本实现盈亏平衡。

4.5.2 美国经验对我国互联网银行发展的启示

1. 规模经济是互联网银行盈利模式的主要特征

互联网的优势主要是成本节约，因此可以容忍更低的息差，"薄利多销"是其主要特征。互联网银行"轻资产、弱网点"的发展模式一开始在经营方面弱于传统银行，但随着时间的推移和经营规模的扩大，这种经营差距会逐渐缩小，核心原因是互联网银行存在非常明显的规模经济。互联网的优势主要来自成本的节省，而节省的各项成本可以用来降低客户的贷款利率、增加客户的存款收益率，从而可以吸引更多的客户。在成立初期，为了口碑的宣传和提高市场影响力，互联网银行必须提供更高的收益率来吸引客户。以网络为基础意味着银行可以不需要设立分支机构、不用去收购区域性银行就可进入其他地区，从而提供了更大的潜在增长空间。

2. 互联网银行重视需求的简单便捷

互联网银行从客户体验出发，重视需求的简单便捷。互联网银行主要服务于个人消费者和小微企业客户，其对金融服务的需求范围更广、个性化更强，并且风险控制方面需要考虑更多。在产品设计上强调从客户需求出发去开发产品，这与传统金融机构自上而下的产品设计完全不同，有利于产品被客户接受和推广。从美国互联网银行发展看，互联网银行往往提供标准化的产品和有限的产品选择，集中在储蓄产品和抵押贷款产品，易标准化且客户易于尝试，专注于简化的自助银行产品，可由消费者独立管理。客户体验主要表现为利率高、开户便捷、服务可通过网络和电话来完成。

3. 带动零售银行渠道的虚拟化

互联网将重构银行渠道功能，实现渠道的虚拟化。互联网银行缺少已有的网点优势，建设与传统银行类似的数量众多的实体线下网点对其而言是不可行的。互联网银行线上为主、线下为辅的模式,通过构建线上客户体验、线下互动、少量柜面或者现场业务柜台,辅以较多自助型、单一功能型网点,甚至依靠与若干银行构成联盟的形式,弱化实体网点的成本投入以缩短业务扩张周期,传统银行的渠道优势将会被分解。从银行的渠道演化路径来看,个人零售业务的交易将逐步互联网化,实体零售网络将更多承担服务及用户体验的功能。银行交易的集中度从线下实体网点向互联网、移动互联网等演化,而线下网点将承担更多销售和服务为主的功能。线下支付结算将逐渐转化为线上支付以及移动支付,迈入无卡支付时代。互联网银行的银行卡将主要以虚拟账户形式存在,辅以少量的实体卡以完成线下刷卡支付。同时在线下,依托互联网 App,完成小额的移动端近场取现、支付结算业务,银行卡在银行体系中的作用正在逐步淡化。

4. 带来存贷业务的价值链重构

受制于网点的铺设,互联网银行将不会采用传统银行的存贷利差模式,业务模式上定位于"个存小贷"。互联网银行依托大数据的信息挖掘,存贷款业务模式将不再追求"大"而追求"准",盈利增长点从规模走向流转速度。对于存款端的吸收,互联网银行定位于小额存款,以节省渠道成本、资本成本、信用成本来补贴更高的客户存款收益。在我国利率市场化过渡期间,互联网银行将受到存款利率上限的管制,其渠道端的成本优势无法完全转换到存款利率对储户的吸引力上。我国互联网银行可能将以基准利率上浮封顶的存款利率、市场化理财产品及货币基金为模式来吸收公众资金。利率市场化完成之后,互联网银行将通过产品的创新来增加资金吸引力。对于贷款端资金的运用,互联网银行与传统银行间的错位竞争合作,进入那些原来很难纳入传统银行服务范围的小微企业和个人等领域。通过使用更多互联网手段,实现互联网征信,并配合更多新型的金融业务模式,如资产证券化、结构化产品等。在没有营业网点、没有柜台业务、没有任何抵押和担保的情况下,对普通的借款客户进行信用贷款。

5. 与传统银行的错位竞争与合作

互联网银行主要面对长尾市场,客户数量众多,单个客户金融交易的金额很小,因此能够承担的融资成本也非常小。比如一笔总额为几万元的贷款,按照传统利差估计,银行能够从中获取的收入也就几百元,传统银行的信贷方式难以覆盖成本。传统银行是在线下进行,其对公、同业等大额信贷领域的优势不是互联网银行可以轻易撼动的。而在零售领域,传统银行虽然也已开展了小企业及小微零售贷款业务,但主要以企业对公客户为主,小微零售涉及面仍非常有限,业务模式也仍然以线下传统信贷员模式、资产抵质押担保、经营性用途贷款以及百万级贷款为主。而互联网银行则在线上进行,定位于小微客户,数量众多,金融服务个性化需求强,并能覆盖长尾市场。从目前来看,两者错位竞争,客户定位截然不同,因此,互联网银行是对现有银行体系的有益补充,存在着竞争与合作的关系。

同时,互联网银行与传统银行基于小微贷款,可以进行有效的合作,合作模式包括:

(1)共同设立项目资金池,构建银团性质的循环授信贷款,共同承担客户风险,均分溢价;

(2)构建结构化产品,构建优先、劣后分级产品,根据自身风险偏好程度高低,来选择适合自身的收益率产品,互联网银行成为银行的资产管理中介机构;

(3)互联网银行采取输出信用模型的纯中介模式,根据外部银行目标授信群体的特征、模型参数进行筛选,或直接提供客户的信用评分报告。

当然,传统银行也可以借鉴互联网银行的优势来提高自身零售贷款的服务效率,通过建立自己的直销银行或者与银行服务商合作的模式进入互联网金融领域。

4.6 互联网银行的发展趋势

4.6.1 创造客户价值为核心竞争力

未来银行竞争的重心集中在客户上,基于计算机中介的互联网银行由于人工交互减少,树立客户的忠诚度比吸引新客户更加重要。

(1)进行客户细分,实现产品与服务的高度定制化,分类提供全方位服务。

(2)提高互联网银行的网站质量和服务质量,提高客户的满意度和信任水平。提高互联网银行的网站和其物理分支机构的服务质量,并加强公司声誉管理,通过广告宣传产品与服务,树立良好公司形象和业界口碑。

银行需要在沟通管理上进行范式转换,通过合作项目、博客、社交网站、虚拟游戏世界以及电子邮件等在线沟通渠道为消费者提供持续创新服务,提升客户的黏度和忠诚度。就传统银行而言,目前由于用户体验意识不足,其线上产品难以摆脱网点服务的固化思维,导致产品兼容性不佳、操作缺乏人性化。并且与民营银行相比,国有银行更少采用互联网银行的服务模式。在互联网银行时代,传统银行应在战略选择、组织架构及企业文化上进行全方位布局和积极变革,主动与互联网合作,进而把握市场氛围并实现成功转型。

4.6.2 多业态经营拓展盈利空间

互联网的实质就是"互联互通",实现从"公司时代"到"社会时代"的转变。通过顾客价值分析实现大规模定制的时代已经到来,未来互联网银行行业内外应实现多业态经营,为客户创造全方位消费体验。为了改变传统零售银行业务模式,银行应打破传统价值创造链,为不同企业提供金融服务。

(1)运用多种营销方式。充分运用大数据平台,实行利基营销、数据库营销、微营销、互动营销、关系营销等多种营销方式,对市场进行更有效的细分。记录客户偏好的动态变化,为客户提供随需而变的动态服务。

(2)形成多样化联盟服务。与信息技术企业之间进行网络合作,提供综合单一租赁、私人云与公共云高度整合的一站式全方位服务,在支付市场提供创新性的解决方案。

就传统银行来说,应积极推进金融业务与互联网技术在市场拓展、客户服务、支付、融资、风险管理等领域的融合,形成互补互帮,共同把蛋糕做大的共赢局面。银行可出资开发构建电商大平台,为大规模创造、应用信息提供条件,也可与第三方电商平台构建战略联盟。政府监管部门协调和市场机制双管齐下,在银行之间、银行与各通信运营商之间、银行与电商之间实现互联互通。

4.6.3 加强风控管理实现可持续增长

互联网银行存在信息、交易和交流三种基本市场类型,这三种类型对于安全的要求依次逐级升高。互联网银行的特殊风险主要体现在信息科技风险、快速远程处理加速支付和清算风险的扩散以及尚未出台统一的监管法律和针对性的法律的风险。互联网银行可使用生物认证系统,综合采用多种认证方式,如借记卡、密码以及指纹,为登录系统提供安全保障,并且减少重置密码的成本;也可运用加强版一次性密码(OTP)系统防止袭击,以及基于量子密码通信为互联网银行系统提供购买和支付的高度安全保障,防止社交、网络等资源滥用造成的互联网银行欺诈；此外，互联网银行安全认证系统应与时俱进，为智能手机和平板计算机等客户提供足够的可访问性和兼容性。对于传统银行来说，在互联网浪潮中应坚守风控底线，推进大数据技术发展与信息化银行构建，打造业务"生态圈"，建立直销银行，加强第三方机构合作，实施"大平台"战略，谋取未来竞争优势。

在监管层面，应充分借鉴互联网金融监管的国际经验，做到适度监管与协调监管并重，加快互联网金融法律法规建设，完善监管规则，加强风险防范。

内部管理成本的增长成为纯互联网银行面对的主要挑战。和其他非金融网络公司类似，互联网银行虽然增长很快，但由于技术成本、人工成本、客户获取成本高于传统银行，在发展初期盈利能力较差。互联网银行必须保持基于互联网的商业模式的独特优势，继续发挥规模效应，提升盈利能力。

由于互联网银行主要收入来自于非传统业务，故互联网银行应进一步拓展工商业贷款和信用卡等业务，同时将保险和证券经纪作为扩展策略，提升市场形象，以便对市场发展做出更好更快的响应。

4.6.4 全方位实现普惠金融

普惠金融应主要从公众教育和加强基础设施两方面推进。

（1）应通过对公众进行金融知识教育，促进中低收入群体使用互联网银行服务；应普及计算机基础技能教育，解决由于缺乏计算机技能而不能享受互联网银行的诸多便利的问题；同时应当为互联网银行用户设计互联网银行教育系统（GIBES），作为计算机支持教育（CSE）的一个模块；通过普及教育提高所有用户对于"网络钓鱼"的认知，强化对互联网银行时代用户信息盗窃的防范意识。

（2）进一步完善互联网基础设施，提高互联网普及率和宽带接入率，并提高个人网络技能。

4.7 互联网银行的风险

虽然信息技术的发展给互联网银行的风险管理带来巨大挑战，但互联网银行所面临的风险并不是新的事物，其所面临的主要风险在巴塞尔委员会于1997年发布的《有效监管核心原则》中均已提到。

4.7.1 互联网银行的风险类型

需要注意的是，虽然互联网银行并没有衍生出新的风险类型，但其对银行的传统风险管理产生巨大影响。

随着信息技术的大量使用，战略风险、操作风险、声誉风险等风险类型将对互联网银行的风险管理产生重要影响。具体来讲，互联网银行风险管理面临的挑战主要有以下几种。

（1）互联网的普及性对安全控制、客户验证技术、数据保护、审计流程以及消费者私人信息保护等技术的要求变高。

（2）互联网银行的发展离不开信息系统的外包业务，进而涉及了非银行的第三方机构（电信运营商、网络运营商等）。如何监管这些第三方机构，使银行通过外包所得到的信息系统不存在安全隐患是值得思考的问题。

（3）信息技术的发展以及服务的不断创新加大了银行面对的竞争压力，从前往往需要若干年才能开展的业务现在缩短到几个月。银行可以较快地将思想转变为具体的产品和服务。银行服务创新的加快对银行的战略风险管理、风险评估以及安全评估等工作要求变高。

（4）互联网银行的发展使得银行大量业务均通过电子信息系统进行。这在降低人工错误的同时，增加了对信息系统的依赖性，从而对信息系统的操作性、互通性以及稳定性的要求更高，对信息科技风险管理能力的要求会更高。

4.7.2 互联网银行的跨国风险管理

1. 加强自身的风险管理体系建设

随着中国商业银行走向世界，中国的互联网银行业务也会走向全球各地，进行跨国经营。互联网银行的跨国经营是指一国的互联网银行向另一个国家的居民提供在线的银行产品和服务（Basel Committee，2003b）。互联网银行在展开跨国业务之前应进行细致的风险评估，尽职调查，针对跨国经营建立起完善的风险管理体系。

（1）跨国经营应遵循东道国的法律法规，以避免法律风险

互联网银行应全面了解东道国的监管规则、法律适用原则和社会环境等。在东道国，业务牌照的发放、监管要求、消费者保护可能会和本国完全不同，监管机构可能会包括中央银行、消费者保护当局、金融市场监管部门以及专门处理金融犯罪的部门等。陌生的法律环境、多种多样的监管机构会使得互联网银行在开展跨国业务时面临更为严峻的法律风险。这就需要互联网银行能够很好地与东道国监管当局合作，以便最大限度地避免法律风险。表 4-1 是我国互联网金融相关领域的监管法规。

表 4-1　我国互联网金融相关领域的监管法规

	颁布机构	法律法规政策	核心意义
电子支付	2005 年 中国人民银行 2010 年 中国人民银行 2013 年 国务院 2014 年 央行	《电子支付指引（第一号）》 《非金融机构支付服务管理办法》 《国务院关于促进信息消费扩大内需的若干意见》 《中国人民银行关于手机支付业务发展的指导意见》	规范金融机构和非金融机构支付服务行为，防范支付风险，保证资金安全，保护当事人合法权益；大力发展移动支付等跨行业业务，促进电子支付业务健康发展
互联网金融	2008 年 国家税务总局 2009 年 文化部和商务部 2009 年 文化部 2011 年 银监会 2013 年 央行	《关于个人通过网络买卖虚拟货币取得收入征收个人所得税问题的批复》 《关于加强网络游戏虚拟货币管理工作的通知》 《"网络游戏虚拟货币发行企业""网络游戏虚拟货币交易企业"申报指南》 《关于人人贷有关风险提示的通知》 九部委处置非法集资部际联席会议	规定网络游戏虚拟货币严格市场准入，明确虚拟货币税务处理，加强虚拟货币监管；提示 P2P 网贷存在较高风险，界定 P2P 网贷非法集资行为，加强 P2P 网贷监管
传统金融	2006 年 银监会 2007 年 证监会 2009 年 证监会 2011 年 保监会 2013 年 保监会	《电子银行业务管理办法》 《证券投资基金销售业务信息管理平台管理规定》 《网上基金销售信息系统技术指引》 《互联网保险业务监管规定（征求意见稿）》 《关于专业网络保险公司开业验收有关问题的通知》	对商业银行电子银行业务进行监管，促进基金电子商务的发展；促进互联网保险业务规范健康有序发展

（2）风险评估应全面、有效且具有持续性

互联网银行的风险评估应反映全面风险管理理念，对互联网银行开展跨国经营业务所可能面临的各类风险（包括国别风险）进行全方位的评估调查。

（3）为了降低风险管理成本，互联网银行应清晰地阐明其服务对象范围，即特定国家的居民，但此声明是否有效需要建立在严密的内控机制基础上，因为互联网银行往往会在不经意间与非特定服务对象国家的居民进行网上交易，从而影响该声明的效力。

（4）从消费者视角进行风险管理体系建设

消费者对互联网银行的风险感知决定了互联网银行能否取得成功。为了在异国他乡降低当地居民对互联网银行所感知的风险，互联网银行应在当地网站上向潜在客户群体详细说明银行的法律地位、母国以及监管许可牌照等信息。这是增加经营透明度、降低法律风险和声誉风险最好的办法。信息的发布应以东道国法律规定、监管指引以及消费者习惯为依据，且应披露母公司情况和母国监管当局信息。

2. 母国监管当局的角色

母国监管当局应履行对互联网银行风险评估流程和资本充足率的监管，保证互联网银行在开展跨国业务时清晰地了解即将面临的风险。母国监管当局与互联网银行的有效交流至关重要。有效的沟通交流可以督促互联网银行在开展跨国业务之前进行周密细致的尽职调查和风险评估。同时，母国监管当局要保证互联网银行开展跨境业务时所遵循的监管指引透明度高，易被东道国监管当局所理解，且要确保已经对互联网银行的跨境业务进行了有效监管。母国监管当局应与东道国的监管当局进行密切合作，尤其是当东道国监管当局主动联系母国监管当局的时候，母国监管当局应全面配合。

由于跨境业务的相关数据往往保存在东道国的第三方机构中，因此母国监管当局应保证互联网银行对这些数据和关键信息拥有控制权，且在自身职责范围内能够无阻力地获得这些数据和信息。

3. 东道国监管当局的角色

作为东道国的监管当局，应该注意以下几点：母国监管当局是否对互联网银行的跨境业务实施监管；针对跨境业务，母国监管当局与东道国监管当局是否存在沟通渠道；在对互联网银行风险管理以及战略决策方面，东道国监管当局应与母国监管当局建立良好的合作沟通渠道，保证互联网银行在东道国开展业务时，遵守东道国的法律和监管指引，并能够妥善解决法律冲突问题。当东道国监管当局发现某家国外银行在东道国不存在实体店面，但其开展的跨国互联网银行业务违反东道国相关法律和监管指引时，东道国监管当局应通知该国外银行所违反的法律和监管指引，要知会母国监管当局，且要告知本国居民该银行所经营的互联网银行业务违反了本国法律和监管指引，并采取措施对其业务进行限制。

4.7.3 互联网银行风险管理体系建设

巴塞尔委员会在 2000 年 10 月发布首个全面的互联网银行风险管理指引（Basel Committee，2000）。Basel Committee（2000）对互联网银行业务中的战略风险、声誉风险、操作风险（包括安全和法律风险）、信用风险、市场风险和流动性风险提出了全面的监管指导。Basel Committee（2003a）从治理结构建设、信息安全管理和声誉风险等方面对互联网银行风险管理提出监管指引。对于互联网银行的风险管理来讲，风险评估、尽职调查、持续的风险管理流程至关重要。具体来讲，互联网银行风险管理应在以下几个方面得到加强。

1. 加强授权和验证体系建设

（1）互联网银行应对消费者信息进行验证。当互联网银行接受消费者交易请求时，该请求应是合法的。互联网银行在与新客户展开交易前，应采取可靠的办法对消费者的身份进行验证。在新客户开立新账户伊始，对客户进行身份验证能够降低欺诈、盗窃账户信息和洗钱的风险。银行可以使用 PIN 码、验证码、生物技术以及数字技术对消费者个人信息进行验证。对消费者的验证方法应基于各部门对互联网银行的风险评估。

（2）互联网银行应保证消费者账户以及关键系统的验证数据库不被入侵，且任何入侵的企图都应被检测到。

（3）对验证数据库所存储信息的更改都应被授权。

（4）保证互联网银行系统无法在非授权情况下与第三方机构连接。

2. 保证数据准确性，注重消费者私人信息的保护

互联网银行应保证存储数据无法在非授权状态下进行修改，保证各种数据来源（交易记录、第三方数据录入等）的准确性、完整性和可靠性，否则互联网银行将会遭到重大财务损失、声誉风险和法律风险。

（1）由于互联网银行是通过公共网络进行服务，因此数据极易被侵蚀和修改。互联网银行的一站式服务使得提早发现数据准确性的问题以及欺诈行为更加困难。为此，互联网银行应该做到：

①保证交易流程难以被侵入；

②保证存储、进入和修改数据的通道难以被侵入；

③在交易记录过程中保证非授权修改难以被绕开；

④有相应的工具来监测系统录入的数据是否被更改；

⑤能够发现任何企图篡改数据的入侵。

（2）互联网银行应采取相关措施保证关键信息不被泄露，保密措施应与信息的敏感度挂钩。需要保密的信息是指在非授权情况下任何人都不能得到的信息，如果这些信息被滥用或者非授权公开，互联网银行将会面临严重的声誉风险和法律风险。

（3）互联网技术使得互联网银行暴露在信息科技风险之下，一旦内部数据库被入侵，信息会迅速地通过公共网络传播。服务器提供商也可能是信息泄露的源泉。

为了保证信息安全，互联网银行应做到：

①所有秘密数据均应有授权才能被得到；

②信息应被秘密保管，在公共网络、内部网络或者私人网络中进行传递时也要防止被入侵；

③当需要第三方机构提供外包业务时，互联网银行需要对第三方机构可获取的信息进行严格控制。

3. 完善公司治理结构建设

互联网银行对公司治理提出了很大的挑战，比如，服务渠道不在银行的直接控制之下，互联网使得银行服务可以在不存在实体店面的情况下向非本国居民提供。互联网金融所涉及的复杂技术方法和管理方式也是传统公司高管所未涉猎的。

为了加强风险管理体系建设，公司董事会和高管应注意以下几点。

（1）公司董事会和高管应保证在涉足互联网银行业务之前，对其成本和收益进行细致的分析，要保证公司具有完善的风险管理体系以应对互联网银行业务所带来的风险，并将之融合至已有的风险管理框架当中。公司董事会和高管应针对互联网银行建立清晰的风险偏好说明，良好的报告机制，保证第三方机构所提供的产品服务的安全性和可靠性。

（2）职能分离是内部控制的基本原则，是防止欺诈发生的基本手段。在良好职能分离情况下，只有合谋才能导致欺诈的发生。互联网银行所开展的交易使得传统风险管理模式的职能分离可能并不适用。互联网银行应保证没有任何一个员工或者是外包服务商可以完成一个完整的网上交易流程，应保证验证部门、开发部门以及使用部门相分离，且职能分离无法被绕开。

（3）互联网银行董事会和高层应定期检查安全控制的核心环节。董事会应指定专门人员负责公司安全政策的实施，保证有足够的设施防止系统的非授权入侵，保证其他人员无法进入系统所在地，并要定期对安全措施进行检查，了解行业最新的安全防护方法，对软件进行定期更新。

（4）互联网银行董事会和高层应对第三方外包机构进行监管检查。互联网银行董事会和高层应清晰了解外包业务所带来的风险，因此在签订外包合同之前应对外包公司状况进行调查，所签订的合同应清晰地定义各方权责。互联网银行董事会和高层要保证外包机构提供的产品和服务符合银行的要求，且要对外包产品和服务进行内部和外部审计。同时互联网银行还应制订应急计划，以防外包服务无法满足银行要求。

4.7.4 推进互联网银行发展

随着互联网技术的日益成熟，互联网银行将会成为商业银行盈利的重要来源。为了促进我国互联网银行的发展，应该注重以下几个方面。

（1）建立国家信用管理体系，促进社会信用服务机构发展，为互联网银行的发展创造良好的制度环境。国家信用管理体系的建立将可以弥补互联网银行业务对客户信用核实的不足，降低管理成本。社会信用服务机构的发展将有助于客户信用报告的查询、信用等级的评估，提高客户个人信用风险管理的能力。

（2）加强金融消费者教育，平衡金融消费者权益和金融机构利益，这对于金融消费者保护和控制互联网银行声誉风险至关重要。

（3）增强商业银行网络安全建设，提升技术设施的投入和自主创新能力，为互联网银行的发展提供安全保障。银行应加强网络安全建设，降低对国外互联网金融设备的依赖程度，拥有自主知识产权，提升制造和设计水平，提升防范安全性风险的能力。

（4）加强互联网银行的风险管理，完善互联网银行的风险管理体系建设，是互联网银行健康发展的核心。互联网银行的发展并没有改变传统银行经营过程中所面临的风险种类，但却增加了各类风险之间的相互影响，风险之间的关联性和复杂程度提高。

因此，商业银行在发展网络银行业务的过程中要进一步提高风险识别和风险计量的能力，加强数据库建设，提高数据的真实性和准确性。银行应加强风险偏好管理，不断完善全面风险框架，提升网络银行风险管理能力。

本章小结

通过本章的学习，要理解互联网银行的内涵，包括互联网银行的概念、属性，以及互联网银行发展的驱动机制。要真正认识到互联网银行崛起于大数据征信技术，现在互联网银行刚开始起跑。要掌握互联网银行的价值理论，要理解它的核心逻辑链，大数据之源是 UGC 网络，从数据到信息，寻找最具价值的环节。要熟悉互联网银行的效应，如：互联网银行的颠覆效应、互补效应、规模效应、社会效应及对传统银行的影响。了解美国互联网银行发展模式及美国经验对我国互联网银行发展的启示。熟悉互联网银行的发展趋势，包括：创造客户价值为核心竞争力、多业态经营拓展盈利空间、加强风控管理实现可持续增长，以及全方位实现普惠金融。掌握互联网银行的风险类型，熟悉互联网银行的跨国风险管理，掌握互联网银行风险管理体系建设，并会实施。

本章案例

招行手机银行——先发制人

2010年10月，招商银行的iPhone版手机银行发布，成为业内当之无愧的先行者。最新的数据表明，其手机银行的用户量已经突破百万人，截至2011年4月末的交易数比去年同期翻了4倍，交易金额翻了5倍。

这恐怕是让许多同行都艳羡的一个成绩。而在群起争雄的手机银行大战中，行动迅捷的招商银行又能否继续保持领先优势？

领先——"时机最重要"

招商银行的iPhone版客户端上传后的头两个星期，下载数就突破10万次，在免费程序总排名中，一度爬升至前5名。

这也打破了近两年招行手机银行的一度沉寂，在iPhone版之前，各大银行的手机银行暗战早已展开，但是招行并没有太大的动静。

招商银行总行零售银行部副总经理胡滔坦陈那两年她负责手机银行也有不小的压力，"招行手机银行创新不如别家"的质疑声此起彼伏，但她一直坚信"时机未到"，直到与iPhone碰撞出了火花。

在此之前，招行手机银行也经历了跟随外界风潮亦步亦趋的阶段，从最早的GSTK（需要电信转换），之后是WAP版，随之又出现了HTLM的版本，但是频繁的追赶容易让人迷失，"一两年前的智能手机平台，系统有十几种，开发的成本很高，但是往往刚一开发出来，就发现技术被淘汰了。"胡滔说，招行手机银行的研发策略就是"抓对时机"——目前智能平台的手机研发系统渐趋稳定，iPhone手机银行的推出正逢其时。

自2010年10月推出试运行之后，截至2011年4月，招行手机银行的交易数比去年同期翻了4倍，交易金额翻了5倍。

对于这样的成绩，胡滔并不感到意外。"iPhone版手机银行跟招行的客户群体是高度契合的，这也是我们推出该版本考虑的重要因素之一。"

"招行客户使用新设备的热情远超过其他银行的客户"，从招行网银的表现就可以判断胡滔对招行客户的了解所言非虚：在结汇和购汇业务上，招行网银的替代率都超过75%，"这是许多银行无法比拟的"。

在天时、地利、人和的条件全部齐备之后，招行的 iPhone 版手机银行顺理成章地首战告捷。招行的"移动"创意在这个平台上崭露无疑：随时随地可以获得金融咨询、查询就近的网点、进行理财产品交易；或者可以心血来潮买张电影票，网络购物更是小菜一碟。

模仿——"没那么容易"

iPhone 版开了个好头，招行的"移动银行"终端还在不断地加入新成员：4月份 Angel 体验版已经上线，Windows mobil，Java 等主流终端都在研发之中。

但是从技术角度而言，招商银行的产品尽管可以先行，却并不能保证唯一。在目前 iPhone 版手机客户端你追我赶的阶段，往往一个产品推出，已经是跟随者甚众。

招行并不以技术作为核心竞争武器，"对于每一个产品来讲，产品领先的优势都是很难保持的。"胡滔坦陈智能手机终端的技术门槛并不是太高，跟进和模仿也在意料之中。"有后来者没有关系，因为我们还会继续往前走。"

那么继续走的方向是什么？在 2011 年 1 月份刚刚发布的客户端 1.1 版本中，招商银行新增了一个名为"CMB STORE"的功能项目，"99 元秒杀 iPad""千元油卡 1 元秒杀"等一系列的团购优惠活动都打包其中；同时提供机票订购服务。

"光有平台是远远不够的，如何占据 iPhone 用户更多的在线时间才是银行真正要考虑的。"胡滔说，"只有这样才能提高用户黏度，发掘客户价值所在。"

因此，招行的目标是成为 1/10：与网银最大的不同就在于手机银行的界面有限，iPhone 用户最多也就下载 100 个左右的软件，最常用的也就是 10 个左右，"要让客户把招行手机银行的图标留住，就要完善客户的体验性，进行更精准的客户定位；单纯下载没有用，而是真正产生交易量。"胡滔说。

当然，要笼络住客户的欢心，招行先天的零售优势不可小觑。"技术平台没有太高的门槛，但是既有的客户优势是其他银行一时半会儿赶不上的。商家选择合作的关键就在于你这个平台能秒杀多少商品，招行所拥有的谈判能力就是我的持卡人带给我的。"胡滔说。

但是，招行手机银行的"野心"并不止步于维持现有客户，这从其设计理念就可以看出来，不同于在其之前同样推出 iPhone 版手机银行的交行和其后的工行，都需要银行的卡号登录，招行推出的免费金融咨询服务，非招行的客户同样可以使用。

"现在大多数银行做手机银行还是延续网银的思路，仅仅把它作为一个服务现有客户的通路，但是招行的理念是借此同时吸引新客户。"而招行刚刚推出的"互动银行"——i 理财有望成为使招行手机银行客户倍增的一个有效工具。据胡滔介绍，"i 理财"采用关系型社区模式，依赖论坛、博客、在线互动等方式建立银行与客户、客户与客户间的紧密联系。"以后手机银行会跟 i 理财捆绑，通过互动进行更加有效的客户营销。"

"现在 i 理财并没有受到市场的热烈追捧，这跟大家的使用习惯有关。"不过一直引导培育客户需求的招行显然已经尝到了甜头：时光倒回十年，当他们去校园推广网上银行的时候同样遭到冷遇，但是当初对这一新鲜事物接受度并不高的大学生现在已经成长为他们的白领客户、高端客户，成为招行手机银行令人艳羡的忠实拥趸。"移动银行的发展也是这个趋势，未来 3~5 年一定会看到收获。"

未来的一个场景就是，手机银行用户 24 小时不间断地使用移动银行的金融服务和生活服务，而招商银行却不再发愁理财经理的队伍建设问题，甚至不用再纠结于受限于服务网点。现有数据已经说明了这一切都是可能的，到目前为止，招行电子银行的建设相当于多建了 460 个网点、3 000 个柜员，综合节约成本 17 亿元。

　　当然，手机银行可以期待的盈利空间更多。"目前智能手机普及率并不是很高，而且偏高端。要想盈利的话，就要使客户群体达到一定的数量，现在还是培育客户的一个阶段，不可操之过急。"胡滔说，"当客户达到一定的使用黏性，银行要想根据其使用习惯主动推一些东西，并不是一件难事。"

（资料来源：新浪博客，梁宵，2011-05-11）

讨论：

1. 招行建立手机银行是借此同时吸引新客户，能否达到目的？
2. 招行如想黏住手机银行用户，需要采取哪些营销手段？

本章习题

1. 试论互联网银行发展的驱动机制。
2. 为何说互联网银行崛起于大数据征信技术？
3. 试述互联网银行的价值。
4. 分析互联网银行的效应。
5. 简述美国互联网银行发展模式与对我国的启示。
6. 试论互联网银行的核心竞争力是什么。
7. 如何进行互联网银行的跨国风险管理？

第 5 章　网络借贷

学习目标

1. 网络借贷的概念与特点
2. P2P 网络借贷及运作模式
3. 网络借贷的意义与作用
4. 网络借贷的个人信息权保护
5. 美国对 P2P 贷款的法律监管
6. 我国 P2P 网络借贷平台监管的政策
7. 我国网络借贷法律制度构建

案例导入

网贷江湖要整顿

2011—2012 年间，各网站的网络信贷业务纷纷发生"跑路"事件。一时间，被风投人士看好的 P2P 网络信贷模式乱象横生，有媒体戏称 P2P 网络信贷已走入武侠世界的"网贷江湖"。网贷平台"优易网"借贷 2 000 余万元突发"跑路"，"安泰卓越"信贷戛然而止，宜信、融 360、拍拍贷等却曝出已经分获知名机构巨额投资。一边是骗贷的阴霾笼罩，一边是资本的疯狂追逐，整个网络信贷行业冰火两重天，危机四伏。

2012 年 12 月 21 日，P2P 网贷平台"优易网"突发"跑路"事件，截至当月 25 日，已有 2 000 余万元资金被套；另一家 P2P 网贷平台"安泰卓越"网站于 2012 年 12 月 17 日停止运转，截至 12 月 17 日下午，被套资金已超 130 万元。在此之前，国内较早出现的网络贷款平台"天使计划"在 2011 年 10 月突然不能登录，时隔一年后，在平台上投资超过 600 万元的资金仍未能追回；2011 年 7 月 21 日，自称中国最严谨的 P2P 网贷平台"哈哈贷"却被告知关闭。虽然在 4 个月之后哈哈贷宣布重启，但这一小插曲也足以让业内对网贷模式表示极大忧虑。然而，P2P 网贷平台虽陷入"江湖混乱门"，但资本对 P2P 网贷平台的追逐却在不断上演。

（资料来源：根据相关资料整理）

讨论：

P2P 网络借贷还有前途吗？应如何规范？

5.1 P2P 网络借贷的内涵与本质

5.1.1 网络借贷的概念

P2P（Peer-to-Peer Lending）网络借贷，也称点对点信贷，或个人对个人的信贷，来源于 P2P 小额借贷。P2P 小额借贷由 2006 年"诺贝尔和平奖"得主尤努斯教授首创，是一种将非常小额度的资金聚集起来借贷给有资金需求人群的一种商业模型，其作用主要体现在满足个人资金需求、发展个人信用体系和提高社会闲散资金利用率三个方面。随着互联网技术的快速发展和普及，P2P 小额借贷逐渐由单一的线下模式转变为线下线上并行，随之产生了 P2P 网络借贷平台，该平台主要是出借人通过第三方平台在收取一定利息的前提下，向借款人提供小额借贷的金融模式。全球第一家 P2P 网络借贷平台是成立于 2005 年 3 月的英国 Zopa。互联网金融的本质，不是仅仅作为工具提升交易效率和降低成本，而是通过网络征信的方式，拓展金融业服务的目标人群。P2P 网络借贷作为互联网金融的一种模式，可以看成现代信息科技与民间金融组织形式结合的产物。从本质而言是金融脱媒，也就是说，原本通过中介机构来实现的个人借贷模式逐渐被边缘化，取而代之的则是出借人自行将资金借给 P2P 平台上的任何人。而 P2P 平台的核心作用应该是作为中介，通过一定的交易制度设计为借贷双方提供相应的信息发布、资质判定、撮合等中介服务，不应该参与到借款行为的担保、质押中，更不应成为借款方式中的一个主体，进行吸储和放储行为。简言之，P2P 网络借贷平台本质是网络化、公开化的民间借贷。

网络借贷平台是一种新型的互联网金融模式，它凭借网络突破了时间和地域的限制，扩大了民间借贷范围，解决了中小企业和个人融资困难的问题，繁荣了我国信贷市场。金融市场上商品交易信息的高度不对称，加之交易双方力量差异悬殊，使得金融消费者很难实现与金融机构之间的公平交易。这就要求法律伸出援助之手，给予金融客户应有的倾斜保护，以维持二者在信息权益各方面的力量均衡。

在信息不对称的情况下，正规金融机构常常按照新古典市场的基本原则，基于一次性博弈和匿名交易等假设，要求中小企业提供抵押品或担保。但拥有"软信息"且缺乏抵押品的中小企业常常遭遇金融排斥。近年来，随着网络的普及和使用率的上升，网络借贷作为新生事物也悄然出现，在一定程度上解决了个人及中小企业融资难的问题。尤其是在美国 2008 年金融危机之后，主导信贷市场的正规金融机构（一些大银行）不断提升资本金充足率，减少不良贷款率，使得市场融资出现低迷。融资的低迷带来了网络借贷迅速发展的高潮。影子银行（也称影子银行体系）的过度发展是此次危机爆发的主要原因。美联储主席伯南克于 2010 年 9 月在金融危机调查委员会（FCIC）作证时将影子银行定义为：在被监管的存款机构（商业银行、储蓄机构及信用合作社）之外，充当储蓄转投资中介的金融机构。加强对影子银行的监管成为危机后国际金融监管改革的一个重要组成部分：英国金融服务局（FSA）发布报告（2009），应当改革现有金融监管体系，提出要加强对对冲基金等影子银行的监管；

2011年10月27日，金融稳定委员会（FSB）正式发布了"FSB加强影子银行监管的建议"，系统阐述了监管影子银行的策略。相比较而言，由于金融的市场化程度较低，金融管制的普遍存在，决定了中国影子银行与国外影子银行的发展有显著的差异。

5.1.2 网络借贷的兴起

网络借贷平台是基于P2P模式而产生的为放贷人和借款人提供发布贷款信息和撮合成交的网络平台。它的兴起解决了小额融资的困境，使个人借贷突破了时间和地域的限制，只要有网络，放贷和借贷行为即可在任意时间、在不同领域、在不同人之间完成。随着互联网技术的快速发展，P2P小额借贷逐渐由单一的线下模式转变为线下线上并行，随之产生了P2P网络借贷平台，它是个人通过第三方平台在收取一定利息的前提下向其他个人提供小额借贷的金融模式，其客户对象主要有两方面：一是将资金借出的客户，二是需要贷款的客户。P2P网贷是由网站（公司）作为第三方中介平台，借款人在平台发放借款需求信息，投资者向借款人放贷的行为。本质上，平台是金融信息服务中介机构，为借贷双方当事人提供各类借款信息、促成借款交易成功的服务。

2005年，一家名为Zopa的网络借贷平台在英国成立，成为世界上第一家网络借贷平台。2006年，同样是网络借贷平台的美国Prosper成立并运营。除了这两家以外，国外比较有名气的网络借贷平台还有Lending Club和Kiva等。

2007年7月，我国第一家网络借贷平台——"拍拍贷"于上海成立并正式运营。随后，以北京"宜信"、深圳"红岭创投"为代表的一定数量的网络借贷平台也纷纷成立并运营。国内市场在借鉴国外发展经验基础上，网络借贷平台也如雨后春笋般迅速发展，上海"拍拍贷"、深圳"红岭创投"和北京"宜信"是国内发展势头较好的网站。这些网站既不吸收存款，也不进行放贷，其主要目标是提供国内个人对个人的小额贷款融资服务。

民间网络借贷是创业、学习、生活等小额的个人贷款，民间网络借贷的借款人和贷款人彼此达成的协议是通过网上交流平台达成意思一致，最终的贷款协议是一张电子版的格式合同。民间网络借贷不同于其他的借贷模式，其中民间网络借贷主要有以下独有的特征：一般为小额无抵押借贷，覆盖的借入者人群一般是中低收入阶层，他们借助了网络、社区化的力量，可以使每个人都来参与，从而有效地降低了审查的成本，使小额贷款成为可能，并且一般是小额无抵押贷款，这样每个人都可能成为借款人或出借人。平台不参与借款，而做的是信息匹配和工具支持等一些服务项目，同时由于依托于网络，与现有民间借款不同的是其非常地透明化，还可以通过网络了解借贷双方的信息，加之针对的是中低收入以及创业人群，并且其有相当大的公益性质，所以该模式具有很大的社会效益和经济效益。民间网络借贷解决了很多做小额贷款尝试的机构组织普遍存在的成本高、风险高的问题。

5.1.3 网络借贷的特点

国内P2P借贷网站的发展尚处于起步阶段，且多是在模仿英国、美国模式的基础上尝试和发展起来的，基本可以划分为四种基本的运营模式，并在面向群体、利率制定和风险防范机制等方面呈现出了各自的特点，见表5-1。

（1）以拍拍贷为代表的无抵押、无担保模式主要是借鉴美国的Prosper模式，采用竞标机制实现在线借贷过程。其基本操作流程是：借款人发布借款列表，贷款人竞相投标，利率低者中标，一般由多个贷款人出借少量资金给同一个借款人，以此来分散和降低风险。当投标资金总额达到借款人的资金需求时，借款成功，由网站自动生成电子借条，借款人必须按月归还本息。该模式下，P2P公司负责借款信息的发布、竞标管理、成功借款管理、电子借条、法务支持等，其利润来自收取的服务费。P2P公司对借款人无抵押要求，也不承担担保责任，如果出现借款人逾期不还的情况，不负责赔偿贷款人的损失，只退还手续费，因此风险较高。为降低风险，该网站采取网络社交圈的方式在互不相识的网民之间建立起虚拟社区，通过身份认证、工资审核、网络通缉等方式降低风险。

表 5-1 国内外主要 P2P 网站比较

	Prosper	Kiva	拍拍贷	宜信
针对群体	任何有小额资金需求的市场主体	发展中国家收入低微的小企业	任何有小额资金需求的市场主体	学生、工薪阶层、白领阶层、小业主
借款额度	1000～2500 美元	75～1000 美元	100 元～20 万元	30 万元以下
借款利率	依赖借贷双方的利率竞价	0 利率，但和 Kiva 合作的小贷公司要收取 15%～20% 的利息	不作具体要求，一般在 10%～27%，最高达 30%	控制在银行同期贷款基准利率的 4 倍以内
风险控制	鼓励加入信用评级较高的客户组，鼓励客户组内借贷	批量出借人 + 小额信贷	提倡熟人之间的借贷交易，鼓励出借人资金分散借出	鼓励出借人将资金分散借出、设置独立的还款风险金账户
收费标准	向借款人收取 1%～3% 费用，向贷款人收取 0.5%～1% 的服务费	不收费，依靠会员捐款运营	向借款人收取 2%～4% 的服务费，另有转账费、催收费等综合收费	向借款人收取 3%～10% 的服务费
收益率	实际贷款的平均利率为 17.9%	纯公益性质，0 收益	平均收益率为 16.5%	收益率不低于 12%

（2）以宜信为代表的无抵押、有担保模式主要是借鉴英国的 Zopa 模式。其业务流程是：借款人申请贷款，P2P 公司负责对借款人进行信用审核、风险评估和制定信贷方案，通过信用审核后，借款人先与 P2P 公司签订贷款合同，然后通过债权转让的方式，将债权转移给贷款人，借款人按月归还本息。在此模式下，P2P 公司对贷款人的资金提供担保，一旦出现借款人不能按时偿付的情况，公司将通过还款风险金进行赔付，同时，公司还参与借款人的信用评级、利率确定、协议管理、回款管理等，尽量降低借贷资金的风险。

（3）此外，国内还有一些由传统民间借贷发展形成的地方性网络借贷平台，属于有抵押、有担保的 P2P 模式。这些公司主要为本区域内的借款人和贷款人提供中介服务，严格来说，这些网络平台基于地域、人缘的因素更多，而网络仅仅作为一种联系渠道或宣传手段，并不是纯粹意义上的 P2P 借贷模式。例如青岛模式和温州模式，这些公司都要求借款人必须提供抵押物，且基本都以房产为抵押，由此来降低借款的风险，由于有可信的抵押物，P2P 公司可以为出借人做担保，这种模式下的贷款质量相对较好，贷款的风险也较前两种方式更低。

（4）伴随小额信贷行业的发展，国内的 P2P 网站还推出了专门针对特定人群的公益性运营模式，例如"齐放""我开"和"宜农贷"。"齐放"的借款对象专门针对诚信度较高的高校大学生；"我开"是纯公益性网站，接受来自世界各地的捐助，为四川和内蒙古的贫困人口提供贷款；"宜农贷"则选取农村贫困妇女作为贷款对象，年收益不高于贷款总金额的 1%。

5.1.4 P2P 网络借贷及运作模式

个人借贷是私人之间资金融通的一种方式，由于信息不对称和缺乏对借款人的有效约束，民间借贷更多是在熟人网络中展开并且空间范围有限。随着互联网技术的发展和普及，个人借贷的范围与可能性都大大增加。2005 年 3 月，全球首个 P2P 贷款网站 Zopa 在伦敦成立。Zopa 广泛发展会员，采取个人对个人借贷的方式，出借人在网络上列出金额、利率和想要出借的时间。同时，资金需求者可以对这些借款进行选择，自行配对交易。出借人可以实现超过银行存款的收益，而借款人则可以满足自己多方面的资金需求。这种方式迅速地被国内所借鉴，本来就已蓬勃发展的民间借贷又增加了网络的形式。2007 年，我国首家 P2P 网络借贷平台上线，目前类似的网站已有千家。其中规模较大的如宜信公司，月贷款规模已过亿元。数量迅速增长的同时，在运作模式上，国内 P2P 也迅速分化。一般来说，其运营模式包括两类，即所谓的线上模式和线下模式（见图 5-1）。

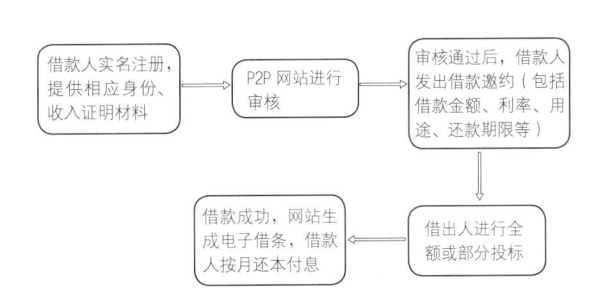

图 5-1 P2P 网络借贷的运营流程图

所谓线上模式，即坚守 P2P 产生时的基本做法，网站仅作为借贷双方的信息发布平台，会员自主成交。网站或公司不存在平台之外的审贷环节，也不对单笔贷款提供担保。国内典型的如"拍拍贷"，当前其月成交额约 1 000 万元，拍拍贷的收入主要包括向客户收取的账户管理费和充值手续费，以及成交服务费（佣金，对 6 个月或以下收取 2%，6~12 个月的收取 4%）。

而线下模式，超越了网站点对点贷款方式。在网络平台之外，一方面要有专门的信贷员审核借款人，控制贷款质量；同时又有销售人员向出资人做理财，购买其贷款资产。典型的如宜信公司。另外，还有部分 P2P 公司提供贷款保本，如红岭创投。这也是目前中国 P2P 模式和国际惯常做法的重要分歧。

对中国 P2P 发展情况的分析可以看出，我国网络贷款的特点非常明显：

（1）利用网络提供的技术和成本的优势，民间借贷在原有的基础之上，发展更为迅速；

（2）各家机构在自身业务定位、经营执照、客户定位、操作流程、业务规模、推广渠道、本息保障等方面，差异巨大，甚至对什么是 P2P 模式，行业内也分歧较深。业内也希望在受到严厉的监管之前建立行业自律机制，但其中的共识越来越小。

5.2 网络借贷的意义与作用

5.2.1 网络时代的金融脱媒对落后体制的冲击

所谓脱媒，是指资金的盈余者和资金短缺者不通过银行等金融中介机构而直接进行资金交易的现象（媒就是金融媒介机构）。银行作为传统的金融中介在整个金融体系中发挥着重要的作用。银行作为专业化金融机构建立了完善的信息收集和处理机制，降低了成本并完成了资金融通。金融中介的优势之一就体现在对成本的降低。Theodore（2000）把金融脱媒分为四个阶段，其中第四阶段就是指在过去的十年里随着 ATM、电话银行、个人计算机系统和互联网的普及所产生的银行产品分销的脱媒。当互联网技术的发展将这种交易的成本进一步降低的时候，金融脱媒也变得不可避免。

P2P 贷款模式的诞生就是通过网络平台，将分散借出人和有贷款需求的人联络在一起，达成了一份多人参与的协议。一方是贷款人，而另一方是多数的借出人。由于高昂的交易成本的存在，这在前网络时代是根本不可能的。Zopa 其名取自"Zone of Possible Agreement"即协议空间，可以看到互联网所发挥的作用。在这个交易当中，银行作为存款人和贷款人之间的媒介不复存在。从功能上分析，一般来说，商业银行的职能体现为：信用中介、支付中介、信用创造、金融服务职能。其中，信用中介是其最基本也是最重要的职能。这种职能体现在：①将社会闲置资本转变为职能资本；②将不能当做资本使用的小额货币转变为巨额资本；③将短期货币资本转变为长期货币资本；④引导货币资本由低效益的部门流向高效益的部门。显然，P2P 网络贷款在信用中介这个职能方面至少部分地实现了对银行的替代。

网络技术的发展与贷款平台的开发催生了新的融资方式，同所有的影子银行体系一样，P2P 贷款也带有了强烈的金融创新性质。对此，银监会迅速做出反应：认为人人贷"容易演变为吸收存款、发放贷款的非法金融机构，甚至变成非法集资。"其背后的逻辑是：监管当局还没有足够的理由认为这项新经营属于它的监管范畴；对于这种非"体制内"的金融，挥舞的是"非法金融机构，非法集资"的大棒。我国建立起来的分业经营和分业监管的体制，在金融业内部有严格的壁垒，这些金融创新自然也难以纳入原有的框架。李扬研究员认为：这些由市场创新而来的"影子银行"业务活动，充分体现现代金融发展"交易"的要素，具有重大的借鉴意义，或将成为未来金融创新的发展之路。

从美国的金融发展的经验看，在 20 世纪也经历了 30 年的脱媒过程。回顾一下这段时间金融监管法律的变化，从 1980 年到 1999 年的这个过程中，一开始所有的法规都是为了免除脱媒，也就是说都是为了把资金重新从市场中拉回到银行。但脱媒现象愈演愈烈，于是从 90 年代开始新通过的银行法规承认这个事实，并且走向另外一条路：就是打通两个市场，一直到 1999 年出现混业经营。包括 P2P 贷款在内的影子银行的发展有助于实现金融领域的多样化，对此，我们应当采取更加包容的态度。

5.2.2 从网络借贷看金融市场的统一性

合同法规定的个人借贷行为本身就是最简单的信用关系。从这种信用关系的演化发展可以观察整个信用体系，加深对整个金融体系统一性的理解。

（1）个人借款合同中，出借人享有的是一种有追索权的债权。这种债权有很多特点，简单来说有以下几点。①表现方式多样。如，普通借条、票据、债权凭证、债券等。②债权可以转让。③债权可以分割，并可以全部或部分的让与。这恰恰是资产交易或某种证券化的雏形。④交易范围扩大：债务人可以向多个人借贷，即以他为中心，形成一系列或者一束合同。

如果从负债业务的角度看，这构成了某种形式的集资（或吸收存款）。如果从证券的角度，这也可能是债券的发行。从借贷资金的使用方面看，可以用于普通的经营活动；如果借来的资金用于发放贷款，这就形成了银行存贷业务的雏形。将这里的个人替换为一个公司或机构，在我国金融业务经营权与机构挂钩的情况下，如果未经批准，"非法金融机构，非法集资"的罪名将难以避免。从最基本的信用行为到金融市场的形成，是一个逐渐演化的过程。当我们把个人借贷扩大之后就构成了以资金融通为核心的金融业务。对同一个行为从不同的角度观察可能会有不同的认识。

（2）如果从资金融通的角度分析，上述金融业务之间是否有严格的界限呢？能否做实质性的区分？恐怕很难。只有规模和技术上的差别而不存在本质上的差异。撇去 P2P 贷款平台小额及分散这两种创新技术，显然网络贷款也正是通过互联网将民间借贷扩大到了范围更大、更不确定的公众。对这种经营如何进行界定和监管？美国将其纳入证券的调整范畴，我国 P2P 贷款多样化的情况下还需要更慎重的分析。P2P 贷款是在个人借贷的基础上发展起来的，从机构的角度看，它严守着个人借贷的边界，各种业务活动都以个人的名义出现。从业务上来说，它触及了发放贷款的行为。我国《银行业监督管理法》第十九条规定：未经国务院银行业监督管理机构批准，任何单位或者个人不得设立银行业金融机构或者从事银行业金融机构的业务活动。但个人借贷在我国历来得到允许，并非银行的专营业务，其运营的合法性在我国的现有的法律体系中并不存在障碍。

（3）对贷款平台的分析：从借贷合同的角度，根据《合同法》及《最高人民法院关于人民法院审理借贷案件的若干意见》的规定，自然人之间、自然人与法人、自然人与其他组织之间的借款作为借贷案件受理，确保了民间借贷的组织形式及其合法性。在我国法律法规禁止企业间借贷的背景下，P2P 网络贷款正是走了个人借款的路径。至于借贷合同的达成通过什么方式、什么平台，并没有法律约束。我们将网络贷款还原到单个的个人借款合同。一些情形下，个人之间如果不存在信息不对称，不存在欺诈，可以达成协议。另外一些情形中，可能还需要存在居间人，向委托人报告订立合同的机会或者提供订立合同的媒介服务。居间人在个人借款过程中发挥了特殊的作用，他解决双方之间的搜寻成本和信息的不对称问题（尤其是借款人的信用状况，更是借出人关注的焦点）。纯粹的 P2P 平台更类似一个居间人的地位，这种介绍贷款、撮合交易是不是贷款业务的一部分呢？提供交易平台算不算金融业务？是否涉及金融牌照呢？从 Prosper 案例以及我国 P2P 线上贷款的经营来看，平台只是发挥了媒介作用，其收入的来源主要依靠服务费用，而非存贷款利差，不涉及金融牌照的问题。

5.2.3　P2P 贷款对我国金融监管体制的挑战

延续上文的思路，没有法律上的障碍并不意味着不需要监管，也并不意味着不需要进行风险控制，任由其发展。随着借贷交易规模扩大，个人借贷除了具有债的基本特性之外，还由于规模和交易范围的扩展而具有了公共性质和体系性的影响，基于维护金融投资者的利益的需要，应当对资金融通行为采取一定的监管措施，这是监管的正当化基础。但当前我国金融监管体制在面对 P2P 贷款的时候，缺陷是非常明显的。

（1）以直接融资和间接融资的理论划分作为基本的金融分类，并建立分业监管体制，造成了金融市场的割裂

"以直接融资和间接融资区分融资的形式是老概念而且是落后的。在全球最权威的金融学辞典中找不到直接融资和间接融资的概念。而且有很多金融产品难以界定。对这些问题，我们应当制定系统、综合的金融体系现代化方案，而不是简单地搞金融改革方案。"新的金融产品和金融工具的出现对目前僵化的划分造成了巨大的冲击。"在本次繁荣期间，金融体系的结构发生了根本性变化，传统银行系统之外的资产所占的比重大大提高。这个非银行金融系统变得非常大，在货币和资金市场上尤其如此。"

例如，随着金融脱媒的发展，更多的资金从银行中介中脱离进入直接融资的领域。而在我国的直接融资的法律中，对证券的范围规定得极其狭窄。P2P 贷款是由于网络技术的发达在资金拥有者和使用者之间出现的新的融通方式。P2P 贷款经营当中，线上模式只是最基本、最简单的模式，仅可能涉及贷款业务。当我们把更加复杂多样的线下业务运营拿来进行分析的时候，直接融资和间接融资的界限就模糊起来：贷款、发行证券融资、贷款份额的转让、理财产品的销售等，这种融合触及诸多监管部门，对监管体制构成了严重的挑战。

（2）法律对金融业务缺乏概括性，金融抑制严重

对于什么是金融业务或者说什么是金融，这涉及金融法律的根本性问题。这是一个不断发展中的概念，随着市场的发展和金融创新的推出，金融的范畴不断扩大。即使在已经颁布统一的金融服务法的国家也无法对金融下一个定义。这个问题在我国尤为严重：在证券领域，证券法中规定的证券种类极少和范围极窄，证券发行的条件和程序严格；而在银行领域，我国商业银行法建立的管理模式是机构加业务，即通过牌照发放和业务许可来规范。在《放贷人条例》迟迟无法出台的背景下，银行业属于高度垄断的领域。然而，现实生活中募集资金的方式非常多，于是在我国金融法的语境下又有了"集资行为"的概念。监管者对金融市场的监管"简单而粗暴"：凡是颁发牌照或经过有关部门批准的业务，都是合法的，而在正规的金融体系之外的都是"非法集资"。围绕银行、证券、保险等基本金融业务建立起来的各自独立的监管体系，虽然在专业化方面有其优势，但这显然无视了社会生活中广泛存在的融资（集资）行为。法律的包容性不够，以影子银行为代表的金融创新空间不足。

看似简单的思路却根本无法在所有的集资行为中划出合法与非法的界限。原因是显而易见的：广泛存在的个人之间的借贷是合法的，且永远无法禁绝，而在个人借贷规模和范围扩张的过程中，金融工具层出不穷，现有的立法和司法难以回答合法的边界在什么地方。从不断加大且从未停止的对"非法集资"的打击中，可以很明显地看到这一点。相形之下，金融市场发达的美国对金融业务的规定相当全面。在同样无法对金融业务作出概括的情况下，法律不厌其烦，将市场中的金融业务进行一一列举。加上灵活而富有弹性的司法判例体系，法律对金融行为具有极大的包容性，能够将金融创新纳入到既有的监管体系中。

5.2.4　P2P 网络贷款规制

本文虽然从 P2P 贷款展开，但落脚并不限于对 P2P 本身的监管。网络贷款的出现挑战了我国现有的金融秩序。但这绝不是第一次：从长期以来我国司法实践对非法吸收公众存款和非法集资的判决产生的争议中可以窥见一斑。应当反思的是我国的金融法律以及由此带来的我国金融体系的缺陷。否则金融监管永远跟不上金融创新的步伐。

回应第一部分提出的问题。中国的影子银行是在与金融管制的博弈中不断成长的。前文提到的争议和分歧源于我国金融法制的落后：法律对融资、金融活动、集资、证券等基本概念缺乏明确的界定，同时分业监管加深了金融市场的割裂与僵化。当金融市场不断发展和金融创新纷纷出现（在这里表现为 P2P 贷款模式的多样和对监管底线的挑战）的时候，法律界定的不足就越发严重。所以游走在灰色地带的 P2P 网络贷款，以及其他影子银行体系中的金融机构和金融工具，要走出影子，实现阳光化，还有赖于法律跟上市场发展的脚步。央行正在研究制定《放贷人条例》，希望能引导民间借贷走向正规，培养贷款零售商，促进多层次信贷市场的形成，也许这可以看做影子银行合法化的步骤之一。更进一步的是，我国应当考虑制定统一的《金融服务法》，对金融活动进行全面和统一的规范。

5.3 网络借贷的个人信息权保护

由于我国并没有建立完善的个人信息网络,故在个人信息认证方面始终存在难题,为解决此难题,小额信贷公司除了采用身份证认证、移动电话认证、银行账号认证和电子邮件认证方式外,还可以和银行的个人信用信息数据库绑定,其认证的结果的可靠度较高。网络借贷平台由于网络自身虚拟性的特点,因而其个人信息认证结果可靠度较低。

5.3.1 网络借贷平台的信息操作

网络借贷平台的运营模式采用竞投标的方式。首先,借款人需要在网站上填写自己的身份信息、收入状况、联系方式、工作证明、银行卡号、住址等基本信息,在注册成为网站上的借款人后,通常网站需要进行审核,因此借款人需要向网站提供个人信用报告等审核资料,审核通过后就可以在网站上发表借款需求,填写借款的理由和借款的金额、借款期限和利率以及还款方式等。此时,借款人将借款当做商品一样在网站上进行拍卖,放贷人在看到借款人的借款需求之后通过竞标对借款人进行放贷,借贷双方主体通过不断竞价达成借贷的协议。在竞投标行为完成后,借入的资金会自动地流入借入者的账户,同时网站会系统地自动生成电子借条,并以电子邮件的方式发送到借款者和放贷人的电子邮箱中。

通过比较我国几家网络借贷平台,如拍拍贷、红岭创投、宜信、齐放网等,这些网站均没有统一的正规的信用评价模型,且网站在进行信用评级时依托的个人信息有限,主要有身份证明、学历证明、住址证明、工作证明、手机、视频、淘宝商家认证资料、网站交易记录、网站社区表现等信息。而笔者认为,首先,借款人为了获得较高的信用等级极有可能编造对自己有利的信息,这些资料是否客观真实值得怀疑;其次,由于网络本身属于虚拟空间,而网络社区表现、网站交易记录与其信用状况缺乏直接必然联系。由于我国没有如同国外那般完善的个人信用信息数据库,导致网站在进行客户身份验证时存在身份无法验证以及身份虚假的情况,恶意拖欠借款的现象越来越多,一旦出现违约,往往追寻不到相关的责任人。网络交易的虚拟性导致很难认证借贷双方的资信状况,极易产生欺诈行为。网络平台需要对客户的身份、资信状况、收入情况、借款用途、业务范围做必要的了解和审核,既能有力地配合国家部门做好反洗钱的工作,又能保护消费者,为合法用户提供借贷便利。网络信贷平台在开展业务的同时,需要明确自己的社会责任,在与用户建立业务关系时,核实和记录其身份,并在业务关系存续期间及时更新用户的身份信息资料。客户需注册成为网络借贷平台的会员,并提供一系列身份验证后,方可在网站上发帖借钱。客户的身份证、户口簿、工作证明、生活照片、劳动合同、固定电话账单、手机详单、工资卡最近 3 个月的银行流水、营业执照、房屋租赁合同等相关证件都可以成为信用评价的依据,根据提供的证明获得相应的借款额度。

5.3.2 P2P 网络借贷客户信息权益

作为一种新兴的金融服务形式,P2P 网络借贷的客户信息权益保护问题是各方关注与争议的焦点。笔者从客户知情权、隐私权等方面入手,分析网络借贷模式下可能成为影响客户信息权益的各类隐患。

1. 客户知情权

知情权是指客户在接受一系列交易中,享有获得相关必要知识(包括服务内容以及其他信息)的权利。网络借贷平台有为客户提供真实知识或信息,以及主动提供信息咨询的义务。

同时，客户也可以根据自己的判断与意愿，选择不同的网络平台与交易对象。如果网络借贷平台未能给客户提供准确有效的信息，则可能会给客户带来风险。在网络借贷模式下保障客户知情权，关键的问题是消除信息不对称对客户的影响。这种信息的不对称具有普遍性，网络借贷模式下，借贷双方均面临虚拟化的数字货币和网络服务，影响客户知情权的因素主要有以下两点。

（1）交易对象身份确认。尽管不少网络借贷平台加大了针对借款人信息审核与信用评级的力度，然而，借款人的资料和借款用途仅通过网络验证并不可靠，造假对于蓄意骗钱的人来讲难度并不大，并有可能出现冒用他人材料，一人注册多个账户骗取贷款的情况。

（2）借款使用情况。P2P 网络借贷平台借款者资金使用情况需要保证与借款申报所登记的用途相一致，如果出现不符合借款用途而进行购买股票、彩票等高风险投资的现象，则既违背了网络借贷平台服务于广大中低收入及创业人员的初衷，又会给网络信贷平台造成极大的坏账隐患，进而产生更严重的不利影响。

2. 客户隐私权

在金融交易活动中，客户信息不受侵犯，是消费者最基本的一项权利。网络借贷平台有义务采取一切有效措施，包括按法律规章和操作程序办事，防止侵犯客户隐私权的事故发生，保证提供安全高效优质的金融服务环境。虚拟化的网络借贷平台在为客户提供更高效的服务的同时，无需承担经营场所、员工等费用开支，有显著的经济性。然而，在网络环境下，借贷业务的全过程采用电子数据化的运作方式，客户的交易行为均以网络为载体，网络的开放性也导致了客户隐私方面的风险。各类交易信息，包括用户身份信息、账户信息、资金信息等要通过互联网传输，并暴露给网络借贷平台，存在客户私人信息被非法盗取的风险。另外，还存在网络借贷平台利用客户信息获取非法收益的风险。

5.3.3 国外网络借贷的个人信息保护方式

根据美国财政部于 2009 年发布的《金融管制改革白皮书》成立的金融消费者保护署，将统一行使金融消费者保护规则的制定权和解释权，旨在有效弥补法律漏洞与空白。在日本，对金融消费者的保护规则已经体现出全面覆盖趋势：2001 年《金融商品销售法》，针对所有的金融商品销售活动首次确立了全面的消费者保护规则框架；而 2006 年《金融商品交易法》作为正在形成中的日本"金融服务法"的先驱部分，已将有关消费者的保护规则覆盖到所有投资类金融商品；现行的日本《分期付款销售法》《贷金业法》等几部消费者信用立法存在的漏洞已备受诟病，这些立法在加快修订的同时也在酝酿着统一化的进程。

美国 Prosper、英国的 Zopa 网络借贷平台均与专门的信用评级机构合作，有一套自身的信用评级模式。在美国 Prosper 网络借贷平台上，借款人在借款之前，必须在网站上填写自己的驾驶证号、个人住址及其他私人信息。Prosper 还从第三方机构 Experian（Experian 是世界上最大的 3 家消费者个人信用机构之一，主要服务于北美和欧洲）中得到借款人的历史信用记录，并依据这些信息给注册者进行全面的信用评分，给注册者一个信用评级。Prosper 的信用评级共分 AA、A、B、C、D、E、HR 七个档次，只有当借款人的信用级别高于一个规定的下限值时，他才有资格在 Prosper 上发布借款申请，其中 Prosper 规定，最低的信用分值是 640。英国的 Zopa 网络借贷平台与 Equifax 信用评级公司合作，借款人的个人信用评级由 Zopa 网络借贷平台参照该借款人在 Equifax 信用评级机构的信用评分确定。Zopa 平台将根据借款人的信用评级，安排借款人进入相应等级的细分市场（例如，A*、A、B 和 C 级细分市场），结合借款金额、愿意支付的最高借款利率，将借款请求列示在 Zopa 平台内的借款页面上，在贷款人注册完成之后，贷款人可以选择特定信用评级（例如 A*、A、B 和 C 级）的贷款对象，并结合借款期限（例如，12 个月、24 个月、36 个月、48 个月和 60 个月，但常见贷款期限为 36 个月），在可供选择的贷款市场中进行借贷交易。同时，借款人信用级别的不同也将影响贷款人的年费水平。

5.3.4 我国网络借贷的个人信息保护缺欠

网络借贷平台是提供金融服务的中介，是一种准金融机构，因此为维护整个信贷市场的秩序，银监会应当对其予以监管。然而，目前来看，却没有法律赋予任何一个职能部门对其予以监管。而无相应监管主体的根源还是在于对网络借贷平台的法律性质定位尚不明确。

1. 我国网络借贷的个人信息管理中的问题

网络借贷平台掌握着大量详细的公民个人信息，其个人信息能否得到安全保障而不外泄是个问题。由于法律法规及国家政策的规定，个人信息也难以做到全面公开和使用。在我国，公民的完整信用记录信息并非统一由一个部门保管和封存，而是分散地保存于各个职能部门之中，如工商、税务、劳动保障局、公检法等职能部门，这些职能部门依据相关法律规定往往对个人信息负有不得外泄的保密义务，如《商业银行法》《税收征收管理法》中的一些保密条款。我国个人信用信息体系的不健全，导致网络借贷平台为降低风险，往往寻求其他可以全面获知个人信息的途径。如"齐放网"采取与学校合作的模式，专门为大学生提供小额助学贷款，学生在发布求助信息前，需要通过相关的认证，比如上传学生证、身份证等信息，同时合作学校也要确认求助学生相关信息的真实性，在借款完成后，资金也不会直接划到求助学生的账户，而是先转到学生所在学校的账户，再由学校将这笔钱发放给借款学生，从而减少虚假求助信息的出现。

2. 我国网络借贷的个人信息审核不足

P2P 借贷网站或多或少地限定了借款人的范围，以此来降低风险。另外，基于我国没有健全的个人信用信息体系，网站往往只是机械地要求借款方提供特定的证明，在审核资料上往往无法真正地掌握个人的真实完整的信息。

5.4 国外网络借贷的发展

在金融市场发达的英、美国家，对此类新兴业务是否发展，以及在多大程度上接受监管都存在争议。

5.4.1 美国对 P2P 贷款的法律监管

美国监管当局对 P2P 网络贷款给予了较明确的结论。美国著名 P2P 网络借贷平台主要有 Prosper、Lending Club 等，其中 Prosper 是行业领先者。Prosper 是特拉华州的一家公司，位于加州圣弗朗西斯科，拥有并运营一家在线借贷平台网站（www.Prosper.com）。美国证券交易委员会于 2008 年 11 月向 Prosper 发布禁令（No.8984/November 24，2008，No.3-13296），认为：Prosper 运营在线的借贷平台，沟通贷款人和出借人。Prosper 基于平台发行的借款票据构成证券法所规定的证券。根据 1933 年证券法 Sections5（a）and（c）的规定，禁止任何人在没有有效注册或获得豁免的情况下要约（提供）或出售证券。

下文的分析主要围绕该禁令展开。

1. 对 Prosper 贷款平台的界定

Prosper 的借贷平台类似于双盲的拍卖，借款人和贷款人双方都在网站上注册，获得 Prosper 上的身份。在该平台上，双方均不能披露各自的真实身份。贷款人可以申请获得 1 000 美元到 2.5 万美元之间、三年期、固定利率、无担保的贷款。贷款人将该信息在网站上"挂牌"，标明数额和愿意支付的最高利息。Prosper 基于从信用机构获取的商业信贷评分为贷款人评定信用级别。但 Prosper 并不核实个人信息，例如就业和收入状况等。借出人可以以一个特定的利率，以全部或部分贷款金额投标（通常这个利率都高于金融机构存款利率），通常对每个贷款都有多人投标。当拍卖结束且贷款被全额满足时，贷款人获得他所要求的贷款，而利率则由 Prosper 根据满足投标的所有中标利率中最低的一个来确定。但借出人并不是真正地直接借钱给贷款人，贷款人收到的是与 Prosper 签约银行的贷款。每个出借人会收到一份个人无追索权的借款票据，贷款收益将由 Prosper 分派给出借人。自 2006 年 1 月平台建立以来，Prosper 促成了约 1.74 亿美元的贷款。Prosper 从每个贷款人处获得 1~3 个百分点的借款收益，并且每年根据未偿还贷款本金余额的 1% 向贷款人收取服务费。Prosper 负责管理贷款人的还款并把它分派到每个借出人。Prosper 还负责初步收集到期贷款，向相关机构转让违约贷款。借出人和贷款人禁止直接交易，并不能获得对方的真实身份。

2. 关于 Prosper 发放的借款票据的分析

（1）Prosper 发放的票据构成一项投资。借出人期望以利息的形式获得收益，并且通常该收益率都高于金融机构存款利率。Prosper 在其网站上也声明：Prosper 票据提供的收益优于其他投资工具，如普通股票、CDS 和货币市场工具。能够给予借出人"分散风险并保证更可依赖的收益"，并描述了贷款人怎样利用未还款的贷款去购买一个新的贷款"以获得最大化的收益"。除此之外，在 Prosper 网站交易的机构把这个平台描述为股票和债券收益的替代性工具。Prosper 还为客户提供组合计划，使得借出人能够根据 Prosper 预测的风险和收益，自动的向贷款投标。

（2）Prosper 的借出人都相对被动，主要依靠 Prosper 的工作实现投资收益。① Prosper 建立并维持网络平台，没有它，任何的贷款交易都无法达成。② Prosper 提供了聚集借出人和贷款人的机制，便利二者之间的信息交流、双向竞标和贷款合同生效。③向潜在的出借人提供贷款人信息，包括信用级别。④ Prosper 提供了一个衡量贷款执行情况和潜在收益的模型。⑤ Prosper 还为每一个贷款人管理投标和认购程序，并拥有排他的合同权利为贷款服务，包括管理贷款人和借出人的账户，按月提供报表反映还款情况、票据收益，以及可用于新的投标的资金量。⑥根据这些票据，Prosper 公司拥有排他性的票据贷款服务人的权利。这包括 Prosper 汇集还款和利息，联系违约贷款人要求还款，报告贷款的支付情况并向信用机构报告违约情况。⑦如果借出人选择 Prosper 推出的组合计划，它将根据 Prosper 确定的风险和回报情况，为借出人选择正在竞标的贷款，并自动将借出人的资金分配在不同的贷款项目中。⑧最后，Prosper 平台的存在和运营对贷款交易的发生是极其重要的。Prosper 借出人处于极度分散和混沌状态，没有 Prosper 不可能聚集在一起。他们缺乏必要的经验来运作一个贷款拍卖或为贷款服务。借出人依赖 Prosper 持续运作平台来交易并获取投资收益。

3. Prosper 案件中涉及的法律事项分析

证券交易委员会认定 Prosper 提供的票据构成了证券。主要的法律依据是证券法

Section2（a）（1），以及最高法院作出的 SEC v. W. J. Howey Co.，328 U.S. 293（1946），and Reves v. Ernst & Young, Inc.，494 U.S. 56（1990）两个案件的判决。众所周知，美国证券法对证券的定义采取了列举的方法，并且范围相当宽泛。"任何票据"都构成了证券，为了对此进行明确的界定，最高法院的两则判例具有重要意义。

（1）SEC v. W. J. Howey Co., 案中，基于"投资合同（Investment Contract）"理论的分析。在该案中，Howey 的附属企业向公众促销小块果园，并同时提供一份"管理性合同"，由该附属企业根据合同为投资者采摘和销售水果。美国联邦最高法院认定，具有证券属性的投资合同是指一个合同、交易或计划，投资者据此将资金投资于共同单位，并且受引导有获得利益的愿望，而该项利益全部来自发起人或第三人的努力。因此，Howey 促销计划构成了证券法上的证券。美国最高法院认为，认定是否构成证券不需要依赖正式发行股票的事实。法院认为，一个投资合同如果含有"一笔资金投资在一个普通企业，其收益只是来源于他人的努力"，那么这个投资合同就构成了证券法 Section2（a）（1）项下的证券。提供或销售这种证券就必须根据证券法 Section5 的规定进行注册。该案中，法官从四个方面对一个票据是否构成证券进行判断：①该票据构成一种投资；②投资于共同的企业；③合理的利润预期；④依赖他人的经营或管理活动来获得利润。那么在 Prosper 案中，符合了上述几个方面。① Prosper 所提供的金融工具符合了 Howey 案中所确定的投资合同的定义。当借出人投入一笔资金购买一份贷款的时候，构成了一项投资。借出人在投资一个 Prosper 贷款的时候承担了百分之百的风险，因为 Prosper 贷款是无追索权的。②有几个理由可以证明存在一家共同的企业。其一，借出人和贷款人都依靠 Prosper 来进行贷款或按期归还已经贷出的项目。其二，大量的、大多数的 Prosper 贷款项目都是由一个以上的贷款人投入的，同时多数的借出人投入了一个以上的贷款项目。如果 Prosper 不能运营这个平台的话，所有的借出人都将受到负面的影响。其三，对每笔贷款，贷款人都向 Prosper 支付了 1～3 个百分点的组织费用，每个借出人每年都按照未偿付票据余额的 1% 向 Prosper 支付服务费。③借出人基于 Prosper 的努力来实现他们的投资收益。

（2）Reves 案中关于票据的分析。根据最高法院在 Reves v. Ernst & Young 的观点，任何票据都被视为证券，除非它属于明确规定的非证券类型中的一类。在该案中，法院明确规定了几类票据不构成证券。某一类票据必须属于其中之一或与之具有极强的"家族相似性（strong family resemblance）"，否则都将被视为证券。Reves 案认为可以从以下四个方面考量一个票据是否构成"家族相似"：①买卖双方交易动机；②普遍发售的计划；③投资公众合理预期；④其他监管方式考量。证券交易委员会分别从四个方面对 Prosper 发行的贷款票据进行审查，认为它不属于非证券的票据种类，也不能通过家族相似性测试。从买卖双方的动机角度考虑，Prosper 出借人在于获得相较于其他投资的更好的收益。从发行计划方面，Prosper 票据都通过网络标价并随机发售。Prosper 的出借人不需要有什么深厚金融知识或技能。这种面向公众的、大范围的宣传和劝诱，不限制投资人范围正表明了它构成证券。如果票据面向广大的某一部分公众发售，该金融工具满足了必须有"广泛的交易"这一条件。

（3）从公众投资预期的角度分析，与之相关联的一个问题是，一个理性的投资者如何看待这种交易的性质。交易广告是否包含"可观的投资回报（毫无疑问包括利息在内）。"正如上文所讨论的，Prosper 的借出人合理的预期到该贷款资金将有可观的回报，并理性地认为，Prosper 的贷款是一种投资。

（4）是否存在一个替代性的监管机制能够降低潜在投资者的风险。目前，没有合适的监管保障 Prosper 的借出人，例如，对贷款人借款目的的误导性的陈述、贷款人的就业和收入状况，甚至贷款人的身份，Prosper 误导性的陈述等，都缺乏必要的规范。

4. 美国对 P2P 贷款监管的基本结论

从 Prosper 案中可以看到以下几点。

（1）相对于我国网络贷款来说，Prosper 的经营是相对保守而简单的。美国监管机关对于网络贷款的法律性质进行了充分的论证，给予了明确界定：借出人和借款人自由交易，是一种直接融资方式。Prosper 搭建并运作这一平台，向借出人发行票据构成了证券法规定的证券发行行为，应当纳入证券监管的范畴，应按照证券法规定注册。另外一家网络贷款机构 Lending Club 也受到了同样的处罚，而 Zopa 则关闭了它在美国分支的业务。禁令发出的 9 个月后，Prosper 完成了注册并获准重新开业。由此，在美国 P2P 网络贷款有了清晰的定位，并获得了合法经营的基础，并将其纳入监管轨道，防范金融风险，保护投资者。

（2）与美国发达的金融市场相匹配的是相对完善的金融法律。在这个体系当中，几乎所有的融资行为都受到法律规范的制约。以发行证券为例，从 Prosper 案中可以看到，在证券法中对证券的含义作了详尽的列举，并通过司法判例排除了一些"非证券"金融工具。因此在处理边缘和新兴的金融业务时，法律体系有强大的包容性，不存在法律的空白或模糊之处。

（3）配套体系的完备。包括相对完善的个人信用体系、投资者保护机制、规范的不动产处理机构和债权市场等，正是在这一整套制度的协调和运作之下，P2P 网络贷款这一新的形式才能够融入富有弹性的监管框架中去。相比之下，我们还存在许多欠缺。

5.4.2　英国 P2P 网络借贷监管

近年来，英国 P2P 网络借贷平台发展也十分迅速。目前市场上主要有三家 P2P 公司，分别是 Zopa，Rate Setter 和 Funding Circle。其中，Zopa 是全球第一家人人贷公司。2011 年 8 月 15 日，英国 P2P 金融协会（Peer-to-peer finance association）成立，其初始成员是 Zopa、Rate Setter 和 Funding Circle 三家。该协会成立的目的主要是对借款人的保护设立最低标准要求，并促进 P2P 市场的有效监管。由于英国其他 P2P 公司规模都比较小，而 P2P 金融协会对会员的经营有一定的约束条件，因此，目前仍仅有三家会员，没有其他 P2P 公司的加入。

英国对 P2P 市场的监管分两个时间点。

（1）2010 年卡梅伦上任前。与美国不同，英国的 P2P 市场并没有专门的监管机构或专门适用的法律。比如，在英国，Zopa 方面拥有公平贸易局的信贷许可证，是英国反欺诈协会的成员，向信息专员办公室注册。但 Zopa 不受英国金融服务监管局（Financial Service Authority，FSA）的监管，因为"Zopa 作为借贷交易市场的业务很新，不符合现有任何监管类目"，但由于 Zopa 也在销售保险产品，因此，受到了 FSA 的密切关注。

（2）2010 年卡梅伦上任后。卡梅伦政府对英国金融监管体制进行了彻底改革，取消了原来的"三方"〔英格兰银行、财政部、金融服务管理局（FSA）〕管理体制，赋予了英格兰银行维护金融稳定和对其他银行及金融机构进行审慎监管的权力，并取消了 FSA。具体来说，英格兰银行下新设了金融政策委员会（Financial Policy Committee，FPC），作为宏观审慎监管机构，负责监控和应对系统风险；新设了审慎监管局（Prudential Regulation Authority，PRA），负责对各类金融机构进行审慎监管；新设了金融行为监管局（Financial Conduct Authority，FCA），负责监管各类金融机构的业务行为，促进金融市场竞争，并保护消费者。

换句话说，FSA 审慎监管职能和行为监管职能分别由新设立的 PRA 和 FCA 负责，且 PRA 和 FCA 在宏观审慎监管方面都接受 FPC 的指导。

同时，银行、保险和某些投资公司等具有审慎重要性的金融机构由 PRA 和 FCA 进行双重监管，其他所有金融机构则由 FCA 单独监管。而针对 P2P 公司，由于其市场规模并没有达到审慎重要性的地步，因此，在改革之后，FCA 便成为 P2P 行业的主要监管者。目前，英国在试图从立法上对 P2P 进行监管的同时，FCA 的上级机构（英国财政部）也通过与欧盟协商，建立多边协商框架，以满足欧盟对于网络服务，包括保险、支付等的相关制度。

5.5 我国 P2P 网络借贷的风险与监管

5.5.1 P2P 网络借贷的风险

与 P2P 网络贷款的迅速发展相伴的是围绕它所产生的种种争议。从 P2P 贷款本身来看，线上模式相对保守，交易平台仅在于促进个人借贷的达成，并提供相关的服务。个人借款合同在合同法和民法通则中都有明确的规定，法律允许其存在。但当借款的范围和规模扩大之后，如何保障资金安全？如何维护贷款投资人的利益？包括多个出借人对一个借款人的情况下，是否构成了吸收存款的行为？个人大量发放贷款是否需要业务许可？与小额贷款公司的区别何在？另外，转让贷款资产的行为，是否构成某种形式的资产证券化？如何防范其发展过程中产生的巨大风险？

更深层次的问题是：为什么这种新的形式向国内移植的过程中产生了如此多的变异？甚至网络仅仅只是一种形式和手段，各种形式的融资活动混杂其中。P2P 贷款的疯狂生长与我国法律对金融的严格管制和业务边界的划分存在着怎样的关联？国外对影子银行监管的法律调整对我国的启示何在？这些都是本文试图探究的问题。

P2P 作为一种微金融的创新模式，在给借贷双方带来双赢的同时，也面临着不可忽视的风险。中国银行业监督管理委员会于 2011 年 8 月发布《人人贷有关风险提示的通知》，称人人贷信贷服务中介公司存在大量潜在风险，要求银行业金融机构采取有效措施，做好风险预警、监测与防范。据了解，除了文中提到的规模及影响力比较大的几家 P2P 公司以外，目前国内该行业已有超过 100 家机构，参与者良莠不齐，甚至出现非法集资、高利贷、金融诈骗等危害金融安全的恶意事件。笔者结合调查了解的情况，认为目前 P2P 网络借贷发展中存在三个方面的主要问题。

1. 监管风险

从 P2P 公司的业务来看，由于其不吸储、不放贷的性质，可将其归为网上民间借贷中介，并不属于真正意义上的金融机构，不需要取得金融行业的执业牌照，目前，这些公司只需要在工商局进行注册便可从事网络借贷金融服务。对于这类实质上从事金融服务的网络借贷公司而言，缺乏专门的部门对其准入资质、信息披露、内部管理等进行要求和规范，央行和银监会都没有法定权限实施监管，监管主体严重缺位。同时，对于个人对个人贷款业务的法律条文以及有关民间借贷中介的法规、条例均为空白，因此，P2P 公司的活动始终处于法律的边缘，缺乏有效的监管依据。

2. 信用风险

信用风险即违约风险，是借款人无法按时还本付息的风险。尽管 P2P 平台存在多种经营模式，风险也各不相同，但严格来说，这些 P2P 公司都仅仅是在借款人和贷款人之间扮演了中介的角色，为借贷双方提供融资信息配对服务，协助双方顺利完成借贷活动，并没有真正参与到交易中去。相对于线下的民间金融而言，网络交易的虚拟性导致很难认证借款人的真实信息，由于缺乏抵押和担保，使其信用风险明显高于其他正规金融机构。现阶段，很多 P2P 公司采取了诸如手机绑定、身份验证、收入证明、视频面谈等手段降低信用风险，但更为关键的借款人征信记录、财务状况、借款用途等资料都十分缺乏。有可能出现冒用他人信息、一人注册多个账户骗取借款的情况，并且 P2P 公司对借款资金的用途难以实现有效的审核和贷后管理，极易出现借款人将资金挪用于股票、彩票等高风险投资项目而无法收回的情况。最后，导致借款无法如期偿还时，P2P 公司协助借入者进行追讨，并公布黑名单，但由于追讨成本太高导致难以取得实效。

3. 操作风险

P2P 的网络交易特性、行业门槛低且缺乏有效的外部监管，使得网络借贷公司容易出现比较大的操作风险。

（1）P2P 公司大多会与支付宝、环迅支付、盛付通等第三方支付平台合作，而第三方支付平台仅仅是资金进出的通道，借贷网站可以随时支取在第三方支付平台账户里的资金，支付平台对网络公司难以起到真正的监督作用。2012 年 6 月"淘金贷"网站负责人恶意支取投资者近 100 万元资金，给投资者带来了巨大的损失。

（2）P2P 公司为吸引投资者的资金，容易突破咨询服务的单纯线上模式，与银行、信托机构等合作推出高出银行收益率的理财产品，变相吸储，演变为非法金融机构，同时，由于对募集资金的流向缺乏有效控制，有可能助长资金流入国家限制性行业。

（3）P2P 公司一般还会采取按比例冻结保证金、提取风险金等方式来缓解借款人出现违约后的欠款清偿，但这部分具有保险性质的资金仍然被直接控制在信贷公司手中，而非第三方监管。

5.5.2 我国 P2P 网络借贷监管的现状

我国网络借贷仍处于监管的"真空"状态，主要表现在以下方面：

（1）网络借贷从制度环境来看，我国信用体系尚未建设完善，个人信贷更是处于法律边缘；

（2）从平台运作实践来看，多为民间中介，品质参差不齐，身份无法验证，平台资质难以界定；

（3）从监管的便利性来看，由于平台运作交易虚拟化，风险控制和内控管理均有明显弱化倾向，更有甚者将走向非法集资、网络高利贷、金融诈骗，给监管带来一定难度，也使得监管者有"监管厌恶"倾向；

（4）从业务归口来看，目前网络借贷平台均没有将吸储、放贷作为其基本业务，故不在中国人民银行、银监会的管辖范围。而网络借贷平台在运用互联网技术的同时，主要业务又集中在金融领域，故工信部对其监管也"名不正言不顺"。

作为一种民间借贷形式，国内网络借贷平台虽处于监管"真空"，但唯一可以遵循的法律依据则是：1991 年《最高人民法院关于人民法院审理借贷案件的若干意见》规定，民间借贷的利息可适当高于银行利率，但最高不得超过同期银行贷款利率的 4 倍，超出部分的利息法律不予保护。

5.5.3 我国 P2P 网络借贷监管的可行性

网络技术的发展与贷款平台的开发催生了新的融资方式，同所有的影子银行体系一样，P2P 贷款也带有了强烈的金融创新性质。但是，银监会对 P2P 贷款平台的反应是：认为人人贷"容易演变为吸收存款、发放贷款的非法金融机构，甚至变成非法集资"。其背后的逻辑是，监管当局还没有足够的理由认为这项新经营业务属于它的监管范畴；对于这种非"体制内"的金融，常常被认为是"非法金融机构，非法集资"。究其深层次原因是我国建立起来的分业经营和分业监管的体制，在金融业内部有严格的壁垒，这些金融创新自然也难以纳入原有的框架。因此，P2P 贷款平台仍游离于监管之外，这种民间借贷中介仍处于法律真空地带，央行和银监会都无法确定权限实施监管。

但是，不实施监管并不代表存在法律障碍，也不代表不能有效监管。P2P 网络借贷平台的合法性是存在的，不存在法律上的监管障碍。因为，P2P 贷款是在个人借贷的基础上发展起来的，从机构的角度看，它严守着个人借贷的边界，各种业务活动都以个人的名义出现。从业务上来说，它触及了发放贷款的行为。我国《银行业监督管理法》第十九条规定：未经国务院银行业监督管理机构批准，任何单位或者个人不得设立银行业金融机构或者从事银行业金融机构的业务活动。但个人借贷在我国历来得到允许，并非银行的专营业务。其运营的合法性在我国的现有的法律体系中并不存在障碍。同时，在我国法律法规禁止企业间借贷的背景下，P2P 网络贷款正是走了个人借款的路径。至于借贷合同的达成通过什么方式、什么平台，并没有法律约束。

5.5.4 我国 P2P 网络借贷平台监管的政策

1. 明确"谁来管"

关于监管，我国向来是"谁审批谁负责"。目前，关于 P2P 网络借贷平台并没有明确的监管主体，业界呼声很高的《放贷人条例》也迟迟未推出，央行和银监会又始终未将 P2P 网络借贷平台纳入其监管范畴。因此，工商局负责注册并查有没有违法经营，银监局查贷利率是否违规，公安局查有没有发高利贷，"都想管，又都怕管"的监管格局使得想规范发展的 P2P 网络借贷平台始终面临着政策风险。因此，要规范发展 P2P 网络借贷平台，明确"谁来管"应是最先启动的监管流程。鉴于 P2P 网络借贷平台的民间借贷本质，建议将 P2P 网络借贷平台的监管纳入政府相关部门的监管范围，并使其承担 P2P 网络借贷平台风险处置责任，从而促进和引导其更加持续健康的发展。

2. 把握"怎么管"

明确了监管主体后，面临的首要问题就是监管原则。互联网金融的监管以行为监管和金融消费者保护为主，审慎监管将被淡化。因此，在对 P2P 网络借贷平台进行监管时，应准确把握其概念内涵，从概念内涵中把握"怎么管"。目前关于 P2P 网络借贷平台的争论主要集中在平台到底是互联网属性（如拍拍贷）偏多，还是金融属性（如畅贷网等）偏多。事实上，从 P2P 网贷公司所提供的服务来看，主要是提供借款人和放款人资金信息的居间服务。因此，从行为监管和保护消费者的角度出发，为了减少风险，使行业规范发展，P2P 网络借贷平台应专注于中介平台业务。也就是说，要准确监管其业务范围，使其不能介入交易，不能提供担保，不能吸储去放贷。因此，监管部门应从相关管理办法入手，指引并规范借贷平台经营者从若干关键层面做好网络借贷平台的自身建设，抵制各类风险，提高平台的公信力和防风险能力。更进一步，监管部门可以在管理办法的基础上，出台监管细则，从各个层面监督借贷平台的落实情况。

3. 清楚"管什么"

科学的监管需要寻求操作上的可行性。P2P 网络借贷平台的监管除了要依托监管主体外，还应在环境建设、行业自律、监管措施等方面实现宏观与微观审慎监管的融合与平衡。为此，可从以下几方面考虑。

（1）尽快出台可操作性的法规和细则

在央行《放贷人条例》未推出之前，地方政府监管部门应从监管平台的业务环节入手，以防范风险为目的，尽快出台相关法规，并根据行业的发展，及时应对现实情况出台相关细则，引领行业健康发展。法规和细则的出台，不应流于形式，而应是具体化、可操作性的。如：在用户识别环节，应对用户身份、资信状况、借款用途、业务范围等进行了解和审核，并应规定在业务关系存续期间及时更新用户的身份信息资料；在资金管理环节，对网络平台滞留资金除有相应的管理条例外（建议规定滞留资金必须由第三方托管），要求网络平台内部建立严格的内控制度，明确资金转账流程，且企业要定期向监管部门报送资产负债表，接受监管部门的监督。

（2）细化 P2P 借贷平台的制度建设

①建立 P2P 网络借贷平台的实名制。P2P 网络借贷平台具有客户注册门槛低、手续简单、转账交易便利快捷等特点，更容易成为不法分子洗钱的渠道，因此，实行实名制迫在眉睫。

②建立 P2P 网络借贷平台的反洗钱机制。网络借贷平台应当承担必要的反洗钱义务，在客户开户、注册阶段充分了解客户的身份资料、行业背景、风险级别，尤其应在客户交易的整个过程中持续予以跟踪和关注，并采取必要措施将用户身份资料和借贷信息保存一定期限，并建立可疑交易报告报送机制，通过信息报告与备案制度、现场和非现场检查制度及信息安全审核制度，在网络环境中方便相关部门及时发现洗钱风险，消除洗钱隐患，遏制洗钱犯罪。

③建立 P2P 网络借贷的信用评级体系。P2P 网络借贷平台健康发展的关键是控制风险。平台通过自身的规范管理来解决借贷双方信息不对称和基础信用制度设计方面的问题是必要的。鉴于我国目前自然人信用评级制度有待完善，加强网络借贷平台的信用评级体系建设，也应是政府部门监管的重点。建议政府推出相应的政策措施，尽快与央行征信体系建立联系，实现信用数据共通，从而提升民间信贷活动的安全性、便捷性和规范性，并且民间信贷信用信息也可对央行征信体系起到补充作用。与此同时，政府主管部门或者行业组织应积极探索，将更多小微企业信息及政府部门对企业的管理信用信息，纳入到小额信用贷款服务体系，从而进一步完善信用机制，更好地规范小微企业融资行为。

④建立 P2P 网络借贷平台的安全技术与指标体系。P2P 网络借贷平台的风险易发生在资金转账过程中，需要利用技术手段来解决资金安全问题。政府监管部门应鼓励平台加强安全技术与指标体系建设，加强网络借贷平台数据库和应用层面安全体系建设。或者政府监管部门可参照商业银行的资金安全手段，出台相应的安全指标，采用多种技术手段，保障用户信息安全。

（3）加强行业自律建设

2011 年 10 月 17 日，宜信、贷帮、人人贷发起"小额信贷服务中介机构联席会"，并发布了《小额信贷服务中介机构行业自律公约》。2012 年 12 月 20 日，国内首家网络信贷服务业企业联盟在上海成立。但这些仅是个别企业自发形成的，尚未形成全国统一的、正规的行业协会。因此，应在此基础上，着手建立全国性的、代表小额信贷服务中介机构共同利益、自律透明性强的行业协会，从而更好地搭建监管部门与企业直接的桥梁，更好地协调、监督行业的行为，促进行业的健康发展。为此，可从以下方面考虑。

①提高财务数据的透明度。目前，国内 P2P 平台往往仅强调自身平台的安全性，但对于诸如流动性指标、坏账率指标等核心指标往往并不披露。因此，行业协会应要求 P2P 网贷平台提高财务数据透明度，在不涉及商业机密的情形下，要求 P2P 网贷平台和专业放款人及时、定期发布与投资者资金安全相关的数据信息。

②合理界定 P2P 平台的业务范围。P2P 网贷平台本质上应是为借贷双方提供信息服务，不应过多地介入其他业务。因此，行业协会应合理界定 P2P 平台的业务范围，对其关联性业务进行合理切割，尤其是在合理范围内，将网贷平台业务和担保业务切割，将债券转让模式中的资产评级业务和专业放贷人关联机构的业务进行切割，避免业务的内部循环，从而保持风险审核和资产评级的独立性。

③加强投资者风险说明工作。行业协会作为自律组织，应要求 P2P 网贷平台做好投资者说明工作，避免平台为吸引更多投资者而片面夸大其安全性的做法；同时，尽量提高信息的对称性，培养具有风险识别和风险承担能力的合格投资者。

④加强独立机构的监督管理。行业协会可出台相关规定，要求其会员必须使用独立的第三方支付机构，确保资金交易结算的安全性，切断资金线与业务线的联系，且要求平台不能享有第三方账户中资金的支配权；要求会员必须使用独立的审计机构，定期公布审计结果，尤其是对坏账率和流动性指标等核心指标进行审计，保持信息公开透明；要求会员使用独立的律师事务所，定期审计平台法人状况，检查其债权债务关系，并对其流转文件等留底文件进行抽查、核实；要求会员使用独立的资产评级机构，避免关联风险。

⑤加强信息平台建设。协会可针对其会员建立信息共享平台（包括征信和授信）和黑名单公示机制，常态化地对平台信息进行共享和备案。

5.6 我国网络借贷法律制度构建

5.6.1 加快互联网金融的个人信息保护立法

立法机关应站在保护消费者利益的角度，尽快建立健全相应的个人信息保护立法，在法律上确认个人信息的商业价值，将具有法律上的隐私性质的个人信息加以重点保护，将非法买卖和滥用个人信息行为定位为财产侵权的犯罪行为，加大刑事责任，震慑犯罪行为。

网络借贷平台为客户提供了小额借贷这一特殊的金融服务，其客户属于金融消费者的范畴。保护金融消费者的各项权益，是维护金融市场正常秩序，保障金融稳定的必要条件。政府部门应该进一步细化与完善对金融机构以及提供金融服务的机构的相关要求，通过完备的法律体系来实现对金融消费者各项权益的保护，包括知情权、隐私权与求偿求助权。对网络借贷平台而言，立法内容主要包括以下两方面。

（1）知情权方面。在网络借贷模式下保障客户知情权，关键的问题是消除信息不对称性对客户的影响。监管部门应该督促网络借贷平台建立诚信可靠的环境，对于在平台上发布虚假信息的给予严肃处理，保障客户获得确切的信息。在借款的使用方面，网络借贷平台有义务对款项的使用情况进行跟踪管理，保障借款人的合法利益。政府部门应完善信息采集与备案机制，如果有可疑交易发生，网络借贷平台应积极主动向反洗钱监管部门备案。

（2）隐私权方面。隐私权保护法应规定网络借贷平台负有为客户保守金融私密的义务，不得侵害客户隐私权；网络借贷平台在合理的范围内使用客户信息，不得靠信息获取非法收益；网络借贷平台如未尽保护义务，必须承担一定的法律责任。制定相关法律时，应明确网络借贷平台的责任内容、处罚手段、赔偿标准等。

5.6.2 建立完善的个人信用体系

网上借贷成功与否的一个重要因素就是借款人的信用，由于我国没有如同国外那般健全完善和透明的个人信用信息系统，因而，在网络借贷平台上，借款人为了顺利地通过平台成功地借到款项，往往只能尽可能地显示自己的信用信息记录，包括个人身份证明、学历证明、住址证明、电话信息、网络社区记录等。但是由于网络的虚拟性和公开性，一方面，借款人的个人信息往往很难得到验证，在借款人为了能得到借款却不打算履行还款义务时，在个人信息的真实性无法得到验证的情况下，极有可能提供虚假的个人信息；另一方面，网络安全性不高，个人信息在网络上一旦被泄露，借款人的隐私将被侵犯，导致一系列信贷风险的产生。完善的信用体系可以将信贷市场在不同的金融产品和服务间设置风险隔离带，从而降低金融风险的传导性。为此，我国应进一步建立完善的个人信用信息系统。

（1）我国应当借鉴国外的经验，为每个公民设置一个"社会安全号"，该"社会安全号"与银行、税务、工商等部门相链接，包含银行、税务和工商等多个部门的个人信息记录。网络放贷人如需详细的借款人信息，只需一个"社会安全号"即可，还可避免个人信息真实性无法得到验证以及个人信息被泄露的风险。

（2）前文已述及，诸如《商业银行法》《税收管理办法》等均规定了金融机构和政府职能部门对个人信用信息数据负有保密义务，但这些保密义务导致公民的个人信息的公开程度受到限制，并导致通过网络借贷平台进行放贷的放贷人难以获得全面的个人信息。为公平地使用个人信用信息，应当对诸如《商业银行法》《税收管理办法》规定的保密义务进行修改：首先，应当区分个人信息，明确绝对不能公开的个人信息；其次，应对那些绝对不能公开的个人信息坚持保密原则，做好保密工作，不得故意泄露该项个人信息，对故意泄露者还应给予相应的处罚，而对除绝对不能公开的信息之外的个人信息则应坚持公开原则，明确公开的范围和公开程度以及公开的方式，同时还应当对个人信息的使用方式加以明确的限定。

（3）为了使个人信息避免使用壁垒而得到公平的使用，建议设立独立的征信监督管理机构，使征信业务不再仅仅属于人民银行而将征信业务的监管职能从人民银行中剥离由独立的征信监督管理机构进行监管。

（4）应加大宣传，提高公民的信用价值意识。一方面，加强公民道德建设，"形成以道德为支撑、产权为基础、法律为保障的社会信用制度"；另一方面，鼓励信用消费，塑造消费信贷的生活理念，并且使公民意识到个人信用记录在申请消费信贷时的关键性，培育公民自愿自发参与征信活动的积极性。

5.6.3 建立安全的个人信息保护制度

网络借贷平台涉及大量客户信息，如果网站被攻击，则各类信息有被盗取的可能，其后果将不堪设想。因此，在网络平台系统架构设计过程中，应该注重控制风险和提高效率之间的权衡，保证系统的稳定性和可靠性。要加强网络借贷平台数据库以及应用层面安全体系的建设，采用多种技术手段，保障用户信息安全。

对恶意欠款的借款人，不仅仅将其纳入网络借贷平台自身设立的黑名单，还应将其个人信息及其恶意欠款的情况向个人信息征信部门报告以便征信机构登记在案，实现与其他网络借贷平台的信息共享。纵观目前国内的几家网络借贷平台，各个网站都根据借款人的信用记录均设有逾期欠款黑名单，然而其黑名单均是独立自有的。实现与其他网络借贷平台之间的信息共享，可以杜绝具有不良信用记录的借款人在不同的网站上反复借款，从而降低坏账风险，保障放贷人利益。明确网络借贷平台的保密义务。规定网站对放贷人和借款人的信息应当妥善保管，不得对外泄露，并对泄露信息的主体予以严惩。

随着我国"从储蓄向投资转移"的市场导向型金融制度改革的逐步推进，金融商品与服务日益向个人生活渗透和扩展。近年来，金融放松管制与业务交叉使得金融商品和服务种类呈现爆发性的增长态势，从而给消费者带来更多的选择机会。但是金融消费者受害问题日益突显。而日、美等国在金融危机下已暴露的问题和金融管制立法改革的经验恰可为我国所借鉴和吸取。

本章小结

通过本章学习，应掌握P2P网络借贷的内涵与本质，包括网络借贷的概念、网络借贷的兴起、网络借贷的特点，以及P2P网络借贷的运作模式。要深刻理解网络时代的金融脱媒对落后体制的冲击，从个人借贷到P2P网络贷款，金融市场的统一性是不可分割的，要熟悉P2P贷款对我国金融监管体制的挑战，关键是掌握P2P网络贷款规制。熟悉网络借贷的个人信息权保护，掌握网络借贷平台的信息操作，自觉保护P2P网络借贷客户信息权益。了解国外网络借贷的个人信息保护方式，以及我国网络借贷的个人信息保护存在的问题。熟悉美国和英国对P2P贷款的法律监管。掌握我国P2P网络借贷的风险与监管，熟悉我国P2P网络借贷平台监管的政策。促进我国网络借贷法律制度构建，加快互联网金融的个人信息保护立法、建立完善的个人信用体系、建立安全的个人信息保护制度。

本章案例

诱惑还是陷阱

喜欢尝试新鲜事物的大学生和公司白领，逐渐摸索出了借钱的妙招，即他们口中的"50党"。为了规避风险，谁都不会借太多，50元是个可以接受的点。有的网站规定一次投标（放款）不能少于50元，这是最低额度。就算有什么不测，也不会损失太多。不过，这种小额度的贷款，并不能满足高级会员的需求，因此很多网站都对借款额设置了门槛，范围大概是3000~100000元，拍拍贷等多家借贷网站上的借款列表显示出了借款额在设置上的特点,就是借钱的金额为上千元,但是债主却有几十个人,均摊一个人也就50~100元。这相当于一个分解、承包的工程。

私募的回报率是网络放贷的动力。国家法律规定,民间借款利率不得超过中国人民银行公布的基准利率的4倍。相比银行目前2.25%的存款年利率,不少网上放贷利率已经超过4倍的基准利率。在拍拍贷的首页上明确写着,这里的放贷年利率一年期以内最高可达19.44%,一年期以上最高年利率达到21.6%,甚至更高。这是诱惑,也是陷阱。信贷网站总是宣称自己的借款坏账率在1%以下,而红岭创投也称坏账率在1.3%左右,拍拍贷的坏账率则高达7%。截至2016年9月8日晚,红岭创投公布的逾期还款黑名单已长达14页,被曝光个人资料的逾期还款者人数多达139人,他们来自广东、四川等全国多个省份,个体欠款数额从数百元到数十万元不等,而逾期的天数也从几天到数百天不等。拍拍贷的黑名单上还有逾期长达821天的。

云南大理一位姓段的公务员欠款总额近36万元,逾期的未还款已多达15笔,由此产生的待还滞纳金高达2700余元。他因此被红岭创投列入黑名单。他的姓名、身份证号、手机号、单位地址、单位电话、账户详情等个人信息全部被公布出来,就连曾经为他作证明的第二联系人的姓名和电话也被曝光。这位欠款者从2016年1月开始,不断地以项目融资、周转急用、借款应急等各种名义在红岭创投网上发布借款申请,几乎每月都有借款记录。很多放款人正是看中了他的公务员身份,才上当受骗。但当他人间蒸发后,债主悔之已晚。

(资料来源:百度贴吧,2016)

讨论:
网贷确实能解决燃眉之急,但怎样才能防止陷阱呢?

本章习题

1. 试述网络借贷的概念与特点。
2. 举例说明P2P网络借贷及运作模式。
3. 试论网络借贷的意义与作用。
4. 分析网络借贷的个人信息权保护方式。
5. 我国P2P网络借贷平台应如何监管?
6. 我国网络借贷法律制度应如何构建?

第6章 众筹融资

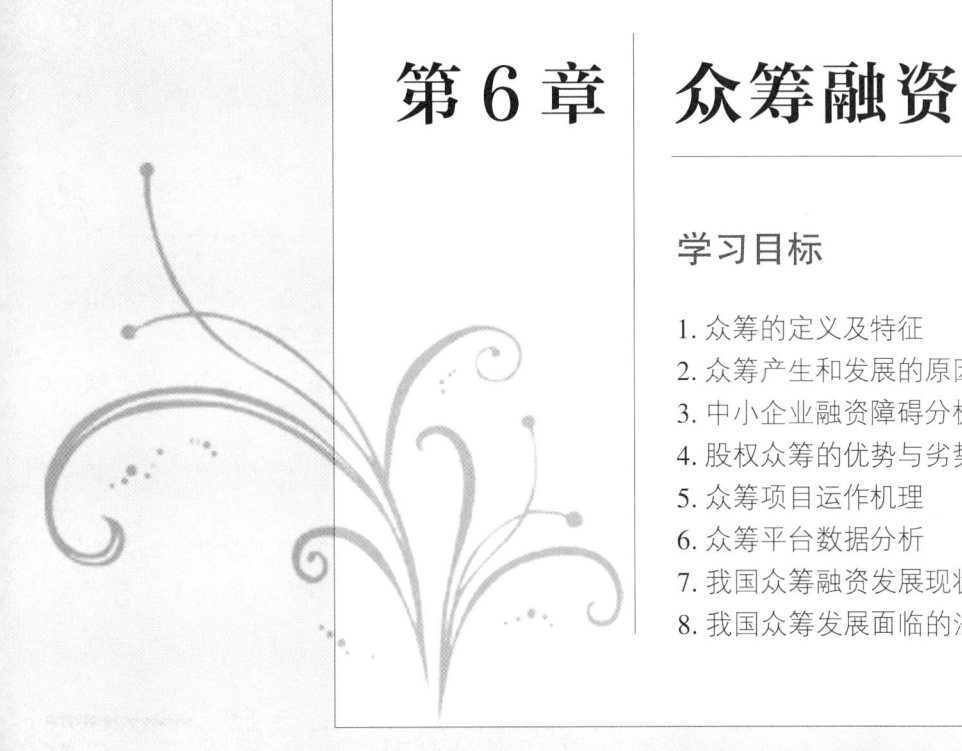

学习目标

1. 众筹的定义及特征
2. 众筹产生和发展的原因
3. 中小企业融资障碍分析
4. 股权众筹的优势与劣势
5. 众筹项目运作机理
6. 众筹平台数据分析
7. 我国众筹融资发展现状
8. 我国众筹发展面临的法律问题

案例导入

庞氏骗局——骗子平台

个别众筹融资平台,以高额利息回报为诱饵,通过发布虚高回报借款项目向公众募集资金,并通过借新账还旧账的模式,在短期内募集大量资金后卷款潜逃。近期频频上演的P2P"跑路"事件基本上属于这一性质。例如,2014年3月,深圳中贷信创、上海锋逸信投、杭州国临创投三家众筹平台同时倒闭,平台的实际控制人携款逃逸。事后追查,三平台的实际控制者为同一人,涉及投资者上千名。其所采取的正是典型的庞氏骗局模式。

在现实生活中,一些平台为招揽人气,通过设置高收益、短期限秒标的形式,投资者快速竞标,平台在满标后迅速归还本息,从而吸引更多投资者参与,提升平台知名度。但这造成了交易量的虚增和坏账率的虚降,误导投资者。由于在短时间内聚集大量资金,也存在着被"空手套白狼",陷入庞氏骗局的风险。2012年

> 6月3日，号称国内最大网络借贷平台的"淘金贷"以"开业庆典"的名义推出50万元"秒标"，以高利率为诱饵，数分钟内即满标（50万元被投资者认购）。但上线5天后，该网站关闭，负责人逃逸。80多名投资者血本无归，造成经济损失100余万元。
>
> （资料来源：根据相关资料整理）
>
> 讨论：
>
> 众筹融资如何识别庞氏骗局？

随着国家改革开放，中小企业在促进我国经济快速稳定发展、增加就业、维护社会和谐及技术创新等方面发挥着重要作用，已经成为推动我国经济健康发展的主要因素之一。众筹融资模式成为解决目前中小企业融资难题的方法之一。在互联网的快速发展下，众筹融资模式作为一种全新的金融创新模式，使互联网金融具有了传统银行的融资功能。基于互联网的众筹融资模式为全球金融业发展带来了新的挑战和机遇，同时也为解决中小企业融资难问题带来新的思路。

目前，众筹融资在我国尚属于起步阶段，法律地位不清晰，监管体制尚未建立，各个众筹平台的约束、退出机制不明确，众筹融资双方面临巨大的投资风险，双方权益得不到有效的保障。本文认为众筹融资模式在我国健康发展的建议为：

（1）建立基于保护消费者权益的法律法规监管体系；

（2）众筹融资模式是一种创新金融模式，相关机构应该加强众筹融资专业知识的普及，加强对众筹融资参与者的教育；

（3）鼓励更多的第三方机构加入众筹生态链；

（4）在解决我国中小企业融资难题及民间金融合法化问题等方面，众筹融资模式是一种新思路，建议首先在科技及文化领域进行众筹融资试点。

6.1 众筹融资的定义及特征

6.1.1 众筹融资的定义

众筹，又称为大众筹资，由 Crowdfunding 翻译而来，指一群人为某个公司、某个人或者某个项目募集资金，以资助其合法的生产经营、创作创新甚至是生活活动。Mollick 将众筹定义为：融资人通过众筹融资平台向广大投资人进行筹资项目展示，大量投资人小额投资获得实物（项目产品）或者股权作为回报。Devashis Mitra 将众筹定义为一种科技融资创新，是一群人通过互联网为某一项目或者某一创意提供资金支持从而取代例如银行、风险投资、天使投资等这些融资实体或个人。上述定义，都明确了众筹是大量投资人参与的融资模式，而目前的互联网为众筹模式发展提供了肥沃的土壤。

众筹的概念来源于众包（Crowdsouring）和微型金融（Micro-finance），一定程度上可以被认为是众包的一部分（Rubinton，2011）。Mollick（2012）对众筹给出的定义为：融资者借助于互联网上的众筹融资平台为其项目向广泛的投资者融资，每位投资者通过少量的投资金额从融资者那里获得实物（例如预计产出的产品）或股权回报。因此，与微型金融一样，众筹首先也是一种融资活动，但是又与众包相似，在相当一部分众筹活动中，投资者不仅为项目进行融资，而且还积极参与项目实施，为项目的实施出谋划策。

众筹在很多方面与天使投资、风险投资等融资方式不同（Mollick，2012）。参与众筹的融资者的目标往往是多重的，不仅仅限于简单的融资，还常常通过众筹这一方式获得外部资源在技术和管理经验上的帮助，同时还能使产品更好地适应市场需要。而投资者参与众筹的目标也是多种多样的，有的是完全把其当做一种慈善行为，并不要求任何回报；有的是通过与融资者的积极互动，享受参与创新的过程；还有的是为了获得经济上的回报，如以较低价格获得产品，或通过股权方式共享项目成功后的回报。

有人认为众筹来源于众包（Crowdsourcing），是众包与无抵押小额捐助等微型金融的结合体。众包的主旨在于"用集体的智慧创造效率"。众包可由单人或者多人合作完成，前提是通过网络公开，面向广泛的网络潜在劳动力。目前，基于互联网的众筹融资模式已经成为解决中小微企业融资难题的一种良好思路。

众筹融资主要通过网络面对非特定人群进行资金募集，项目发起人通过网络公开展示自己的项目，而投资人通过浏览众筹融资平台根据自身条件寻找自己感兴趣的投资项目进行投资。通过汇集个体投资人的投资金额，项目发起人实现低成本融资。众筹参与的要素是投资人、项目发起人及众筹平台。项目发起人主要是指有创业能为、创新思想或产品但缺乏支持其创业、创新资金的人或企业。本文认为众筹项目发起人主要是在相应平台上发布项目，介绍自己的公司、产品、创意或需求，设定相应众筹需要的资金数额、期限及回报，完整的提出众筹项目规则。投资人主要是指对项目发起人的产品或回报感兴趣的，并有能力支持项目的人或机构。投资人通过浏览众筹平台项目，选择投资目标，根据项目设定的投资档位和要求进行投资后，等待投资回报。众筹平台是连接发起人与投资人的互联网终端。众筹平台负责审核项目资料，展示项目发起人的项目，并为融资双方提供一系列支持服务。随着众筹生态链的扩大，越来越多的第三方机构加入，而众筹平台也不仅仅是定位于融资平台，更多的众筹平台正在积极向行业联盟平台发展，为创业、创新者或企业提供全方位的支持服务。

6.1.2 众筹融资兴起于美国

近年来，众筹这一融资模式之所以在美国迅速盛行，主要有三个方面的原因。

（1）后危机时代，美国中小企业尤其是初创企业融资困难进一步加剧。虽然危机后美国采取了量化宽松的货币政策，但是美国银行业的惜贷行为使大量中小企业无法从银行获得贷款。根据美国联邦存款保险公司的数据，2011年第四季度，美国银行业投向商业和工业企业的信贷规模同比仅增长了1.2%，远远低于同期美国基础货币增速。在美国信贷规模缓慢增长的背后，则是息差高涨。金融危机前的2006年和2007年，美国银行业的净息差分别为3.31%和3.29%。金融危机过后，净息差水平出现上升，截至2010年年末，美国银行业全行业的净息差为3.7%，是2003年以来的最高值。高息差主要原因在于美国银行业在经济衰退期惜贷行为严重，不愿向实体经济发放贷款，信贷资金供不应求使贷款利率维持在较高水平。众所周知，惜贷往往伴随着信贷配给，而中小企业由于其风险高、缺乏合格的抵押品以及信息不对称等种种原因成为信贷配给的牺牲品。

（2）众筹这一融资方式可以使企业更贴近和满足消费者的需求。美国著名趋势学家杰里米·里夫金指出，正在兴起的第三次工业革命有两大特点：一是直接从事生产的劳动力会持续地快速下降，劳动力成本占总成本的比例会越来越小；二是新生产工艺能满足个性化、定制化的各种需求，要求生产者要贴近消费者与消费市场。此外，HalVarian（2011）还认为，众筹非常适合那些创造知识产权的行业。众筹与限制访问版权所有内容的途径不同，其做法是只要有足够多人承诺支付一定费用，创造者便同意提供内容。这种做法克服了搭便车的问题。长期以来在线内容制造商对搭便车问题特别头痛，因为在线内容的再生产有可能是无本生意。

（3）互联网普及背景下金融资本的核心价值减弱也为通过众筹这一融资方式进行创业提供了可能。里夫金认为，在第三次工业革命中，社会资本的积累与金融资本的积累同等重要。原因就在于，随着通信成本的日益低廉，分散式网络的进入成本也随之骤降，每个人都可以成为广阔的、开放性的互联网潜在的企业家和合作者。这样一来，金融资本在新型企业创业期所发挥的作用逊于社会资本。借助于云计算、3D打印技术、社交网络和众筹融资平台，在第三次工业革命时代，将会有更多创业者纷纷崛起，人人都可能成为生产者。

6.2 众筹产生和发展的原因

近年来，世界范围内中小企业以及初创企业融资困难加剧，虽然各国陆续采用货币量化宽松政策，但在经济衰退环境下，银行不愿意向实体经济发放贷款，信贷资金供不应求也造成了贷款利率水平居高不下。银行的惜贷行为造成大量中小企业无法从银行获得贷款。银行惜贷往往伴随信贷配给，中小企业由于其风险高、缺乏合格抵押品及信息不对称等原因，无法从银行获得贷款，从而成为信贷配给的牺牲品。上述现状成为中小企业积极寻求新融资模式的动力，这也促进了众筹的产生和快速发展。

6.2.1 中小企业界定及融资现状

根据目前众筹特点及国内企业的发展现状，适宜于众筹融资模式的国内企业主要为中小型企业。在经济快速发展的时代，立足于中国国情，我国工业和信息化部、国家统计局、国家发展和改革委员会、财政部于2011年6月联合印发《关于印发中小企业划型标准规定的通知》。其中明确规定中小企业按不同行业的营业收入和从业人员数划分为中型、小型和微型，明确微型企业一般在20人以下，本文的中小企业也包括微型企业在内。而正是这些中小企业占我国工商注册企业的99%以上，也是这些企业面临着严重的融资难问题。

国内大部分中小企业与所处行业的大企业相比，人员规模、资产规模与经营规模都比较小，而中小企业占所在行业的企业数量比例较大。与银行或金融机构青睐的大企业相比，此类企业显著的特点是：通常由单个人或少数人提供资金组成，其雇用人数与营业额都不大，单一企业对国民经济和所处行业影响不大，而且经营上多半是由企业主直接管理，受外界干涉较少，也形成了中小型企业的融资特点。

改革开放以来，中小企业取得了巨大的发展，从原先的"国民经济有益补充"到现在"国民经济的重要贡献力量"，在创造就业岗位和解决就业、贡献税收、技术创新、社会和谐以及经济协调发展和国家经济建设方面发挥着重要的作用。而且，目前由于中小企业的活力和创造力，对国民经济建设的作用日益增强。当前沿海等地（比如江苏、浙江、广东等地）的中小型企业对当地的经济发展已经起到了主导性作用，中西部地区的中小企业也在逐渐显示其巨大的经济发展潜力。但是由于国内市场机制的不完善、信用体制不健全以及中小企业自身的原因，国家相关政策对中小企业的金融待遇等，使其在融资时受到较多限制，比如，贷款审批手续复杂、额度小及融资渠道有限等，已经成为阻碍我国中小企业发展的瓶颈。

完善的中小企业融资体系应由银行、证券、风险投资、信托、融资租赁等机构组成。但在实际运营过程中，我国的中小企业融资渠道比较狭窄，主要还是依赖企业主投资、内部集资和银行贷款等渠道，有的企业只能依靠自有资金积累甚至高息民间借贷。尽管目前国内较流行的风险投资、发行股票、债券等融资方式也有使用，但是其作用对解决大部分中小企业融资问题的帮助有限。

银行贷款方面，随着中小企业的快速发展，其资金需求迅速增加，但却很难从银行取得贷款，这主要是由于中小企业很难满足银行的抵押贷款条件，贷款风险较大，中小企业自身财务信息不够公开透明。相对于大企业而言，银行对中小企业融资信息的管理成本过高而收益过低，导致中小企业难以从银行获得贷款。尽管国家出台了一系列中小企业融资的优惠扶持政策，但是只有资质比较好的中型企业能够享受到政策带来的优惠，关键是银行在中小企业贷款方面仍然是顾虑重重，不能完全满足中小企业发展的融资需求。2011—2014年小微企业贷款一览表见表6-1。

表6-1 2011—2014年小微企业贷款一览表

年 份	小微企业贷款 余额（万亿元）	小微企业贷款 增速（%）	全部企业贷款 余额（万亿元）	全部企业贷款 增速（%）	小微企业贷款余额占全部企业贷款的比重（%）
2014	15.46	15.5	61.8	12	30.4
2013	13.21	14.2	55.18	10.9	29.4
2012	11.58	16.6	49.78	14.5	28.6
2011	10.76	25.8	43.48	14	19.64

目前国内银行业已经加大对小微企业信贷支持力度，宏观表现是小微企业贷款数额连续上涨。但是国内小微企业的融资需求仍然不能得到满足，融资难仍严重制约中小企业快速发展。根据2012年4月6日《证券日报》报道，目前我国小企业贷款覆盖率仅为20%，而中型企业为90%，大企业为100%，上述数据充分说明我国小企业贷款的难度，这与我国的小企业注册数量严重不匹配。即使近几年，国家出台了对中小企业发展的扶持政策，但作为一个应明确扶持的群体，中小企业的贷款仍然是困难重重，特别是对相对风险较高的中小企业来说更是有苦难言，缺乏资金使很多中小企业丧失了国际发展的先机和竞争力。

从证券融资方面看，随着中小企业板、创业板的相继推出，截至目前（2015年5月）中小板上市公司仅有746家，创业板上市公司446家，对数量众多的小微企业来说还远远不够。从市值上看，中小板和创业板总和只占总市值的22.2%左右，小微企业最主要的融资来源还是银行信贷。

债券融资方面，我国对企业通过债券市场融资做出了一系列详细规定，这对于中小企业而言本身难以达到。据中国人民银行统计数据显示，截至2010年年底，中小企业通过债务融资工具累计融资仅64.77亿元，对中小企业而言，债务融资并不能解决中小企业的融资需求。而融资租赁对一些创新型、服务型的中小企业而言根本就不适用。目前，国内中小企业从正规金融渠道获得融资的程度有限，从而逼迫中小企业转而求助于手续简便的商业信用和民间借贷等非正规金融渠道，提高了企业和相应金融市场的风险性，造成恶性循环。所以积极寻求法律法规支持，探索有益的融资模式，积极进行债券融资试点，才是解决中小企业融资难问题的正确途径。

6.2.2 中小企业融资障碍分析

如前所述，一方面由于目前国内中小企业组织架构简单，缺乏科学的企业管理体系，经营稳定性差，财务制度混乱，难以出具符合银行贷款标准的财务信息；另一方面，中小企业普遍存在信用缺失现象，部分中小企业由于尚处于初创期，信用积累尚浅，使中小企业信息对外不够公开透明，银行不易全面取得中小企业的信息，无形中增加了银行的交易成本以及交易风险，从而使中小企业不易获得银行贷款。但随着互联网的快速发展，众筹成为国内中小企业一种可能的融资模式。

另外，中小企业普遍存在资产抵押能力不足的问题，银行偏好那些具备一定资产规模的企业，虽然难以全面获得贷款决策所需信息，但是可以从企业提供的抵押品或者第三方担保获得企业未来偿还能力的信息和保证。但是中小企业固定资产比率低，能用于抵押担保的资产不足，而且要经过一系列估值、登记、公证等贷款程序，这种程序完全不符合中小企业的快速市场反应特点，同时加大了企业的融资成本。而第三方担保对于中小企业融资支持的力度不够。我国于2003年制定的《中小企业促进法》第十九条要求：县级以上人民政府及有关部门应当推进和组织建立中小企业信用担保体系，推动对中小企业的信用担保，为中小企业融资创造条件。但在实际执行过程中，这种政府的政策法规扶持难以在担保机构中落实，同时担保机构服务滞后，相关的担保费用过高，实际的担保能力与实际需求存在很大的差距，这种政府主导的中小企业信用担保体系没有发挥出积极作用。并且中小企业间的互助性担保融资更是难觅踪影，风险投资对于中小企业的融资支持也是有限的，这在很大程度上阻碍了我国中小企业的健康发展。

截至目前，我国缺乏对中小企业融资的实用政策的制定和扶持。虽然央行出台一系列具有较强针对性和操作性的扶持政策，但长期靠增加贷款的方法对中小企业的融资帮助有限，很难从根本上解决中小企业的融资难题，所以目前仍然急需对中小企业融资难题进行对比研究，从政策方面促进相应的法律法规制定，促进先进融资模式的多元化和快速发展，从根本上解决中小企业的融资难题。从目前国际经验来看，根据中小企业所有制类型和行业特点，各个国家对其融资都采取了各种优惠政策，从而使各国的中小企业按照自己的特点快速发展。

我国缺乏专门的金融管理机构。目前我国的中小企业按照行业特点等分属于各级政府及各产业主管部门，从而导致中小企业的宏观管理权较为分散，权利与义务不统一，有时甚至各个部门的管理权互相重复。尽管自十八大以来，针对中小企业的金融扶持不断加大，为了促进中小微企业的发展，国家在各个层面上积极鼓励创新企业的发展，但截至目前相应政策的缺乏使中小企业的融资困境无法从根本上得到解决。一方面，由于中小企业是经济活力的主要因素，为了保证中小企业的快速良性发展，欧美等发达国家设立了专门支持中小企业发展的金融管理机构。国外这些专门的中小企业金融管理机构，为一般传统渠道无法获得商业贷款的高风险、潜力大的中小企业提供风险担保，从而解决了其资金需求等融资难题。另一方面，可以成立政策性基金，对那些发展方向明确和发展潜力大的中小企业，提供政策性发展基金，同时制定严格的评审制度，保证这些基金确实满足企业之需，从而促进企业发展。

中小企业的融资难题促进了众筹融资模式的快速发展，成为专门针对中小企业的政策性金融机构，鼓励企业在众筹融资模式等方面进行尝试，这可以促进基于互联网众筹模式的进一步发展。

同时在互联网普及的背景下，金融资本核心价值减弱，为通过众筹融资、积极创业提供了可能。第三次工业革命中，社会资本与金融资本的积累同样重要。随着互联网的普及，通信成本日益降低，每个人都可以成为互联网潜在的企业家和合作者，金融资本在新型创业企业所发挥的作用不及社会资本。借助云计算、社交网络和众筹融资平台，将会有更多的创业者崛起，每个人都可能成为生产者。另外，众筹融资模式为普通人提供了直接投资企业，分享企业成长收益的机会。与传统融资模式相比，投融资双方都有更多的选择权，对投资者而言能够获得更多的收益，而对于筹资者而言能够降低筹资成本。

6.3 众筹模式的划分

众筹模式的划分有多重标准，根据不同的标准可将众筹划分为不同的类型。本文主要以投资者回报为划分标准对众筹进行划分，可以划分为商品众筹、股权众筹、债权众筹和公益众筹四类。

（1）商品众筹主要针对个人或者小团队的创意创新，由于失败的可能性大，这类众筹兼具商品预售和捐助、资助的性质，意在帮助普通人实现梦想，促进社会创新能力。商品众筹的基本流程如图6-1所示。

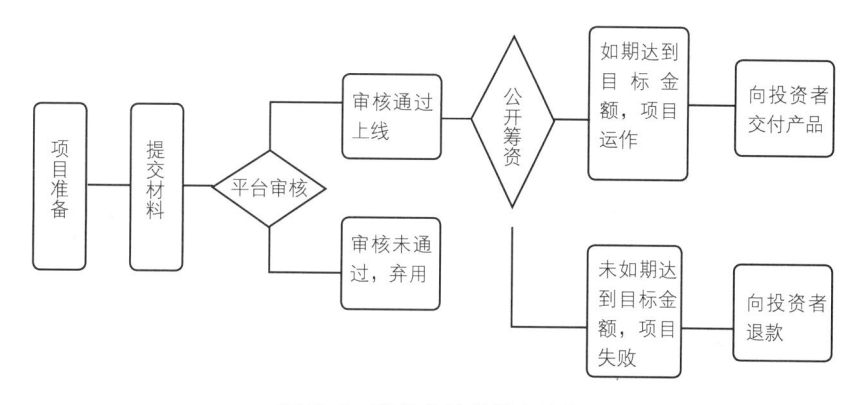

图6-1 商品众筹的基本流程

（2）股权众筹主要是帮助初创型企业解决融资问题。股权众筹是投资人获得一定的股权，并获得相应的投资回报。目前所说的股权众筹，通常指的是非上市公司，通过众筹使得普通人（包括其他创业者、投资人等）得以参与到初创企业的投资，并分享企业成长的收益，同时承担企业成长过程中的风险。股权众筹满足了资金供需双方的需求，实践中侧重于初创企业和创新企业等。由于股权众筹中具有股权交易的特殊性，不同于一般的商品众筹中资助、捐助的特性，我们认为在解决中小企业融资方面，股权众筹无疑能起到更加积极的意义，所以将专门针对股权众筹进行详细介绍。

（3）债权众筹主要是帮助个人和小微企业主通过众筹平台，实现融资，解决资金短缺问题，改善企业生产经营活动，并积累信用。（债权众筹也就是我们平常所说的P2P借贷，由于其本身已经作为一个独立的研究科目，在此不再赘述。）

（4）公益众筹则是通过众筹平台发布筹款项目并募集资金。相对于传统公益项目融资方式，公益众筹更为开放，不仅为个人发起公益项目提供了平台，也为公益机构募资降低了门槛。Kickstarter 的运营模式如图 6-2 所示。

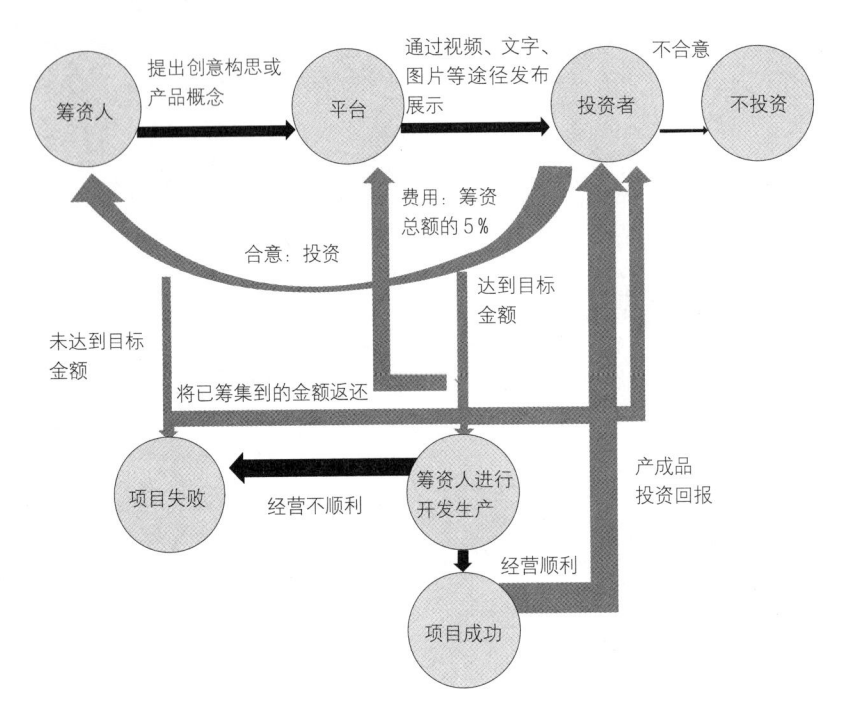

图 6-2　Kickstarter 运营模式

（资料来源：长城证券研究所整理）

6.3.1　股权众筹融资模式

1. 个人直投模式

投资人通过浏览众筹平台的众筹项目，分析项目背景、行业状况、公司业绩、发展前景等因素，选择自己认为最具发展潜力的项目进行投资。一旦项目成功，投资者取得股权转让协议、股权凭证、投资协议等一系列文件，其中部分可通过众筹平台的电子化程序进行处理，而股权证明、投资协议等纸质文件则是未来投资者作为公司股东，行使股东权利，分享公司收益的凭据。

个人直投对投资人的要求较高，投资者必须熟悉该项目领域，并具备一定的行业经验。为了便于分散投资风险，一般建议投资者采取单笔小额投资多元化行业项目。为此，许多众筹平台提供相当多元的辅助性服务，比如，代表投资人管理投资、及时反馈企业经营状况、将公司转让的股份或派发的红利转移给投资人，当然这都是需要收取管理费用的。

2. 辛迪加模式

辛迪加模式俗称"领投人"制度，在有的众筹平台又叫"合投"。它是指由一名具备投资经验、专业知识以及资金实力的人员担当投资领导人和协调人，其他投资者追随投资。这一模式很好地协调了专业投资者与普通投资者，提高了筹资效率。由于专业投资者的经验、背景，使其在发掘项目和识别风险方面更具备优势。由专业投资人担任领投人，通过利用自身投资经验和专业知识发掘项目,并投资该项目所需的部分资金,然后通过自己的人际圈募集剩余资金。由于领投人承担组织协调的职责,并利用自身优势识别风险,自然享有相对其他投资者额外的好处,如多取得一些股权或者收益,甚至可以代表投资者担任公司股东,参与公司管理。投资人参与投资相当于参加了一个由专业人士管理的风险投资基金,这为投资者在项目发掘、投资管理等方面节约了时间和精力,让普通投资者也可以成为公司股东,分享公司收益。

在辛迪加模式下,投资人将最终回报按分成给予领投人,而领投人也通过与筹资企业协商获得额外的股权奖励。相对于领投人的丰厚报酬,领投人的资格要求也是极高的,以天使汇对领投人的资格要求为例,"在某个领域有丰富经验,独立的判断力、丰富的行业资源和影响力,很强的风险承受能力,能够专业地协助项目完成BP、确定估值、投资条款和融资额,协助路演,完成本轮跟投融资",因此,知名的天使投资人在辛迪加模式中受到欢迎,普通投资者愿意追随,筹资企业也愿意获得知名投资人的投资,从而加快企业筹资效率。

"领投人"制度下,领投人通过与投资者签订协议确定双方的权利、义务。在参与投资人数较多或者股权协议比较复杂的情况下,投资人也可成立合伙企业,参与筹资企业管理,这种形式有利于明确筹资企业与投资人之间的权利、义务及利益关系。一般合伙人通过与筹资企业沟通、交流参与到企业一般性事务中并对企业经营进行监督。普通合伙人对于企业重大事项享有投票权,但不参与企业运作管理,对于筹资企业而言既获得了所需资金,又在企业经营管理中不会丧失过多的自主权。

6.3.2 股权众筹的优势与劣势

1. 优势

传统融资模式下,中小企业融资渠道狭窄,处于相对弱势,只有被选择权而没有选择权。但是在众筹融资模式下,投资者广泛、投资方式直接,这让中小企业有了更多的选择权与选择空间。

在股权出让方面,中小企业根据自身情况以及未来发展的考虑决定公开募集的金额、价格,只受市场规律的约束,省略了首次公开募股发售的繁杂流程,这让中小企业对股权拥有更多的议价权。

2. 劣势

目前,基于互联网的股权众筹融资额度普遍较低。例如,众筹发展迅速的国家规定股权众筹融资上限不得超过100万美元,从而导致融资额度有限,保护了融资者的权益。但这种硬性规定融资额度的要求,致使股权众筹职能只能满足部分小型初创企业的融资需求,一些在初创期高投入的制造类、科技类等企业是难以通过股权众筹实现融资需求的。股权众筹由于涉及企业股权转让,相对于股权结构复杂的公司,更适用于股权结构相对清晰简单的、未进行过融资或进行过少部分融资的企业。

基于以上分析,我们发现股权众筹更适用于尚未得到投资的初创企业或者是得到天使投资还需进一步融资的初创企业。图6-3展示了企业不同发展阶段对融资额度的需求及相应的融资渠道。

初创企业一般是凭借自身资本或者对外借款开始创业,产品是市场反应决定是否进行量产以及下一轮融资。可以看到,创业资本与主流外部资本之间存在融资缺口,创业资本不支持规模化生产而主流外部资本只有在规模化生产后才能引入,众筹融资正好填补了这个融资缺口。

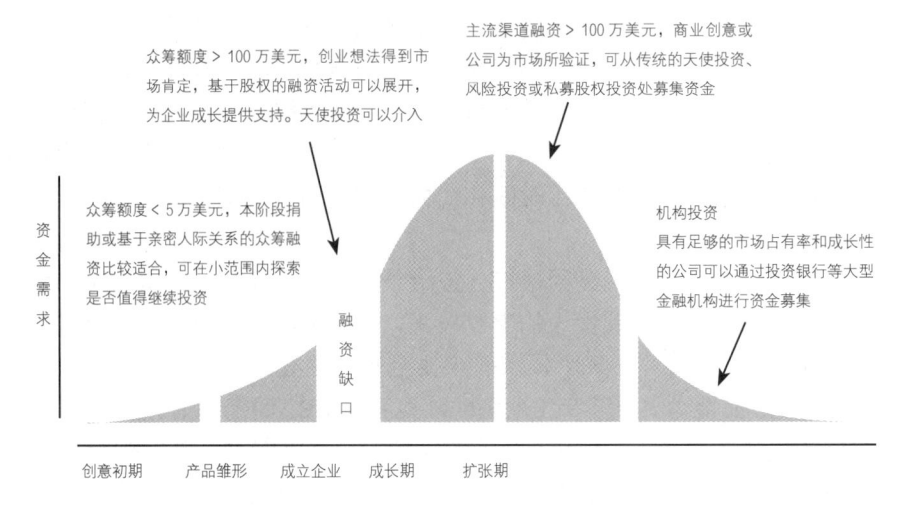

图 6-3　股权众筹参与企业融资周期

6.4　众筹项目运作机理

6.4.1　商品众筹项目

在商品众筹项目中，筹资人向筹资平台提交相应筹资项目材料，主要包括项目介绍、进度安排、回报以及风险提示等，主要是完整地提出众筹项目规则，吸引大众，达到完成筹资的目的。众筹平台组织按照相应的规则对材料进行审核，特别是考查项目可行性，从而降低融资风险。项目符合相关规则，则筹资项目进入互联网上线准备阶段，筹资人利用各种合法网络手段进行宣传，从而接受投资者投资。在筹资期限内募集到目标金额则项目启动，直到项目投资者最终收到作为投资回报的商品，部分情况下，筹资人承担商品的后续服务。如在规定期限内未筹集到目标金额，则项目终止，投资人的资金将被返还。

6.4.2　股权众筹项目

股权众筹项目，基本流程与商品众筹流程一致。但是在筹资人提交资料方面，筹资人需要提交相对商品众筹更加复杂的资料，通常需要商业计划书以及拟出让股份的数量和价格，企业经营许可证及公司财务报表等一系列文件。一旦筹资成功，筹资人一般需要委托律师事务所或者投资公司来处理股权转让、合同签订及重大信息披露等工作。股权众筹基本流程如图 6-4 所示。

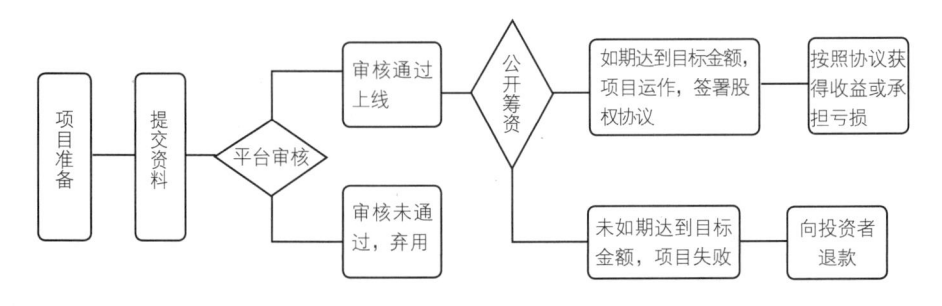

图 6-4　股权众筹基本流程

6.4.3 商品众筹与股权众筹的对比

商品众筹与股权众筹在回报方式、运作机制等方面都存在明显区别，见表6-2。

表6-2 商品众筹与股权众筹的区别

类别	商品众筹	股权众筹
机制	项目发起人承诺给予投资人实物回报换取投资，或者是在产品生产完成后，投资者可以优先购买或者享有折扣	项目发起人直接向投资人出售股份换取投资
回报	实物	公司股份，享有股东权利
投资限制	无限制	针对符合资质的投资者
投资者权益	建议权	享有股东权利
发起人资质	无要求	设立公司，具有对外发行股权制度
回报周期	一般较短	公司盈利才可获得回报，时间较长
投资目的	资助、捐助或者预购	获得经济回报，分享公司收益

通过对比我们可以发现，股权众筹相对商品众筹而言在运作程序上复杂得多，它从简单的支持单一产品的生产上升到支持企业的运作发展，实现企业融资的需求。在商品众筹中，很多投资人是出于对项目发起人资助、捐助的情感因素，并不看重未来的收益或者回报，但是在股权众筹中，投资人完全是出于看重公司未来的发展前景对公司进行投资，这也使得资金在这里获得更大的发展空间。

6.4.4 众筹平台分类

众筹平台根据面向领域可以分为垂直类和综合类平台。垂直类平台面向单一专业领域，例如国内的淘梦网，专门针对（微）电影创作；综合类平台面向多元领域，例如国外的KickStarter，其项目按照内容可以分为13大类，包含音乐、摄影、影视、出版等，是典型的多元化综合类众筹平台。

众筹平台从是否营利角度可以划分为营利性众筹平台和公益性众筹平台。目前，绝大多数的众筹平台都是营利性的，但国外的Watsi是一个知名的公益性医疗平台，支持者们对发布信息的病人进行捐助，达到目标金额，病人就可以得到治疗的机会，达不到目标金额，捐助资金将返还支持者。

众筹平台按照投资者回报内容可以分为股权众筹、商品众筹、债权众筹和公益众筹等平台。商品众筹平台，投资者获得产品或者服务作为投资回报。股权众筹平台，投资者获得众筹项目一定的股权，并按照相应的市场规则进行操作得到回报。债权众筹平台，投资者获得企业部分债权，未来取得利息并收回本金，要求投资者对债权众筹项目进行详细了解，以降低风险。公益众筹平台，支持者出资都出于捐助、帮助他人的因素，不要求回报或者仅获得象征性小物品。

6.5 众筹平台数据分析

6.5.1 商品众筹网站

在商品众筹方面，我们以国内的京东众筹为例。据艾瑞咨询统计，京东众筹自 2014 年 7 月 1 日进入商品众筹领域起，2014 年融资规模达到 14 031.4 万元，占国内权益类众筹市场融资总规模的 31.6%。根据统计截止到 2014 年 10 月，京东众筹利用其强大的行业背景和能力，吸引了超过 60 个项目登录京东众筹平台，总筹资额超过了 5 000 万元。从表 6-3 可以发现有 4 个项目金额超过 1 000 万元，6 个项目突破了 100 万元，为项目的开展奠定了资金基础。

表 6-3 京东众筹项目排名前十位

京东众筹项目 TOP10			
序号	项目名称	项目类别	项目金额（万元）
1	悟空 i8 智能温控器	智能硬件	1246
2	凑份子得房子 11 元 1.1 折	其他	1221
3	海尔空气魔方	智能硬件	1195
4	三个爸爸孕妇儿童空气净化器	智能硬件	1123
5	萤石互联网运动摄像机 SI	智能硬件	511
6	吻路由，一吻就连上	智能硬件	430
7	小蛋智能空气净化器	智能硬件	351
8	ZEUSE 无线充电钱夹	智能硬件	157
9	玩安卓神器 one Board	智能硬件	109
10	爱丽思智能空气净化器	智能硬件	103

京东众筹利用自己在国内 3C 渠道的领导地位，吸引了许多智能硬件公司到京东众筹平台进行众筹融资。从表 6-3 和京东发展历史可以看出，京东众筹在智能硬件等领域有着长期积累和稳定的客户群，可以为众筹项目提供策划、资金、生产、销售、法律、审计等一系列服务。利用京东众筹平台在上述领域的明显优势，筹资项目可以凭借京东平台强大的供应链能力以及资源整合能力获得巨大成功，从而促使众筹融资规模不断扩大，形成良性循环，促进中小微企业或项目的快速发展。

在京东众筹平台上，平台对项目发起人进行众筹方案指导，并利用京东资源推广项目，项目成功后，项目支持者可以享受低于市场价获得创新产品的回报，并成为该产品的首批体验用户，可以与项目发起人就产品性能等进行深层次的讨论，项目发起人可以迅速收集到第一手的用户体验反馈，这对产品进一步改进、实现批量生产并投放市场都具有积极意义。

很多项目发起人也是看重京东的资源优势，在京东众筹平台开展融资。在众筹流程中，京东引入第三方支付平台对筹集资金进行监管，项目一旦融资成功，京东从中扣除 3% 的平台服务费，剩余部分的 70% 款项直接交付项目发起人，预留 30% 的款项作为项目支持者获得回报的保证金，只有项目成功，支持者获得承诺的回报，项目发起人才能获得该款项。

从京东众筹的发展中可以看到，众筹平台引入流程管理，对众筹项目提供一体化服务是京东在国内众筹市场占有一席之地的关键。京东众筹的创业支持不仅仅局限于投资端，与初创企业建立紧密联系，提供全方位的服务，有助于形成众筹平台的核心竞争力，实现融资平台向创业联盟平台的转变，为创新、创业者提供全方位的创业支持服务。

6.5.2 股权众筹网站

以国内股权众筹平台——天使汇为例。

来自天使汇的数据显示：平台挂牌 30 614 个项目，2 212 位认证投资人 305 个项目完成了 30 亿元的融资金额。其中，2013 年提交项目 6 456 个，审核通过 1 097 个，获融资项目 65 个；2014 年提交项目 8 410 个，比 2013 年多 30.3%，而审核通过 2 607 个，是 2013 年的 2.37 倍，获融资项目 77 个，而实际融资成功率于 2014 年在下降，见表 6-4。从上述数据说明，基于互联网的众筹融资模式迅速得到认可，项目审核率明显提高，说明众筹平台的服务和操作等已经明显提高。但由于市场竞争激烈程度增加，反而导致融资成功率下降。

表 6-4　2013 年与 2014 年平台融资项目对比

	2013 年	2014 年至今
提交项目	6 456	8 410
审核通过项目	1 097	2 607
实现融资项目	65	77
实现融资成功率	5.9%	3.0%

详细分析发现，其中成功实现融资的项目主要集中在本地生活服务类（12 个）、移动社交类（9 个）和金融服务类（5 个），共计占到总体项目的 2%，上述项目的成功说明众筹融资的实际表现范围仍然集中于本地，从成功类别反映出投资人对众筹融资的担忧。其次为教育培训类和媒体/娱乐类，分别为 4 个和 5 个，占到总体的 18%。这说明离用户更近的初创项目更容易得到投资人的青睐。如图 6-5 所示。

融资金额上，同样集中在上述的五个领域之中，其中，本地生活服务类独占 19.7%，移动/SNS 社交类占到 19.6%，媒体类占到 13.3%，三大数据领域占到总融资规模的 52.6%。另外，融资金额为 300 万~500 万元的占获投项目的 51%，充分说明了众筹融资的强大力量。如图 6-6 所示。

由此可见平台在对合投项目融资流程管理以及提供辅助服务上还有待改进。另外，出现的合投方式可以降低单个投资人的额度，降低投资风险。特别是对完全没有投资经验的投资

图 6-5　平台获投融资金额分布比例

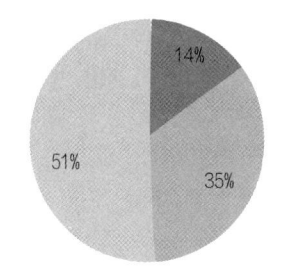

人，他们的投资行为完全基于领投人和同行对项目的判断，所以合投方式降低了投资人的风险和门槛，也让筹资企业能够更快获得投资。越来越多的天使投资人加入股权众筹的行列。但是天使汇平台发现投资人与项目发起人在交流意愿上并不活跃，平台方可以通过改进互联网交流工具进一步提升项目融资达成率。

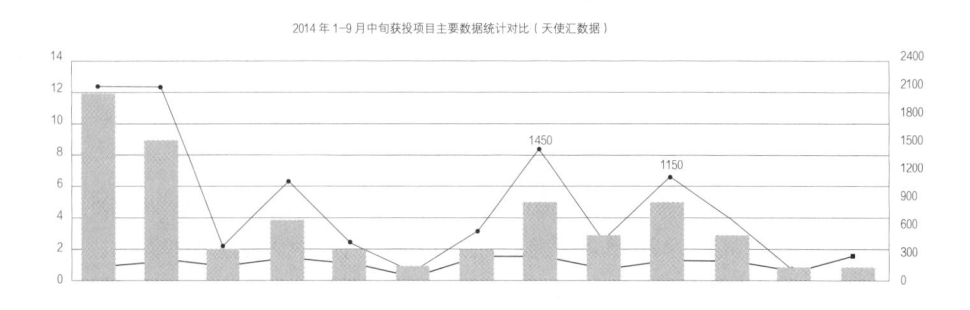

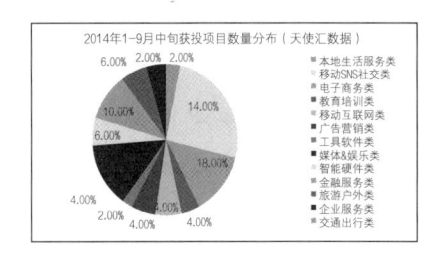

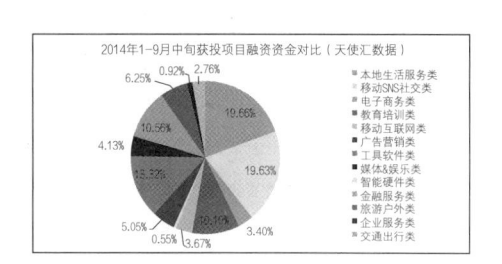

图 6-6 平台获投项目主要数据统计

6.6 我国众筹融资发展状况

6.6.1 我国众筹行业发展环境

1. 经济环境

自 2008 年金融危机以来，我国经济连续下滑，经济发展过度依赖资本密集型投资，同时海外市场需求下降严重影响了出口对我国经济的推动作用，我国潜在市场需求旺盛，扩大内需将成为未来几年推动经济增长的主要动力。我国网络经济近几年来保持整体规模高增长水平，网络经济的快速发展，为互联网金融创新与发展提供了良好的经济环境，这既促进了创新金融模式的产生，同时又对传统金融模式进行革新；网络经济的快速发展也为金融业互联网化探寻新的收益增长点提供了用户基础；最后，网络经济的快速发展促进了金融创新模式的产生，为中小企业以及初创企业提供了更多的融资渠道，包括众筹在内，有力地缓解了中小企业融资难的问题。随着金融工具创新步伐的不断加大，不同融资工具对实体经济的支持作用不断扩大。

2. 社会环境

截至 2013 年年底，中国互联网信息中心报告显示：中国整体网民达到 6.2 亿人，而中国移动网民规模达到 5.0 亿人，其中中国青少年网民达到 2.56 亿人，且使用移动互联网的网民迅速增加；随着我国互联网经济的发展，上网设备成本及使用成本的降低，预计未来整体网和移动网民规模将以较高增速持续增长。这为互联网经济的发展，网络金融的发展奠定了强大的用户基础。

3. 技术环境

在互联网快速发展的时代，未来金融行业对 IT 相关产业会继续加大投入，主要体现在以下两方面。

（1）数据收集及处理。预计到 2017 年，中国金融业对 IT 的投资规模可接近 600 亿元。目前，大数据和云计算的应用，可以方便金融行业数据收集处理，通过分析可以帮助金融企业迅速精准地找到目标客户，并针对这些客户的特点和问题，进行精准的广告投放，从而收到较高的回报率。而随着营销手段和呈现方式的逐步丰富，已有的金融产品也更容易找到目标客户，使得金融企业在互联网上获取新用户的能力以及产品销售能力大大提高。

（2）移动互联网。消费者对互联网的需求日益多元化，市场行为倒逼互联网向移动化升级。目前，各种超快速度的移动互联网技术日益成熟，移动互联网已经成为消费者的日常必需。移动互联网与金融体系相挂钩，快速促进了基于互联网的金融模式创新。目前在移动互联网领域，如果金融企业能够在移动互联网占领先机，将会打破传统的金融竞争格局，获取互联网金融战略优势，在未来的经济活动中将获得更多的话语权和更强的竞争力。

6.6.2 我国众筹市场发展驱动力

首先，我国经济正处于转型阶段，从原先的高速发展转向平稳发展，从原先的单一追求速度，到目前的高度重视发展质量。经过近 30 多年的发展，我国已经形成了良好的经济基础，为金融创新等创造了较好的环境。针对我国经济结构调整时期的特点，解决好中小企业特别是小微企业融资难、融资成本高的问题，对于促进我国经济稳步增长、促进经济改革以及产业结构调整具有积极意义。

其次，随着互联网金融的深入发展，互联网金融模式表现出了强大的竞争力。传统金融市场上普遍存在信息不对称的现象，金融产品具有风险特征，然而随着网络信息技术的不断发展，这些情况将得到很好的解决，未来金融模式发展将是资金供求双方自由匹配，并实现双向互动社交化，互联网众筹融资模式正好符合金融模式未来发展方向，具有巨大的发展潜力。

最后，随着互联网的快速发展，科技创新公司层出不穷，但由于传统融资模式门槛高、对中小企业以及创业者的支持力度小，不能完全满足中小企业以及创业者的资金需求，这为创新金融模式提供了发展机遇。众筹作为互联网金融创新模式，能够满足中小企业以及初创企业对资金的需求，为其提供融资渠道，同时兼顾融资效率与鼓励创新的发展初衷。

6.6.3 我国众筹行业发展价值

从金融创新角度看，目前我国正处于经济发展的转型期，经济的快速发展进入一种新常态发展，所以中小企业的生存和发展环境也发生变化，目前国内中小企业的融资普遍变得更加困难。而作为新融资模式——众筹的兴起与发展，对传统金融行业的发展模式产生了一定的冲击，但是在目前互联网快速发展的时期，可以推动金融创新，同时促进我国金融体系的不断完善和改革升级，为中小企业融资问题提供新的解决思路和方向。

从扶持中小企业发展的角度看，首先，基于互联网的众筹模式快速发展降低了中小企业的融资门槛，可以针对中小微企业的融资特点，快速适应市场变化，从而提高市场竞争力。

特别是在一定程度上缓解了初创企业以及中小企业融资难的局面，提高了初创企业在市场中的生存能力。其次，在众筹平台上融资效率高，还可以利用平台优势对项目进行快速推广，能以较快速度给初创企业和中小企业的发展提供资金支持，进行免费宣传。最后，采用众筹融资模式开展的项目，其最重要的消费群体是项目的支持者，众筹融资项目的成功本身就说明项目具有很强的用户基础。因此，众筹对扶持中小企业的发展有着重大的意义。

从众筹平台自身角度看，随着互联网的快速发展和众筹行业的发展，消费者的各种需求可加速在互联网上形成具有明确市场特性的需求和机会，奠定了相应企业创建和发展的市场机会。并且互联网又可以在自身满足上述市场机会的同时形成企业的众筹融资能力，进一步促进各类众筹平台在行业大环境中快速发展，迅速定位和发挥自身优势，确定众筹平台的服务类别及对象，从而可以进一步发展壮大。所以互联网和众筹可以互相促进和发展，互联网为众筹项目迅速找到投资人，促进众筹项目成功，扩大众筹平台在某个领域或项目上的影响力；而众筹平台新的发展模式及盈利模式可以促进更多中小型企业（包括互联网相应技术或产品的企业）的建立和发展。

从用户角度看，基于互联网的众筹行业发展给用户带来了全新的体验，基于互联网的众筹平台具有互动社交的特点，方便快速地促进不同地域用户之间的沟通交流，可以忽视融资者与投资人之间的物理距离，为用户和融资者搭建了一个快速沟通交流的平台。同时，一方面，基于互联网的众筹平台，在法律法规范围内可以提高用户的参与感，同时用户也能对支持的项目有更全面、深刻和快速的了解，并且由于互联网的开放性，可方便融资者与投资人之间互相监督；另一方面，互联网的广泛性，促使用户方便快捷地寻找与自己兴趣相匹配的项目或相关信息，在获得相应回报的同时，由于项目本身与自身兴趣相匹配，可以满足自身生活需求。

6.6.4　我国众筹融资发展现状

我国众筹融资起步较晚，但是发展迅速。2011年国内首家众筹网站"点名时间"正式上线，在先后完成几部国内原创动漫作品的众筹项目后引起社会广泛关注。截至2014年，国内北京以及沿海省份共有100多家正常运营的众筹平台，出现的地域显示了中小企业发展程度与众筹发展的对应。而众筹项目涉及领域主要集中在科技、出版、影视、音乐、农业、房产、公益等领域。随着互联网金融的快速发展，各大众筹平台都注意到在平台业务上的创新，预计未来将迎来众筹行业的发展爆发期。但是，由于监管体制以及资金供需双方的多方制约，众筹在我国的发展面临严峻的挑战。首先，缺乏一套完善健全的监管体制，众筹平台发布的项目信息难以分辨真伪，投融资双方的权益难以保障，市场具有巨大的风险，大多数投资者仍对众筹融资持观望态度，这限制了众筹行业的正常发展。另一方面，众筹平台退出机制不完善。大多数众筹平台往往没有明确的退出机制，众筹项目由于其回报周期长，投资者一旦投资就很难退出。一些众筹项目失败或难以实现对投资者承诺的回报，投资人往往只能自认倒霉。

6.7　众筹的风险与法律问题

众筹融资作为一种全新的金融模式，在取得长足发展的同时也遭遇到发展的瓶颈，那就是众筹融资的合法性以及参与者的权益保护问题。本节将对商品众筹进行初步介绍，对股权众筹在中小企业融资方面的风险和法律问题进行详细介绍。

6.7.1 投资者参与众筹面临的风险

1. 众筹机制不完善

商品众筹方面，投资者对项目发起人的投资类似于预购或资助。在传统的商品预售中，交易双方受到合同法、消费者权益保护法等法律法规的约束和保护，一旦无法交付产品，或者交付产品有缺陷，消费者均能通过法律途径维护自己的权益，而在商品众筹中，一旦出现违约，未定期交付产品或者未实现投资者的实物回报，投资人如何挽回损失一直是个难题。因为商品众筹的投资兼具资助性质，对投资人权益的保护目前仍处于模糊状态。为了发挥众筹模式在降低筹资成本方面的优势以及发挥众人投资的积极性，促进创业者的创新动力，众筹平台需要进一步完善相应机制。特别是需要提供明确的机制警示风险，约束创业者履行筹资合约，保障投资人权益，降低道德风险，这是众筹模式能够发展壮大的前提之一。

而在股权众筹方面，传统金融市场具有一套完整体系帮助投资人规避风险，减少企业同投资人之间的信息不对称，然后在股权众筹中，这套体系被压缩精简，所有程序都通过投资人与筹资人双方的直接交流进行，股权转让金额、转让比例都由筹资人单方面设定，缺乏足够的合理性，众筹平台也难以保证对材料进行专业审核。投资人只能根据自身经验等因素做出风险判断，这无疑加大了投资人的投资风险，投资人一旦不能全面获取筹资人的信息必然导致投资面临巨大风险。即使众筹筹资完成，如何保证筹资方合理使用资金、改善企业生产经营、保证投资人利益，这都需要一套有效的程序和制度安排。筹资人、投资人以及众筹平台三方需要共同建立一套有效的约束和激励机制，维护三方利益，明确三方的义务，制约由此产生的道德风险。众筹融资模式是一种全新的融资模式，然而与之匹配的运行机制尚待建立。

2. 项目执行风险

项目延误或失败是众筹平台上最容易出现的问题，但是项目延误或失败的具体原因却难以判断。由于技术、工艺、经验等客观因素导致的项目延误或项目失败对于投资者而言是可以接受的。但是由于筹资人自身主观原因导致项目延误、失败或者交付瑕疵产品对于投资人而言是难以接受的，一旦没有合理的退出机制、退款手段、退货权利，投资人的损失只会加剧。一方面，众筹平台缺乏对项目筹资人的管理监督体制，无法保证筹资项目的开展实施以及筹集资金的合理利用，这都加剧了投资者面临的风险以及由此引发的道德风险。另一方面，一旦项目延误或失败，要求筹资人全额赔偿这又与众筹融资鼓励创新、支持创业的宗旨相违背。这就要求筹资平台对筹资项目的完整过程进行监督和管理，保障双方的利益，并对双方进行约束，实现众筹融资的最终目的。

3. 众筹平台的道德风险

众筹平台收益主要来源于众筹筹资成功的项目，这使得众筹平台有理由降低准入条件，让更多项目进入平台募集资金。资料审核方面，不论众筹平台是由于客观疏忽还是主观故意疏于资料核实，导致错误资料误导投资人，投资人都很难对其进行追偿。众筹作为信息中介，缺乏对众筹平台在信息掌握、核实、披露的管理机制，势必造成投资人、众筹平台及筹资人三方之间的信息不对称，这也就滋生了众筹平台的道德风险。目前，众筹平台是基于投资人及融资人双方需求发展起来的，约束和管理都属于自发阶段，缺乏一套管理其运作的运作细则，限制其基本商业模式，约束其行为，并对众筹平台介入筹资项目的标准进行规定，避免众筹平台出现无视道德风险的利己行为。

4. 投资者维权难的风险

一方面，在众筹融资模式下，投资者的损失难以认定，举证、追偿都比较困难，投资者的维权成本过高，造成投资者有维权难的风险。由于众筹融资模式缺乏一系列程序、规定，以及财务审查、数据保留、信息披露等相关制度，一旦筹资人或者筹资平台出现违规、违法行为，对其认定和举证都是相当困难的，而损失计算、追偿办理也没有相关的法律法规可以依照。在众筹融资中，经常由于项目发起人对项目充分乐观、对投资者进行误导性宣传、风险提示不足、对投资者过分承诺，导致投资人对项目可行性判断不足。而一旦发生投资失败，平台也归咎于投资者自身投资能力、投资技巧不足，而投资者也只有自认倒霉。

另一方面，由于众筹融资体制、流程的不健全、不完善，融资人和投资人都面临着诈骗风险。筹资人可能出于主观恶意伪造各种材料以及证明文件、伪造虚假身份、捏造不存在的产品等，一旦诈骗成功，资金到手，投资者很难追回损失。不光投资人面临风险，筹资人也面临着诈骗风险。KickStarter 平台曾发生一起信用卡诈骗事件。一投资者在平台上投资了 150 个项目，然而等项目发起人履行交付义务之后，投资人通过撤销信用卡交易撤销了投资。这意味着投资人未付出任何成本得到了大量的"预售"商品，导致 150 个投资项目都受到影响。

6.7.2 我国众筹发展面临的法律问题

我国众筹发展面临的主要问题就是：非法集资和非法发行股票。其中最具代表性的就是"美微传媒"淘宝卖股份，尝试公开筹资的事件。2012 年 10 月 5 日，"美微会员卡在线直营店"落户淘宝，并用淘宝网店销售自己公司的原始股。该事件最终经媒体传播在网络上引起激烈讨论，2013 年 2 月 5 日，淘宝官方关闭了美微传媒淘宝店。随后证监会约见了美微传媒淘宝店店主，也就是美微传媒创始人朱江，宣布美微传媒融资不合法，要求其退还所有募集的资金。根据相关新闻报道，美微公司于 2013 年 3 月回应不具备公开募股条件，服从证监会的决定，退还所有募集资金，但是证监会没有对这个事件行为本身给予严重处罚，并且证监会与公司进行过多次交流。尽管上述公司的众筹行为被证监会停止，但这种模式仍然显示出了巨大活力，它打破了传统的融资模式，每个普通人都可以通过该众筹模式获得所需要的资金。但是上述事件违反了《国务院办公厅关于严厉打击非法发行股票和非法经营证券业务有关问题的通知》规定："严禁任何公司股东自行或委托他人以公开方式向社会公众转让股票。"一边是众筹模式表现出的良好经济优势，另一边是法律法规禁止操作，这也进一步反映出众筹在我国经济发展中面临缺乏相应法律支持的尴尬局面。

在我国，众筹融资的合法性仍有待确立，对众筹融资的监管仍处于真空期。一方面，我国的商品众筹主要采用预售模式，项目在众筹平台上线后，支持者按照项目发起人要求支付资金并获得商品预购订单，项目发起人与支持者之间形成商品购买合同关系，受到《合同法》《产品质量法》以及《消费者权益保护法》等相关法律法规的保护、规范和约束，众筹平台也就相当于网购中的电商平台。2011 年 4 月，商务部出台《第三方电子商务交易平台服务规范》，连同在此之前出台的《关于网上交易的指导意见暂行办法》《电子商务模式的规范》《网络交易服务规范》均未对众筹平台的责任与义务做出明确规定，这无疑增加了支持者"预购"的风险。另一方面，支持者的资金汇集到众筹平台，怎样才能保证众筹平台不挪用资金，规范其对资金的管理也是相关立法需要解决的问题。

股权众筹方面，我国众筹平台多采用分段模式，线上线下相结合，一旦投资者进行投资，筹资达到预定金额以后，所有程序转入线下，按照《公司法》进行股权投资操作。众筹平台在这里主要起到线上信息展示披露，线下提供法律等方面的辅助性服务。在无法律监管的条件下，很难规避众筹平台与融资方进行关联交易、内部交易，甚至是融资平台开展"自营"业务。

无论是商品众筹还是股权众筹，其所存在的风险都是毋庸置疑的。随着众筹模式在国内的逐步发展，对其监管问题也引起了有关方面的注意，对其定性迫在眉睫，而对这一模式涉及的相关政策的出台也将提上日程。

2014年3月28日，证监会新闻发布会上发言人张晓军表示，众筹是个很新的概念，包括很多种形式，但是关于股权众筹，仍存很多争论。股权众筹融资，可说是近年来出现的基于互联网平台的创新型融资模式。股权众筹融资可为中小微企业寻找合适的资本市场，拓宽了融资渠道。同时可以充分发挥基于互联网众筹模式的优点，帮助中小微企业做大做强。

2014年5月9日，国务院印发了《关于进一步促进资本市场健康发展的若干意见》。上述文件表示进一步促进资本市场健康发展，与上述证监会新闻发布会相一致，明确提出健全多层次资本市场体系，确定今后一段时期的资本市场指导思想。这对于加快完善现代市场体系、拓宽企业和居民投融资渠道、优化资源配置、促进经济转型升级具有重要意义。

2014年8月14日，国务院发布《关于多措并举着力缓解企业融资成本高问题的指导意见》，进一步提出新的经济发展环境中十条缓解企业融资困难的意见。由于互联网的普及和新金融融资模式的快速发展，以及各种新融资模式的有益尝试和探索及其他国家的经验，促使上述指导意见在第二条意见"抑制金融机构筹资成本不合理上升"中指出，需尽快出台规范发展互联网金融的相关指导意见和配套管理办法，这为基于互联网的众筹模式发展奠定了一定的基础。

2014年11月19日，国务院总理李克强主持召开国务院常务会议，决定进一步采取有力措施，缓解企业融资成本高的问题。会议指出，要"建立资本市场小额再融资快速机制，开展股权众筹融资试点"。而在一天后，在"2014世界互联网大会"上，李克强再次提及众筹，肯定众筹作为互联网时代创业新工具的作用。

2014年12月18日，中国证券业协会颁布了《私募股权众筹管理办法（试行）（征求意见稿）》，以下简称《管理办法》。这个管理办法的出台对我国众筹融资模式的发展具有重要意义。该《管理办法》就股权众筹监管等一系列问题进行了初步的界定，对办法适用范围、股权众筹行业管理机制、股权众筹平台定义、平台准入条件、备案登记、平台职责等方面做出了规定，并要求投资者和融资者均应该为平台审核的实名注册用户。这是我国首次对众筹要求和界定等做出明确规定。该《管理办法》的出台，可促进创新创业和互联网金融健康发展，拓展中小微企业的融资渠道，提升了中小企业的市场竞争力，而且可以保护投资者合法权益，降低金融风险。

在未来较长一段时间内，解决企业主要是中小微企业融资困难问题仍然是中国经济改革和发展的重难点之一。随着我国民间资本规模的不断扩大，民间资本已经成为中国经济快速成长不可或缺的重要资源之一。众筹融资作为互联网金融新型网络融资渠道之一，为个人和企业特别是中小微企业提供了一个网络交易平台，可以拓宽民间资本的投融资渠道，也是对现有金融融资体系的支持和补充，有利于提高中小企业融资效率，缓解中小企业融资困难的现状。随着《私募股权众筹融资管理办法（试行）（征求意见稿）》的发布，对众筹行业的监管初现苗头，未来众筹融资将逐步走向规范化发展，成为民间资本重要的投融资渠道之一，从而进一步促进我国经济的转型和发展。

2014年10月31日，中国第一届股权众筹大会暨股权众筹行业联盟成立仪式在深圳召开。由深圳众投帮、贷帮、大家投、爱合投和运筹5家股权众筹平台携手人人投、银杏果等4家股权众筹平台共同发布了《众筹行业公报》及制定了《联盟章程》。上述平台的建立，为众筹在中国的合法化运作做出了有益尝试，显示了在新融资模式方面中国企业敢于挑战和应对的决心和信心。目前，国家尚未出台关于众筹融资的具体法律法规等，上述股权众筹行业联盟的成立，促进了行业的创新和发展，是基于互联网众筹模式的健康尝试，是众筹行业迈向规范化发展的重要步骤。

虽然目前众筹模式在国内面临尴尬的境地，但随其发展，众筹模式在帮助解决中小企业融资难的问题上起到越来越积极的作用，有关方面也对其发展给予了JOBS法案重视，相信在不久的将来，随着我国相关法律法规的出台以及监管体制的完善，众筹将成为传统资本市场的有益补充。

6.7.3 互联网众筹风险控制

1. 法律制度与时俱进

首先，美国"JDS法案"是值得借鉴的，它确认了众筹的合法性，并对融资方、投资方、平台做了严格的限制。我们可以部分地取其精髓。第一，肯定众筹的合法性，划清其与非法集资、非法发行股票的界限；第二，鉴于众筹模式已是一种趋势性产业，不妨借鉴美国这种不通过人数，而是通过单一资本量来控制资本总量和股权的模式。同时，我们寄希望于国内相关的法律法规和政策能够尽早出台，为合法合理的项目发起者、项目支持者以及众筹平台提供政策和法律保护。

其次，是知识产权保护的相关法律制度的完善。对众筹项目的知识产权进行妥善的保护可谓是这些项目赖以生存的基础。众筹行业真正获得发展，必须为广大的项目发起者提供一个良好的版权环境。

最后，是针对众筹行业的监管问题。目前缺少众筹平台的监管主体和监管制度的问题令人堪忧。美国将这一权利赋予SEC和众筹行业协会，两部门共同对众筹平台进行监管。针对我国的情况，对众筹行业的监管，应把责任确立到某个具体的部门上。而监管法规应当给众筹平台留出相当宽度的发展空间。

2. 建立健全我国的信用体制

目前不仅仅是众筹行业存在信用风险，我国大部分新兴行业都面临该问题。信用体制的完善会在很大程度上提升社会整体信用度。在社会整体信用体制缺失的情况下保证众筹行业的信用度朝良性发展，其中关键在于监管机构对众筹平台赋予责任，加强众筹平台对项目发起者的审核深度，跟进融资成功项目的后续发展至众筹项目发起者对全部出资者作出承诺的回报，至于众筹平台的自身信用则应由监管部门进行监管管控以防止众筹平台的操作风险。

3. 实际操作中的风险控制

（1）模式选择

目前众筹模式分为商品众筹、股权众筹、债务众筹和公益众筹，考虑到目前法律风险不明朗，实践中可以先从法律风险最小的商品众筹入手，通过不断实践来把控风险。

法学层面上，对于众筹所面临的法律问题，中央财经大学金融法研究所所长黄震和中国政法大学民商经济法学院李爱君教授进行了解读。黄震指出，在法律的框架内可以从三个方面推动众筹的发展：转换募集对象的身份；利用合伙企业的方式；保持契约方式。李爱君介绍目前我国对众筹模式的监管尚不完善，并且国内外的法律存在较大差异，所以我们不能简单地将外国的商业模式移植到本国，应对法律进行多角度、全方位的解读，充分利用国内法律政策。

（2）风险提示和信息披露

众筹平台有义务在网站上详细介绍项目的运作流程，特别是在显要位置向支持者（出资者）提示可能存在的法律风险、信用风险和道德风险，明确各方的法律责任和义务，及可能发生争议时的处理方式。

（3）第三方支付平台资金管理及分期打款

众筹平台不直接经手资金，而是通过第三方支付平台独立运作。同时，第三方支付平台在对筹资人划拨筹集款项时，不是一次性划拨全部资金，而是根据情况分段划拨资金，对资金进行安全、有序的管理。这样也能帮助项目出资者与发起者之间建立信用平台，保障出资人的资金安全。

（4）积极做好相关政府部门沟通工作

尽管众筹作为一种全新的商业模式，积极与主管部门沟通，取得相应的指导或进行项目备案，将大大化解在法律模糊地带摸索的法律风险。虽然众筹的某些模式与国内目前的法律法规相抵触，而且国内的互联网融资环境在信息真实性、出资者保护、中介服务上都与互联网金融发展较快的国家存在着较大差距，但众筹模式依然可以尝试从金融创新的角度入手，允许个案试水。

（5）对民众进行金融普及教育

在中国，除专业人士外，普通大众对于金融、对于投资理财都欠缺专业的知识和系统的教育。清华大学五道口金融学院常务副院长廖理指出，"中国民众普遍缺乏金融普及教育，这也是国内金融非法集资和诈骗案频繁出现的一个非常重要的原因。"

6.7.4 众筹模式引发的变革

1. 商品众筹革新了商品生产流程

商品众筹往往以商品"预售"形式出现，然而众筹模式的"预售"与传统意义的商品预售具有本质差别。传统意义的预售一般是处于企业占领市场的需要，在承诺、产品正式进入市场前开展营销。也有部分企业是由于受到企业资金以及生产能力的限制，先生产出部分产品提供给企业资深用户，待市场反响不错、生产成本下降、利润空间提升的情况下，企业才进行大规模批量化生产。无论出于哪种考虑，传统意义上的预售一般都是在企业具备生产能力的情况下遵循传统产品生产流通流程进行的，只是在发售时间和供应链管理上存在差异。

众筹模式下的"预售"，往往只是基于项目发起人的初步构想或者产品雏形，无法立即实现，项目发起人需要筹集资金，完成对其初步构想或者产品雏形的进一步开发、优化、试制，才能进行生产和销售。

商品众筹模式中，项目支持者可以通过与项目发起人在众筹平台上互动交流，对发起人的创新思想或者产品提出建议和想法，而出于获得支持者资助的目的，项目发起人往往会对支持者的意见或想法适度采用，这就让支持者参与到了项目产品的开发、创新中，这是在传统模式中不可能出现的。由于众筹平台参与者的广泛性，通过互联网实现群体智力资源的共享，必然促进产品的进步，这对于项目参与双方而言都是有利的。

商品众筹往往针对消费者个性化的需求，小众消费的数量有限，然而统计数据显示，小众消费往往可以带动大批消费者参与购买，间接实现了长尾市场的规模效应。小众消费者的人数虽少,可是小众产品的范围广泛,市场上几乎所有的消费行业都有小众品牌的存在。商业成功模式再不是通过销售少数主要产品的大量销售,产品种类更多、销量更少同样也能实现另一种意义上的规模效应。

商品众筹往往出于帮助他人实现梦想的情感因素,支持者出资往往出于对项目发起人的资助、捐助性质,并非理性的商业投资,对于大部分支持者而言项目成功与否对其并不重要,主要是满足支持他人梦想、参与他人梦想的情感诉求。这种不带功利色彩的投资给了创新、创业者更宽松的发展空间,可以充分发挥自己的才能,实现更有价值的创新,这在传统商业模式中是难以实现的。

在众筹模式中,众筹平台并不只是简单扮演网络购物中电商平台的角色、简单的销售产品,更多是在于鼓励创新、创业,成为大量小型项目或者初创企业的孵化器。从实现梦想到项目孵化最后到实现社会化创新模式,众筹平台承载的意义远超过电商。

2. 股权众筹改变了企业融资方式

股权众筹的出现改变了中小企业融资渠道狭窄的局面。中小企业融资难不仅仅是我国存在的难题,它在全世界范围内广泛存在。传统融资渠道下,高昂的融资成本往往导致中小企业融资难,加重企业发展负担。通过股权众筹,融资渠道面向普通大众,有吸引力的项目能够在短时间内获得大量投资者的小额投资,总额可观,帮助中小企业在短时间内获得低成本的资金,改善企业生产经营状况。在此过程中,股权众筹也给普通投资者投资企业、分享企业成长收益带来机会,双方各取所需。

本章小结

通过本章的学习,应首先熟悉众筹的定义及特征,比如众筹融资的定义,众筹融资兴起于美国,但要了解众筹产生和发展的原因,主要源于中小企业界定及融资现状,了解中小企业融资障碍问题。要掌握众筹模式的划分,掌握股权众筹融资模式,认识股权众筹的优势与劣势。要掌握众筹项目运作机理,如商品众筹项目、股权众筹项目,并掌握商品众筹与股权众筹的区别。熟悉众筹平台分类,掌握众筹平台数据分析,熟悉商品众筹网站、股权众筹网站等。了解我国众筹融资发展状况,包括我国众筹行业发展环境、我国众筹市场发展驱动力、我国众筹行业发展价值,以及我国众筹融资发展现状。最后,要掌握众筹的风险与法律问题,如投资者参与众筹面临的风险,掌握我国众筹发展面临的法律问题,熟悉互联网众筹风险控制,理解众筹模式引发的变革。

本章案例

不合格的众筹融资者

一些众筹融资平台由于未尽到严格审核义务,未能及时发现或者发现却放任融资者通过平台以虚假的项目或者虚假的身份进行融资的行为，所融资金也并非流向实际产品生产或项目开发当中，而是进行转贷牟利或者用于房地产、股票等其他投资领域。具体表现如下。

（1）虚假融资行为。平台未能严格审核融资人的身份、借款目的、项目真实性等信息，而放任其通过平台发布融资信息向公众募资。如果融资者采取欺诈手段非法集资且数额巨大的话，可以根据《关于办理非法集资刑事案件适用法律若干问题的意见》，按照集资诈骗的共犯追究平台的刑事法律责任。

（2）自融行为。是指平台的控制人、股东或者关联企业作为融资方，通过平台向公众（投资者）进行融资的行为，所融资金用于企业发展。虽然其中存在较大的道德风险，但如果平台严格审核程序，并不算违法。而现实当中的自融行为常被异化，众筹平台沦为实际控制者募集资金的工具。在实际控制者操纵下，平台采用虚构借款人、借款需求的方式进行自融，募集资金由实际控制人挪作他用。例如，一些开发企业就通过控制某些债权型众筹平台的方式进行融资，通过虚构融资项目、借助平台"拆东墙补西墙"等方式，将所募集资金挪作己用，平台实际上更多的充当其筹资的便捷通道。这实际上就已经超出了正常自融的范畴，涉嫌集资诈骗。

（3）虚假合同问题。部分众筹融资平台通过与投资者、融资方分别签订合同而非借贷双方直接订约的形式，以实现资金的错配。其操作手法通常为，先与融资者签订合同并承诺寻找投资，继而发布借款需求募集所需资金，再与投资者签订另一份合同，出借资金完成交易。在此过程中，平台突破了其信息中介的角色，而是实际介入交易当中，由此产生"资金池"，以及相应的资金抽逃、挪用及跑路风险。

众筹融资除了上述非法吸收公众存款罪，擅自发行股票、公司、企业债券罪，集资诈骗罪等法律风险外，还可能涉及洗钱罪、非法经营罪、欺诈发行证券罪等刑事犯罪。

（资料来源：根据相关资料整理）

讨论：

众筹融资网站如何规避非法吸收公众存款罪？

本章习题

1. 阐述众筹的定义及特征。
2. 分析众筹产生和发展的原因。
3. 简述众筹模式的划分并比较商品众筹与股权众筹的区别。
4. 举例说明众筹项目运作机理。
5. 简述众筹平台分类和众筹平台数据分析。
6. 分析我国众筹市场发展驱动力及中国众筹行业发展价值。
7. 分析我国众筹发展面临的法律问题。

第7章　第三方支付

学习目标

1. 第三方支付的内涵和特点
2. 第三方支付的各种商业模式
3. 第三方支付模式的优越性
4. 第三方支付监管法规不断完善
5. 国外第三方支付市场规制的启示
6. 构建我国第三方支付法律规制

案例导入

第三方支付账号密码被盗案

2010年8月，由于某第三方支付平台在技术方面的缺陷，致使用户唐女士使用的第三方支付平台受到盗号病毒的入侵，其账户密码被盗。与该账号长期捆绑使用的信用卡，在一夜之间被人连刷四次，损失数千元。唐女士发现后，迅速拨打银行热线冻结了信用卡，信用卡中心在查卡之后告之，钱还在该第三方支付平台之中，未被取走。但几天之后，唐女士的资金还是被人通过该支付平台提现取走。因为网络盗窃的隐蔽性，唐女士信用卡中转走的欠款有去无回，而由于国内尚未出台相应的管制第三方支付平台的法律法规，唐女士在损失钱财后，很难找到适合的渠道进行追偿。因为第三方支付对于客户的资料保密不周，或是由于技术风险等原因，网上交易客户的资料泄露的危险不可避免地存在着。而目前，我国仍然没有第三方支付平台对于客户资料保护义务的相关法律法规。这使得交易量日益剧增的网络交易存在着很大的金融风险。

（资料来源：根据报刊案例整理）

讨论：

如何保护自己的支付密码？

第三方支付是伴随着电子商务的发展而壮大起来的，在早期的互联网购物中，因为交易缺乏安全保障，导致电子商务发展缓慢，买家担心付款后不能收到满意的货物，卖家担心先发货后又收不到货款，为了解决这种困境，2002年，阿里巴巴集团推出了支付宝服务，2004年正式成立了浙江支付宝网络技术有限公司，2005年，马云在瑞士达沃斯世界经济论坛上提出了第三方网上支付的概念。如今，第三方支付在人们的生活中已占据很重要的地位。

7.1 第三方支付概述

7.1.1 第三方支付的概念

第三方支付，是在传统的电子支付的模式中引入第三方机构建立的第三方支付平台，由该第三方机构承担资金的保管和清算费用的电子支付模式。

第三方机构是指除了法定的银行等金融机构作为社会提供支付和结算服务的机构外，一些有充足资金保障和信誉保障并得到主管单位——中央银行批准的独立机构。第三方机构用自己的信用做担保，在网络交易中，交易双方之间的货款资金先打入自己账户，等买方和卖方的交易过程完成后再代为支付，最后与其签约的单位以及银行进行结算来完成当事人之间债权债务关系的清偿和自己服务费用的收取。

简而言之，第三方支付就是在网络交易中存在这样一种在线支付平台：其具有一定的信誉保障和资金支持、具有相关的计算机和网络技术、本身不参与交易，在网络交易进行过程中把各个相关银行的网关集成在一起，给网上消费者和商家提供一个支付和收取货款的平台，并按一定货款比例或者定价收取服务费用。

第三方支付是非金融机构从事金融业务的重要渠道，实质上是一个信用中介平台，是以互联网为基础，与各银行签订协议后，通过与各银行进行交换数据和信息来实现消费者同商家、银行之间的支付结算。中国人民银行发布的《非金融机构支付服务管理办法》中将其定义为依托公共网络或专用网络，在收付款人之间作为中介机构，提供网络支付、预付卡的发行与受理、银行卡收单以及中国人民银行规定的其他支付服务的非金融机构。

7.1.2 第三方支付的主体

按照第三方支付业务类型的不同，我国市场上的第三方支付企业可以分为四类。

第一类是综合型的支付企业。以支付宝为首，这类企业可以提供多类型的服务，最常见的服务是为网上购物提供资金安全流转渠道，即担保交易，买方选定商品后，将货款存入第三方支付平台，第三方支付平台通知卖家发货，买方收到货物并检验合格后，再由第三方支付平台将货款转至卖家账户。除了此类服务外，综合型的支付企业还可以提供快捷支付、缴纳水电煤气费、电话费、宽带费、跨行转账、信用卡还款、代收款等。因服务面广，所以该类企业在整个第三方支付的市场中占有绝大多数的市场份额。

第二类是银行卡收单企业。银行卡收单是指通过销售点（POS）终端等为银行卡特约商户代收货币资金的行为。以拉卡拉为例，拉卡拉支付有限公司成立于2005年，最初设计是针对银行排队问题，随着信用卡市场的不断发展，信用卡跨行还款困难的问题逐渐凸显，拉卡拉抓住此商机，推出跨行还款业务，迅速占领市场，经过几年的发展，除信用卡还款外，拉卡拉还能够为用户提供跨行转账，手机、游戏、支付宝充值，余额查询，账户直充等金融电子支付服务。

第三类是预付卡发行受理企业。预付卡是指以营利为目的发行的、在发行机构之外购买商品或服务的预付价值，包括采取磁条、芯片等技术以卡片、密码等形式发行的预付卡。以云南本元消费卡为例，本元消费卡是由云南本元健康管理有限公司推出的预付费消费卡。公司同昆明地区多家商户签订协议，持卡人可以在商场、超市、餐饮店等地方刷卡消费，例如昆明百货大楼、王府井百货、家乐福超市、中石油加油站等，享受本元公司同商户约定的折扣优惠。

第四类是金融服务类企业，包括基金代销，保险代销，机票代理，小额贷款提供等服务类企业。以汇付天下为例，汇付天下于2010年4月获得中国证监会批准的基金网上销售支付结算服务资格，推出"天天盈"账户系统。对于个人投资者而言，可以使用多家银行的银行卡，购买基金公司的直销产品，享受比银行更低的申购费率折扣，目前大多数第三方支付平台的基金申购费率为0.6%，而商业银行等传统渠道收费是1.5%。对于基金公司而言，提供更多的销售渠道，能提升基金网上销售的竞争优势。

7.1.3 第三方支付的特点

第三方支付企业通过整合信息、银行、物流资源，享有便捷支付、快捷支付、充当信用中介等多项优势业务，在满足客户的不同需求的同时，形成了自身的特点和优势。

1. 有效整合资源，提供便捷服务

在我国，商业银行的网上银行服务标准和接口各不相同，传统的电子商务中，商户直接同银行合作，在一家银行开户只能满足该银行客户的在线支付需求，如果需要拓宽客户群体，就需要在多家银行开户，大大增加了商户和银行的运营成本。如果采取同第三方支付合作的方式，只需接入第三方支付平台，即可将上述问题转移给第三方支付公司，节约成本。对于第三方支付公司而言，整合多家银行网银接口后，可反复使用，为客户提供便捷支付服务。除整合银行接口外，第三方支付企业还能整合各物流公司的接口，提供快捷的物流信息查询、追踪服务。

2. 独立于买卖双方，充当信用中介

从运作模式可知，第三方支付企业通常只是提供一个支付渠道，独立于买卖双方，充当信用中介机构。在信用薄弱的环境下，互联网交易具有虚拟性，为买卖双方带来很大的不确定性，第三方支付平台提供担保交易，买家确认后再付款的模式能够增强电子商务的可靠性。因此充当信用中介也是第三方支付的一大特点。独立于买卖双方，也可以让第三方支付更专注于支付领域，为用户提供查询、充值、交易记录等多项服务。

3. 支付灵活，流程简化

灵活多样是第三方支付的显著特点，用户可以选择使用网络支付、电话支付、手机支付等方式，而且操作比网上银行更简便。众所周知，在商业银行开户需要携带有效身份证明，到银行网点办理，而在第三方支付的商业模式中，人民银行发布的《非金融机构支付服务管理办法》要求支付机构应当按规定核对客户的有效身份证件或其他有效身份证明文件，并登记客户身份基本信息。对于该要求，第三方支付企业一般采取网上客户自助注册的方式开立账户，手续更简便。

4. 与银行既合作又竞争

第三方支付企业同银行之间的关系微妙，是合作与竞争共存。第三方支付企业不具备吸收存款、办理储蓄业务的资质，必须同各大银行合作以完成支付，《非金融机构支付服务管理办法》也要求第三方支付企业必须选择一家银行分支机构开立备用金账户，因此第三方支付企业的发展必须同银行金融机构合作。但是第三方支付业务实质是网上银行的延伸，同信用卡功能类似，该行业的兴起，很大程度上挤占了银行的中间业务市场，同银行之间不可避免的形成竞争，并且随着行业的发展，这种竞争越演越激烈。

5. 采用安全技术，提升服务安全性

采用第三方支付的模式进行互联网交易，付款方只需将信息传递到第三方支付企业，无需提供给每一个卖家，避免不法分子获取敏感信息，而第三方支付企业通过使用数字证书、数字签名等安全技术，加密传输同银行之间的数据，可以增强账户的安全性。

以上特点都是我国的第三方支付企业在实践中逐步形成的，是行业发展的经验积累，也是我国电子商务发展的一大特点。第三方支付作为新兴行业，自身发展的同时，也带动了我国整个电子商务，互联网交易的发展。

7.2 第三方支付的支付模式

一种产业在其发展的过程中，不同的服务类型或模式总会根据发展的需要应运而生，第三方支付的发展也一样。第三方支付企业是通过计算机技术、网络通信技术同银行、商户、客户端连接,技术的进步对行业的发展有很大影响。为了更好地理解第三方支付的运作模式，本文对支付模式进行了研究。从目前的市场情况分析，大概可以分为三类模式，第一类是独立的支付网关模式，第二类是账户型支付网关模式，第三类是移动支付模式。

一般而言，第三方支付平台发展至今，主要类型有独立的第三方网关支付、具备担保能力且具有电子交易平台的第三方支付网关，以及由电子交易平台支持的第三方支付网关这三种类型。

7.2.1 独立的支付网关模式

支付网关模式是目前第三方支付企业最常用的支付模式。独立的支付网关模式，是指提供服务的企业独立于商户、买家、金融机构，也没有自己的电子商务网站，后台系统连接不同的银行，前台系统仅提供支付结算功能，不涉及担保交易等，其实质是提供一对多的支付通道。

独立网关模式的第三方支付企业主要同商户联系，能满足中小商户或政府机关、事业单位的支付结算需求。首先买家选择好商品，然后单击第三方支付的服务平台，进入操作流程，买家发起支付命令，第三方支付企业将命令传递给相应的银行，然后由银行完成相应的转账支付，并把支付结果由第三方支付企业反馈给买家和商户。独立支付网关模式流程图如图 7-1 所示。

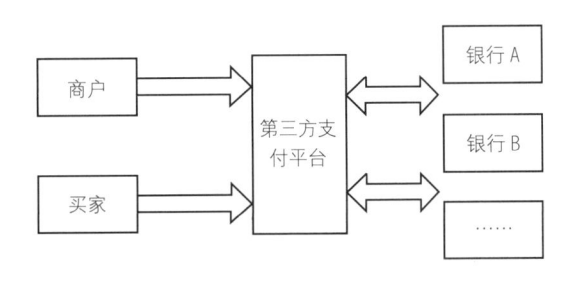

图 7-1 独立支付网关模式流程图

最早产生的第三方支付服务类型是独立的第三方支付服务模式。独立的第三方支付机构具有独立的法人资格和运营资质，不隶属于任何一家商务公司或任何电子商务平台，也不从事除了网上支付业务以外的任何电子商务业务，它通过为不同的电子商务平台提供网上支付服务来收取费用。由于仅仅提供支付服务，这种第三方支付机构的建立相对比较容易，往往只需要有相应的技术支持而无需很强的资金保障，但其缺点在于无法单独运营，而必须依附于相应的网络支付平台。在这种支付模式下，由网络支付平台与相关银行签订服务协议后建立起支付网关，交易双方在网络支付平台中注册账户并提交交易请求后，这种独立第三方支付机构才能通过自己的后台系统处理网上支付指令，再进行最终的资金结算。

7.2.2 账户型支付网关模式

随着电子商务的发展，一些成熟的电子商务网站逐渐形成，这类商务网站对支付结算的要求越来越高，而独立网关模式的第三方支付不能提供更多的增值服务，不能满足该类网站的需求，成长受到限制。这些商务网站为推动互联网交易的发展，针对网络购物中诚信缺乏的问题，推出了新的支付模式，即账户型支付网关模式。采用这类支付模式，要求用户在第三方支付平台开立账户，并可向账户中充值。这类模式的优点是可以进行担保交易，提供信用保证。

以支付宝为例，用户需在网站注册成为会员，并开通账户。然后挑选商品，选定后将货款存入在第三方支付平台开立的账户，通知卖家发货，待买方收到货物并检验合格后，向第三方支付平台发起付款指令，第三方支付平台收到指令后将货款转至卖家账户中。账户型支付网关模式流程图如图 7-2 所示。

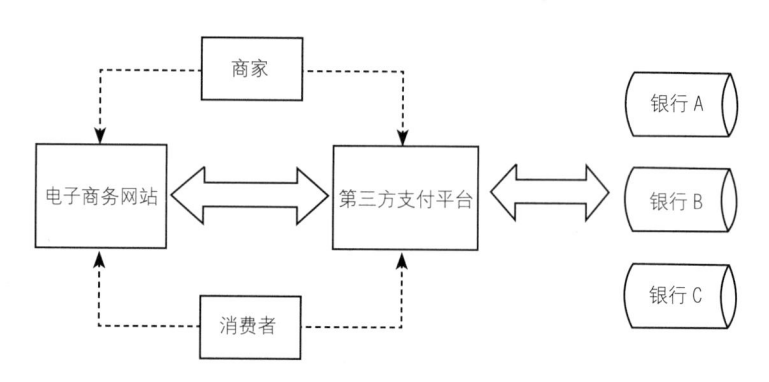

图 7-2 账户型支付网关模式流程图

因为必须具有自己独立的电子交易平台，且通常隶属于某一大型的电子商务公司，这种支付网关与独立的第三方支付机构最大的区别在于：其建立不仅仅需要强有力的技术支持，而且还需要有大量的资金保证，这样才能有资质与国内各大银行签订协议并提供支付网关。由于其有强大的资金后盾，这种第三方支付机构通常能以自己的信誉充当商家和消费者之间的担保，消费者和商家的资金安全也能得到较好的保证。目前淘宝网上炙手可热的支付宝以及腾讯网上的财付通就是这种模式的典型代表。这种模式在网上支付中最为普遍，也是笔者在本文中探讨的重点。

这种第三方支付模式中货款划拨的步骤主要是：

（1）消费者填写相关信息并确认商品购买后，使用在第三方支付机构注册的账户在相关银行进行货款支付，此时货款只是从消费者的相关银行账户中划拨到第三方的账户中；

理办法》也要求第三方支付企业必须选择一家银行分支机构开立备用金账户,因此第三方支付企业的发展必须同银行金融机构合作。但是第三方支付业务实质是网上银行的延伸,同信用卡功能类似,该行业的兴起,很大程度上挤占了银行的中间业务市场,同银行之间不可避免的形成竞争,并且随着行业的发展,这种竞争越演越激烈。

5. 采用安全技术,提升服务安全性

采用第三方支付的模式进行互联网交易,付款方只需将信息传递到第三方支付企业,无需提供给每一个卖家,避免不法分子获取敏感信息,而第三方支付企业通过使用数字证书、数字签名等安全技术,加密传输同银行之间的数据,可以增强账户的安全性。

以上特点都是我国的第三方支付企业在实践中逐步形成的,是行业发展的经验积累,也是我国电子商务发展的一大特点。第三方支付作为新兴行业,自身发展的同时,也带动了我国整个电子商务,互联网交易的发展。

7.2 第三方支付的支付模式

一种产业在其发展的过程中,不同的服务类型或模式总会根据发展的需要应运而生,第三方支付的发展也一样。第三方支付企业是通过计算机技术、网络通信技术同银行、商户、客户端连接,技术的进步对行业的发展有很大影响。为了更好地理解第三方支付的运作模式,本文对支付模式进行了研究。从目前的市场情况分析,大概可以分为三类模式,第一类是独立的支付网关模式,第二类是账户型支付网关模式,第三类是移动支付模式。

一般而言,第三方支付平台发展至今,主要类型有独立的第三方网关支付、具备担保能力且具有电子交易平台的第三方支付网关,以及由电子交易平台支持的第三方支付网关这三种类型。

7.2.1 独立的支付网关模式

支付网关模式是目前第三方支付企业最常用的支付模式。独立的支付网关模式,是指提供服务的企业独立于商户、买家、金融机构,也没有自己的电子商务网站,后台系统连接不同的银行,前台系统仅提供支付结算功能,不涉及担保交易等,其实质是提供一对多的支付通道。

独立网关模式的第三方支付企业主要同商户联系,能满足中小商户或政府机关、事业单位的支付结算需求。首先买家选择好商品,然后单击第三方支付的服务平台,进入操作流程,买家发起支付命令,第三方支付企业将命令传递给相应的银行,然后由银行完成相应的转账支付,并把支付结果由第三方支付企业反馈给买家和商户。独立支付网关模式流程图如图 7-1 所示。

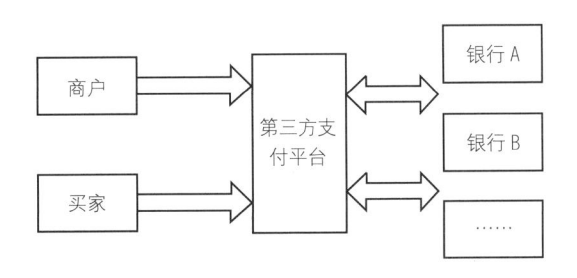

图 7-1 独立支付网关模式流程图

最早产生的第三方支付服务类型是独立的第三方支付服务模式。独立的第三方支付机构具有独立的法人资格和运营资质，不隶属于任何一家商务公司或任何电子商务平台，也不从事除了网上支付业务以外的任何电子商务业务，它通过为不同的电子商务平台提供网上支付服务来收取费用。由于仅仅提供支付服务，这种第三方支付机构的建立相对比较容易，往往只需要有相应的技术支持而无需很强的资金保障，但其缺点在于无法单独运营，而必须依附于相应的网络支付平台。在这种支付模式下，由网络支付平台与相关银行签订服务协议后建立起支付网关，交易双方在网络支付平台中注册账户并提交交易请求后，这种独立第三方支付机构才能通过自己的后台系统处理网上支付指令，再进行最终的资金结算。

7.2.2 账户型支付网关模式

随着电子商务的发展，一些成熟的电子商务网站逐渐形成，这类商务网站对支付结算的要求越来越高，而独立网关模式的第三方支付不能提供更多的增值服务，不能满足该类网站的需求，成长受到限制。这些商务网站为推动互联网交易的发展，针对网络购物中诚信缺乏的问题，推出了新的支付模式，即账户型支付网关模式。采用这类支付模式，要求用户在第三方支付平台开立账户，并可向账户中充值。这类模式的优点是可以进行担保交易，提供信用保证。

以支付宝为例，用户需在网站注册成为会员，并开通账户。然后挑选商品，选定后将货款存入在第三方支付平台开立的账户，通知卖家发货，待买方收到货物并检验合格后，向第三方支付平台发起付款指令，第三方支付平台收到指令后将货款转至卖家账户中。账户型支付网关模式流程图如图 7-2 所示。

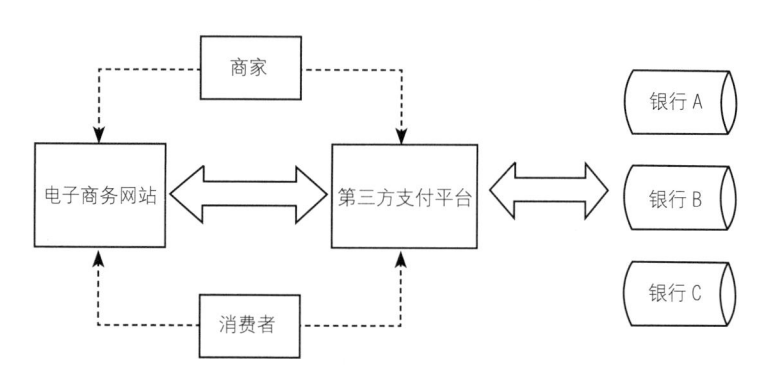

图 7-2 账户型支付网关模式流程图

因为必须具有自己独立的电子交易平台，且通常隶属于某一大型的电子商务公司，这种支付网关与独立的第三方支付机构最大的区别在于：其建立不仅仅需要强有力的技术支持，而且还需要有大量的资金保证，这样才能有资质与国内各大银行签订协议并提供支付网关。由于其有强大的资金后盾，这种第三方支付机构通常能以自己的信誉充当商家和消费者之间的担保，消费者和商家的资金安全也能得到较好的保证。目前淘宝网上炙手可热的支付宝以及腾讯网上的财付通就是这种模式的典型代表。这种模式在网上支付中最为普遍，也是笔者在本文中探讨的重点。

这种第三方支付模式中货款划拨的步骤主要是：

（1）消费者填写相关信息并确认商品购买后，使用在第三方支付机构注册的账户在相关银行进行货款支付，此时货款只是从消费者的相关银行账户中划拨到第三方的账户中；

（2）货款到达第三方账户以后，由其给商家传递"货款到达，应进行发货"的信息；

（3）消费者检验货品确认无误后，再告知第三方货物到达，此时第三方将货款转至卖家在相关银行的账户，完成整个网上交易的过程。

还有一种由电子平台支持的第三方支付网关，随着提供特定商品的购物网站的增多，产生了独立经营的电子平台为了满足自身发展的需求而特地建立的第三方支付平台。这种第三方支付平台只为其隶属的网站服务，而该网站往往资金雄厚，能为其提供强有力的技术支持，所以这种支付平台也逐渐发展并完善起来，而其与上述两种第三方支付机构相比较为欠缺独立性。

7.2.3 移动支付模式

在支付模式中，移动支付已是不可忽略的组成部分，也是目前我国第三方支付企业争抢的领域。移动支付是我国"十二五"期间战略性新兴产业发展的重要内容。所谓移动支付，主要是手机支付，大体可以分为现场支付和远程支付两类，现场支付就是用手机刷卡购物，手机充当银行卡，发挥支付功能；远程支付是通过发送支付指令，借助支付工具进行支付，更多的是在移动端通过连接互联网完成支付。

我国移动支付产业已经初具规模。2009 年以来，我国电信运营企业和金融企业先后在上海、广东等部分省市的公交、地铁以及商业领域开展了一系列与移动支付相关的试点试验，形成了一定用户规模。根据易观智库的报告显示，2011 年中国移动支付市场全年交易额规模达到 742 亿元，比 2010 年增长 67.8%。移动支付用户数达到 1.86 亿，与 2010 年相比增长 26.4%。发展移动支付的市场环境也已经初步形成。人民银行颁布的《非金融机构支付服务管理办法》和相关实施细则，明确了非金融机构开展移动支付服务的政策。但是第三方支付企业同移动支付的结合还需要更深入的研究，需要金融机构、通信商的共同努力，形成一个新的商业模式。

7.3 第三方支付模式的优越性

一种新兴事物的产生和发展必然有一个过程，伴随着网络商务应运而生的第三方支付平台也因支付便捷等优点，日渐在众多网络支付模式中占有了一席之地。与传统的网络支付方式相比，其有着很大的优越性。

7.3.1 支付平台交易顺利

在传统的支付模式中，由于实行网上支付的银行之间相互竞争使得相互之间存在着严重的准入壁垒，而大型的购物网站往往只与特定一个或几个银行签订独占协议，排除未签订的银行提供支付网关，形成一定意义上的行业垄断。这种情况造成了消费者所持的银行卡只能在一些网站上使用网上支付业务，而某一些网站甚至只能使用某一银行的账户进行支付，造成银行卡网上支付混乱的同时，还大大制约了网上交易的进行。

作为扮演认证机构角色的第三方支付机构的介入，与全国各大银行都签订了支付协议，业务范围广，使得国内各个相关银行之间通过第三方支付平台能自由地进行货款的划拨和转账。即使商家和消费者的账户不属于同一商业银行，也能透过支付平台及时安全地进行货款支付和收取，这既打破了银行之间在网络交易上的壁垒，也促进了网络交易和国内在线支付业务的发展。

7.3.2 满足商家的需求和利益

在网络时代，商家构建一套安全有效的在线支付系统是有必要的，但是此举必然会耗费较大的人力财力；另外，商家自己提供的支付系统也未必能得到消费者的信任。所以，第三方支付平台的出现为消费者和商家提供了网上信息传输的安全通道，交易双方基于对第三方支付平台的信任进行信息交流，商家只要与其签订服务协议，就可以依靠第三方机构的信誉和其提供的服务在网上与消费者进行交易，在减少成本的同时也能保证资金安全。从另一方面来说，商家也能消除消费者拿到货物却不付款的顾虑。

7.3.3 消费者网上交易安全

第三方支付划拨款项的过程在于，消费者网上支付之后，货款并不是直接划拨到商家的账户中，而是有一个先到达第三方支付平台再转账到商家账户的过程。这一转账过程使得相应货款会在第三方支付机构的账户中滞留，如果消费者收不到货物或者有正当理由拒绝接收货物时，第三方支付平台会将消费者在其账户中的滞留货款打回其原所在账户。这从一定程度上保证了消费者网上购物的安全性。另外，在第三方支付模式的过程中，商家都是与第三方支付机构签订了服务协议的，第三方支付机构至少从形式上审查了商家的身份和资质。这样一来，既明确了商家的身份，也大大降低了消费者受网上虚假商家欺骗的风险。

在整个在线支付过程中，从消费者提交订单，到订单扣款信息传到商家，都是实时处理，使得交易便捷、迅速，尤其是确保了网上支付的安全性，促使消费者放心地进行网上购物以及其他支付，也保证了商家安全放心地发放货物。在这种服务模式下，交易中的信息流、物流以及资金有效的运转，促进了网络交易的发展。第三方支付平台通过一对多的连接方式，联通了商家、消费者和银行，减轻了商家和银行的负担。

7.4 第三方支付的发展现状

近几年，第三方支付行业一直保持强劲增长，整体交易规模持续高速攀升，2011年全年超过 2 万亿元，多项行业监管法规逐步颁发，行业进入监管时代，业内企业不断推陈出新，业务范围覆盖面加大。

7.4.1 监管法规不断完善

2010 年人民银行发布了《非金融机构支付服务管理办法》（以下简称《办法》），标志着第三方支付行业进入全面监管时期。《办法》中明确了人民银行对非金融机构支付服务的监管职责，并从准入资质、审批程序、客户备付金管理、监督管理及过渡期等方面进行全面规范。非金融机构从事支付业务，必须取得人民银行颁发的《支付业务许可证》，证书有效期 5 年，在全国范围内从事支付业务，要求注册资本最低为一亿元，在省（自治区、直辖市）范围内从事支付业务，要求注册资本最低三千万元。2011 年 5 月人民银行发放了首批《支付业务许可证》，截至 2012 年 9 月，人民银行共发放了五批许可证书，涉及 197 家第三方支付企业。

2011 年 5 月 23 日，中国支付清算协会在京成立。中国支付清算协会是经国务院同意、民政部批准成立的非营利性社会团体法人，协会以促进会员单位实现共同利益为宗旨，对支付清算服务行业进行自律管理，维护支付清算服务市场的竞争秩序和会员的合法权益，防范支付清算服务风险，促进支付清算服务行业健康发展。

2011年5月25日，国务院办公厅转发了《关于规范商业预付卡管理意见的通知》，首次明确了预付卡的监管主体，多用途预付卡由人民银行负责监管；单用途预付卡由商务部进行监管。同时，在预付卡实名制、防腐败措施、维护消费者权益等方面做出了框架性的规定。

2011年10月人民银行发布了《支付机构预付卡业务管理办法（征求意见稿）》，对多用途预付卡的发行、受理、充值、赎回等业务提出了一系列细化的管理规范。11月发布了《支付机构客户备付金存管暂行办法（征求意见稿）》，阐述了针对非金融支付机构客户备付金的监管要求，并明确了备付金利息去除风险准备金部分可由第三方支付机构计入收入。

2012年2月保监会发布了《保险公司财会工作规范》，要求保险公司通过非金融支付机构划转、结算资金的，非金融支付机构应取得监管机构颁发的支付业务许可证，在非金融支付机构留存的备付金不得超过公司总资产的1%。上述非金融支付机构不包括经人民银行特别许可办理银行业金融机构之间货币资金转移的非金融支付机构。

行业监管文件的陆续出台，使得第三方支付行业的监管主体清晰化、多元化，监管措施不断细化，整个行业体系逐步完善，也为第三方支付企业的发展营造了一个良好的政策环境。

7.4.2　交易规模保持强劲增长

随着电子商务的发展，网上在线支付方式也日益发展壮大起来，在各种在线支付类型中，第三方支付平台由于其安全性、便捷性等特点在网络支付发展中扮演着日益重要的角色。新的电子支付工具被不断推陈出新，既便利了网络交易的进行，也使得电子支付的交易量日渐增长。不同于以往的电子支付模式的是，第三方支付以信誉和资金担保，更有效地保证了网上交易的商品质量、交易信用，也能更好地解决交易中涉及的货款退还等问题。另外，在出现法律问题之时能更好地保证实名追踪，使得网上交易的安全性大大增强，打消了消费者和商家的顾虑，促进了交易的进行。在整个交易的过程中，第三方支付机构对买卖双方进行监督和制约，在网络时代面对面交易逐渐被在线交易取代的今天，更能顺应时代和经济的发展要求。

从1999年首家第三方支付平台产生以来，这一网络支付模式以势不可挡的气势发展着。据《中国网络支付行业发展报告》统计，2010年第三方支付的交易额达到了8100亿元人民币，相比2009年的4900亿元同比增长了65%。而专家推测，到2012年，第三方支付的交易额将达到16900亿元人民币之多。另外，根据相关统计资料显示，目前国内发展较好的四家支付企业："支付宝""财付通""银联电子支付""快钱"的支付额占整个支付行业总额的80%以上，其中，支付宝占了50%。国内已经有50多家电子商务企业开始提供第三方支付服务，而在交易中选择电子支付的企业也越来越多，比例达到了37.8%。

近几年，第三方支付行业的交易规模强劲增长，年平均增长率超过100%，以艾瑞咨询统计的互联网支付业务数据为例，互联网支付业务是指客户通过台式计算机、便携式计算机等设备，依托互联网发起有商务交易背景的支付指令，实现货币资金转移的行为。统计数据中仅包括了规模以上企业互联网支付业务的交易规模，不包含货币汇兑、银行卡收单和移动电话支付等。

2011年我国支付行业互联网支付交易规模达到22 038亿元，而2006年仅451亿元，6年时间增长了近49倍，这个数字是惊人的，如图7-3所示。网络购物、旅行预订等相关行业的快速增长带动了第三方支付网上交易规模的增长，2011年网络购物市场规模达到7735.6亿元，比上年增长67.8%；在线旅行预订市场交易规模达1672.9亿元，比上年增长61.3%。

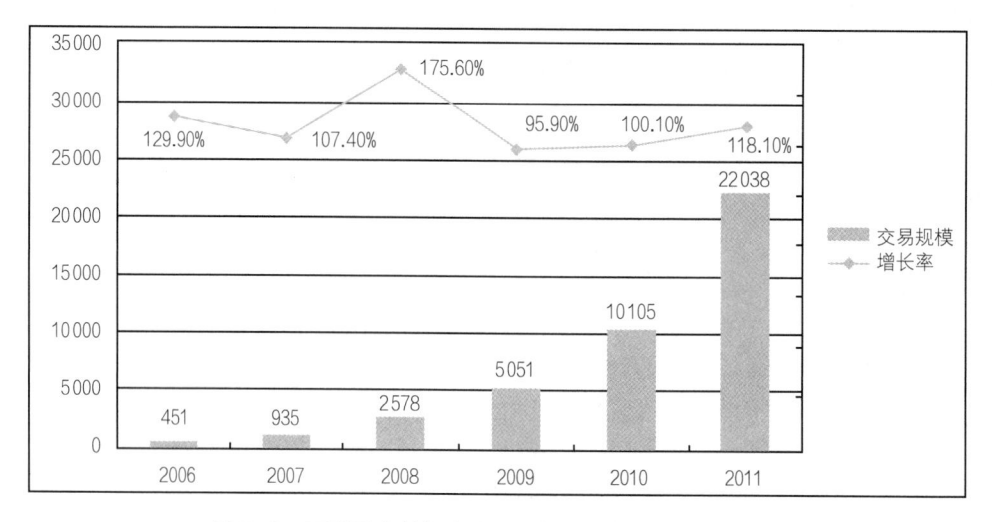

图 7-3 互联网支付年度交易规模示意图（单位：亿元）

（数据源自艾瑞咨询调查统计）

2011年第四季度我国互联网支付业务交易规模达到 7 667 亿元，环比增速达到 24.6%，同比增速为 116.8%。2012年第一季度我国互联网支付业务交易规模达到 7 760 亿元，同比增长 112.6%，环比微增 1.2%，如图 7-4 所示。从图中可以看出 2011 年、2012 年第一季度的增长速度均有所下滑，原因为第一季度网络购物和航空旅行均处于淡季。

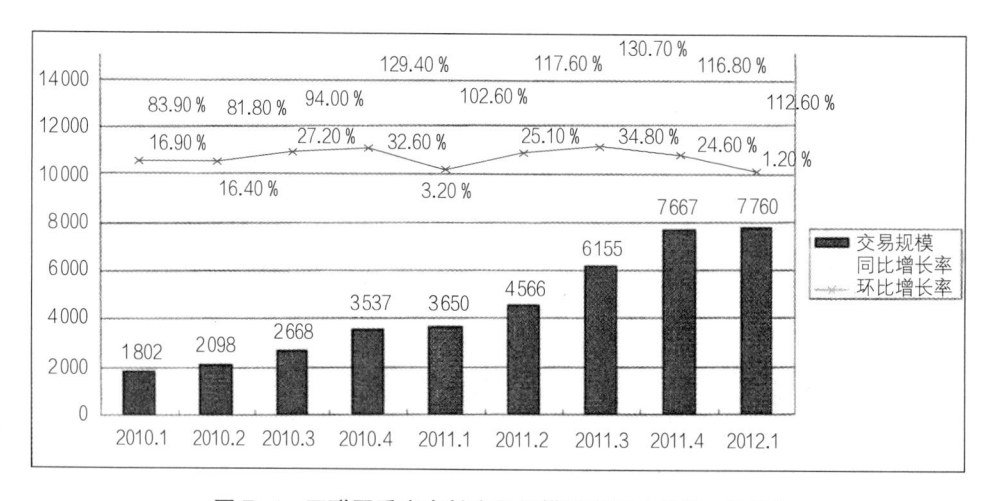

图 7-4 互联网季度支付交易规模示意图（单位：亿元）

（数据源自艾瑞咨询调查统计）

上述数据统计中不难看出交易量在稳步快速增长，我国相关产业的发展势头锐不可当，这更是需要完善相关法律法规以保证其健康发展。

7.4.3 支付宝仍占据主要市场份额

我国第三方支付以互联网支付为主，从目前的市场状况来看，整体市场格局相对稳定。根据艾瑞咨询统计的数据，2011 年支付宝占据的市场份额为 49%，2012 年第一季度支付宝仍以47.8%的份额居于市场首位，财付通占据的市场份额为20.3%，排在第二位，银联在线占据的市场份额为9.1%，排在第三位。第三方支付市场竞争格局清晰，各企业均在寻找自身的优势和新的增长点。图7-5为艾瑞咨询统计的市场份额占比图。

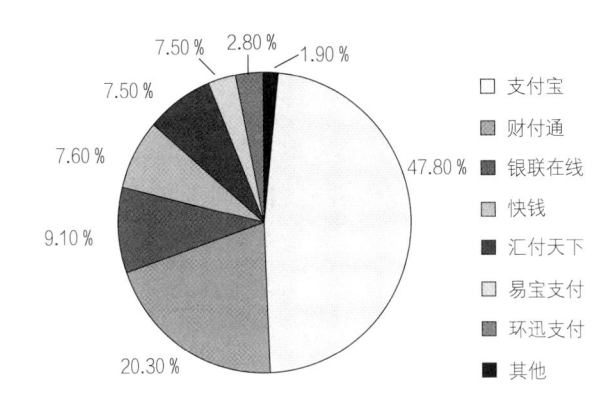

图7-5　2012年一季度互联网支付企业市场份额占比示意图

（数据源自艾瑞咨询调查统计）

7.4.4　业务模式不断创新

人民银行颁发的支付业务许可证，使得第三方支付企业经营更加合规。为保持市场份额，寻找新的增长点，第三方支付企业不断创新业务范围，从纵向延伸第三方支付产业链，同时与新的行业合作，从网络购物、外出旅游等传统行业逐步转向金融保险业、航空业等，从横向拓宽第三方支付的产业范围。

以支付宝为例，2011年为抵抗银行调低网上支付限额的限制，4月推出快捷支付，将无卡支付从信用卡扩展到储蓄卡，不需要使用网银即可完成支付。7月推出新型账户应用服务——快捷登录，用户可以使用支付宝账户登录多家商务网站，避免多次注册的麻烦。例如麦考林、银泰、走秀网、唯品会等电子商务网站均支持支付宝账户登录。8月同四川航空股份有限公司签订战略合作协议，为四川航空提供登录及支付的全套解决方案，客户在四川航空官方网站上订票后，可以使用支付宝支付。目前，多家航空公司均可使用支付宝进行支付。

2011年7月，银联在线也推出便民支付品牌——"全民付"，进军线下支付领域，业务涵盖水电煤缴费、信用卡还款、游戏点卡充值、话费充值缴纳、账单号支付、目录产品销售、银行卡余额查询等。

除此外，财付通也推出了"财付通一点通"快捷支付业务，大幅改善了用户支付体验，逐步建立和完善为物流和钢铁等行业提供的行业解决方案业务体系，利用大宗交易拉升整体业务量的快速增长。2011年8月，汇付天下同新浪乐居签订战略合作协议，汇付天下为新浪房商平台提供全程支付服务和解决方案，购房者无须注册，直接通过借记卡、信用卡即可完成大额支付，标志着第三方支付进入房地产行业。

从2011年的发展可以看出，第三方支付均已逐步从传统产业进行转型，从单纯的支付结算服务向行业解决方案升级，不断开拓新的业务领域，新的业务体系正在逐步形成，并且为第三方支付的发展做出重大贡献，促进了第三方支付行业的快速增长。

7.4.5 第三方支付在竞争中面临的问题

作为网络支付的一种重要模式，第三方支付在近几年以来得到了很大的发展，但是在发展中也存在着诸多问题。在经济领域，无论是何种行业，都有一个从无到有、从起步到快速发展的循序渐进的过程，第三方支付的发展也不例外。而在行业的发展过程中，由于市场经济的滞后性以及竞争的无序性，难免会使得行业在发展过程中出现这样那样的问题。在第三方支付发展的过程中出现的主要问题有以下两点。

（1）行业内部自身原因限制了发展。随着电子商务的快速发展，网上购物之风的席卷，众多第三方支付平台也如雨后春笋般发展起来。由于众机构资质良莠不齐，行业内部也尚未发展出自身的管理机构，无良好管理的恶性竞争使得相当多的支付企业不仅没有利润可言，甚至在亏本中破产倒闭。

（2）银行对支付机构的"打压"和"挤兑"也使得相关行业发展受阻。众所周知，支付行业只要掌握了相应的技术，便有很大利润可循。在利益的驱使之下，原先依靠第三方支付机构技术而开展网上业务的银行也纷纷想跻身进入该行业，各大银行都想分一杯羹的现象，使得专门的支付机构面临着很大的生存危机。

没有确定而统一的法律法规对相关的银行或者行业内部的运作提供指导，仅靠行业自身的摸索前行，第三方支付行业想要在市场经济的无序竞争中发展良好将举步维艰。所以，制定和完善相关的法律法规刻不容缓。

7.5 国外第三方支付市场规制的启示

随着第三方支付平台在电子支付中作用的提高，难免会出现各种新的经济问题与法律问题，这样一来，单纯依靠传统的法律理念和现有法律依据很难解决第三方支付中出现的问题。只有根据发展着的经济情况不断改进已有法律，才能从根本上解决层出不穷的法律问题。由于第三方支付在一些发达国家起步较早，在国际上已经有了很多较好的规制方法和经验。相对于欧美国家和较为发达的亚洲国家而言，我国相关产业起步较晚，相对统一而确定的法规仍未制定。所以，无论是在第三方支付的经济规范还是法律规制方面，国外先进的立法和监管经验都值得我们借鉴和学习。

7.5.1 美国对第三方支付规制的经验

美国作为经济实力最强的大国，其在线第三方支付的发展领先于其他国家和地区，其在相关法律法规的制定方面也较为完善。所以，在对第三方支付的金融监管方面，美国的经验值得我们借鉴。

1. 立法方面——使用现有法规或增补法律条文

美国对于第三方支付的规范不是专门出台单独的法规条例，而是尽量在现有的法律法规中寻找相关的可适用的法律依据，而对于相关却不适用的条文加以修改。在此基础之上，在已有法律中增设相对欠缺的法规。这是美国对于第三方支付进行规范的立法模式。在美国，涉及相关行业的法律主要有：《统一商法典》《电子资金划拨法》《电子资金移转法》以及联合国国际贸易委员会制定的《国际贷记划拨示范法》。这几部法律中，都详细规定了交易双方和银行方面的权利、义务以及应该承担的责任。

2. 监管机构的设置——FDIC 重点监管交易双方

在监管体制方面，美国采用州和联邦分管的监管体制，双重监管的体制使得美国的相关产业在法律的规制下健康有序的发展。美国对于相关产业的监管的重头并不在第三方支付机构身上，而在于网络交易双方的交易过程。为了放宽对于第三方支付机构的市场准入条件，美国法律并未要求第三方机构需具备银行类的资质。具体而言，美国存款保险公司（FDIC）明确将第三方网络支付平台上的滞留资金定义为负债，而不是联邦银行法中定义的存款，这样一来，滞留资金就不是第三方支付平台短暂吸收滞留的存款，资金的滞留行为也就不属于银行才能从事的吸收存款业务。这一定义把第三方支付平台明显的与金融类机构划分开来，从而其市场准入不需要获得银行业务许可证。

另外，FDIC 也明确规定，各州相关监管部门可以在不违背本州上位法的基础之上，对第三方网络支付平台的相关事项做出切合本州实际的规定。由此可以看出，美国对第三方支付平台的监管设置较为灵活，避免了监管过程过于死板的情况出现，有利于适应各州不同的经济发展状况。虽然各州可以规定不同的法规内容，但是美国大多数州都不约而同的规定第三方支付平台的市场准入条件，达到最低注册资本要求的支付企业必须向有关部门申请从事货币转账业务的营业许可证，并要求该机构必须定期向州监管机构提交业务报告，以此来保证支付机构的资金和信用，保证交易安全。

3. 对第三方支付平台中滞留金进行监管

第三方支付中不可避免地会产生资金滞留的问题，美国对滞留资金的监管采用的是提供存款延伸保险的方式。

（1）对滞留金产生的利息问题的解决

FDIC 避免了第三方支付平台直接经手和管理存放滞留资金这一问题，规定每个第三方机构都必须将滞留资金及时地存放到一个特别设立的账户中去，而这个特别账户是在 FDIC 的银行中开立的无息账户。滞留资金产生的利息用来支付保险费用，而每个账户的保险上限为 10 万美元。这样一来，滞留资金滞留的时间不会延长，促进了交易的顺利进行与资金的快速流通，也解决了滞留金产生的利息在第三方支付平台和买卖双方当事人之间的分配问题。

（2）有关大量滞留资金的安全保障

FDIC 规定的第三方支付平台在其账户中设立的无息账户产生的保险金，将会用来保证买卖双方交易安全，当第三方支付平台出现资不抵债等情况时，无息账户中的保险金将用来支付交易双方的损失。另外，不同于国内良莠不齐的第三方支付平台直接管理滞留资金的做法，FDIC 严格规定买卖双方的账户要与公司账户分开，在公司账户之外设立的无息账户专门用来存放买卖双方的交易资金，第三方支付平台只是买卖双方资金的代管人，无权将该账户中的滞留资金进行贷款或者移作他用，也不能用作第三方支付机构破产时的债务清偿。这样一来，在很大程度上保证了滞留资金的安全，有效地降低了第三方支付平台挪用资金非法套现的风险。

4. 对非法金融活动的防范

为了加强对非法金融活动的防范，美国规定了第三方支付平台作为货币服务企业应明确履行的义务和必须承担的责任。《爱国者法案》明确规定了第三方支付平台需要在美国财政部的金融犯罪执行网站注册，实时接受联邦和州两级的反洗钱监管；在运营过程中，及时汇报可疑交易，并保存所有交易记录以便日后查询。

在庞大而繁杂的网络交易中，把上报可疑的交易记录的责任分配给第三方支付平台，规定了不作为将要承担的法律后果,这在很大程度上防止了洗钱、套现等金融犯罪的出现。而保存交易记录也使得在追查利用网上交易而进行的金融犯罪时有迹可循。

7.5.2 欧盟对第三方支付规制的经验

1. 出台专门法规对电子货币进行监管

在现有的法律法规不适用于相关产业发展的情况下,欧盟针对第三方支付平台出台了专门的法律。1997年制定的《欧洲电子商务行动动议》规定了整个欧洲制定相关法律规定的框架。欧盟对于网上交易的工具做出了明确的规定,即网上第三方支付的介质只能是商业银行货币或者电子货币。而电子货币的发行者必须是通过相关的审批、获得执照的企业或个人。另外,也通过法律明确了电子签名的法律有效性和在欧盟内的通用性。不同于美国对于第三方支付平台准入条件的放宽,欧盟统一规定,要求电子支付服务商须是银行,而非银行机构必须取得与金融部门有关的营业执照(完全银行业执照、有限银行业执照或电子货币机构执照)才能从事第三方支付业务。这也从法律上确定了第三方支付平台的法律地位,即金融类企业。

2. 关于滞留资金的监管

类似于美国要求第三方支付平台在FDIC的银行中开设无息账户,欧盟规定第三方支付平台需要在中央银行开设专门的账户留存大量资金,这样就保证了在第三方支付平台出现资金问题时,交易双方的资金安全。为了规范第三方支付的操作行为,欧盟还统一了电子货币的发行渠道,将电子货币的发行权限定在传统的信用机构和新型的受监管的电子货币机构。另外,欧盟还统一规定,只要第三方支付公司能在欧盟成员国中申请到开展业务的执照,便可以在欧盟所有成员国中开展第三方支付业务。如此一来,更加方便了处于不同欧盟成员国的交易双方的网上交易,促进了网络交易额的增长,也促进了电子商务的发展。

3. 对非法金融活动的防范

对于第三方支付的运营中可能存在的洗钱、套现等非法金融活动,欧盟实行审慎的监管方案。与美国类似,第三方支付平台都须在中央银行设立一个专门的账户,将滞留资金都存放到这一账户之中,这些资金将受到严格的实时的监管。这样,严格限制第三方将买卖双发的滞留资金用于自己的投资、洗钱或者套现等非法金融活动。

7.5.3 亚洲国家和地区规制的经验

到目前为止,亚洲各国和地区政府对于第三方支付平台的监管仍处于不断改进的阶段。但是对于我国来说,日本和中国的台湾省及香港地区的立法经验也是值得我们借鉴的。

中国香港在2000年颁布了《电子交易法令》,规定电子交易中的电子记录和数字签名与普通的纸质合同中的签名具有同等的法律地位。这有利于在实践中确定第三方支付交易中的合同或协议的效力。另外,香港金融管理局对于第三支付平台采取行业自律为主,金融监管为辅的方式。中国台湾的监管重点放在电子支票上,但是,台湾和香港地区目前也尚未出台相关的法律法规。日本目前可以为第三方支付提供规范依据的法律是《关于电子消费者合同以及电子承诺通知的民法特例的法律》,这部法律对电子签名及其认证问题、网上交易合法化问题、网上支付问题等都做出了详尽的规定。相对于欧美来说,整个亚洲的第三方支付平台发展相对较晚,因此,相关的法律规制也相对落后。我国作为亚洲经济腾飞的主要力量,更是应该在相关法律法规的制定中力争做出表率,在有助于国内经济发展的同时,也带动整个亚洲经济的发展,促进区域经济的和谐。

7.5.4 国外第三方支付规制经验的启示

由于网络交易的国际性，第三方支付也涉及国际国内的经济和法律环境。从国际上有关国家的立法情况来看，对第三方支付加大监管力度已经成为了一种趋势。无论是美国的联邦和州两层的管理模式，或者是欧盟在整个成员国之间统一实施的专门针对第三方支付的法律条文，都为我们提供了相关的经验教训。例如，美国的 FDIC 放宽了对于第三方支付机构进入的条件限制，而欧盟相对而言较为严格。鉴于我国立法中尚未明确第三方支付机构的法律地位，在实践中就应该根据具体问题进行具体分析。根据我国国情，建立一套完整的第三方支付机构准入机制，准入的条件有哪些，审核准入的部门又应该由谁来担任，这些将是在下文中重点阐述的问题。

对于相关产业的发展仍不成熟的我国来说，国际上良好的立法原则、模式，乃至立法的内容和体例，无疑都给我们提供了良好的借鉴经验。在学习和分析他国和地区的规制经验之后，我们必须清晰地认识到，明确相关主体的法律地位、确立适合的监管主体、设置相应的资金滞留保管程序等，都是完善第三方法律规制应该和必须解决的问题。因此，在立法的时机和国际环境上，加快相关立法进程，建立健全监管体制已经有了成熟的时机，抓住时机才能在完善我国整体的经济法律的同时，促进第三方支付平台的发展，从而更好地促进经济的发展。

7.6 我国第三方支付的法律规制

7.6.1 第三方支付中的法律关系分析

电子支付中主要的主体就是网上交易的双方当事人——网上交易的买方和卖方，以及为两者提供支付工具的银行。而第三方支付平台介入其中，与银行签订支付协议，与商家签订支付服务协议，再向消费者提供网上支付业务，扮演着认证机构的角色，取得消费者的信任，同时也解决了目前中国银行卡的壁垒问题。

1. 消费者与第三方支付机构的法律关系

消费者与第三方支付机构之间存在着网络服务合同关系。虽然第三方支付机构不参与商家与消费者之间的交易，而只是提供一个交易平台，其与消费者之间也没有任何书面协议，但是实际上第三方支付机构将消费者的货款滞留保存后再转账给商家，给消费者提供了便利，实际上建立了网络服务合同关系。在第三方支付模式的运作过程中，消费者往往是基于对第三方支付机构的信赖而进行网络支付，所以第三方支付机构应当对消费者负有保护义务。

在实践操作中，第三方支付机构应当在网上公布一份网上协议或公告，明确其与消费者之间的权利义务关系，明示对消费者利益保护所做的承诺。承诺内容应涉及以下内容。

（1）确保商家的真实性与资格性义务

第三方支付机构应对与其签订协议的商家的主体资格进行形式审查。消费者基于对第三方机构的信任而与商家进行网络交易，基于此，第三方支付机构应当向消费者保证其平台上的商家是真实合法存在的。不过，这种审查是形式的而不是实质的，也就是说，第三方支付机构只对营业执照、许可证等法律资格进行审查，而对其经营状况、资信状况等不承担任何认证或保证义务。

（2）对消费者注册信息的保密义务

对于在第三方支付平台注册时填写的个人资料涉及的信息，消费者有权要求第三方支付机构为其保密，第三方机构应提供相应的技术保证。如果这些信息需用作其他用途，那么消费者有知情权和选择权，其隐私不得被侵犯。

（3）网上支付安全的保证义务

第三方支付机构应当采取措施保证消费者在相关银行网关输入的支付信息得到安全保障。保证消费者在其平台上支付货款时资料不被泄露、资金安全能得以保证。

2. 商家与第三方支付机构的法律关系

商家与第三方支付机构之间通过签订"支付服务协议"建立了服务关系，基于此使得第三方支付机构向消费者提供支付服务。商家和第三方支付机构之间的服务关系是第三方支付这一模式中最重要的关系。商家在其提供商品展示及商家自身情况介绍的网站上，必须明示其在线交易的支付服务是由第三方提供的，而有关货款划拨的具体事项应遵守支付协议的规定。总的来说，由于网上商家是通过在第三方注册后得到销售商品或服务的机会和资格，从其单方面提供的资料消费者是无法判断其真假的，所以其真实性和资格合法性，都必须由其注册的第三方支付平台来保证。

3. 银行与第三方支付机构的法律关系

第三方支付机构提供支付服务，必须与银行签订协议来获得银行的支付网关。因此，银行和第三方支付机构之间存在服务合作的法律关系。目前我国国内各大商业银行以及各种有着银行类业务的金融机构大都与第三方支付平台签订协议，为第三方支付机构提供支付网关，不断根据网络交易的发展需求改进自身服务，为第三方支付机构的发展提供必不可少的服务。在第三方支付的过程中，货款实际上是先从消费者的账户到达第三方支付机构的银行账户，再由第三方的银行账户到达商家的银行账户。整个货款的划拨都牵涉到第三方支付机构的账户与银行的关系。因此，在此服务合作关系中，银行的主要义务是对消费者银行账户金额的认证，按照第三方支付机构的信息指令完成相关资金的划拨，主要权利是当第三方支付机构的信息指令不正确之时，有权拒绝其划拨请求或者要求其改正错误的支付指令。

7.6.2 法律监管的必要性和可实施性

1. 第三方支付平台在网络交易中的重要地位

随着互联网的普及以及网上购物日益成为人们购物的首选，第三方支付平台在网络交易中的重要地位也日渐显露出来。在我国，网络交易的总数额在整个商品交易中所占比例仍较小，但是日交易额的增长速度却不可小觑，高达400%的年平均增长率已然说明了该产业在我国已经快速发展起来了。

电子支付对于网络交易来说必不可少，而第三方支付在电子支付中占了很大的比例。第三方支付平台倘若在我国能得到健康有序的发展，将对整个经济生活带来深远而广泛的影响。将给买卖双方的网络交易提供有效的支付平台，方便网上商家以较低成本获取最大利润，同时也方便消费者更便捷地购物，为人民的生活带来便利，也大大促进经济的发展。

从上文谈及的数据资料中我们不难看出，第三方支付平台在我国已经开始大规模发展起来，极大地促进了国民经济的健康发展；而我国经济的快速发展也给第三方支付平台提供了良好的基础设施支撑，两者相得益彰。但是，第三方支付平台的发展现状远比不上其在理论上的应有水平。笔者通过分析后认为，导致这一现象出现的根本原因在于法律法规的缺失。我国尚未对第三方支付的相关法律规制确立基本法律框架，立法上没有确定的系统的法律规范，执法和司法中也缺乏执行参考，而行业内部更是不具有统一的行为规范，致使网络交易的买卖双方都对第三方支付平台的有关交易难有信心。而第三方支付平台的运营也确实存在着很多法律漏洞，比如，账户中滞留金产生的诸多问题，以及不法分子利用第三方支付平台进行非法金融活动等问题，使得第三方支付平台在运行时存在着金融风险和法律问题。买卖交易的双方也很难对网络交易信心十足，裹足不前的最终结果是制约了网上交易的发展。

2. 对第三方支付进行立法规范是顺应法律全球化趋势的需要

如前所述，与我国缺乏相关立法的现状相反，许多发达国家和地区已经制定和出台了相关的法律法规对第三方支付平台进行规制。美国的 FDIC 对第三方支付进行专门监管，欧盟制定了专门针对第三方支付的相关法律法规，第三方支付平台在亚洲许多国家和地区的发展势头也大大领先于我国。大量事实证明，良好的法律监管才有利于相关行业的发展。如果我们不紧跟国际上发达国家的步伐，制定和完善相关法规，那么我国相关产业即使快速发展也未必能健康合理，我国也将在业内远远落后于其他国家，失去发展的机会。

3. 现有法律法规无法满足第三方支付平台的发展需要

从我国现有的相关法律法规来看，如果不针对第三方支付制定新的法律法规，现有的法律体系已经不足以满足第三方支付的发展需求。如前所述，我国的最高立法机关虽然已经意识到了第三方支付的发展趋势，但是即使把相关内容写入了法律法规之中，也只是粗线条的描述，并没有详尽的描述，缺乏可操作性。行业内部的相关规范又缺乏最高效力，难以有效地约束行业内部的不规范行为。另外，我国法律之中存在着很多同一内容的特殊规定和一般规定，对于第三方支付如果缺乏统一的有指引的规范，那么按照现有的法律规则，只会使之在相关领域的使用更加混乱。

现有的法律体制无法适应相关产业的发展，如果不从立法和监管方面采取行动，缺乏法律的有效制约或是保障，第三方支付平台要在我国得到较好的发展将会受到很大的阻碍。所以加快我国第三方支付平台的相关立法，是完全必要且必须的。

4. 我国对于第三方支付立法和研究的准备已就绪

在信息技术日新月异发展的网络时代，未来贸易方式将沿着网络商务的方向发展。第三方支付平台的发展也正是贸易方式发展的一种代表，我国政府在发展电子商务的政策方面一直都是持积极态度，不仅重视工商、税收部门的推动作用，同时也日渐加强对发展电子商务的宏观规划和指导。国家最高立法机关也开始着手准备相关的立法事宜，在现有法律中尽可能地修改不当之处，在无可修改的法律中则开始关注增设相关法律条文。这在一定程度上已经做好了完善相关立法的充分准备，立法时机已然成熟。

另外，就我国目前国内相关产业的发展状况来看，各大商业银行和具有足够资质的第三方支付机构也呼吁建立完善的法律法规，对第三方支付平台的运营过程进行有效监管，而作为支付平台使用者的商家和消费者的权利的保护，更加需要一个有序竞争的市场来加以维护。所以无论是从国际立法环境来看，还是从国内立法机关或是相关企业、个人对于相关产业的发展需求来看，加快立法进程以及加强监管已经是迫在眉睫的需求。

7.6.3　构建第三方支付法律规制

如前所述，目前我国相关的专门规范还比较缺失，在现有法律中没有实际可操作的相关法律依据可以寻找，也没有确定权利的相关机构或部门对其进行有效监管，这使得第三方支付机构脱离了相关部门的监管，容易出现各种法律问题。但是，随着第三方支付在网络交易中地位的提升，其是否能有序并良好的运营发展，直接关系到我国的经济发展进程和法治进程。鉴于其重要性和必要性以及可实施性，针对本文上述提及的我国第三方支付平台在运营中易出现的法律问题，在借鉴国外先进立法和监管经验的基础上，笔者仅就自己所学习和研究的相关知识提出以下的立法和监管建议。

1. 明确定位第三方支付机构的法律属性

目前我国第三方支付机构尚无明确的法律身份，它不直接参与买卖双方的网络交易，但却与商家、消费者和签约银行之间都存在着法律关系。其面向不特定的公众，提供公共性服务，但因为其营利性特征，所以又区别于公共服务性机构。其虽然从事结算业务和短暂吸收滞留资金的业务，但却不属于金融机构，且也不能单纯地将其归类于网络业务服务机构中。《清算组织管理办法（征求意见稿）》中涉及的有关定义指出，第三方支付机构从事的结算业务属于非银行类金融业务，第三方支付机构是金融增值业务服务商，将其纳入到我国金融类机构的监管系统中，明确其在运营过程中的具体权利义务，以及明确对其监管的主体，才有利于保障相关交易人的交易安全，从而保障我国金融安全。

2. 建立有效的市场准入及退出机制

（1）注册资本门槛和技术门槛

第三方支付平台发展壮大的原因之一就是其提供了强大的资金保障和信誉保障，取得交易双方的信任，使得网络交易得以顺利进行。所以可以借鉴欧盟的做法，实行颁发营业执照的规定，由专门的机关对其进行资格审查后颁发营业执照，实行市场准入制度。建立相关的市场准入机制，包括设置从业资格申请审核支付以及最低注册资本的限制，增设行业准入时的技术鉴定，完善行业内部的自控和自我监督，以及建立独立账户管理滞留金等。此外，还应规定相关的网络交易时第三方支付平台完成交易的过程，规定支付机构应达到相应的技术要求层面。

（2）资金保障防止退出时带来的金融风险

另外，如前所述，由于市场竞争优胜劣汰的特点，很多资金不足的小型第三方支付平台在面临破产之际往往悄无声息的"离开"市场，这往往导致其平台上注册用户的资金得不到安全保障，所以，笔者认为，可以推广工商银行的做法，即在其银行有账户的第三方支付平台必须将上个月交易额的 30% 保留在账户内，在该支付机构面临停业或破产风险的时候，银行将即时向公众发布公告。这样既能避免支付机构擅自挪用滞留金，也能保证网络交易双方的资金安全。

3. 确定一个有独立权力的监管机构

第三方支付平台的出现对于整个电子商务来说具有革命性的意义，仅靠行业内部的监管显然无法达到保护交易安全的目的，因此必须由法律规定一个确定的有独立权力的机构对第三方支付平台进行监管，监督其运作工程中的资金滞留、资金来源及去向等。由于第三方支付机构从事的业务主要属于人民银行组织支付体系下的支付结算业务，主要具有金融机构的性质，因此，笔者认为，将中国人民银行作为监管第三方支付平台的主体最为恰当。当然，有效的监管也离不开银监会和信息产业部等相关部门的帮助和支持。而这一监管机构必须具备的特质包括：真正的独立性或者中立性；高度的公信力以及能够独立承担法律责任；具有先进的信息鉴证手段和能力，且不以营利为目的。

4. 监管机构开设专门账户，加强对滞留资金的监督和管理

由于第三方支付平台运营模式的特殊性，交易资金不可避免地会在其账户中滞留，如何确保客户资金安全，防止发生支付危机，是解决第三方支付易出现的法律问题首先需要解决的问题。对滞留在第三方支付平台中的滞留资金，通过法规明确其所有权不属于第三方支付平台，并严格禁止第三方支付平台经手和长期保存滞留资金，将交易的资金和第三方支付机构自己的资金严格区分开来。笔者认为，可以借鉴 FDIC 的做法，即规定确定一个有一定资质的机构作为监管机构，并要求第三方支付机构在监管机构的银行中开设特定账户，将滞留资金存入该账户中，并明确其中产生的利息的权利归属。这样即可以解决利息在第三方和买卖双方之间的分配问题，也可以有效地禁止第三方私自将交易资金用于自己的运营或者其他目的。另外，法律中也应明确规定第三方支付机构在破产等退出市场的情况的责任，即对于交易双方的滞留资金应承担保全责任。

5. 保护消费者的各项权益

消费者在交易中往往属于弱势群体，而由于网上交易的隐蔽性和虚拟性，要消费者"隔空"去判断消费信息的真实性，更是强人所难。这也使得消费者权利的保护在第三方支付的运营过程中显得尤为重要，交易安全、个人资料的保密以及交易公平等问题都需要法律在设计之初就考虑到。法律应该明确规定第三方支付机构与消费者的法律关系，以及消费者与商家双方之间应该承担的责任、免责范围以及补救赔偿措施等，要求第三方支付平台向消费者信息公开，使消费者能够明确清晰地了解可能产生的风险、争议以及纠纷处理办法。同时，必须通过立法加强对消费者合法权益的保护，在法律中规定第三方支付平台对于消费者及商家个人信息的保密义务，防止处于弱势的消费者的资金和个人信息等合法权益受到侵犯。

6. 完善担保体制、增设相关税收立法

由于第三方支付平台在我国的发展尚不成熟，很多第三方支付平台都不具备应有的资本条件和技术条件，使得相关交易主体的资金很难得到有效的安全保障。完善相应的担保体制，具体措施可以是在准入之时就要求第三方支付平台给予金融担保，不具备资质的机构不得进入行业。在税收方面，应该加快研究制定电子商务税收优惠的财政政策，在税法中增订有关电子交易的税收征收的相关法律条文，针对网络商家分散且不注册登记的特点设计专门法律条文，在扶持和规范产业发展的同时，对于按时缴纳税收的商家施行奖励，对于偷逃税款的商家予以严厉的制裁，以减少偷税漏税的违法行为。

7. 完善防范洗钱、套现以及网络赌博在第三方支付中出现的法律

在单独制定针对第三方支付平台的法律之外，还应该完善现有的刑事法律和民商事法律，在法律中增设类似："由商业银行承担监管第三方支付机构的账户的义务，在发现有可疑交易时立即向有关部门举报，另外，第三方支付平台的交易记录都应保存下来"，以此保证在违法犯罪活动出现之后检察机关有迹可循。经济基础决定了法律，而法律的作用在于调整包括经济生活在内的社会生活中的方方面面，第三方支付平台的出现要求相关法律制定的产生，只有有效的法律法规的出现，有力的监管体制的建立，才能保证第三方支付平台这一新兴的网络支付方式有序发展，从而促进我国经济的发展，保证经济建设和法治进程顺利进行。

综上所述，在分析了我国第三方支付平台的发展现状的基础上，不难看出良好的法律法规和有效的监管体制的建立已经迫在眉睫。在借鉴美国和欧盟等发达国家和地区的立法和监管经验的基础上，结合我国国情，制定出有针对性的可操作的法律规范，建立一个适应我国经济建设需要的、顺应时代潮流的监管体制，才能给第三方支付平台的发展提供良好的法治

环境,从而促进我国网络经济乃至整个国民经济的健康发展。随着我国社会主义法治建设进程的推进,在完善相关法律法规之后,相应的监督体系也必然能很好地建立起来,完善第三方支付法律规制的构想,也会在不久的将来变为现实。

本章小结

通过本章的学习,首先要熟悉第三方支付的内涵、第三方支付的主体、第三方支付的特点、第三方支付的支付模式,包括独立的支付网关模式、账户型支付网关模式以及移动支付模式。要理解第三方支付模式的优越性,应保证支付平台交易顺利,满足商家需求与利益和保护消费者网上交易安全。了解第三方支付的发展现状,促进监管法规不断完善,促进交易规模保持强劲增长,现在支付宝仍占据主要市场份额,而且业务模式不断创新,也要注意第三方支付在竞争中面临的问题。理解国外第三方支付市场规制的启示,比如美国和欧盟对第三方支付法律规制的经验,以及亚洲国家和地区的规制的经验,学习国外第三方支付规制经验的启示。掌握我国的第三方支付的法律规制,能够分析第三方支付中的法律关系,坚信法律监管的必要性和可实施性,努力构建第三方支付法律规制。

本章案例

网店店主虚假陈述后卷款失踪案

2008年6月17日,张某在某网站一家名为"运动达人fighting"的网店订购了一张乒乓球桌,商品标价为3000元,支付方式为网上电子支付。张某选择了该网站指定的某网上银行安全支付方式支付了全部款项3000元,操作结束后屏幕显示交易成功。此后,张某在该银行打印的对账单也表明当日在其银行账户确实发生了该笔款项的支出。根据该网站交易规则,该笔款项将从消费者的银行账户中划拨到该网站指定的第三方支付平台"xx宝"中,商家"发货"后,待消费者收到货物后"确认付款",该笔款项再由该第三方支付平台划拨到商家账户中。而网站交易规则还规定,在商家"发货"后7日内,消费者即使没有"确认收货",该笔交易也将自动完成,此时交易额将从第三方支付平台中划拨到商家账户之内。然后,张某在拍下货物支付货款之后便出差至外地十天。在此期间,张某因为工作关系没有上网,回到家中才发现乒乓球桌并未到货,而网站上的交易状态已显示成功。此后一星期,一直未收到货物的张某联系不到该商家,网页上的店主的联系电话始终是关机状态,投诉到该网站也未得到合理解决。原来,该商家在骗取了众多消费者共计五万余元的货款之后便"人间蒸发"了,而该网站在商家注册之时并无强制验证真实身份的要求。此后经查证,该商家在指定银行的账户是使用偷盗的身份证办理,银行工作人员在开设账户时也未尽到审核义务,由此消费者的损失便无从追寻。这样的案例在现实中屡见不鲜。

上述案例表明，由于网络交易发展仍缺乏相应的法律进行规范，在其发展过程中不可避免地存在金融风险、交易安全以及刑事案件等问题。唯有完善我国相关法律法规，才有可能解决目前层出不穷的第三方支付的法律问题，以保证我国网络交易的健康发展。

（资料来源：根据法院网案例整理）

讨论：
如何防范案例中交易安全事件？

本章习题

1. 试述第三方支付的内涵和特点。
2. 分析第三方支付的各种商业模式，如何发挥它们的作用。
3. 如何保证支付平台顺利交易以满足商家需求与利益？
4. 试分析第三方支付监管法规不断完善的前景。
5. 学习国外第三方支付市场规制的启示，掌握美国和欧盟的经验。
6. 分析第三方支付中的法律关系。
7. 如何构建第三方支付法律规制？

第8章　互联网证券

学习目标

1. 互联网金融对证券行业的影响
2. 互联网证券交易模式
3. 互联网证券交易技术
4. 算法交易与高频交易的特点与区别
5. 算法交易的交易、价差及做市策略
6. 算法交易对资本市场的影响
7. 算法交易和高频交易监管的政策

案例导入

> **为何密码会丢失？**
>
> 2014年3月，北京王先生收到来自商业银行的短信提示："您尾号为****信用卡3月20日14：00消费3 502.00元"，但王先生本人并没有任何消费行为，经调查，王先生的信用卡卡号和密码在之前的移动支付过程中被黑客窃取，之后被盗用。
>
> （资料来源：根据相关资料整理）
>
> 讨论：
> 如果你是王先生，你怎么办？

随着以社交网络、移动支付、搜索引擎、云计算、数据挖掘等为代表的现代互联网科技的快速发展，以及互联网普及范围的不断扩大，我国的金融行业全面进入互联网时代。在此背景下，证券行业也开始积极探索互联网金融模式，先后尝试了网上商城、非现场开户、与互联网公司共同成立合资公司，或引入互联网公司作为战略投资者等多种拓展互联网金融业务的方式。可以预见，作为现代信息技术与金融结合产物的互联网金融将大大改变人类金融模式，对现代证券行业产生深远影响。

8.1 互联网证券概述

8.1.1 互联网金融对证券行业的影响

互联网金融可以达到与现在直接和间接融资一样的资源配置效率，并在促进经济增长的同时，大幅减少交易成本，这将对证券行业产生深远影响。

1. 改变证券行业价值实现方式

互联网金融的虚拟性为证券行业带来了前所未有的价值创造速度，必然导致价值的扩张，同时互联网金融也引发交易主体、交易结构上的变化和潜在的金融民主化，引发券商传统的价值创造和价值实现方式的根本性转变。

一方面，互联网技术能最大限度减小信息不对称和中间成本，把所有的信息由原先不对称、金字塔型转化为信息的扁平化，最终个体可在信息相对对称中平等自由地获取金融服务，逐步接近金融上的充分有效性和民主化，从而证券行业的服务边界得以扩大。近期券商积极布局的非现场开户、搭建网上平台以及移动终端产品等正是券商引入互联网产业模式的尝试，这为公司带来了新的增长点。

另一方面，社交网络、电子商务、第三方支付、搜索引擎等互联网技术形成的大量数据产生价值，云计算、神经网络、遗传算法、行为分析理论等更使数据挖掘和分析成为可能，数据将是金融的重要战略资产。阿里小贷正是基于大数据挖掘小微企业信用完成的价值实现。未来券商的价值将更多通过充分挖掘互联网客户数据资源，并开发、设计针对性满足客户个性化需求的证券产品或服务来创造和实现价值，从而实现"长尾效应"。

2. 引发证券经纪和财富管理"渠道革命"

证券与互联网的加速融合，有助于券商拓宽营销渠道，并优化现有经纪业务和财富管理业务传统的运营管理模式，进一步扩大服务边界。与此同时，网上开户和网上证券产品销售将使得券商的地域和物理网点优势不再明显，佣金率进一步下降，新产品经纪和资管业务的地位逐步提升，这将迫使券商经纪业务由传统通道向信用中介和理财业务终端转型。

在不久的将来，网络将成为券商发展经纪业务、财富管理业务的主要平台。随之而来的，将是目标客户类型的改变，市场参与者将更为大众化和普及化，追求多样化、差异化和个性化服务是客户的基本诉求。客户的消费习惯和消费模式的改变，要求券商经纪和财富管理业务适应互联网金融趋势，从过去通道中介定位向客户需求定位转型。以客户需求为中心的转型，本质上要求证券公司能够根据不同的客户类型，通过一个对外服务窗口，为客户提供包括融资、投资、理财咨询等一揽子的服务。这意味着证券公司需要对原有的组织模式进行重构，加强各条业务线的协作，提升现有业务的附加价值，实现客户与证券公司共同成长。

3. 弱化证券行业金融中介功能

Mishkin（1995）指出，金融中介的存在主要有两个原因：第一，金融中介有规模经济和专门技术，能降低资金融通的交易成本；第二，金融中介有专门的信息处理能力，能够缓解投资者和融资者之间的信息不对称以及由此引发的逆向选择和道德风险问题。媒介资本、媒介信息正是证券行业作为金融中介最为基础的两个功能。

媒介资本、媒介信息、挖掘信息等功能的发挥，在根本上都依赖于各类信息的搜集和处理能力，而这正是互联网金融的强项。互联网金融与证券行业的结合，会使得交易双方的信息不对称程度降低，在金额和期限错配以及风险上分担的成本非常低，证券机构发挥的资本中介作用也日益弱化。未来股票、债券等的发行、交易和全款支付，以及投资理财等都可直接在网上进行。比如，Google上市时就没有通过投资银行进行相关上市服务，而是应用了互联网金融，其股票发行采用荷兰式拍卖的模式在自身平台上发行。另外，在国外，基于社交网络构建的选股平台，投资收益跑赢大盘，这也一定程度上取代了券商投资理财的业务。

互联网金融模式下，资金供需双方直接交易，可以达到与直接融资和间接融资一样的资源配置效率，市场有效性大大提高，接近一般均衡定理描述的无金融中介状态，这将极大地影响证券金融中介功能的发挥。

4. 重构资本市场投融资格局

互联网金融平台为资金供需双方提供了一个发现机会的市场，同时现代信息技术大大降低了信息不对称性和交易成本，双方对对方信息基本实现完全了解，证券行业投融资格局中，资金中介将不再需要，取而代之的可能将是一个既不同于商业银行间接融资、也不同于资本市场直接融资的第三种金融运行机制，可称之为"互联网直接融资市场"或"互联网金融模式"（谢平和、邹传伟，2012）。

P2P、众筹融资，正是这种互联网金融新模式的代表。不同于传统借贷模式，在P2P、众筹的借贷环节中，由网络平台充当中介的角色。借贷双方在网络平台上自主发布信息，自主选择项目，基本不需要借贷双方线下见面，也无需抵押担保。平台公司则为借贷双方提供咨询、评估、协议管理、回款管理等服务，并相应收取服务费。

网络信贷的兴起，打破了传统的融资模式，在解决中小企业融资难题的同时，引领着资本市场投融资领域的革命性创新，这一代表着未来趋势的投融资创新实现了社交网站和种子基金、股权投资的融合，是投融资业务脱媒的开端。

5. 加剧行业竞争

互联网金融以其先天的渠道和成本优势迅速改变资本市场的竞争格局，随着监管的放松，这种竞争还将进一步加剧：第一，互联网技术会降低券商业务成本，加剧同业竞争，如各大券商积极布局的证券电子商务，这只是网络经纪业务第一步，非现场开户全面放行后，证券业能以更低成本展业，这不可避免引发新一轮的佣金价格战，通道型经纪收入将更加难以为继；第二，互联网金融会改变券商业务模式，催生网络经纪等新业态，这将带来新的竞争机会，使得未来竞争更加复杂化；第三，以阿里巴巴为代表的互联网公司携带客户资源、数据信息积累与挖掘优势向证券行业渗透，加剧行业竞争。近年来高速发展的互联网平台为互联网金融奠定了比传统证券行业更广泛的客户资源基础。互联网公司在运作模式上也更强调互联网技术与证券核心业务的深度整合，凸显其强大的数据信息积累与挖掘优势。比如，以阿里小贷为代表的网络贷款正在冲击证券行业资本中介业务模式。以人人贷为代表的P2P模式则正在绕开券商实现投融资直接匹配，以余额宝为代表的互联网理财产品更是直接冲击券商理财产品市场。

8.1.2 互联网证券交易模式的改变

近20年来，证券交易所的市场竞争推动了交易市场的技术创新和变革，如何利用计算机电子交易系统为市场参与者提供更为优质的服务，成为各交易市场不懈努力的目标和方向。

随着计算机技术的发展，电子化交易成为趋势。电子化交易不仅大大降低了交易成本，突破了原来的时间和空间限制，同时也催生了程序化交易、算法交易、高频交易、闪电交易等新交易技术的出现。程序化交易等在欧美发达国家的金融市场运用较为广泛，在日本、中国香港、韩国等亚洲发达国家次之,在发展中国家的市场上使用则较少一些。据不完全统计,美国40家左右以程序交易为主的金融机构产生的交易量已占到整个市场股票交易量的四分之三左右,对冲基金中大约10%的资产用于高频交易,300余家金融机构2008年使用程序交易或高频交易获得的利润估计在210亿美元。2008年,程序交易占新加坡交易所的比重也达到15%,在韩国交易所为13.5%,在东京交易所为9.3%。

学术界和产业界对程序化交易、算法交易、高频交易、闪电交易等新证券委托方式比较后认为,交易方式并没有专门的定义,只是模糊界定为自动交易的不同形式。近年来,随着程序化等交易方式的盛行,实务界开始进行了较为深入的研究。有研究者认为,算法交易、高频交易和闪电交易都属于程序化交易,高频交易与算法交易的用途不同,闪电交易则是高频交易的一种,它们之间的关系如图8-1所示。

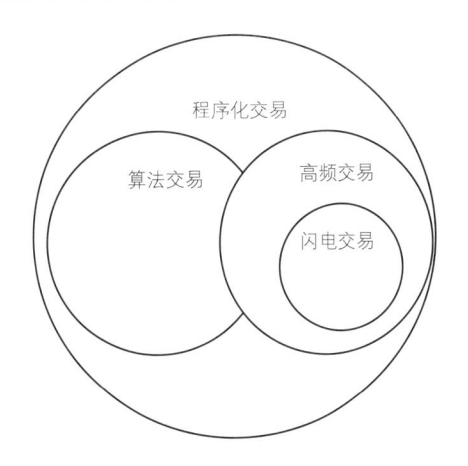

图8-1 程序化交易、算法交易、高频交易与闪电交易关系图

1. 程序化交易（Program Trading）

20世纪90年代以及2000年以后的资本市场以及金融衍生品市场的长足发展,使得在1987年股灾中被指为罪魁祸首的程序化交易,终于被历史肯定了它的价值,人们开始逐步走进了程序化交易的世界。目前,程序化交易已经成为境外成熟市场的主要交易方式之一。

广义上而言,程序化交易泛指利用计算机技术制定交易策略、自动交易、实行风险控制等行为。一般认为,程序化交易被分为程序交易策略和优化指令下单两部分。设计人员交易策略的逻辑与参数在计算机程序运算后,将交易策略系统化。当趋势确立时,系统发出多空讯号锁定市场中的价量模式,并且有效掌握价格变化的趋势,让投资人不论在上涨或下跌的市场行情中,都能轻松抓住趋势波段,进而赚取波段获利。程序化交易的操作方式不求绩效第一,不求赚取夸张利润,只求长期稳健的获利,于市场中成长并达到财富累积的复利效果。

程序化交易的优点在于:一是使用程序化交易可以在交易过程中克服人性的弱点,排除人为情感因素,消除交易时人性的恐惧、贪婪、迟疑及赌性等情绪因子;二是使用程序化交易可以突破人的生理极限,严守既定的操作纪律及交易的基本原则,有效掌握多空趋势,顺势操作,赚取波段利润。当然,程序化交易也存在缺点:一是只有系统性交易者才能做到程序化交易,而其他类型的交易方法没办法用程序化交易来完成;二是程序化交易的不稳定性;三是目前程序化交易技术门槛高,不能平民化。

程序化交易发展的原因是多方面的。

（1）从技术支持来看,随着计算机技术和网络的快速发展,给金融交易带了巨大影响,电子交易平台迅速推广,并且性能不断提高,也改进了市场流动性。

（2）从市场结构来看,多层次的市场结构必须依赖程序寻找最好的交易价格和交易时机。

（3）从交易品种来看,产品越来越多样化、复杂化,不得不依赖程序进行择股、择机。

（4）从制度来看,欧盟MiFID、美国Reg及英国CP176等相关的政府法规的推出与实施进一步促进了算法交易的盛行,这些法规要求机构投资者披露其交易的执行成本并加以监管。

（5）从交易组织结构来看,境外成熟的经纪商制度成为程序化交易发展的动力,经纪商借助计算机程序，交易执行成本相对较低，而交易执行成本越低，经纪商得到的佣金越多。

（6）从内在独特优势来看，程序化交易弥补了人类机械化工作能力的不足，克服了人性的弱点，可以高速捕捉并把握市场瞬间出现的套利或者投机的机会，解决了多个品种同时交易的难题。

近两年来，一些交易中心对程序交易商的管制呈现放松的态势。自20世纪80年代末以来，纽交所规定，程序高频交易商只能在相对平稳的市场环境下进行交易，当市场波动超过2%时，程序高频交易即被禁止。然而，在2007年10月即"次贷危机"爆发之初，纽交所以市场环境改变为由废除了该项规定。对于这次出人意料的规则改变，许多人认为根本原因在于大多其他交易中心没有上述限制从而使得纽交所在竞争中处于劣势。然而无论如何，上述限制的放松极大地刺激了程序高频交易量的增长，进一步加剧了市场波动性。

2. 算法交易（Algorithmic Trading）

算法交易，又被称为自动交易、黑盒交易或者机器交易。对算法交易概念存在不同的理解。从广义上看，算法交易是指所有使用计算机算法进行自动交易决策、发送订单并管理订单的交易技术，包含了组合选择、交易策略、执行策略等内容，广义上的定义其实是自动交易的代名词。从狭义上看，算法交易主要是一种订单执行策略，是指使用计算机来确定订单最佳的执行路线、执行时间、执行价格及执行数量的交易方法（见图8-2）。目前，专业人士通常使用算法交易的狭义理解。

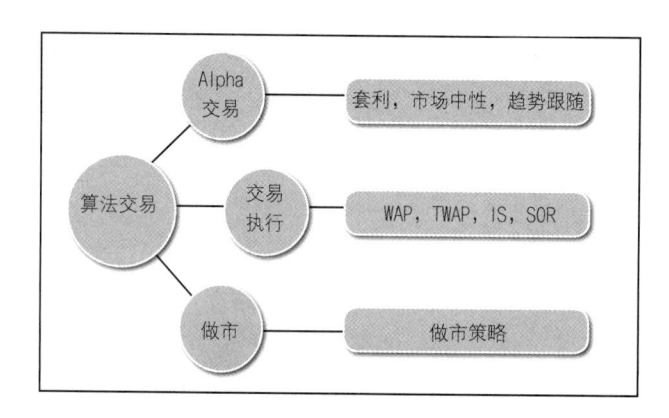

图 8-2 算法交易的种类

（资料来源：海通证券研究所管理）

国际市场上通常有四种主要类型的算法交易：一是时间表驱动算法，它遵循时间表，有固定的开始与结束时间，如 VWAP、TWAP 等；二是动态市场驱动算法，它实时监控市场波动并做出反应，如 Implementation Shortfall、Price in line、Volume in line 等；三是高自由度 Alpha 算法，如 Float、Hidden、At Open、At Close 等；四是主动的流动性搜索捕捉算法，它可以智能地访问多个明池和暗池，如 TAP 等。

根据各个算法交易中算法的主动程度不同，把算法交易分为被动型算法交易、主动型算法交易和综合型算法交易三大类。

被动型算法交易除利用历史数据估计交易模型的关键参数外，不会根据市场的状况主动选择交易的时机与交易的数量，而是按照一个既定的交易方针进行交易。主动型算法交易也称机会型算法交易。这类交易算法根据市场的状况做出实时的决策，判断是否交易、交易的数量、交易的价格等。综合型算法交易是前两者的结合，即包含既定的交易目标，具体实施交易的过程中也会对是否交易进行一定的判断。这类算法常见的方式是先把交易指令拆开，分布到若干个时间段内，每个时间段内具体如何交易由主动型交易算法进行判断。两者结合可以达到单独一种算法所无法达到的效果。

成功的算法交易可以敏锐地捕捉到转瞬即逝的价格偏差，快速地作出反应，获取利润，同时帮助市场完成有效的修正，而且极大的提高市场的流动性。在欧洲和美国，算法交易已经发展了30多年，算法交易作为订单执行的策略和工具，已经在金融市场上得到了广泛应用，养老基金、共同基金、对冲基金等机构投资者通常使用算法交易对大单指令进行分拆，寻找最佳路由和最有利的执行价格，以降低对市场的冲击，提高订单执行效率和执行隐蔽性。算法交易可运用于任何投资策略中，如做市、场内价差交易、套路及趋势交易等，应用已经非常广泛，并诞生了很多著名的量化基金，其中不乏业绩相当突出者，比如，数学家西蒙斯所组建的文艺复兴技术公司在算法交易的应用上处于领先地位。

相比美国，中国乃至整个亚洲在算法交易的研究和应用上还刚刚起步。中国深圳国泰安信息技术有限公司是国内最早开始研发算法交易系统的公司之一，目前已经推出了算法交易系统，并在香港市场上线交易。算法交易在中国市场同样有广阔的前景，比如，大额的基金仓位调整经常给市场带来巨大的冲击，应用计算机拆分策略可以有效地避免这个难题。股指期货的出现也使算法交易有了更好的用武之地，股指期货交易中较低流动性和价格偏差问题都可以通过良好的算法交易系统解决。

3. 高频交易（High-Frequency Trading）

高频交易是利用超高速计算机先入一步地获取市场信息并加以处理，以获得较之其他市场参与者更高的利润，具有持有期特别短的特征。

高频交易主要包含一种特殊的交易方法，这种方法在很短的时间内（通常时间量级在亚秒级）产生大量的订单以及撤单，频繁地进出市场，并且在一个交易日内多次执行。在实践中，所谓高频交易，通常是指投资银行、对冲基金和专业交易公司利用高速计算机进行程序化证券交易的投资策略的总称。高频交易近年来取得了巨大的发展，有资料显示，高频交易在美国已占到股票市场交易总量的50%~70%。

目前华尔街的主要投行和对冲基金大都参与高频交易。目前影响最大的高频交易商包括知名的Goldman Sachs、Citadel Investment Group和Renaissance Technologies。另外，一些专门从事高频交易的机构虽然市场知名度尚低，但发展迅速，目前亦具有重要的地位。这些机构包括：Getco LLC、Jane Street Capital、Hudson River Trading、Wolverine Trading和Jump Trading等。

有的学者将高频交易分为下面几种策略：流动性回扣交易（Liquidity Rebate Trading）、猎物算法交易（Predatory Algorithmic Trading）、自动做市商策略（Automated Market Maker Trading）和程序化交易（Program Trading）。也有学者将高频交易分为以下四类，即订单拆分策略、做市交易策略、定量化交易策略、其他策略。

近年来迅速发展的高频交易技术极大地改变了传统证券市场的面貌，其主要影响主要表现在以下几方面。①股票交易量爆炸性增长，特别是规模较大、流动性较高的蓝筹股。②股票订单数量几何级扩增，由于大量高频订单出于发现其他投资者潜在的隐藏算法订单的目的，因此股票最后成交量只占整个高频订单非常小的一部。有报告认为，高频交易者每成交100个订单则需要发出几千甚至上百万个探测订单。③市场风险惊人上升，尽管金融危机所触发的市场恐慌是导致市场剧烈波动的主因，但许多研究者认为高频交易者的大肆交易亦起到了不可忽视的推波助澜的作用。④职业交易"专家"（Specialist）角色的迅速衰落。以纽交所为例，自20世纪90年代末以来，随着电子交易系统的引入和与传统大厅拍卖模式相融合的混合模式（NYSE Hybrid）的建立，交易专家的地位日渐下降，他们所经手的股票交易量亦从稳定的80%左右迅速降低到目前的25%。与此相对应，交易大门逐渐向高频交易等"技术型"参与者敞开，使得他们有机会主要通过参与高流动性股票交易进行盈利。

4. 闪电交易（Flash Orders）

闪电交易是近年来爆炸性增长的高频交易的一个组成部分。根据证券商 Rosenblatt Securities 的数据，在2009年6月份，闪电交易只占美国股票交易总量的2.4%，占高频交易的5%左右。在不同的交易中心，闪电交易有不同的称谓。例如，BATS 称之为 BOLT（BATS Optional Liquidity Technology），Direct Edge 则称之为 ELP（Enhanced Liquidity Providers Program），亦有人称之为 Step-Up 或 Pre-Routing Display。

尽管不同交易中心的闪电交易规则及程序不尽相同，但其核心运行机理却基本一致，即当该交易中心的部分股票买卖订单在被传输到公共交易系统（其他交易中心）或在被取消之前，该交易中心将其短暂"锁定"（Lock）在内部系统并快速"闪现"（Flash）给部分交易商（一般不超过0.5秒）。Direct Edge 将滞留订单只闪现给具有选择性的个别交易商，而 NASDAQ 和 BATS 则将这些订单提供给本交易所所有的做市商成员。NASDAQ 和 BATS 闪电交易的一个不同之处在于 BATSBOLT 要求客户来决定订单是否需要进入闪电交易，而且客户还可以指定闪现时间。NASDAQ 则将闪电交易功能视为一个默认方式而将所有订单进行闪现，客户如果不想被闪现，则需要向 NASDAQ 明确申明。在比一般投资者提前"看到"这些闪电订单后，这些交易商既可以选择进行成交，亦可以不做任何反应选择放弃，而更多的交易商可能利用这些优先的订单信息来判断该股票的短期走势并迅速启动其强大的计算机交易程序进行相关交易来获取盈利。

闪电交易的本质是交易中心将那些不能迅速在本交易中心执行的订单进行暂时滞留并有选择性地闪现给部分市场参与者的一种交易行为。近年来，随着闪电交易量的急剧增长，其法律基础也遭到了越来越多的争论。反对者认为，①闪电交易在事实上导致了双重市场的产生，由于只有部分投资者有权接触闪电订单信息，因此它违背了订单信息公平性原则。②由于交易中心暂时"劫持"买卖订单从而使得该订单无法迅速进入交易中心公开报价系统，形成了一个自我锁定的内部市场（Locked Market），可能造成一个原本可以在全公开市场被执行的订单变得不能够执行，因此错过了交易的机会。

然而支持者认为，它对市场具有一定的贡献，①闪电交易极大地提高了交易的流动性并因此进一步优化了价格发现机制。更加合理的价格不但对闪电交易商有利，亦对其他包括个人投资者有利。②闪电交易促进了交易中心之间的竞争，闪电交易将通过交易量的转移促使交易中心在机制、技术和服务等领域进行创新。

8.2 互联网证券交易技术

8.2.1 算法交易的兴起

算法交易是一种全新的交易方式，在国际资本市场中备受机构投资者青睐，市场份额迅速上升。算法交易的快速发展对资本市场总体效率和微观结构影响深远，许多经典金融理论如资产定价、EMH、风险理论等都将因此受到挑战，资产定价、组合投资和风险测度可能因此发生革命性变革。

2010 年 5 月 6 日下午，道琼斯 30 种工业股票平均价格指数盘中暴跌近 1 000 点，导致 Excelon、Boston Beer、Centerpoint 等公司股价瞬间最大跌幅高达 99%，举世震惊，总统下令彻查。根据美国证券交易委员会和商品期货交易委员会 2010 年 10 月 1 日发布的调查报告称，"闪电暴跌"源于一家交易公司交易计算机在市场饱受压力时自动执行卖出指令，造成市场巨大的连锁反应。此外，类似的情况还曾在伦敦证券交易所、东京证券交易所、马来西亚证券交易所发生过。于是算法交易成为理论界与实业界关注的焦点。

随着计算机技术的高速提升、硬件的高速存储能力、软件的高速并行算法以及金融数学的发展，算法交易应运而生，为这一问题的解决提供了帮助。据海外专业机构统计，算法交易在欧美等发达资本市场中已成为主要交易手段。Aite Group LLC 的研究显示，算法交易在欧盟和美国的所有股票交易中占到 40%，其中在美国的一些市场中，该比重更达到 80% 以上。

算法交易在中国刚刚起步，与成熟市场相比存在较大差距。这具体表现为：一方面，交易执行技术尚不成熟，目前尚处在初级的算法交易加经验判断阶段，交易大多基于交易人员的经验，主观判断成分占绝大比例；另一方面，系统性地支持算法交易的成熟软件非常少，并且国内对此方面的理论研究还比较薄弱。尽管如此，国内市场日渐扩张的机构投资者资产规模、多样化的投资者需求和各类新型创新产品为算法交易的发展提供了萌芽的土壤。

算法交易是指把一个指定交易量的买入或者卖出指令放入模型，该模型包含交易员确定的某些目标。根据这些特殊的算法目标，该模型会产生执行指令的时机和交易额。20 世纪 80 年代后期及 90 年代，美国证券市场的全面电子化交易和电子撮合市场 ECN（Electronic Communication Networks）的发展为算法交易提供了发展的前提。

区别于程序化交易模型只关注收益和风险的特点，算法交易使用数量化模型，在用户指定基准和约束条件下，通过在冲击成本与等待风险之间的平衡，来算出最佳的交易时机和交易额，并由系统自动执行交易指令。因此，算法交易又称自动交易 (Automated Trading)、黑盒交易 (Black-box Trading)、无人值守交易 (Robo Trading)。更为严谨地说，算法交易是指遵循数量规则、用户指定基准和约束条件的自动电子交易，包括组合交易（对一篮子股票进行一系列交易）和智能路由（Smart Routing）。

算法交易的内在逻辑在于利用市场交易量的特点，通过一定的数量统计方法，在风险可控、成本可控条件下执行订单。算法交易系统的核心是通过一套计算机程序，在一秒钟内产生若干交易指令（其中许多指令瞬间就可以被取消或被新的指令取代），来寻求最佳的成交执行路径减小对市场的冲击，以降低市场冲击，减少交易成本。

算法交易的兴起主要受到以下几个因素的影响。

（1）2000 年年初美国和加拿大的股票最小报价单位由 1/8 美元调整为 0.01 美元的"十进制"运动，导致美国股票价差和报价深度的大幅缩小。

（2）电子交易技术和通信技术的迅猛发展为算法交易提供了技术可行性。

（3）机构投资者管理的资产规模不断增长，其订单相对于市场冲击越来越大，大额订单交易变得更加复杂。

（4）相关的监管部门对交易行为的重视。例如，欧盟 Mi FID、美国 Reg NMS 及英国 CP176 等一系列相关法规的推出与实施推动了算法交易的发展。在上述法令颁布后，纽约证券交易所（NYSE）与伦敦交易所（LSE）的每股订单规模在不断下降，而订单数目迅速增长，表明投资者和证券监管部门逐渐认识到大额订单对价格的冲击影响，为避免交易冲击，投资者开始利用算法交易将大额订单分拆成小额订单进行交易。

随着机构投资管理资产规模日益庞大、智能化算法及通信技术的快速发展，算法交易逐渐成为金融工程的一个重要发展方向，并被认为是智能化算法、数学模型与投资者主观意愿的完美结合。在欧美和亚洲部分先进市场，算法交易已被广泛用于金融产品交易来降低交易成本，简化基金经理及分析师的工作。在中国，算法交易还处于起步阶段，目前只有少数基金公司进行了算法交易的测试和使用，与海外相比存在不小的差距。然而，日益壮大的指数基金和机构资产管理规模为算法交易的发展提供了广阔的基础。算法交易在我国资本市场中具有广阔的应用前景，机构投资者可以通过算法交易以较低的交易成本、较小的市场波动来完成预期交易目的。

8.2.2 高频交易的内涵与现状

1. 高频交易的内涵

高频交易是程序化交易的一种，20世纪80年代最早出现在几家对冲基金中经过20多年的发展，目前全世界已经有超过200家金融机构进行着高频交易的操作方法。多年来，由于高频交易的技术具有很高的隐秘性，人们对它的称呼也有很多。从神秘角度而言，称其为黑箱交易；从不用人介入的角度而言，称自动交易；从由机器自动完成角度而言，称机器交易；从它的软件体现交易策略的算法而言，称算法交易；从它整个交易完全依赖程序而言，称程序化交易。

"高频"交易，顾名思义，是一种计算机接受金融指令的速度、交易的反应处理速度、发出指令的速度都极高的交易方式。金融机构的高频交易员利用这种新一代的电子交易设备来先人一步地获取市场的即时信息并快速加以处理，以便较之其他市场参与者获取更高额的利润。许多交易商能在短短的一秒内发出数千个交易指令，并随后在几毫秒内根据最新的市场信息和模型的参数立即取消或转换指令。如此快的开仓、平仓速度所产生的交易量是惊人的，据统计，占美国2%的高频交易商，其交易量却占到了股票市场总成交量的60%~70%。不仅如此，高频交易在其他市场也广泛存在，比如全球期货市场、欧洲股票市场和外汇市场等。

2. 高频交易发展现状

那么，为什么高频交易从20世纪80年代以来在美英等发达国家的金融市场获得了飞速发展呢？随着信息技术和计算技术的飞速发展，信息传递及计算加工的速度达到了几十年前的人们难以想象的程度，美英等发达国家的金融市场开始普遍走向电子化的交易模式，以数学模型为基础的、以计算机化指令执行手段为程式的证券交易方法获得了广泛的市场认同。这种依赖于新兴技术的交易模式相对于传统的人工叫价模式而言，信息准确度高，交易速度更快，信息处理更加规范化和专业化，给整个市场带来了极高的效率和流动性。

"高频交易"正是基于这样的市场环境迅速发展起来的。在信息化的金融交易市场上，速度就是生命，是利润的源泉。随着金融市场深度和广度的不断增加以及大额交易的不断出现，能领先竞争对手哪怕几毫秒的速度进行交易都可以赚取丰厚的利润。因此，许多券商都投入了巨额研发成本来提升交易速度。研发的巨大投入和计算机技术的飞速发展使得以毫秒为计量单位的高频交易模式成为可能。同时，面对变化莫测的金融市场，谁能比竞争对手更准确地剖析市场、预测市场的走向，谁就能获取利润。在这种需求下，各种分析市场变化、预测市场走势的软件和算法层出不穷。人们已经渐渐意识到，交易速度与预测精度是金融市场中制胜的法宝。

从以上分析可以看出，"高频交易"是世界信息技术飞速发展条件下金融市场适应性进化的结果，与金融业发展的大背景相辅相成。

3. 高频交易的特点

高频交易的最主要特点就是极高的交易速度和准确的预测能力，两者缺一不可。高频交易员利用复杂的数学模型，每秒钟通过计算机在市场上交易成千上万次，并依据历史数据和程序算法分析接下来市场的走向，并迅速发出交易指令。

（1）高频交易的速度优势

对于高频交易者来说"速度是生命"这里的速度一方面指计算机处理信息指令的速度，更重要的是在最短时间内获取最新市场数据的速度。前者主要依靠计算机的数据处理能力，通过改善计算机性能，改进算法处理速度等方式来实现，而后者主要是通过与交易所计算机的联位（Co-location）来实现。

对于高频交易者来说，联位是操作的关键所在。他们必须以最快的速度获取最新的市场数据，以预见下一秒市场指令的流动方向。根据价格优先、时间优先的规则，他们必须比所有其他交易所更快地发送他们的报价，以抢夺成功交易的权利。在高频交易中，电缆传输的速度损耗是致命的，即使是几微秒的时差，也足以决定一单交易的成败。为了保证最快的传输速度，进行高频交易券商的终端机一定要和交易中心的同位，最好能将交易终端和交易中心的距离缩到最短，以将时滞所造成的影响降到最低。高频交易巨头 Getco 就在芝加哥商业交易所旁边安放着大排的交易计算机。

（2）高频交易的准确预测

除了拥有最快的速度，准确的市场预测能力也是高频交易不可或缺的重要组成部分。准确的市场预测能力需要两个关键的方面：①每一个交易都应有正的期望值，只要交易数量足够大，交易组合应该有很大的可能性是盈利的；②要有严格的风险控制，每一个交易不能太大，一天要做成千上万个交易，要尽量保证不能一个或几个糟糕的交易就把几天或者几个星期的盈利丢掉。准确预期市场走向的重要工具是建立严格的数学模型，这些模型会根据市场的变化而发生变化，只有那些盈利能力比较稳定的模型才能得以长期保存，而一些不再适用于市场变化的旧模型将被淘汰。

在高频交易市场上，当投资者的买卖信息不断进入计算机的高频买卖集合，拥有高频交易技术的大型券商可以利用他们高速计算机和复杂算法，在极短时间内判断出对他们有价值的信息，作出最优反应决策，从而先于其他投资者交易，获取巨额利润。而普通的投资者则没有任何速度优势，当其观察到市场数据时，高频交易者早已又发出了新的指令。退一步讲，即使普通投资者可以快速进入高频买卖集合，也无法在如此短的时间里获取和消化全部的信息并作出准确的分析判断。从以上的分析中可以看出，高频交易者极高的处理速度和准确的预测能力相辅相成，缺一不可。

8.3 算法交易的发展综述

算法交易在国际资本市场的发展时间不长，早期研究文献不多，近年来随着算法交易的逐步兴起，开始受到研究者的高度关注，相关文献有所增加，研究主题也不断拓展。

8.3.1 类型及绩效评估研究

算法交易作为程序化交易的一个分支，是随着 20 世纪金融市场下单指令的计算机化和程序化交易的发展而兴起的。金融市场的下单指令流计算机化始于 20 世纪 70 年代早期，其标志是纽约证券交易所（New York Stock Exchange, NYSE）引入订单转送及成交回报系统（Designated Order Turnaround, DOT 及后来的 Super DOT）以及开盘自动报告服务系统（Opening Automated Reporting System, OARS）。DOT 系统直接把交易所会员单位的盘房与交易席位联系起来，直接通过电子方式将订单传至交易席位，然后由人工加以执行。而 OARS 系统可以辅助专家决定开盘结算价。

而程序化交易（Program Trading）则是起源于 1975 年美国出现的"股票组合转让与交易"，即专业投资经理和经纪人可以直接通过计算机与股票交易所联机，来实现股票组合的一次性买卖交易。由此，金融市场的订单实现了电脑化。

程序化交易自从 20 世纪 70 年代末产生以来，历经洗礼而有今日的成就。70 年代如果需要被记住的话，有很多的坐标。在全球经济领域，首推以商业自由为诉求的"放松管制（Deregulation）"，证券交易领域也不例外。1975 年，SEC 颁令禁止固定交易佣金（Fixed Commission on Transaction），使证券交易从奢侈品进入寻常百姓家。

电子信息网络（Electronic Communication Networks，ECNs）在 70 年代迅速兴起。1978 年，SEC 又一纸法令，催生了 ITS（Inter-market Trading System）。ITS 以电子网络为基础，让证券交易下单在全美各个交易市场之间互联。NASDQ 立即响应，为 ITS 提供与 NASDQ 互联的计算机辅助执行系统（Computer Assisted Execution System）。这样，ITS/CAES 以及已经形成气候的各个 ECNs，组成了全美国的电子交易网络平台。技术的发展和网络的建立，给程序化交易创造了条件。

纽约证券交易所把程序化交易定义为市值在 100 万美元以上、股票个数在 15 只以上的一篮子股票组合买卖下单。在实际操作中，这意味着所有的程序化交易都是在计算机的辅助下完成的。进入 20 世纪 80 年代，程序化交易已经被广泛应用于股票与期货的跨市场指数套利交易中。

股票指数套利交易是指，交易者买入（卖出）一张例如 S&P500 的股指期货合约，并且同时卖出（买入）一个最多包含 500 只在 NYSE 上市的股票组合，该股票组合与期货合约高度相关。NYSE 的交易程序会被预先录入计算机，当期货价格和股票指数直接价差大得足以赢利时，计算机会自动向 NYSE 的电子买卖盘传递系统发送交易指令。

也是在 20 世纪 80 年代，程序化交易被应用于投资组合保险中。投资组合保险是根据基于 Black-Scholes 期权定价模型的计算机模型，利用动态地交易股指期货来复制股票组合的合成看跌期权（Synthetic Put Option）。

这两类策略，通常被笼统地称为"程序化交易"，而现在的程序化交易分化成两个概念，一个是从市场监管角度来定义的，这里指的是 NYSE 的定义：任何含有 15 只股票以上或单值为一百万美元以上的交易，都属于程序化交易。而另一个定义，则是由原来的程序化交易概念延伸出来，叫做算法交易，维基百科（Wikipedia）认为算法交易是程序化交易的一个分支。实际上，程序化交易和算法交易各有侧重点，算法交易更多强调的是交易的执行，即如何快速、低成本、隐蔽地执行大批量的订单；而程序化交易更多强调的是订单是如何生成的，即通过某种策略生成交易指令，以便实现某个特定的投资目标。算法交易是由经纪商提供的，而不是由投资者系统提供的，更像订单执行管理系统（Execution Management System, EMS），而程序化交易是投资者基于自己的策略自行开发的系统，更像一个订单管理系统（Order Management System, OMS），更多的是考虑订单是如何生成的。20 世纪 80 年代以来，程序化交易发展迅猛，交易量急剧增加，指数套利和组合保险策略开始应用。很多人开始将股市的下跌归罪于程序化交易，并认为程序化交易至少加剧了美国 1987 年股灾的严重程度。但多数的经济学家和金融学家都认为，上述观点夸大了程序化交易的作用。

进入 20 世纪 90 年代以后，程序化交易跃上了一个新台阶。美国诞生了很多专门为广大中小投资者提供的量身订做的各种各样的一次性股票组合交易的股票经纪公司，如著名的 **FOLIOfn** 和 **MAXFunds**。由于这类股票组合具有个性化和交易便利的特点，投资者只需单击一下鼠标即可完成交易，使广大的中小投资者用少量的资金就可以像富人一样进行组合交易（过去的组合交易只有机构投资者凭借资金的优势才有条件从事），故 FOLIOfn 深受中小投资者的欢迎。而同时也是在 80 年代后期及 90 年代，随着电信网络的发展，金融市场才实现完全电子化。在美国，百分位报价改革（Decimalization）把每股的最小变动价位从 1/16（0.0625）美元变为 0.01 美元。这改变了市场的微观结构，让买卖竞价价差可以变得更小，遏制了做市商的交易优势，因此也降低了市场的流动性。但这个改革却可能促进了算法交易的发展。

8.3.2 算法交易与市场效率

随着越来越多电子交易市场的出现，其他的算法交易策略逐渐成为可能，这些策略包括期现套利、统计套利、趋势追随以及均值回归等。用计算机来实现这些交易策略要更加便捷，因为计算机对转瞬即逝的错误定价（Mis-pricing）反应更迅速，并且可以对多个市场的价格同时实时监控。现代大资金的管理，都需要面对交易下单的问题。每天需要买卖大量的证券，同时交易的金额往往又比较大。同时，随着现代指数基金的出现，还需要进行指数化下单（即买卖的股票组合中各股票所占的比例要和指数中该股票的比例比较近似，这样买卖的股票组合才能很好地跟踪目标指数）。

这些复杂的次数频繁的交易操作很难仅仅通过传统的人工交易方式来完成。这是因为一方面传统的人工手动下单的方式，很难在较短时间内执行次数繁多的下单指令；另一方面，因为需要下单的指令太多，传统的人工下单方式在执行时间不够充裕的情况下，就只能简化操作的流程，这样会导致下单的随意性加大，从而不容易争取到较好的交易价格和容易造成较大的冲击成本。因此便产生了一个值得研究的问题：如何才能尽可能地减小下单的冲击成本，如何才能在买卖中争取到更优的价格。

算法交易通过事先设计好交易策略，然后将其编制成计算机程序，利用计算机程序的算法来决定交易下单的时机、价格和数量等，并且结合当前行情的变化自动做出反应。计算机程序的算法将大额的交易分解为若干笔小额的交易，以便更好地减小交易的冲击成本。目前算法交易广泛应用于对冲基金、企业年金、共同基金以及其他一些大型的机构投资者，他们使用算法交易对大额订单进行分拆，寻找最佳的路由和最有利的执行价格，以降低市场的冲击成本、提高执行效率和订单执行的隐蔽性。任何投资策略都可以使用算法交易进行订单的执行，包括做市、场内价差交易、套利或者纯粹的投机（包括趋势跟随交易 Trend Following）。

目前算法交易已经成为当今市场上的重要交易方式。伦敦股票交易所超过 50% 的交易额来自算法交易程序，而美国市场则高达 80% 以上。大部分养老金基金和信托基金公司都使用算法处理大额度的交易来降低冲击成本。

8.3.3 算法交易与市场结构

表 8-1 显示了全球主要交易所算法交易起始时间。成功的算法交易可以敏锐地捕捉到转瞬即逝的价格偏差，快速地做出反应，获取利润，同时帮助市场完成有效的修正，而且极大地提高市场的流动性。随着近 20 年来国际市场对冲基金的繁荣，各种各样的统计套利和趋势交易的算法得以推广，算法交易的重心也由卖方向买方转移。对冲基金常用的高频动量、反转、配对策略都是依赖自动算法交易系统实现的。著名的文艺复兴对冲基金利用高频的算法交易获得了远高于巴菲特的长期回报率。

算法交易在真实证券市场的应用越来越广，但针对其理论的研究相对则比较小，目前研究主要集中于两方面：一是将算法交易的应用扩展到新的领域和市场；二是算法交易的执行算法的创新和拓展。

表 8-1 全球主要交易所算法（或高频）交易起始时间

交易所	AT/HFT 开始时间	交易机构协同定位	交易所	AT/HFT 开始时间	交易机构协同定位
纽约证券交易所	2003/05	2008/04	伦敦证券交易所	2006/02	2009/09
纳斯达克	2003/03	2007/03	伦敦 Chix	2003/03	2008/11
多伦多股票交易所	2005/05	2008/04	香港联交所	N/A	2012/4 季度
瑞士证券交易所	2004/01	2012/04	新加坡证券交易所	N/A	2011/07
挪威 OLSO	2005/04	2010/04	台湾证券交易所	N/A	2010/4 季度
印度 NSE	2009/05	2010/01	新西兰证券交易所	2004/11	N/A
孟买证券交易所	2009/05	2010/02	马来西亚 Buisa	N/A	2009/11
东京证券交易所	2005/05	2010/01	韩国证券交易所	N/A	N/A
澳大利亚证券交易所	2006/04	2008/4 季度	KOSDAQ	N/A	N/A
德国 XETRA	2003/03	2006/08	上海证券交易所	N/A	N/A
斯德哥尔摩证券交易所	2005/04	2011/03	深圳证券交易所	N/A	N/A

注：① N/A 表示尚未全面开始；② AT 表示算法交易，HFT 表示高频交易；③部分数据源自 Aitken、Cumming 和 Zhan（2012），部分由申请者整理。证券市场导报 2013 年 9 月号市场动态（Hendershott 等，2011）。

8.4 互联网证券交易原理

根据有效市场理论在任何一个有效市场中投资者都不可能通过对历史股价、成交量等市场信息的分析获取超额收益，而国内也有研究人员通过对上证指数日收盘价数据的分析推断 A 股市场处于弱有效状态。但有效市场两个重要前提假设——理性人假设和市场瞬时反应假设在 A 股市场都很难成立。

投资者从众心理很可能会把一只股票推高至远离合理估值的区域；市场对突发信息（资产重组、盈利预增公告等）的反应也并非在瞬间完成；除此之外机构投资者对某只股票的大额买入或卖出通常都是在一段时间内分批交易完成。这些行为都有可能导致股价在时间上存在一定的前后相关性,从而使得投资者能够通过对历史股价等市场信息分析判断未来的股价走势。同时,取决于市场对信息的反应速度。一个市场很有可能从长时间来看(以日、周或月为单位)有效,但短时间内(以秒、分或小时为单位)却是无效的。日内高频交易便是要抓住这种短时间的市场失效,攫取超额收益。

高频交易因为它的稳定高收益和神秘性而一直在业内备受关注,但又由于交易策略的复杂目前市场上还没有对高频交易的明确定义。美国证券交易委员会(SEC)将其定义为专业交易者使用的,在日内交易多次的交易策略。本报告中沿用 SEC 的规定:高频交易用来专指那些交易持续时间小于 1 天的交易策略。

投资者经常会把高频交易与算法交易相混淆,两者其实是从不同角度各自定义了一类交易。前者关注的是交易频率,后者则侧重交易是否由计算机自动执行。不过由于操作频率高,高频交易策略大多是通过计算机程序执行,因而也有人把高频交易归为算法交易策略的一种。

策略一般可以分为趋势策略、价差策略、做市策略三类。

8.4.1 趋势策略

该交易策略往往投资于一个证券品种运用技术分析或数学工具预测其未来价格走势并据此确定建仓和平仓时点。只要预测方法能够保证一定的准确率并能抓住大的价格波动,那么这样的策略就有可能获得较好的累积收益。该类策略在商品期货和股指期货市场上已经得到广泛运用。

8.4.2 价差策略

与趋势策略不同价差策略往往会投资多个具备某种共性的证券品种,并认为这些证券之间的价差应该维持在一个均衡水平,不会偏离太多如果发现市场上某些证券之间的价差过大,那么该策略便会做空那些高估证券,同时买入低估证券直至价差回复到均衡水平再同时清掉多、空头仓位,赚取价差变动的收益。

配对交易策略便是价差策略的一种,略作修改便可运用于日内高频交易。例如,图 8-3 中(可扫描二维码查看原彩图)实体黑线是 2011 年 9 月 1 日上证 180 ETF 和深证 100 ETF 之间价差的日内走势图,蓝色虚线为其价差的移动均值,绿色虚线和橘黄色虚线是类似于布林线方法做出的价差通道。如果价差偏大,高于绿色虚线,可以做空价差,待其回归到移动均线处平仓;如果价差偏小,低于橘黄色虚线,可以做多价差,待其回归到移动均线处平仓。

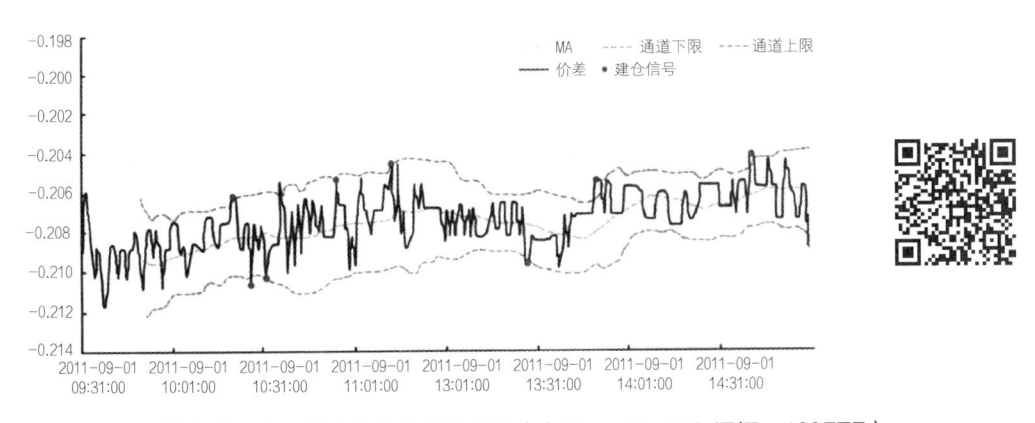

图 8-3 日内配对交易策略示意图(上证,180ETF& 深证,100ETF)

8.4.3 做市策略

该类策略之所以取名为做市策略,是因为其采用了类似于做市商提供买/卖报价(bid/ask price)方式赚取买卖价差(bid/ask spread),但其本身的目的并不是要做市,而是给市场提供流动性。这种策略通常需要对逐笔成交和挂单报价做建模分析,从海量数据中挖掘定量模式,挂单和撤单之间的时间间隔可能在毫秒之间,因此也是技术要求最高的一种交易模式,通常也称作超高频交易(Ultra High Frequency Trading,UHFT)。鉴于国内法规、硬件设施、交易费用的限制,该类策略在国内尚且无法实施。

8.4.4 策略开发中的考量

与传统的低频交易方式相比高频交易中每次交易的持续时间都要短得多,期间证券价格的波动也相对较小,因而每次交易的平均收益/亏损幅度都很有限,通常在 10 bp 的数量级别。一个好的交易策略理论上可以通过不断累积这样的微小收益和完备的风控措施来获取许多投资者梦寐以求的高收益、低风险。但是由于交易频繁,一些传统低频交易中容易忽视的因素很有可能导致一个高频交易策略理论上很完美但执行起来却亏损连连。这些因素包括以下几种。

(1)交易费用。单次的交易费用从绝对数量上来说很小,但通过高频交易的多次累积,最终总的交易费用会十分可观。如图 8-4 所示,我们模拟的 180ETF&100ETF 日内配对交易策略收益在不同交易佣金费率下,累积收益差别明显,当佣金高于 0.04% 时策略就已经出现亏损。因此,从证券品种来看一些比较容易获得低廉交易手续费的品种,如商品期货、股指期货和 ETF 更适合采用高频交易策略;而在股票市场,虽然说融资融券标的股已经可以通过现行的信用交易机制变相实现 T+0 交易,但由于卖出股票时有高达 10 bP 的印花税,因此高频交易策略很难实现长期的盈利。

(2)买卖价差(bid/ask spread)。在图 8-3、图 8-4 中用的都是 1 分钟收盘价数据来模拟展示结果,而实际交易中投资者必须根据实盘的买卖单报价进行交易,最终成交价和收盘价有差别。买卖价差越大这种差别会越明显,并会通过高频交易次数的累积最终导致重大亏损。因此从这个角度讲,交易活跃、价格高的证券品种往往具备较小的买卖价差,高频交易策略执行效果会更好;而一些成交不是很活跃的 ETF,本身的交易价格就很低,买卖价差对策略收益的影响会非常之大。

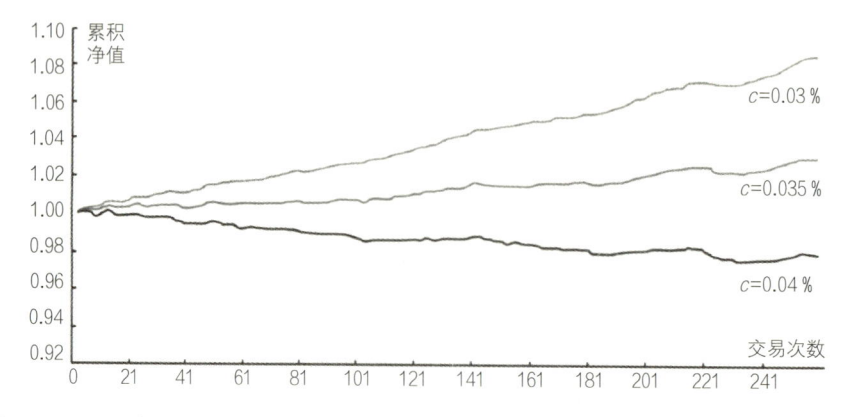

图 8-4 2011 年 9 月日内配对交易累积收益(180ETF&100ETF. 单边交易佣金记为 c)

(资料来源:天软科技)

（3）下单方式。高频交易中与买卖价差密切相关的另一个重要考量因素便是如何选择下单方式。直观的想法可能会认为高频交易追求交易的速度应该都以市价单的方式尽快成交，但事实上市价单会提高交易成本减少真正可行的交易机会。例如，图 8-4 中黑色实线价差都是采用收盘价数据计算得到，如果我们只考虑绿色虚线以上的卖空价差机会交易都采用市价单卖空 180ETF 同时买入 100ETF 的方式，我们会发现市价交易能够获得的价差毫无交易机会。因此实际高频交易过程中限价交易方式应该优于市价交易方式，只有在价格趋势明显或价差幅度很大时，才用市价方式成交，不过需要注意的是，这样做同时会增加限价单等待成交而导致的时间风险。

（4）交易速度。交易速度包括两个部分：一部分是指高频交易系统接收实时行情、分析数据、发出买卖交易指令的速度；另一部分是指交易指令到达交易所的速度。前者需要优秀的算法程序和功能强劲的计算机硬件，后者需要迅速、稳定的网络连接。按照交易所"价格优先时间优先"的成交规则高速的交易系统有望帮助投资者获得更加有利的成交价格控制交易成本。

（5）止损与策略更新。市场变幻莫测，任何一个在历史上表现优秀的策略都无法保证它在未来依然表现优秀。事实上根据欧美市场的经验由于市场参与者众多，竞争激烈，高频交易策略大多存在一个有效期。超过该有效期策略的收益会明显递减，也就是进入所谓的 Alpha 衰退（alpha decay）。因此一个优秀的高频交易机构除了拥有已被证实可行的交易策略外，更需要一个具备策略持续开发能力的研究团队和量化的策略评价体系，在一个策略出现超预期亏损时决定是继续等待还是止损停止交易上线新的交易策略。

上述五点要素都会导致高频交易策略的实际执行效果和理论验证出现较大偏差。采用短线高频交易策略的对冲基金业绩也会随着市场长线大行情变化而波动。业绩的好坏一方面取决策略的开发和执行能力，一方面多少也取决于运气。但从高频交易业内的王者——复兴科技（Renaissance Technology）的历史业绩可以看到，在卓越研发团队、高速交易系统和完备后台风控的支持下，高频交易完全有可能为投资者提供持续、稳定、高额的 Alpha 收益（见图 8-5）。

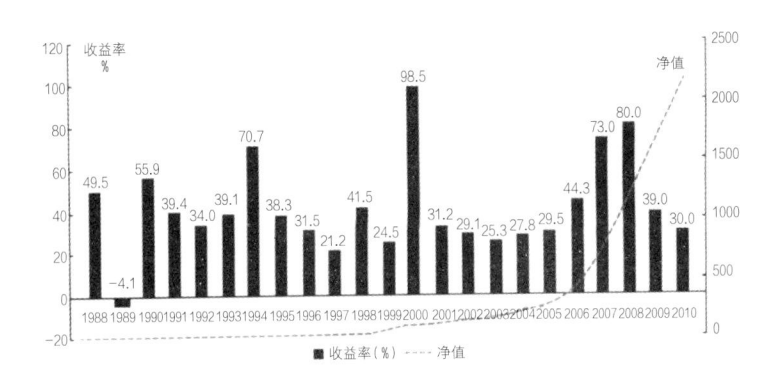

图 8-5 大奖章基金历年业绩（Medallion Fund，Renaissanee Teh.）

（资料来源：Racher and willam Ziemba's Scenarios for Risk Management and Global hvestment Strategies）

国内开展高频交易的限制。高频交易需要 T+0 交易机制的支持，目前国内可以采用 T+0 交易的证券品种有：商品期货、股指期货、ETF 和融资融券标的股。其中 ETF 利用一级市场申赎、二级市场买卖实现 T+0 交易对于融资融券标的股，如果投资者是当日先融券卖出，那么当日即可买入，还券了结交易并且不用支付融资融券费用；如果是当日先融资买入，那么投资者可以在交易系统发出平仓信号的时点融券卖出同等数量的股票，锁定此次交易的收益，待第二日再卖出前一日融资买入的股票还款并同时买入相等数量股票还券了结交易。不过此种交易方式需要投资者支付一天的融资融券费用，该费用目前大概在每天万分之二点五左右。另外，市场上交易活跃的 ETF 不久即将纳入融资融券标的股证券范围，投资者亦可采取前述的方式实现 ETF 的做空和 T+0 交易。

在实现 T+0 交易后，国内开展高频交易还面临着诸多限制，主要包括以下几方面。

（1）交易费用。高频交易由于交易频繁因此对交易费用十分敏感。国内证券市场的交易费用水平总体上高于欧美成熟市场，特别是股票交易存在单边 0.1% 的印花税，直接导致很多股票的日内高频交易无法执行。ETF 相对股票而言交易佣金较低，而且不用缴纳印花税，投资者一般都能拿到万分之三的佣金费率，资金量大的投资者和券商自营部门能获得更大的优惠。中国金融期货交易所（以下简称中金所）目前给股指期货定的交易费用为 0.005%，业内大期货公司给出的费率普遍在 0.01% 到 0.015% 之间，部分小期货公司能给到 0.007%，甚至 0.006%。而商品期货作为国内市场最为成熟的衍生品在交易费率、流动性和杠杆比例上都比其他品种更适合做日内高频交易。以流动性最好的沪铜合约为例，2011 年 8 月份上海期货交易所（以下简称上期所）将交易手续费由 0.02% 下调至 0.01% 并且当日平仓的交易免收手续费。

（2）交易所法规。这里主要指的是中金所关于股指期货日内开仓总数不得超过 500 手的限制，同时中金所列出了 10 条异常交易行为，其中 5 条都是针对股指期货日内高频交易。交易所的此类规定目的在于减少短线投机，降低日交易量与持仓量的比例，但造成该现状的主要原因是持仓时间久、以套期保值为主的机构投资者还未能大量进入市场交易，随着股指期货市场向机构投资者的开放，相信此类规定以后会被逐步取消。

（3）流动性。买卖价差直接决定了高频交易的交易成本，而且成交基本集中在买一、卖一档，因而单个证券品种所能容纳的资金量十分有限，大资金需要在多品种上分散交易。

8.5 算法交易与资本市场监管

8.5.1 算法交易对资本市场的影响

算法交易的快速发展对资本市场影响深远，甚至可能带来一场革命性变革。一个最直观的例证就是算法交易的兴起引发各国交易机构（如对冲基金、证券经纪商等）在地理上向证券交易所靠拢与集聚，即所谓的协同定位现象（Co-Location）。具体而言，算法交易对资本市场的影响主要体现在：

（1）算法交易的市场份额快速上升，通过大单分割、隐蔽交易减小了对市场产生的冲击，寻求最佳的交易执行路径，得到最好的报价，可以有效地降低交易成本，因而在股票、期货、外汇、期权和债券市场均得到广泛应用；

（2）算法交易引致证券市场微观结构发生显著变化，投资者通过计算机程序发出委托指令，交易程序可以自动决定交易时间、选择委托价格与数量等；

（3）算法交易对市场信息效率包括对信息的反应时间、速度、程度等具有显著影响，进而将影响市场的质量与总体效率。

此外，算法交易者大量涌现，对资产定价、风险传导、市场监管等各个方面都将产生重大影响。

8.5.2 算法交易在中国资本市场试水

程序化交易和算法交易目前在国内都尚处于萌芽阶段，这一方面是因中国证券市场的起步和发展相比西方国家较晚，另一方面也是由中国证券市场的一些特点所决定的。

目前 A 股无法进行 T+0 交易是程序化交易在 A 股市场发展缓慢的主要原因。一般而言，程序化交易被分为程序交易策略和优化指令下单两部分，前者是对投资策略和交易思想的程序化，被认为可以为投资者产生盈利；而后者主要是对交易下单环节的优化。虽然程序化交易并不能完全与高频交易画等号，但在大部分程序化交易者的心目中，交易频度至少是程序化交易的一大特点，毕竟借助计算机进行的程序化交易在捕捉转瞬即逝的微小价格偏差时比人脑更具优势。

但 A 股迄今为止还未实行 T+0 的交易制度，同时交易成本相对较高，这两大原因使程序化交易的很多策略在 A 股无法实现，从而使很多程序交易者把更多的精力放到期货市场中去。

至于程序化交易在优化指令下单环节的发展，主要与经纪商制度有关。国外大部分证券交易是通过经纪商来完成的，国外的经纪商要借助计算机程序。而国内的情况截然相反，大多数交易直接在交易所完成，仅有少部分基金公司和 QFII 等机构投资者借助经纪商下单。

程序化交易在国内证券市场得到集中应用应该是在 ETF 产品出现以后的事。这种交易所交易基金允许投资者通过一二级市场间的操作实现变相 T+0，交易费用也比一般的证券交易稍低。因此，很多有志于从事程序化交易的投资者或机构都是先从 ETF 开始，而几乎所有的职业 ETF 交易者都是由 ETF 套利开始迈入了程序化交易的殿堂。

而中国的"算法交易"起步和发展更要落后于程序化交易，这主要是由于中国还没有提供机构套利的衍生品市场。目前国内投资机构在交易方式这方面发展的程度各不相同。大部分机构执行交易仍然是使用传统的手动下单的方式。对于指数基金等产品的运作，部分机构会配备能指数化的构建组合的交易系统来管理下单的指令，指数化下单以跟踪对应的指数。少数机构开始研究交易的策略和算法，改进原有的简单版本的交易系统，争取能尽可能减少交易的冲击成本和争取买卖到更好的价格。而随着股指期货的推出，算法交易模式将会被运用于其中进行各种套利。

可见算法交易在中国股市有广阔的前景。众所周知大额的基金仓位调整经常给市场带来巨大的冲击，应用游击队一类的拆分策略可以有效地避免这个难题。股指期货的出现也使算法交易有了更好的用武之地。在中国股指期货交易行情表现出了较低流动性和价格偏差这两个问题都可以通过良好的算法交易系统解决。因为没有 T+1 的交易限制，成功的算法模型有机会产生惊人的业绩回报和远远低于传统的股票市场风险。

过量的使用算法交易是存在一定风险的，但因为国内的算法交易市场还处于萌芽阶段，这样的雪球效应出现的可能性不大。从另一方面说，具有快速反应能力的自动交易系统反而能捕捉到人力很难做到的市场剧烈波动。可以预期在未来 10 年中算法交易系统将在中国市场迅速地发展壮大。

8.5.3 高频交易监管的政策

政府及其他监管者对于高频交易的规制,希望通过较为合理的监管政策,将高频交易的优势发挥到最大,同时减少高频交易带给市场的冲击。

1. 监管要利弊权衡使经济更高效有序

要想提出合适的监管措施,首先需要明确监管的目的,而这要从金融市场的作用谈起。金融市场,比如股票市场、期权期货市场等,经过多年的发展,其对于经济发展的意义已逐步凸显。金融市场的主要目的是资金的融通,通过金融资产的买卖在资金需求者和有闲置资金的投资者之间建立起一座桥梁,在这里,市场的买卖双方都可以快速地达成交易,各取所需,加强整个市场中资金的流动性,使得社会经济活动更高效有序地进行。

2. 监管要能使金融市场的弹性提高

根据金融市场的主要作用,政府监管的目的是确保金融市场的正常运作,提高金融市场的流动性和效率,使得其真正成为资金供求双方交易的有效平台。从金融市场的作用来分析高频交易,其既有合意的一面,又有损害金融市场效率的一面。高频交易的合意性主要表现在,其通过提高买卖速度,增加了金融市场的即时性。由于其能在第一时间洞悉市场走向并迅速作出反应,并且在市场中存在价格偏离时可以迅速抓住套利机会,使得金融市场的弹性得以提高。同时,在高频交易存在的市场上,买卖价差相对较小,这也进一步增加了金融市场的流动性。然而,我们也必须看到高频交易损害市场有效性的一面,由于高频交易者拥有普通投资者不具备的超高速获取信息和准确做出反应的技术,普通投资者在竞争中总是趋于劣势。高频交易的主要利润几乎全部进了大券商、大投行的口袋,普通投资者很难在其中分一杯羹,这就挫伤了中小投资者的积极性,降低了金融市场投资者的多元化,也对金融市场的公平性提出了考验。同时,由于高频交易主要以大额交易为主,一旦操作失误,很容易造成金融市场的剧烈波动。2010年5月6日,纽约金融市场发生大规模动荡,据很多投资者称,其罪魁祸首就是高频交易。

3. 监管应强制高频交易者信息公开共享

政府对高频交易实施监管的目的,一方面是使得高频交易的优势得以保存,让其继续为金融市场提供很强的流动性,另一方面要尽量降低高频交易对市场造成的负面影响,将竞争的不公平性降到最低。基于以上两点考虑,可见,政府监管的最优政策是强制高频交易者进行完全的信息公开,加强高频交易技术的普及,使得高频交易这一高科技技术可以为更多的普通投资者所共用。高频交易的出现是市场电子信息化不断发展的结果,是未来金融交易的一个重要趋势。如果高频交易的技术可以为更多的普通投资者所掌握,不仅会进一步增强金融市场的流动性,提升买卖速度,降低买卖价差,整体提高金融市场的效率,还可以消除高频交易技术仅为大券商所把持而产生的不公平现象,从而使得所有市场参与者都可以使用此项技术在同一平台上进行公平的竞争,进一步增加市场的宽度和深度确保金融市场高效有序地进行。

4. 监管要提高系统的安全性以避免市场剧烈波动

由于高频交易的操作具有迅速、巨额的特点,一旦操作不当,势必会对金融市场造成很大的波动。因此,监管者应尽量降低高频交易的操作失误给市场造成的剧烈波动,如通过提高系统的安全性、设立最高、最低阈值警报等措施防止高频交易被广泛使用后对金融市场造成的负面影响。需要说明的是,高频交易的强制信息公开政策可能会降低大券商、大投行的超额利润。在执行之初也许会遭到这些利益享有者的反对,不过在此前的几年,这些高频交易的发明者和使用者已经利用这种手段赚取了足够多的利润！他们为研发出这种新技术所付出的成本已经得到了超额回报。同时，如果高频交易在金融市场中被广泛使用，也可以使得这些技术领先者们受到激励，进行更先进更高效的其他产品创新，进一步提高金融市场的效率和流动性，增强金融市场在经济发展中的重要作用。

8.6 算法交易的展望

算法交易是一种全新的交易方式，发展异常迅速，在整个交易量中所占比重迅速上升，全球的交易所都将算法交易视为重要的增长驱动因素。算法交易不完全依赖于基本分析和技术分析，依靠程序自动实现交易和选时功能，算法交易快速发展对资本市场的定价、风险、流动性、信息传播、组合投资等各个领域都将产生影响，而相关的一些经典理论如微观市场结构、市场流动性、风险传导、组合投资理论等可能因此受到冲击或挑战。

算法近十几年来有了飞跃的进步，从早期的时间和成交量平均价进化到现在的冰山、游击队、狙击手、基准等复杂模型，甚至出现有反算法的算法模型如嗅探者一类。博弈学、神经网络和基因编程已经被用来创造尖端的模型。高频交易算法也为做市商提供了成熟的交易策略。Ternes 根据统计表示，目前在美国市场上有 90% 以上的衍生品经理在建立投资组合时至少使用一次算法交易。债券市场也将逐渐引入更多的算法交易者。在亚洲地区，最近三年中大约有 50% 的衍生品交易变成了电子交易，而其中又有四分之三都采用了算法交易。预计在未来的 15 年中，亚太和欧洲市场进行的衍生品交易大部分将采用算法交易。东京证券交易所、香港联交所、新加坡交易所已经成为亚洲地区采用算法交易的主要市场；目前几大外资银行如花旗、美林证券、荷兰银行、雷曼兄弟等也都已经在亚洲地区普遍使用算法交易。事实上，算法交易的应用领域很广泛，不仅可用于针对一揽子证券进行交易的程序化交易，也可用于单个证券产品；并且个人投资者和机构投资者均适用。算法交易可以在多个领域中发挥重要作用，比如股票、债券、ETF、期权期货、固定收益产品、外汇交易等市场，而它在外汇市场中所发挥的正面作用已经明显改善了外汇市场的健康程度，并且会进一步加大外汇市场的交易量。

由于计算机的高速计算能力，算法交易正在风靡全球金融市场，其交易的证券基本涵盖了市场上包括股票、期货、期权、债券、交易所交易基金（EFT）、外汇等大部分品种。在欧美成熟市场，算法交易已经成为股票交易的主流模式，大部分的股票交易都是通过算法交易来完成的。算法交易发展如此迅速，归功于其自身优势，包括匿名性、减少市场冲击、提高交易执行效率、降低交易成本、减少人力成本、增加投资回报、确保复杂的交易以及投资策略得以执行。尽管算法交易存在诸多优点，但其对证券交易所和经纪商交易系统的订单处理能力具有较高的要求，会对交易所系统的安全性产生一定的影响。

自 2005 年我国股权分置改革以来，市场规模和结构的变化直接影响了投资者的交易方法与策略，近年来国内各大券商研究机构对数量化研究逐渐重视起来，纷纷成立相关的研究部门或小组对其进行专门研究，共同基金对数量化投资策略的重视程度也在不断提高。数量化分析不再限于基金的事后绩效评估，而是积极地参与到主动投资、选择股票组合的领域。但是和欧美市场相比，国内由于对算法交易及交易系统认识的缺乏，算法交易还不是很普遍。中国资本市场起步较晚，但拥有世界领先的电子交易系统，在算法交易方面具有潜在优势。大力开展算法交易的理论与应用研究，对中国更好地推动算法交易发展具有重要的实际意义。

本章小结

通过本章学习，首先要熟悉互联网金融对证券行业的影响，要掌握互联网证券交易模式改变情况。模式改变是源于互联网证券交易技术的革新，要理解算法交易的兴起，要熟悉高频交易的内涵与现状。本章的重点是掌握算法交易的研究进展，例如算法交易的类型及绩效评估、算法交易与市场效率、算法交易与市场结构的关系。尤其要熟悉互联网证券交易原理，包括交易策略、价差策略、做市策略，以及策略开发等。更要理解算法交易与资本市场监管问题，深刻认识算法交易对资本市场的影响，支持算法交易在中国资本市场试水，掌握算法交易和高频交易监管的政策，并理解算法交易的未来。

本章案例

手机实名制买火车票

随着 3G/4G 网络和手机终端的日益完善，手机承载的功能越来越多，SIM 卡在速度、存储、识别能力上获得了空前的提高，利用 SIM 卡可以实现各种消费交易。现在动车组推行的实名售票，旅客可持第一代或第二代身份证等 20 种证件购买实名制火车票，实名售票在打击黄牛党、实现购票的公平、公正等方面起着非常重要的作用，但是实名制要求旅客购票、上车、退票、代购票等需要携带相关证件，这无疑会给旅客出行带来不便，特别是证件丢失或是被盗，问题就会更加麻烦，而利用移动支付的钱包功能，特别是通过手机的实名制来推动列车的实名售票，既能方便旅客，又能给列车的售票工作带来极大的便利，发展前景非常广阔。将带有"钱包"功能的电子标签与手机的 SIM 卡合为一体，手机就有钱包的功能，消费者就可以将手机作为一种支付工具，用手机乘坐地铁和公交，同时也可以用手机在车站的 POS 机上刷卡购买火车票。铁路部分可以在此基础上，加强与金融机构和移动运营商的合作。这样，通过技术的嫁接和强强联合，通过手机支付来推广实名制售票，将会给各方带来更大的市场价值。

（资料来源：根据相关资料整理）

讨论：

移动支付在铁路领域的应用将会带来什么样的好处？

本章习题

1. 试述互联网金融对证券行业的影响。
2. 简述互联网证券交易技术的进展。
3. 试论算法交易与高频交易的特点与区别。
4. 评析算法交易对资本市场的影响。
5. 讨论算法交易和高频交易监管的政策。

第9章 虚拟货币

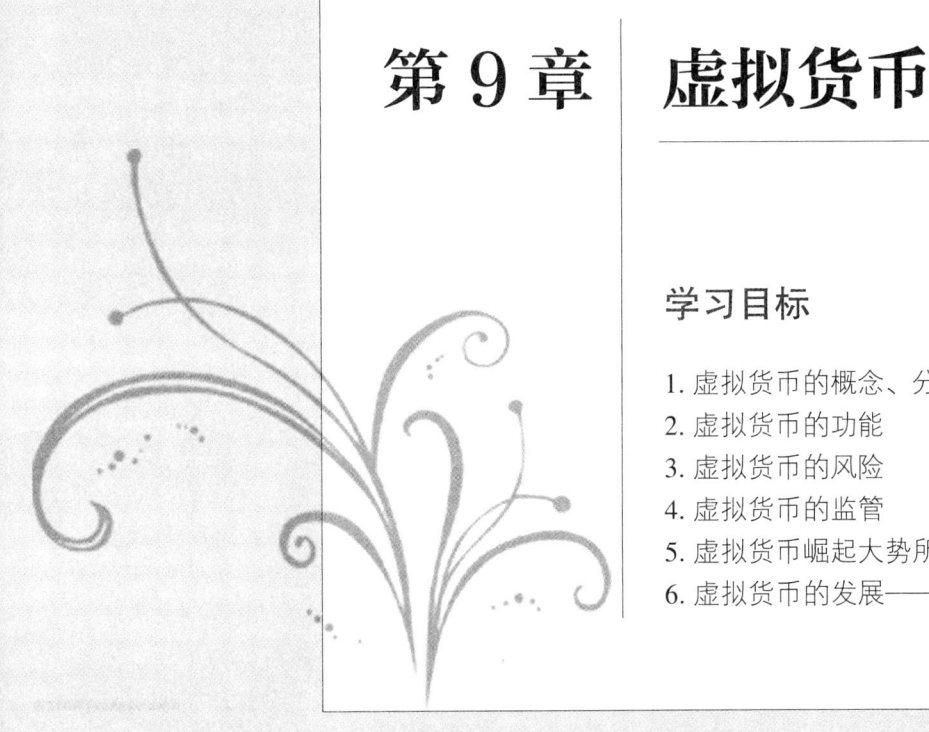

学习目标

1. 虚拟货币的概念、分类与特点
2. 虚拟货币的功能
3. 虚拟货币的风险
4. 虚拟货币的监管
5. 虚拟货币崛起大势所趋
6. 虚拟货币的发展——区块链

案例导入

购物老手也会中毒

王女士可是一个真正的网购老手了，网购的四年来凭借着自己总结出来的一套行之有效的经验，可谓是"攻无不克，战无不胜"。但最近的两笔交易让她百思不得其解，明明是付了钱，却还是"等待买家付款"。联系卖家，说钱还没有收到，查看网上银行消费记录，钱却已汇出。在民警和支付宝的工作人员调查下，终于为王女士解开了谜底。原来问题出在几天前的一笔交易。当时王女士在与卖家沟通时，卖家发给了她一个名为"宝贝放大图"的文件，而这个文件就是问题的来由，是一种劫持并篡改支付宝信息的病毒文件。所以随后的几笔交易，都在王女士毫不知情的情况下，将收款的账户改为另一个支付平台。

（资料来源：中国移动官网）

讨论：
网购支付应该注意哪些不正常的信息？

网络虚拟货币是用户对发行人的一种证券化了的无记名电子债权凭证，具有小额支付功能和奖励功能。随着互联网的普及和网络游戏产业的迅速发展，网络虚拟货币被大量发行和使用。据不完全统计，目前我国网上流通的网络虚拟货币达 10 多种，如 Q 币、Q 点、百度币、泡币、魔兽币、天堂币、盛大点券、U 币等。以 Q 币为例，使用者超过两亿人。业内人士估计，国内互联网已具备每年几十亿元的网络虚拟货币市场规模，并以 15% ~ 20% 的速度增长。以网络虚拟货币销售作为主要收入来源的游戏公司，更是获得了每季度上亿元的财富。本文将以网络虚拟货币为考察对象，探讨网络虚拟货币的法律属性和风险，并对网络虚拟货币的监管问题提出初步法律建议，以期对我国在网络虚拟货币领域的立法和政策制定有所裨益。

9.1 虚拟货币概述

9.1.1 虚拟货币的概念

网络虚拟货币也称为虚拟货币、网络货币、网币等，其定义尚无定论。文化部、商务部《关于加强网络游戏虚拟货币管理工作的通知》（文市发〔2009〕20 号）中对网络游戏虚拟货币做了如下界定："本通知所称的网络游戏虚拟货币，是指由网络游戏运营企业发行，游戏用户使用法定货币按一定比例直接或间接购买，存在于游戏程序之外，以电磁记录方式存储于网络游戏运营企业提供的服务器内，并以特定数字单位表现的一种虚拟兑换工具。网络游戏虚拟货币用于兑换发行企业所提供指定范围、指定时间内的网络游戏服务，表现为网络游戏的预付充值卡、预付金额或点数等形式，但不包括游戏活动中获得的游戏道具。"上述规章界定的只是网络游戏中的网络虚拟货币，但网络虚拟货币并不只限于游戏中使用，有的还可以用于购买其他互联网产品。就广义而言，网络虚拟货币是指由一定的发行主体以公用信息网（Internet）为基础，以计算机技术和通信技术为手段，以数字化的形式（二进制数据）存储在网络或有关电子设备中，并通过网络系统（包括智能卡）以数据传输方式实现流通和支付功能的网络等价物。本文所探讨的网络虚拟货币是专指由大型商务网站或网络游戏提供商发行的用于完成网上小额支付的工具。从其表现形式来看，网络虚拟货币属于电子货币的一种。

虚拟货币是指非真实的货币。知名的虚拟货币如百度公司的百度币，腾讯公司的 Q 币、Q 点，盛大公司的点券，新浪推出的微币（用于微游戏、新浪读书等），侠义元宝（用于侠义道游戏），纹银（用于碧雪情天游戏），天地银行荣誉出品的冥币。2013 年流行的数字货币有，比特币、莱特币、无限币、夸克币、泽塔币、烧烤币、便士币（外网）、隐形金条、红币、质数币。目前全世界发行有上百种数字货币。圈内流行"比特金、莱特银、无限铜、便士铝"的传说。随着 Internet 的发展，货币存在的形式更加虚拟化，出现了摆脱任何事物形态，只以电子信号形式存在的电子货币。

网络虚拟货币可以通过现金、银行卡、网上支付等方式购买，也能通过参与网络游戏或在线时长而获得。它记载在网络服务运营商为用户设立的虚拟账户中，用户享有以网络虚拟货币购买发行人特定网络商品或服务的权利。因此，网络虚拟货币是网络虚拟货币持有人对发行人的电子债权凭证。由于网络虚拟货币细化成了等额的单位份额，且是无记名的，因此网络虚拟货币是证券化了的无记名电子债权凭证。

9.1.2 虚拟货币的分类

除了银行系统的电子货币，网络虚拟货币大致可以分为以下三类。

第一类是游戏币。在单机游戏时代，主角靠打倒敌人、进赌馆赢钱等方式积累货币，用这些购买草药和装备，但只能在自己的游戏机里使用。那时，玩家之间没有"市场"。自从互联网建立起门户和社区，实现游戏联网以来，虚拟货币便有了"金融市场"，玩家之间可以交易游戏币。

第二类是门户网站或者即时通信工具服务商发行的专用货币，用于购买本网站内的服务。使用最广泛的当属腾讯公司的 Q 币，可用来购买会员资格、QQ 秀等增值服务。

第三类是互联网上的虚拟货币，如比特币（BTC）、莱特货币（LTC）等。比特币是一种由开源的 P2P 软体产生的电子货币，也有人将比特币意译为"比特金"，是一种网络虚拟货币，主要用于互联网金融投资，也可以作为新式货币直接用于生活中使用。

9.1.3 虚拟货币的特点

（1）发行主体为网络服务运营商。目前的各类网络虚拟货币都是由一些大型商务网站或网络游戏提供商发行的，是网络服务运营商为了避免小额现金购买的不便以及银行网络支付的风险而采取的灵活、便捷的服务方式。

（2）使用范围特定。由于每一种网络虚拟货币仅仅是一家网络服务运营商推出的用于代表自己所提供的某种商品或服务的个性化数据符号，其价值符号功能首先要面临网络用户认同的问题。网络虚拟货币对于使用者来说其具有较大的使用价值，而对于那些对其网络服务内容没有兴趣的人则没有实际意义。网络虚拟货币无法像法定货币一样得到社会的普遍认可。各网络服务运营商发行的网络虚拟货币一般只限于在发行人网站上使用，超出该范围则不被接受。例如，林登币只能在"第二人生"游戏中使用；Q 币只是在腾讯服务所及的范围内流通，用来支付 QQ 秀、QQ 游戏、QQ 会员、QQ 家园、QQ 贺卡等具体服务的费用，出了这个圈，就像游戏币出了游艺场、打折卡出了所在商场一样，不再具有等价物的一般交换功能。虽然现实中 Q 币以其所依托的 QQ（即时通信工具）网络用户过亿的优势，拥有较为广泛的使用人群，且较高的商业信用使其在部分领域内实现跨服务流通支付功能，但依然无法改变网络虚拟货币流通范围的局限性特征。

（3）单向流通性。目前除了出现停止服务的情形，几乎所有推出网络虚拟货币的运营商都不提供网络虚拟货币兑换现金的服务。究其原因，一方面是因为网络虚拟货币的发行具有营利性，提供兑换现金服务将使运营商难以实现营利性的目的；另一方面是考虑到网络服务的高技术风险性（如黑客攻击风险、电子数据的篡改风险等），提供兑换服务将会使运营商面临巨大的经济风险。流通方向的单一性使网络虚拟货币的流通，缺少回笼机制，无法形成金融交易闭环。例如，"第二人生"林登实验室不提供林登币的赎回服务，但游戏玩家之间可以交易林登币。

9.1.4 虚拟货币与法定货币的比较

现实法定货币是一种信用货币，网络虚拟货币虽然具有现实法定货币的一些功能，如支付功能，但两者有本质的区别。

（1）网络虚拟货币的发行是以营利为目的，是独立网络服务运营商的商业行为，而法定信用货币是国家法律规定、由代表国家的特殊机关即中央银行发行，是一种国家行为，目的在于保证国家货币体系、政策的完整与统一。

（2）网络虚拟货币只是作为等价物的特殊商品（如历史上使用过的贝壳、贵重金属等），而非一般等价物。网络虚拟货币的商品属性大于它的货币属性，只不过是在一定范围内具有交换功能的特殊商品。

（3）网络虚拟货币有一定交换功能，可以无条件用现实货币来交换，但它们本身却不能无条件地交换现实货币。这说明它们与现实货币的交换条件并非对等。

（4）现实货币有贵重金属或实物经济作为发行准备，而网络虚拟货币是一种没有任何发行准备的信用凭证，它只能用服务商的信用作为担保，因此是一种不可靠的"货币"。

（5）现实货币一般由各国中央银行发行，货币总量由中央银行决定。网络虚拟货币由服务商发行，根据巴塞尔银行监管委员会的界定，电子货币是指通过销售终端、各类电子设备以及在公开网络（如 Internet）上执行支付的储值产品和预付机制。所谓储值是指保存在物理介质（硬件和卡介质）中可用来支付的价值；而预付机制是指存在于特定软件或网络中的一组可以传输并可用于支付的电子数据（由多组二进制数据和数字签名组成），可以直接在网络上使用。通常的银行卡等电子货币，实际上是法定货币的一种演化形式，是以法定货币为基础演化出来的一种具有综合财产属性的特殊金融财产。服务商基本上无法控制网络虚拟货币的数量。

（6）基于发行依据和主体身份的不同，网络虚拟货币以企业的商业信用为保障，在小范围内单向流通使用，不具有可逆转性和重复使用性；而法定货币以法律和国家信用为保障，在一国主权管辖范围内强制自由流通，不受使用范围和流通方向限制。

从上述种种区别可以清楚地看出，网络虚拟货币存在于一定范围内，不具有一般等价物特性；同时，网络虚拟货币作为网络服务运营商提供的产品，具有商品的基本属性。也就是说，网络虚拟货币更多地表现出商品属性而不是信用货币属性。另外，网络虚拟货币也不属于金融资产，因为其不具有金融资产所应具备的流动性、偿还性和收益性等金融资产特性。

9.2 虚拟货币的性质

"虚拟"这种形式及其表现并不是第一重要的，第一重要的是内在价值问题。也就是说，虚拟货币代表的价值，与一般货币代表的价值具有什么样的联系与区别。鉴于问题背景的深度，在研究的出发点上，需要站得更高。货币问题是现代性范畴的问题，虚拟货币问题则是后现代性范畴的问题，它们之间并不共享同一基础范式。而正是范式的差异，而非虚拟现象，导致了二者的不同。

9.2.1 个性化货币

一般货币与虚拟货币的价值基础不同，前者代表效用，后者代表价值。从行为经济学的观点推导，货币作为一般等价物，它所"等"之"价"，语言上虽称为价值，但实际上是指效用。而虚拟货币代表的不是一般等"价"之"效"，而是价值本身。虚拟货币不是一般等价物，而是价值相对性的表现形式，或者说是表现符号；也可以说，虚拟货币是个性化货币；在另一种说法中，也可称为信息货币。它们的共性在于都是对不确定性价值、相对价值进行表示的符号。这样说的时候，货币的传统含义已经被突破了。原有含义的货币，只能是新的更广义货币的一个特例。货币既可以作为一般等价物的符号，也可以作为相对化价值集的符号。

9.2.2 个人决定货币

一般货币由央行决定，虚拟货币由个人决定。一般货币的主权在共和体中心，虚拟货币的主权在分布式的个体节点。从信息经济学的角度看，一般货币是虚拟货币的一个特例。这种特例的特殊点在于，第一，参照点不变。因此，价值从一个集被特化为一个可通约的值，当参照点不变时，价值等同于效用。第二，效用相对于参照点的得失不变。这意味着，参照点所拥有的值，是一个稳定的理性值、均衡值。在理性经济中，参照点也可能不变，但仍是一个散集。其不同在于，这个散集中的每个点（实际成交价）都是不稳定的，只有均衡值是稳定的；但在虚拟货币的价值集中，每个点都可能是稳定的，相反是那个理性均衡值可能是不稳定的。反映到货币决定机制上，央行正是理性价值的一个固定不变的参照点的人格化代表，而虚拟货币市场（如股市、游戏货币市场）是由央行之外的力量决定的。正是在这个意义上，在经济学中有人把股票市场称为虚拟货币市场，把股市和衍生金融市场形成的经济称为虚拟经济。虚拟经济的本质是以个体为中心的信息经济。

9.2.3 价值交换机制不同

一般货币的价值转换，在货币市场内完成；而虚拟货币的价值转换，在虚拟货币市场内完成。一般货币与虚拟货币的价值交换，通过两个市场的总体交换完成，在特殊条件下存在不成熟的个别市场交换关系。因此可以说，一般货币与虚拟货币处于不同的市场。费雪方程（QP=MV）描述了商品市场与货币市场的价值转换关系；扩展费雪方程（MV=BH）则描述了货币市场与虚拟货币市场的价值转换关系。有人担心游戏虚拟货币可能引发通货膨胀，这是由于他不了解虚拟货币的市场交换机制，把货币市场与虚拟货币市场混为一谈了。正如商品市场的供求失衡，不能直接导致货币市场的供求失衡，而一定要通过在总体市场上增发货币才能导致通货膨胀一样，虚拟货币市场上的供求失衡，也不能直接导致货币市场的通胀。问题的关键在于是否形成了统一的虚拟货币市场。股市是统一市场，而游戏市场还不是这样。举例来说，某种游戏虚拟货币与人民币的比值，最初可能是80万比1，随后可能变化为800万比1；也许今天能够购买一座城堡的虚拟币，到明天也许就只够买一只战斧了。这种现象确实可能发生。如果虚拟货币形成了统一市场，也确实可能对货币市场形成压力，问题是，并不存在这样的统一市场。游戏币的发行主体相互独立，且不具备金融主体的地位，更谈不上在金融市场与货币水平的交换，而且更主要的是，无论是基础货币还是增值货币，货币量（M）和货币价格水平（V，即流通速度）都没有因此发生变化，因此不能认为会出现货币膨胀或紧缩。对于当前的游戏币贬值现象，宁可解释为作为增值服务的某一游戏的服务条件发生了变化。由于游戏者水平的普遍提高或游戏者数量的增多，对虚拟币的需求增加，所涉及服务的价格及虚拟币的价格水平有所下降。由于这种服务供求条件的变化，导致服务价格的下降。这是一个实体商品市场就可以解释的现象。没有把游戏币与股票、衍生金融工具、特别是电子货币加以界定和区分。实际上，有一条内在线索可以把这些形态各异的虚拟货币贯穿起来，这就是个性化价值的表现成熟度。

9.2.4 银行电子货币

银行电子货币最初是一种"伪虚拟货币"。它只具有虚拟货币的形式，如数字化、符号化，但不具有虚拟货币的实质，与个性化无关。例如，它只是纸币的对应物；它可能由央行发行；

它可能与货币市场处于同一市场等。但是银行电子货币有一点突破了货币的外延——那就是它也可以不是由央行发行，而是由信息服务商发行，早期的几种电子货币就是这样。第二点突破就是银行电子货币的流动性，远远超过一般货币。因此就隐含了对货币价格水平定价权的挑战。比如，在隔夜拆借之中，如果同一笔货币以电子货币方式被周转若干次，虽然从传统货币观点，一切都没有发生，但如果从虚拟货币流通速度的角度看，实际上已改变了货币价格水平的条件。

9.2.5 信用信息货币

股票是最典型的信用信息货币，其本质是虚拟的，是一种具有个人化特点的虚拟货币。它是当前虚拟经济最现实的基础。股票市场、衍生金融工具市场，构成了一个规模庞大而且统一的虚拟货币市场，它们不仅有实体业务作为基础，而且有广泛的信托业务、保险业务等信息服务作为支撑。所谓统一市场是有所特指的，是指这一市场作为一个整体，可以同货币市场在国民收入的整体水平上进行交换。从历史上看，只有当货币形成统一市场，即国民经济的主体都实现货币化时，货币量和利率对国民经济的调节作用才谈得上。这个道理对虚拟经济也一样。这个问题不无争议，如今虚拟经济的规模，虽然已经若干倍于实体经济，但实体经济中毕竟还有很大一部分没有进入这个统一市场。如果把游戏币与股票比较，它在这方面的进展还差得远。只有经过娱乐产业化和产业娱乐化两个阶段，才有可能达到统一市场的水平。

分析股票市场和衍生金融工具市场，它有一个与一般货币市场最大的不同，就是它的流通速度不能由央行直接决定。例如，股指作为虚拟货币价格水平，不能像利率那样，由央行直接决定，而是由所谓人们的"信心"这种信息直接决定的。央行以及实体资本市场的基本面，只能间接决定股市，而不能直接决定。所以我们认为股票市场是信息市场而不是货币市场。

同成熟的虚拟货币市场比较，股市在主要特征上，表现是不完全的。股市把所有参照点上的噪音（个别得失值），集成为一个统一的参照值，与标准值（基本面上的效用值、一般均衡值）进行合成，形成市场围绕效用价值的不断波动。虽然有别于以央行为中心进行有序化向心运动的货币市场，但与货币市场又没有区别。而从真正的虚拟货币市场的观点看，不可通用的个性化价值，才是这一市场的特性所在。从这个意义上说，集中的股市并没有实现这一功用，股市作为所谓"赌场"的独立作用还没有得到发挥。

9.2.6 个性化信用凭证

虚拟货币的根本作用，是在个性的"现场"合成价值，而不是跑到一个脱离真实世界的均衡点上孤立地确定一个理性价值。虚拟货币的意义在于以最终消费者为中心建立价值体系。虚拟货币全面实现后，只有一般等价功能的单一货币将趋于后台化。游戏币是更高阶段虚拟货币的试验田，还难当大任。理想的虚拟货币是真实世界的价值符号。在一般等价交换中，具体使用价值以及具体使用价值的主体对应物——人的非同质化的需求、个性化需求，被完全过滤掉。虚拟货币将改变这一切，通过虚拟方式，将人的非同质化需求、个性化需求以个体参照点向基本面锚定的方式，进行价值合成。因此虚拟货币必须具有两面性，一方面是具有商品交换的功能，一方面是具有物物交换的功能。通过前者克服价值的相对性和主观性，通过后者实现个性化的价值确认。为了实现这个目标，虚拟货币肯定要实现不为人知的巨大转型，这就是向对话体系的转型，成为交互式货币。这里的讨价还价是针对货币价格水平的讨价还价。回忆一下，人类在几十年内，早已实现的文本向对话的转型正是虚拟货币转型的方向所在。游戏币的价值其实是不确定的。人们交换到游戏币，从中最终可能得到的快乐，是在币值以上还是以下，不到参与游戏之时是不确定的。游戏就是一个对话过程。当然，游戏币的各种增值功能还没有结合个性化信息服务开发出来。如果这种增值业务充分得到开发，游戏币因为提供服务的商家不同而不通用，可能反而成为一种相对于股票的优势。

完全个性化的虚拟货币，可能是一种附加信息的货币卡，它的价值是待确认的。拥有具体待定功能和余值的虚拟货币，其信息一方面可以具有像文本一样有再阐释的余地，一方面具有卡拉OK式的再开发的潜力。它的信息价值是有开放接口的，可以再增值的。如果把它们投入股市一样的二级市场交换，它们可能凭其个性化信息在基本票面价值上下浮动，它本身就会具有更多的像股票那样的吸引力。游戏货币，还只具有价值流通功能，而不具有市场平台功能，所以它只是一种不完善的虚拟货币，究其原因，是因为缺乏相应的产业基础。

9.3 虚拟货币的功能

网络虚拟货币作为一种等价物而产生，自然有其现实需要。网络虚拟货币能够便利小额支付，吸引网络消费者，促进网络交易和消费，繁荣网络经济。网络虚拟货币的功能主要体现在以下几个方面。

9.3.1 小额支付功能

网络虚拟货币是互联网微支付方式的创新。这种微支付方式适应了当前互联网消费群体的消费和支付习惯，促进了虚拟产品和虚拟服务的发展。网上虚拟产品和服务消费的主要特点是交易远程化、价值小、消费频率高、消费群体庞大且以年轻人为主，而现有的以银行等金融机构为主体的支付系统难以满足网上交易的需求，具体体现在如下几个方面。

（1）网络交易是一种不谋面的远程交易活动。由于目前支付文化和网上支付安全等问题，导致人们使用银行卡时小心翼翼、疑虑重重，限制了目前主要的银行信用类支付工具在互联网上的普遍使用。

（2）现有支付方式的支付成本相对比较高，如信用卡支付成本包括可观的手续费、通信费、处理费用和宣传费等，汇兑也需要支付手续费。而通常网络虚拟产品和服务价值比较小，甚至是微额的，用现有支付方式支付使得每次网络交易所产生的支付成本可能大于，甚至远远大于交易标的的价值，很不经济。

（3）网络虚拟产品和服务交易频率非常高，相应的支付频率也非常高，需要24小时的支付动态性支持。相比于网上信息流动的速度和效率而言，网下支付效率与网上交易的实效性不相匹配。

（4）互联网跨越时空的特性需要跨行或跨地区，甚至跨越国界的支付手段，现有支付方式通常支付周期长、实时性差、结算效率低。

（5）网上虚拟产品和服务的消费者大多是年轻人（包括未成年人），其中很大一部分是年轻学生，他们经济能力有限，可能没有信用卡，甚至没有银行账户，难以使用现有支付方式进行网络消费。上述表明，适应传统经济的支付模式和支付手段难以适应互联网虚拟产品和服务的特点，不能满足其对支付成本和效率的要求。

网络虚拟货币支付方式是网络服务运营商为适应目前支付环境和网上虚拟产品及服务而

采用的支付方式，其本质上是一种预付消费方式，是网络服务运营商给予消费者的一个购货凭证或消费权利信用凭证，是特定网络服务运营商进行特定网络产品预售行为的证券化。网络虚拟货币支付方式的优点是可以充分利用现有的支付渠道包括用现金购买实物卡渠道、通过网上银行转账和银行卡银行渠道、电话和宽带等通信费缴费渠道、网上支付代理等多种渠道，实现多元化的支付，绕开或避免了依赖传统支付组织支付的各种限制和费用高的制约。网络服务运营商通过引入网络虚拟货币作为网络支付的一个中间环节，使支付效率得到很大提高，解决了困扰网络服务运营商在虚拟产品和服务过程中的微额支付问题。

9.3.2 奖励功能

网络服务运营商通常通过积分奖励制度吸引大众的注意力，增加网站人气，吸引广告客户，并进而为开展电子商务铺路，而赠送网络虚拟货币即是积分奖励制度的基本手段。以网易POPO币为例，网易推出了按在线时长奖励网络用户网易POPO币的举措，网络用户可使用POPO支付手机短信费用，在网易商城购买实物商品，将之作为网易社区的抵金券等。

9.3.3 信息功能

个性化虚拟货币与股市最大的不同在于不仅有参照点的集成定价功能，还会有参照点的分布定价功能。这一过程不是在虚拟货币市场中完成的，而是在个性化现代服务发展中完成的。比如，在个人拍卖环节中，结合本地框架（FRAME）的讨价还价过程不仅要包含一个通向价值一元化的效用交换过程，而且还必须包含一个通向价值多元化的价值实现过程。这就意味着，虚拟货币最终必须与个性化信息服务业的发展紧密结合成一体。股票虽然也具有一定的信息功能，但这种信息是从属性的，它是以实业为中心的。未来的虚拟货币可能同时身兼货币、股票和信息卡三重功能：一方面可以作为基础货币（或与基础货币兑换）而获得流动性；一方面可以具有增值功能；最主要的是还可以附加信息。而这种信息，只是一种待完成的接口信息，需要在服务业中继续实现其价值。

9.3.4 文化价值定位

在未来的个性化虚拟货币交易市场中，也会形成类似如股票指数的价格水平信息。但和股指不同，个性化虚拟货币的价格指数，反映的将不再是投资增值信息，而是类似酷值那样娱乐值与文化值、精神值、自由值及个性值。例如游戏指数，可能反映的不是投资价值，而是个性自由价值程度。又比如，在超女投票中，反映为人气指数，而不是专业指数。如果不只是短信投票，而是一种集成货币和衍生金融工具功能个性化IC卡，如玉米卡和FANS卡，卡上的价值，会随时尚流行信息而波动，体现个人选择自由。一旦和个性化服务产业开发结合起来，就形成了一种良性互动机制。

9.3.5 提升传统产业

个性化虚拟货币市场将起到提升传统产业的作用。随着游戏产业化、产业游戏化趋势日益发展，个人自由也因此得到了全面地发展，即个性化自我实现，这将成为产业升级最终目标。传统产业包括产品制造业及服务业，都将把精神、文化价值的满足，作为产品以及服务的附加值追求。在这一产业发展背景中，个性化信息服务业带动传统产业，就有可能通过个性化虚拟货币市场引导实现。也就是说，传统产业在产品与服务都达到同质化的最优之后，最终会在信息市场引导下发现——谁的东西够"酷"就卖得火，不够酷就卖不出去。未来产业发展，将不仅需要 GNP 型股指引导，更需要 GNH 型酷值指数的引导。提出 GNC（国民酷值）的日本，正在走向一种产业发展模式，从而继明治维新之后，走向现代化产业发展之路。美国和韩国，也在这方面走在前面。中国面临第二次现代的选择，许多像虚拟货币这样的小东西，其实蕴含着具有很大意义的信息。

9.3.6 开辟个人所得税源

2008 年 10 月 30 日后，国内个人通过网络收购玩家的虚拟货币，加价后向他人出售取得的收入，必须缴纳个人所得税。2008 年 10 月 29 日，国家税务总局就此公布了"关于个人通过网络买卖虚拟货币取得收入征收个人所得税问题的批复"。针对北京市地方税务局《关于个人通过网络销售虚拟货币取得收入计征个人所得税问题的请示》，国家税务总局这次明确规定，个人通过网络收购玩家的虚拟货币，加价后向他人出售取得的收入，属于个人所得税应税所得，应按照"财产转让所得"项目计算缴纳个人所得税。国家税务总局同时强调，个人销售虚拟货币的财产原值，为其收购网络虚拟货币所支付的价款和相关税费。对于个人不能提供有关财产原值凭证的，由主管税务机关核定其财产原值。按照"财产转让所得"项目计算缴纳个人所得税的税率固定为 20%，北京地税还将出台核定个人销售虚拟货币财产原值的相关办法。

9.4 虚拟货币的风险

虚拟货币作为电子商务的产物，开始扮演越来越重要的角色，而且，越来越和现实世界交汇。然而，在虚拟货币日益长大的同时，相关法规却相对滞后，埋下了不少隐患。

9.4.1 发行人的破产风险

虚拟货币持有者使用虚拟货币是出于对发行者经营虚拟货币的长久性、发行者对虚拟货币的购买能力保证、发行者对其持有的已售虚拟货币绑定的预收款项的有效使用为前提条件的。

如果虚拟货币绑定了人民币，持有者对发行者经营虚拟货币的长久性缺乏信心，便会抛售虚拟货币。若发行者对这种抛售行为缺乏控制能力，可能导致发行者的虚拟货币失去购买力，诱发信用危机，最终导致发行者破产；当持有者借助于虚拟货币发行者提供的回兑服务换回人民币时，一旦回兑所需资金超出了发行者的承受范围，发行者在短时间内无法筹集到足够的流动资金，资金链断裂很可能诱发挤兑，形成巨大的资金风险，一旦资金风险爆发势必产生信用风险；如果持有者对虚拟货币的购买能力缺乏足够信心，也可能产生持有者对发行者经营虚拟货币缺乏信心，诱发信用风险；如果发行者不能保证其持有的已售虚拟货币绑定的预收款项的有效使用，比如发行者发行、销售虚拟货币换取人民币之后卷款私逃，将从根本上产生信用风险。如果信用风险进一步扩散，则可能诱发大面积财务危机，最终影响金融稳定。

9.4.2 网络虚拟货币的通货膨胀风险

众所周知，大量发行货币会导致通货膨胀、货币贬值、物价飞涨。那么肯定说认为：网络虚拟货币也不例外。各大网络游戏公司在大量发行网络虚拟货币并从中牟取暴利的同时，也造成了玩家花钱买来的虚拟财产贬值,使玩家的利益受到损害。网络游戏中存在大量的"伪钞制造者",即黑客通过大量的私服外挂私造网络虚拟货币,而这些因素,都成为游戏运营商无法控制网络虚拟货币数量的原因。这样的通货膨胀只会让网民受损,也会让网民丧失对互联网的信心。

否定说认为:人们之所以担心网络虚拟货币可能引发通货膨胀,这是由于他不了解网络虚拟货币的市场交换机制,把货币市场与网络虚拟货币市场混为一谈。正如商品市场的供求失衡,不会直接导致货币市场的供求失衡,而一定要通过在总体市场上增发货币才能导致通货膨胀一样,网络虚拟货币市场上的供求失衡,也不会直接导致货币市场的通货膨胀。问题的关键在于是否形成了统一的网络虚拟货币市场。只要不能形成与现实货币交换的统一市场,不能实现对等交换,更主要的是只要现实货币不因网络虚拟货币而增发,就不会出现通货膨胀。

两分说认为:对于网络虚拟货币中的游戏币,因为存在"造币工厂"和黑客私造货币,通货膨胀问题广泛存在。至于由各门户网站发行的专用货币只要能有效防止线下交易或者用网络虚拟货币购买现实商品,则发生通货膨胀的概率要小得多,因为这种网币都是在自家网站内使用,并且虚拟世界的"商品"供应几乎是无限的,只要人为设置一下即可。

本书赞同否定说。一般认为,通货膨胀是"因流通中注入货币过多而造成货币贬值,以及总的物价水平采取不同形式(公开的或隐蔽的)持续上升的过程"。可见通货膨胀的基本特征是货币贬值,物价持续过度上涨。在网络虚拟世界,由于虚拟商品大多属于知识产权产品,可以无限量制造(复制),不会存在商品短缺问题。只要网络服务运营商不提高虚拟产品的价格,即使网络虚拟货币大量增加,也不会拉动虚拟物价上涨。至于像游戏装备因为网络服务运营商的升级而导致其价值下降,则不属于物价上涨的范畴,这好比技术进步导致被替代产品贬值,属于正常现象。

但是,当网络虚拟货币可以与现实货币双向自由兑换时,网络虚拟货币的过度发行有可能会导致现实货币的通货膨胀。因为在这种情况下,网络虚拟货币相当于硬通货,如果网络服务运营商不将等量的现实货币作为发行网络虚拟货币的准备,大量发行网络虚拟货币就意味着增加了现实货币的供应量,也就有可能导致通货膨胀。现代金融体系中,货币的发行方一般是各国央行,央行负责对货币运行进行管理和监督。而作为网络上用来替代现实货币流通的等价交换品,网络虚拟货币实质上同现实货币已经没有区别。不同的是,发行方不再是央行,而是各家网络公司。如果虚拟货币的发展使其形成了统一市场,各个公司之间可以互通互兑,或者虚拟货币整合统一了,都是以相同标准和价格进行通用,那么从某种意义上来说虚拟货币就是通货了,很有可能会对传统金融体系或是经济运行形成威胁性冲击。

9.4.3 网络违法犯罪风险

目前,虽然网络服务运营商没有承诺提供网络虚拟货币的逆向兑换服务,但网络用户之间可以自由交换网络虚拟货币。特别是一些投机商人和网站,借机专门从事网络虚拟货币的倒卖活动以从中渔利,这都为犯罪分子利用网络虚拟货币和网络平台进行洗钱等违法犯罪活动提供了便利。通过网络虚拟货币进行洗黑钱具有比其他渠道更安全和隐蔽的优势,这是因为:一方面,网络服务运营商对于网络虚拟货币账户的管理没有金融机构那么严格的身份审查制度,利用网络虚拟货币洗钱可以实现一般通货无法实现的完全匿名交易,第三方无法查找到交易双方的个人信息;另一方面,通过网络虚拟货币洗钱可以以虚拟商品交易为幌子进行包装和掩盖，比通过实物商品交易更简便、隐蔽和安全。所以网络虚拟货币的发展无疑增大了国家反洗钱工作难度，并会进一步诱发上游犯罪。

除了为洗钱行为提供便利外，网络虚拟货币还为销赃、赌博、逃税、网络盗窃，甚至非法集资等违法行为提供了一个较隐蔽的平台。英国防欺诈咨询小组（FAP）曾向政府提交报告，称"第二人生"玩家可以在没有任何限制的情况下在国际间转移资金，并且不会被查出的风险。此外，该小组还列出"第二人生"中的其他风险，包括信用卡诈骗、身份窃取、洗黑钱和逃税等。FAP网络犯罪工作组主席菲利普森将该游戏称作是没有任何外部法律管理的世界。

网上虚拟货币的私下交易已经在一定程度上实现了虚拟货币与人民币之间的双向流通。这些交易者的活动表现为低价收购各种虚拟货币、虚拟产品，然后再高价卖出，依靠这种价格差赢取利润。随着这种交易的增多，甚至出现了虚拟造币厂。虚拟货币除了主营公司提供之外，还有一些专门从事"虚拟造币"的人，以专业玩游戏等方式获取虚拟货币，再转卖给其他玩家。以温州地区为例，大概有七八家这样的"虚拟造币工厂"，从业者达到四五百人。这样不仅给虚拟货币本身的价格形成一种泡沫，给发行公司的正常销售造成困扰，同时也为各种网络犯罪提供了销赃和洗钱的平台，从而引发其他一些不良行为。

9.4.4 对现实金融体系的影响

现代金融体系中，货币的发行方一般是各国中央银行，中央银行负责对货币运行进行管理和监督。目前网络虚拟货币的发行基本上是各自为政，尚没有形成统一的市场，因此认为还谈不上对现实金融体系的冲击。但是，如果网络虚拟货币的发展使其形成了统一市场，各种网络虚拟货币之间可以互通互兑，或者网络虚拟货币整合统一，都是以相同标准和价格进行通用，那么从某种意义上来说，网络虚拟货币就是通货，很有可能会对传统金融体系或是经济运行形成威胁性冲击。

2005年，百度率先出招，先后与盛大、网易、银联、支付宝等24家公司签订协议，推出"百度币"作为可以在网络世界使用并且可自由兑换的通货，意欲构筑一个以百度币为中心的网络虚拟货币体系。而Q币、网易币已经凭借其雄厚的用户基础及受众的广泛性，部分地充当了"网络虚拟货币硬通货"的角色。这是一个值得关注的现象。

对于以Q币为代表的虚拟货币是否冲击人民币的讨论自2004年以来一直被各方人士所关注。但官方对此一直没有明确说法。虚拟货币的交易方式也由此迅速扩张。一连串的事件引发了社会各界对虚拟货币的关注。人们纷纷对其发表了自己的看法。有人认为虚拟货币会对人民币产生冲击，应该采取强制措施禁止虚拟货币的发行；也有人持保留的态度，认为虚拟货币不会对人民币产生冲击，不应该过早扼杀了商业组织的发展活力。

随着技术的不断进步，电子支付（包括电子货币）在改变人们支付习惯的同时，也在潜移默化地改变人们的消费习惯，促进消费信贷的扩大。对这种新兴事物，密切关注其形式的创新，性质的演变，运作方式的差异以及对信用风险、道德风险等可能造成的冲击，适当加以监管，自然是必要的。但更重要的是给市场主体相应的发展空间，避免在市场发展初期扼杀相应商业组织的发展活力。因此，对待电子货币最好的方法是静观其变，加强研究。在面对类似"Q币冲击人民币金融市场"的言论时，需要在认清科技进步的大背景下进行讨论，懂得问题的关键是如何设计相关政策，鼓励电子货币等电子支付工具的发展，而非暴炒虚拟货币、电子货币的危害，呼吁加强监管。

9.5 虚拟货币的监管

从总体上看，我国网络经济、网络游戏尚处在发展期，对当前网络虚拟货币的存在，中央银行可以将其视同邮票及电话充值卡等商品，而不必纳入货币管理范畴。但是，由于网络虚拟货币的发行涉及数量极为庞大的网络用户的利益，因此可以考虑将网络虚拟货币的发行和交易行为以及网络虚拟货币持有人的利益保护纳入监管。

9.5.1 虚拟货币的立法

对网络虚拟货币及其发行人有效监管的一个基本前提，就是要有明确的法律依据。目前，对网络虚拟货币的法律性质存在很多争议，法律应该给一个明确的说法。实践中，因为我国法律尚未对包括网络虚拟货币在内的虚拟财产给予明确的保护，导致虚拟财产持有人的正当利益受到侵害，正常的网络经济秩序也受到严重干扰。目前，一些网络违法犯罪分子盗取账号、网络虚拟货币、游戏装备等虚拟财产，然后拿到网络平台上低价拍卖的情况时有发生，这不仅侵犯了虚拟财产所有者的利益，更影响了相关门户网站、游戏运营商的收益。为此，2007年1月8日，网易、盛大、九城、金山、腾讯5家互联网企业联合发表《关于联合打击网络盗窃、维护游戏产业健康发展的声明》，表示将联合打击日益猖獗的网络盗窃行为，并同时呼吁国家加快立法保护虚拟财产。因此，本文建议，应通过立法或司法解释明确网络虚拟货币的法律性质为持有人对发行人的无记名的电子债权凭证，甚至可以像无记名证券一样视为动产。

9.5.2 虚拟货币发行和交易的监管

网络虚拟货币是一种预付消费的信用凭证，网络虚拟货币的发行和交易行为涉及广大网络虚拟货币持有人的利益，也涉及国家的金融秩序，因此应当将网络虚拟货币发行和交易行为纳入监管范围。

为了防范网络虚拟货币的风险，2007年，文化部、公安部、原信息产业部等14个部委联合印发的《关于进一步加强网吧及网络游戏管理工作的通知》（文市发[2007]10号）已经规定，网络游戏服务商不得提供以虚拟货币等方式变相兑换现金、财物的服务。

2009年，文化部、商务部《关于加强网络游戏虚拟货币管理工作的通知》进一步强化了网络游戏虚拟货币发行和交易的监管，如规定从事网络游戏虚拟货币发行业务需经过文化部审批；禁止同一企业同时经营网络游戏虚拟货币的发行业务和交易业务；规定网络游戏虚拟货币的使用范围仅限于兑换发行人自身所提供的虚拟服务，不得用以支付、购买实物产品或兑换其他企业的任何产品和服务；不支持网络游戏虚拟货币交易的网络游戏运营企业，应采取技术措施禁止网络游戏虚拟货币在用户账户之间的转移功能。值得考虑的问题如下。

（1）《关于进一步加强网吧及网络游戏管理工作的通知》中，在没有赎回承诺的情况下，"网络虚拟货币的出售方应当进行实名注册"等。上述规定在一定程度上促进了网络虚拟货币发行和交易的有序化，有助于防范市场风险。但是，有些规定仍值得商榷，《通知》中关于网络游戏经营单位发行虚拟货币的总量以及单个网络游戏消费者购买额的限制，在目前网络虚拟货币只是作为虚拟产品预售，没有限制的必要，应该取消。

（2）《关于加强网络游戏虚拟货币管理工作的通知》规定：网络游戏运营企业应当依据自身的经营状况和产品营运情况，适量发行网络游戏虚拟货币。严禁以预付资金占用为目的的恶意发行行为。"此规定中的"适量发行"和"以预付资金占用为目的的恶意发行",由于没有明确认定的标准,因此缺乏可操作性。

(3)《关于加强网络游戏虚拟货币管理工作的通知》规定:"网络游戏运营企业发行虚拟货币总量等情况,须按季度报送企业所在地省级文化行政部门。"本文认为,网络虚拟货币的发行情况除了应当报主管部门外,还应当在网上公布,以便用户了解和监督网络虚拟货币的具体发行情况,防止发行人的恶意发行。

(4)《关于加强网络游戏虚拟货币管理工作的通知》规定:"除利用法定货币购买之外,网络游戏运营企业不得采用其他任何方式向用户提供网络游戏虚拟货币。"该规定有过度监管之嫌。像网络游戏运营企业以赠与方式适当奖励部分用户的行为应当允许。

9.5.3 虚拟货币持有人的保护

网络用户数量庞大而分散,属于网络世界中的弱者,需要监管部门提供必要的保护。《关于加强网络游戏虚拟货币管理工作的通知》强化了网络游戏运营企业对网络用户的保护,如规定网络游戏运营企业必须保存用户的充值记录;应采取必要的措施和申诉处理程序措施保障用户的合法权益;用户合法权益受到侵害时,应积极协助进行取证和协调解决;终止服务时,应当以适当的方式赎回发行的网络虚拟货币;不得变更网络游戏虚拟货币的单位购买价格;不得为未成年人提供交易服务;应积极采取措施保护个人信息安全;等等。但是,上述规定过于原则,缺乏操作性。其主要原因在于国家尚未在法律层面对虚拟财产、个人数据信息进行界定和保护,导致规章难以作出具体规定,因此有必要尽快出台有关虚拟财产,特别是个人数据信息保护的立法。

此外还有一个问题是,当网络游戏运营商破产并终止提供服务时,网络虚拟货币持有人的利益如何保护?由于各个网络用户持有的网络虚拟货币数量和价值比较小,因此单个持有人显然没有动力参加破产清算。本文认为,虽然各个用户持有的网络虚拟货币数量比较少,但用户持有的网络虚拟货币总量和价值是比较大的,鉴于单个持有人难以参加破产清算,可以考虑通过立法规定由法院指定代表人,代表所有网络虚拟货币持有人参加破产清算,以维护网络虚拟货币持有人的利益。

9.6 发展虚拟货币大势所趋

虚拟货币是网络世界发展的必然产物,虽然其中的比特币遭到各国央行封杀,发展势头大减,但依然顽强存在。虚拟货币不但有其生存的基础,而且还将长期发展,很有可能成为未来货币的重要形式。

9.6.1 看准虚拟货币崛起前景

中国早已成为世界上互联网用户最多的国家,而且拥有最大规模的电子商务平台以及互联网游戏群。中国的互联网能提供的商品和服务广度、深度和发展速度都位居世界前列,网民们早已习惯在网上消费,可以说,在中国的互联网世界中,虚拟货币发展空间最大。中国也有自己的虚拟货币,比如腾讯的 Q 币、盛大的点券等。这些虚拟货币虽然一直被网民广泛使用,但都没有得到像比特币那样的发展,不过发展潜力都十分巨大。既然虚拟货币无法封杀,未来也许还会大有前景,为什么不扶持本国的虚拟货币获得世界网络电子金融的霸权呢？互联网世界对各国央行都是一块未开垦的地。

事务都有其两面性，一方面虚拟货币遭到爆炒，容易产生金融风险，但另一方面，它在一定程度上算是一种金融创新。虚拟货币本身是一种具有支付功能的工具，但又跟传统意义上的货币有很大不同，有着全球连通性、开放性、快捷性和边际成本低廉的优势。比特币是虚拟货币的重要代表，无政府发行、数量有限是导致其火爆全球的重要因素，它的出现使货币历史向前迈进一大步，在某种意义上代表了未来货币的一个发展方向。不过，虚拟货币种类很多，比特币作为出头的椽子，很可能会被其他虚拟货币取代。虚拟货币不但在网络游戏中流通，还在社交网络中发展，随着网络世界的迅速扩张，很多人对虚拟货币的依赖性越来越大，已经把它们当做一种货币来使用。

而中国新上线的"比特元"正是顺应这个虚拟货币时代的发展而发行的新型币种。"比特元"是由美国的"比特币"演化而来的，在操作和玩法上比特元和比特币有着很多相似之处。它发行于 2014 年 2 月，发行总量达 2 亿比特元，其余采用 POS 挖矿，中国比特元即将成熟。

当今美国凭借着美元霸权，在国际经济中占据了有利地位，从国际贸易、金融市场上获得巨大的收益，这些早已广为人知。正因为这种货币霸权，中国等新兴国家被迫把大量宝贵的资金变成美元外汇储备这种收益很低的资产，等于白白将这些血汗钱借给美国使用。这种货币霸权还从贸易结算、定价等广泛的经济领域中获取惊人的好处。最令其他国家无奈的是，这种货币霸权是很难撼动的，即使美国的 GDP 早已超过英国，但在很长时间内，美元仍然难以撼动英镑的霸权，直到英国在二战中面临亡国危险急需美国挽救时，美元才有了取代英镑成为货币霸主的机会。总体经济实力超过美国的欧盟也创立了欧元，企图从货币霸权的好处中分一杯羹，但到目前为止，欧元不但没能撼动美元的地位，自己反而已经岌岌可危。

可以预见，在未来很长时间内，人民币在国际货币市场上仍然远远不能与美元相比，即使中国的 GDP 远超美国后，很可能仍然无法取代美元的国际地位，只好眼睁睁看着美国利用美元霸权继续剥削包括中国在内世界大部分国家人民的血汗。而电子金融的发展说不定是一个契机，中国通过扶持本国的虚拟货币而抢先在国际金融市场上获得主动权。

9.6.2 虚拟货币应是各国货币间的合法媒介

虚拟货币最终起到的是"国际物联网、贸易之间的结算、结汇"作用。它之所以引起全球众多领域关注，是因为它正在制造一个全球化的快流通，并且流通领域越大、范围越广，其使用价值越高。因此虚拟货币的发行必须是全球化领域发行，并且，从公司平台上看得到的流通领域和市场份额，发行商亦正在努力向拓宽其流通领域的市场空间目标迈进。譬如虚拟货币发行不能成为各国恐怖主义、非法组织机构洗钱、逃税漏税的工具，虚拟货币发行从长远趋势看必须能轻松纳入各国金融体系和税收管理，虚拟货币才有足够的市场空间和升值空间。这就要求虚拟货币发行管理必须实名化登记。类似比特币之类的匿名发行方式将成为其去中心化发展的一大障碍。

9.6.3 使用者必须有全球性视野观

虚拟货币的发行是增加社会融资渠道，降低国际融资门槛，拓宽社会融资市场层面的一种突破，其直销繁衍的众筹方式是从社会底层收入抓起的一种经济方式。其最大的助益是拉近贫富悬殊，提倡人人参与，提供社会各界一个共荣的平台。因此虚拟货币发行模式必须受众面够广，类似比特币的发行。今天，价格高企，已经不适合一般人去投资，而易物币的发行模式受众面更广，对推动底层经济较为助益。

因为各国都寄希望自己国家的虚拟货币能独当未来支付媒介系统，毕竟这是一场全球化领域的经济战。虽然从表象看虚拟货币目前介于一场企业之间的战争。但从实质看虚拟货币已经成为国家与国家之间主导的一场暗战。投资者、大众消费者、使用者选择虚拟货币，必须学会避开各国经济壁垒，例如，中国人口占世界人口百分之十九点几，而著名的"阿里"因为生于中国，拥有庞大的市场份额才能快速荣登世界互联网宝座，亚马逊却因为无法将互联网业务拓展至中国而丧失全球互联网霸主的地位。也就是说不能被中国市场认可的互联网产品，它的路也不会太长远。虚拟货币的来袭，中国政府既不能违反国际互联网公约，又不能扼杀虚拟货币于国内市场的初春，只能针对以比特币为代表的虚拟货币禁止进入国家金融系统和银行系统。然而中国的虚拟货币萌芽又会以怎样的一种方式发起与出现，则需要投资者、玩家从各虚拟货币发行之蛛丝马迹寻找了。

9.6.4 透析虚拟货币背后的价值

其实当你认清虚拟货币的作用和各国经济的壁垒，你再投资选择虚拟货币便成为一件非常简单轻松的事情。当所有条件都已具备时，我们最后需要关注的一个焦点就是虚拟货币的高回报率是否真实。首先平台是可以有高回报率的，但高回报、高利率的利润从何而来，是从企业回报来，还是从前赴后继的接力赛来；如果从前赴后继的接力赛来，那么这个回报能维持多久，这里我们不仅需要透析游戏规则，还要考量虚拟货币的本质，它是如何制定流通，已流通的空间与领域，是真实的吗？有正在执行看得到的运行空间和实体吗？因为只有当虚拟货币真正产生流通，尤其是国际化的流通，他才能不断产生价值，让前赴后继的投资者继而追捧，你的投资收益才会稳定，才会源源不断。最后在选择虚拟货币时要注意其发行的模式，因为不同的发行模式所体现出平台发起人的赚钱智慧也不同。以比特币为首的发行模式价格容易大起大落，受到政策压制，适于短线快钱操作；而以易物币为首发行模式则显得较为稳定，也体现发行人的智慧是以平台发展为前提的投资再融资策略。任何好的投资产品都是根生市场的。虚拟货币在支付功能外衣下除了国际外汇结算、支付，还可以以积分的形式出现；甚至可以按照行业领域细分、互联网领域细分都是有可能，毕竟虚拟货币尚处于发展之中，还没有到最后的整合洗牌阶段。但如果脱去虚拟货币支付功能外衣，虚拟货币其实就是换汤不换药的股票发行，成为企业博发展的一种融资手段。因此，虚拟货币的出现从市场经济角度是一件好事，它不仅解决了社会融资，而且解决了社会底层的贫富悬殊问题。从中国宏观经济看，虚拟货币的崛起将带领中国经济进入超车道。

9.6.5 虚拟货币的发展——区块链

1. 区块链的产生

2008年，中本聪发表了一篇关于比特币的论文；2009年，不受任何金融机构、政府控制的比特币诞生。直到中本聪出现，抛出了比特币区块链的第一块创世区块，区块链技术才正式进入公众视野。区块链也被称为"分布式账本"，即将区块链看作一本公共账本，每笔数字货币自诞生起，所有转账、交易都将被记录在"块"，区块与区块之间相连，形成区块链。任何人均可查阅交易记录，但任何个体都无法轻易控制、篡改数据。去中介化、去中心化、可信任是区块链的特征，数据被记录在一块区块链上，其他区块链会同时记录一模一样的数据。真相只有一个，就掌握在每个人手上。互联网金融的终极目标是实现真正点对点、端到端、个人对个人的金融服务，去掉中介，在保证充分信任的技术基础上完成金融交易。众筹、P2P只是互联网金融的过渡产品，并未真正实现金融业务低成本运作，互联网金融的终局就是区块链。

2. 互联网金融的终局

银行：或将消失的大厦。2015年2月，美联储在一份报告中首次要求升级银行支付系统。在网络无处不在，计算机设备越加精密、便捷，信息处理及时的数据时代，传统银行的付款流程正面临巨大挑战，银行已走到了改变底层基础架构的关键时刻。传统银行清算、结算系统的运行架构建立在通信系统之上，百年来未曾变过，银行之所以没有换成IP系统，是因为IP网络在数据传输过程中经常发生错误和遗漏，而金融系统一切以安全为主。区块链却正好可以用作数据库，一块区块记下了数据，几十万个区块会同时复制数据，保证数据准确、安全。区块链的数学算法解决了人类社会活动中长久以来的信任问题，双方并不需要相信对方，只需相信存入区块链中的数据是真实的，因为数据一旦被存入便难以更改。由此，传统银行通过在市中心建造高楼大厦所营造出的可靠形象将不再重要，信用背书变得可有可无。算法可以保证安全，解决了信用问题，高楼大厦也就不需要了。如果以后交易也不需要去网点，那么物理空间就会消失。10年后，银行的大楼可能要招租了。

另一方面，区块链也被各国央行视为实现数字化货币的关键技术。值得注意的是，数字货币并非将货币简单数字化，而是借助区块链技术，在银行未来的清算、结算体系中，以交换计算程序、一串串代码代替原来的货币和数字。目前，几大国际银行已在区块链领域加紧布局。早在2014年，瑞银集团就在伦敦成立了区块链金融研发实验室，重点探索支付、电子货币等方向；2015年，西班牙银行、高盛分别投资区块链创业公司，开展区块链技术储备工作；2016年花旗银行已开发测试过3条区块链，并曾推出名为"花旗币"的加密货币。

事实上，不少银行都对区块链给予厚望，希望利用新武器重构原本累赘的业务体系，改善用户体验，大幅度降低成本，并实现跨境支付。跨境支付是跨国银行颇为困扰的难题之一。由于系统复杂，跨境支付往往需要等待几天时间才能到账。若输错金额，转账时间将拖延更久。去中心化作为区块链技术的特征之一，其优势或可让跨境支付如收发邮件般方便，并且可将成本维持在较低水平。国内银行虽然按兵未动，但从2015年年底起，多家银行内部或多或少都开始关注区块链。如微众银行、浙江网商银行等互联网巨头旗下的民营银行也在结合区块链与自身优势，调整优化业务。

3. 未来一切将数字化

跟踪物流：制造的手表一经完成，产地、序列号等相关信息都会被存入区块链，一旦写入就无法更改。区块链记录下运送手表的物流公司、经销商、消费者、转卖方，手表什么时候在什么地方，产权何时转让，都会有记录，整个过程都可追根溯源。在这个过程中，区块链恰恰扮演了数据库的角色。相比普通数据库，区块链的特点在于允许交易并存储交易记录。

以超市购物为例，在付账时，如果消费者使用微信或支付宝付款，那么这次消费的金额、地理位置，甚至具体消费内容都将被记录下来，长此以往，可根据数据推断出消费者的喜好、经济状况及居住地区等。

区块链把所有数据储存起来，形成接近事实的数据连载，从这个角度讲，区块链能改变我们的生活，能改变社会整体的运作。现在社会关系已经被数字化了，微信朋友圈、微信群就是我们的社会关系。如果以后推出数字身份证，那么个人的纳税、社保、医保、产权情况都被数字化,所有的轨迹都变成数据存在。抛开分布式,抛开核心概念,区块链的价值在于,数据一旦产生便不可更改,它将一件事情完整地记录下来,显示了一个生命的过程。这产生了强大的信任,让你知道一切都是真的。

目前,区块链的应用范围包括金融、物联网、医疗、物流、保险、财务管理、公证等领域。归结起来大致可分为三类:一是公有链,允许任何人阅读、写入区块链,彻底去中心化;二是私有链,仅单独个体或机构享有该区块链的使用权和控制权;三是联盟链,介于公有链和私有链之间,由一定数量的特定成员组成。以联盟链为例,假设10家商业银行组成了联盟,任何新加入的商业银行都需要经过现有成员的许可。所有成员以某种共识机制来确定区块的打包权,即记账权。成员之间可以事先制定联盟链内的运行规则,以算法来保证任何单一成员都无法篡改信息或恶意写入虚假信息。

本章小结

通过本章的学习,应能熟悉虚拟货币的概念、分类和特点,要掌握虚拟货币与法定货币的不同。要理解虚拟货币的功能,如小额支付功能、奖励功能、信息功能、文化价值功能、提升传统产业,以及开辟个人所得税源的功能。熟悉虚拟货币的风险,包括发行人的破产风险、网络虚拟货币的通货膨胀风险、网络违法犯罪风险、对现实金融体系影响的风险。应该掌握虚拟货币的监管,如虚拟货币的立法、虚拟货币发行和交易的监管、虚拟货币持有人的保护等。要理解虚拟货币崛起是大势所趋,认识到虚拟货币的发展导致区块链产生。

本章案例

手机微信支付

据2013年11月20日发布的《中国网络支付安全白皮书》数据统计,预计3~5年内网络支付交易规模至少还有6倍增长,将达到20万亿元以上。其中,移动支付呈现爆发式的增长,预计2013年全年移动支付市场规模会超过8000亿元,是2012年规模的5倍以上。在这样一片美好的"钱景"面前,没有哪个商家会不动心。移动支付已成为电商、银行、运营商的必争之地。整条产业链上,各个环节都想从这片新蓝海中找到自己的利润增长点。支付宝早已成为手机购物支付的首选;中移动发布了首款银行卡完整植入手机SIM卡产品,可以直接用手机在POS机上刷卡;各大银行都纷纷推出了手机银行,不仅可缴纳交通违章罚款,还可以用手机购买火车票等;腾讯微信也在广州正式推出"微信支付",可以通过扫码的方式直接购买咖啡、零食等。

2013年11月11日,淘宝的"双11"活动中用手机支付购买额已达到4518万笔,占当天总交易额的32%。这说明超过三成的消费者已经脱离计算机的束缚,走在路上、坐在夜班车上,通过移动设备都能抢到"双11"的打折产品。可是,虽然随时随地都能交易的购物体验让人愉悦，但如果账户存在安全隐患，估计没有哪一个用户会贪图便利而选择风险，便捷与安全就像一块跷跷板，让人不得不提高警惕。

2013年的5月，具备支付功能的建设银行手机APP受到病毒的感染，给热衷于移动支付的"低头族"们一个警醒，移动支付的前景再次笼罩上安全阴影。据中国电子商务投诉与维权公共服务平台透露，手机支付中事关支付数据被篡改、遭遇异地盗刷的投诉不在少数，而且由于误扫二维码、木马入侵手机而发生的盗刷案例越来越多。

（1）2014年3月，北京王先生收到来自商业银行的短信提示："您尾号为****信用卡3月20日14：00消费3502.00元"，但王先生本人并没有任何消费行为，经调查，王先生的信用卡卡号和密码在之前的移动支付过程中被黑客窃取，之后被盗用。

（2）上海的陈女士一向热衷网购，在一次使用手机进行移动支付的过程中，用扫二维码的方式进行手机支付时，第三方支付平台账户内十多万元的资金被不法分子转走。便捷的电子钱包安全性再次被质疑。

（资料来源：根据相关资料整理）

讨论：

1. 针对出现的损失，受损害方王先生可否要求银行承担部分责任？
2. 陈女士如果要起诉第三方支付平台，它应承担怎样的责任？为什么？

本章习题

1. 简述虚拟货币的概念、分类与特点。
2. 试比较虚拟货币与法定货币的异同。
3. 试述虚拟货币的功能。
4. 虚拟货币有哪些风险？如何防范？
5. 如何对虚拟货币的发行和交易进行监管？
6. 你认为虚拟货币崛起是大势所趋吗？
7. 简述区块链技术的前景。

第10章　供应链金融

学习目标

1. 供应链金融内涵
2. 供应链金融相关理论
3. 供应链金融的主体
4. 供应链金融协同
5. 供应链金融模式
6. 供应链金融风险
7. 中国供应链金融发展方向

案例导入

为小微企业提供融资的典范——阿里金融

阿里金融即阿里巴巴金融,是阿里巴巴旗下独立的事业群体。它是一家通过互联网,利用阿里巴巴电子商务平台的数据优势,为小微企业、个人提供小额信贷业务的公司。2010年6月8日,阿里巴巴集团联合数家公司在杭州宣布成立浙江阿里巴巴小额贷款股份有限公司。在2011年6月21日,又共同出资组建了重庆市阿里巴巴小额贷款股份有限公司。截至2012年末,成立两年半的阿里金融利用阿里巴巴、淘宝、支付宝、阿里云四大电子商务平台,服务的客户累计约20万,户均贷款支持约6.7万元。

阿里金融通过电子商务平台上客户积累的信用数据及行为数据,引入网络数据模型和在线视频资信调查模式,将客户在电子商务网络平台上的行为数据映射为企业和个人的信用评价,重视数据,而不是依赖担保或者抵押,降低了小微企业融资的门槛,也让小微企业在电商平台上所积累信用的价值得以呈现。

其实,我们可以把阿里巴巴、淘宝等电子商务平台当成是供应链中的核心企业,而把那些小微客户当做供应链的配套企业,他们之间有着长期的合作关系,有一定的信用关系,这是供应链金融的另一种思路。网络信贷随着互联网的普及、人们对资本便利快捷的需求应运而生，其诞生有其必然性，它确实满足了互联网产业链中部分企业的融资需要。在新时期，我们应该更好地开展银行与电子商务平台之间的合作，利用各自的优势，打造一个更加高效合理的供应链融资渠道，使原有的融资模式具有更大的便利性，为社会创造更大的价值。

（资料来源：豆丁网，2012）

讨论：

为何说淘宝等电子商务平台是供应链中的核心企业？

10.1 供应链金融内涵

10.1.1 供应链金融产生的背景

在当前的经济形势下，由于银行的信贷额度有限而中小企业融资需求却在不断增大，所以中小企业依靠银行进行融资受到了很大约束。作为商业银行信贷业务专业领域的供应链金融，协同供应链第三方物流企业为供应链企业尤其是中小企业提供融资渠道，这无疑启发市场解决中小企业融资难题。简单地说，结合第三方物流企业，从整条供应链价值角度考察中小企业融资需求，为供应链中处于弱势地位的中小企业提供融资服务，实现供应链上金融机构、生产企业及相关配套企业相互协作，以保证整条供应链稳定运营。

进入 21 世纪之后，随着企业对资金的需求量加大，原有的贷款方式已经不能适应资金的需求，而银行也需要新的利润增长点，面对着国际竞争的加剧，无论企业还是银行，都对供应链融资有着强烈的渴望。中国加入 WTO 以后，在逐步开放的过程中，国际性大银行逐渐进入中国市场，给本土银行带来了很大的压力，由于国家政策和市场形势的变化，银行的原有业务收入大幅下降，各家银行之间对中小企业贷款的竞争日益升温，供应链融资作为一项新的业务，逐步成为银行新的攻坚方向。

位于供应链中的中小企业普遍面临着融资难的困境，这是由两方面导致的：一方面，供应链的结构特点导致了中小企业的自身资本与核心企业相差较远，中小企业在供应链中不占优势，而且当面临的上下游企业的需求很大时，通常会造成现金流不足的困境。另一方面，大部分中小企业的信用状况不佳，又没有足够的固定资产进行抵押担保，使得银行等金融机构惜贷现象严重，提供融资服务需要的门槛较高，条件苛刻。

"供应链金融"模式主要利用了供应链中核心企业与配套企业以及和银行之间的合作关系，将金融产品与物流服务巧妙地进行结合，是有效解决中小企业资金不足问题的良药。虽然我国的供应链金融发展还处在探索阶段，存在着一些问题，但是它为我们提供了很好的解决中小企业融资的思路，是值得我们去研究的。

10.1.2 供应链金融的概念

供应链金融，是基于核心企业与配套企业之间的合作关系的基础上，以核心企业作为切入点，综合把握整个供应链活动中产生的信息和资金流动情况，以应收应付账款、预收预付账款和存货抵押等方式衍生出来的组合贷款方式，提供融资服务给核心企业以及上下游供应商、经销商。供应链金融是对供应链中各种资源的整合，由银行或者第三方物流公司提供的一整套资金管理方案，通过整合信息、资金、物流等资源，来提高资金的使用效率并为供应链的参与者创造收益，降低风险。

供应链的概念产生于20世纪80年代末，是德鲁克所提的经济链和迈克波特的价值链等这类理论不断发展的结果，在实践中各行业渐渐引入并完善供应链管理的体制，最终就有了现在的供应链。现代管理研究者把供应链定义为：围绕核心企业服务其他配套企业，从基本的生产到产品最终消费，将所有的参与企业联动成一个整体，共同作用于一个功能网链结构。在这个复杂的动态网链结构中，实现对信息流、物流、资金流的高效控制，促进链上企业的协商与合作，以获得最大的竞争优势和最多的利润潜力。

其实早之前的"仓储融资"模式就构成了供应链金融最原始的形式，这种模式随着农产品等季节性商品的资金需求应运而生，而且由于这种模式的操作环节、技术水平和市场容量受到限制，所以其发展阶段一直处于较低的水平，就这样起源于20世纪80年代的供应链金融概念一直沿用至今。

当今跨国公司寻求"成本洼地"的趋势，使全球范围内的业务都采取了外包以及采购的方式，促进供应链金融理念的发展。供应链外包业务其实是一把双刃剑，促进国际分工却也带来相关企业的资金缺口问题。随着国际企业对业务外包策略达成了共识，越来越多的供应链企业卷入这场国际企业分工协作的运动中，供应链中企业与企业之间的关联程度，也随着业务的深化得到进一步提升。

资金链连接各生产环节，若供应链中某一环节出现资金缺口问题导致供应链断链，将给下一环节的生产购买商带来直接冲击的影响，甚至整个供应链系统也会受到波及。因此，保证供应链稳定性，最直接有效的方式是保证企业的资金流畅性，这也是供应链管理的大势所趋。完善供应链上的融资方式，营造一个将资金流、物流以及信息流整合起来的供应链融资系统，是这方面研究的重中之重。供应链金融在我国发展也有一段很长的时期，理论创新和实践水平都有稳定提高，最主要的原因是其适应中国市场的特点，从供应链金融角度对供应链资金管理进行深入研究，建立一个完善的供应链金融融资平台，是一条行之有效的捷径。

考虑到中小型企业在我国的经济地位和发展特点，供应链金融模式应优先解决中小企业融资问题。根据《中小企业标准暂行规定》，2013年上半年我国中小企业数已达4 200多万户，占全国企业总数的98%以上，创造了全国80%的就业岗位。因此，解决中小企业融资问题关系到我国经济发展，乃至社会稳定。而国家发展创新委员会发布的一项调查显示，只有10%的中小型企业获得了银行的贷款，5%获得了地方政府的津贴。

银行为控制风险对中小企业几乎不做信用贷款，仅以不动产对中小型企业提供贷款服务。但是，由于不动产只占中小型企业资产的小部分，因此，中小型企业不能更多地使用流动资金从事设备更新和拓展业务，否则容易造成资金链断裂，这也就限制了我国中小企业的发展。

全球制造已经在国际众多制造企业全面展开，对物流业务外包的需求不断提高，也对这类物流业务外包企业的自身风险控制管理提出了挑战，供应链的集成理念也渐渐得到人们的关注。供应链集成是供应链各节点企业之间高度联动的表现，对持续性、稳定性也有很高的要求。在节点企业之间相互协调的管理模式下，提升企业利润的同时也促进企业之间的再协调，具有动态的影响关系。而这种供应链协调的思想，就要求各节点企业必须考虑自身行为对整条供应链的影响。整个供应链的供给和需求的预测具有不确定性，很难保持稳定，企业间合作性和协调性自然比较差，这样会给企业的生产和运输造成不均衡，整体经济效益比较低。所以，保证严格的协同要求才能实现供应链管理的系统、集成、敏捷的核心理念。

协同是供应链管理深入发展的要求，实现供应链协同不只由生产企业突破，实践与理论已经给出了更行之有效的答案。生产企业追求更高利润率所要求的生产协同，银行金融机构为获取优质贷款的利息所要求的金融服务协同，第三方物流企业追求成本最小化所要求的物流协同，都完善了供应链资金流、商品流和信息流的配置，充实了供应链管理的理念。

现在就有人把这样理想的管理状态称为供应链协同管理，从原供应链管理思想的静态合作模式，转变为供应链节点企业相互联动的动态合作模式，解放资源在供应链企业之间的限制，实现企业间物流、信息流和资金流的自由流动和整合。现代管理水平和技术创新的支持，很多电商企业开始了供应链协同的尝试，不乏成功的案例。引入这种协同的思想是对供应链理论的补充，为供应链管理的发展指明了新的方向。

10.1.3 供应链金融的多方位视角

供应链金融对于不同层面有不同的解释，比如基于银行层面来说，供应链金融是其业务拓展的方式，集中考虑服务对象的选择与风险控制，银行在其专业领域方面对所提供的供应链金融服务进行定价，并对供应链金融服务的违约提出解决方案，实现供应链金融业务的稳步发展。

基于供应链融资企业层面来说，供应链金融是其资金需求的表现。众所周知，一家企业的财务信息往往带有机密性，在接受银行提供的供应链金融服务过程中，融资企业如何防止其相关机密的流失至关重要，这就要求融资企业对供应链金融业务要保持理性的预期。

如果引入第三方物流企业进入供应链金融，基于第三方物流企业层面，供应链金融业务是被服务的对象，由于第三方物流企业的专业服务符合供应链金融业务开展的要求，而与供应链上其他企业相比，第三方物流企业是融资企业最直接的合作企业，其对供应链金融提供的服务主要是担保产品的监管及信息的披露，这也是银行所需求的服务。

侧重于物流与信息流控制的现代供应链管理已经突显其不足，虽然供应链管理的科学理念可以降低供应链整体生产制造的流通成本，物流和信息流的通畅也带来供应链整体利润的增加，但是供应链运作过程必然要有资金流的支持，供应链下生产制造企业的生产增速，对资金流的需求同样激增，不能满足其运作的资金保证，供应链管理模式带来的发展就是不对称的，而对于供应链上资金需求敏感的企业就是一项巨大的挑战。供应链金融顺应这个需求，将资金流的管理并入了现代供应链管理，可以说，实现供应链管理带来的经济配置优化的进一步突破，就要看供应链金融的发展是否能达到供应链上各参与企业对其预期的均衡。

供应链金融的开展依赖于核心企业的支持，在供应链的生产企业上寻找核心供应链金融注资，这就对其资金的流动性提出更高的要求。而作为服务提供商的第三方物流企业，对资金流动性的管理会比生产企业灵活，特别是上市的第三方物流企业，其融资渠道和信用水平已经达到服务供应链金融的要求，仍然以银行业金融机构作为供应链金融提供资金的主体，其代理融资企业的信用担保，让银行业金融机构，乃至资金充足的其他核心企业为供应链运作注资，那么供应链资金流的运转也将活跃起来，供应链融资企业也有了走出资金困境的希望。我们可以发现，供应链金融的发展更趋于合理，这也是市场经济选择的结果。

10.1.4 供应链金融的意义

供应链金融的兴起给中小企业融资带来了契机，同时也在行业的供应链上，乃至产业链上起到了积极作用，可以说供应链金融可以大大改善集成产业的金融资源配置。由美国次贷危机引发的全球金融危机，揭示了一个基本事实，这就是一国金融资源的开发和利用，必须有一个合理的限度，必须遵循经济与金融的相互关系。面对金融资源过度开发和滥用带来的冲击，实体经济的承载力是相当脆弱的，很容易引起经济运行的内在结构的破坏，甚至引发金融和经济危机。中国是一个新兴的转型经济体，在转型环境下供应链金融作为标新立异的产品，其业务的开展必须受到多重约束，它不仅要面临市场、信息、交易费用的约束，而且更重要的是受到转型的经济体制下宏观调控的约束。因此，供应链金融作为中国转型经济中金融深化的表现，首先就是要受金融稳健有效运行的宏观监控，这既是供应链金融业务发展的基本要求，又是供应链金融协同和供应链经济发展的共同指向。供应链金融协同的研究为宏观调控提供理论依据，实现供应链金融业务收益和风险控制有效结合，引入商业银行和第三方物流企业协商合作，服务供应链企业，最终实现供应链金融服务整条供应链金融资源优化配置的目的。

10.1.5 供应链金融的优势

供应链金融之所以能够兴起在于它充分发挥了供应链中各个环节企业的特点，不仅解决了中小企业的融资难问题，而且降低了企业的风险，作为新的客户源增加了银行的利润，促进了物流企业的快速发展，加快了金融机构的创新步伐，综合提高了产业链的竞争力，达到了多方共赢的效果。供应链金融的优势主要包括以下几个方面。

1. 供应链金融是破解中小企业融资难问题的重要途径

中小企业自身的资信水平不高，缺少固定资产来抵押担保，又因为企业和银行之间的信息不对称以及可能存在的道德风险等原因，中小企业普遍面临着融资难的问题。基于供应链金融的理念，银行等金融机构评判企业的思路有所转变，从过去对单独的一个企业进行评价，到现在站在一个新的高度全面的评价整个供应链，使那些原本无法获得融资的中小企业能够借助核心企业得到银行的贷款支持，从而可以扩大生产规模，提高生产效率，加快发展的速度，逐渐建立起与核心企业长期稳定发展的战略合作关系。虽然，银行不是给核心企业融资，但是核心企业与银行之间的战略关系以及它在供应链中的信用介入都可以为银行带来表内业务或表外业务的收益。

2. 拓展银行客户的融资渠道

供应链金融业务中，银行与供应链成员构建起更加紧密的关系，银行增添了新的客户群体，银行向供应链中的各环节成员提供的授信服务，把众多中小企业和核心企业加入到客户群中，降低了银行过去的大客户依赖性。通过对供应链上下游中小企业提供资金支持，整个供应链内各个环节内的资金流动更加顺畅，使得整个供应链运转更加良好。

3. 增强了金融机构的抗风险能力

首先，将对单个企业的风险转移到抗风险能力较高的整个供应链上，使金融机构市场宏观原因造成的行业风险能力增强。其次，供应链金融的运行之中加入了核心企业的反担保因素，又有物流企业等监管人对库存等动产在整个过程中的信息掌控和实物管制，从而降低了因信息不对称造成的外部性风险。

10.1.6 供应链融资的基本流程

首先，供应链中的企业由于自身发展或者其他原因，需要资金的支持，有需求才有了业务的开展，这是供应链融资业务的开端。然后，这些企业要向银行提出贷款要求，一般，这些企业是达不到银行所要求的信用等级或者经济实力的。银行在接到这些申请之后，要先了解该企业是否处于一个稳定的供应链中，只有在稳定供应链中的企业才有业务进行的资格，在薄弱的供应链关系下，极易发生资金的流失。在确定了该企业在供应链中的地位之后，银行要对该企业向核心企业进行求证和协商，如果该企业与核心企业有着长期稳定的合作关系，并且融资目的可以给核心企业带来收益或者未来价值，这时，核心企业以其自身强大的实力和良好的信用进行反担保。这样，银行在依据抵押单据的真实性，确定授信的额度以及采取何种方式，银行内部风险控制部分进行风险评估，在审批通过后，银行与该企业签订贷款协议，发放贷款。在业务的进行过程中，还有物流企业对中间产生的货物抵押进行监管，仓储公司提供储存、配送等服务。

整个供应链的进行，使得多方受益。银行可以得到更多的客户群，并且能够增加表外收入；配套企业得到了资金的支持，可以更好更快的发展；核心企业加深了与配套公司的关系，而且配套公司的发展对其也是一种帮助；物流企业在其中也能创造一定的财富。供应链融资在不同的行业中的运行模式也不尽相同，在各个银行中也有不同的设计方式，但是不管这些是复杂还是简单，供应链融资的基本流程还是始终如一的。例如，深圳发展银行的"1+N"模式，为上游的供应商提供保理业务、票据贴现、订单融资等产品，为下游的销售商提供动产质押、信用证等授信模式，实现了低成本融资，优化了企业的财务结构并有效地控制了供应链中的风险，解决了中小企业融资难的三大障碍"信用等级低、资金不足、应收账款回收期过长"。目前，在能源、钢材等行业中的众多核心企业和产业链中，供应链金融有了很好的运作并发挥了重要的作用。

10.2 供应链金融理论

10.2.1 供应链与供应链管理

劳动生产力的发展，有很大一方面依靠分工的产生与精细化。亚当·斯密的《国富论》曾经有过关于扣针制造业的一段描述，并得出了一个结论：凡能采用分工制的工艺，一经采用，便相应地增进劳动生产力。各种行业之所以泾渭分明，也是因为分工的存在。最富裕的国家，在制造业和农业上都优于邻国，但尤其重要的是制造业方面远远比邻国发达。对某一个产品来说，分工可以从两个方面解释：关于企业内部的和企业之间的。企业内部的分工，是在一个企业内部，将生产、加工、储存、运输以及销售安排到各个部门来实现产品链的完成。随着经济的发展，人们对于消费的需求也逐渐变得丰富多样化，像原来那种流水线规模化的产品已经不再能够满足社会的需要，因而需要企业之间进行合作，再有运输业的发展促使成本下降，信息化的普及，贸易的加强，使得企业之间分工交易的成本下降，有利于行业内大的企业全力发展自身优势，通过生产外包将并不突出的环节转移到其他企业来进行，而这种新模式的产生，便导致了一种新的生产模式的产生，这便是供应链。

所谓供应链，是指产品生产和流通过程中所涉及的原材料供应商、生产商、批发商、销售商以及最终消费者组成的供需传输网络，包括从生产资料的获取、加工并将最终产品送到消费者手中所涉及的企业以及企业内各个部门组合成一个系统的功能网链结构。管理一系列企业以及网络便是供应链管理。

10.2.2 供应链管理的价值

21 世纪已经不再像过去那样，竞争发生在企业之间，新时期的竞争主体从企业变成了供应链。根据有关部门的调查统计，开展供应链管理之后，企业在运营中产生的总成本支出将会比使用传统管理减少十分之一，在发出订单后可以更快的得到回应，更多的企业在交易活动中能够按时提供货物。这些好处，都是由于使用了供应链管理，它使企业之间更容易得到最佳匹配，市场拥有更高的效率，企业的财务成本、运营成本都得到降低。可以这么说，供应链管理使得一系列的企业受益。在对其进行不断地探索和实践之后，人们对供应链管理的重视程度越来越高，必须充分、深刻的认识、了解它在企业发展中的作用，不能把它当做一种普通的企业管理方法，而要把它上升到一种战略性的高度，这样才能更好地应用它创造更大的价值。

在北美地区，供应链管理作为企业管理的关键性内容已经被大多数企业所认可并采用，但是企业之间管理水平参差不齐，只有极少数企业能够真正地达到很高的水准，而其他的绝大多数企业处在平均水准之下，造成这种现象的原因是，大多数企业的供应链管理只是停留在计划阶段，而没有上升到战略应用中去，这样供应链管理的诸多作用在实际的经济活动中得不到体现。随着经济全球化进程的加快，信息技术的飞速进步，企业所面临的竞争越来越激烈，这便使得供应链管理的地位愈发重要，各行业以及金融机构纷纷运用供应链管理思想来优化日常运营。

近些年来，资金紧缺、融资困难已经成了阻碍企业，尤其是中小企业发展的一大难点，所以企业和金融机构需要突破原有模式，不再局限于相对单一的融资渠道，应用多种方式进行多元化融资，使资金在供应链中更加安全顺畅地流动，解决企业融资难的困境，使供应链中各个环节更加有效有力的发展。随着运输成本的降低，信息化的发展，资金流、信息流和物流已经密不可分，银行投身于供应链中，积极参与供应链中资金流的管理，通过上下游企业和核心企业之间的关系，对经济活动中的风险进行有效控制，以丰富多样的融资模式解决企业融资难题，降低企业的融资成本，以期最终达到供应链中所有参与成员共赢的成果。

10.2.3 企业融资

《新帕尔格雷夫经济学大词典》中对融资给出的定义是：在获得物品或者资产时，在现金不足的情况下，为了获得足够的资金而采用的货币手段。当需要这种手段的主体是企业时，可以扩展出企业融资。企业融资是企业为了更好地发展，多方面考虑市场情况、自身生产经营情况，以及对未来的预测，利用信用或者动产、不动产等作为保障，向资本市场或者其他企业、团体等债权人，募集资金以满足经营需要的经济活动。企业融资其实是对资金进行合理分配的过程，只有有发展需求的企业才会需要资金，而也只有有未来收益保障的企业才能够得到资金，这个是市场的选择功能，将有限的资金转移到具有发展潜力的企业或部门，提高资金的使用效率，促进整个经济的快速发展。企业的融资方式在一般情况下，从资金来源和企业之间关系划分为：内部融资和外部融资。企业的内部融资是指企业使用自身所拥有的存货、应收账款等进行融资来满足生产经营的需要。企业的外部融资是指主要包括银行贷款、资本市场融资、商业信用等在金融中介的支持下借用其他经济主体的资金来加快自身发展。

从众多国内外研究学者对企业融资孜孜不倦的探索与实践中，企业融资理论有了长足的发展，其中，影响最为深远的则是 MM 理论。

10.2.4　MM 理论

最初的 MM 理论是美国的 Modigliani 和 Miller 教授在 1958 年提出的，该理论认为：在不考虑公司所得税时，资本市场是有效的，且不同公司之间的经营风险相同，资本结构不同时，公司的市场价值与公司的资本结构没有关系，也就是说，不管公司的债务占总资产的比率是多少，公司的总价值不会改变，即不存在最佳的资本结构。由于假设条件过于苛刻，在现实之中所得税对公司都是存在的，因此，他们在 1963 年对 MM 理论进行了修正，即在考虑公司所得税时，由于负债所产生的利息是不需要交税的，因此，为了降低资本成本，公司会倾向于加大财务杠杆，负债越高，公司的价值就越大，当债务资本在资本结构中达到 100% 时，企业达到最大价值。之后对 MM 理论的推广，相继出现了米勒模型理论、权衡模型理论。

米勒模型是在修正的 MM 理论基础上加入个人所得税进行校正，该模型认为个人所得税在某种程度上抵消了个人从投资中所得的利息收入。权衡模型理论是在 MM 理论基础上考虑现代社会中存在的财务拮据成本和代理成本，认为，负债增加可以给公司带来减税效应，但是随着负债的增加，上述两种成本则会增加，只有当减税效应与负债增加所造成的两种成本的变动之间达到平衡的时候才是公司的最佳资本结构。这些理论，帮助我们确定企业的最佳资本结构。西方国家的金融制度健全，法律完整，具有更加自由的金融市场，公司可以容易得到资金；而在我国，金融市场起步较晚，各项机制均不完善，中小企业普遍面临着融资难的困境。由 MM 理论可以得到，如果进行借贷不增加风险，那么大的企业与小的企业并没有什么区别，应该具有相同的融资资格。

10.3　供应链金融的主体

银行、核心企业、配套企业（一般为中小型企业）以及第三方物流企业构成了一整套的供应链金融参与主体，由于大企业经济实力较强，信用等级较高，它们往往可以较容易地从银行获得贷款，因而供应链融资的对象一般为中小企业。

10.3.1　银行

银行拥有着大量的资金，银行在经济活动中起到的作用就是对资金的有效合理配置，让有资金空余的一方能够得到一定的收益，而让有资金需求的一方能够得到资金。如果银行可以开发出可以有效控制风险的融资模式或者产品，来满足更多的中小企业的融资需求，这样就可以拓宽银行的客户群体，提升自身竞争力。例如，银行开展的应收账款或存货质押融资业务。

银行金融机构是供应链金融的融资服务提供者，也是供应链金融业务的主导者及管理者。银行传统的授信模式是以一对一的方式开展的，所涉及的也只是银行与中小企业之间的双方关系，信贷评审的重心在于授信客户的抵质押资产、企业的经营能力及第三方保证。在供应链金融中，银行不再局限于融资企业不动产抵押支持，而是基于上下游中小企业之间所形成的真实贸易背景，使得这一过程中银行不仅与中小企业建立了资金的联通关系，同时将自身发展为供应链第三方物流企业承包的财务战略伙伴，由此银行在派生出新增商业利润和金融服务收益的同时，极大地降低了融资的风险。

10.3.2 核心企业

核心企业一般与配套企业有着稳定的合作关系，用自身的信用为配套企业进行担保的方式参与到供应链融资业务中，供应链中的核心企业的规模一般较大，资金充裕而且拥有较高的信用等级，能够对整个供应链产生较大影响。核心企业为配套企业提供相关担保，银行对核心企业进行评估，综合参考核心企业与融资企业的关系，对中小企业提供融资服务。作为供应链中核心企业的企业，一般要满足以下条件：第一，企业本身要符合银行所要求的信用等级水平，即企业自身需要满足向银行贷款的条件，否则，是不能为其他企业进行融资担保的；第二，该企业要在供应链中起到支配经济活动进行的作用，配套企业通过与该企业之间的合作进入到产业链中，则该企业可以被判断为核心企业；第三，要考虑银行对市场的定位，如果银行对市场定位是高端市场，则处于中低端供应链中的企业不能充当银行开展融资服务时的供应链核心企业。

核心企业也是供应链金融的主要参与者，担当着配合与协调整条供应链的角色。这些企业通常是知名大公司或者是跨国集团公司，控制着较多的社会资源，而且所处的市场结构一般为寡头垄断或垄断竞争，因此具有较强的市场影响力，所以这类企业一般具有普遍明显的特征。第一，由于核心企业控制着整个产业链价值链中的核心环节，所以在与上下游企业交易过程中获得了更多的话语权和定价权。第二，核心企业资金实力突出、信用水平普遍较高，在金融市场具有较高的资信等级。而且由于核心企业资产规模大，企业可担保的资源丰富，所以是各家银行争宠的对象。作为供应链和渠道链的组织者、管理者和最终受惠者，尽管核心企业很少会出现获得金融服务的瓶颈问题，但由于供应链中其他企业的绩效水平与核心企业本身的绩效是直接相关的，因此核心企业必然会在考虑到自身企业发展的同时，为其他成员提供融资服务上的便利性。这种服务即包括直接的信用融资也包括在依托第三方机构提供融资服务时提供信用支持等。

10.3.3 配套企业

配套企业是供应链融资服务的需求者，它们一般都比较小型、单一，或者是为核心企业提供原材料的支持，或者是为核心企业进行代销等。配套企业只有制定好战略规划，完善自身的管理体系，不断提升产品竞争力，在与核心企业进行贸易合作时，要保证长期的稳定，这样才能得到核心企业的认同，在供应链融资中占有有利地位，顺利的获取资金，然后进一步提升整个企业的各方面素质，形成一个良性循环。只有那些同核心企业有长久的交易关系的配套企业，才有可能得到核心企业的担保，得到银行的授信支持，这样的模式对银行来说风险是可控的，对核心企业来说，这些企业的发展对其也是有好处的，这些企业是银行进行供应链融资业务所需要追求的对象。

供应链金融中的中小企业，是供应链金融业务开展的最直接服务对象，反映了供应链金融的资金需求。受国内市场环境的影响，供应链参与的中小企业存在很大的相似性。首先，大多数中小企业在供应链上的劣势地位，是由于其与核心企业信息不对称造成的，容易受核心企业在产量规模、资金规模上发展的不平衡所影响，可以说供应链中小企业也是供应链信息对称的需求方。其次，供应链中小企业在规模及技术上要求比较低，对准入企业的限制较小，所以在供应链生产上，聚集很多依附核心企业而冗余的不良企业，而优良的中小企业本身受不良竞争的影响，发展也大受阻碍。可见对中小企业的监管也尤为重要。再次，中小企业资金被占用问题也因为其主体地位没有发生根本改变。最后，银行等金融机构对中小企业信用水平的界定仍有不科学的方面，这也给中小企业短期应对财务风险带来了更严格的挑战。所以在供应链金融协同的理论下，中小企业寻求的是一个对自身生产、资金需求及信用水平能够正确反映的供应链金融协同模式。

10.3.4　物流企业

物流企业是从事运输或者仓储业务，按照客户的要求，负责物品从供应商等源头到分销商等终端之间的包含运输、储存、包装、配送等活动的经济组织。根据从事业务的不同可分为运输型物流企业、仓储型企业和综合服务性企业。在供应链金融业务流程中，比如，在原材料抵押融资模式中，银行会委托物流企业对抵押物品进行监管，企业拿到提货所需的仓单才能向物流企业提取货物，这样，银行便能很好的监控质押物，有效地控制风险。选择物流企业时，应该选取一些信誉好、有一定地位的大型物流企业，这些企业有专业的仓储管理经验，而且在长期的业务中形成了规范的货物出入库体系。另外要注意的是，要避免物流企业与进行供应链融资业务的企业之间有利益关系，这样会影响物流企业的监管作用。

第三方物流企业是供应链金融业务代理的主体，是供应链金融服务的提供商，与供应链金融的金融机构居于同等地位。由于供应链金融业务涉及多领域的操作环节，专业部分已经超出了银行的管理能力，因此引入第三方物流企业进行资源互补，这是银行控制供应链金融风险的管理办法。第三方物流企业参与供应链金融，能够获取真实交易背景的需求。第三方物流企业参与了供应链内部的整个过程，对融资过程中涉及的物流、资金流和信息流不断进行交互，所以获得的需求信息真实可靠。在供应链金融过程中，银行需要对质押物流通环节进行实时的监控，但由于这种监控是动态的，很难保证银行所获得信息的实时性，为了保证在可控风险下不影响借款企业的正常运营，所以通常银行需要与第三方物流企业结成联盟，这样既可以满足借款企业的需要又可以对借款企业的实际运营情况及质押物进行有效的监管。对于第三方物流企业来说，一方面，供应链金融中的货物监管业务是属于自身专业技能的非主营业务，是企业在传统利润基础上的新增利润，所以这在一定程度上创造了第三方物流企业的盈利模式；另一方面，第三方物流企业在代理银行对融资企业货物进行监管的过程中，银行的客户同时也成为第三方物流的客户，第三方物流企业在供应链金融中成为了银行和客户双重利益的代表方，所以他们之间常常需要建立一个战略伙伴的关系，这样不仅稳固了第三方物流企业的客户群而且又扩展了客户群。

10.3.5　协同发展

在我国，供应链金融的四大参与主体都有自己的特点，与国外有很大的区别。我国银行业金融机构受体制的影响最大，其发展与国家经济宏观调控紧密结合。但由于技术手段及管理水平相对落后，所以在开展金融业务过程中，受到了很大的限制，在配置金融资源的服务过程中，造成比较大的资源浪费。但随着世界金融一体化服务进程的加快，迫使中国银行业金融机构引入现代的技术与管理方法，业务能力有了显著提高，面对中国国内的巨大市场，其金融服务的供应也大大地增加，与现代国际金融发展虽不能并行发展，但也紧随其后。

中小企业的发展受自身条件限制，从其本身突破困境在实践上的可操作性不强，所以寻求核心企业的支持成为中小企业探讨的重要课题。但从核心企业的角度可以发现，核心企业虽然资本实力雄厚，但在自身发展与支持配套企业的博弈中，往往从自身利益出发，而不是全局地、系统地考虑整条供应链的发展。同时，考核中小企业发展水平也会给核心企业带来额外成本，并且对信息公布的要求也比较高，就目前中小企业与核心企业的发展水平来讲，这种做法并不实际。金融机构也因为控制供应链金融风险的顾虑，而选择支持传统金融业务，而对供应链金融业务采取审慎措施。所以要在生产制造企业中寻找支撑供应链金融平台的企业比较困难，发展的压力和利益的驱动促使目光转向供应链第三方物流企业。如能借助现代科技，引导第三方物流企业支撑金融机构对供应链中小企业授信，在供应链发展中建立起供应链金融协同服务平台，将有助于供应链金融的发展。

10.4 供应链金融协同

10.4.1 银行与中小企业的关系

我国中小企业与银行间的关系与正常的银企关系是背离的，一方面中小企业资金需求旺却融资难，另一方面银行资金充足却对中小企业惜贷。由信息不对称理论可知，银行缺乏中小企业经营状况方面的信息，为了控制自身财务风险，则对中小企业限制贷款或不发放贷款，造成了逆向选择。同时对于中小企业来说，中小企业接受银行贷款，在市场环境不能达到预期时，中小企业很有可能改变自身投资方向，将资金进行高风险的投资项目，当无法承担风险造成投资损失而不能归还银行贷款的本息时，银行就要承担道德风险，这就是信息不对称给银行和中小企业关系带来的扭曲。在中国市场环境下，中小企业与银行的这种关系降低了银行向企业发放贷款的意愿。

引入第三方物流企业参与供应链金融的协同，可以改善银行与中小企业的关系。基于第三方物流企业在供应链金融模式的地位，其不仅能够专业从事供应链企业交易的外包业务，同时也能获得供应链市场的供求情况，对供应链参与企业的经营比银行具有更客观的了解。如果整合供应链上第三方物流企业的资源，形成一个第三方物流集成代理系统，全面收集供应链各参与企业的信息，参与供应链金融业务，在供应链金融协同的模式下，代理供应链中融资企业与金融机构形成合作竞价的关系，就可以大大破除信息不对称带来的融资壁垒，同时也能够带来自身利润增长。

供应链金融的中小企业与第三方物流企业建立长期稳定的客户关系，利用现代物流技术整合中小企业的资源，由第三方物流企业代理这些资源，这样就能在与银行融资谈判过程中，拉回到公平的地位，让银行金融机构发现中小企业集群下中小企业具有众多优势和价值。同时也削弱了融资过程带来的道德风险和逆向选择的影响。

10.4.2 银行与核心企业的关系

传统金融模式下的核心企业因为融资成本较高，并不会把银行金融机构作为首选的融资渠道，而银行金融机构视核心企业为目标优质客户，这样双方的谈判通常很难达到平衡，会出现资源配置不经济的困境。

核心企业在选择资金投向时，往往不会把银行放于首位，根据市场地位来安排资金投向往往有较高的效益率和稳定性，这主要还是受到银行业金融机构严格的监管所影响。而银行业金融机构的资金支持对于核心企业来说，也犹如鸡肋，在关键时刻往往不能成为及时雨，来解决核心企业的燃眉之急。但核心企业又想通过掌握这块资金，增强其在业务上的机动性。

那么这种情况下，核心企业和银行业金融机构的关系最好的解决方式是发展长期关系，破除短期关系对双方合作带来的不利影响。本文就是借助供应链第三方物流企业在整个供应链管理整合的优势，将第三方物流企业作为供应链上核心企业的代理方，通过与供应链上核心企业联盟的协商进入供应链金融协同模式。

10.4.3　核心企业与中小企业的关系

由于核心企业与中小企业在供应链中的主体地位不平等，中小企业受自身发展的限制，往往附属于核心企业。这样的关系来源于中小企业基于核心企业订单的发展模式，出于市场风险和运营成本考虑，其自身很难对市场进行科学的预测，在稳定的营利模式驱动下，中小企业很难独立于核心企业。引入第三方物流企业的供应链金融协同模式，核心企业和中小企业的关系将会有所转变。第三方物流集合供应链供求关系和市场信息，对供应链金融协同系统内的参与主体，实现信息共享，也可以提供市场咨询等相关服务，那么中小企业将根据第三方物流代理核心企业的生产信息，进行更加科学的生产计划，有效的控制库存解放受限的流动资金。同时借助供应链金融协同系统反馈给供应链管理系统的信息，在整个供应链上获得更加独立的主体地位。中小企业不会受限于一家核心企业，而核心企业也可以通过供应链金融协同市场，最有效率地发现配套企业，加速整条供应链的运行。使原来中小企业和核心企业的关系转型成中小企业联盟与核心企业联盟合作和协商的关系。

10.4.4　第三方物流企业与其他主体的关系

第三方物流企业在整个供应链运作过程中，充当服务提供商的角色，自己主营业务的收入与供应链上各生产企业的生产状况有着直接的联系。核心企业和中小企业把业务外包给第三方物流企业，第三方物流企业按照自身的物流配送规划，调整最优的库存量及运输路径。当然，第三方物流企业与供应链的核心企业和中小企业要实现物流业务的协调，双方要满足对供货期的要求，才能均衡相互之间的关系，建立起长期的、稳定的战略合作关系。

在供应链上，第三方物流企业与银行业金融机构都是为供应链上的生产企业提供服务，由于提供服务的项目不同，所以很多供应链上的第三方物流企业与银行业金融机构缺乏联系。作为供应链资金流服务提供商的银行金融机构，其对资金安全性的要求比较高。而供应链上能够创造很多价值的流动资产，却不能满足银行为其提供融资服务的要求。第三方物流企业的专业服务就是实现供应链上流动资产创造价值的保证。这样通过第三方物流企业，可以活跃供应链上其他参与主体之间的相互关系。而在这样的机制下，第三方物流企业与供应链上其他企业的相互关系也变得更加稳定。

10.4.5　基于代理的供应链金融协同

1. 代理与协同

软件 agent 概念的产生，得益于近年来人工智能理论和技术的广泛研究，并且这些研究成果在软件领域得到了应用。计算机软件对市场经济的模拟也日趋成熟，而计算机软件开发的快速发展，也为各行各业设计服务自身要求的软件提供了更为简捷的方法。可以说 agent 是面向对象的一种软件实体，高度完善各类市场环境不能实现的系统性，接收并响应市场传导的各类信息。将这种面向服务的协商 agent 思想引入到供应链金融协同模式中，如图 10-1 所示。

对供应链金融系统做以下分析。影响银行放贷的因素众多，供需、成本、宏观经济环境、政策等都是重要因素，供应链金融的供求关系主导着供应链金融的业务波动。而这种供求关系又受各种宏观经济及政策的影响。从复杂适应系统理论的角度来看，供应链金融市场中的各参与主体的行为和决策是真正决定供应链金融业务变化的最直接因素。这些主体都是根据对当前市场情况及未来的预期的判断，试图做出对自身最有利的决策。这些决策和行为的总和，导致了宏观上供应链金融业务的变化，如图10-1所示。

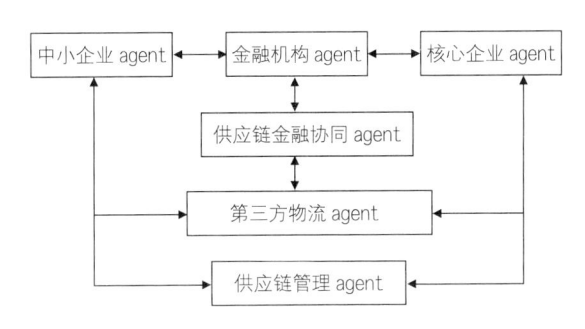

图10-1 第三方物流企业参与的供应链金融协同模式

2. 供应链金融主体代理

供应链金融业务中，有四种市场交易主体：第三方物流企业、中小企业、银行金融机构、核心企业。其中中小企业运营情况、核心企业运营情况及宏观经济情况构成了供应链金融协同的市场环境，可以独立为市场环境agent。本文从各主体agent收益分析出发，对供应链金融协同的描述集中在第三方物流企业agent与提供供应链金融服务的金融机构agent的协同竞价的描述上。

3. 供应链金融协同

在供应链金融协同agent模型中要实现第三方物流企业与商业银行金融机构竞争和协商，参与供应链金融的各第三方物流业和各商业银行从自身的利益出发实现自身利益的最大化，进入供应链金融协同系统，通过磋商实现供应链金融业务的协同，最终实现整个供应链下，各参与者资金的最优配置。

将供应链各参与主体统一起来分析，从供应链企业的角度，不管是供应链上下游的中小企业，还是核心企业都需要缓解供应链上商品链运行带来的财务压力。从金融机构的角度，供应链金融贯穿整条供应链各环节的始终，每个环节都能够为金融机构拓展业务提供利润增长点。从第三方物流企业的角度，供应链金融将成为第三方物流派生出的增值服务，客户企业的融资需求指导供应链金融的方案设计，再向银行申请融资，实现自身资源的充分利用。引入这样一种第三方物流企业参与的供应链金融模式，使得整条供应链的资金流的运作更具有联动性，资金供应与需求实现更好的控制。第三方物流企业就在其中充当服务提供商的身份，让各参与企业之间的关系得到加强。

10.5 供应链金融模式

10.5.1 供应链金融模式的分类

供应链金融并不是国内独创的，它沿袭物流金融，受到世界金融业务很大的影响。国外很多龙头企业拉动了其国内供应链的发展，并把这方面的优势延展到国际竞争上，借助供应链金融的优势带动其下很多配套企业竞争力的提高。恰是这些配套企业的发展对国内同业企业带来了危机意识。

可以说，供应链金融业务在国内的兴起，大部分借力于中小企业的推动。国内核心企业在国际上的竞争有其局限性，对国际巨头企业竞争的反抗总是滞后和不灵敏，但是其受到竞争压力造成的生产效率下降，对国内的中小企业的冲击是明显的、快速的。所以，我国供应链金融业务的发展与中小企业有密切的联系，与国际供应链金融业务模式也有很大的差别，借助银行业金融机构与国外供应链金融业务在资金流上形成对接。

从供应链融资来看，国外供应链金融业务模式是一种基于完整供应链的融资，而国内的供应链金融业务模式却是基于供应链特定环节的融资。所以，供应链金融业务模式在国内发展更具多样性。近年来国内银行业金融机构先后推出了几种供应链金融业务，其中以应收账款融资模式、库存商品供应链融资模式和应付账款融资模式最受欢迎，下面对这三种融资模式的特点及其业务风险进行简要的阐述。

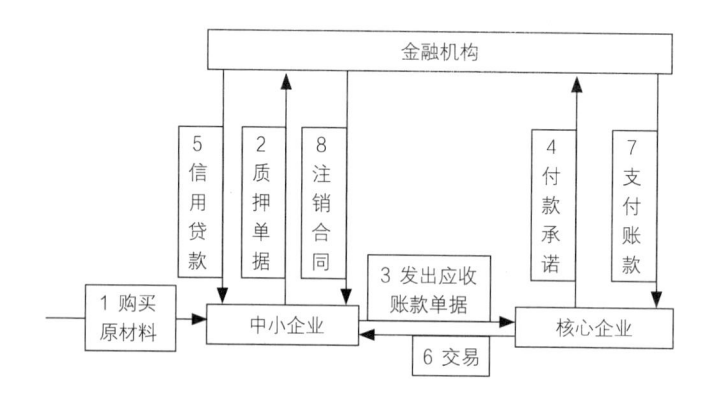

10.5.2 应收账款融资模式

应该区别开供应链金融的应收账款融资模式与传统的应收账款融资模式，他们都是服务卖方企业的融资模式，但供应链金融的应收账款融资模式比传统的应收账款融资模式更具优势，主要表现在：参与这项业务的买卖双方中有一方的资信水平较高，为其服务的银行基于战略合作的地位，为其提供更为便捷的服务；更重要的是能跨过金融交互的其他环节，大大降低了融资成本。而国内供应链应收账款融资的卖方通常资信不是很高，其融资成本要高于拥有自有品牌的跨国公司，为了获得平等的融资服务，就要求买方核心企业参与到供应链应收账款融资模式中来。显而易见，供应链应收账款融资模式对银行订单数据的管理水平提出了相当高的要求，只有卖方的发票数据与买方的订单数据准确对应，才能更有效地防范风险。应收账款融资模式如图10-2所示。

图 10-2 应收账款融资模式

由应收账款融资模式图可知，该金融业务工作开始于原材料的购买，结束于核心企业应付账款的支付。融资所产生的票据会随着交易的发生，在中小企业、核心企业和金融机构之间发生流转。这种融资模式服务商品市场的销售环节，直接原因就是积压的应收账款给中小企业带来的财务压力。

应收账款的直接持有者——制造商，成为这种供应链融资风险控制的重点。国内金融机制在选择这种工具解决供应链融资问题时，优先考虑核心企业。这主要来自于金融机构对核心企业资金、产品、技术等的信心，维持比较高的信用等级。

应收账款质押融资模式是指，为了获得运营资金，企业以自己的应收账款作抵押向银行申请贷款。应收账款融资是使用非常广泛的一种供应链融资方法，该类融资模式的成本较低，可以有效改善企业的资产负债率，加强企业管理和决策的科学化，有着举足轻重的地位。

应收账款融资模式的流程。首先，融资企业要与核心企业签订商品买卖合同，之后，核心企业将应收账款单据交给融资企业，融资企业再以应收账款单据质押，这时核心企业对单据进行付款承诺，然后银行给融资企业提供贷款。在核心企业将产品卖出之后，将应付账款金额交至融资企业指定的银行账户。这样整个融资过程也就完成了。

可供融资的应收账款必须具备以下几个标准：第一，应收账款是允许转让的，而基于特定的缘由产生的不可分割的应收账款不适宜作为质押标的物；第二，特定化，应收账款的金额、期限、支付方式、债务人名称、产生应收账款的基础合同等必须明确、具体和固定；第三，应收账款是有时效性的。通过应收账款融资模式，中小企业可以及时获得商业银行提供的贷款，不仅仅有利于缓解中小企业资金链紧张的问题，提高整个供应链的竞争力，而且有利于商业银行改善不良的信贷结构，提高贷款收益率。

10.5.3 动产质押融资模式

这种动产质押融资方式为金融机构从卖方手中买下转运途中、仓库中的货物，直至买方一次或分批买下这些货物，从而减少买卖双方对流动资金的需求，动产质押模式如图 10-3 所示。开展这项业务必须有有效的手段跟踪货物的运输及仓库的进出，除了需要控制客户的信用风险，还必须充分考虑各种市场风险。

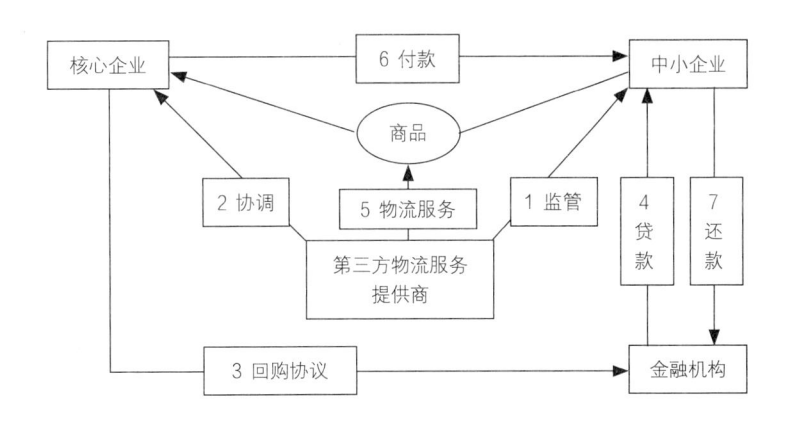

图 10-3　动产质押模式

动产质押带来货币时间价值损失是一块不小的成本，就要选择一样工具解决存货时期的货币时间成本。动产质押融资模式服务于卖出存货和现金支付的时间间隔中，银行金融机构对中小企业的授信就有了信用支持，而第三方物流仓储企业，给予整个融资过程更好的安全保证。当然实现这样的过程，就对银行金融机构提出存货服务水平的要求，包含了提供专业服务、账户管理及评估信用水平。这种融资模式应该有独立特色的各方协议。协议包含的文件应该包括声明质押的对象，有效的时间界限，仓储协商的价格等。而银行金融机构保存资金需求方开具的存单证明，发放资金。当然在动产质押期间，银行金融机构就需要不定期的货物清查。而仓储物流企业不仅提供基本的存储服务，还要保证所存动产的真实性，以及信息的可靠性。这才能保证最终付款企业，在查验动产以后，接收动产并还清货款。

对于为中小企业提供动产质押融资支持的银行金融机构，其对中小企业运营水平的认识有相当高的要求。作为动产质押的商品能否实现买方和卖方之间的交易，直接关系到这类供应链融资方式能否实现最终资金安全和结清。那么相应对质押动产的标准是动产质押融资风险控制的特殊要求，通过对存货等动产的监管，最终把风险转移为市场运营的系统性风险。

库存类融资模式是解决企业在生产过程或者销售过程中大量的原材料或零部件等占用资金的问题，主要形式有融通仓、仓单融资、存货质押等。存货融资中存货的选择需要参考变现能力和成本，一般可质押的存货需要满足：货权清晰、价格稳定、流动性强、易于保存。银行可以根据实际情况进行有选择的调整，比如存货周转速度很快，那么可以适当放松其价格的稳定性。库存融资有以下几种不同的运作模式：对供应商来说，库存融资模式更多的时候是原材料或者零部件质押融资，应收账款质押融资；对制造商来说，存货质押融资或者保理业务是更适合的选择；而对分销商来说，比较常用的库存融资模式则是买方信贷融资和保理业务。

在供应链正常运行时，处在核心企业上游的供应商也一样需要采购原材料，然后加工生产核心企业所需要的原材料，当供应商的资金不足时，他们可以采取原材料质押融资。原材料或零部件质押融资是指，供应商将质押的原材料或者零部件运送到银行指定的仓库，而银行一般会找到一个物流企业代为管理，以物流企业开出的仓单向银行金融机构申请贷款。例如，有B银行、C钢铁公司，C公司是一家加工建筑用钢材的钢铁企业，主要产品是一些建筑钢材，随着C公司的规模慢慢变大，公司需要大量原材料，由于资金有限，C钢铁公司不能批量采购，所以不能得到折扣，生产成本居高不下，又因为生产经营的原材料占用了企业的大量自有资金，使得企业的流动资金紧缺，公司发展停滞不前，无力扩大规模。B银行了解了C公司的基本情况后，推出了以C公司原材料作为质押物的仓单质押业务，该企业流动资金不足的问题得到了解决。

10.5.4 应付账款融资模式

应付账款融资模式是引入第三方物流企业进入供应链金融业务的经典模式，与其他融资模式相比，其运营结构上具有很强的稳定性。第三方物流服务提供商在供应链金融服务过程中，不仅具有物流服务的功能，更重要的是其发展了自己的业务能力，承担供应链金融服务的担保职能。这不仅解决了供应链金融服务的资金安全性问题，同时也对参与供应链金融的第三方物流服务提供商的业务专业化程度提出了更高的要求。应付账款融资模式如图10-4所示。

通过对应付账款运营模式的研究可知，控制资金流动性的主动权归属于银行业金融机构，而第三方物流服务提供商所扮演的角色，主要承担的是保障供应链金融业务资金安全的同时，加速银行业金融机构对供应链的资金链的运行。流通中的商品在第三方物流服务提供商的监管下，成为银行业金融机构资金流动的最主要参照对象。而且银行业金融机构根据流通中商品的供应额定值，对供应链上的融资企业提供相应的信贷支持。简单地说，第三方物流服务提供商实现了金融机构及相关融资企业对供应链的资金流与信息流，更加充分的共享，大大地提高了供应链金融业务服务的效率。

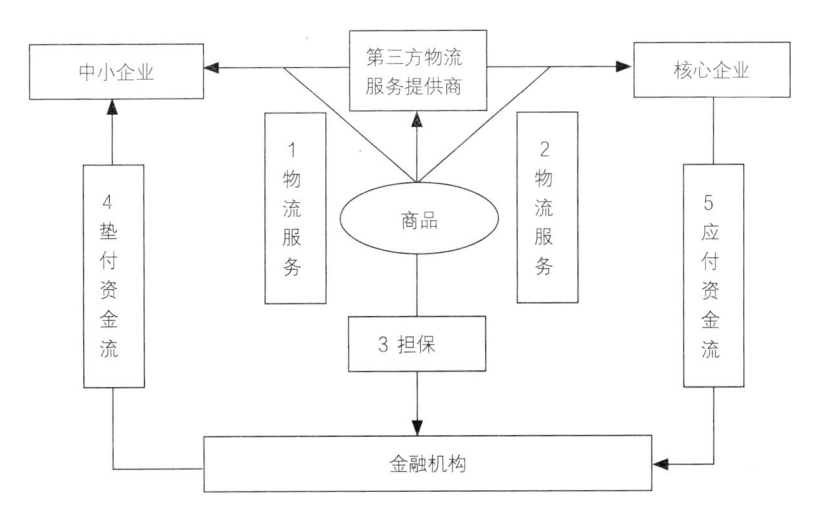

图 10-4 应付账款融资模式

10.6 供应链金融风险

自 20 世纪 90 年代以来，供应链理论逐渐流行起来。供应链理论的运用范围越来越广泛，并且也逐渐运用到金融领域，由此产生了供应链金融。所谓的供应链金融，指的是商业银行通过对某一产业链上下游单个或者多个企业提供全面的金融服务，以促进供应链核心企业及上下游配套企业产、供、销链条的稳固和流转顺畅，并通过金融资本与实业经济的协作，构筑商业银行、企业和商品供应链互利共存、持续发展的产业生态。在一个供应链之中，除了核心企业之外，其他的多为中小企业，因此，从某种意义上讲，供应链金融是为中小企业服务的，其能够在一定程度上解决中小企业融资困难的问题，拓展其融资渠道，促进中小企业发展。供应链金融具有自身优势，能够保证资金运行的安全，使资金具有可靠的增值价值，并且便于企业发现和培养优质行业客户群体。但是，供应链金融同样也存在着自身的风险，本文分析了供应链金融的风险种类，并提出了解决对策。

10.6.1 供应链金融的主要风险

在供应链金融中，参与者非常多，往往涉及不同的产业、技术领域或地域，这就会带来一些风险隐患。供应链金融所面临的主要风险体现在以下几个方面。

1. 法律缺失风险

由于我国的供应链金融还处于起步阶段，所以相关法律法规还很不健全。目前，只有《合同法》和《担保法》等法律对此进行了法律规范，但是相关条款很不完善。而且，我国也没有专门的法律法规来规范整个供应链金融的业务操作，这就可能导致业界人员利用法律漏洞谋取自身利益，产生法律风险。

2. 运营风险

银行在开展供应链金融的过程中，也存在着运营风险。供应链金融需要提供多样化的服务，而客户的需要也各不相同，因此银行就需要针对不同客户的不同需要，量身定制不同的金融服务。同时企业的不同部门往往出于自身的考虑，销售部门希望提高销量，决策部门希望加快资金周转率，而资产管理部门则将工作重心放在保障资金安全上，各部门的金融需要不同，考虑重点不同，就需要银行提供更为多样性的金融服务，随着金融服务范围的扩大，风险隐患也会增加。

3. 信用风险

供应链金融服务的对象多为上下游的中小企业，中小企业由于管理不规范，技术力量较为薄弱，资金实力不足，缺乏对自身信用的管理，而且资信不足，这就导致中小企业信用较差，一旦其经营业绩出现下滑，偿债能力降低之后，就会给商业银行带来极大的信用风险。传统的融资模式是建立在企业的信用水平、财务实力和质押担保上的，中小企业这些条件均达不到要求，所以被银行拒之门外。供应链融资关注的是资金流动的需求，供应链融资的信用风险在于核心企业与供应链中弱势企业之间是否能够一直保持资金的稳定流动，即核心企业与中小企业一直保持合作关系，供应商零售商有了收入，才能保证供应链的运转。

信用风险分为系统性风险和非系统性风险。系统风险是由宏观经济周期或者行业发展形势的变化造成的行业内部大部分企业发生亏损的情况。非系统风险是企业自身的经营策略、内部运营等方面造成的经营风险。供应链中任意一个环节出现问题都可能影响整个供应链的运转。系统风险一般是无法防范的，只能从非系统风险入手。非系统风险大多是道德风险，这主要是由人的主观意识所决定，比如债务人对投资方向的取舍，对风险的偏好程度，对现实形势的把握，这是因人而异的，因而是难以衡量的。所以在当前，银行对于信用风险要保持一个谨慎的态度，完善市场预测机制，提高风险预警机制，综合运用企业主体信用评级与债务评级，分析收益是否能够匹配对风险的补偿，提前构建应急预案，即使在风险发生的情况下，运用追加担保、冻结相应资产、暂停相关授信服务等方法，来避免损失的进一步扩大。

4. 操作风险

在我国，商业银行开展供应链金融业务的历史还比较短，相关的风险管理经验欠缺，而导致存在很多风险隐患，例如，贷款工具缺乏灵活性，自身的监控系统也不完善。同时商业银行对质押物的估值不够客观和准确，方法不够科学，这也直接影响了商业银行的损益。此外，商业银行还存在着内部管理风险，商业银行的管理机制、监督机制不够健全，管理水平较低，而其工作人员素质参差不齐，业务操作失误率较高，这都在很大程度上增加了供应链金融的操作风险。操作风险主要是由于系统失灵、人为失误、不完善的内部控制等造成的包括与风险相联系的成本的损失。供应链融资业务具有操作频繁的特点，供应链中各个环节各种操作都有可能造成损失，而且这些都是人为造成的。银行需要建立操作风险数据库，调查分析供应链中各个环节中操作风险所造成的损失，评估各自的损失率。银行的风险控制部门要独立于其他部门，风险控制人员要充分了解行业，深入到操作的各个项目，建立标准的流程进行风险审查和贷后操作，定期审核业务流程，来对操作风险进行有效的控制。

10.6.2 供应链金融风险的防范

1. 完善法律法规，对供应链金融业务加以规范

在我国，法律法规的不完善极大地限制了供应链金融的发展，并增加了供应链金融的风险。因此，我国政府应该尽快修订和完善《担保法》《合同法》中有关供应链金融的条款，对供应链金融业务的准入资格、行业管理办法以及操作指南等内容加以规范，为供应链金融的发展提供有效的法律和制度保障，降低其风险。另外，相关的法律要尽可能地保护相关方的合法利益，简化操作程序，明确合同各方的权利和义务，降低谈判成本。

2. 建立供应链建设保障机制

为供应链建设保障机制：

（1）必须订立各项契约，保障供应链企业之间的相互信任；

（2）要建立技术平台，保障信息的传输与信息的质量，以实现信息共享，加深彼此间的信任；

（3）要对物流、信息流和资金流实行封闭运作，商业银行应该选择一家强大的物流公司进行合作，这样物流公司就可以为供应链提供信息、仓储和物流等服务，帮助银行监控物流和企业动产，达到银行控制货权的目的，这样就会降低银行与各企业之间的信息不对称，运营风险就会大大地降低。

3. 建立信用机制

信用风险是供应链金融所面临的主要风险之一。针对这一风险：

（1）商业银行要完善自身的信用评估和风险控制方法，在客户资料收集、资信调查等方面下工夫，认真了解各目标企业的信用情况，避免逆向选择；

（2）对于原始发票、付款凭证等涉及质押物的信息，商业银行应该加以严格审查，避免质押物所有权在不同主体间流动引发权属纠纷；

（3）各企业应该从长远利益出发，提升自身的能力，加强自身的信用管理，提高信用度。

4. 加强商业银行的自身管理

针对商业银行自身的问题，商业银行也应该加强内部控制，提高自身人员素质：

（1）商业银行应该建立一套完善的内部控制体系，建立一整套针对供应链金融客户管理、风险识别与控制的体系，提高经营水平和决策水平；

（2）商业银行应该构建电子信息系统平台，以利于内部各个部门和环节的工作，优化操作流程系统，防范和减少内部操作失误；对业务操作各环节进行实时监控，提高应急反应和危机处理的能力和效率，实现商业银行、物流企业、贷款企业三方信息畅通、信息共享；

（3）提高量化风险计算水平，建立可靠和完善的数据信息处理系统，统筹数据，细化模型，从贷款企业获得原始的数据以后，要深入开展统计分析，不断满足供应链金融决策所需的各种数据，建立内部评级模型，加强财务测算；

（4）构建供应链金融风险管理组织体系，以保证供应链金融风险管理目标的实现，业务流和方法的顺利进行；

（5）对于银行员工，商业银行也应该加大培训力度，定期对员工进行金融、管理和法律相关知识的培训，以提高他们的素质，降低操作风险，提高商业银行经营管理水平。

10.7 中国供应链金融发展方向

对于我国经济中的中小企业来说，供应链金融有着重要的不可替代的作用。然而，在实际业务发展当中还存在一些问题，像电子平台较为落后、非授信业务的开展较少等，本研究就我国的供应链业务发展中出现的问题提出建议和策略。

10.7.1 改善供应链金融服务

相对于非授信业务来说，在我国，商业银行的实际业务中更多的重心往往都放在了授信业务上，这两种方式组成了供应链金融的授信类型。负债业务和中间业务组成了非授信业务。

各类代理业务、顾问类业务和结算业务组成了中间业务，在实际中，主要可以分为报表自动对账、网银集团用户的管理和账户变动的实时通知，还有就是委托代理业务、保理业务和信用调查。提供增值业务的优点在于增加附加值，深度挖掘客户的最大价值，银行向客户提供的不是资金而是服务，这样来说风险就降低了不少，而且利润也相对丰厚一些。这样在增加了客户的投入之后就可以提升客户的综合贡献度，也可以提升银行自身的竞争力；另外，增值业务可以提升客户的满意度，建立起良好的银企关系。所以银行在提供供应链业务的时候，应该重视非授信业务的建立和发展，加大力度重点推广该业务，提高服务质量满足客户多元化的需要。

10.7.2 提高供应链金融产品创新

我国银行的供应链金融产品与西方发达国家同等类型相比，其创新能力还是不够强，对于市场的把握还不是很到位，在新要求、新趋势、新发展上还不能很紧密的契合市场，所研究开发出的产品与企业需要融资的要求还是有所差异，在产品线上做得还不是很到位。

对于有些已经开发好的产品，银行并没有充分将其运用到实际当中来发挥供应链金融的业务优势，而是继续沿用应付账款融资、货类融资等授信业务的产品，所以，需要利用现代化的技术和平台，提高金融产品的创新力，细致研究在供应链上的每一个节点的具体要求，研发出符合市场需要并顺应供应链变化发展的金融产品。为了提高供应链产品的创新和创造力，可以放宽业务限制、提供有利的政策和对人才进行系统化的培训。

10.7.3 优化融资业务流程

供应链金融对于人员和客观条件的需求较为苛刻，例如，对业务人员的素质要求较高、处理流程相对复杂、决策链条较长等。国内的部分商业银行处理业务效率较低，而且没有自身企业的专门的供应链审批、审查团队。所以对于优化供应链业务可以做以下几点改善：

（1）成立专门、专业的供应链服务产品审批、审查精英团队；

（2）设立人性化、制度化、严格的规范流程，这样既有普适性同时也对个别产品进行微调，做到面面俱到；

（3）分类别地成立客户、产品经理团队。

10.7.4 供应链金融服务领域拓宽

供应链金融在欧洲、美洲以及非洲的众多国家中，经常应用到农业行业中。我国供应链金融业务主要集中在汽车、钢铁等领域，应用面还不够宽。今后我们可以将供应链金融应用到更多的行业中去，比如说农业，政府可以推出相应的扶持政策，适当给予农业供应链贷款一定的折扣，帮助解决我国的三农问题。

10.7.5 促进电商平台与银行电子化的结合

互联网出现以后，信息革命给全球带来了深刻影响。银行作为全产业的支持方，它的电子化进程不但左右着银行的核心竞争力，还对整个社会发展意义重大。而第三方电子商务平台的引入可以加速银行电子化进程，也可以使供应链融资各个环节更加透明，电商平台和银行的深度合作所结成的战略同盟可使双方从中获益。

电子化已经成为银行发展的重要手段，它突破了原有的时间概念和空间界限，对供应链融资突破地域限制是极大的帮助，减少了信贷审批环节，缩短了审批时间。而且能满足不同层次、不同行业、不同地区的企业金融服务需求。电子商务平台掌握了大量中小企业的信息，其中很多有关商户信誉的细节都是供应链融资信用风险控制的核心。而第三方支付公司所掌握的中小企业贸易状况又是银行资金回收所关注的核心。在这两方面电子商务平台和第三方支付公司都有丰富的积累，从某种程度上讲，它们所掌握的信息要比银行所掌握的信息更加贴近实际情况，这一点对于银行价值巨大。所以将电子商务平台与银行电子化结合起来对我国供应链金融的发展有着很大的益处。

（1）降低监管成本。随着越来越多的中小企业进入到电子商务平台，供应链管理逐步变成了电子商务供应链管理。大量的企业信息集成在平台上，降低了收集信息的难度，缩短了监管的反应时间，从而降低内部监管成本。

（2）发现新的机会。电子商务平台信息化、网络化的技术手段为银行金融服务提供了更安全、更及时的介入点，从而发现新的融资机会。

（3）降低融资风险。由于电子商务平台掌握企业交易的真实情况，所以可以杜绝交易造假的情况，使银行对从业人员的依赖性降低，进而降低贷款风险。

（4）供应链融资业务电子化。目前供应链交易产生的以现代存储技术生成的可以证明事实的资料都可以作为电子证据来使用，基于这种法律保障，银行服务的申请、批复和出账流程都可以直接整合到第三方电子商务平台上，以视觉化的形式展现，从而提高供应链融资业务的电子化水平。

10.7.6 供应链金融的展望

进入 21 世纪后，随着企业对资金的需求量加大，原有的贷款方式已经不能适应资金的需求，而银行也需要新的利润增长点，面对国际竞争的加剧，无论企业还是银行，都对供应链融资有着强烈的渴望。位于供应链中的中小企业普遍面临着融资难的困境，造成这种现象的原因有两方面：一方面，供应链的结构特点导致了中小企业的自身资本与核心企业相差较远，中小企业在供应链中并不占优势，另外当面临的上下游企业的需求很大时，通常会造成现金流不足的困境；另一方面，大部分中小企业的信用状况不佳，又没有足够的固定资产进行抵押担保，使得银行等金融机构惜贷现象严重，提供融资服务需要的门槛较高，条件苛刻。中国加入 WTO 以后，在逐步开放的过程中，国际性大银行逐渐进入中国市场，给本土银行带来了很大的压力，由于国家政策和市场形势的变化，银行的原有业务收入大幅下降，中小企业融资是一个还有很大发展空间的市场，各家银行之间对中小企业贷款的竞争日益升温，供应链融资作为一项新的业务，逐渐成为银行新的攻坚方向。

供应链金融是专门针对中小企业融资难而产生的一种金融创新模式，它主要利用了供应链中核心企业与配套企业的合作关系，基于核心企业的信用担保，分析配套企业是否能通过经济运营获得足够的未来现金流来保证还款的进行，与物流企业进行合作，灵活的使用存货、应收账款等动产作为担保，为供应链上下游企业提供创新型金融产品和服务。

我国在开展供应链金融之后取得了一定的成果，但是更暴露出了很多问题。法律法规的不完善，不规范的行业竞争，淡薄的供应链管理意识，在运作过程中的信用风险、操作风险，以及中国滞后的金融技术发展，产生了供应链融资业务的风险不可控，操作烦琐，效率不高等不利影响。针对这些问题，我们要对相关法律体系进行完善，建立有效的风险评级系统，优化融资业务流程，并加大在电子化等金融技术方面的投入，使供应链金融走向合理化、程式化、高效化，更好地为中小企业融资进行服务，为我国的经济发展注入活力。

经济腾飞，技术革新，使得企业生存环境发生变化，银行作为国民经济生活中不可或缺的部分在企业融资方面继续扮演着重要角色。面对新的环境，原来的融资手段已经满足不了新形势下企业的需求，因而迫切需要一系列新型的融资手段，供应链金融应运而生。一系列的政策和法律制度的完善，大大加宽了企业融资的渠道，原本无法提供抵押担保物的企业，在新的法律框架和供应链金融新的产品设计下，利用存货、应收账款等也可以进行抵押担保，这不但使企业得到了资金的支持，也开辟了银行新的市场。供应链金融通过自偿性的结构化设计，利用风险分离技术，将资金投向对象与风险承担对象分离，紧密围绕核心企业，基于整条供应链的运转，在完成对企业融资的同时，还使供应链内各个节点的关系更加紧密，稳定了供应链。但是，我国目前还没有针对金融行业的知识产权保护政策和法律，因而各家银行的商业模式很容易被复制，导致整个行业同质化竞争的现象非常严重。仅依靠银行的行业自律无法解决这个问题，必须使整个社会重视金融知识产权的保护，合理的限制银行从业人员的流动，才可以使供应链融资，甚至整个金融行业向健康方向发展。

近几年，电子商务平台在网络信贷方面的发展，对银行原有的供应链融资模式是极大的冲击，供应链金融的前景广阔，但是竞争也会越来越激烈，银行要更好地与物流企业、电子商务平台以及第三方支付企业合作，展开一系列新的金融、体制和服务改革，更好地为企业服务，才能满足社会高速发展的需要。

本章小结

通过本章的学习，应该理解供应链金融内涵，包括供应链金融产生的背景、供应链金融的概念，以及供应链金融的多方位视角，同时要熟悉供应链金融的意义和优势，掌握供应链融资的基本流程。深刻领会供应链金融理论，熟悉供应链与供应链管理、供应链管理的价值，掌握企业融资及 MM 理论。理解供应链金融的主体，如银行、核心企业、配套企业和物流企业，熟悉他们的协同发展，特别是基于代理的供应链金融协同。掌握供应链金融模式的分类，比如，应收账款融资模式、动产质押融资模式和应付账款融资模式。熟知供应链金融风险及供应链金融风险的防范。了解我国供应链金融发展方向，不断改善供应链金融服务，提高供应链金融产品创新，优化融资业务流程，拓宽供应链金融服务领域，促进电商平台与银行电子化的结合，创造供应链金融的更好发展。

本章案例

张扬　我的青春我做主

张焱出生于1982年，浙江绍兴人，地道的南方人，却有着北方人的豪迈性情。家境殷实的他，早在大学期间，便开始了自己的创业历程。

2003年，非典盛行，全国陷入高度恐慌，杭州也不例外。餐饮、商品行业纷纷遭受冲击，位于杭州文二路保俶路的繁华路段的一家酒吧，因老板无心经营，将其出售。而那时的张焱似乎嗅到了商机，思考了一周之后，他用父母给的30万元购房资金，盘下了酒吧。由于经验的缺失，第一次创业以失败告终。

毕业后，张焱与两个好友商议，并结伴直奔温州瑞安，做起了皮鞋代理商。这一举动，实在是让家人和朋友费解，"当时为什么没有找个轻松体面的工作？""当时，没有考虑那么多，那段日子的确过得很苦。"张焱回忆，"找供应商，找渠道，每天的生活就是和皮鞋打交道，但每赚一笔，心里就踏实一分。"在接下来的2年，凭借着那份执著和努力，他们的皮鞋贸易公司最终成为一家知名的鞋企经销商。

在他看来，人生、青春本就应该由自己做主。

2007年，张焱选择回到杭州，继续经营着他的皮鞋生意。之后，机缘巧合，他进入了一家银行从事信贷工作，从此踏上了金融这条"不归路"……

芳香四溢的酒只有历尽了岁月的沉淀才为上品，一个人的成功之路更需要漫长的时间去铸造。

转型　互联网金融的尝试

2013年，张焱开始懵懵懂懂的进军互联网金融市场，并成立了聚车贷。一直顺风顺水的他，也遇到了棘手的问题，从做网站到测试，再到运营，第一次体验，失败；第二次测试，效果不尽如人意，再次失败；第三次……最初那些激情万丈的小伙伴逐个离开，在不到7个月的时间里，聚车贷因为模式没有契合互联网的发展而半路夭折。"干不过别人，金融属性我有，互联网我可没有经验。"张焱风趣地说。

然而，张焱并未放弃自己的互联网金融梦想。2014年7月，他再次出发，成立了浙江铜米网络科技有限公司，这一次他从技术入手，重组专业团队。从平台的研发和运营，每一个环节他都参与其中，多问、多看、多想，他硬是从一个在技术上什么都不懂的外行，变成了事事通的内行。2014年12月，"铜掌柜"PC端正式上线，2015年2月，铜掌柜平台实现了终端全覆盖。同年4月21日，铜掌柜获上市公司中来股份战略入股，成为当时国内少有的几家有上市公司背景的互联网金融平台。

2015年6月2日，对于张焱来说，这是一个值得纪念的日子。铜掌柜平台主体企业——"浙江铜米网络科技有限公司"更名为"杭州铜米互联网金融服务有限公司"，成为浙江省首批由政府部门核准工商登记注册的互联网金融服务公司。

据最新数据统计，2015年9月初，铜掌柜以月增速28%成为浙江省增速最快的平台。截至2016年上半年，平台交易额已经突破14亿元。

专注　跨境电商和供应链金融

众所周知，存货金融作为供应链金融中的一个分支，银行基于高额的净调费用以及物管费用，一直对它态度冷淡。另外P2P行业嵌入存货金融，虽在一定程度上解决了信息不对称以及高额成本的问题，但对整个供应链中存货的再处理尚有欠缺，若借款人出现还款困难时，存货贱卖还是分销却也一直存在隐疾。对于张焱而言，越是新奇的事物，越能激发他的征服欲，他要抓住最后一波机遇。

2015年6月29日，浙江省人民政府发布了《中国（杭州）跨境电子商务综合试验区实施方案》，让张焱更坚信，"互联网金融+跨境电商"将大有可为。

从采访中了解到，纵观整个商业模式，铜掌柜从"资金的来源""资金的流动去向"以及"如何风控"三方面部署了发展战略。

1. "钱从哪儿来？"

基于P2P平台，铜掌柜的资金来自平台的投资者。通常，投资者是通过平台对已有标的进行投资，一方面解决了投资人的理财需求，另一方面，解决了借款人短期资金周转需求。在供应链中，铜掌柜担当了银行的角色，但区别于传统金融银行业存贷贷款业务，其资金流转速度将大大加快，且使用成本降低。

2. "钱到哪去？"

平台资金托管第三方，不自设资金池，每一笔资金都落到借款人手中，有效地解决了借款人空有存货，却苦于资金周转不灵的尴尬境地。专业的人做专业的事，在整个商业闭环中，铜掌柜的仓储业务依托第三方仓储物流，从存货的管理，出入凭单到意外保理全部与中外运、费舍进行合作，实行第三方仓储监管。目前，铜掌柜也与聚美优品、唯品会等平台建立合作，并签下了当下最热销的近百个国外品牌以及与近百家跨境电商平台商家进行了合作，为其提供跨境电商金融业务，每一环都细化到实处。

3. "如何风控？"

铜掌柜的存货筛选多为时下热销的产品和硬通货，如母婴产品，以便保证借款人在逾期后存货的销路。在存货监管制度上，则需有保证支付、物流、订单，三单合一才能出仓，监管借力专业仓储物管机构以及健全的存货保单，保证存货的安全。在每一单业务中，铜掌柜都会要求商家缴纳一定比例的保证金，这在一定程度上约束了借款人。同样，每一单业务还设置回购方，做到每单业务双保险。

如此之快的成长速度，令人惊叹。2015年9月7日，浙江省省长李强陪同中央财经办主任刘鹤视察铜掌柜，肯定了铜掌柜在业务模式上的创新之举，李强在听到铜掌柜的发展速度之后说："这样的发展速度还是比较快的。"

传承感恩和勇气

越丰满的穗，头低得越低。在采访中，张焱说起他所做的事情，说得最多的就是"学习"和"感谢"。从"金融人士"到"互联网金融人士"，他的转变可谓"华丽"。现在铜掌柜技术团队，其中有一半来自于阿里系，完全弥补了之前他对互联网的缺失。而今天的成就来自团队的每一位成员。闲暇中，聊起公司的福利，"我们平时每周、每月都会有聚餐。"

采访中获知，铜掌柜正在准备中秋员工活动——百人湖蟹宴，铜掌柜全体员工将携家人一起分享中秋之乐。张焱说："这也是为了增加公司的家文化，让员工在辛苦工作之余能够过个好节日。"

当小编拿起普鲁斯问卷时，他对问题产生了浓厚的兴趣，"我最看重朋友的特点就是尊重，我最珍惜的财产是一个值得被尊重的团队，我最喜欢女性身上的责任心、事业心和爱心。"停顿了会，他继续回答接下去的问题，"我的座右铭是'梦想是给敢闯的人'，虽然我的座右铭很土，但我就是那么认为的。"

关于未来，张焱坦言，第一步，肯定是先把铜掌柜发展壮大，这是他近期的梦想，如果有一天，P2P不能承载他的梦想时，那时的他也许就会跳出这个圈子，寻找更大的目标。

（资料来源：鸣全网，2016）

讨论：
张焱为何选择供应链金融创业？

本章习题

1. 简述供应链金融的内涵。
2. 试论供应链金融各主体的地位。
3. 分析供应链金融协同的意义。
4. 以案例说明供应链金融模式的异同。
5. 试论中国供应链金融发展方向。

第11章 互联网保险

学习目标

1. 互联网保险概述
2. 众安在线业务模式
3. 互联网保险的风险控制
4. 我国互联网保险的现状与问题
5. 国外互联网保险的启示

案例导入

"三马"网上卖保险获批　定位互联网金融服务

由阿里巴巴的马云、中国平安的马明哲、腾讯控股的马化腾联手打造的众安在线财产保险公司（下称"众安在线"），其筹建申请已经获得保监会的批复。众安在线将是中国首家通过互联网销售所有产品并处理理赔的财险公司，反映出保险业领跑者对传统销售渠道的"突围"策略，并已令一些保险公司感到畏惧。

据已披露的信息，这家名为"众安在线"的保险公司注册地设在上海，全国均不设任何分支机构。股权架构方面，阿里巴巴持股19.9%，是第一大股东；中国平安、腾讯分别持股5%，并列为第二大股东；其他的为中小股东，包括携程、优孚控股、日讯网络科技等6家公司。有消息称，众安在线的营销方式和业务范围将有别于现有的保险公司，其推出的保险产品主要针对责任险、保证险两大险种，完全通过互联网销售和理赔，而针对游戏道具、游戏账号等"虚拟财产"的新险种也被包括其中。

点评：众安在线的出现，突破国内现有保险营销模式，在互联网新金融创新上尝试"破冰"，同时也点燃了保险行业新一轮竞争的战火。

"三马"选择"碰头"是一种取长补短、强强联合的明智选择。阿里巴巴拥有大量网上企业及个人客户,中国平安擅长保险产品研发、精算、理赔,腾讯则拥有广泛的网络用户基础、媒体资源和营销渠道,三方合作如果可以就互联网保险的发展战略达成共识,相信会将互联网经济搞活搞大。

(资料来源:梁春丽.聚焦杂志,2013)

讨论:

互联网金融为何首先从保险业开战?

11.1 互联网保险概述

11.1.1 互联网保险的兴起

2013年,由阿里巴巴的马云、平安保险的马明哲、腾讯控股的马化腾联手打造的众安在线财产保险公司获批。众安在线推出主要针对责任险、保证险以及网络虚拟财产的保险产品,完全通过互联网销售和理赔。这一举措被认为是金融业互联网化进程中的重要里程碑。平安已经清醒意识到互联网和大数据的强大力量。"三马"卖保险就是平安化被动为主动,争取金融和互联网合作共赢的举动。

平安与百度签订JBP战略合作协议,在消费者洞察方面,借助百度的大数据优势,共同进行深度的用户行为研究,构建金融领域的网友生态圈,增强平安的销售能力。例如,通过对关注过"汽车保险""新车购买"等高相关人群的分析和聚类,平安保险在"百度知道"的4个频道投放有针对性的广告,成单几率大幅提升。

移动展业 MIT(Mobile Integrated Terminal)是平安保险倾力打造的移动互联网业务模式。业务代理人携带笔记本计算机、无线网卡等,通过网络同平安的IT系统在线对接,实时为客户办理业务,现场完成投保申请、契约审核、保单交费到承保出单的全部过程,并随时随地办理保险金领取、贷款申请等10余项服务。MIT目前使用率已超过90%,大大提高了业务效率。

我国保险行业已发展了30多年,在经济社会的发展中起着不可或缺的作用,与国民的日常生活息息相关。但随着生产力的迅速提高与科学技术的飞速发展,老牌的传统行业,颠覆了原有的消费方式,经济市场的发展受到了巨大的冲击。传统保险业发展的瓶颈时期的到来,引起了人们对时代发展,对新的商业模式探寻的深思。银行保险等金融机构不断引进各种先进的技术手段,不断地提高自身的业务水平以及服务的质量。

随着信息技术与保险业的相互融和,互联网保险应运而生,互联网保险的概念被提出。互联网保险是相对于传统保险运营方式来定义的,即保险电子商务化,是一种互联网保险。互联网保险出现以后,开始把互联网作为保险业务销售的一个主要的营销工具,为传统的保险业带来了新的活力。在很大程度上降低了成本的同时,也提高了保险企业的运作效率。从客户的角度来看,互联网保险拉近了客户与企业的距离,使客户得到的服务也更加贴心。互联网保险作为新的商业模式的代表,指明了保险业未来发展的大体方向。

阿里巴巴、腾讯等电子商务引领商业不断走向互联网化,余额宝支付、支付宝支付、QQ微信交友进一步拉近了人们的距离,微信广告的推广深入人心,这些新事物的出现,打破了传统的以物易物的市场销售模式。余额宝、理财通的相继出现，也进一步促进互联网金融改革的发展。由阿里巴巴的马云、中国平安的马明哲、腾讯控股的马化腾联手打造的众安在线财产保险公司，其筹建申请也已经获批。众安在线将是中国首家通过互联网销售所有产品并处理理赔的财险公司，反映出保险业领跑者对传统销售渠道的"突围"策略。

11.1.2 互联网保险的内涵

在过去的几年中，随着网络技术的发展和应用的快速普及，互联网已经进入了人们的生活，并且已经深刻地改变了人们的生产和生活的各个方面。在互联网的奇迹一个接着一个地发生中，一个又一个的传统行业发生着蜕变，人们开始不得不去正视并且适应这样的改变。互联网和现代金融业在这几年的不断碰撞中，一个崭新的互联网金融时代向我们走来了。

互联网金融行业的时代来临了，保险业也开始利用互联网技术谋求新的出路。在1997年的11月份，中国保险信息网正式启动，成为中国最早的保险行业第三方网站，2000年的7月份，中国保险信息网正式更名中国保险网，同年8月份，泰康在线正式上线，成为了中国第一家经由保险公司投资建成的网站，并且实现了在线投保的功能，至今为止，中国的保险业在互联网保险这条道路的摸索上，已经经历了十六年的风风雨雨。

根据我国保险行业最近公布的《互联网保险行业发展报告》可以知道，在2011年到2013年的这2年里，我国拥有互联网保险业务的公司已经从之前的28家上升到60家之多，年平均增长率为46%；规模保费也从之前的32亿增长到现在的291亿，在仅仅2年时间里，整体的增长率达到了8倍有余，而年均增长也达到了2倍；投保的客户人数从之前的816万人增长到现在的5 437万人，增幅达到了566%。

在2013年的时候，淘宝的理财频道首次参与了"双11"项目，其中，保险产品成为了主角。根据阿里巴巴的官方统计数据，淘宝理财在"双11"那天的成交额达9.08亿元，其中，国华人寿华瑞2号单品贡献了4.62亿的成交额，生命人寿官方旗舰店贡献了1.01亿的成交额，国华人寿官方旗舰店贡献了5.31亿元的交易额，互联网单品在线的即时成交记录被刷新。

目前，我国在互联网保险上的探索与实践主要从两个方面展开。一是保险公司的官方网站平台同第三方网销保险平台的新渠道的搭建；二是基于互联网的服务，保险产品，以及经营管理等方面的互联网保险创新。据不完全统计，目前互联网保险业务在我国按参与的主体大致可以分为以淘宝、京东、苏宁为代表的电子商务企业，以中民保险网、大童网、慧择网等为代表的保险专业中介机构，以优保网、大家保网为代表的互联网保险服务网站，以和讯、网易为代表的互联网门户网站，以及保险公司等；按照业务的开展形式也可以划分为保险公司的官方网站和官方网上商城，以及第三方服务平台和保险销售。而第三方服务平台和保险销售又可以进一步划分为传统的电子商务企业第三方保险销售平台、专业的中介机构第三方保险销售平台以及其他互联网企业的第三方保险服务平台等。依据我国当下的情况来看，我国的互联网保险行业以保险机构为主导，再以互联网的平台来开展相关保险活动，但这并没有排除未来的新型的保险机构通过互联网平台来提供相关保险服务和产品的可能。

图11-1为2003—2009年前三季度原保险保费收入增长情况表。由图表可以直观地了解到2008年以前，我国保险保费的收入一直处于发展迅速的较好状态，增长速度快，增额大，但之后，保险业的发展似乎遇上了瓶颈，保费的收入呈下跌减少之势，一场保险业的大危机似乎就要来临了。

第 11 章 互联网保险

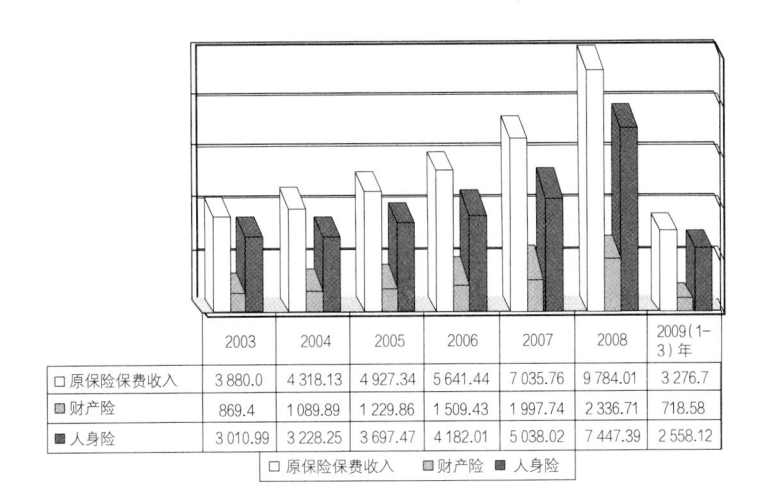

	2003	2004	2005	2006	2007	2008	2009(1—3)年
原保险保费收入	3 880.0	4 318.13	4 927.34	5 641.44	7 035.76	9 784.01	3 276.7
财产险	869.4	1 089.89	1 229.86	1 509.43	1 997.74	2 336.71	718.58
人身险	3 010.99	3 228.25	3 697.47	4 182.01	5 038.02	7 447.39	2 558.12

图 11-1 2003—2009 年前三季度原保险保费收入增长情况

（资料来源：中国保险监督管理委员会）

如果说近十年来，如果要赋予一件事物改变世界的意义，那么这个事物一定就是互联网。我们先来看图 11-2。

由图表可知，截至 2013 年 6 月底，我国的网民规模已经达到了 5.91 亿，半年时间里，新增了网民大约 2 656 万人。而互联网的普及率为 44.1%，与 2012 年底比较，一共提升了 2.0 个百分点。

中国网民规模和互联网普及率

时间	网民数（万人）	互联网普及率
2009.12	38 400	28.9%
2010.6	42 000	31.8%
2010.12	45 730	34.3%
2011.6	48 500	36.2%
2011.12	51 310	38.3%
2012.6	53 760	39.9%
2012.12	56 400	42.1%
2013.6	59 056	44.1%

图 11-2 2009 年底—2013 年 6 月底我国的网民规模

（资料来源：CNNIC 中国互联网络发展状况统计调查，2013-6

我国互联网的普及率在不断地增长。究其原因，一方面在于政府在政策上对互联网发展的大力支持，宽带的普及、移动网络的建设等行动也直接推动了互联网的发展；另一方面，手机行业的快速发展，移动客户端与无线应用的多样化也在很大程度上推动了网民的增加，也推动了我国互联网的快速发展。手机的带动作用也非常明显，吸引着越来越多的网络用户，揭开了互联网发展的新篇章，同时也是对世界发展的一场变革。保险行业瓶颈期的出现，使保险业的发展更加迫切地需要进行一场变革。这时候互联网似乎就成了保险业的救命稻草，保险互联网化已然成为了保险业发展的必然趋势。

11.1.3 我国互联网保险的发展历程

我们首先来回顾一下国内互联网成长的历程。

2000—2005 年，厂商进入市场：中国平安、太平洋保险、中国人保等保险企业开始了筹备电商网站的工作。

2005—2013 年，厂商不断涌入：泰康人寿等保险集团已经形成了正式的电子商务网站的产品体系。诸如慧择网、中民保险网等中介平台电商网站开始逐步上线。我国各大保险公司同淘宝、京东等电子商务平台展开合作，力图开拓在线保险频道。

截至 2012 年，我国 44 家保险公司已经有了自己的网上商城。互联网保险蓬勃发展，各大保险集团不断地与不同的平台展开积极的合作，进行着各种探索式的尝试，不断促进创新产品体系的发展。

2013 年以后互联网保险的商业模式开始形成，还在筹备中的众安在线将完全通过互联网进行销售和理赔的环节，这个创举被看作整个保险业在互联网金融领域的一次创新突破。

我国互联网保险的发展历史可以追溯到本世纪的世纪之交，大约在 2000 年前后，我国众多的保险企业掀起了一场轰轰烈烈的网销热潮，各类的保险网站如雨后春笋般先后成立。但是好景不长，随着国内互联网泡沫的破裂，以及国际上金融危机的影响，保险网站的发展不尽如人意，保险业通过互联网这一电子商务平台，在网络销售的第一次尝试就以失败告终。在这之后，保险以及互联网经历了七八年时间的沉淀，互联网的黄金时代来临了，电子商务迅速发展，保险业的发展也再次看到了机遇。于是，又一次，越来越多的保险企业在网络保险领域再次加大了投入力度，想要在新时代新的市场里分得一杯羹，占下自己的一席之地。

11.1.4 互联网保险的研究

1993 年，博迪和莫顿提出了"保险功能要比保险机构更加稳定"的看法。随着时间和空间的改变，保险机构的形式特征可能会发生天翻地覆的变化，但它的基本功能却能够大体不变。保险体系根据技术环境的变化，选出能够有效的执行这些功能的机构和模式，在提高了运行效率的同时，也促进了保险体系的演变。从这里可以看出，传统保险业和互联网保险业的优劣比较在于谁更能将保险的基本功能发挥得更好。

根据高盛的估计，全球移动支付预计在未来的 5 年将会以年均 42% 的速度增长。虽然互联网保险的发展前景广阔，但互联网的在线支付和传统的保险依然存在着差异。

首先，互联网保险并不具备明显的货币创造的功能，它本身并不去创造新型的支付工具。其次，因为自身并不能创造出新的支付工具，所以，互联网在线支付所使用的媒介和传统保险并没有质的区别。同支付结算相比，互联网保险的优势是信息挖掘、融资以及风险管理的功能。

根据 2012 年谢平的总结，互联网保险的模式由三个主要部分组成。

（1）利用社交网络，能够获取一些个人或相关机构没有义务披露的信息，生成并传播各类与保险相关的信息。

（2）搜索引擎对信息的检索、排序以及组织，可以有效缓解信息超载的问题，有针对性地满足信息的需求，可以在一定程度上提高信息的搜集效率。

（3）对海量信息进行高速处理的能力。在融资和风险管理方面，互联网凭借其能够对海量信息进行高速处理的能力以及组织模式方面的优势，在很大程度上降低了交易的成本，赢得了传统保险的支持。

从机构的角度上看，传统的保险机构具有很强的特殊性，这不仅是相对于一般的企业来说的，同大部分的非银行保险机构相比，也是如此。有关保险体系的基本功能，主要包括以下几方面。

（1）清算与结算的功能。这里面包括两方面内容：首先是货币供应，保险体系依据社会的需求，提供普遍能够被接受的支付工具和手段；然后是保险体系的服务功能，它需要给各种交易的完成提供结算与清算的服务。

（2）聚集和分配资源的功能。保险体系的聚集资源的功能主要体现在能够为企业或家庭的生产和消费筹集资金。分配资源的功能主要体现在可以将聚集后的资源在全社会的大环境下进行有效的重新分配，也就是我们通常所说的融资功能。

（3）风险管理与风险分散的功能。随着金融业的迅速发展，保险行业风险管理和配置功能也得到了快速的发展，在不同主体之间，风险得到有效的配置和分散，保险交易和风险负担得到了有效的分离，从而使风险成本得到了降低。

与此同时，在支付方面上，互联网的在线支付方式取得了迅速的发展，尤其是第三方支付和移动支付更是成长迅速。

11.1.5　互联网保险的静态环境分析

1. 互联网保险的政治环境

虽然互联网保险的相关法律政策环境正在变得完善起来，但是现有市场仍存在一定的监管问题。诸如《中国保险发展"十二五"规划纲要》，第五章强化应用全面推进行业信息化建设，"大力发展保险电子商务，构建'以客户为中心'的保险销售服务模式，不断提高保险业的客户资源利用水平。"该政策强调了在"十二五"期间，进一步推进保险行业信息化建设，建立电子商务保险的管理制度是保险业发展的重要目标。《保险代理、经纪公司互联网保险业务监管办法（试行）》，该办法共分为十七条，促进了保险代理、经纪公司互联网保险业务的规范健康有序发展，切实保护了投保人、被保险人和受益人的合法权益，为互联网保险化的进一步发展提供了监管标准。还有《保险公司管理规定》第六章保险经营第四十一条："保险公司的分支机构不得跨省、自治区、直辖市经营保险业务。"由于保险互联网化后，地理位置不再阻碍保险销售，会有跨地区销售违反《保险公司管理规定》的情况而造成理赔困难的风险。针对于此的《互联网保险业务监管规定（征求意见稿）》等，都促进了互联网保险业务的规范发展，为保险互联网化创造良好的法律环境。

2. 互联网保险的经济环境

2008—2012年以来，中国网上零售市场的交易规模不断扩大，增速快，同时增长率也较高。随着互联网技术的不断发展，以及人们观念上的变化，互联网零售市场所占有的比例一直处于不断地增加之中，电子商务这种经营模式也开始慢慢的受到了人们的重视，我国互联网保险顺应形势，不断发展。网上零售市场的交易规模如图11-3所示。

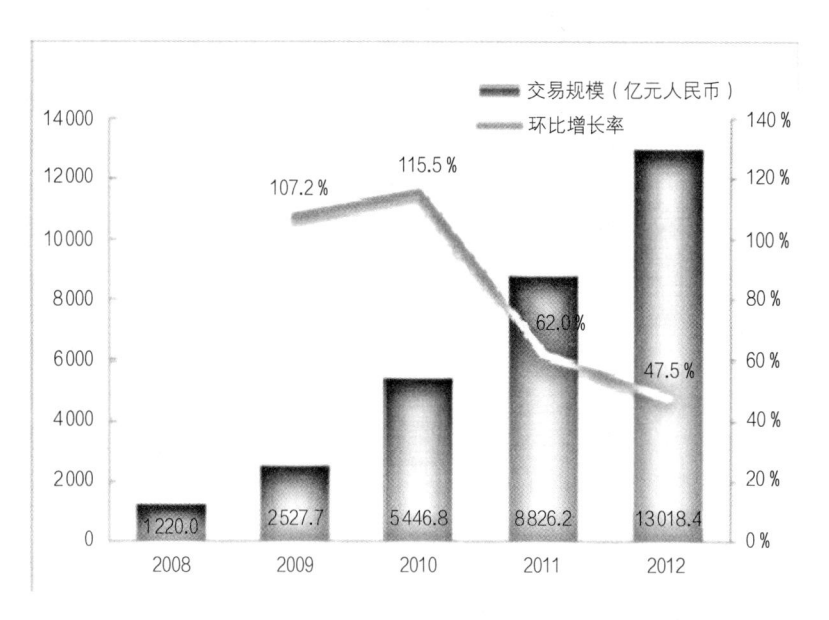

图 11-3　2008—2012 年中国网上零售市场的交易规模

中国宏观经济持续增长。我国近年来，随着经济不断发展，人民的生活水平得到了迅速的提高，居民的消费需求也开始慢慢变得多样化起来，人们更加渴望有保障的生活，人们的保险意识的提升进一步拉动了保险需求的快速增长。2005—2012 年中国宏观经济趋势如图 11-4 所示。

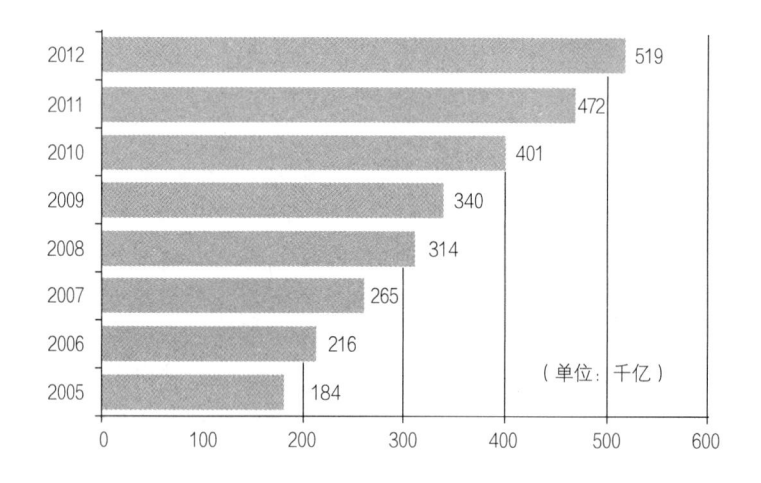

图 11-4　2005—2012 年中国宏观经济趋势

最后是传统企业的不断触网。在电子商务迅速崛起的同时，保险业作为金融的支柱性业务也和信息技术的发展息息相关。这其中也蕴藏了巨大的商机，保险商家们纷纷把自己的目光投向了电子商务领域，利用互联网这个科技平台，开始运营起自己的业务，于此互联网保险的概念也就诞生了。

3. 互联网保险的社会环境

2005—2012年以来,我国互联网网民数量不断增长,随着我国近年来互联网的普及,以及我国网民数量的不断增加,都在一定程度上促进了电子商务用户的增加,进而也使得互联网保险的直接用户随之增加,促进了互联网保险业的迅速发展,也为互联网保险的发展打下了一个良好的基础。如图11-5所示。

2005—2012年中国互联网网民数量

年份	数量(百万)
2012	550
2011	485
2010	420
2009	338
2008	253
2007	162
2006	123
2005	103

2005—2012年中国移动互联网网民数量

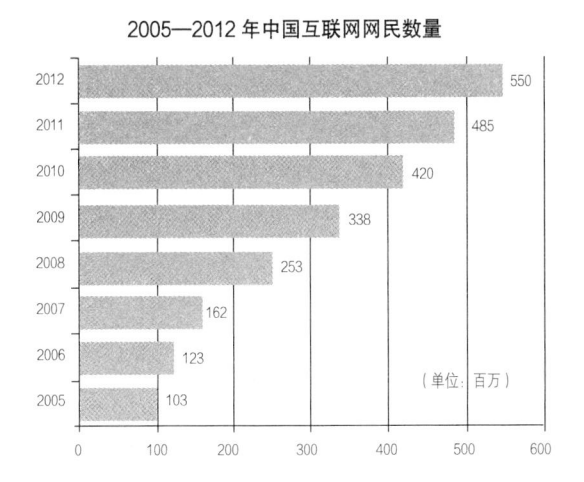

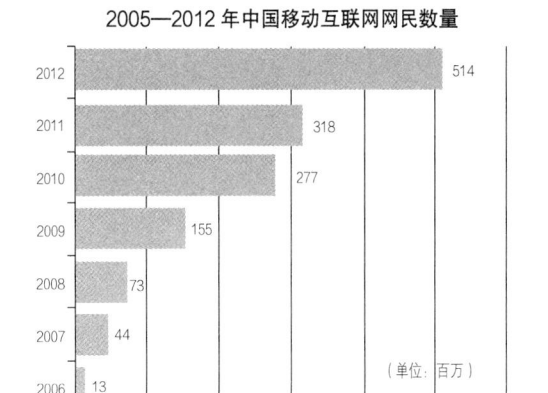

年份	数量(百万)
2012	514
2011	318
2010	277
2009	155
2008	73
2007	44
2006	13

图11-5　2005—2012年中国互联网网民数量和移动互联网网民数量

2008—2012年以来,我国互联网平台的零售额在市场上占比逐年上升。网上零售的市场规模和重要性都在不断的提升,网上购物已经成为了人们生活中不可或缺的一部分,迅速地改变着人们的生活方式。互联网保险蓬勃发展,越来越多的人也选择了网上投保的方式。如图11-6所示。

2008—2012年中国网上零售市场规模占比中国社会消费品零售总额

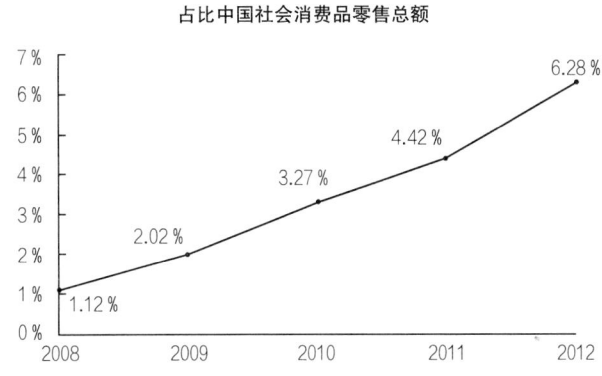

年份	占比
2008	1.12%
2009	2.02%
2010	3.27%
2011	4.42%
2012	6.28%

图11-6　2008—2012年我国网上零售市场规模

4. 互联网保险的技术环境

我国互联网的技术环境主要包括在线支付手段技术发展,3G/4G技术在保险行业的应用,通信技术的发展以及电商网站技术的发展。

（1）在线支付手段技术发展。随着在线支付手段的兴起，人们对在线支付手段的接受程度也越来越高，促进了在线支付的安全性、便捷性、效率的不断提高，客户的消费体验也越来越好。互联网保险同第三方支付平台展开了深入的合作，建立起较为完善的资金管理系统，在全面满足客户的各种支付需求的同时，也确保了保费的及时收取，为公司资金的集中管理和控制提供了帮助，进一步提高了效率，降低了成本。

（2）3G/4G技术在保险行业的应用。互联网保险开始利用3G/4G技术进一步提高工作效率，优化工作流程，利用手机查看业务大幅度降低保险企业的成本。而手机客户端拉近了用户同保险公司之间的距离，用户完全可以利用手机客户端和3G/4G技术的便利性来查询自己的理赔情况以及查看最新的保险信息，就不需要再跑几公里的路到保险公司去洽谈业务。

（3）通信技术的发展。立足于传统的在线咨询手段，开发新的技术手段。诸如拥有易操作性的语音视频咨询技术，使咨询环节变得更加迅速准确，也朝着更加人性化的方向发展，使消费者拥有更好的购买体验。

（4）电子商务网站技术的发展。随着互联网平台建设变得更加完善，电子商务网站的发展也为保险平台电商的发展提供了技术支持与模式参考。

以众安在线为例。众安在线的业务范围以及营销方式并不同于当下现有的一些传统的保险公司，他们推出的保险产品更多的是针对责任险和保证险这两大险种，值得注意的是他们完全通过互联网这一平台进行销售和理赔。在新型险种的推出上别具一格，充分地显示出了他们的创新能力，推出了诸如针对游戏账号、游戏道具等一些"虚拟财产"进行保险的险种，获得了不错的成效。理论逻辑分析方面，通过对传统保险行业理论和专著的详细解读，审慎思考当前我国保险行业发展的未来趋势，同时借鉴国外发达国家保险的理论和实践。

本节关注当下最新的市场以及未来潜在的市场，创新的从互联网的角度看保险业的发展。网络营销这一营销渠道不同于普通的营销渠道。在众多新渠道中，利用网络平台，抓住互联网带来的机遇，迎接挑战，可以说是前景最好的选择。这两年来，保险公司以及一些中介公司纷纷奔向了互联网保险这一广阔的市场。我国的互联网发展状况可以说是以日新月异的速度在进行着变革。作为金融业三大支柱之一的保险业通过互联网这一平台，也有效地利用了互联网的优势去拓展业务，这也是保险营销渠道的一次重大的创新。

11.1.6 互联网保险的动态环境分析

互联网保险迅速发展在改变人们工作和生活方式的同时，也给传统保险业的发展带来了机遇和挑战。互联网保险的兴起，改变了传统保险业惯有的经营模式和理念，使保险业的竞争进入到白热化的阶段。那么互联网保险怎样才能在这场你死我活的战争中取得胜利呢？

我们通过波特的五力模型来对其竞争环境进行分析。五力模型是迈克尔·波特提出的，对企业战略制定与发展产生了深远的影响，它广泛应用于竞争战略的分析、客户的竞争环境分析等。迈克尔·波特认为：一个行业中的竞争，不只是在原有竞争对手中进行，而是存在着五种基本的竞争力量。

（1）潜在的行业新进入者。一个行业随着新进入者的加入，生产能力将得到发展，同时也将进一步的扩大对市场占有率的需求，这也必然会加剧当下企业竞争的激烈程度，它们是行业竞争中的一种非常重要的一股力量。

（2）替代品的竞争。由于企业的产品具有相似性，使得他们具有了相互替代性，于是便有了企业之间的激烈竞争。如果替代产品的价格相对较低，那么它投入市场后，就会限制本行业的相关产品的价格，这也就在一定程度上减少了本行业的收益。

（3）买方讨价还价的能力。购买者，也就是我们通常所说的顾客，购买者的竞争力量需要我们根据具体情况去判断。购买者往往对产品的质量、服务以及购买的价格都有一定的要求，而市场的产品又各具特色，具有差异性，这些都成了购买者和商家谈判的筹码，间接导致了行业竞争者的互相残杀，恶性竞争，从而导致了整个行业的利润不断下降。

（4）供应商讨价还价的能力。对于某一个行业来说，供应商所提供物品的重要程度，以及行业的市场竞争情况决定了供应商竞争力量的强弱。

（5）现有竞争者之间的竞争。竞争者们想要在市场上占据有利地位，争夺更多的市场，他们根据市场的环境，制定具有针对性的对策，运用各种商业手段，竞争者之间的竞争力量是每一个企业将要面对的最为强大的一种力量。

1. 新进入者的威胁

就我国互联网保险发展形势来说，互联网保险的发展主要以国内保险为主。

但随着经济全球化的发展，尤其是在我国加入 WTO 以后，我国对国外保险的种种限制也慢慢取消，更多的国外保险入驻国内市场。而互联网保险是国外保险进入到中国最有可能的途径和使用的竞争策略。通过低成本和高效率来扩大市场份额，利用分销网络业务，争取更多的客源。这给我国互联网保险的发展带来了巨大的压力，成为互联网保险的一大威胁。进入者的威胁除了金融业以外，非金融机构的加入也成为互联网保险发展的又一威胁。由于互联网保险投资少、开设门槛低，一些非金融机构借助他们在资金和技术上的优势向保险业进军。

2. 替代品的威胁

互补品和替代品的相关因素也对互联网保险业产生了深刻的影响。例如，价格与数量的多少直接在利润和满足需求等方面制约着互联网保险的供给。互联网保险的互补品有诸如汽车维修业、资产评估业、风险管理咨询业等相关产业提供的某些产品。互补产品的价格上升，市场对互联网保险的需求也随之降低。互联网保险的替代品有诸如行业自保、证券业、银行业等提供的相关产品。替代产品的价格下降，市场对互联网保险的需求也随之降低，随着管理模式的不断完善，所需要的管理成本也越来越低，销售渠道与市场的不断开拓，都形成了对互联网保险业的巨大威胁。

互联网保险运用了电子支付的手段，同时开辟了一条新的服务渠道。但是，在互联网保险电子支付深入人们工作的同时，移动支付、自助支付、电话支付等也是人们可以选择的支付方式。作为电子支付的手段，他们有着各自的优势和特性，对互联网保险的发展构成威胁。第三方支付在我国发展迅速，它为用户提供支付等相关业务，成为互联网保险的竞争对手。

3. 购买者的议价能力

在互联网保险中，购买者所指的是保险用户（包括企业、个人及政府等）。互联网保险提高了人们对服务方面的要求。客户不再仅仅只依赖于一家保险，而是经过比较根据自己的需要而做出最后的选择。如今，不论是服务质量还是费用等都成为了人们考虑的因素。迈克尔·波特认为：由于产品越来越趋于一致性，它们之间的差异就逐渐减小。对于保险业来说，成本很大程度上降低了；然而另一方面，对于购买者来说，也有了更多的空间来选择产品。

从传统的角度来看，保险的业务主要包括财产险和人身险两种。各保险公司的业务大同小异，人身险与财产险一般没有多少改变，只有中间的些许业务根据各个公司的特色略有不同。

从现代的角度观察，互联网保险的兴起，也让更多的保险公司进入到这个行业，原来的客户面临的选择也将更多，"货比三家不吃亏"的经营理念在这里得到了充分的体现。近年来，随着竞争的愈演愈烈，很多互联网保险的服务都是免费向个人和企业提供的。作为保险客户有能力对服务质量的好坏、价格的高低等进行辨别。如果用户不满意就可以选择其他的保险公司，虽然没有直接与保险公司讨价还价，但这却也反映出了客户对服务和价格更多的要求。

4. 供应商的议价能力

保险公司要进入互联网保险领域，就必须有相应的基础设施。这些基础设施大多由营销中介、技术厂家提供。具体来说，营销中介提供网络服务和设施的机构组织。而技术厂家则主要向各个互联网保险提供所需的硬件开发商、软件开发商以及系统集成商。由于互联网保险所具备的特点，使得互联网保险的网络技术供应商很容易通过前向一体化战略入侵互联网保险市场，从而导致保险行业竞争的加剧。

5. 行业中竞争者的竞争程度

总体来说，互联网保险的竞争来自两个方面：各大互联网保险和传统保险。

（1）互联网保险内部的竞争。由于电子商务具有效率高、覆盖面广、成本低等特点，互联网保险可借助其优越性快速发展。由此，互联网保险在为不同行业的竞争者提供了更多的机会的同时，也使企业和个人能够完成足不出户的交易。与传统的保险相比，互联网保险的费用有了很大的下降。

互联网的出现，以及互联网保险的兴起，给了规模较小的保险公司与金融巨擘们站在同一起跑线上竞争的机会。互联网保险的数量呈现出逐年上升的趋势，挣脱了传统模式的束缚，降低了成本，使"钢筋水泥"的时代变成了历史。保险公司的大小已经不再成为我们判定保险公司好坏的依据，人们对用户体验与服务质量的追求也越来越高。各大互联网保险公司要想在竞争中取胜，就要在价格和产品差异化上下苦工夫。

（2）互联网保险与传统保险的竞争。保险业不同于其他行业，互联网保险可以把传统保险看做竞争对手。这样，与传统保险公司相比较而言：互联网保险公司在业务的单位成本方面具有先天的优势。相关调查表明，不同的分销渠道进行业务的单位交易成本是不同的，互联网保险的单位交易成本相对较低。但是，随着社会的进步和技术的发展，电话保险、手机客户端保险等都在试图采用各种方法或技术，更多的降低成本，以此争取到更多的客户。所以，互联网保险暂时虽没有在价格上占据绝对的优势，但是它给传统保险带来的压力是不容忽视的。现如今，仍有大量的客户对互联网保险持有怀疑态度，他们忠实于传统行业，这股力量也是不可忽视的。

11.2 众安在线业务模式

11.2.1 互联网保险企业

2013年2月18日，由阿里巴巴的马云、中国平安的马明哲以及腾讯的马化腾联手共同创立的众安在线财产保险公司，获得了保监会的正式批文，从而进入了筹建期。

经过中国平安的董事长马明哲的证实，中国平安将与阿里巴巴、腾讯进行合作，首次进入互联网金融领域进行尝试，共同投资一家合作公司——众安在线。众安在线将致力于经营互联网保险的业务，其中也增加了包括互联网虚拟物品的新型保险。相关消息表明，马明哲和阿里集团的 CEO 马云以及腾讯创始人兼 CEO 马化腾针对这个项目已经进行了多次的沟通。马明哲表示：互联网上大多是金额较小的交易，甚至不够一张保单的成本，但是网络游戏存在着虚拟价值这一点是毋庸置疑的，而且地面上的保险也能够进一步搬到互联网上。于是，互联网虚拟物品的保险就这样诞生了。中国平安认为，此举是一次开创性的尝试，希望可以利用阿里巴巴和腾讯在互联网的独有优势，结合自身在保险业上的领军实力，进而可以创立一个全新的保险渠道。

中国首家互联网保险企业——众安在线于 2013 年 11 月 6 日正式揭牌启动。阿里巴巴的马云、腾讯的马化腾以及中国平安的马明哲在"互联网金融论坛暨众安保险启动仪式"上聚首，并在启动仪式上针对当前的互联网金融产品的出现以及相关行业间的竞争等问题畅谈了对互联网金融发展前景的看法。虽然互联网行业以及保险行业的人士由于自己的立场不同，在看待互联网保险的问题上，存在着一定的差异，但是他们也达成了一个共识，都认为互联网的发展与普及并不完全是保险行业发展的阻力。互联网保险这一新兴模式的出现也在一定程度上意味着保险行业将要面临一个更加开放的市场环境，操作难度也将进一步提高。由竞争而产生了自我变革的动力，互联网保险企业的出现也是如此，保险行业在找准自身行业本质定位的基础上，在激烈的市场竞争中让自己的思维更加开放，从而进一步地去开拓一个全新的市场。

在"众安在线"获批的同时，马明哲的一份"科技，引领平安综合金融"的内部讲话也引起了市场的广泛关注。马明哲称："中国平安必须在认识上勇于革自己的命，发展出具有颠覆性的全新商业模式。"正如马云试图用余额宝去替代支付宝，马化腾以微信来取代 QQ 一样，马明哲同样想用全新的互联网保险去替代传统的保险行业。

互联网作为一种新兴的事物，在我国发展的历史虽然只有短短十几年时间，但却影响着社会经济以及我们生活的方方面面，互联网和保险的碰撞又会给我们带来什么惊喜？

阿里巴巴、腾讯以及中国平安，一个拥有最大的电商平台，一个拥有广泛的个人用户基础，一个则是综合金融开拓者，三者的联盟必定会揭开互联网保险新时代的篇章。

11.2.2 案例——众安在线

在剖析众安在线之前，让我们先来了解一下众安在线的三大股东，透过了解众安在线的重要组成，更深入的了解众安在线。三家企业分别是电子商务，传统保险业，互联网通信的杰出代表，资金力量雄厚，极富创新实践能力。关于这三家企业，我们用 SWOT 分析法先来透析一下，见表 11-1。

阿里巴巴、中国平安以及腾讯一起合作的"众安在线"在筹备了还没到一年的时间，就获得了批准，这足以看出他们的声势浩大，以及社会对众安在线这类互联网保险企业的大力支持，强强联手必然在某些方面达到了 1+1 > 2 的效果。众安在线并不是互联网和保险的首次合作。这几年来，保险企业在网络销售渠道的开拓上竞争异常激烈，但之前，电子商务的网络更多的只是仅仅作为保险销售的渠道。关于这次的联合，中国平安拥有在保险产品的设计、精算以及理赔服务上具有专业性的优势，而阿里巴巴和腾讯拥有数量庞大的客户群和惊人的客户交易量，其销售平台也拥有低成本的优势。

表 11-1　众安在线三大股东 SWOT 分析

	阿里巴巴	中国平安	腾讯
优势	1. 一体化的业务组合 2. B2B 和 C2C 市场均为行业的领导者 3. 拥有较强的营销能力 4. 优秀的企业文化 5. 创新能力强 6. B2B 较低的中介费	1. 拥有较高的知名度和信用度，具有品牌上的优势 2. 拥有一流的信息管理技术 3. 资金来源充足 4. 大量的信息流	1. 拥有庞大的用户网络以及超强的用户关系链 2. 基于 TM 平台，能够实时直接触及最大范围用户，同时在接受用户反馈时独具优势。产品多，涉及面广，广告吸引力大
劣势	1. 搜索服务是短板 2. 企业形象在汶川地震中遭到破坏，存在形象危机 3. 数据筛选过滤能力不强	险种承保的范围狭窄、偿付能力低	1. 细分产品过多，投资分散 2. 过多的模仿，缺乏创新 3. 过度依赖用户平台，产品自身缺乏特色
机会	1. 电子商务市场发展空间非常巨大 2. 人们对网上购物的认识日趋理性 3. 中小企业需要强大的 B2B 平台 4. 国家对电子商务日益重视 5. 电子商务法律制度日趋完善	1. 保险公司的资金运用渠道得到拓宽 2. 人们保险意识加强，投资渠道扩大 3. 为保险业提供广阔的市场保险资金进入股市 4. 抢占市场份额，处于有利地位	1. QQ 给腾讯带来了巨大的人气，市场里潜在的用户还有很多可以挖掘 2. 网络的不断普及、市场的规模不断扩大，以及不断推出的新兴产业、行业资源的不断优化，都给腾讯提供了良好的发展机会
威胁	1. 国内外竞争对手林立 2. 国外市场需求依然疲软 3. 网络安全缺乏坚实保障	1. 人才的大量流失 2. 国内保险业竞争压力增加 3. 管理体制和用人体制僵化陈旧 4. 市场份额减少	过度依赖 IM 软件的用户群，而在产品本身的钻研和创新改进上没有进步，一旦失去该用户群，腾讯的软件就会无人问津

1. 众安在线的优势 S（strengths）

众安在线不单单只是互联网行业和金融行业的简单相加而已，两者结合以后开拓出一个全新的市场和领域，以金融为落脚点，运用网络带来的技术和创新，这两者都在这个领域中起着至关重要的作用。

从当下互联网金融的表现形式来看，创新和技术都在发挥着至关重要的作用，彼此依托，推出了很多新型的金融产品。在很大的程度上，众安在线有着互联网的一些属性（比如智能化、强调用户互动等）。

众安在线的发展需要金融的逻辑。金融属性作为互联网金融发展的落脚点，也是互联网保险发展的立足点，互联网技术的创新以及应用，都要为金融服务，存、贷、汇、信用依然是互联网金融发展中的基础。

互联网金融的这两种性质，使金融的生态环境变得更平衡：金融环境变得民主化了，对于银行和企业，都是千载难逢的机会。与此同时，传统的金融机构通过找到补充线上金融服务的渠道，促使传统的金融行业开展满足当下小众的个性化金融的需求，在很大程度上平衡了金融各个层次的市场。关于众安在线主打的互联网保险，有以下优势。

（1）大幅降低了众安在线的经营成本。众安在线通过网络销售保单，省去了当下在分支机构以及代理网点上的花费，与此同时，也免除了支付给传统保险代理人和经纪人的大量佣金。对众安在线而言，虽然各保险公司通过网络获得的保险费的收入占的比重很小，但网络平台在信息咨询和产品宣传上为投保人节省的成本正一点一点地慢慢体现出来，尤其是非寿险方面的公司，电子商务不但提高了保单出售、管理和理赔的效率，同时网络销售也减少了直接的销售费用。

（2）大大地加快了众安在线产品的推出。新产品推出后，众安在线能够第一时间把与产品相关的信息发布到网络上，潜在的投保人也能够立即看到产品，第一时间浏览、比较以及选择，投保人自行主动地挑选适合自己的相关险种信息，了解保险产品，很大程度上增加了投保人的便利性。同时也节省了众安在线为宣传新险种而耗费的资源，能够把最新的险种信息迅速而最大限度的进行宣传。与此同时，众安在线也能够根据客户的反馈进行最及时的调整和开发。

（3）有效地提高了众安在线服务的质量。互联网技术大大提高了服务的质量，使众安在线的险种相关信息变得更加全面，同时通过互联网也很大程度上提高了客户的反馈速度。保险公司的服务和险种在网络上进行公布，也保证了服务的透明化和客户的自主化。而在线理赔，也通过网络得到了快速的实现。这在很大程度上提高了众安在线的服务质量，同时也是对保险需求上的一个刺激。

2. 众安在线的劣势 W（Weaknesses）

中国的金融比较偏重于拿到牌照以后就开始做业务，没有把信用体系做起来，再受互联网天生风险性的制约之后，业务的发展就更加困难了。金融行业的发展非常需要一个可靠的信用保障体系，而互联网的信用体系本身就有着极大的天生缺陷，分开相安无事，但两者一结合，问题就出现了，互联网的风险性对金融的发展起到重要的制约作用，甚至成为互联网发展的潜在致命因素，这是制约互联网金融发展的一大短板，也是不得不引起巨擘们注意的致命之处。线上支付的方式给众安在线带来了新的风险：

（1）产业链整体的安全防范水平参差不齐，中小企业以及第三方支付机构相关的安全投入亟须提高；

（2）行业安全联防协作的程度亟须提高，高风险的商户、IP地址、区域、客户等的黑名单共享亟须加强；

（3）重视安全技术的手段，却轻视用户的风险教育，从而导致用户缺乏安全感，安全防范意识不足；

（4）网上支付和电商整个行业的外部环境、基础设施管理等亟须加强。拥有互联网和金融的双重特征的线上支付方式，有关风险的管理上的策略也和传统的线下支付方式不同。网络支付无支付介质，不是面对面地进行交易，准入的门槛比较低，风险管理上偏重于风险的实时监控与风险的识别。而传统的线下支付风险管理进入门槛较高，日常的监控也更为严格，需支付介质以及面对面的交易，成本较高，可信度也较高。

互联网在和金融的结合过程中，在带来某些优势方面1+1＞2的同时，在某些方面也带来了1+1＞2的风险。比如，面对不断创新的金融产品和融资工具，银行不得不重视平台与中介的角色，如果忽视了这个角色，银行就可能变成影子银行，从而导致风险被无限放大。众安在线依然处于不断摸索商业模式的阶段，怎样去保证客户的信息安全，以及怎样在互联网的环境下预防金融风险，使交易过程更加便利安全，建立健全有效的金融互联网的监管体系，必将是今后引起互联网金融业重视的重大课题。互联网的信用体系建立健全以后，金融保险自然也就可以顺利推进了。

3. 众安在线的机会 O（Opportunities）

在现在的欧美地区，把互联网金融做出来的难度是非常大的。在美国和欧洲等金融服务发达国家，金融业的服务呈现出多元立体化的特点，覆盖率几乎包含了所有的人群，这直接导致了互联网金融本身并没有多少的发展机会。而且，在美国和欧洲的一些地区，富裕阶层的年龄构成大多在四十岁到六十岁之间，他们同银行业以及证券公司的合作已经很成熟了，拥有非常高的传统服务水平，现在让他们面对全新的事物，需求上不会比我们预测的更高。中国的情况就不同了，中国的富裕群体的年龄结构比较年轻，他们对新鲜事物的接受能力较高，同时也拥有着更高的创造力。与此同时，中国的金融业存在着一定的结构性的问题，中国依然存在着巨大的潜在市场。一些个体经营者以及中小企业的融资需求并没有得到有效满足，这些零散的市场，如果将它们聚集起来，将会是一个非常广阔的空间。再从投资角度来看，我国的中小投资者缺少行之有效的投资渠道，而目前稳健的收益类投资工具也并不多。除此之外，资产和负债期限匹配难度较大、金融运营和交易成本相对较高，以及流动性管理等问题都是当下传统金融机构急需解决的问题。这时，众安在线的成立就成了多层次金融市场的有效补充，从某种意义上来说，它也拓宽了个体工商户以及中小企业快速融资的渠道。再从互联网的特性来看，由于互联网的便捷透明性，使互联网金融的数据也呈现出便捷透明的特点，从某种程度上来说，这使运营和交易的成本在大大降低的同时也大幅地提高了效率，进而使系统性的流动性风险得到了降低。众安在线的商业模式有效地解决了国内金融行业现存的问题，在我国拥有非常广阔的发展前景。随着我国互联网金融业的快速发展，我国可能成为世界互联网金融市场的开拓先锋，我们有理由相信，互联网金融的未来将会由中国来创造。

众安在线股东们的联手，重点不仅仅在于卖保险而已，在网络金融时代尚未完全到来之时，他们要利用手中的业务模式、牌照和客户资源，在互联网金融领域中创造一片新的天地。不管他们是出于什么样的目的，众安在线的经营模式以及相关产品布局上的创新在互联网环境下，对金融机构的发展有着重大意义。

4．众安在线的威胁T（Threats）

互联网保险现存的几个大问题。

（1）容易陷入洗钱的陷阱。互联网金融具有虚拟性，这就在很大程度上增加了反洗钱的困难，和传统商业银行相比，网络洗钱隐蔽，全球化程度高。如果不能控制好，众安在线有成为洗钱活动新型载体的风险。洗钱活动是一种极其恶劣的经济犯罪，它严重的破坏了经济活动的公平公正原则，也破坏了市场经济的有序竞争，严重损害了金融机构的声誉和正常运行，给我们国家经济的发展带来极其恶劣的影响，严重威胁了我国金融体系的安全和稳定。洗钱活动常常和贩毒、走私、恐怖活动、贪污腐败和偷税漏税等严重刑事犯罪联系起来，不管是对我们个人，还是从国家的层面上来说，都严重损害了我们的利益，洗钱活动严重威胁了一个国家的社会安定、政治稳定和经济安全。

（2）个人、企业的信息泄露等信息安全问题，同时也难以保证客户的真实性。虽然互联网金融在信息的透明度和交易成本上有着得天独厚的优势，但是由于互联网身份认定并没有采取实名制，这就在一定程度上增加了互联网保险的风险性，与此同时，也缺少对客户信息安全的有效保护体制，直接导致了现在的网络信用环境没有办法和社会信用体系形成有效对接，使身份认定的问题严重地影响到信用体系的建设。

（3）随着保险产品的不断创新，保险市场也越来越呈现出多样性与复杂性，新的产品不断增加的同时各类风险也在不断地增加。同时互联网具有脆弱性，对互联网来说，保险本身的复杂性对其是一个极大的威胁。

（4）交易的真实性。互联网交易过程具有虚拟性，缺乏绝对的真实性，不易考证。如果资金的流向和实物的配送能够对应起来，并且交易额度并不是很大，那么交易的风险基本是能够进行有效控制的；但如果钱物分离了，或者形成了资产池与资金池的对应，尤其是金额较高的时候，就另当别论了。

11.3 互联网保险的风险控制

平安是第一家与阿里巴巴、腾讯等电商和社交平台大规模全方位合作的保险集团，第一家真正触网、建立网上P2P的传统金融机构。与一些P2P网贷公司将一定数量个人贷款转化成"信贷资产包"，再卖给专业投资者的模式不同，平安旗下的陆金所提供理财产品和借款一对一交易，并且由担保公司对本金和预期收益提供担保，既保本又保息。陆金所的出现，一方面与互联网金融的兴起和马明哲对此的重视相关，另一方面与创新银行业务、发展小微融资密切相关。

陆金所全称上海陆家嘴国际金融资产交易市场股份有限公司，是平安集团旗下成员，成立于2011年9月，注册资本金4亿元人民币，是一个联结小微投资人和借款人的互联网平台，是一种特殊的P2P网贷模式。陆金所为资金出借人提供简单的理财产品，使资金出借人直接与借款人匹配，双方通过平台签订电子协议，直接明确借贷关系，陆金所不赚取息差。借款同时需要申请指定的担保公司提供的担保服务，担保公司承担保障资金出借人本金和收益的责任。

借款方通过平安集团旗下担保公司审核之后，直接向投资方借贷，双方通过平台的电子借贷协议，明确双方的债务与债权关系。理财产品与借款一一对应。

平安集团旗下的担保公司——平安融资担保（天津）有限公司为稳盈安e贷提供全额担保，承担贷款损失的风险，相应地收取一定的担保费。担保范围包括本金、利息和逾期罚息。担保费的比例是根据个人资信情况而定。信用审核和担保业务处理是线下的。

做好风险控制、降低违约率和坏账率，是在P2P模式下能够盈利的一个必要条件。据平安内部人士透露，陆金所坏账率低于0.3%。但考虑到陆金所上线时间较短，且目前借款周期以3年期为主，大部分贷款还未全部到期，坏账率可能还没有完全显现出来。

陆金所目前不承担坏账风险，把风险转移给了平安旗下的担保公司。考虑到担保公司的贷款审核、违约追偿等运营管理成本之后，2%左右的担保费率应不足以支持大于3%的违约率（假设违约损失率为60%）。

与其他网贷公司相比，在风险控制方面，平安集团作为一个综合金融集团具有更强的风险评估监控能力。陆金所和担保公司从平安银行引入了授信模型，任何从陆金所借款的个人或企业，要通过该模型的审核。据称目前的审核通过率只有40%左右。

与尚未接入人民银行征信系统的大多数P2P网贷公司相比，平安集团已整体接入人民银行征信系统，这有助于陆金所和旗下担保公司掌握平台上借款人的信用信息，把控风险。另外，陆金所任秘书长的网贷联盟、杜晓山任理事长的小额信贷联盟也在准备进行P2P网贷公司的信用信息联网和与人民银行征信系统的对接。

11.4 我国互联网保险的现状与问题

11.4.1 我国互联网保险的主要模式

1. 保险公司在线商城

保险公司搭建专注于网络营销和在线销售的网络销售平台，想要开发能够从产品的表现中得到迅速回馈的优化型保险产品。例如：平安网上商城、泰康在线等。在这里以泰康在线为例进行说明。

泰康在线是我国第一家由寿险公司进行投资建设的、实现在线投保的网站。泰康在线专注于用户的体验，注重研究用户浏览及购买习惯，专注在线咨询及售后理赔，以此来提升服务的品质。与此同时，他们也专注于增加产品的种类，不断地研发定制适用于网销的产品，不断加强审核的力度，尝试运用各种新兴的媒体与用户进行第一时间的互动。例如泰康人寿的"e站到家"，这是泰康在线以"便捷、贴心、迅速"为服务理念，以保单服务为核心，力求让客户不需要出门就能够享受到网上一站式服务体验的新型服务平台的尝试。"e站到家"可以处理账户价值查询、保单查询、退保、续期缴费、撤单、账户转换、投保进度查询、网上理赔报案等业务。

2. 保险第三方中介平台

保险公司专注于在线销售的第三方中介搭建的网络销售平台，能够代理客户进行保险理赔业务。例如：中民保险网、慧择网等。在这里，以我国典型的保险中介电商——中民保险网进行说明。

中民保险网是立足于满足投保人需求，站在投保人的角度的主动型保险电子商务平台。在我国的第三方保险电子商务网站中可以说是领军业者，是综合性、全国性的保险经纪公司。中民保险网同44家保险公司有着良好的经济业务关系，经营着大约1 092种的产品，同时用户的访问量也是业内居首，遥遥领先于我国的第三方平台。中民保险网发展的目标是实现车险的纯电子化，不管是服务还是销售，力求全部通过互联网这个平台来实现。关于保险中介电商与保险公司的关系，保险中介是帮助保险公司销售保险、负责理赔保险公司大客户，两者互惠互利，达到双赢的关系。而代理理赔保险中介电商可以根据网站的介绍进行准备材料，申请代理理赔，帮助客户代理理赔服务。

3. 纯粹的电子商务保险频道

纯互联网电子商务针对所售商品和购物环节，运用保险频道完善的购物生态系统进行搭售。例如：淘宝保险、网易保险等。这里以我国典型的互联网保险——淘宝保险为例进行说明。

淘宝的保险平台是由保险公司的总部直接入驻到淘宝商城，让保险公司的客服人员为消费者提供服务，开设旗舰店进行保险产品的直营销售。然后是淘宝的保险频道同其他淘宝商品进行搭售。诸如境内外的旅游保险、母婴保险、少儿意外险、退货运费险（卖家版）、退货运费险（买家版）、货到付款拒签险等，起到了相互拉动的作用。与此同时，他们还拥有相对完善的购物生态系统，利用保险系统来搭售在线旅游、在线航空机票、母婴商品以及物流体系，一定程度上增加了产品的核心竞争力。下面列举几个运用淘宝平台进行销售，并取得成功的实例：在淘宝十周年庆活动中，阿里巴巴的四款理财保险产品销量超过十亿元；马云利用"赠送集分宝""聚划算""限购"等手段营造了抢购的热潮，获得了丰厚的利润。

11.4.2 我国互联网保险的特点

（1）保险产品本身就属于弱需求产品。这直接导致了流量转化率相对较低，只有3%~5%左右。

（2）主要用户来源是直接访问和关键字的搜索。互联网保险用户的获取成本相对较高。

（3）互联网保险产品的个性化程度高，但销售单价较低，易被模仿抄袭，难以进行专利的保护。在销保险主要为理财险、车险、短期意外险等。

（4）政策性门槛相对不高。由于对互联网保险资质要求较低，同时监管不严，面临着政策风险。

我国网购保险的优势与劣势对比分析见表11-2。

表11-2 网购保险的优势与劣势

优势	Vs	劣势
方便快捷 条款易懂 保障明确 价格优惠		品类单一 网络欺诈 假冒产品 理赔风险

11.4.3 我国互联网保险发展的现状

我国互联网保险的发展历史大约可以追溯到本世纪的世纪之初。大概在2000年的前后，各类保险网站先后成立。我国在保险领域掀起了一场声势浩大的网销热潮。但是好景不长，随着国内互联网泡沫的破裂，以及国际上金融危机的影响，保险网站的发展不尽如人意，保险业通过互联网这一电子商务平台，在网络销售的第一次尝试就以失败告终。在经历了七八年时间的沉淀后，越来越多的保险企业再次在互联网保险这一领域加大了投入的力度，于是，全民网销的时代就这样到来了。根据相关部门的统计，到2010年的6月份为止，互联网的普及率已经攀升至31.8%，而中国网民的规模也已经突破了4亿大关。其中："月收入达到3 000元以上的网民所占的比重达到了30.3%，网络支付使用率为30.5%，半年增长36.2%，网络购物的用户规模达到了1.42亿，半年用户增幅达31.4%。"从这些可观的数字中可以看出我国网民的规模正在迅速地扩大，其中收入较高的网民比重也在不断提高，网络的使用深度也在日益加强。与相对麻烦的外出购物比较，现在的消费者更喜欢通过鼠标的单击和键盘的敲击，以最便捷最简单的方式进行购物，然后坐等快递公司送货上门。这样的快捷方式为产品的销售创造了巨大的市场，在节省了消费者的购买成本的同时，也给企业带来了新的商机。保险业也在这个时候抓住商机，开拓自己的市场。2006年，搜保网成为我国第一家专业的车险报价网，并先后和人保财险、平安产险、太平洋产险等多家主流保险公司签署车险加盟合作协议。2007年，美国最大的在线保险电子商务平台eHealth公司投资中国，优保网应运而生，成为我国第一家外资第三方保险平台，主要险种为意外保险、健康保险、人寿保险，产品实现全国销售，电子化保单支持银行、银联、支付宝付款，通过中国电子商务诚信认证。2014年，泛华集团也斥资4.74亿元与国内最大专业网站"保网"展开合作，其支持意外保险卡等卡类产品销售，联合泰康在线实现健康保险销售。据麦肯锡研究显示："在欧洲，网络保险业务已实现盈利，从欧美发达国家经验分析，互联网保险等新渠道终将与传统渠道平分天下。"

11.4.4 我国互联网保险存在的问题

1. 我国互联网保险存在的问题

（1）保监会针对险种费率的价格管制严重影响了互联网保险的发展。在车险市场的产品竞争中，由于费率是固定的，并不存在价格的竞争，商家只能通过提升服务质量或者分发赠品来吸引用户的眼球。

这就需要我们对保险费率进行市场化，减少保监会对市场价格的干预，放宽对险种费率的价格限制，利用市场自身进行价格调节，调节供求关系的平衡。

（2）由于监管不严，导致了理赔上出现困难。按照保监局的规定："保险公司分支机构不得跨省经营保险业务。"但由于网上投保监管不力，很容易出现"跨地销售违规"的问题。

这就要求管理者要加强监管力度。针对"跨地销售违规"的问题出台相关政策，使市场的运行更加规范化，保险公司不得出台不明确的保险条例，促进市场合法化规范化地运行。

（3）在线产品的收益率相对较低。车险的毛利率仅在5%左右，而非车险则显得相对较多，可以达到20%~30%；即便是那种需求量非常大的理财类险种，毛利率也仅仅为0.1%左右。

这就要求经营者适当提高保险收益。相应的上调毛利率，增加产品的竞争力，研发有自己特色的相关产品，以达到吸引更多的客户人群的效果。

互联网保险与传统保险相比具有无地域性、无时间性、标准化以及互动性等特点。借助其独特的优越性，拉近了公司和客户之间的距离，有效地发现客户的特殊需求，开拓潜在的市场。互联网保险公司由于可以迅速的提供相应的服务，从而降低了经营成本，提高了工作效率。但另一方面，我国仍然处于互联网保险发展的初级阶段，所以，我们必须提高对潜在风险的认识，在积极开拓互联网保险市场的同时树立危机意识，加强对风险的防范。

2. 我国互联网保险行业存在的风险

（1）互联网技术上的风险。由于互联网的安全脆弱性，使得互联网保险业务面临着互联网本身的局限所带来的一些风险，计算机的软硬件上带来的风险，互联网病毒带来风险，计算机安全问题的风险等，非常容易受到互联网内外部的数字攻击。虽然互联网保险系统长期以来一直致力于设计较安全的信息系统，甚至多层的安全信息系统，但仍然阻止不了信息系统安全成为互联网保险业务中最为脆弱的环节。尤其随着黑客攻击技术的提高，黑客的不断侵扰问题也一直困扰着互联网保险的发展，客户以及保险公司的信息数据以及服务程序都面临着被篡改的风险，信息安全受到了严重的威胁。还有就是计算机系统软件和硬件系统上发展不完善，存在设计缺陷、兼容等问题，带来了运行上的风险，引起了系统的故障甚至崩溃，进而造成巨大的损失。与此同时，互联网病毒也可能会破坏甚至改变在线业务的数据，在很大程度上威胁着客户和保险公司的信息安全。除此之外，还有保险公司内部员工的诚信问题、道德问题等，不良风气的出现，诸如欺诈、欺骗偷窃等行为，也给互联网保险公司的发展带来了极大的风险。

（2）法律上的风险。互联网保险的发展因相关法律建设还不完善，在互联网保险交易的过程中存在着许多违反相关法律规定的风险。与此同时，互联网保险缺乏与之相对应的网络消费者权益的保护管理制度作为保障，在交易的过程中存在着一定的风险。我国虽然之前也颁布了很多关于互联网的相关法律法规，想要使互联网市场的发展变得更加有序而规范，但是由于信息技术的发展速度迅猛，远远快于制度的发展，在网络交易过程中的账户安全以及客户的隐私保护等问题上存在较大漏洞。《合同法》的出台，由于并没有对电子合同作出具体规定，在电子合同的真实性等问题上并没有取得很好的成效。

（3）关于社会道德的风险。在互联网保险的经营与发展中，由于带有网络营销的方式和特点，保险公司与客户并不能以直接面对面的方式去接触，失去了通过肉眼直接观察来了解保险人风险水平和能力的机会。而相关的保险公司在缺少丰富的客户资料的情况下，对于客户的风险水平的评估工作将会变得异常艰难，例如，有的保险公司很轻率作出了承保，结果可能给自身的经营与管理带来巨大的风险。投保人的保险真实性风险和逆向选择风险是互联网保险的社会道德风险产生的重要原因。首先，客户难以判断自己在互联网上购买的保险是否属实。再者，由于客户对中介机构、保险公司以及营销员的素养不能进行有效的判断，从而互联网保险的真实性风险一直制约着互联网保险的发展。而逆向选择风险的出现是由于在交易中双方的信息并不对称，这种不公平性使得投保人可以利用自己在信息上的优势，以低廉的保险费率去购买保险。互联网保险公司的发展面临着外部和内部社会道德的双重威胁。首先从其外部的联系来看，一般来说，保险人很难去掌握被保险人的真实私人信息，所以被保险人就有可能利用这一优势，刻意地去隐瞒对于保险人不利的真实信息，这在很大程度上增加了保险人所承担的风险，从而给互联网保险业务的经营与管理带来了巨大风险。除此之外在内部也存在着极大的社会道德风险的威胁，内部人员借用职权，利用网络，越权越级操作，来骗取保险费用，私制虚假的保单，截留客户退保资金等，互联网保险公司的发展举步维艰。

11.5 国内外互联网保险的比较

11.5.1 国外互联网保险发展现状及前景

互联网保险最早出现于美国的美国国民第一证券银行，他们首创运用互联网的渠道来进行保险的销售，仅仅经过一个月的营业，就创造了上千亿美元的保单价值。在 1997 年初，美国至少有 81% 的保险公司有自己的网站，试图触碰互联网保险这个全新的领域。而其他还没有设立网站的保险公司也在计划尽快地变革。绝大多数网站热衷于提供相关的购买和保险市场的信息，并帮助客户选择购买保险的内容。为了提供更多个性化的优质服务，保险公司开始把它们的网站和他们经营业务的计算机系统进行了连接。虽然只有 10% 的保险公司做到了这一点，但在当时已经是个不小的数字了。这就是说，美国绝大多数的保险公司在为这个广阔的市场做积极的准备。

在 1997 年的时候，美国加利福尼亚州的互联网保险服务公司 InsWeb 用户数为 66 万，到 1999 年的时候，短短的三年就已经增加到了 300 万。根据相关的调查表明："在 1997 年，美国家庭购买的汽车、住宅、人寿保险金额达到了 3.91 亿美元；在 1999 年大约已经有 70 万户美国家庭在网上购买了价值 5 亿美元的汽车保险；在 2003 年，美国家庭购买的汽车、住宅以及定期的人寿保险金额将要达到 41 亿美元；2004 年，美国家庭购买的汽车保险金额将会达到 118 亿美元，与此同时，还有 300 户的美国家庭购买了价值 12 亿美元的家庭保险的险种。"

继美国之后，其他国家也开始慢慢注意到了这片广阔的市场。根据相关资料显示："早在 1997 年的时候，意大利的 KAS 保险公司就利用微软技术建立了一套造价为 110 万美元的互联网保险服务系统，并在网络上提供了它的最新报价。KAS 保险公司的月售保单从当初的 170 套上升到了之后的 1 700 套。英国于 1999 年建立的'屏幕交易'网站提供了 7 家本国保险商的汽车和旅游保险产品，用户数量每个月以 70% 的速度递增。1999 年 6 月，日本的 American Family 保险公司开始提供可以在网上申请及结算的汽车保险。同年 9 月底开始推出电话及互联网销售汽车保险业务的日本索尼损害保险公司，到 2000 年 6 月 19 日通过互联网签订的合同数累计已突破了 1 万件。日本朝日生命保险公司于 2000 年 4 月 7 日宣布，该保险公司决定与第一劝业银行、伊藤忠商事等共同出资设立网络公司，专门从事保险销售活动，并于 2001 年 1 月开始正式营业。"

11.5.2 以 InsWeb 为例

InsWeb 被 FORBES 称作是最优秀的网上站点，同时也是 YAHOO 评出的全世界 50 个最值得信赖和最有用的网站之一，它作为全球范围内最大的电子商务保险站点享誉世界。InsWeb 网上站点的保险业务范围非常广泛，涵盖了从人寿、汽车、医疗、房屋甚至宠物的相关保险。

InsWeb 的站点设计贯彻简洁清晰，却不失强大的功能。InsWeb 是一个扩张性非常强的公司，它不但和世界上 50 多家著名的保险公司有业务协议，同时它通过与其他多个著名站点连接进行合作的方式，吸引源源不断的客户访问他的站点。

InsWeb 建立起专门为保险代理人提供展业机会的代理人系统。通过代理人系统出售保险销售线索：当消费者提供了他们的个人信息却没有投保意向，InsWeb 会将其转给在网站注册的保险代理人，并向其收取一定的费用。

11.5.3 借鉴意义

InsWeb 在把大量的客户介绍给保险公司的同时也把最好的保险公司和险种介绍给客户，通过互联网拉近了保险公司和客户之间的距离，通过互联网的技术平台把技术专长、保险知识、保险公司和客户巧妙地结合起来，进一步创造了它本身的商业价值，也为保险公司和客户同时带来了颇为可观的收益。与此同时，他们公司规范的管理，明确的分工，让员工各司其职，这也是值得我们去学习和借鉴的。

互联网保险公司的发展应不仅仅包括面向客户的网站建设，还应该包括公司内部的信息系统的构建。一般来说，企业建设面向客户的网站的主要目的是为了推介本公司、销售保险和了解客户需求，因此面向客户的网站建设应始终以向客户提供最优质的服务为宗旨。为了达到这个目的，我们应该在网站的设计上，注意以下几点。

（1）互联网保险公司在网站系统的建设中，应在使得客户通过网站实现保险的购买的同时，还能完成索赔、退保、投诉以及提交反馈信息和建议等较为完善的服务。根据国外的研究，公司只有进行了大量的信息技术的投资，同时对企业的财务管理、业务管理和人力资源管理上进行科学的调整，才能真正地降低企业内部活动的成本和提高效率，从而在激烈的竞争中获得优势。因此，互联网保险公司在内部信息系统的构建过程中，应该对公司的内部组织结构进行科学的调整。

（2）互联网保险公司在网站的信息建设中，不仅要有保险公司产品的相关信息，还应有公司自己的详细信息，包括企业文化、发展历史以及公司实力等方面的介绍，客户与你建立业务上的联系是以彼此之间的信任和了解为基础的。

（3）互联网保险公司网站的建设中，除了需要有本公司的详细介绍，还要有相关保险的案例分析、保险行业的相关新闻、保险的基本知识以及专家的专题讲座等内容，让客户对保险本身有一个更为深入的了解，为以后更为愉快的合作打下坚实的基础。

（4）互联网保险公司在网站的建设中需要对本公司各种保险产品的特点进行一个客观的介绍评价。为了让客户真正地感受到你优质而与众不同的服务，可以将本公司的产品同其他公司的同类保险产品进行客观对比。

互联网保险公司的发展以及国际市场的开拓，在需要大量的业务人员的同时，也需要大量的管理人才和技术人才。在我国，有许多的保险公司有这样的一个不成文的规定，不管你是技术人员还是管理人员都必须完成一定任务量的保险。乍看下来，这条规定好像可以为公司增加一些业务量，但其实，它在不知不觉之中，陷入了全员皆兵的困境，军队数量上提高了，管理却跟不上了，同时也把一些优秀的技术人员和管理人员拒之门外，人才反而未尽其用。这也是我国的保险业人员知识储备与素养上低于其他金融行业的一个重要原因。所以，如果我国的保险公司想要吸引到最一流的技术人员和管理人员，就必须要破除陈规，进行大刀阔斧的改革，方能在激烈的市场竞争之中博得一席之地。当然除了应在引进人才，购买员工上下血本之外，与此同时，也应该重视对现有员工进行外语知识、保险的专业知识以及信息技术知识上的加强，致力于企业自己去培训员工，通过再教育不断地去提高公司员工综合能力与素养，提高公司的软实力。

11.5.4 我国保险公司电商发展趋势

我国互联网保险发展呈现出朝向个性化、网络化、社交化、智能化发展的趋势。

我国互联网保险行业呈现出差异个性化发展的趋势，针对不同用户开发符合需求的产品体系，个性化保险产品定制已成为行业差异化竞争的趋势。

行业完全"网络化"：不管是从保单信息的查询以及基本保单变更等功能，还是从资料的提交、审核、理赔等程序上，又或是从投保人的需求和保险公司所承保的政策及监管规定上，三者全部实现互联网化。得益于保险公司电商化的低成本，互联网保险行业得到了快速发展。

我国互联网保险正朝着社交化的方向发展。这依赖于移动互联网等媒体社交的发展，通过开展官方微博与微信平台，进一步将最新的保险信息以及最新优惠活动等相关内容进行精准的定向营销成为互联网保险营销发展的新趋势。

随着智能手机等移动客户端的普及以及移动互联网技术的逐步完善，利用客户端等新兴平台进行保险的在线服务，保险进一步迈向了智能化。客户利用手机客户端就能够进行保险的自助理赔与咨询以及在线自助购买保险的服务，这让整个过程变得更加智能化。

本章小结

通过本章的学习，了解了互联网保险的兴起过程，理解了互联网保险的内涵，熟悉了我国互联网保险的发展历程，明白了互联网保险的动静态环境分析。重点掌握众安在线业务模式，熟悉互联网保险企业，以众安在线为案例进行研究。要重视互联网保险的风险控制，掌握我国互联网保险的现状与问题，包括中国互联网保险的主要模式、互联网保险的特点、互联网保险发展的现状和互联网保险存在的问题。最后也要理解国内外互联网保险的比较，如国外互联网保险发展现状及前景，以 InsWeb 为例，掌握国外互联网保险经验，理解中国保险公司电商发展趋势。

本章案例

互联网保险成腾讯阿里新战场

继余额宝在 2014 年元宵节推出两款保险理财产品之后，泰康人寿的一款在微信平台销售的防癌保险产品"泰康微互助短期防癌疾病险",也将在内测之后于 2014 年 2 月 27 日正式上线,阿里和腾讯两大互联网巨头开始争夺互联网保险这一新战场。

互联网保险风暴将至

中国保险行业协会(以下简称"中保协")2014 年 2 月 25 日发布《互联网保险行业发展报告》,独家披露了大量有关互联网保险的统计数据和研究成果。据中保协统计,2011 年至 2013 年的三年间,我国国内经营互联网保险业务的公司从 28 家上升到 60 家,年均增长达 46%;规模保费从 32 亿元增长到 291 亿元,三年间增幅总体达到 810%,年均增长率达 202%;投保客户数从 816 万人增长到 5 437 万人,增幅达 566%。

据悉,《互联网保险行业发展报告》是保险业首次编纂完成的行业第一个关于互联网保险发展情况的研究报告,也是目前国内最权威的互联网保险市场研究成果。中保协副秘书长单鹏指出,互联网金融特别是互联网保险的迅速发展正潜移默化地改变着保险业态。从 2013 年 7 月起,中保协对互联网保险的业务发展情况进行了系统调研和摸底,并组织中国人寿、泰康人寿、平安人寿、太保寿险、国华人寿、招商信诺和太平人寿等行业主要相关单位,成立编写组研究编撰了报告,内容主要包括我国互联网保险发展现状报告、国内主要公司互联网保险经营模式介绍、国别及地区互联网保险市场情况介绍和政策汇编等。

报告同时显示,网民对保险业的关注具有显著的群体差异性:30 至 50 岁的网民对保险业的关注度高达 58%,较全网平均水平高出 18%;男性网民对保险的关注度远高于女性,分别为 70.7% 和 29.3%。此外,教育程度和地域因素也会在一定程度上对保险业的关注度产生影响,其中保险业在三、四线城市得到的关注度较高,高中及以下学历群体中对保险行业的关注度占比达到 44.14%,高于全网的 38%。报告指出,这不仅反映了这部分人群缺乏保障、急需保险覆盖的普遍状态,也体现出互联网的普及为经济欠发达地区和较低文化水平的网民提供了新的信息获取渠道。

另据报告分析,尽管我国互联网保险保持高速发展,但其在整个保险市场中所占的比重不足 3%,这和欧美发达国家相比还有巨大差距,而且当前互联网保险产品结构尚不平衡、产品单一化和缺乏创新等问题亟待解决。

腾讯阿里角力新战场

继余额宝在 2014 年元宵节推出两款保险理财产品之后,腾讯的微信平台也开始涉足保险这一领域。二者在互联网保险这一新战场展开角力。

2014 年 2 月 14 日,余额宝推出"余额宝用户专享权益二期"的万能理财产品。产品为两款预期年化收益率 7% 的一年期保本保底万能险。其中一款为珠江汇赢 1 号,限售金融为 3.8 亿元;另一款为天安安心盈 B 款,限售金额为 2 亿元。

同年 2 月 13 日,"余额宝用户专享权益 - 保险理财"有 222 万用户预约,预约金额达到惊人的四万亿。而这两款保险理财产品 14 日早上 10 点钟开售后在 3 分钟内被抢购一空,产品的发布者珠江人寿和天安人寿分别在 3 分钟的时间内揽下 3.8 亿元和 2 亿元的万能险保费收入。

就在余额宝二期热度未退之际,近日,微信朋友圈里一个名叫"求关爱"的图文快速走红,引发了众多网友关注。这是由泰康人寿正在内测上线的一款在微信平台销售的防癌保险产品"泰康微互助短期防癌疾病险",每份保费 1 元,通过自身参与（自付1元投保）、朋友圈转发、粉丝单击这一方式，探索"你买保险我掏钱"的"微保险"运营模式。具体流程是：购买微互助—分享到朋友圈—保额增加（最高10万元）。

据了解，用户关注"泰康在线"的微信公众账号并购买"微互助"防癌险产品后的30天投保期内，可以将支付成功后生成的"求关爱"保单页面分享至微信朋友圈，而朋友圈的好友只需使用微信支付1元钱，便可将该保单的保额增加1000元。其中，18~39岁1元钱可以买1000元保额，40~49岁是1元能买300元保额。而在此期间，如果你有99位朋友帮你投保，那么你购买的"微互助"防癌险保额将达到10万元（其中有1000元保额来自你自己最初支付的1元钱）。值得注意的是，帮助朋友投保的这1元钱，只能使用微信支付。

此外，在购买该产品90天后，如果检查得知保险人患有任何形式的癌症，该保单将按保险金额赔付，保单有效期为1年。尽管"微互助"目前处于内测状态，但初战成绩却丝毫不差。据泰康人寿方面对外宣布的数据显示，该产品内测3天来，用户已覆盖3万人左右，而最终版本将在本周四正式上线。据了解，目前在微信公众号开通"保险"及相关业务的还包括阳光保险、平安保险、安邦保险等几十家保险公司，不过目前绝大多数"公众号"还没有完全开发。

政策方面，监管层正在为保险资金运用松绑，险资的投资渠道正在不断放宽。2014年2月19日颁布的投资新政显示，保监会将大幅减少保险资金运用比例的具体监管，只要不超过总体的上限，保险公司可以根据自身需要和市场形势，自主选择投资项目，风险自担。从国寿、太平等几家险企此前发起的大型基础设施债权投资计划来看，其收益率都在6.5%到7%之间。另外，现行不可超"2.5%"的保底收益规定或许也将进入倒计时。

2014年1月召开的全国保险监管工作会议宣布，启动分红险、万能险费率形成机制改革，力争年底前实现人身险费率形成机制的全面市场化。由此来看，此前网友质疑的余额宝万能险7%的保底收益也并非空话。而随着政策的松绑，互联网保险将实现快速发展，险企保费收入座次也将开始出现洗牌。

（资料来源：中国证券报记者李波. 前瞻. 第A11版热点. 2014-02-27）

讨论：
腾讯和阿里的支付竞争为何能促进互联网保险实现快速发展？

本章习题

1. 试述互联网保险概念与特点。
2. 试分析众安在线保险业务模式的特点。
3. 举例说明互联网保险的风险控制。
4. 试分析我国互联网保险的现状与问题。
5. 举例说明国外互联网保险对我国保险业的启示。

第12章 互联网金融理财

学习目标

1. 互联网金融理财的概念与创新
2. 余额宝的发展背景与特点
3. 余额宝类理财产品与商业银行存款业务的比较
4. 外国商业银行个人理财业务的启示
5. 互联网金融理财的监管原则与规制措施

案例导入

张先生过几天要回老家,想给父母买件家用电器作为礼物,用智能手机的客户端看了一下午,终于看中了一台冰箱,于是开始于卖家协商价格。以非常优惠的价格谈妥之后,卖家很快就发过来一个链接地址,表示这个链接是已经修改过价格的,张先生二话不说立即付款成功了!本以为是买到了便宜货,结果页面显示付款失败,针对付款之后又出现的问题,卖家声称这个是卡单情况,需要再次进行付款,才能激活订单。卖家还很客气地让张先生放心,钱会退还给他。可事后很多天过去了,张先生才发现东西没买到,两次付款的钱也都没了。其实在这个时候,买家已经被骗了一次了,因为卖家提供的链接是假的,根本不是修改过价格的链接,而是会链接到其他的付款网站,而买家的钱在第一次支付的时候,就已经被划走了,买家再进去支付一次,钱会再被划走一次。卖家所提到的卡单重新支付会退款,更是无稽之谈,只是为了骗买家多支付几次,多骗些钱。

(资料来源:根据相关资料整理)

讨论:
你遇到过网上奇怪的收款账户吗?你如何处理?

我国经济蓬勃发展，尤其是资本市场的快速转暖升温，金融市场和产品日渐成熟和丰富，居民金融消费观念、形式逐步改变，理财意识日趋强烈，各类金融理财机构及产品应运而生，金融理财在我国步入了快速发展阶段。在互联网技术趋于成熟的促使下，互联网产业、金融业和电子商务行业界线已然模糊，行业领域交融日渐深入，成为新的"互联网金融"。互联网金融涵盖的板块多而复杂，互联网金融理财只是其中的一小板块。互联网金融理财是基于传统金融理财，通过互联网实现的金融投资活动。2013 年以来，中国金融市场涌现出一种货币市场基金，其通过互联网直接销售，门槛极低，1 元起投，风险不高，赎回无限制，天天可查知收益，用户体验极佳。

12.1 互联网金融理财概述

12.1.1 互联网金融理财的概念

1. 金融理财

我国自 2001 年加入 WTO 以来，经济蓬勃发展，特别是资本市场的迅速转暖升温，金融市场和产品日趋成熟和丰富，居民金融消费观念、模式逐渐转变，理财意识日益强烈，各种金融理财机构及产品应运而生，金融理财在我国步入了快速发展的阶段。金融理财是金融业中已被广泛使用的一个术语，它是一种综合性的金融服务，即由专业的理财人员通过评估客户各个方面的财务状况、明确其理财目标，最终帮助其设计出合理、可操作的金融理财方案，使这个方案能够满足人们在不同人生阶段的需求，实现其在财务上的自由。

作为一项新兴的金融业务，金融理财是一种个性化、综合化的金融服务，它并不像其他金融服务，有固定的模式和严格统一的要求，而是根据客户的实际情况来为客户量身定制的金融理财方案。金融理财涉及的领域主要包括银行、证券、保险以及信托四大部分，除此之外，还包括基金、税务、期货等。

金融理财由受委托的金融机构和非金融机构在相关法律规范的框架下进行。这些专业性的金融理财受托人主要分为五大类：商业银行、证券公司、基金公司、保险公司及信托投资公司。此外，还包括未经审批的资产管理公司以及财务咨询公司等。受托人对于金融理财产品的设计管理、信息披露、收益分配等事项均应在金融理财合同中列明，并履行告知说明义务，同时其经营行为受到相关监管机构的监督与管理。在我国，金融理财的受托人大多为金融机构，尤其是商业银行，原因就在于相比其他金融理财机构，这些商业银行资金规模大，信用度也较高。

2. 互联网金融理财

互联网金融理财是在传统金融理财的基础上，通过互联网媒介（分为第三方支付平台和电商平台两种方式）实现的金融活动。目前，在互联网金融理财模式中，无论是通过第三方支付平台（如余额宝），还是通过电商平台，其理财产品主要还是针对第三方理财机构。因此，互联网金融理财模式是对传统理财模式的有效补充。它将金融理财活动与互联网技术充分结合，以实现潜在投资用户与第三方理财机构的直线交流，有效地提升了理财活动的便捷性，降低了理财主体双方间的理财成本。

而在传统理财模式中，理财用户若选购第三方理财机构的理财产品，则往往需要由银行介入操作并以此向理财机构收取手续费。这无疑加重了第三方理财机构的成本负担，并且这些费用最终也将会由理财用户分摊买单。所以，这也促使理财市场上的投资主体大多会选购商业银行的理财产品（该部分约占理财市场总量的 70%）。

无论是在金融理财市场还是互联网领域，互联网金融理财模式所体现的创新性具有重要意义。一方面，它具有业务创新的特点。互联网金融理财模式以互联网为支撑，以潜在网络投资用户为对象，是一项新型的理财业务。另一方面，它还具有市场创新的特点。互联网金融理财模式开辟了新的理财渠道，使得以客户为中心的网络理财理念，得以在国内数亿网络用户间传播并得到进一步宣传，并且理财市场的战略增长点也逐渐由实体市场转移至虚拟市场。

虽然"互联网金融理财"这一词汇已然是目前最热门的话题，但学术界对互联网金融理财的概念还没有权威的定义。探索互联网金融理财的概念，必须从传统的金融理财概念开始。对互联网金融理财进行深刻理解应当基于传统金融理财的概念。从广义层面来理解，互联网金融理财就是用户在互联网"开放、平等、协作、共享"的精神与传统金融行业互相渗透所构成的新领域进行的理财活动，新领域囊括传统金融产品线上营销、金融中介、第三方支付平台等。而狭义的层面来看，互联网金融理财运用了互联网的信息化流通技术来实现资金融通。两者相较，后者侧重利用互联网技术手段来实现金融理财。

12.1.2　互联网金融理财的创新

从广义的角度对互联网金融理财展开研究。按照广义的理解，互联网金融理财包括的内容繁多，具体的金融创新主要体现在三个方面。

（1）在网络平台上延伸了传统金融服务，实现了金融服务的便利化。例如，美国的一家知名网络券商 ETrade，是专门通过互联网为投资者整合价格低廉的证券经纪服务，交易品种包含股票、债券、期权及共有基金等各类金融产品。

（2）利用互联网平台销售保险、基金等金融产品，服务客户规模巨大。其中，最值得关注的是 20 世纪 90 年代末，美国的"PayPal"运用互联网支付平台销售货币市场基金产品的模式，发展至 193 个国家和地区拥有超出 1.4 亿的活跃用户的规模；以及 InsWeb 公司曾是世界最大的保险电子商务网站，本身不直接提供保险服务，主要通过与多家保险公司合作，为消费者提供一个包含各类保险产品及其价格的比较平台，通过互联网把保险公司和客户连接到一起。

（3）财富管理实现大众化。例如，Mint、SigFig、MotifInvesting 这些都是美国优秀的互联网金融理财公司。

事实上，我国互联网金融理财的起点并不是"余额宝"的推出，早在"余额宝"上线之前，国内就有借助互联网进行金融理财的先例，一些金融控股公司借助互联网向理财客户推出"一站式"（银行、保险、投资）的金融服务，这些服务与传统理财区别甚微，只是借助互联网进行延伸。它的盈利模式、观点和理论基础并没有改变，因此理财用户对它的关注度非常有限。

"余额宝"凭借支付宝背后庞大的用户群和专业的第三方理财机构的衔接，使之完美地将互联网金融理财这一金融创新形象呈现在世人眼前，并在互联网金融快速成长的大背景下抢夺了重要机会。

据统计，截至 2014 年 5 月余额宝的净资产规模已突破 5 000 亿人民币，客户数量超过 8 000 万，其背后的货币型基金一举成为全球四大基金公司之一。这一短暂的发展成就，昭示着在我国这样一个相对宽松的发展环境下，互联网金融这一创新形式势必会成为我国市场经济体制下金融业的新兴代表。

12.2 互联网金融理财的现状——余额宝

12.2.1 余额宝的发展背景

2013年6月13日，阿里巴巴旗下的支付宝公司正式推出"余额宝"功能。支付宝用户只需要将支付宝账户内的资金转存至余额宝内，就能够像支付宝余额一样随时用于消费、转账、缴费等支出，并且其最大特色在于能够购买货币基金进行投资收益，以获资金增值。这是天弘基金专门为支付宝定制的一只兼具金融理财和消费双重功能的基金理财产品，即天弘增利宝货币基金（简称"余额宝"），用户投资的收益变化则视天弘基金经营业绩而定。从支付宝的用户角度来看，余额宝是一个让支付宝用户获得余额增值的现金管理工具，是一项增值服务；从货币基金投资者的角度来看，余额宝是一个借助于第三方支付机构实现货币基金支付功能的平台。截至2013年6月18日，余额宝公布的年化收益率为4.676%，比银行活期存款收益高出10倍，并且更引人注目的是参与投资余额宝理财产品的用户已达百万——这无疑是互联网金融理财的重要里程碑。

支付宝、财富通、快钱等第三方支付公司，在此之前的一年多来一直被基金公司简单视作网上直销的支付方式，客户并不能直接通过第三方支付网站购买基金，销售渠道仍然是基金公司网上直销，只是可选择的支付方式比以前更多。此时，余额宝的成功"突围"，一方面改变了第三方支付公司在金融理财领域的战略格局，另一方面使得互联网金融理财的发展变得风起云涌。继阿里余额宝之后，财富通、易付宝等第三方支付公司也纷纷抢占互联网金融理财产品市场。因此，互联网金融理财受到前所未有的关注。

这种网络销售的基金大多是以"××宝"命名，其中"余额宝"的出现，无疑成为了互联网金融理财产品的具有代表性的典范。2013年6月13日，阿里巴巴集团旗下的支付宝公司的"余额宝"一经推广，便引起了各界关注。由于支付宝在我国消费者网购市场支付平台中所占比例较大，客户占有率非常高，在这样一个高收益增值服务面前，大量客户将余额转入余额宝账户，截至2014年6月初，余额宝的用户数已经突破1.24亿户，余额宝的背后捆绑的天弘基金正式宣布对接余额宝基金规模超过了5000多亿元。

这使得天弘基金在我国基金市场中一夜跃居成为中国最大的公募基金。随后，各种相似产品，如腾讯的理财通、天天基金网的活期宝、苏宁的零钱宝等"宝宝军团"蜂拥而出，引起注意的同时也引发各种争议。大多是由于企业自身销售基金宣传不当，不符合监管机构的规定，招致金融监管机构问询，并同时被责令限期整改。

随着互联网金融的不断发展，"余额宝"这一具有绝对潜力的新型金融理财产品在飞速发展的同时必将站在风口浪尖。在我国通货膨胀的今天，它给投资者带来了比银行存款利率高的收益回报，这其实也使得投资者的资金得到了保值。

余额宝作为互联网金融理财产品的出现悄无声息地渐入世人眼帘，一夜之间成为了当下最热的理财产品。那么它是在什么背景下产生的呢？

（1）由于我国的市场经济日趋繁荣，这样一个大环境为金融业的异常发展创造了温床。传统金融理财业由于自身购买渠道单一、模式陈旧、购买门槛高等诸多问题导致其发展举步维艰，顺势"余额宝"这一创新型的理财产品诞生了。

（2）互联网在我国的飞速发展，互联网技术和创新应用等一系列网络手段都为互联网金融的产生提供了平台。到 2013 年 12 月，我国的网民规模超过 6 亿大关，其中网络购物用户规模也超出了 3 亿，通过网上支付用户群体达 2.60 亿，加之互联网有逐步走向移动端网络的趋势。

电商的网购平台和阿里等第三方网络支付平台的出现并成熟运行，其中淘宝的网络平台拥有大量的网购客户，以及阿里第三方支付平台的支付宝同样也是独揽了大规模的使用人群，这些都为"余额宝"的诞生奠定了坚实的辅助基础。

（3）我国现今针对金融业宽松的法律监管环境，为"余额宝"的产生和发展创造了足够宽广的空间。我国政府的支持也成了新型互联网金融理财产品诞生的助推器。例如，在《2013年第二季度中国货币政策执行报告》中，中国人民银行将互联网金融定位为"金融体系的有益补充"；2013 年 8 月，国务院发布了《关于促进信息消费扩大内需的若干意见》指出要加强信息消费环境建设，促进互联网金融创新；《十八届三中全会决定》明确指出要完善金融市场体系，大力发展普惠金融，鼓励金融创新，丰富金融市场层次和产品；李克强总理在 2014 年《政府工作报告》中首次提出：促进互联网金融健康发展，完善金融监管协调机制，充分显示了对互联网金融这一新生金融产品的重视；央行行长周小川明确表态不会取缔余额宝等互联网金融产品。不难看出，上述相关规定都体现了我国政府对互联网金融的认同及给予的鼓励，进而互联网金融开始逐步打破商业银行垄断金融业务的局面，使得互联网金融在这样一个金融森严堡垒中撕开了一个巨大的缺口。

12.2.2　余额宝的特点

互联网金融理财与传统金融理财两者之间既有相似之处，也有各自的特点。凭借互联网来发展，首先金融业必须秉承互联网的"开放、平等、协作、分享"的精神思维去创新传统金融产品。作为第三方支付平台（支付宝）与第三方专业理财机构（天弘基金）合作搭建的产物，余额宝拥有以下显著的特点。

1. 信息透明度高

由于互联网金融依托于互联网进行开发创新，两者的发展是互相促进的。随着互联网从计算机客户端逐步向移动端发展，这对于互联网金融理财方面的影响是广泛的。网络带给用户各方渠道便于与金融产品方进行交流与互动，冲破了传统理财的面对面沟通的局限性。例如，通过余额宝的微信端进行在线沟通，使用户的产品诉求得到更好地解决。移动端的随身性、随时性使得用户关注理财方面的收益变动和获取相关资讯更加的方便及时，进而也促使了信息越来越透明化。余额宝的每日收益回报都是当天结转，并且可以随时通过手机客户端查看，24 小时关注自己的理财状况。这一点，传统金融理财产品是达不到的，因其运行周期较长，相关收益率的详情通常不能及时送达理财用户周知，而作为理财用户也无法不分时间、地点地了解其投资收益或损失等。余额宝收益当天结转，具有高度的透明性。余额宝用户对其余额的收益情况享有法定知情权。用户能够随时查看余额宝账户内的余额以及收益等事项。与此同时，余额宝也会定期公布存入基金的沉淀资金总额以及收益率变化等情况，以充分实现透明化理财的阳光环境。

2. 运营高效低耗

余额宝具有"能随时消费支付"的特点。在这方面，它与银行活期存款颇有相通之处。只要用户能够随时随地地使用计算机上网,均可以从余额宝内提取余额进行消费或者支付其他费用。对于余额宝用户而言,余额的随时消费、支付不会收取任何费用,也不会影响用户对余额宝基金的使用。余额宝的实质是一种理财投资,以它为例进行进一步探讨互联网金融理财的特点。之前购买基金都是通过银行这一中介来完成,且不论投资门槛高低,实施起来程序就比较烦琐,而通过网络购买就极大地提高了效率。关于成本问题,就基金公司而言,通过银行来出售基金要交付银行高额的渠道费。而依托互联网这一创新渠道,这笔类似银行渠道费的费用大大地降低。就投资理财者而言,通过银行购买基金的话,银行会收取申购费、赎回费。而余额宝的投资,这些费用都是不存在的,大大降低了投资的成本。这一点也说明我国互联网金融的发展在逐步地弱化商业银行资金中介的角色,进一步加速了金融脱媒的步伐。

3. 销售门槛低

所谓长尾理论,它的基本原理是积少成多。联系余额宝来说,余额宝运用长尾理论,可以从两方面来分析。首先,余额宝的最低理财金额仅为1元,这样的理财金额设定表明,它是不同于银行理财思路的;其次,余额宝这一商品的目标对象是海量支付宝用户的闲散资金。综合来看,余额宝利用了"少"来成就现如今的巨大资金规模。相对于银行理财来说,目标客户群是有一定经济能力的群体。在这一层面,余额宝这一互联网金融理财创新动作填补了现今金融市场定位的空白。与传统货币基金不同的是,天弘增利宝的销售起点是1元而非1000元,适合在支付宝中留小量余额的客户。按照支付宝约8亿注册用户来计,若平均每位支付宝用户往余额宝内转存1元闲置资金,那么余额宝将会有8亿元的资金沉淀。这对于公募基金而言,8亿数额不可谓不大。作为货币基金的余额宝,它极大地降低了用户参与货币基金的投资门槛,调动了他们的理财积极性;同时余额宝所获得的庞大沉淀资金将有助于提高金融资源的配置效率,有利于缓解中小微企业融资难的困境。因而,余额宝具有用户多、数额少、作用大的特点。

4. 资金流动性强

由于余额宝的赎回模式是T+0,就其流动性来讲,几乎与银行的活期存款无异。有网络就可以对余额宝内资金进行消费和支付其他费用。而传统金融理财产品都是有一定运行周期且运行周期都较长,资金都是封闭的。只要是购买了传统理财产品几乎都难以实现资金的流动。表12-1为余额宝与其他理财产品的区别。

表 12-1 余额宝与其他理财产品的区别

类 型	赎 回	门 槛	最新收益率	其他功能	渠 道
普通货币基金	T+2	1000元	3%～6%	信用卡还款、还贷、转账	银行、直销
T+0货币基金	随时	1000元	3.5%～5%	无	直销
现金宝	随时	1000元	4.99%	信用卡还款、还贷、投资	直销
活期宝	随时	500元	5.56%	投资	直销
余额宝	随时	1元	5.06%	购物、信用卡、还款、转账等	支付宝及直销
普通理财	不可赎回	5万元	3%～7%	无	银行
开放式理财	工作日	5万元	2.1%～4.5%	无	银行
活期存款	随时	0.01元	0.35%	购物、还款、投资等	银行
定期存款(一年期)	不可赎回	50元	3%	无	银行

〔资料来源:根据新浪财经官网(http://finance.sina.com.cn/fund/box/)整理〕

以上以余额宝为例，剖析、罗列了互联网金融理财的特点。有助于帮助划清与传统金融理财的界线，更好地针对互联网金融理财的特点来设置法律制度，进而运用严谨的法律规范来引导其走向合规、合法。

表 12-1 更为直接地显示了余额宝与其他理财产品的区别，也突出地反映了"余额宝"随时赎回、门槛低、收益率高、功能丰富的特点。

12.2.3 余额宝的困境

余额宝是专业理财机构与海量支付宝用户在互联网上实现成功对接的基金平台。它的成功"突围"，一方面改变了第三方支付公司在金融理财领域的战略格局，另一方面使得互联网金融理财的发展变得风起云涌。然而，抢占互联网市场先机的余额宝，其未来发展之路仍然存在诸多难题。

（1）余额宝作为一款上线不久的货币基金产品，其发展命运还有赖于央行的相关政策。尽管支付宝方面宣称只是提供基金支付服务，但余额宝已经达到了第三方代销的实际效果。支付宝公司之前仅获得了基金销售的支付牌照，而并未获取基金销售牌照，一旦余额宝这一打"擦边球"的行为遭遇政策的严管，那么两者必将受罚，余额宝的命运也无从得知。

（2）目前余额宝实行的是 T+0 模式，主要投资国债、银行协议存款等理财项目。从投资标的看，余额宝理财产品的范围仅限于基金产品，其风险极低。所谓低风险，低收益；高风险，高收益。现今金融市场所面临的"钱荒"困境是导致余额宝收益在近期较高的主要原因。面对余额宝获得的大量沉淀资金，基金管理公司（天弘基金享有 6 个月的排他权）应如何配套合理的理财产品组合进行管理，以实现投资主体、第三方支付平台以及基金公司自身三者的互利共赢，这是一个比较复杂的难题。而在 6 个月排他期过后，支付宝公司将会准许其他理财机构进入，以实现互联网金融理财的良性竞争，而如何准入其他理财机构以及准入的标准等均存在诸多未知因素。

（3）余额宝可能存在的风险，是出现扎堆赎回基金，或者基金公司出现流动性风险，无法支付事先垫付的赎回资金。据统计，余额宝的客户群体中女性占大多数，性别结构单一化比较严重。由于其客户群体的特殊性，以及余额宝"随时消费支付"的特点，会出现在节假日、网站购物促销时期引发大面积赎回的可能性。面对此种情况，基金管理的风险较大，此时若赎回资金链发生断裂将会引发客户对基金公司的信用危机，这对基金公司的资金流动性管理提出了较高的要求。

余额宝一定会吸引更多的投资者蜂拥而至，加大了社会大众的理财需求。所以，我们在享受它带来回报的同时，也有必要冷静、客观地去认识到它所存在的风险和隐患。在中国投资基金相关法律制度、监管不甚完美的今天，这种所涉金额巨大且辐射范围较广的创新型投资模式存在着一些法律上的风险隐患，若置若罔闻，必然会引发更大的问题。

在我国，传统的金融理财与互联网技术相结合发展到新型互联网金融理财。毋庸置疑，这是金融领域巨大的创新之举。高额收益回报的理财产品必将会得到大众的青睐。但是在追求高额回报的同时，必须要冷静地去投资，去衡量它所存在的风险隐患。尤其在我国相关金融法制不甚健全的今天，一个新鲜事物的产生势必是走在了现有的规制之前，其中之风险不言而喻。

12.3 互联网金融理财的实证分析

金融理财作为我国的一项金融创新业务，具有重要的战略意义，互联网金融理财更是一种创新理财的模式。对于互联网金融理财，除了加强对第三方支付平台与第三方理财机构进行相应的监管与规制外，政府部门更应重视互联网金融理财所带来的挑战，探索应对路径，并不断完善我国的金融法治环境，加强金融法制建设，促进我国金融理财活动向着更好更健康的方向发展。

12.3.1 余额宝类理财产品与商业银行存款业务的比较

1. 客户群比较

根据速途研究院《2013—2014 年余额宝用户分析报告》显示，余额宝用户群具有以下特点。

（1）余额宝的用户群以青年消费者为主。根据报告分析年龄在 20~29 岁的客户占整体客户群比例为 44.5%，这部分人也正是网络购物的主要人群，他们的可支配收入不大。其次，比例最大的用户群体是年龄在 30~39 岁的客户，约占整体客户群比例为 36.4%，而年龄在 40~49 岁的用户数量较少，占比约为 13.5%（见图 12-1）。

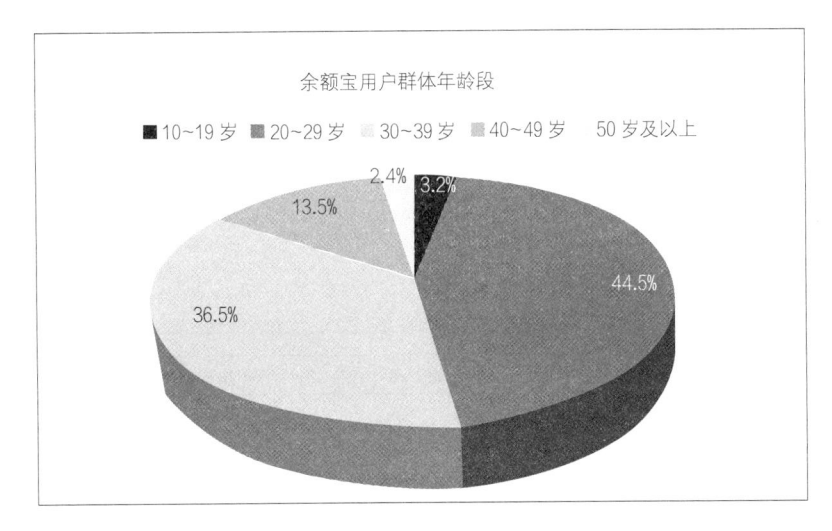

图 12-1 余额宝用户群体年龄段占比

（2）余额宝用户平均存入金额方面开始放缓。平均支出最高时期为 2014 年 2 月 15 日，平均每个用户存入 7 102 元，而在后来的平均金额中并未出现稳健上扬，并略有下降（见图 12-2）。

根据商业银行的现金管理业务的规定，其只为大额活期存款的企业和存款在 5 万元以上的居民提供现金管理业务。这样，散户的活期存款只能得到很低的活期存款利息。而余额宝没有最低存款额度的限制，正好满足了散户的投资需求。从图 12-2 分析得出，余额宝的用户平均存入 7 102 元，远远小于商业银行的大额活期存款最低值 5 万元。可见余额宝服务主要提供给普通的零散投资人，这部分客户正好是商业银行排斥在外的人群。

综述分析，年龄在 18~35 岁的青年用户是余额宝最活跃的用户，虽然他们的存款金额较少，但客户数量庞大，且黏性较强，这势必会对商业银行潜在的优质客户群带来较大冲击。

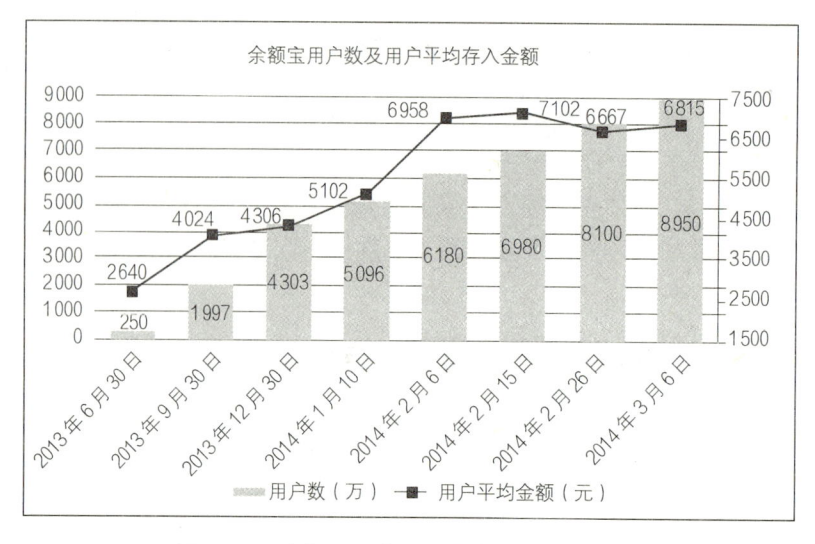

图 12-2 余额宝用户群及用户平均存入金额

2. 余额宝类理财产品与银行存款业务比较

余额宝实质上是一支市场货币基金，最小投资额是 1 元，客户可在网上自行完成。2013 年 6 月 13 日上线 7 日年化收益率为 3.234%，2015 年 3 月 15 日，这种货币基金的 7 日年化收益率为 4.39%。自上线以来，7 日年化收益率最低位为 3.234%，最高为 6.618%。而同时期商业银行一年期存款利率为 2.55%~3%，活期存款利率为 0.35%。比较可知，余额宝收益率相对商业银行存款利率具有绝对优势，这也正是大量散户把闲散资金存入余额宝中的重要原因（见图 12-3）。

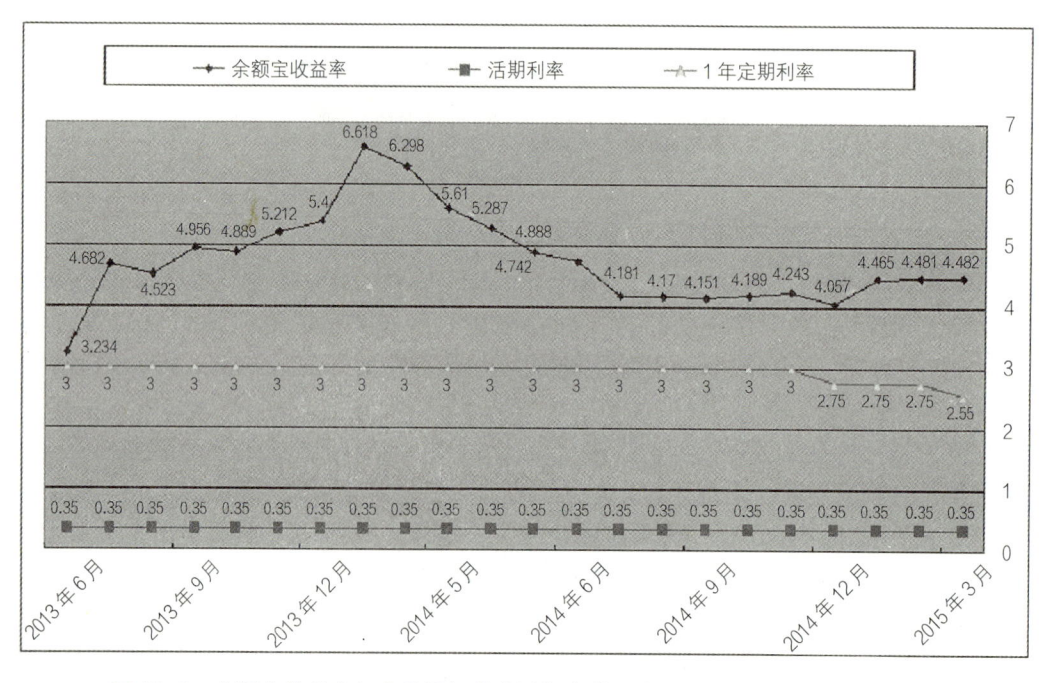

图 12-3 余额宝收益率与商业银行基准活期存款利率、1 年期定期存款利率对比

自余额宝推出后,互联网巨头和银行都开始抢占这一市场:百度和华夏基金推出"白发",中国银联旗下的银联商务联合光大保德信基金推出"天天富",东方财富网发布"活期宝",苏宁推出"零钱宝",京东推出"京保贝",腾讯推出微信版余额宝等。余额宝类产品的激烈竞争带来互联网金融存款类业务规模的不断扩大。

实际上,商业银行的货币基金品种并不少,且收益率也不比余额宝差。为什么余额宝会泛起如此大的波澜?本文将余额宝与银行存款业务以及货币基金业务进行比较,通过分析三者收益率、安全性、便捷性和资金要求的客户满意度,来回答上述问题(见表12-2)。

表12-2 商业银行存款、普通货币基金和余额宝业务的客户满意度比较

	收益率	便捷性	安全性	资金要求
商业银行存款	1	4	5	4
普通货币基金	5	3	3	2
余额宝	4	5	3	5

备注:客户满意度评价分为1~5分五个级次,1分代表客户满意度最低,5分代表客户满意度最高。
(资料来源:李婧,互联网金融与传统金融的比较分析)

由表12-2可知,目前,银行存款相对于余额宝只在安全性上具有优势,而银行货币基金相对于余额宝只在收益率上处于优势地位。这就说明了余额宝不仅注重资金的收益率和安全性,还注重客户操作的便捷性,降低资金要求,提高普惠价值。随着银行加大与基金公司的合作,推出新的理财产品,越来越多的银行类理财产品正在比余额宝赚钱。与此同时,银行货币基金的"起始金"门槛也在逐渐降低,以阿里金融代表的互联网金融在促进利率市场化的渐进式改革。

3. 余额宝对银行存款业务影响

余额宝是一种创新的基金销售模式,它的出现强烈地冲击了商业银行的基金代销业务。余额宝的实质是天宏基金与支付宝合作的T+0型货币基金。在金融市场中,商业银行垄断了绝大多数的金融渠道和业务。余额宝类产品层出不穷,交易规模不断扩大,对商业银行的基金代销业务产生了较大的冲击。

余额宝类产品迫使商业银行的负债成本率提高。余额宝类业务的理财资金,大多通过基金公司再投资带动银行的大额存单、协议存款等。这样,从银行分流出来的存款资金最终又回到了商业银行的体系内,导致了商业银行存款资金来源结构的变化,进而使商业银行的负债资金成本提高。

综上所述,余额宝类产品主要通过削弱商业银行的代销地位、提高商业银行的负债成本而影响商业银行的存款业务。在长期,由于利率市场化的大环境,其对商业银行的影响将减弱。

12.3.2 余额宝对商业银行证券价格的影响

借助互联网技术,第三方理财销售平台快速发展,不断冲击商业银行作为基金和保险的销售主渠道地位。互联网理财产品销售对商业银行的影响主要体现在两个方面:一是商业银行活期存款和少量定期存款的流失;二是间接地提高了商业银行的负债成本率。本章以余额宝事件为例,采用事件分析法,通过分析余额宝发布前后163个交易日13家商业银行的股票价格,衡量其对商业银行证券价格的影响程度。

1. 事件分析法下的定量分析

（1）事件分析法基本原理

事件分析法是一种研究某一事件的发生对企业业务影响的实证计量方法，一般采用超常收益率来衡量影响的程度。虽然所研究的问题不同、所选的样本也不同，且具体到应用方法上也会有所差异，但实证的流程大致相同。事件分析法的完整计算步骤可用图12-4来阐述。

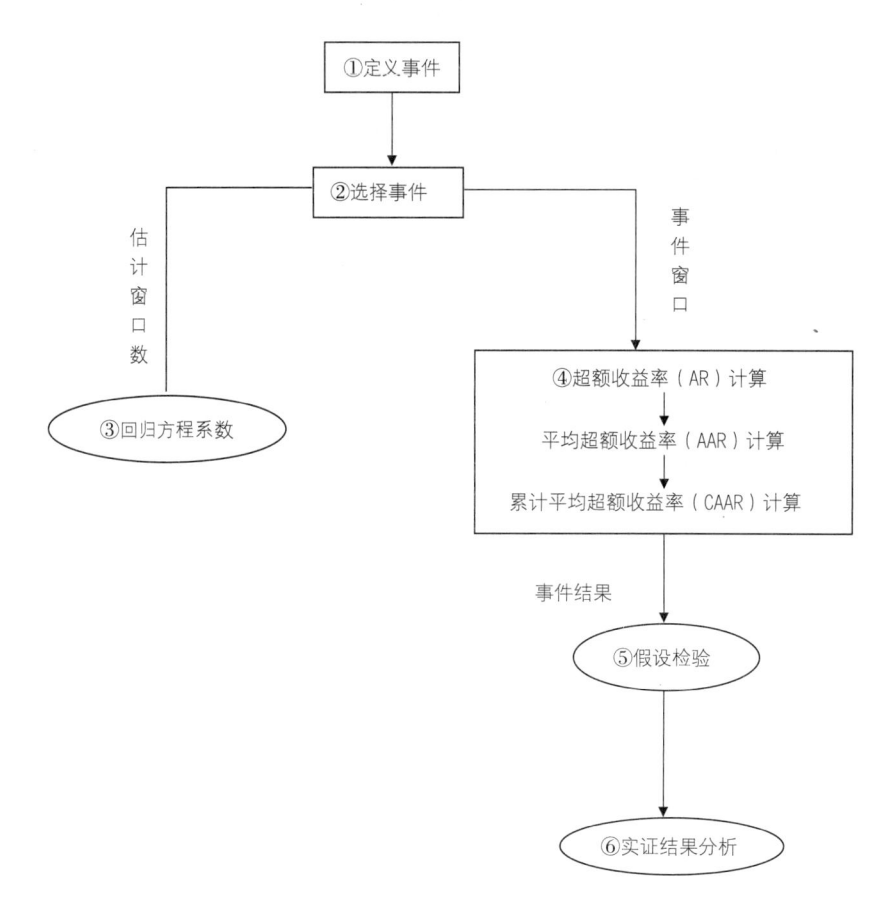

图 12-4　事件分析法（ESM）计算相关步骤示意图

由于投资者是理性的，投资者对新信息的反应也是理性的，因此，可以通过在样本的股票实际收益值中删除假定某一事件没有发生的情况下估计出的正常定义事件。假设检验收益率得到异常收益率，异常收益率用来衡量企业股价对事件发生后的异常反应程度。

当分析事件没有发生，按照原来的收益进行估计得出期望值。根据估计窗口的股票样本的实际收益率，采用最小二乘法（OLS）估计出参数事件窗口内各个截面上（以日为单位）的平均超额收益率。比如，假定检验是为了分析某一重大政策的颁布实施对在主板上市的商业银行企业价值的影响是否显著，那么需要用统计量对平均超额收益率及累积平均超额收益率进行相关检验。根据统计学的原理可知，当 $N<30$ 时，总体标准差未知，使用 t 统计量进行检验。所以，本节的计量分析选取 t 统计量检验平均超额收益率的显著性。

（2）确定研究样本

按照商业银行体系的层次和股份制商业银行的市场占有率，本文选取5家国有股份制商业银行、5家民营股份制商业银行和3家城市商业银行，依次是中国工商银行、中国农业银行、中国银行、中国建设银行、交通银行、中信银行、光大银行、华夏银行、民生银行、招商银行、北京银行、宁波银行和南京银行共13家A股上市商业银行作为样本，使用到了股票上市以来部分交易日的收盘价（来源：国泰安数据库），在分析过程中亦涉及使用上证综合指数在相应时间段的数据（来源：国泰君安数据库）。

（3）界定事件日

如前文所述，余额宝上线发布于2013年6月13日，因此本文将2013年6月13日定为事件日，分析事件对股价的影响。

（4）界定事件窗口期和估计窗口期

本节将事件窗口期定为[-30,30]，窗口长度包括自2013年4月24日至2013年7月25日的61个交易日，估计窗口期定为[-133,-31]，窗口长度包括自2011年11月19日至2013年4月23日的102个交易日。

（5）数据模型的确认

本文分别按照每日复利和连续复利两种方式建立市场模型，对13家样本股票的平均收益率进行回归。以估计期的数据为样本，回归方程计量分析出结果见表12-3。

表12-3 计量回归的结果

变　量	每日复利模型 R_{t1}	连续复利模型 R_{t2}
R_{mt}	1.347***	1.340***
	(0.03)	(0.03)
Cons	0.001*	0.002**
	(0.00)	(0.00)
N	1313	1313
R^2-adjust	0.5927	0.5924
Wald检验	1908.08	1905.62

注：括号里的数值表示该系数下的标准差值；分别用***、**、*表示在1%、5%、10%的显著性水平下该系数的显著。

（6）计算数据的异常程度

通过上文发现每日复利模型的回归结果较好，将事件窗口期内的上证综合指数代入模型中，可以得出13家上市银行股票收益率的估计值，将实际收益率与估计值做差，可得出事件窗口期内的每日异常收益率，对截止至某一日的所有每日异常收益率求和，可得出累积异常收益率，如图12-5所示。

计算结果分析：

（1）tiR，是13家商业银行的平均股票收益率的真实值平均值。在余额宝上线事件发生的第2天大幅下降，跌落了6%。这表明，余额宝上线事件对商业银行来说是个负面消息，带来商业银行负向绩效。

（2）tiAR，是异常收益曲线，代表13家商业银行股票收益率的真实值与期望值之差的平均值。在窗口期内，从余额宝上线前2天开始，该曲线波动变化明显变大；在余额宝上线事件发生第10天后，落在负值区域的值相对事件发生前变多，但变动不明显。这表明，该事件对商业银行股价的冲击存在滞后，且对商业银行的股价的负向影响并不显著。

（3）iCAR 是累积异常收益曲线，是异常收益曲线的累加值。在余额宝上线事件发生前 18 天开始，到事件发生后的第 8 天，该曲线的负值区域明显变大，第 8 天到第 11 天有回升，但从第 12 天开始，有下降趋势。这表明，余额宝上线之前，已经引起商业银行股价的跌落；余额宝上线后累积异常曲线回升，可能是银行面对冲击提出了应对策略。但股价受影响的负面趋势依然存在。

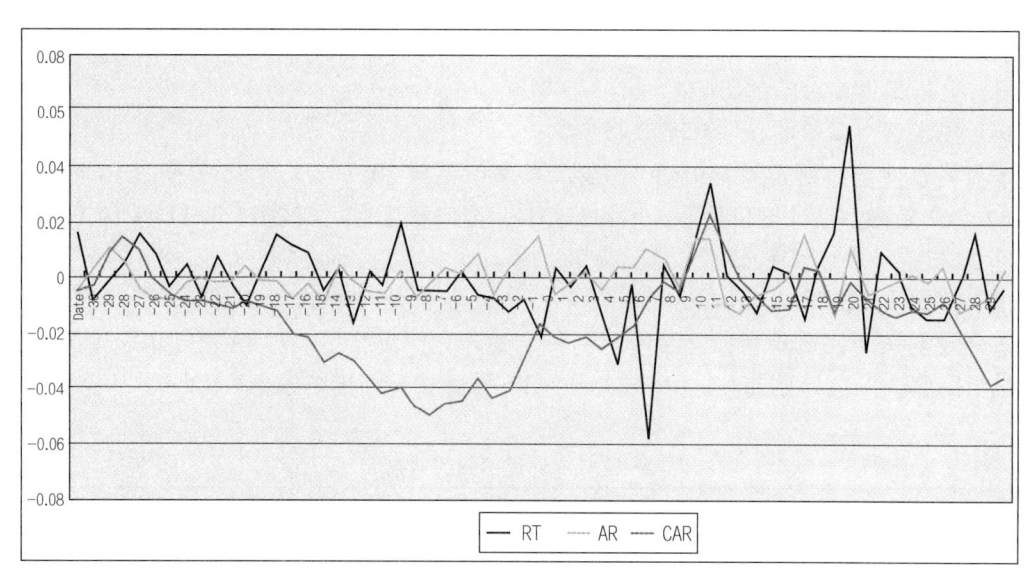

图 12-5　窗口期股票收益率的估计值、异常收益率、累计异常收益率情况

2. 实证结论分析

通过上一节的分析，可以看出余额宝事件对商业银行的股价有着明显的冲击，分析图 12-5，可以得出如下结论。

余额宝上线节点、余额宝事件对商业银行的股票收益产生了较大的负面冲击。阿里巴巴推出余额宝产品之初，以其高年化收益率和实时到账的特点吸引了大量支付宝户主购买，一时引起轰动。由于其收益率比活期存款高出近 20 倍，并且不影响客户的流动性，大量散户也转移其在银行的资金来购买余额宝产品，分流了商业银行的存款业务。因此，余额宝推出节点，上市银行股票实际收益率明显降低。

深入分析余额宝对商业银行存款业务冲击较大的原因，可归结为以下三点：

（1）基金公司能够通过余额宝平台扩大基金的销量，冲击商业银行基金代销的垄断地位；

（2）余额宝作为连接中小散户与基金公司的桥梁，可以收取一定的中介费用的同时，集聚大量的沉淀资金产生了可观的利息收入，分流了商业银行的存款业务和中间业务收入；

（3）散户通过余额宝进行碎片化理财，并且不影响客户的流动性，增加了客户体验的同时，赢得了客户。

当然，余额宝上线事件发生一段时间后，对商业银行的冲击会减少，并趋于平稳。这是因为支付宝户主转移完全了，余额宝要开拓新的客户人群，作为新生事物的余额宝在扩散中受到一定的限制，并且，商业银行以改革创新来应对，从而导致了余额宝类对商业银行存款业务的负面影响维持在一定的水平。

12.4 外国商业银行的互联网金融理财

在明确了我国商业银行个人理财业务在互联网金融冲击下的优势、劣势、机遇和挑战之后，本章将主要介绍外国商业银行在互联网金融冲击下是如何发展的，为我国商业银行发展个人理财业务提供一些可以借鉴的经验。

12.4.1 外国商业银行个人理财业务的经验

自 20 世纪 70 年代以来，西方商业银行的个人理财业务在金融创新浪潮的推动下不断地向前发展，并且在占据商业银行发展中的重要地位的同时还深入到了每一个家庭。随着互联网的普及，商业银行业逐渐开始将互联网运用于金融业中，因起步时间早，传统银行在互联网金融模式下开展个人理财业务有一些较好的措施值得我们借鉴。

1. 富国银行——完善电子服务渠道

富国银行（WellsFargo）于 1852 年在纽约成立，是一家多元化的金融集团，拥有全美第一的网上银行服务体系，同时还是一家拥有 AAA 评级的银行。在 1992 年，富国银行就开始组建以提供网络银行服务为目的的网络信息系统。富国银行为客户提供专业化的理财服务，为了给客户提供符合其需求的理财服务以及降低银行的运营成本，富国银行结合当时的互联网技术建立了自己的网络银行。基于以客户需求为中心的理念的指导，富国银行不断完善其网络银行。在对大量客户进行调查之后，富国银行发现客户除了对查询账户余额、相关交易记录、转账、支付票据、申请新账户和签发支票等基础的银行业务有需求之外，还希望获得与账簿管理、税收和财务预算等理财有关的银行服务。基于上述调查分析，富国银行于 1995 年开始与微软货币（Microsoft Money）以及直觉集团（Intuit）旗下的快讯公司（Quicken）等提供个人理财软件的公司合作，运用这些公司的个人理财软件为客户提供个人理财服务。

富国银行通过网络来提升客户的体验水平，主要从以下几个方面来进行。

（1）网上银行。富国银行网上银行系统为客户提供以下服务：账户信息查询、账户管理、账单支付、转账、财富管理、投资经纪人服务、信息提醒、安全管理和产品与服务等。

（2）客户服务中心。富国银行客户中心（Contact Center）是客户首选的联络渠道，它通过自动语音交互、电话、E-mail 和信件等多渠道为客户提供服务，能够帮助客户完成跨时间和地域的销售和服务请求。富国银行的客户服务中心，能够处理 30 余个专业条线的业务。这种专业化和集中化的业务运行模式是富国银行客户服务、业务受理和银行产品销售的重要组成部分。

（3）门户网站。作为直接面向客户的一个主要渠道，富国银行的门户网站明显体现了银行自身宣传与展示、客户营销与服务的功能定位。这使得客户不仅能对富国银行有一个全面的认识和了解，还能让其熟悉富国银行提供的具体理财产品和服务。

2. Capital One——收购 ING Direct US

美国第一资本金融公司（Capital One）是全美最大的金融控股公司之一，它主要提供信用卡、汽车贷款、家庭贷款、储蓄、个人信贷、保险等金融业务，在互联网金融的冲击下，Capital One 在 2012 年以 90 亿美元收购了 ING Direct US，打造了 Capital One 360 平台来为客户提供金融服务。

ING Direct US 基本上不设立物理营业网点，运用互联网平台来进行经营，它的目标客户是那些接受电话、网络等方式，收入水平处于中等，对价格较为敏感的客户群。它在资产端，以提供操作简单且风险较低的住房按揭贷款来获得超过货币市场的回报，用这种方式给负债端的高利率提供支持。总体看来，ING Direct US 采取的是"薄利多销"的模式，即资产端的低收益和负债端的高成本，这就使得 ING Direct US 的净利息边际（NIM）比同行业水平要低。从产品方面来看，ING Direct US 利用网络低成本优势为客户提供远低于传统银行理财产品价格的理财产品。基于 ING Direct US 的上述优势，Capital One 在收购它之后，设立 Capital One 360 来为客户提供个人金融服务。在 Capital One 360 上客户能够享受到便捷高效的理财服务。

3. 花旗银行——与其他机构共建新平台

经济全球化是当代经济的重要特征，也是世界经济发展的趋势。互联网技术的发展推进经济全球化的进程，同时，互联网经济是经济全球化的强有力支撑。当下，互联网金融依靠互联网平台而为客户提供金融服务，使得客户在进行相关金融交易时不再受到时空的影响和限制，这就会对传统银行业的金融业务造成一定的冲击，在这种背景下，国际化的商业银行在开展个人理财业务时受到互联网金融的冲击也就不可避免了。

花旗银行在 20 世纪 80 年代初期，就以敏锐的触觉感受到了用网络银行开展个人理财业务对于银行的重要性，并且推出了专属家庭银行系统——Direct Access，这种系统的运用，不仅降低了营运成本，还将其现有的个人金融业务整合之后为客户提供不受时空限制的个人理财服务，并且随着互联网技术的不断发展，不断推陈出新；在墨西哥，花旗银行与美洲电信（America Movil）一起创建了"转账"（Transfer）移动支付平台，通过这一平台向没有银行账户的群体提供个人金融服务，另外，在这个平台上还有墨西哥政府和墨西哥最大的便利店为消费者提供金融服务，该平台自 2012 年 5 月启用后，消费者的数量在 120 万的基础上，还以每月增加 12 万的速度在增加，这部分消费者中的 60% 是首次接触银行业务，而且其中 80% 的消费者是花旗银行的新客户，这一平台的创建为花旗银行开拓了新的客户市场；在美国，2015 年的全球 P2P 网贷峰会上，花旗银行与全球最大的 P2P 网贷平台 Lending Club 达成战略合作，借 Lending Club 平台为中低收入家庭提供 1.5 亿美元的个人贷款，Lending Club 给花旗提供包括贷款者在内的风控模型，在这种合作方式下，花旗银行开展个人理财业务信息搜集难的问题得到了解决，降低了营运成本，还能够有效控制风险，同时，挖掘出了新的客户市场。

12.4.2　对我国商业银行个人理财业务的启示

传统银行与互联网的融合能够帮助传统银行建立和完善客户信息管理系统，提升银行的服务水平，拓展银行的服务渠道，降低银行的运营成本。在这种背景下，积极推进网上银行业务发展已成为各国传统银行的一致选择。通过对互联网金融冲击下富国银行、Capital One、花旗银行在开展个人理财业务时所采取的措施的分析，对我国商业银行个人理财业务的启示有：完善自有网络服务，以客户为中心，提高相应服务水平，完善门户网站使之与银行定位相匹配；与其他机构合作利用双方的禀赋优势共建平台来开展个人理财业务，开拓新的客户市场，尤其要重视中小客户群体；从理财产品方面进行创新，开发多样化的理财产品以满足客户的不同需求。

本节在继分析互联网金融给我国商业银行个人理财业务带来的冲击以及我国商业银行个人理财业务的抗冲击能力分析之后，主要介绍了外国商业银行个人理财业务在互联网金融的冲击下的应对措施，在此基础上，结合我国商业银行所处的经济环境，提出一些可供我国商业银行发展个人理财业务时可以参考的启示。

12.5 互联网金融理财的监管

现今我国传统金融业与互联网已经达到了高度融合的程度。这样的融合将会有效地降低提供金融服务的成本，减少信息不对称的出现，提高服务效率、扩大服务范围，使低收入人群和偏远地区居民能获得价格合理和便利的金融服务。了解互联网金融理财的基本理论，余额宝的背景以及交易流程之后，并对其中所涉及的相关法律关系进行界定等。为后文对其监管的论述打下基础。以余额宝为代表的新型衍生理财产品，将成为互联网发展与金融理财业的创新驱动力。同时，余额宝代表的"碎片化金融"，将是未来互联网金融发展的重要方向。因此，对互联网金融理财的监管与规制也将势在必行。

12.5.1 互联网金融理财的风险

分析金融业的风险问题，必须围绕传统金融业的三性，即安全性、流动性、盈利性。

因互联网金融理财是对传统金融理财的延伸，所以还应结合互联网金融理财出现以来的实际问题来研究。这样既是对传统金融业风险的一种强调，又对互联网金融理财的风险进行了探索，有利于相应的法律政策设计。

1. 金融监管性风险

互联网金融理财的金融监管性风险主要是由于主体性质没有统一的认定而引起的监管混乱或某些地方存在监管空白现象带来的未知监管性风险。互联网金融理财是对传统金融理财的创新，由于我国处于初步发展阶段，学术层和监管层没能及时地界定它的性质并给予相应的监管关注，致使监管界线十分模糊，以至于我国互联网金融理财市场呈现出现在这样野蛮生长、监管混乱甚至监管空白的现象。正是由于这一缺憾，许多互联网金融理财发展过程中的项目创新都会很冒险，可以说随时都处于"生死的边缘"。一项创新设计可能会招致数家政府监管机关对其监管、发难"围剿"。在互联网金融理财发展的关键时期，互联网金融理财不但得不到应有的关注，同时还没有一个详尽规范的标准去引导其发展，长此以往难免会出现发展畸形甚至恶性发展的可能，不利于我国社会主义市场经济的长远发展。

余额宝这一尚未定性的概念，牵扯到它所受到的监管与规制的适用法律。那么"余额宝"的性质是什么呢？笔者认为从理论上讲，网络渠道与传统金融理财的物理渠道的金融本质是相同的，是并列的销售路径。因此，"余额宝"的本质是金融。国内监管的底线是保持与物理销售的渠道风险监管标准一致和统一，从这里也不难看出"余额宝"的本质是金融。

余额宝基于支付宝获得了支付牌照这一前提，将基金的销售行为定义为基金的直销，并严格依照直销的定义制定交易程序，使交易中的资金和资产的所有权不会转移给支付宝，同时支付宝把从一系列运营中获得的收益作为供应交易平台的对价，称为"管理费"。从证监会对这一行为的态度来看，总的基调是支持，希望履行相关的备案程序。但仅仅是证监会的态度不能决定"余额宝"是否合规，因为背后的"支付宝"是受央行监管的，而天弘基金是由证监会监管。所以"余额宝"的前途依赖于央行的相关监管规定，正是由于互联网销售理财产品过程中不依托于物理场所，虚拟环境下"无缝对接"式的合作需要在监管层面进一步确定支付机构的职责边界和实质作用，将相关各方面需要遵从的监管规定统一，防止支付部门超范畴经营和进行监管套利。同时也存在单一的监管主体根本无法满足监管到位的需求，功能监管是这类新事物得到有效监管的有力保障。

2. 政策性风险

当下我国金融体系不断拓宽，但是金融市场整体在支持保障发展实体经济的当下处于被压制的状态。互联网金融突破了传统金融业的束缚，打破了政府对于虚拟经济的压制，同时也使自身游离于管制金融之外。如果来源于政府部门的控制力以及影响没有消失，那么互联网金融的发展再迅速、再成功也必将会踩上政府的红线。

2014年6月底，"余额宝"整体收益率已经下滑，其实中原因来自各大银行对"余额宝"的挟制，被挟制的主因是由于余额宝的大部分货币基金的组成部分是银行协议存款和理财产品，"余额宝"大部分收益依托于各大银行。有学者认为，从长远发展趋势来看，这类产品不会被监管层彻底封杀，来自银行的压力也不会无止境地继续。但不能说，余额宝不会受限于政府相关政策的规定，它的发展难免会受到政策类风险的干扰。笔者认为，政策的干扰可以倒逼互联网金融逐步地走向并趋于合规，也有利于促进金融向整体性合规迈进，进而使我国相关的金融法律制度趋于完善。

3. 市场流动性风险

货币市场基金具有资本安全性高、收益稳定和流动性强的特点。这也是促使货币市场基金能够迅猛发展的原因，而片面追求高收益必将会减弱流动性，进而扩大了流动性风险。基金公司为了践行自己的赎回诺言，必须对客户的赎回进行垫资，从而实现T+0赎回，但扎堆的大规模赎回将对基金承受流动性风险的能力提出挑战。

此外，因余额宝对支付宝用户的导入，致使余额宝用户也具有了购物消费的特性。加之余额宝的便捷支付优点，逢"双11""双12"等大型网站活动时将引发大规模基金赎回的可能。在这种情况下，如果回赎资金链条断裂将会引发基金公司危机甚至破产，基金这种信用型的公司的破产将会产生诸多的社会影响，因此必须加强监管。

4. 网络安全性风险

因互联网金融理财依托互联网存在，网络安全漏洞是毋庸置疑的，通常会导致消费者隐私等个人信息被泄露，造成客户信息被滥用的恶果。互联网金融涉及资金较为庞大，所以更要主动承担并管理风险，置若罔闻很容易引发严重的系统风险。

余额宝里的资金被盗用、被恶意转账的新闻屡次出现。黑客获取账户密码、收集客户账户信息，主要是通过目标产品的应用设计缺陷植入木马、计算机病毒或者制造互联网传输故障。例子比比皆是，例如，2014年8月，上海和北京两"余额宝"用户都出现了账户被盗的事件。考虑到余额宝本身的强大功能，而且随着互联网的应用深入千家万户的日常生活，成为了不少人生活的一部分，与资金的收益相比较，资金的安全才是应该考虑的第一要素。

诸多网络技术安全漏洞的存在致使交易平台屡遭攻击，导致投资者的资金环境变差，或多或少也会减弱对投资者的吸引力，甚至会影响到投资人的信心。因此对互联网金融从业机构而言，网络安全技术和标准均应严格依据法规强化或提升。

还有一方面的安全性问题是来自平台内部的技术支持以及系统操作的原因所导致的。2014年12月12日早上，余额宝在每日收益上显示"暂无收益"，这使得很多用户都真切地感受到了网络金融的不安全性。支付宝方面回应称："由于系统升级，收益稍后发放。"

这样的事件足以使得每位用户都意识到了互联网金融理财的技术风险，拥有大量资金和大规模资金流的余额宝应该为此提早做好预警措施、紧急预案。

12.5.2 余额宝的法律关系分析

余额宝为支付宝平台客户搭建了一条严谨、标准化的互联网金融理财产业线，包括实名认证、转入、确定转入、消费（支付）、转出这五个步骤。余额宝主体架构和运作流程如图 12-6 所示。

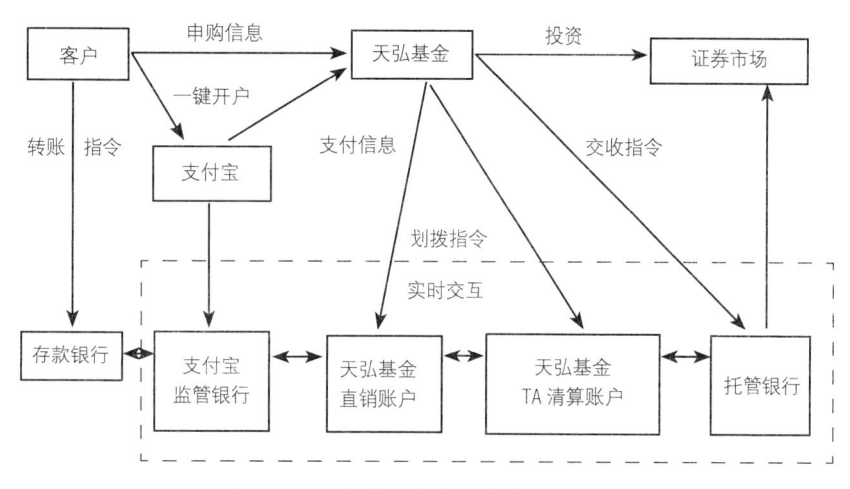

图 12-6 余额宝主体架构和运作流程

〔资料来源：余额宝官方网站（http: //financeprod.ali-pay.com/fund/index.htm）〕

第一步，客户实名认证。客户欲通过余额宝理财必须得通过阿里巴巴旗下的支付宝渠道进行操作。支付宝的本质是第三方电子商务平台。之前证监会也针对第三方电子商务平台提出了实名制的要求。简而言之，实名认证是运用余额宝理财的第一步。

第二步，向余额宝转入资金。想购买余额宝的理财产品，用户必须先将支付宝中的余额转入余额宝中。若支付宝中资金为零，用户可通过银行储蓄卡的快捷功能进行付款。一般而言，对于通过银行卡快捷功能这种方式向余额宝转入资金都会受到资金限额的限制。支付宝设定的储蓄卡资金限额，必须满足单笔最高 2 000 元，每日累计不得超过 2 000 元，一个月总共不超过 10 000 元。但购买余额宝理财，单笔最低限额仅为 1 元，这一点凸显了作为互联网金融理财有助于实现我国普惠金融目标的作用。

第三步，确认转入金额及收益份额。划入余额宝的指定资金，天弘基金在次日进行份额确认，份额确认后则开始计算收益。这一收益的实质是购买货币基金的收益。

第四步，进行消费。消费环节与通过支付宝进行消费一样便利，客户可以随时用余额宝购买网络商品。支付时，等同于对购买的天弘基金股份的一种赎回。

第五步，账户资金转出。余额宝中的资金转出可以是第四步中的用于消费，也可是用于取现。由于余额宝的赎回采用的是"T+0"即时赎回机制。T+0 是一种证券交易制度。凡在证券成交当天处理好证券和价款清算交割手续的交易制度，就称为"T+0"交易。简而言之，余额宝支持资金的随时转入与转出。

从法律的角度分析上述流程，可知整个余额宝交易过程中共涉及三个民事主体，分别是支付宝用户、支付宝、余额宝和天弘基金。阿里推出支付和增值多重功能的余额宝，是导入客户和第三方支付、结算工具的提供者;天弘基金公司推出增利宝基金产品,是基金的销售者;支付宝用户将支付宝账户余额转入至余额宝中,完成了购买和持有增利宝基金的活动,是基金的购买者。

依托余额宝运行步骤来确定三方主体间的法律关系,以此为互联网金融理财做出配套性法律监管设计。

(1)支付宝用户与支付宝以及余额宝之间的法律关系

这一法律关系略微复杂,从上面提到的实名认证(第一步)、向余额宝转入资金(第二步)入手分析、界定用户与支付宝之间的法律关系。购买货币基金的前提,先要在第三方支付平台上实名认证设立账户,然后用户向银行发出指令先将指定用于理财的资金从银行划入支付平台即支付宝,最后从支付宝账户划入用于投资理财基金的余额宝中。在这个过程中,用户将资金先存入支付宝平台,然后将其划入余额宝即完成投资交易,因余额宝挂钩的基金不是由投资者决定的,所以投资什么基金都是支付宝代投资者投资。用户没有直接与天弘基金签订合同,仅仅是余额宝参与到投资中并获益。所以,厘清这一关系的关键是必须界定余额宝的法律性质。

笔者认为,余额宝是结合了互联网技术和金融产品的创新型互联网金融产品。它只是拓宽了基金销售的物理渠道,所以不应该认为是基金。但是,在运行中客户直接和余额宝签订合同,将资金转入余额宝是一种默示的同意,实质合同已经达成。因此,将余额宝视为独立的互联网金融产品,是我国首支互联网基金是不为过的,只是一旦对其定性,接下来的相关法律监管便会接踵而至了。

(2)支付宝与基金公司的法律关系

支付宝在整个投资交易过程中发挥的是一种中介作用,为投资者提供理财业务,为基金公司提供销售基金的渠道。支付宝为基金公司提供了网络直销基金的渠道,基金公司还会支付给支付宝公司对价"管理费用",支付宝与基金公司的法律关系,其实就是一种简单的民事主体间的合作关系。两者签订了基金交易合同,由支付宝代理投资者向基金公司购买基金,基金合同直接约束投资者和基金公司,双方当事人都应履行各自权利和义务,支付宝直销平台应履行对所售基金的信息披露义务以及一些辅助的信息保护服务义务,包括基金管理人情况、托管人情况、申购和赎回方式、基金的投资目标、基金的会计核算原则、收益分配方式、基金的年度报告、基金资产净值、单位资产净值等披露项目。而基金公司也要履行我国法律法规规定的义务。

在实际的操作中,支付宝与基金公司之间签订的基金交易合同,由支付宝代理投资者向天弘基金购买基金,并披露投资者的相关信息,基金合同直接约束投资者和天弘基金,支付宝仅承担受托人的义务,以及与天弘基金签订协议中约定的其他义务。

(3)投资者与基金公司的法律关系

最后,也是最主要的投资者与基金公司之间的法律关系。这一关系学界饱受争议,直到《证券投资基金法》颁布之后,诸多学者认为此关系基本符合信托原理,而不应再简单地归为一般委托代理。投资基金的本质是资金信托,即受托人(天弘基金)募集资金、管理投资,收取管理费用,委托人(投资者)承担风险享受收益。投资者在购买基金份额后,成为了对基金份额的持有人,作为委托人通过签订合同将基金财产委托给天弘基金管理,天弘基金作为受托人,以基金资产增值为目的,在市场上以其名义独立投资,天弘基金对基金资产运作增值所产生的收益将由基金份额持有人享有,这是一种自益信托关系。

以上对余额宝这样一个金融产品的涉及三方民事主体法律关系的明确界定，有利于对互联网金融理财所含风险归哪方承担进行明确论责，进而也有利于对当事人行为造成的法律结果进行预估，在发生纠纷时可以准确地选择适用的法律，使当事人的权利得到应有的法律保障。

12.5.3　互联网金融理财的监管原则

1. 法治原则

法治原则是我国实行市场经济体制的内在要求。无论是对第三方支付公司还是第三方理财机构的监管，均应严格依照国家法律法规进行，通过法律法规的明文规定界定第三方支付公司/第三方理财机构的性质、业务范围、行业规章、法律责任以及相应监管机构等。目前，在我国互联网金融理财领域，关于第三方支付公司/第三方理财机构监管机构的具体立法还相当欠缺。例如，我国中央银行早在 2005 年便公布了《支付清算组织管理办法（征求意见稿）》，试图对第三方支付企业加以规范，但由于监管问题的复杂性和监管措施对相应产业将造成的巨大影响，该《办法》至今仍处于讨论中。传统金融领域的"分业经营、分业监管"体系往往出现"政出多门"的混乱现象。因此，需要引入"功能监管"理念来重构我国金融监管体系。从法律层面明确对第三方支付公司/第三方理财机构的监管机制，从而做到有法可依，有理可据。

2. 公平原则

银行、证券、保险以及信托是传统金融行业的四大支柱，也是金融理财领域的重要部门，它们分别由银监会、证监会、保监会实行"分业监管"。而同属金融领域的第三方支付公司与第三方理财机构均非金融机构，因此，受到的重视明显不够，如监管机构以及相关配套监管措施不明确，在新型的互联网金融领域，其地位同样如此。因此，政府在监管过程中，应做到不偏不倚，一视同仁，严格贯彻市场公平原则。

12.5.4　互联网金融理财的规制措施

余额宝是第三方支付平台（支付宝）与第三方理财机构（天弘基金）两者间相互合作的金融产物，因此，对互联网金融理财的有效监管，也应围绕上述两个主体进行展开。

1. 对第三方支付平台的规制

在互联网金融理财领域中，第三方支付公司应加强企业自律。一方面，为确保企业自身稳健的发行人资格，维护支付系统的稳定，第三方支付公司应当采取低风险的投资政策。另一方面，第三方支付公司必须在合同中进一步明确资金回赎的相应条件，同时按照服务协议规定，支付公司应有义务将相应的法定货币存入用户指定的银行账户或者其他金融账户。在准入第三方理财机构进入基金管理平台时，第三方支付公司应依法审核理财机构的相应资质、业务范围等基本情况，审慎决定准入名单，并定期对关联业务进行严格监督。

2. 对第三方理财机构的规制

第三方理财机构作为投资用户的受托人，应严格遵守行业规章和职业道德，不断加强管理资金的安全性和品牌影响力，重视专业人才的培养，强化理财师的职业道德教育，建立诚信体系信誉，从而扩大客户规模，并提升业绩和服务。

本章小结

通过本章的学习，应理解互联网金融理财的概念，熟悉互联网金融理财的创新机制。要熟知互联网金融理财的现状，以余额宝为例，了解余额宝的发展背景，余额宝的特点及余额宝目前的困境。理解互联网金融理财的实证分析，包括余额宝类理财产品与商业银行存款业务的比较，以及余额宝对商业银行证券价格的影响。要熟悉外国商业银行个人理财业务的经验，掌握这些经验对我国商业银行个人理财业务的启示。熟悉互联网金融理财的风险，掌握余额宝的法律关系分析，尤其要理解互联网金融理财的监管原则，并能实施互联网金融理财的规制措施。

本章案例

实测如何破解支付宝账户

最近网络中一个关于破解支付宝账户的热帖被疯狂转载，手机、银行卡加身份证，就能破解支付宝账户？为辨网转热帖真伪，记者开展实测。

第一步：打开手机支付宝登入界面，首先要输入手机密码。记者选择"忘记手机密码"，页面弹出"需要重新登录"对话框。单击后，出现账号登录页面，需输入登录密码，记者选择"忘记登录密码"，页面给出了3个选项找回密码："手机校验码＋证件号码的方式""通过安全保护问题""通过人工服务"。

第二步：选择第一个选项"手机校验码＋证件号码的方式"，在找回密码界面上，输入手机号后，输入验证码，单击下一步，会接收到一组六位数的验证码，正确输入验证码后，进入"找回密码"页面，此时页面提示，需要填写身份证号验证。如果不知道机主身份证号，操作将无法继续。

第三步：正确输入身份证号码后，单击下一步，记者随后便进入"重新设置密码"程序，在修改了登录密码后，记者成功地登录了这部手机上的支付宝的界面，账号里的资金情况一清二楚。

看到支付宝内金额，并不代表能够消费或者转移。在支付宝的任何操作，只要涉及金钱转出、转入，都要输入支付密码，找回支付密码需要通过短信，加上这个安保问题或是快捷支付的银行卡信息。

也就是说，如果同时掌握银行卡信息，就能轻松对手机上的支付宝完成转账等操作。整个过程大约用了10分钟。

记者测试证明，如果只是单纯丢失手机，不法分子几乎不能仅凭一部手机盗取银行资金。但是，如果将手机、身份证、银行卡一起丢失的话，就意味着你绑定在手机上的银行卡密码能够被修改，绑定的资金也可能被转移。

网络安全专家提醒，万一手机丢失，如果手机号已经绑定了支付工具，建议用户尽快向支付服务提供方（支付宝、微信等）挂失，联系通信运营商挂失SIM卡，并向银行挂失并冻结已经绑定的银行卡。如果身份证、银行卡连同手机一并丢失，需要尽快向公安机关和银行挂失处理。"手机丢失后，只要用户保护好自己的隐私，特别是像有身份证号、银行卡号这些只要保护好，风险其实是可控的。"移动支付安全研究员申剑告诉记者。

（资料来源：东南商报. 2015-05-09）

讨论：
1. 结合案例分析支付宝的潜在技术风险包括哪些方面？
2. 结合案例分析手机与银行系统之间的安全责任是什么？

本章习题

1. 试论互联网金融理财的创新。
2. 试述余额宝的特点和遇到的困境。
3. 分析余额宝对商业银行证券价格有何影响？
4. 简述外国商业银行个人理财业务的经验有哪些。
5. 试论互联网金融理财的风险。
6. 试述互联网金融理财的监管原则和规制措施。

第 13 章 互联网金融征信

学习目标

1. 互联网金融信用的产生及特点
2. 我国互联网金融征信体系的重要性
3. 大数据征信的涵义、价值与意义
4. 大数据征信的发展应用
5. 我国互联网金融征信体系建设

案例导入

信用卡中的不信用

目前国内在技术上缺少对信用卡申请人在银行授信的全面有效的监控、监测手段。如 2009 年 2 月份，某市公安局经侦支队在打击信用卡专项行动中发现，高区某置业公司存在以职工名义编造虚假证明文件到该市各家银行申领信用卡，然后进行透支套取现金收取手续费的犯罪迹象。支队侦查人员立即对这家公司进行秘密控制，并初步掌握了以黑龙江籍李某、孙某等为主要成员的犯罪团伙。该团伙私刻假公章、伪造假房产证明，骗领信用卡收取办卡手续费或按透支数额收取手续费。2009 年 9 月 26 日，该市某银行信用卡部一名负责人赶到经侦支队报案称今年 1 月至 6 月，犯罪嫌疑人李某以市区 3 家公司职工的名义，开具虚假收入证明向这家银行申请信用卡 90 余张，透支本息 30 余万元，涉嫌信用卡诈骗。经查，从 2009 年 1 月以来，犯罪嫌疑人李某伙同犯罪嫌疑人孙某、艾某、丁某分别以 3 家公司职工的名义，开具虚假收入证明向该市多家银行申请信用卡数百张，透支本息近 100 万元，给各银行造成巨大经济损失。由于银行征信系统缺乏与房管局等政府机关的信息共享，数据条块分割现象严重，导致银行对客户提供的房产证等财力证明无法核实其真实性,不法分子利用这一漏洞大肆伪造资信证明,在各家银行骗取高额授信,导致银行系统性风险加大。

(资料来源:根据相关资料整理)

讨论:

银行部门在信用卡管理中造成损失应承担何种责任?

互联网金融的兴起,对发展普惠性、包容性金融,提高金融的效率,破解中小微企业融资难问题和促进民间金融规范发展具有重要的意义。同时,它在为我国征信业带领发展提供机遇的同时,也对现有征信体系产生挑战。近年来,我国互联网金融高速发展,社交网络、搜索引擎、移动支付、云计算及大数据等现代信息技术的发展,使互联网上诞生了许多新的金融服务模式,对现有金融模式影响巨大,同时也为金融市场带来诸多新课题。一方面,互联网金融模式会带来巨大的商业机遇,促成金融业竞争格局的大变化;另一方面,互联网金融模式有利于提高"金融普惠性",破解中小微企业融资难问题,促进民间金融规范发展,但相对于金融业态的改革和发展,我国征信体系改革发展明显滞后,由此带来的潜在风险和监管问题不容忽视,频现的网络信贷公司"倒闭潮"更暴露了互联网金融信用体系建设的滞后和监管的缺失,给互联网金融的发展带来不利影响,尽快建立互联网金融信用体系是当务之急。

13.1 信用体系概述

本章首先介绍了信用的基本概念,明确了信用的定义、特点及分类,阐述了信用的理论基础——博弈论原理、逆向选择和道德风险,紧接着进一步分析了信用分类中最重要的一支——个人信用的含义和特点,然后着眼于宏观,提出了个人信用体系的含义和特征,并对个人信用体系建设中最重要的环节——个人征信的含义和特征进行了重点的阐述。最后,对之前的分析进行归纳和总结,提出了个人信用体系的分析框架。

13.1.1 信用

1. 信用的概念及特点

人类历史发展到今天,"信用"这个词已经包含着极其丰富的内涵。它可能是人类认识中最为复杂、最难以捉摸的概念之一,对信用的真正含义的认识,可谓仁者见仁,智者见智。

广义的信用亦称"社会信用",是指人们按照法律法规和各种交易中的合约规定,履行相关义务和责任的行为状况。

狭义的信用是指以偿还和付息为条件所形成的商品或货币的借贷关系。它表示的是债权人即贷者与债务人即借者之间发生的债权债务关系。在这种借贷行为中,商品和货币的所有者由于让渡商品和货币的使用权而取得了债权人的地位,商品和货币的需要者则成为债务人,借贷双方具有各自对应的权利和义务。人们在商品货币关系基础上产生的信用,不是一般的借贷,而是商品或货币以偿还和付息为条件的特殊的价值运动形式。

在《新帕格雷夫经济大辞典》中,对信用的解释是"提供信贷意味着把对某物如笔钱的财产权给以让度，以交换在将来的某一特定时刻对另外的物品如另外一部分钱的所有权。"

《牛津法律大辞典》的解释是"信用，指在得到或提供货物或服务后并不立即而是允诺在将来付给报酬的做法。"

《货币银行学》对信用的解释是"信用这个范畴是指借贷行为。这种经济行为的特点是以收回为条件的付出，或以归还为义务的取得，而且贷者之所以贷出，是因为有权取得利息，后者之所以可能借入，是因为承担了支付利息的义务。"

经济学意义上的信用包含了三个含义。第一，信用是一种交换关系，信用关系作为现代市场经济的一个重要特点，已经渗透到了社会生产、生活和商品交换的每一个环节。第二，信用是一种支付方式，信用方式是相对于现金支付方式而言的一种居于主流地位的支付方式，如信用结算、信用证、信用卡等。第三，信用是一种能力，即获得交易对方信贷、信用销售或给予对方信贷、信用销售的数量、金额和期限。

2. 信用的分类

从经济学的角度出发，按授信对象的不同，信用可以分为公共信用、企业信用、银行信用和个人信用。

公共信用也称政府信用，是指政府以债务人的身份，借助债券等信用工具向社会筹集资金的一种信用方式，其主要表现形式是发行公债。

企业信用泛指一个企业法人授予另一个企业法人的信用，其本质是卖方企业对买方企业的货币借贷。其具体表现形式很多，如赊销商品、委托代销、分期付款、预付定金、延期付款等。

银行信用是指银行和各类金融机构以货币形式向社会各界提供的信用。银行信用是在商业信用发展到一定阶段的产物，对商品经济的发展起到了巨大的推动作用。商业银行等金融机构以货币方式授予借款人信用，授信额度和授信方式的确定以借款人信用水平为依据。商业银行对不符合其信用标准的借款人会要求提供抵押、质押作为保证，或者由担保公司为这些企业做出担保。后一种情况实质上是担保公司向申请贷款的企业提供了信用，是信用的特殊形式。

个人信用，是指经营者或金融机构以生活资料为对象，向社会消费者提供的信用。一般表现为赊销、赊购、分期付款、延期付款、消费贷款等形式。

3. 信用的理论基础

（1）信用的博弈论原理

现代经济学的研究对象更多地注重研究人的行为，也就是所谓理性人的行为。经济学的理性人概念是指，人在经济活动中总是受个人利益或利己动机所驱使，并且在做出经济决策时，理智地、深思熟虑地对各种可能的选择机会进行权衡比较，力图寻求以最小的代价获得自身的最大经济利益，这被称为行为目标最优化准则，即决策目标的最大化或最小化原则对于信用问题的研究也是基于对人的行为的研究，信用问题的产生正是因为绝大多数情况理性人的行为原则就是最大化自身的效用。可以看出，信用，有其深刻的经济学原理。

博弈论中有一个著名的"囚徒困境"博弈模型。这个模型奠定了非合作博弈模型的理论基础，也是整个博弈论的基础模型。模型的解，即按已知条件必然形成的结果，被称为"纳什均衡"。它完全有别于传统经济学中的"双赢"的帕累托改进。

利用"囚徒困境"模型，可以很直观地解释现实中所谓的"信用困境"，见表13-1。

表 13-1　"信用困境"模型

行为人甲＼行为人乙	失　　信	守　　信
失信	2，2	10，0
守信	0，10	9，9

从表 13-1 中可以看出，类似于囚徒困境，行为人甲和行为人乙最后达成的就是纳什均衡，具体表现在现实中双方相互疑虑甚至是通过失信获得个人利益，利益都受到了损害，但是双方都没有积极性去单方面改变这一局面。

走出"信用困境"的办法是设立可信的有效的惩戒机制，使守信者得到奖励失信者付出代价，形成一个全社会的奖优惩劣机制，从而改善信用环境、促进经济发展和社会和谐稳定。

走出"信用困境"的另一个办法是避免博弈的一次性。博弈论研究证明在博弈重复次数足够多、参与人有足够耐心的情况下，单次博弈的均衡就是守信。这时候，理性人努力树立良好的信誉，以获得对方的合作，即彼此守信。

（2）信用与逆向选择和道德风险

根据现代信息经济学的研究，信用与交易双方信息的不对称密切相关。信息的不对称现象是指交易双方总有一方只能获得不完整的信息。信息不对称现象广泛存在于市场经济中，这是因为信息是稀缺的，有成本的。

信息的不对称根据阶段的不同可以划分为两大类。一类是逆向选择问题，研究的是产生在交易契约之前的信息不对称问题；另一类是道德风险问题，研究的是发生在交易契约之后的信息不对称问题。具体地，逆向选择是指由于交易双方信息不对称和市场价格下降产生的劣质品驱逐优质品，进而出现市场交易产品平均质量下降的现象。在金融市场上，逆向选择是指市场上那些最有可能造成不利逆向结果即造成违约风险的融资者，往往就是那些寻求资金最积极而且最有可能得到资金的人。道德风险是指从事经济活动的人在最大限度地增进自身效用的同时做出不利于他人的行动。在信用卡产业中，这两种信息不对称问题可能造成的失信行为见表 13-2。

表 13-2　基于信用卡的信息不对称可能造成的失信行为举例

类　　型	信息缺乏人	信息占有人	信息不对称可能造成的失信行为
逆向选择	银行	持卡人	提供虚假的收入证明等申请材料
	持卡人	银行	"诱骗"申请人过度借贷
道德风险	银行	持卡人	逃避还款责任
	持卡人	银行	隐瞒信用卡贷款成本

13.1.2　个人信用

1. 个人信用的含义

个人信用是社会信用的基础。个人信用的概念具有丰富的内涵，从社会学角度看，个人信用是一种社会性的共同约定；从经济学的角度看，个人信用是个人在经济关系中对各种承诺和遵守的实现，是经济生活中的"第二身证"。对于个人信用的概念，也存在着不同的看法。一种观点认为，个人信用是指一种建立在对个人在特定期限内付款或还款承诺的信任基础上的能力，是后者无须付款就可以获取商品、服务或资金的能力。另一种观点认为，个人信用是根据居民的家庭收入与资产、已发生的借贷与偿还、信用透支、发生不良信用时所受处罚与诉讼情况，对个人的信用等级进行评估并随时记录、存档，以便信用的供给方决定是否对其贷款和贷款多少的制度。也有专家指出，个人信用是指授信人通过某种形式发放给提出信用申请的个人为非营利目的，如购买生活资料而要求融通的信用。这几个概念的共同点在于都肯定了受信人的自然人身份特征。

2. 个人信用的特点

（1）个人信用的社会关系性

信用作为人与人之间社会关系的重要规范，其具体要求是忠于自己的社会角色，承担自己应履行的社会职责。个人信用的起源与发展在很大程度上取决于一个社会的文化、历史、道德和经济发展水平，而社会习俗和规范，尤其是意识形态一旦被人们内化，也会成为个人信用的一个有机组成部分。

（2）个人信用具有外在效应

在现代经济学理论体系中，所谓外在效应或溢出效应，主要是指一个经济主体的活动对旁观者福利的影响，这种影响并不是在有关各方以价格为基础的交换中发生的，因此其影响是外在的。如果给旁观者带来的是福利损失成本，可称之为"负外部性"；反之，如果给旁观者带来的是福利增加收益，则可称之为"正外部性"。有的专家认为，无信用者并不总是被排除在博弈过程之外，因为当大部分人缺乏信用或不提供信任时，如果只有少数人提供信任，那就会单方面受损。这种在信用上投资无法获得相应收益的情况，也即意味着，无信用行为没有受到任何惩罚。目前，普遍存在的互相拖欠现象，就是一种典型的个人信用的负外部性。相反，当绝大多数人都保持并提供信用时，少数人的无信用行为就会招致严厉的惩罚。如果拖欠贷款后就根本找不到交易伙伴，从而使其拖欠贷款的成本变得极高，如拖欠银行贷款，就没有哪一家银行再愿意贷款给他，这样的话，就会形成个人信用的正外部性效应。

（3）个人信用资源的无形价值性

个人信用，作为意识形态方面的概念，是看不见、摸不着的，但同时，它又是有价值的，可以作为资源加以利用的。从经济学的范畴来讲，信用是可以用货币计量的，信用工具就是可以用货币计量的债权、债务手段。从这个意义上说，信用可以被看作最广义的货币概念，或者说，货币本身就是一种经济信用的物化。

13.1.3 个人信用体系

1. 个人信用体系的含义

个人信用体系是指根据居民的个人和家庭状况、收入资产、已发生的借贷与偿还、信用透支、发生不良信用时所受处罚与诉讼情况，对个人的信用等级进行评估并随时记录、存档，以便信用的供给方决定是否对其贷款和贷款多少的制度。实际上，个人信用体系就是一套详细记录消费者历次信用活动的登记查询系统，这是在社会范围内构建发达的信用消费经济的基础，也是目前大力提倡的金融生态环境建设的支柱之一。个人信用体系作为社会信用体系的基础，近几年来，其重要性已日益凸显出来。

2. 个人信用体系的构成

个人信用体系包括个人信用主体、个人信用征信机构、个人信用评分系统、个人信用惩戒和规范四个方面。

（1）个人信用体系的信用主体是指信用报告所指向的对象，是具有民事行为能力和一定偿还能力的个人。信用报告的使用者包括商业银行、提供贷款的零售商和其他合法的信用报告的购买者，它们通过购买有关信用主体标准化的个人信用报告，获得专业化的个人信用评估服务，以此作为对个人消费信用放款的依据，规避信用风险，提高贷款效率。

（2）个人信用征信机构是将分散在各商业银行及社会有关方面的个人信用信息汇集起来，进行加工、存储，形成个人信用信息数据库，利用信用评分系统和其他工具对个人信用度进行公正的评价，并出售标准化的个人信用报告和信用分数。个人信用征信是整个体系的基础，个人信用评分系统、惩戒和规范机制都是在个人信用征信的数据平台上运行的，因此也是体系建设的重中之重。

（3）个人信用评分系统是个人信用中介机构或消费信用授信方在合理分析个人过去的信用数据和特定行为的基础上，利用特定的计算模型通过对过去的评判来预测信用主体未来的信用风险，以此做出是否授信和是否提供相应授信条件的决定。它可以帮助授信者节约审查费用、加快审查周期，为消费者进行消费信用提供更加便利的条件。

（4）个人信用惩戒和规范有两方面的内容，一是对于消费者失信的惩罚，包括不良信用信息记录和破产记录。二是对征信机构和管理机构行为的规范。面对消费信贷过程中出现的不还款行为，失信惩戒成为重要的惩罚手段。在健全市场经济中，信用成为个人经济交往的保证，而个人信用信息又成为个人信用的见证。

13.1.4 个人征信体系

1. 个人征信的含义

征信，源于左传"君子之言，信而有征，故怨远于其身。"征信，意指征求他人、自身的信用或验证信用，即征信机构以合法渠道采集、调查、整理、分析有关征信对象的资信信息等一系列活动。征信是金融业务活动专业化分工的结果，即最初的征信活动是在银行内部完成的，后来才出现了金融信息中介专门从事第三方征信活动。征信机构的运作模式如图13-1所示。

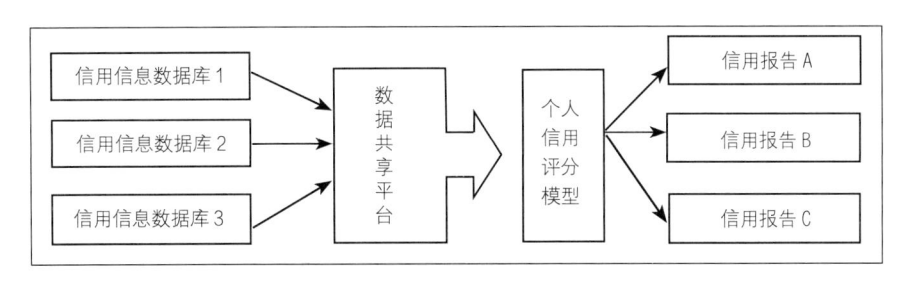

图 13-1　征信机构运作模式图

2. 个人征信的特征

按征信对象的不同，征信主要分为个人征信、企业征信和资产征信。个人征信，就是以征信机构为主体进行的对个人信用信息的收集、利用、提供、维护和管理的活动。所谓个人征信体系，是指有关中介机构把分散在各金融机构和社会各方面的个人信用、信誉及道德等综合信息聚集起来，进行加工和存储，形成较为真实的个人信用档案信息数据库，通过电子网络传输，为社会各有关部门系统了解个人信誉、资产、纳税、道德行为等情况提供服务。

同时，个人征信体系作为一个完善的体系，除上述内容外，还包括各项保障个人征信正常运行的外部环境、政府支撑政策、管理体制建设等内容。

从个人征信机构的运作实践来看，个人征信具有三个显著特征。

（1）个人征信具有网络效应，即参与信用信息共享安排的银行越多，信用报告给银行带来的效用越大。这是因为一方面银行对潜在借款人的资信状况掌握越全面和及时，对个人信用报告的信任度越高；另一方面，平均每家银行摊销的数据库固定成本越少，越有利于摊低个人信用报告的价格。网络效应体现了联合征信的价值以及个人征信行业标准化的重要性。

（2）个人征信具有较强的规模经济效应，这是由个人征信行业的高固定成本、低边际成本特性决定的。随着查询次数的增多，个人征信机构每生产一份信用报告所增加的成本很小，这使得个人征信在某种程度上具有"自然垄断"的特征。

（3）个人征信存在一定的正外部性和负外部性。个人征信的正外部性主要是指其对信用文化的培育及守信意识的灌输作用以及对消费信贷市场稳定发展的促进作用。但由于个人征信涉及信息公开与隐私保护的矛盾，对个人隐私的不当传播会造成一定的负外部性。

13.1.5 个人信用体系分析

从社会的角度系统地分析个人信用体系，主要包括个人信用主体、信用法律法规体系、个人信用征信机构、个人信用评分系统、个人信用管理体系和个人信用惩戒和规范六个方面。其中信用法律法规体系是个人信用体系的基础，单靠公民的道德去维护信用是乏力地，必须有相关的法律来支撑信用体系。信用法律法规不应是一个笼统的框架，而应是相当全面、具体的，一套完善的信用法律法规为规范信用体系各个子系统的运转提供了法律依据，是促进个人信用体系建设的制度保障。

征信机构将分散在不同部门的个人信用信息在同一原则下进行汇总、分类和储存，形成统一格式的个人信用档案，并向特定的对象提供服务。个人信用制度的各种效应正是通过专业的个人信用征信机构的各种经营活动得到体现。个人信用征信机构是个人信用体系的组织保障。信用评分模型是个人信用体系中的重要子系统，个人信用信息利用者正是通过建立数学评分模型和计算机数据库的支持对个人的各项信用数据进行量化分析得出结论，将个人信用报告提供给信用信息的合法使用者。个人信用管理体系是建设个人信用体系的必要条件，应建立一个设置科学、机制灵活、管理规范的个人信用管理机构。

13.2 互联网金融信用

作为一种新的金融模式，互联网金融发展迅猛，以互联网为独立载体的第三方支付、P2P（又称人人贷，就是陌生人之间的网上借贷）网络信贷平台、众筹、电商大数据金融、互联网金融门户等服务类型，虽然运营形态各异，却无不深刻改变着金融版图。据统计，截至 2013 年年底，我国 P2P 网贷平台数量为 523 家，同比增长 253.4%，成交额达 897.1 亿元，同比增长 292.4%。然而在急剧扩张的背后频现的网络信贷公司"倒闭潮"也暴露了互联网金融信用体系建设滞后和监管缺失的问题。2013 年 10 月 1 日至 11 月 19 日短短 50 天内，倒闭或资金链断裂的网络信贷公司达 39 家，涉及约 10 亿元资金，给互联网金融的发展带来不利影响，尽快建立互联网金融信用体系是当务之急。美英等先进国家互联网金融发展时间相对较长，互联网金融信用体系建设较为成熟，其做法和经验对促进我国互联网金融信用体系建设有一定的启示。

13.2.1 互联网金融信用的产生

社会信用体系建设越来越受企业、个人重视，社会信用体系在建设过程中引进互联网金融征信系统更是迎合了互联网金融发展的需要，但是，如何构建适合我国国情的互联网金融征信体系，它的模式和架构如何建设，并没有一套系统的构建实施方法，互联网金融征信体系的构建也是一个较新颖的课题。近年，互联网金融征信的相关问题越来越受到学者的关注，对其进行研究也开始丰富起来。

我国社会信用体系建设较发达国家起步晚，从 20 世纪 90 年代末以来，部分地区和有关部门相继开展了多种形式的社会信用体系建设试点工作，我国政府也逐步加大对社会信用体系的重视程度，征信业务和征信体系也越来越为公众所熟悉。征信业务是指对企业、事业单位等组织的信用信息和个人的信用信息进行采集、整理、保存、加工，并向信息使用者提供的业务活动。征信体系是指采集、加工、分析和对外提供信用信息服务的相关制度和措施的总称，包括征信制度、信息采集、征信机构和信息市场、征信产品和服务、征信监管等方面，其目的是在保护信息主体权益的基础上，构建完善的制度与安排，促进征信业健康发展。目前我国社会信用体系建设选择了政府及央行主导的建设模式，10 多年的实践证明，我国选择政府及央行主导的征信建设模式是富有成效的，人民银行用不到欧美国家十分之一的时间搭建了一个规模大、功能完善、应用领域广和影响力持续扩大的信贷征信体系。

近年，国内掀起了金融创新的热潮，P2P 网络信贷平台、众筹网站、电商大数据金融等开始出现，互联网金融模式在中国逐渐成形。互联网金融是利用互联网技术和移动通信技术等一系列现代信息科学技术实现资金融通的一种新兴金融服务模式，这种新兴金融业态迫切需要征信体系在互联网上进行信息共享，但是央行的征信体系覆盖、服务的对象主要是传统金融机构和线下信贷交易，现有征信体系无法服务于互联网金融的发展，催生国内征信业开始变革和发展，互联网金融征信系统建设的需求也应运而生。而近年国内有关互联网金融征信体系构建与实施的理论开始变得丰富起来。

13.2.2 我国互联网征信业的兴起

中国征信体系从时间上比欧美发达国家滞后非常多，跟美国比起来有着 100 多年的差距，中国是在 1993 年第一张"贷款证"的诞生才开始真正意义上的社会征信体系建设，从开始建设到目前只历经 20 余年。目前人民银行征信系统是由个人和企业两个信用信息基础数据库组成。企业信用信息基础数据库在 1997 年开始筹建，2006 年 7 月正式运行。个人信用信息基础数据库始建于 1999 年，2006 年 1 月个人信用信息基础数据库正式运行。2008 年，中国人民银行被国务院赋予"管理征信业，推动建立社会信用体系"的职责。

经过多年发展，截至 2013 年 12 月 31 日，共有 8.39 亿自然人纳入个人信用信息基础数据库，1919 万户企业和其他组织纳入企业信用信息基础数据库，覆盖范围广泛。2013 年 3 月 15 日，《征信业管理条例》的出台解决了征信业发展中无法可依的问题，对管理征信市场，规范征信机构、信息提供者和信息使用者的行为，保护信息主体权益意义深刻，有助于发挥市场的作用，加快社会信用体系建设进程。鉴于互联网具有成本低、覆盖广、服务便捷的特点，2013年初人民银行在四川、重庆、江苏三省市开展基于互联网的个人信用信息服务平台的验证试用工作。2013年10月28日起，新增北京、广东、山东、辽宁、湖南、广西六省市，验证试用范围扩展到九个省市。目前，随着小额信贷行业发展和互联网金融的兴起，特别是P2P网络信贷平台的迅猛发展，对征信行业市场需求不断增加，加上《征信业管理条例》的出台，为个人征信服务市场的发展提供必要的法律保障，使得市场化经营的个人征信机构发展再度升温，如北京安融惠众、上海资信等私营征信机构开始搭建互联网金融信用信息共享平台。

我国的互联网金融起步较发达国家晚一些，但发展迅速。从金融业态上看，既有基于信息平台的融资服务如P2P、众筹等，也有基于第三方支付功能的金融理财产品如余额宝、百度百发等，还有基于第三方支付平台交易信息的电商大数据金融如阿里小贷、京东供应链等，另外还有第三方支付、金融服务平台等。互联网金融的兴起对传统金融业务发展产生深刻的影响。从受影响对象看，既有传统银行业（如苏宁金融的冲击），也有基金行业（如余额宝、微信理财通等各种在线理财），还有证券行业（如国泰君安证券的账户支付体系）。从涉及群体看，普通客户、高端客户、机构投资者都涉及其中。

（1）第三方支付发展方兴未艾

从20世纪末网银在线、北京首信等第三方支付公司出现开始算，截至2015年，已有250家企业取得人民银行颁发的第三方支付牌照，其中不乏颇具实力的第三方支付平台，有专注个人支付的支付宝、银联电子支付及财付通，也有定位细分行业的汇富天下、快钱及易宝支付，还有着重银行卡受理环境的拉卡拉及银联商务等，第三方支付的身影出现在产业链的各个环节，整个第三方支付市场欣欣向荣。易观国际统计数据显示，自2010年中国第三方互联网支付市场的收单交易规模由10858亿元快速增长到2013年的59666亿元，2010年到2013年的增长速度分别为96%、99%、76%和57%，连续多年保持高速增长。

（2）网络信贷规模逐步扩大

网络信贷最大的便利在于借贷双方足不出户，便可利用这个网络平台实现借贷的"在线交易"，最大特点在于将网络信用度作为贷款的主要参考指标，抛弃传统银行贷款以固定资产抵押、企业担保为主的风险控制手段，帮助弱势群体实现成长。我国首个面向网上放贷的小额贷款公司——阿里小贷成立于2010年6月，截至2013年12月底，阿里小贷累计客户数超过了65万家，累计投放贷款超过1600亿元，户均贷款余额不足4万元，户均授信约13万元，不良贷款率控制在1%以下。

（3）众筹融资日渐兴起

从投资角度讲，众筹即大众筹资，是一种C2I消费投资模式，小企业、艺术家或个人利用互联网和社交网络传播，向公众展示他们的创意，争取关注和支持，从而募集所需要的资金。众筹的兴起突破了传统的融资模式，每一位发起人都可以通过众筹获得从事某项创作或活动的资金，扩大融资的来源，而跟投人则可以利用消费剩余资金投资，创造更多财富。众筹网站所带来的颠覆效应极其明显——项目融资不用再紧盯专业投资银行，众筹已成功掀起一场去精英化的大众融资革命，成为许多公司竞相追捧的利用创意赢得资金获得发展的方式。目前，这种新型项目融资网站业务在我国也逐步兴起，2011年7月成立的"点名时间"网站到2012年底已有项目提案6000多个，600多个项目上线，成功项目近300个，成功率接近50%。

13.2.3 互联网金融征信体系的重要性

互联网金融是现有金融体系的有益补充，而征信体系是现代金融的基石，在互联网金融背景下，征信体系的完善更是改善互联网金融生态的重要方面。

1. 征信数据支撑互联网金融发展

传统金融业如银行要发放贷款，需要对贷款人进行信用审核，注重实物资产、债务水平、现金流水等，而互联网金融征信注重消费数据、频率和地位。不同于传统的金融业，互联网金融公司，尤其是电子商务平台，拥有自主支付渠道和积累大量数据是它们的优势所在，以此来有效、快捷地对借款人进行资信评估，并快速发放贷款。基于电子商务平台的大数据金融，就是因为掌握了用户的交易数据才能为内部的商户提供融资业务，并借助大量的网络信贷业务发展壮大，同时将平台信贷的不良率保持在较低水平。如阿里巴巴网贷，就是利用其电商平台进行信用数据征集和使用，很好地控制了商户信贷违约的风险，进而实现稳定、可观的利息收入。再如，腾讯、苏宁、京东等电商，也是利用自身电子商务平台上的客户数据开办网络小额贷款或与金融机构合作开发金融产品。另外，P2P 网贷平台放款人通过数据来分析、评估借款人的信用，其实也是借助互联网数据进行征信管理。除上述电商大数据金融及 P2P 网贷平台，数据征信还可以独立开办业务，国外专门提供数据征信服务的公司就普遍存在，它们通过搜集、挖掘、加工数据，形成信用产品卖给需要这些征信数据的公司和个人。

2. 完善的征信体系有助于互联网金融控制风险

互联网金融征信系统对于信贷风险管控的价值在于它把以前商业银行通过看报表、现场收集的资料通过网络获取，从而大大提高了效率和精确度，而且一旦交易达成后会产生新的信息又进入征信系统，累积成范围更广、行业更多、数据更全的征信数据，这也正是征信系统相比较于电商平台自筹的征信组织本质上的不同。一个主体在阿里平台上有表现，在京东平台上有表现，在其他平台上也有表现，这样的表现是隔离的，独立取得的互联网行为报告是不全面的，正如在进入人民银行征信系统前，工商银行有一个主体的信贷记录，农业银行、建设银行都有，但是信息隔离得出的信用报告是不全面的，信息只有在更广更大范围内共享，才会全面完整的体现主体的信用记录。征信系统可以帮助互联网金融企业解决以下核心问题：

（1）放大网络金融的违约成本，降低行业总体经营风险；

（2）帮助互联网金融企业全面掌握融资主体的负债水平和历史交易表现，优化信审流程，降低成本；

（3）帮助投资人了解投资对象的真实信用水平，为互联网金融企业被迫超自身能力提供担保获取资金的局面解困。

3. 互联网金融征信的探索有利于传统征信业务创新

（1）征信系统需要覆盖更广大人群。中国 13 亿人口中目前仅 3 亿多人有信贷征信记录，金融服务有明显的长尾效应，处于尾部的人群较难获得理想的金融服务。互联网金融的发展弥补了正规金融领域没有服务到的人群，而征信需要为每个有金融需求的个体建立信用档案。

（2）征信系统需要探索更便利的服务方式。互联网技术日趋成熟，应用互联网技术对网络上的信息进行征集、加工，并形成征信产品提供给征信需求方是未来征信服务的技术趋势。

（3）征信系统需要创新风险评价模式。网络社会中个人的行为方式，已经在电商平台、社交网络、网络工作工具及渠道上留下痕迹，基于此类信息开发有效的风险防范模型，是对传统风险评价方式的重大突破。

4. 互联网金融征信体系的建设有助于在更大范围内促进全社会形成良好的信用环境

一方面，互联网金融机构可以通过借助征信系统的威慑力和约束力，增加对线下信用风险的管理手段，控制还款人信用，督促客户按时还款，使客户更加重视保持良好的信用记录，更大程度上提高金融资源的配置效率，减少互联网金融模式下的金融交易成本；另一方面，可以使互联网金融的守信用客户积累信用财富，进而提升个人、小微企业的信用水平，使其获得成长为传统金融服务对象的机会和资格，在客户成长发展维度上，互联网金融将为传统金融培育潜在客户，二者形成良性互补。

13.2.4 我国互联网金融征信体系的现状

1. 互联网金融崛起为我国征信业发展带来的新机遇

互联网金融的兴起有益于征信业务创新。互联网金融服务对象的特殊性导致不同的征信需求，使得征信业在以下方面得到发展新机遇。

（1）征信业务需求迅速增长

互联网金融模式将给金融消费者带来个性化的金融服务、精细化的金融营销和批量化的业务处理，准确掌握服务对象的信用状况、消费习惯及风险偏好，征信业务的需求也将快速增加。传统金融机构将拓展金融服务领域，将原有查询信用报告、开展信贷业务，扩大到对电子商务领域和互联网平台上小微企业、个人的信用信息征集。P2P、网络小额信贷以及电子商务的开展高度依赖交易对象的信用信息，因此也将产生巨大的征信需求。此外，金融服务和产品的升级为有效防范违约风险也需要征信机构提供行业历史违约率、重要风险预警和个人信用评分等高端产品。因此，互联网金融兴起及发展将为征信业带来更广阔的市场空间。

（2）征信产品将更丰富

互联网技术已经相当成熟，基于互联网收集信息数据、提供服务给征信服务带来便利。大数据、搜索和云计算等也将推动传统征信服务方式的升级和产品的创新。传统征信业务将得到优化，例如，利用互联网平台开展信用信息报告的查询、个人身份信息验证，以及将村镇银行和小额贷款公司等小型金融机构接入互联网平台。高端征信业务也将得到发展，通过互联网，资金需求方的信息在社交网络显示和传播，由搜索引擎组织和标准化，云计算进行高速处理，变成动态变化、时间连续的信息序列，最终得出资金需求者的风险定价和动态违约概率。在积累完整历史数据后，还可以利用大数据技术挖掘行业分析、重大风险预警和宏观的经济形势预测等服务。

（3）信用信息征集范围覆盖面更广

通过互联网技术的应用，传统的社会征信机构将扩大征集范围，同时阿里巴巴、腾讯、京东和百度等互联网企业依托电商平台、社交网络和搜索引擎等工具整合加工信用信息，各级政府部门也将进行电子政务工程改革，为依托互联网实现各部门间信用信息共享提供可能性。最终，在征集互联网信用信息后，原本以征集信贷数据为核心的人民银行征信系统可以归集到包括信贷、证券、保险、电子商务、政务和司法等领域的信用信息，进一步提高专业化和完整性。

（4）征信机构种类更加丰富

当前，国内的公共征信组织主要有中国人民银行征信中心和其他70多家社会征信机构。在互联网金融模式下，互联网企业、金融机构也将开展征信业务。一类是电子商务公司组建征信机构，依托自身电商平台和支付渠道，建成覆盖广泛的信用信息数据库，开展小额贷款、网络联保贷款和网络理财等业务，其中以阿里金融尤为突出。另一类是金融机构拓展业务成立征信机构，征集银行信贷记录、P2P借款信息以及其他公共部门提供的信用信息等，成为专门挖掘金融数据的中介组织，如平安集团下属的P2P平台陆金所。还有一类是第三方公司利用共享平台，借着互惠互利的机制，为会员机构提供信息查询及征信报告，深圳鹏元、上海资信、北京安融惠众是这一类市场化征信机构的代表。

2. 我国互联网金融兴起给现有征信体系带来的挑战

互联网金融的发展方兴未艾，创新型金融服务平台如雨后春笋般出现，而现有征信体系建设已滞后于金融业的发展，制约着互联网金融的发展。目前我国互联网金融征信系统建设缺位，互联网金融的信用信息尚未被纳入人民银行征信系统。征信系统的数据主要来源并服务于银行业金融机构等传统意义上的信贷机构，P2P、电商小额贷款机构等新型信贷平台的信贷数据游离于征信体系之外，无法利用征信系统共享和使用征信信息，对借款人的信用缺乏了解，导致坏账率升高，风险加大。

许多公司已经看到互联网金融征信系统缺位产生的机会，并展开行动做P2P咨询平台。2013年3月，安融惠众在北京发布了"小额信贷行业信用信息共享服务平台"（MSP），该平台以会员制同业征信模式为基础，采用封闭式的会员制共享模式，目的是帮助P2P公司、小额贷款公司、担保公司等各类小额信贷组织防范借款人多头借款，降低违约风险和减少坏账损失，提供行业借款信息共享服务，形成业内失信惩罚机制。而上海资信旗下的征信业务已经获得央行颁发的征信牌照，于2013年6月正式上线"网络金融征信系统"（NFCS），服务于人民银行征信系统尚未涉及的互联网金融领域，为网络金融机构业务活动提供信用信息支持。

但是，这些信用信息共享平台有着各自的风控模型，数据来源或是通过与线下的小贷公司共享数据的方式获取，或是通过自己的线下团队人工获取数据搭建数据库。而且，这些数据全都是割裂开来的，由每个平台各自使用，截至目前，没有一家平台将数据与其他平台共享。总体而言，自发组织或市场化运营的共享平台的信用信息远远满足不了互联网金融行业发展的需求，征信业的发展脚步已跟不上金融的创新脚步。

13.3 国外互联网金融征信体系的启示

互联网金融的快速发展使我国征信体系缺位、滞后等一系列问题暴露出来。主要发达国家的经验对于我国建设互联网金融征信体系具有重要的参考意义和实际应用价值。

13.3.1 国外征信体系建设模式

发达国家经历长时间的市场经济发展早已形成了较为完善的社会信用体系，但因各国在文化、历史、经济及法律体系存在差异，形成不同的社会信用体系建设模式，目前国际上主要有以下三类征信体系模式。

1. 市场主导型模式

此模式下的征信系统是由私人组织开发运营，用于商业目的，通过收集、加工信用信息，为个人或企业提供第三方信用信息服务来进行营利。市场主导型征信体系的特点是政府只处于辅助地位，仅负责信用管理的立法和监管法律的执行，而市场信用机构却占据主导地位，通过发达的行业自律，依靠市场经济法则和运行机制来形成具体的运作细则。典型的代表是美国，采取此类信用体系模式的还有英国、加拿大及北欧国家。

2. 政府主导型模式

此类模式下的社会信用体系以"中央信贷登记系统"为主体，以私营征信机构为辅助，"中央信贷登记系统"是由政府主导的中央银行或金融管理部门牵头建立，主要用于银行业金融机构防范贷款风险、中央银行加强金融监管及执行货币政策。政府主导型的征信系统主要有强制提供征信数据、隐私保护、保密、报告贷款信息的最低贷款规模和计算机密集型技术等特点。主要在意大利、奥地利、德国、西班牙、葡萄牙、比利时和法国等国家中广泛使用，其中，除法国外，其他国家存在一定的私人征信机构作补充。

3. 会员制模式

此类模式既不同于以美国为代表的市场主导型征信模式，也区别于政府主导型征信模式，可以说是介于这两类模式间的一类特殊的行业协会会员制征信模式。它是由行业协会为主建立信用信息中心，通过搭建互换平台，达到会员间信用信息共享的目的，不以营利为目的，只收取成本费用。将自身掌握的个人或者企业的信用信息提供给信用信息中心是会员的义务，反过来中心则给予会员信用信息查询的服务。会员制征信体系模式主要在日本使用。

13.3.2 国外征信体系建设模式的比较借鉴

通过比较上述三种模式的区别和利弊，分析它们各自适用的国家类型，对选择适合我国国情的互联网金融征信建设模式具有重要意义。

市场主导型模式优点在于高度的市场化，征信服务覆盖面广，公共财政投入不大，在促进信用消费、扩大信用市场规模、充分调动民间资本参与和提高经济运行效率方面优势明显；不足在于需要长期的市场竞争，对国家法律环境、人文环境等软实力，政府部门的监管水平要求较高，否则容易出现侵犯隐私和因重复建设而造成资源浪费，难以在较短的时间内建立起覆盖面广、市场占有率高的征信系统。

政府主导型模式的优点在于建设周期短，有力地保护信息安全，规避金融机构信贷风险，且政府与私营机构互相配合，各有分工，相得益彰；不足在于前期投入较大，政府与私营机构的职责和责任分工、成本和收益分配难以权衡。建设周期长、强制性和全体参与是政府主导型模式与以美国为代表的市场主导型模式之间的主要区别。

会员制模式优点在于通过共享机制降低会员各自的系统建设、信息收集处理成本，扩大信用信息覆盖范围；不足在于不考虑商业性信用服务需求，信息采集面仅限于会员间，覆盖面难以推广到全社会，商业化程度低。

这三种模式是在不同历史条件、法律制度、文化氛围和社会信用状况等背景下产生的。市场主导型模式适合市场化程度较高的国家；政府主导型模式要么适合小国，要么适合处于转型阶段、私营征信机构不发达和对债权人保护较差的国家；会员制模式则适合行业协会较发达的国家。

从目前我国互联网金融征信业发展的现状与趋势来看，要选择符合我国基本国情的模式来发展我国的互联网金融征信体系，必须结合我国当前的历史条件、征信市场化状况、社会信用环境状况和社会信用体系建设模式等实际情况，做到借鉴与创新相结合。我国尚处在转轨时期，征信市场化状况和社会信用环境不甚理想，单纯采取市场化的互联网金融征信模式并不现实，还需要充分发挥政府的作用。笔者认为：在借鉴国外经验的基础上，建设政府主导型的互联网金融征信体系更符合中国国情。

13.3.3 国外互联网金融征信体系的经验

征信业在国外历经了 100 多年的发展，以及近 20 年的互联网金融征信体系建设经验，能给我国互联网金融征信体系建设以启示，我们可以从中获得一些思考和借鉴。

1. 逐步健全征信法律体系

20 世纪 60 年代美国便开始颁布信用监管的法律，发展至今其信用信息服务业的法律体系已经比较齐备。其主要做法，一是使法律范畴涵盖信用产品生产、销售、使用的全过程。涉及信用管理的主要法律有《消费者信用保护法》《诚实借贷法》《公平信用报告法》《公平债务催收作业法》《平等信用机会法》《公平信用结账法》等。二是对信用报告机构和信用报告使用者均进行规范。《公平信用报告法》是美国信用管理法律框架中最核心的法律，消费者信用报告机构和使用信用报告的消费者都要遵守《公平信用报告法》的条款，并以这些条款为依据保护消费者权益。三是及时对法律法规进行完善。上述法律伴随着美国的经济发展变化都进行了相应修改完善，其中 1970 年出台的《公平信用报告法》在 1996 年、2002 年分别进行了重大修改。英国，为了明确信用管理服务供应者的资格条件，1974 年出台了《消费者信用法》；为了规范信用数据的取得和使用，1998 年又颁布了《数据保护法》。两个法案的实施对保护消费者个人隐私，规范征信业发展起到了重要作用。

2. 组建行业协会，充分发挥行业协会的自律作用

在英美，自律对互联网金融行业的良性竞争、规范运营和保护消费者权益起到很好的促进作用。美国早在 19 世纪末就成立了民间信用管理组织，目前，消费者数据业协会、美国国际收账者协会和全国信用管理协会三家信用行业协会影响力较大。其中 1896 年成立的全国信用管理协会规模最大、历史最悠久。协会通过联系会员单位举办交流会议、开展专业教育培训、制定技术标准、为客户提供商账追收服务、为授信机构提供决策咨询服务、进行政府公关等活动推动信用行业良性发展。在英国，2011 年三家占英国人人贷市场份额 92% 的公司成立了全球首个互联网金融行业自律协会。2012 年，英国的 12 家众筹公司也成立众筹协会并设立相应行为准则，通过制定融资平台最低资本额、信用评级、信息安全管理、反欺诈和反洗钱措施等，约束筹资人，保护出资人权利，促进行业良性发展。

3. 自律先行，适度加强监管

为鼓励金融创新，避免"一管就死"，英国政府采取行业自律先行、监管随后跟进的方针，初期阶段不设立专门的政府监管机构或出台针对性法律和法规，而是让行业协会进行自我管理，让其自由发展，但随着互联网金融行业发展壮大，才开始逐步进行监管。在美国，网络信贷被列为信贷类理财产品，需要经美国证券交易委员会批准准入，只有取得证券经纪交易商牌照的网络信贷企业才可以营业。此外，美国证券交易委员会坚持以信息披露为准的监管方法，要求 P2P 平台对收益权凭证和对应的借款信息做全面的披露，从监管的角度促使美国 P2P 行业的业务发展走向合法化、透明化，间接要求 P2P 平台提高其信用风险管理能力。

4. 信息共享畅通，建立失信惩戒机制

打通信息共享通道，建立失信惩戒机制，鼓励人们守信用，惩罚失信的人，提高违约成本，使信用体系得到健康发展。在英美等 P2P 借贷业务起步较早的国家，注册借款人账号或注册互联网金融公司，都需要注册其社保账号，关联银行账号，学历、以往不良支付的历史记录等信息，信用信息共享程度较高，违规成本也因之较高。在美国，企业和个人都十分重视保持自身良好的信用记录，因为美国的信用交易随处可见，信用制度很完备，并且信息共享渠道畅通，没有信用记录或信用记录有污点的企业或个人，将很快被披露并对其生存和发展带来很大的麻烦。美国为了惩戒失信行为和失信者，一是通过大量信用产品的频繁交易和使用，使之与信息主体的日常生活的各个方面息息相关，并最大程度扩大失信者与全社会的对立，达到约束和威慑失信者的目的。二是对失信者进行罚款和行政处罚。三是司法介入。

5. 拥有成熟、覆盖面广的信用服务业

美国的信用服务行业全面覆盖了个人信用服务、机构信用服务以及信用评级三个方面：一是从事个人信用服务的三家大征信机构：环联公司、艾可飞公司和益百利公司，都具有信用管理人员众多，信用信息数据库庞大的特点；二是从事企业征信的主要是邓百氏公司，该公司为99%的全球1000强企业提供经营决策参考，它的"世界数据库"拥有全球5700万家企业的信用档案；三是信用评级机构如标准普尔和穆迪，业务涵盖证券评级、保险公司支付能力评级、金融机构评级和国家主权信用评级。英国早在1830年就成立了世界第一家征信公司，经过市场化的竞争，目前比较大的两家征信公司分别是益百利和艾可飞，其丰富成熟的信用服务机构为信用评分的发展奠定了基础。

6. 完善的信用评分机制

在英美信用评分不仅决定一个人是否如愿以偿，而且还会决定他要付出的代价。信用评分越高，表示风险越低，享受信贷利率越优惠。信用评分是动态的，反映一个人在某一特定时刻信用风险的写照。在美国，社会信用体系是以个人信用制度为基础，具有完善的个人信用档案登记制度、规范的个人信用评分机制、严密的个人信用风险预警系统及其管理办法，以及健全的信用法律体系。美国的信用评分通常由费埃哲公司（FICO）根据个人信用报告计算得出，对贷款机构的决定有重要参考价值，其评分分数从300到850的分值不等，超过720分就意味着达到社会平均水平以上，信用记录较好，如目前美国最成功的P2P公司Lending Club的借款人FICO信用评分平均为715分，而针对评级较低的客户，Lending Club将提高贷款利率。据成立于2005年的全球首家P2P公司Zopa介绍，英国互联网金融公司通过较小成本即可从征信公司购买客户信用信息进行信用评分。目前，Zopa通过信用评分对贷款人进行把关，拒贷率高达80%，有效避免了商业欺诈等风险，该公司成立8年来，贷款坏账率不到1%。

13.4 大数据征信

13.4.1 大数据征信的含义

1. 什么是大数据

在互联网已经成为一种普遍的生活方式的今天，我们已经迈入大数据时代。"大数据正在改变我们的生活以及理解世界的方式，成为发明和新服务的源泉。"什么是大数据？仁者见仁，智者见智。维基百科将大数据定义为"一种广义的数据集，因其体量巨大、复杂，传统数据处理方式不足以处理"；高德纳咨询公司（Gartner Group）认为"大数据是需要新处理模式才能具有更强的决策力、洞察发现力和流程优化能力的海量、高增长率和多样化的信息资产"；国内有学者将大数据定义为"是指伴随着可作为处理对象的数据外延不断扩大，依靠物联网、云计算等新的数据搜集、传输和处理模式的一种新型数据挖掘和应用模式"；国务院印发的《促进大数据发展行动纲要》将大数据界定为"大数据是以容量大、类型多、存取速度快、应用

价值高为主要特征的数据集合，正快速发展为对数量巨大、来源分散、格式多样的数据进行采集、存储和关联分析，从中发现新知识、创造新价值、提升新能力的新一代信息技术和服务业态"。多种多样的定义为我们从不同视角理解大数据提供了有益参考，但无论如何界定，多数定义都反映了那种不断增长的捕捉、聚合与处理数据的技术能力，而这个数据集在数量、速率与种类上持续扩大。换言之，现在，数据可以更快获取，有着更大的广度和深度，并且包含了以前做不到的新的观测和度量类型。由此，我们可以得出大数据的几个基础特征：数据规模庞大、具有多样性、较高应用价值和较高的处理速度（也就是通常所说的4V特征，即Volume、Variety、Velocity、Value）。这些特征有助于我们更直观地理解什么是大数据，有助于我们更好地发现日益增长的数据中隐藏的价值，满足人们的现实需求。

2. 什么是大数据征信

随着大数据技术在金融领域的广泛应用，大数据征信受到越来越多的重视。大数据征信主要通过对海量的、分散的、多样化的、具有一定价值的数据进行快速的收集、分析、挖掘，运用机器学习等模型算法多维度刻画信用主体的违约率和信用状况。大数据征信从其本质上来看是将大数据技术应用到征信活动中，突出强调的是处理数据的数量大、刻画信用的维度广、信用状况的动态呈现、交互性等特点，这些活动并未超出《征信业管理条例》中所界定的征信业务范围，本质上仍然是对信息的采集、整理、保存、加工和公布，只不过是以一种全新的方式、全新的视角来进行而已。

3. 大数据征信与传统征信

与传统征信相比，大数据征信呈现出与当前互联网快速发展相契合的诸多时代特点和印记。

（1）数据来源广泛

大数据征信的数据来源既包括交易、消费、支付等交易数据，也包括社交活动、网络行为、地理位置等交互数据，还包括通过可穿戴设备、RFID设备、视频监控设备等获取的传感数据。这些数据主要是通过互联网获取，可称之为网络大数据。"网络大数据有许多不同于自然科学数据的特点，包括多源异构、交互性、时效性、社会性、突发性和高噪声等，不但非结构化数据多，而且数据的实时性强，大量数据都是随机动态产生。"与传统征信仅依靠信贷记录、公共信用信息等数据刻画信用主体信用状况不同，大数据征信基于网络大数据，通过数据挖掘，从多个维度刻画、描述信用主体的违约状况、人际关系等，丰富了传统信用评价的维度和深度。

（2）市场定位清晰

大数据征信作为传统征信的补充，主要针对的是央行征信系统无法覆盖的没有信用记录的人群。根据央行发布的《中国征信业发展报告（2003-2013）》，截至2013年年底，国内没有信用记录的人群达3.2亿人，占全国人口的23.7%；央行征信系统收录的8.39亿自然人中有5.18亿人没有信贷记录，这部分未被覆盖的人群也有融资需求。借助互联网这个大平台，利用大数据技术可以较为快速、高效刻画这部分人群的信用状况，市场潜力巨大。

（3）应用场景多样化

与传统征信运用具有强相关性的信贷数据刻画信用主体的信用状况不同，大数据征信基于大数据技术，应用机器学习等模型，对海量的弱相关性的互联网大数据进行采集、清洗、匹配、整合和挖掘，转换成信用数据，使得信用评估的效率和准确性得到一定程度的提升。基于大数据征信的这些优势和特点，沉淀了大量用户的电商、社交媒体、P2P等互联网公司纷纷涉足大数据征信，运用数据挖掘等技术来实现快速的身份识别、风险识别、反欺诈、精准营销、个性化服务等,而这些多样化的应用场景则进一步丰富了大数据征信的内容和结构。

(4)技术高度复杂

大数据征信的应用是以互联网的快速发展与普及为基础的,需要在技术及研发上持续不断的投入。从技术上看,由于大数据征信的数据源较为复杂,需要处理的变量远超传统征信模式,开发一套针对用户的信用评价系统通常需要经过数据收集、数据清洗、关联分析等环节,再由一套复杂的模型算法最终得出用户的信用报告或信用评分,需要从事大数据征信的企业在大数据收集、分析、挖掘等技术上持续不断的投入。从理论上看,由于互联网数据的多源异构性,发现、理解进而熟练运用互联网数据背后的社会学、心理学、经济学的机理以及互联网信息涌现的内在机制,使之服务于对信用主体的信用刻画中,确保信用刻画的准确性,还需要充分吸收、利用社会学、心理学、经济学等学科的相关研究成果,又进一步加剧了大数据征信的复杂性。此外,大数据征信不能仅仅强调数据的大,更重要的是强调数据的准,数据维度反映信用主体信用状况的关联度要强。由于互联网时代数据产生速度很快,很多数据都需要及时更新才能保证准确性,因此大数据征信要求对实时的数据进行实时的处理,才能保证信用结果的准确性。根据中国互联网信息中心统计,截至2014年12月,中国网民达6.49亿,互联网普及率达47.9%。如此巨量的互联网用户产生的数据也是巨量的,利用大数据技术对这些支离破碎的数据进行整合、分析、挖掘并最终开发出具有商业价值的产品需要持续的研发投入、技术投入、资金投入和管理投入,门槛较高。

13.4.2 大数据征信的价值与意义

大数据征信在政策夹缝中快速发展,除了中国征信体系不健全等客观原因外,还与其自身所具有的价值与意义紧密相关。

(1)从业务应用上看,一些大的征信公司、传统金融机构、互联网金融机构以及大型电商平台等都将已经或者正在布局大数据征信,将其作为企业的核心竞争力,如芝麻信用、鹏远征信、前海征信、腾讯征信、宜信、京东金融等都已经或正在开发大数据征信产品,并不断扩展其产品的应用场景。

(2)从市场价值来看,大数据征信可以化解信息不对称导致的交易风险,降低交易成本,扩展交易范围,可以使用户能以合理的价格获取多元化、可持续、高效、低成本、高质量、多样性的金融服务,享受公平信贷机会,有利于企业特别是小微企业改善经营状况,有利于个人通过融资获得进一步发展的机会,有利于维护金融稳定。

(3)从应用场景上看,大数据征信的主要应用领域为互联网金融,除此之外,一些大的互联网征信公司如芝麻信用,通过与机场等第三方公共服务机构合作,将芝麻信用分别用于快速通关等场景之中,大数据征信产品的全面应用时代已经悄然来临。

(4)从可拓展性看,大数据征信除了应用于金融风险控制,还可用于客户画像、行为研究、产品跟踪、精准营销、企业内部治理优化等多个方面,表现出较强的可拓展性。

(5)从市场需求看,除了央行征信系统未覆盖的近3亿人群外,还有海量的企业信息可以通过大数据技术处理,形成企业信用档案,提高交易的透明度。

(6)从社会效应来看,大数据征信在控制市场风险、重塑市场信用体系方面具有积极的正面示范作用。

13.4.3 大数据征信的发展应用

1. 大数据征信在国外的应用情况

在国外，政策层面，美、英、日、澳等国纷纷将发展大数据作为一项重要战略来实施，制定了一系列政策来推动数据开放共享、加大数据基础设施研发、促进政府和公共部门应用大数据技术。实践应用中，谷歌、EMC、惠普、IBM、微软、甲骨文、亚马逊、脸谱等企业很早就通过收购或自主研发等方式布局大数据发展，成为大数据技术的主要推动者，并快速推出大数据相关的产品和服务，为各领域、各行业应用大数据提供工具和解决方案。在征信领域，一方面传统的征信公司开始涉足大数据征信，充分利用自身的数据优势开发新的信用衍生服务，如 Experian（益百利）开发出跨渠道身份识别引擎，布局投入研发社交关系数据，积极探索互联网大数据与征信的关系；Equifax（艾克飞）通过加大研发投入及收购行为布局大数据产品与服务；FICO（费埃哲）在传统 FICO 信用模型中引入社交媒体、电商、移动用户数据，提高了模型的用户区分度。另一方面，一些新兴的创业公司利用自身的技术优势，通过走差异化道路，给用户提供个性化的信用产品和服务。如 Zest Finance 公司，利用大数据技术为缺乏征信数据而只能接受高利贷的人群进行信用评估服务，采集了海量跟消费者信用弱相关的数据，利用基于机器学习的大数据分析模型进行信用评估，处理效率提高了近 90%，模型性能提高了 40%，相关贷款人的违约率降低了将近 50%。总的来看，由于国外征信体系较为完善，大数据征信作为传统征信的补充，仅在市场细分领域具有一定的应用价值，更多的是以提供征信增值服务的形式出现的。

2. 大数据征信在国内的应用情况

政策层面，我国政府出台了《社会信用体系建设规划纲要（2014—2020 年）》《国务院积极推进"互联网+"行动的指导意见》《促进大数据发展行动纲要》等顶层制度设计文件，"互联网+""大数据发展"上升为国家战略，为发展大数据征信创造了良好的政策环境。实践应用中，"BAT"、京东、宜信等公司也纷纷涉足大数据征信。2015 年年初，央行下发《关于做好个人征信业务准备工作的通知》，要求包括芝麻信用、腾讯征信、前海征信等 8 家企业做好开展个人征信业务的准备工作，开启了个人征信市场化的大门。就征信领域而言，互联网金融的快速发展催生大数据征信在风控、消费金融及精准营销等领域的应用。各大互联网公司、电商平台及网贷公司纷纷搭建自己的信用评价模型，推出各种信用分，如芝麻信用的芝麻分、考拉征信的考拉分、前海征信的好信度、京东金融的白热度等，在服务于企业信用风险控制的同时，力图通过大数据分析、挖掘来寻找新的盈利增长点。但总的来看，由于市场监管体系不完善，法律制度建设滞后，市场的巨大需求和目前落后的征信体系形成较大反差，迫使企业利用科技和大数据的力量在征信与信用管理领域进行一次真正的创新，加之央行对个人征信市场开放的限制，互联网及大数据技术的发展迅猛，特别是互联网金融的快速发展，在风险控制等方面提出了更高的要求，催生了大数据征信的快速发展。

13.4.4 大数据征信面临的主要挑战

在大数据时代，大数据征信将在金融等领域发挥着越来越重要的作用。但我们也应看到，由于政治、经济、文化等多重因素的影响，大数据征信在中国现阶段仍然面临着诸多挑战。

1. 大数据征信重构信用主体信用状况的准确性问题

大数据征信的数据主要来自互联网大数据、企业大数据、政府大数据和个人大数据等几大块,其中刻画个人信用的数据又主要来自互联网和个人提交的数据,包括身份数据、行为数据、社交数据、网上消费及交易数据等。如何科学确定信用评价的维度并赋予这些数据在各个维度中的权重决定着信用主体信用状况刻画的精准度,这也是大数据征信企业最为核心的竞争力所在。此外,准确刻画信用主体的信用状况除了要获取足够多的有价值的数据外,还需要综合考虑经济环境、文化背景、社情民意等因素,需要充分吸收利用这些领域的最新研究成果,用来印证、丰富大数据信用评价模型,提高信用评价的准确性。要做到这一点,需要在学界和业界形成良性的互动,是一个长期的过程。

2. 个人隐私保护问题

大数据征信的核心是信息的收集和处理,在这个过程中如何平衡个人隐私保护与信息利用关系到产业创新与隐私保护的协调问题,至关重要。从大数据征信的数据获取途径看,主要有自有平台累积数据、通过交易获取数据、通过技术手段获取数据、用户自己提交数据、基于综合分析获得数据等。在获取数据的过程中,需要综合考虑法律、技术、运作机制等因素对个人隐私保护的影响,如法律对个人信息的保护、数据交易过程中的匿名化处理、原始数据采集授权及二次加工使用授权、侵犯个人隐私的救济渠道等,这些都是大数据征信需要认真考虑和解决的问题。

3. 数据的所有权、控制权、收益权问题

由美国倡导并实践的数据开放运动已经持续了一段时间,在全球范围内引起了广泛共鸣。而英国在此基础上更进一步,提出了"数据权"的概念。数据承载着信息,信息蕴含着价值。数据权概念的提出意味着数据价值的归属需要明确界定,由此引申出数据的所有权、控制权和收益权问题。由于大数据征信具有数据来源的多源性、技术处理的复杂性以及应用场景的广泛性等特点,在中国不完善的征信体系及特定的法律文化背景下,数据的所有权、控制权和收益权问题也尤为复杂。这里需要考虑的问题有:不同途径获取的数据所有权归谁?二次加工、三次加工的数据所有权归谁?涉及个人信息的数据个人是否有控制权?如何实现控制权?数据交易过程中,个人如何实现数据的收益权?这些问题仍需要我们在现有法律及政策框架下作进一步的讨论和研究。

4. 政策及监管的不确定性问题

大数据征信作为传统征信的补充,受《全国人民代表大会常务委员会关于加强网络信息保护的决定》《征信业管理条例》《征信机构管理办法》等法律法规的约束。但作为一种新兴的征信形式,大数据征信涉及问题的复杂程度已经超出了这些法律法规规制的范围,特别是在数据的采集、加工、使用和交易方面,多数大数据征信机构都在一定程度上存在着违法采集个人信息的行为,只不过是以一种不平等或隐蔽的方式来规避法律管制,如将获取个人信息与提供服务捆绑在一起,利用网民个人信息保护意识淡薄等弱点,使用复杂的免责条款来规避法律责任,使用流氓软件非法获取个人信息,利用技术优势非法获取个人信息,非法交易个人信息等。这些问题的出现一方面是由于网络用户个人信息的自我保护意识和手段的不足,另一方面也反映出现行的立法及监管措施的缺乏。随着隐私观念深入人心及互联网活动对个人生活的全面深入,这些问题都将倒逼监管层出台更多措施来保护个人权利、规范行业发展,特别是近期央行拟发放个人征信牌照,即是对此做出的积极回应。

大数据征信作为一种新的征信技术面临诸多挑战,同时也面临着难得的发展机遇,特别是在国家政策层面加大对大数据产业的支持、积极推进互联网与金融业深度融合的背景下,大数据征信将大有可为。与国外业已形成的较为完善的征信体系相比,我国征信体系

建设还有很长的路要走。在互联网和大数据时代，创新是主线，作为在征信领域的本土化创新，中国的大数据征信完全可以实现弯道超车，引领征信发展的新潮流。与此同时，我们也应清醒的认识到，在当前中国经济社会转型的关键期，发展大数据征信需要政府加强引导与适度监管，从构建和完善适应大数据征信的监管法律制度入手，做好金融信用信息基础数据库等金融基础设施建设，加强基础理论研究，为大数据征信产品开发和服务创新创造良好条件，营造良好信用环境，真正使大数据征信成为服务社会经济发展的助力器。

13.5 我国互联网金融征信体系建设

对我国互联网金融征信体系建设面临的内外部问题，我们可以从以下几个方面采取措施来解决。

13.5.1 内部环境建设

1. 分类获取数据，解决成本问题

互联网金融征信体系的搭建，并非靠资本能推动的，互联网上有海量的信息，更新快、活性高，增加迅速，单纯依靠资金投入购买获取不切实际，更重要的还是要以行政手段采集为主，商业购买为辅，分类获取，逐渐积累。《征信业管理条例》规定，从事信贷业务的机构应当按照规定向金融信用信息基础数据库提供信贷信息，不从事信贷业务的机构也可以向金融信用信息基础数据库提供、查询信用信息。规定的出台使得征信系统采集金融领域的信用信息、推动金融业统一征信平台建设有法可依。互联网金融信息并非所有信息都需要采集，反映个体信用状况的主要信息是前文所述模式二——电商大数据金融和模式三——网络融资的信息。网络融资本质上也是信贷业务，交易完成后应当按规定向征信系统报送信贷信息，电商平台积累了海量信息，在贷前是电商平台的私有资源，一旦信贷完成，电商平台也需要像传统金融机构一样向征信系统提供信贷双方信用信息，随着电商信贷业务的开展原本私有的信息资源将逐步变成征信系统的资源。当然，在互联网金融征信子系统筹建之初，为迅速扩大信息库信息存量，可以考虑通过商业手段从其他私营征信平台购买征信数据，但长期来看，互联网金融征信子系统信息数据库会随着互联网金融的快速发展而迅速壮大。

2. 推进征信信息归集统一

目前，国内征信体系机构比较分散，征信信息很难集中统一使用。虽然有针对互联网金融行业的征信机构出现，但限于其规模及信息积累程度等因素，要想促进互联网金融行业健康、稳步发展，还需政策层面推进征信信息归集统一，合法、有效利用现有人民银行征信系统逐步建立互联网金融征信子系统，统一信息采集、产品提供标准。统一人民银行征信中心和金融机构对数据采集标准的理解，梳理、完善接口规范，提高接口程序的软件质量，要求互联网金融机构按照征信中心统一的接口规范报送信用信息数据，征信中心再按照统一的规则，整合加工数据，最终向用户提供征信产品。

3. 确保数据真实准确

数据质量是征信机构的生命线。为了保障交易信息的真实性，确保互联网金融征信系统所采集数据的质量，有必要建立行业性自律和约束系统，形成产业各方自觉、诚实、守信的市场氛围。一旦发现某机构存在造假行为破坏市场秩序要责令其整改，如果过了整改期还没有完成，人民银行可以采取取消牌照或者暂停业务等方式对其进行处罚，以儆效尤。

而为了保障系统采集数据的准确性，在互联网金融征信子系统建设初期，可学习人民银行征信系统建设初期的做法，使用校验程序检验所采集数据格式和数据项间的逻辑关系是否符合要求等。

4. 加强隐私保护

一方面，互联网金融征信也需要遵守征信业务规则，包括遵守《征信业管理条例》等信用法规，规范信用信息的采集范围和使用规则。采集的范围主要以能够识别信息主体，能够充分判断信息主体的信用状况的信息为主，防止过度采集信息。建立个人不良信息告知制度，采用个人信息需要取得信息主体同意，明确使用规则，信息使用者不得将信息用作与信息主体约定之外的用途。另一方面，要高度重视信息安全，加强信息安全防范，建立健全并严格执行保障信息安全的规章制度，采取行之有效的技术手段，预防客户信息和数据泄露。

5. 升级信用产品，开展信用评分业务

与传统金融相比，互联网金融对信用的要求更高。通过对电子交易平台信息、资金流信息及物流信息等大量互联网行为数据的归集、分析，完善齐备的征信体系支持，互联网金融公司对不同的借款者进行信用评级，从而决定是否发放贷款及贷款的利率水平。由于美国具有非常发达的个人评分体系，它在做P2P的时候不用重新做征信评分，大部分是由第三方提供。而目前国内很多P2P平台都要先做征信，再做信用评分，然后再做借贷款双方的综合评分。信用评分是互联网金融发展的重要基础，随着我国互联网金融的迅猛发展，将反过来推动国内信用评分的快速发展。目前国内互联网金融征信机构的信用评分业务，仅仅依据客户的线上信用交易信息，对客户的线下行为缺乏评估，对市场经济风险和客户内部风险等因素也缺乏考虑。而传统金融在对客户进行评估时既要考虑客户单体信用风险特征也要综合考虑经济形势、行业前景对客户还款能力的影响。如果有一种信用评分业务能综合考虑客户线上、线下信用信息和经济大环境等三方面因素，必将占据有利高地。人民银行征信系统目前主要业务只是做信用报告并未涉猎信用评分业务，但优势在于拥有大量个人和企业客户的线下信用信息，如果能在此基础上通过建立互联网金融征信子系统，征集客户的线上信用信息，结合人民银行在宏观经济调控方面的政策优势，开展信用评分业务，优势将非常明显。

13.5.2 外部环境建设

1. 支持互联网金融的发展

互联网技术具有发挥后发优势的能力，为追赶者选择捷径实现超越提供可能。在旧有红利逐步减少，亟须寻找新的增长点的情况下，互联网金融的发展为中国经济带来了历史机遇。在大型银行因大而不能倒的情况下，发展新的金融业态，支持民营银行和互联网金融发展，承接部分大型银行的主要功能，对国民经济的健康稳定持续发展有所裨益。不同于现有民间金融，互联网金融企业至少采取公司制和互联网进行经营活动，更为阳光化、规范化。当前，可结合国家鼓励发展民营银行的计划，择机给部分发展较好的互联网金融企业发放银行牌照，在严格监管的同时鼓励其发展壮大，尤其是要引导其为农村地区和农民工等弱势群体发展普惠金融服务。同时，发展好相关配套措施，进一步加强金融消费者权益保护，加快推进存款保险制度建设，大力推广移动支付。鼓励传统金融与互联网金融合作共赢，共同铺设中国互联网金融的康庄大道。

2. 加快信用立法

完善立法是促进互联网金融信用体系建设的基础。有法可依，才能确保数据采集、信息使用的有序和合法。

（1）抓紧完善征信法律法规。2013年3月15日颁布的《征信业管理条例》是国内正式施行的首个征信业法律法规，标志着征信业步入有法可依的轨道。但一个完整的社会信用的法律体系尚未建立起来。作为一部框架性的法规，具体落实执行还需要配套的规章细则，因此，应尽快制定相配套的制度，包括《征信机构管理办法》《金融信用信息数据库用户管理规范》和《企业与个人征信业管理办法》等相关规章细则，使征信机构和征信业务规范发展，保障金融信用信息基础数据库的建设、运行和维护。

（2）出台一些能优化征信业外部环境的法律法规，如类似于美国制定的《公平信用结账法》《公平信用报告法》《平等信用机会法》《金融服务现代化》以及《信用卡发行法》等。

（3）建立健全我国的信息安全法律体系，制定颁布《互联网条例》《个人隐私权法》和《信息安全条例》等专项法规，促进消费者信用保护以及信用数据使用的安全，兼顾信息安全与数据发放，提高信用数据使用效率。

（4）根据互联网金融业态模式下金融混业经营的趋势，及时修改已有的法律法规，出台具有针对性的法规对互联网金融进行监管。

3. 加大政府扶持力度，倡导建立自律行业协会

随着互联网金融的快速发展，我国涌现了一批自律性行业协会，制定自律公约、按时披露信息、与政府部门沟通、规范日常经营是这类自律组织的主要职能。如2011年在北京成立的中国小额信贷服务中介机构联席会，2012年在上海成立的网络信贷服务业企业联盟，以及2013年8月包括第三方支付企业、电商平台、P2P、众筹等在内的33家互联网金融机构在北京成立的中关村互联网金融行业协会。2013年8月13日，在中国互联网大会上，与会代表共同制定了《中国互联网金融行业自律公约》，共同约定接受社会监督、自觉防范管控风险。但从实际效果来看，因为我国互联网金融行业协会不发达，在实现日常经营规范化、信息披露透明化上的约束力和影响力十分有限。政府应加大对互联网金融行业协会的支持，建立奖惩机制引导更多的互联网金融企业加入协会，遵守协会公约，明确入会登记、信息技术标准、风险控制体系和信息披露制度。

4. 协调创新与监管，规范互联网金融市场的秩序

（1）互联网金融作为新兴的金融模式，对旧的金融监管体系不能准确适用也无法完全覆盖，存在一定的监管真空，因此必须尽快明确现有的监管部门的监管职责和分工，制定市场准入、退出与资金流动方面的规则，在包容创新的基础上确保监管到位，既防范风险的过度聚集，同时又要加大互联网金融创新的扶持力度。一方面，抓紧制定有关规章制度，预备修正手段，避免风险的过度累积，另一方面要防范行政管控过严、过早，把握好监管力度，鼓励互联网金融创新，支持行业发展。

（2）互联网金融具有明显的跨行业跨市场综合经营的特征和趋势，随着互联网金融交易的业务范围的扩大和交叉，分业监管容易造成重复监管，监管部门间的信息阻隔也会削弱监管效果，分业监管模式无法有效监管互联网金融的综合业务。所以必须改变目前分业监管的格局，协调分业和混业监管两种模式，加强"一行三会"监管间的合作，综合监管互联网金融风险，建立良好的金融协调保护机制。

（3）尽快把互联网金融机构作为征信管理的重点对象，切实保护金融消费者权益，确保对互联网金融的全方位动态监管。

5. 大力发展征信服务机构，提升数据征信技术

当前国内有 150 多家征信机构，大致有三种类型，第一类是政府背景的征信机构 20 家左右，第二类是社会信用信息服务机构 50 家左右，第三类是信用评级机构 70 家左右，主要从事债券市场评级、借款企业评级、担保公司评级等。从发展阶段看，我国征信服务机构还处在起步阶段，大部分征信机构无独立的信用信息数据库，信用产品相对单一，应重点培育一些规模较大、实力较强的征信机构发展壮大，适当给予政策支持，帮助其发展为地区或全国的征信领头企业，甚至在国际市场上也有一定知名度。另外，要加快发展数据征信技术，深挖大数据，依靠数据征信完成客户信用评估。例如，阿里巴巴小额信贷公司，根据自身平台上商户的交易额、供应链情况来判断其还款能力，将商户的信贷风险控制在较低的水平，从而实现日均近 100 万元的利息收入。

6. 完善互联网金融信用信息共享平台

2012 年在上海成立的国内首家网络信贷服务企业联盟，其职责之一就是确立网络信贷业务风险管理的基本标准，由此被业内看作小范围内征信信息互通共享的一种尝试。2013 年 8 月，全国首个网络金融征信系统（NFCS）正式上线，目前已经有超过 40 家的网贷企业加入了 NFCS 系统，但相对于 400 多家的网贷企业而言，只是很小一部分，仍有较多的网贷企业未纳入系统。这些实践探索以区域性、单一行业性为主，覆盖面较窄，共享程度有限，因此只有尽快建立互联网征信子系统允许互联网金融全面接入人民银行征信系统，建立广泛的互联网信用信息共享机制，打通线上线下、新型金融与传统金融的信息壁垒，实现支付平台、网贷企业等互联网金融企业信用信息更为全面的共享。

7. 健全和完善失信惩罚机制

除进一步加强互联网金融信用信息共享，让网贷违约也无处遁形，还应在行政、司法、社会、市场等方面出台政策和制度，才能真正建立健全互联网金融失信惩戒机制。

（1）建立黑名单制度和市场退出机制，明确对互联网金融失信行为的行政处罚措施；

（2）建立健全司法性信用惩罚机制，辅以与失信惩罚要求相适应的社区服务、社区矫正等司法配套体系，对严重失信者追究其民事或刑事责任；

（3）建立健全社会性信用奖惩机制，通过网络舆论和社会媒体，强化对失信行为的监督和曝光，营造全社会的道德谴责舆论环境，有效约束社会大众的失信行为；

（4）完善失信信息记录和披露制度，形成市场性惩罚机制，提高失信者市场交易成本，增加威慑力。

8. 总结

信用以信息的形式展现给用户，实体经济中交易双方的信息不对称尚不能完全消除，对互联网金融来说减少信息不对称、提高交易的透明度和公平性更是难上加难。在互联网金融高速发展，对实体经济和金融行业造成巨大影响的形势下，如何迅速有效建立互联网金融征信体系显得尤为迫切、意义重大。

我国建设互联网金融征信体系的模式是：在人民银行征信系统平台上创建一个互联网金融子系统，允许互联网金融全面接入央行征信平台，是目前理想的选择。对我国互联网金融征信体系建设提出的建议是：通过明确数据来源对象、征信管理平台、信用产品最终用户构成和内部工作循环流程来搭建系统架构，采取分类获取数据、推进征信信息归集统一、确保数据真实准确、加强隐私保护和开展信用评分业务等措施来完善互联网金融征信系统内部环境，而外部环境配套设施建设方面则建议支持互联网金融的发展、加快信用立法、倡导建立

自律行业协会、协调创新与监管规范市场秩序、大力发展征信服务机构、完善信用信息共享平台以及建立健全失信惩罚机制。

本章小结

通过本章的学习，要熟悉信用体系的内涵，掌握信用、个人信用、个人信用体系、个人征信体系等基本概念，并能够对个人信用体系进行分析。本章重点是互联网金融信用，要熟悉互联网金融信用的产生、我国互联网征信业的兴起、互联网金融征信体系的重要性，以及我国互联网金融征信体系现状。要理解国外互联网金融征信体系的启示，掌握国外征信体系建设模式，熟悉国外互联网金融征信体系的经验。掌握大数据征信的理论与技术，理解大数据征信的涵义，熟悉大数据征信的价值与意义，掌握大数据征信的发展应用，能够应对大数据征信面临的主要挑战。熟悉我国互联网金融征信体系建设，包括内部环境建设和外部环境建设，建立全社会性质的信用机制。

本章案例

我国专业征信机构的困惑

目前我国仅有上海资信有限公司、武汉信用风险管理有限公司、深圳鹏元资信评估有限公司等数家专业从事个人信用征信的公司。以上海资信为例，1997年7月，上海市政府实行个人信用联合征信制度试点，并于1999年成立了由政府主导的上海资信有限公司（以下简称上海资信），为本地银行等单位提供个人和企业信用报告。

上海资信是中国首家开展个人信用联合征信的第三方资信机构，其官方背景为上海市信息化委员会，到目前为止，它仍是上海唯一一家同时提供个人征信与企业征信服务的机构。上海资信与央行个人征信系统最大的不同是，它不纯粹是政府机构，已经成为独立于银行业的第三方机构，在一定程度上实现了市场化运作和跨部门联网。上海资信是全国唯一的个人征信建设试点的产物，上海资信的一个灵活手段是，通过理事会机制，与包括16家商业银行、上海移动、中国联通上海分公司等在内的单位建立了业务合作关系。信息搜集的范围远远超出了信贷的范围，涵盖工商、税务、海关以及水、电、煤、卫等日常交费记录的收集，全面监控个人信用信息。从某种意义上来说，上海资信已经远远超越央行的信贷信用征信范畴。但有一点耐人寻味的是，央行在2004年宣布全国首批开通个人信用信息联网的7座城市中，并无上海，有业界人士分析"这是上海最苦恼的地方，也是利益最冲突的地方。上海花了多年时间和巨资建设的征信体系不可能无偿与央行联网共享。"此外，上海与央行征信模式的差异也让两者难以默契对接。

（资料来源：根据相关资料整理）

讨论：
我国的专业征信机构应该采用何种模式运营？

本章习题

1. 解释信用、个人信用、个人信用体系、个人征信体系的概念。
2. 试述互联网金融信用的产生及特点。
3. 试论我国互联网金融征信体系的重要性。
4. 简述美国征信体系建设模式及其运营经验。
5. 简述大数据征信的涵义、价值与意义。
6. 试论大数据征信的发展应用。
7. 如何开展我国互联网金融征信体系建设?

第14章 互联网金融立法

学习目标

1. 互联网金融法律体系尚待完善
2. 民法领域隐私保护和信息安全
3. 金融消费者权益保护
4. 金融法主体资格及特许经营
5. 跨境交易和跨境支付
6. 虚拟货币的法律地位
7. 程序法司法管辖权
8. 构建互联网金融法律体系

案例导入

互联网金融犯罪高发 立法滞后难以有效应对

互联网金融犯罪既包括互联网金融产品或服务可能涉嫌的犯罪，也包括利用互联网金融平台实施的犯罪。当前，互联网金融犯罪类型不断增加，非法吸收公众存款、非法集资、诈骗、擅自发行股票公司企业债券、非法侵入计算机信息系统、洗钱等犯罪形势严峻。互联网金融犯罪与传统金融犯罪相比有一定的特殊性：作案方式与互联网金融业态相适应，智能化、隐蔽化特征较明显；影响范围广、消费者权益救助难；行为人的行为与互联网金融的创新性相伴随，司法认定边界模糊；证据存在形式隐蔽、取证难度大等。

刑法有关金融犯罪的规定主要在分则第三章第四节"破坏金融管理秩序罪"、第五节"金融诈骗罪"中，在应对互联网金融犯罪方面面临诸多挑战。

给金融犯罪界定带来冲击。互联网金融犯罪呈现新的形式，超出了刑法条文所涉及的罪责范畴，如有关金融衍生品犯罪形式等。如果仅从违反金融法规的角度去评价刑事责任，局限于已有金融犯罪的罪名，往往无法认定此类行为构成犯罪。

对金融犯罪认定模式产生动摇。金融犯罪采用"定性+定量"的定罪模式，通过对结果的量化认定实现金融违规或不法行为的分阶次处罚。具体来说，就是以危害后果是否严重、损失数额是否巨大为依据进行处罚。但互联网金融犯罪涉案数额大、被害人分散，要求有具体的损害后果（即数额），无形中加大了侦查取证的难度。

立法滞后难以有效应对。互联网金融面临诸多风险，加之互联网金融监管尚处于起步阶段，监管措施比较薄弱，多种因素促使互联网金融犯罪易发多发，互联网金融治理亟须刑法介入。立法滞后使刑法难以有效应对新型犯罪，不能及时适应互联网金融的创新性。

为有效打击互联网金融犯罪，刑事司法有必要及时跟进，增强刑法的灵活性和适应性。

更新立法理念，应对互联网金融犯罪新形势。建议立法者及时研判互联网金融可能带来的各种风险，当危及金融秩序的行为出现时，有必要及时进行犯罪化处置，以应对互联网金融犯罪新态势。建议通过司法解释拓展已有罪名的涵义，增加其包容性。如以P2P、众筹平台进行投资融资的行为，极有可能出现集资诈骗、非法吸收公众存款、擅自发行公司股票企业债券等犯罪，有必要对相关罪名进行拓展解释，以规制可能出现的犯罪行为。同时，也可通过刑法修正案设置新的罪名，以弥补金融监管与刑事司法的空白。

完善金融犯罪入罪标准，确保刑法适用的准确统一。建议有关部门及时研究互联网金融与相关民商事、行政法律调整可能带来的刑事法律适用变化，司法机关及时出台指导性意见，统一办理金融类案件标准，以保证刑法适用的准确性与统一性。另外，现有的刑事措施更多地关注危害后果，忽视互联网金融风险的传染性和对犯罪行为的过程控制。随着互联网金融的发展，这种不足将会逐步扩大，建议对互联网金融犯罪采取行为犯的认定模式，适度降低互联网金融犯罪的入罪门槛。

采取综合手段，形成打击合力。在日新月异的互联网金融创新面前，司法机关应充分履行职能，通过查办案件和司法建议等综合手段，惩治互联网金融犯罪；与金融监管部门、互联网金融机构建立信息共享、案件通报等协调机制，依法妥善处理敏感案件。同时，公检法机关应加强协作配合，将主动预警与动态防控结合，及时开展摸底调查和风险评估，梳理可能存在的非法吸收公众存款、集资诈骗等犯罪线索，在维护金融秩序、刑法介入与鼓励支持互联网金融创新方面做出努力。

（资料来源：正义网—检察日报. 2016-02-25）

讨论：

分析互联网金融犯罪高发的原因？

近年来，随着中国互联网金融的迅速发展，网上支付、移动支付、P2P网络信贷、众筹等多个领域都有长足的发展，某些细分领域中国市场的规模已经列世界第一。一方面，这对传统金融机构、企业及普通用户的思维方式、经营理念、消费习惯甚至生活方式都产生了巨大的影响；另一方面，互联网金融可能引发的风险及法律问题也对法律界和监管层提出了挑战。从现状看，互联网金融各种商业模式衍生出的实体性法律问题和程序性法律问题越来越多，对传统法律体系甚至法学理论也产生了一定的影响。从一定意义上说，"平等、开放、协作、分享"的互联网精神与"安全性、私密性、专业性"的金融交易客观属性存在着天然的冲突，如何协调两者之间的关系，并通过法律规范和有效监管以达到两者融合共生、推动实体经济持续、健康地发展，是互联网业界、金融业界和法律业界共同的重大课题。本章分别从法律体系、民法、金融法和程序法的角度分析互联网金融面临的相关法律题目，我国互联网金融的立法任重而道远。

14.1 法律体系尚待完善

互联网金融是整个互联网经济的重要组成部分，互联网金融法律必然归属于整个互联网法律体系。中国在互联网领域的立法起步较晚，自 1991 年 5 月 24 日最早一部与互联网相关的法律规定——《计算机软件保护条例》发布至今，中国已陆续出台了 30 多部针对互联网的行政法规、司法解释和部门规章，覆盖了网络安全、电子商务、网络知识产权、信息保护等领域。然而，我国互联网立法的缺陷仍然十分突出。

14.1.1 上位法律缺失

中国尚未颁布调整互联网及互联网经济活动中相关法律主体之间法律关系的网络基本法，存在上位法缺失的结构性缺陷。

2000 年 12 月 28 日第九届全国人大常务委员会通过的《关于维护互联网安全的决定》过于简单和原则性，并不具备基本法的性质。目前与互联网相关的立法活动层次较低，大部分调整互联网行为的法律规定为行政规章及规范性文件见表 14-1，互联网基本法的缺失导致互联网整体立法活动缺少原则性的指导，导致互联网经济的发展及政府相关政策因缺少法律的确认而不能得到很好的贯彻实施，宪法对于公民权利与社会秩序的保护精神也无法更好地体现在互联网立法活动中。

表 14-1 部分互联网金融相关法规

颁发时间	规章及规范性文件名称	颁布部门
2005 年 10 月	《电子支付指引（第一号）》	中国人民银行
2006 年 1 月	《电子银行业务管理办法》	中国银监会
2009 年 4 月	《关于加强银行卡安全管理预防和打击银行卡犯罪的通知》	中国人民银行、中国银监会、公安部和国家工商总局
2010 年 6 月	《非金融机构支付服务管理办法》	中国人民银行
2010 年 12 月	《非金融机构支付服务管理办法实施细则》	中国人民银行
2011 年 5 月	《关于规范商业预付卡管理意见的通知》	中国人民银行
2011 年 8 月	《关于人人贷有关风险提示的通知》	中国银监会
2011 年 9 月	《保险代理、经纪公司互联网保险业务监管办法（试行）》	中国保监会
2012 年 1 月	《支付机构互联网支付业务管理办法》（征求意见稿）	中国人民银行
2012 年 9 月	《支付机构预付卡业务管理办法》	中国人民银行

续表

颁发时间	规章及规范性文件名称	颁布部门
2013年1月	《关于优化和调整银行卡刷卡手续费的通知》	国家发改委
2013年2月	《关于开展第三方支付机构跨境电子商务外汇支付业务试点的通知》	国家外汇管理局
2013年6月	《支付机构客户备付金存管办法》	中国人民银行
2013年7月	《银行卡收单业务管理办法》	中国人民银行

互联网经济和互联网金融活动日新月异，如果没有明确的法律规定予以调整和规范，或者仅仅倚靠传统法律规范来调整互联网之间的法律关系，已难以适应互联网经济和互联网金融的发展需要，而互联网基本法是制定一系列调整互联网行为规范的法律法规的基础，因此互联网基本法的制定应尽快列入全国人大的立法计划。

14.1.2 法规不成体系

由于互联网是新兴事物，法律界对互联网经济的理解和认识有一个较长的过程，导致针对互联网活动的法律法规的制定显得零散而不成体系，存在内容性缺陷。主要表现在以下几点。

（1）互联网领域的专门法及专项法存在严重缺位的现象，尤其是在互联网金融法律领域。2004年5月颁布的《电子签名法》规范了数据电文制度、电子签名与认证制度以及电子认证服务者的法律责任等，是电子商务领域立法史上的一个里程碑，但电子签名法也只是对电子商务应用的第一个环节电子签名行为进行了规范，对诸如电子商务的支付法律问题、消费者法律保护等重要问题均未涉及，作用十分有限。

（2）有关互联网运营者、互联网用户义务的规定较多且具体，而对互联网用户权利的规定则较少且抽象，权利、义务存在不对等、不平衡现象。

（3）法律法规内容空缺或者重复，若干主要问题如隐私权、消费者权益保护等在法律中没有明确规定，给法律执行造成一定的困难，或者相同规定在两个以上法律法规中出现，有碍于统一的法律体系建设。

（4）现行互联网法律中已经颁布实施的配套法规、规章规定较为原则，缺乏明确的判断、分级和执行标准，存在可操作性不强的缺陷，并导致"法律适用性差、执法随意性强"的后果。

14.1.3 法规规章冲突

目前互联网法律中不同位阶的法规规章之间、新法与原法之间，甚至是相同位阶的法规规章之间产生不少冲突，存在协调性缺陷。主要表现在以下几点。

（1）由国务院颁布施行或由具备立法权的地方人大颁布施行的法规之间存在冲突。

（2）国务院各部委颁布的行政规章之间存在冲突。由于我国在制定调整具体商事法律关系的法规时主要采用部门立法方式，如在金融领域，具体适用的法律规范以中国人民银行、银监会、保监会、证监会发布的部门规章及规范性文件为主，而"一行三会"站在分业监管者的角度，或因为对同一问题的理解认识不同，或因为对同一行为的监管边界划分不清，导致其各自出台的规章及规范性文件之间不协调甚至冲突。

（3）互联网法律与其他相关民商事一般法、民商事专门法、程序法之间缺少相互的呼应，相关法律在互联网领域及对互联网行为的解释空白在某种程度上制约了互联网法律实施的效果。

14.1.4 司法救济不足

互联网经济的发展，尤其是近年来互联网金融的模式不断创新，规模呈爆发式增长，互联网金融活动中互联网平台与用户、互联网用户与用户、互联网平台与传统金融机构之间的民商事纠纷案件也呈现高发趋势。

2013年，大约七八十家P2P网贷平台倒闭或"跑路"，引发了众多民事案件甚至一些刑事案件。

司法救济是运用国家权力调整处理各种社会关系和矛盾并强制相关当事人履行法定义务的一种救济手段，具有权威性、强制性，也是社会救济中最终的救济方式。在互联网金融领域，由于相关法律法规不完善以及法院审判人员对于互联网金融运行模式尚不熟悉，涉及互联网金融活动的纠纷案件的审理基本仍采用传统法律规范来进行，对互联网用户的保护较弱，进而产生司法救济不足的缺陷。

14.2 民法领域的问题

根据传统民商法理论，民商法包括民法和商法。民法是指调整平等主体的自然人、法人和其他组织之间的财产关系和人身关系的法律规范的总和。财产关系指民事主体在商品的生产、分配、交换和消费过程中形成的具有经济内容的关系，人身关系指因民事主体的人格利益而发生的社会关系。民法主要包括物权法、债权法、人身权法、侵权法、知识产权法等。

互联网的兴起和发展，使得民事主体的生产、分配、交换和消费等经济活动更多地依赖信息网络，而与人身权相关的各种信息也更多地在网络间传递和被储存，使得我国传统民事法律规范中的一些内容亟待更新和调整。

14.2.1 隐私保护和信息安全

"隐私权"（the Right of Privacy）一词最早是由美国法学家路易斯·布兰蒂斯和萨莫尔·华伦于1890年发表的一篇著名论文《隐私权》中提出的，演变至今已成为一项公认的独立的人格权。它是指自然人所享有的一种不愿或不便他人获知或干涉的私人信息的支配和保护的人格权。隐私权的主体是个人，客体即隐私。隐私是一种与公共利益、群体利益无关的私人信息、私人活动及私人领域，其中私人信息属无形的隐私，主要包含健康状况、财产状况、宗教信仰、医疗记录、身体缺陷、过去经历等；私人活动则属于动态的隐私，如日常生活、社会交往、商业活动等；而私人领域也称作私人空间，如个人居所、个人通信（包括电话、电报、信函、电子邮件）等。而互联网时代的网络隐私权更进一步细化为"公民在网络中享有的私人安宁和私人信息受法律保护，不被他人非法侵犯、知悉、搜集、复制、公开和利用"。

显而易见，互联网时代，每一个个体的社会活动和经济活动都与网络密切相关，个人信息数据未经许可被他人收集、储存、使用和传播的情况普遍发生，个人姓名、年龄、身份证号码、住所、联系方式甚至银行卡号码及家庭状况等核心信息也被非法泄露和利用。互联网金融的发展使得大数据分析成为必然，个人的账户信息、支付及投融资行为、金融资产均被数据化,这进一步加大了侵犯隐私权的法律风险。

如何制约通过互联网侵犯个体信息数据的行为已成为世界性的隐私权保护难题,而我国尚没有关于保护网络隐私权的法律规定以及相关惩处机制。亟待借鉴欧美国家隐私权保护的立法及实践,加大力度,以全面保护公民的网络隐私权。

14.2.2 电子合同的效力

合同,也称契约,是民事活动当事人之间达成的具有约束力的协议。互联网时代产生了无纸化的电子交易,并形成了无纸化的电子合同这一新的合同形式,电子合同只是对传统合同外延的延展,而不是对传统合同概念的颠覆。国内外普遍承认电子合同的法律效力,并通过法律规范予以确定。联合国国际贸易法委员会颁布的《电子商业示范法》确认电子合同及电子签名的有效性和可强制执行性,我国《合同法》第十一条也规定"书面形式是指合同书、信件以及数据电文,包括电报、电传、传真、电子数据交换和电子邮件等可以有形地表现所载内容的形式"。

2005年5月颁布的《电子签名法》第二条规定"电子签名是指数据电文中以电子形式所含、所附用于识别签名人身份并表明签名人认可其中内容的数据;数据电文是指以电子、光学、磁或者类似手段生成、发送、接收或者储存的信息。"

随着互联网金融的进一步发展,通过互联网实现的金融交易已经不是简单的支付,也不是简单的两方交易,而是集聚了多方交易主体的复杂的投融资交易,并且还会涉及交易主体之外的第三方,包括第三方交易平台、第三方支付机构、商业银行以及工商、税务等公权部门。因此,传统合同法在调整互联网交易法律关系时仍然存在不适应的情形,有必要根据电子交易、电子支付和互联网金融的特征,研究制定《电子合同法》。

14.2.3 金融消费者权益保护

普适计算和云储存的信息技术变革产生了"消费决定生产"和"生产决定消费"的双重法则。在此背景下,消费者的主导权空前增强,利基市场的"长尾效应"空间巨大,互联网金融因此有了大规模发展的契机。从商业银行、保险公司、证券公司等传统金融机构,到第三方支付机构,再到中国三大通信企业都在争夺代表消费者的账户以及账户的入口——个人终端。但是,金融消费者在商业模式中的地位改变是否就意味着在法律上的地位改变呢?

最典型的例子是,所有金融机构,包括互联网金融企业在交易中全部使用格式条款,并且让格式条款复杂到"不可能看"或者"看不懂",而金融消费者只能选择"接受条款即交易"或者"不接受条款不交易"。我国《消费者权益保护法》第二十四条规定"经营者不得以格式合同、通知、声明、店堂告示等方式作出对消费者不公平、不合理的规定,或者减轻、免除其损害消费者合法权益应当承担的民事责任"。在线下的传统产品或服务的交易中,消费者权益保护法起到的作用越来越大,而在金融领域特别是互联网金融领域的"消法保护"尚需时日。

2014年3月发布的《中国金融消费者保护建议报告》指出,目前我国金融消费者保护体系存在的问题是:立法保护欠缺;机构机制设置未能衔接;纠纷解决机制不畅;公平服务不到位;互联网金融创新中的消费者保护问题突出;征信体系不健全。因此,为保护金融消费者的合法权益,应畅通互联网金融消费的投诉受理渠道,并在金融消费者保护的统合体系中设立金融多元化纠纷解决机制,给受到损害的互联网金融消费者提供相应的救济途径。此外,针对区域实际情况,可以在一些条件成熟地区的法院内设立金融审判庭,提高法官金融专业水平和金融案件审判水平。

此外，建立身份识别的风险分配原则也是保护互联网金融消费者的重要内容。身份识别的风险分配规则是一柄双刃剑：互联网金融企业承担风险过大，往往导致从业寥寥，比如欧洲的手机银行过于注意数字签名，导致移动支付业发展缓慢；而中国的问题是缺乏清晰的风险规则，从银行卡盗刷开始，"该银行买单还是消费者自认倒霉"问题历经 20 年仍未厘清是非，各类法院判决莫衷一是。由此可见，对于行业而言，是非判断固然重要，更为重要的是建立是非判断之外的有效补偿机制，例如美国的保险缓释机制。

14.2.4 居间、代理和自营

传统金融产品和服务的法律关系是清晰且相对简单的，银行贷款、理财产品、信托产品、保险产品、基金产品均如此。例如，某个基金公司发售一款基金产品，不仅直销也通过商业银行、证券公司和第三方基金销售公司代销。在这个基金募集的金融交易中，由于基金采用信托法律结构，基金公司是财产受托方（或是基金份额的卖方），基金投资者是财产委托方（或是基金份额的买方），商业银行、证券司和第三方基金销售公司是受托方（卖方）的销售代理人。民事代理的法律责任很清晰，代理人接受被代理人的委托行事，其法律后果由被代理人承担，基金投资者是与基金公司达成合约，只要销售代理人在销售过程中没有违反法律或代理协议的行为，其不会承担交易的法律后果和责任。中国人民大学重阳金融研究院、中国人民大学金融法研究所、北京市金融发展促进中心、中国小额信贷机构联席会共同举办的"互联网金融创新与消费者保护"研讨会上发布，既代理卖方又代理买方的双重代理，或者代理卖方与自己交易的行为会被认为是无效代理行为。

互联网金融的创新模式使得代理、居间或自营的民事法律关系演变成一种复杂的混合关系，即同一个主体在同一金融交易中可能扮演不同的角色，存在极大的利益冲突问题。以"余额宝"与天弘基金合作的"天弘增利宝"货币市场基金为例，在"余额宝"各项协议中，余额宝强调自己仅提供资金支付渠道，不作为基金销售协议的参与方，也不对基金的盈亏承担任何责任，并将"天弘增利宝"货币基金的销售定义为直销，从天弘基金公司所收取的收益也被定义为"管理费"而不是"基金代销费"。同时，"余额宝"对基金投资者承诺产品在任何时间可以实现 T+0 赎回，事实上对货币基金投资者在非交易时间段的赎回由"余额宝"利用头寸先行垫付，真正的基金清算交割还是要等到下一个交易日，垫付日至清算交割日的基金收益归垫付者；"余额宝"还承诺投资者资金可以通过"支付宝"用于"天猫"和"淘宝"平台网购产品和服务。在上述交易中，"余额宝"就扮演了多重角色，名义上是"天弘基金"与基金投资者的居间人，事实上是"天弘基金"的代理销售人，垫付赎回资金的行为类似向"天弘基金"或者向基金投资者发放贷款，而以"支付宝"用于"天猫"和"淘宝"平台网购产品和服务属于另一个循环的居间交易；由于信息披露不充分，"支付宝"将"余额宝"定义为支付产品，而普通投资者往往把"余额宝"本身视为高收益的类存款产品，在此情形下，"余额宝"实际上在与基金投资者进行自营交易。"余额宝"模式将居间、代理和自营的多重角色混为一谈，一旦货币基金面临大的利率风险和流动性风险，在巨额赎回情形下出现给付问题，则与投资者发生法律纠纷就很难避免，同时也可能发生在利益冲突下的道德风险。

再例如 P2P 网络贷款平台中的"人人贷"和"拍拍贷"模式，按照此模式，P2P 网贷运营平台仅作为借款人和贷款人的中介方，负责设定标准化的信息审核、利率标准设定、风险等级评估以及线上或线下担保，而不参与资金的过手，但众多 P2P 网贷平台事实上参与资金的交易并累积自己的资金池。先不论 P2P 网贷平台是否具备贷款业务的经营许可，仅从既做中介又直接参与交易看，法律关系混同的风险已然存在。

14.2.5 担保物权制度的网络适用

互联网金融由支付领域向投资、融资领域延伸发展，由于中国征信体系的不健全以及征信数据的有限开放，越来越多的互联网金融交易需要引入担保机制。线上交易需要匹配线上担保才能兼顾安全和高效，但现实中往往在担保环节搁浅，因为现有担保物权制度缺乏互联网环境下的有效适用方法。我国《担保法》规定的担保方式包括信用保证、不动产抵押、动产抵押、动产质押、权利质押、定金、留置等，除了信用保证、定金、留置外，其他担保方式均涉及法定的担保物权登记制度。比如，房地产抵押需要到不动产所在地房地产登记部门办理抵押登记，动产质押需要到工商管理部门办理登记，非上市公司股权质押需要到公司所在地政府确定的登记机构办理登记，上市公司股份质押需要到中央登记结算公司办理登记，而权利质押（如仓单质押、提单质押）等更是没有明确的登记机构。

如果各政府主管部门和公共服务部门认识到这一问题并着手建设，包括房地产在内的在各类物权上设定担保物权的权利凭证登记问题应不难解决，加大这方面的公共资源投入，将为互联网金融的发展营造更大的空间。

14.3 金融法领域的问题

根据传统民商法理论，商法是指调整经济活动中商事主体及其商事活动的法律规范的总和，包括商事主体法和商事行为法。我国没有形式上的商法，但存在实质上的商法，主要表现为大量的商事单行法，包括公司法、证券法、票据法、银行法、保险法等。

商法的基本原则是市场经济的客观要求在法律上的反映，现代商法主要包括以下基本原则。

（1）强化企业组织及完善企业结构，如公司法上的有限责任、资本三原则、公司治理规则，又如破产、重整、兼并制度等实现企业优胜劣汰和实现资产优化组合的法律机制。

（2）降低交易成本，提高经营收益，如保护产权、维护信用、促进交易便捷等法律制度。

（3）维护交易公平及维护市场的正常秩序，如信息披露制度等体现平等原则的法律制度，又如董事诚信义务等体现诚信原则的法律制度。

（4）保障交易安全，如公示主义原则、外观主义原则和保护善意第三人制度等。

金融法是典型的商事法律，金融法需要规范确立金融机构的设立、组织、性质、地位和职能，调整国家金融监管机关在组织、管理金融事业和调控、监管金融市场过程中所形成的金融监管法律关系，调整金融机构从事金融业务活动中发生的经济交易法律关系。

互联网时代背景下的金融商业模式创新，一方面给金融业带来了蓬勃发展的春风，给金融市场带来极大的活跃，给普通用户带来全新的金融活动体验，并创造了巨大的价值；但另一方面，也给金融法律和金融监管带来前所未有的挑战。

14.3.1 主体资格及特许经营

在中国，传统金融机构的主体资格及特许经营条件，按照其金融行业区分都有单行的金融法律来调整，并根据相关法律规定设定了具体的政府监管机构。商业银行及其行为由《商业银行法》调整，信托公司及其行为由《信托法》调整，并均由银监会监管；保险公司及其行为由《保险法》调整，并由保监会监管；证券公司、期货公司、基金公司及其行为分别由《证券法》《期货法》及《基金法》调整，并均由证监会监管。

银监会、保监会、证监会作为金融行业的监管机构根据相关的上位法律，分别针对各自监管的金融机构的主体资格要求和特许经营的条件（包括股东资格要求、最低资本要求、营业场所要求、从业人员资格要求、治理制度要求、信息技术及系统能力要求等）通过上报国务院颁发行政法规或者自行颁发行政规章设定标准，对金融机构经营活动中的具体事务，随时颁发行政规章或者以"通知""规定""办法"为载体的规范性文件，以此来规范和管理相关金融市场。这就是中国金融市场"纵向""分业监管"的基本模式。

由于互联网金融依托于大数据、云计算来整合分析"碎片化"信息，致力于发现利基市场的"长尾效应"，与传统金融机构以往的思维方式和商业模式不同，必然使得新兴互联网金融企业及其业务游走于现有金融法律框架和金融监管秩序的缝隙中。第三方支付机构因其近年在支付领域突飞猛进的规模，首先被纳入金融法的调整范围。美国1999年《金融服务现代化法案》将第三方支付机构界定为非银行金融机构，欧盟2005年《支付服务指令》将第三方支付机构界定为支付活动的"中间交易人"，中国人民银行也于2010年颁布《非金融机构支付服务管理办法》，将非金融机构的支付服务定义为"在收付款人之间作为中介机构提供货币资金转移服务，包括互联网支付、预付卡发行与受理、银行卡收单"。

但是，除了第三方支付机构外，对近年来涌现的"P2P网络贷款""众筹"等互联网金融新模式中产生的作为金融中介的网络平台，是否需要对其经营者设定主体资格要求或准入门槛，并且在分业监管模式下应该由哪个现有金融监管机构监管是急需明确的问题。尤其是类似"宜信模式"的P2P网贷平台，已经不完全是金融中介平台，其通过发放贷款获得债权，并将金额、期限错配对债权进行拆分转让，借贷平台公司事实上形成"资金池"并从事信贷业务，从公平对待所有互联网金融机构和防范风险的角度出发，主体资格条件和经营许可问题也应尽快有所结论。

14.3.2 金融产品证券化

国际经合组织认为资产证券化（Asset-Backed Securitization，ABS）是指把缺乏流动性但具有未来现金流收入的（相对）同质资产打包、重组，将其转变成可以在金融市场上出售和流通的生息证券，并出售给投资者的过程。通常，资产证券化是通过设立信托型或公司型的特殊目的公司（Special Purpose Vehicle，SPV）来实现。资产证券化起源于1930年代的美国，最早从解决低收入民众住房问题的美国住房抵押贷款证券化开始，逐步发展并推动了金融市场的活跃。

20世纪80年代以来，资产证券化从规避利率风险、流动性风险提升到资产负债管理层面，不仅作为解决流动性不足的工具，更成为金融市场投资者和融资者的有效连接、促进社会资源配置效率提高的有力工具，更在一定意义上成为一种内容丰富的金融理财观念。

然而，随着证券化产品结构越来越复杂，出现了对证券化产品进行重新组合、重新评估再度证券化的产品，甚至利用信用衍生产品构造出证券化产品，如担保债务凭证（Collateralized Debt Obligation，CDO）。由此，资产证券化的规模越来越大，导致基础资产一旦出现问题带来的风险被"乘数级"放大，开始于美国2007年8月并逐步蔓延至全球的金融海啸就是因为美国次贷危机引发的证券化产品丧失信用而导致的全球流动性危机。

由于中国金融市场尚处于发展的初级阶段，资产的证券化程度不高，所以在2008—2010

年的全球金融海啸中并没有受到很大的冲击,金融监管部门对于资产证券化的推进也一直持谨慎态度。中国曾经在2005—2006年有过一段资产证券化试点的小高潮,如国家开发银行42亿元的信贷资产支持证券和中国建设银行30亿元的个人住房抵押贷款支持证券在银行间市场发行,但其后随着次贷危机和金融海啸的影响,资产证券化在监管层处于被搁置状态。

近年来,随着互联网金融的兴起和爆发式增长,金融产品的交叉销售日趋繁荣,已有金融机构开始考虑将不同资产收益率、不同期限的银行理财产品、保险产品、私募股权投资产品、公募基金产品通过信托结构打包重组成新的金融产品,通过资产期限错配实现资源再配置,这已是事实上的金融资产证券化行为。可以预计,互联网金融的交易便捷性将会大大推进金融资产证券化产品的繁荣,而我国在资产证券化立法和监管方面的滞后将会直接影响到金融资产证券化的发展是否规范及风险是否可控。

14.3.3 分业经营抑或混业经营

金融行业的经营模式有分业经营和混业经营。分业经营模式是指银行业、证券业、保险业、信托业之间分业经营和分业管理,各行业之间有严格的业务界限,其代表主要有2000年之前的美国金融制度。混业经营模式是指金融机构不仅可以经营传统的商业银行业务,还可以经营投资银行业务、保险业务、证券业务和信托业务等。实行混业经营模式的金融机构主要有两种:一种是德国式的全能银行,另一种是美国式的金融控股公司。

我国金融行业曾经走过一个从混业经营到分业经营的历程。20世纪80年代,我国实行混业经营,银行可以经营信托、证券等业务。自1992年下半年起,由于房地产热和证券投资热导致大量银行信贷资金通过同业拆借进入证券市场,扰乱了金融秩序,于是从1993年底正式实行分业经营。

1995年《中华人民共和国商业银行法》的颁布实施以立法形式确立了我国金融行业分业经营的方向,之后陆续颁布实施的各项金融法律法规最终从法律框架上确立了我国分业经营和分业管理的金融发展格局。近20年的实践证明,分业经营和分业管理的原则对于规范我国的金融秩序、降低和化解金融风险发挥了重要作用。

然而,全球经济金融一体化、金融自由化、金融服务多元化对分业经营带来重大影响,金融产品的多元化和金融资产的证券化打破了传统金融产品和服务的划分标准,自允许券商、基金管理公司进入银行间同业拆借市场、允许保险基金以购买基金形式进入股市以及允许券商股票质押贷款以来,我国的银行、证券、保险等行业的混业经营趋势正逐步加强,已事实上突破了法律框架设定的分业经营边界。在此趋势下,尤其是互联网金融的大规模发展,我国"一行三会"的分业监管模式已明显不适应金融行业混业发展的需要,亟须考虑设立国务院直属的金融监管委员会承担整个金融业的监管职能,而中国人民银行应回归其中央银行的本来职能,即调控货币政策和维护金融体系稳定和安全。

14.3.4 跨境交易和跨境支付

互联网经济"跨国界、跨业界"的特点使得跨境电子商务活动日益活跃,跨境B2B、B2C交易规模日益发展,跨境支付业务规模不断增长。国家外汇管理局在2013年3月先后制定了《支付机构跨境电子商务外汇支付业务试点指导意见》《支付机构跨境电子商务外汇支付业务试点管理要求》等多项文件,决定在上海、北京、重庆、浙江、深圳等五地开展支付机构跨境电子商务外汇支付业务试点。获得支付业务许可证的第三方支付机构均可申请通过银行为小额电子商务（货物贸易或服务贸易）交易双方直接提供跨境电子商务支付所涉及的外汇资金集中收付及相关的结售汇服务。截止 2013 年 10 月，首批获得跨境支付牌照的第三方支付机构共 17 家，包括汇付天下、银联电子支付、东方电子支付、快钱、盛付通、环迅支付、财付通、易极付、支付宝、钱袋网等。除了国内商业银行外，一些外资银行也纷纷与第三方支付机构开展跨境支付业务合作，除财付通于 2012 年 11 月与美国运通建立跨境支付合作关系外，2014 年 4 月 8 日东亚银行也与盛付通建立合作并在上海自贸区开展跨境人民币支付业务。

随着我国外汇管理的逐步放开、人民币国际化的进程以及民间跨境结算需求大幅上升的形势下，包括第三方支付机构在内的互联网金融企业在跨境支付领域将大有可为。

2014 年 4 月 10 日，中国证监会与香港证券及期货事务监管委员会发布联合公告，"原则批准开展沪港股票市场交易互联互通机制试点，试点初期，对人民币跨境投资额度实行总量管理，并设置每日额度，实行实时监控。"其中，"沪股通"总额度为 3000 亿元人民币，每日额度为 130 亿元人民币；"港股通"总额度为 2500 亿元人民币，每日额度为 105 亿元人民币。

在传统上，我国一直属于外汇管制国家。外汇管制（Exchange Control）的法律概念是指一国政府或中央银行为避免本国货币供给额的过度膨胀或外汇储备的枯竭，对持有外汇、对外贸易或资金跨境流动所采取的干预和管制制度。我国所适用的外汇管制是广义外汇管制，即对居民和非居民所有的涉及外汇流入和流出的活动均进行限制性管理。随着跨境支付的快速发展趋势，我国外汇管制的机制以及外汇管制相关法律法规均需进行更新和修订。

14.3.5　虚拟货币的法律地位

虚拟货币是以二进制电子数据形式存储在计算机系统中，并通过互联网系统以电子信息传送形式实现流通和支付功能的货币。近年来，在国际上虚拟货币发展迅速，如比特币。比特币的一度暴涨，在中国也催生出了数十种"山寨"虚拟货币，只需要对比特币的客户端代码参数进行简单修改，就能开发出一款虚拟货币，目前这种虚拟货币的生产、交易、运营已经形成一个产业链，大有方兴未艾之势。但是，2014 年 2 月全球最大的比特币交易网站 Mt.Gox 宣布近 5 亿美元的比特币被盗并申请破产保护，以比特币为代表的虚拟货币市场陷入动荡，国内比特币交易网站 FXBTC、BTC38 等也相继宣布由于监管部门的政策而终止比特币交易。

美国著名经济学家米什金在《货币金融学》一书中将货币定义为"货币或货币供给是任何在商品或劳务的支付或在偿还债务时被普遍接受的东西"。什么是被普遍接受的东西？从货币发展的历史来看，最初是贵金属（黄金、白银），再是以黄金为基础的纸币，现在是以政府信用为基础的纸币。尽管我们当今使用的货币本身也是虚拟的，但主权货币之所以能够流通，其背后的支撑是政府的信用，没有信用保证正是比特币等虚拟货币的"命门"所在。

由于虚拟货币缺少信用支撑，所以其法律上仍然没有实体的地位。即便将来虚拟货币在互联网经济的商品和服务交易中被普遍认可，也只有以法律形式明确其地位后才能得到保护。

14.3.6　非法集资的法律边界

所谓"非法集资"，是指公司、企业、个人或其他组织，违反法律、法规规定，通过不正当的渠道，向社会公众或者集体募集资金的行为。在中国，民间集资历史悠久，由于界定标准模糊，对民间融资行为是否合法往往存在分歧。为了统一罪与非罪的界定标准，2011 年 1 月 4 日颁布了《关于审理非法集资刑事案件具体应用法律若干问题的解释》，对非法集资的具体特征要件予以细化，构成非法集资罪应同时具备四个条件，包括：

（1）未经有关部门依法批准或者借用合法经营的形式吸收资金；

（2）通过媒体、推介会、传单、手机短信等途径向社会公开宣传；

（3）承诺在一定期限内以货币、实物、股权等方式还本付息或者给付回报；

（4）向社会公众即社会不特定对象吸收资金。

在互联网金融模式中，部分网络平台经营者脱离了金融中介的角色，游走在"非法集资"的边缘。例如"P2P 网贷"模式中，部分平台没有第三方资金托管或者表面有第三方托管但实际仍由平台掌控资金，形成"资金池"，平台可以随意转移、挪用客户的资金；也有平台以虚构借款人的方式实现平台的自融行为，进行长线投资造成期限错配并引发流动性风险。又例如"众筹"模式中，存在众筹平台在无明确投资项目的情况下先行归集投资者资金，形成"资金池"，然后公开宣传吸引项目上线，再对项目进行投资；部分众筹平台直接向普通投资者发行股份，涉嫌"非法发行股票"。互联网金融的优势就是整合"碎片化"信息和占据"长尾市场"，其业务特点就是"公开"以及"针对不特定对象"，因此，互联网金融企业在尚未取得政府主管部门对相关金融业务的经营许可前，应当坚守金融中介的角色，避免自身成为交易一方，以此避免陷入"非法集资"的泥潭。

14.3.7　反垄断机制的互联网适用

2014 年 2 月 24 日下午，最高人民法院公开宣判奇虎 360 公司"扣扣保镖"上诉案，腾讯公司胜诉。这是自我国《反垄断法》出台六年以来，最高人民法院审理的首例互联网反垄断案。最高人民法院的判决给出了"定义"，认为"互联网不是为所欲为的法外空间，技术创新与不正当竞争是有界线的，边界是不侵犯他人的正当权益。任何人都不得以技术进步为借口干预他人的正当权益。技术是中立的，但不可以成为不正当竞争工具"。"扣扣保镖"案件源起三年多前的"3Q 大战"，2010 年 2 月，腾讯推出类似 360 安全卫士的"QQ 医生"，随后 360 公司推出"扣扣保镖"，该款产品可以帮助用户屏蔽 QQ 中的广告，其后腾讯公司要求用户"二选一"引发市场争议。在此情形下，腾讯对 360 提起诉讼并索赔 1.2 亿元。

终审判决后，奇虎公司认为"现有法律框架无法为创业公司提供足够的支持以抗衡互联网巨头，法律应该更多地倾听创业公司的声音"，而腾讯公司表示"只有互联网确立了公平竞争的秩序，只有所有互联网从业者能够坚守起码的商业底线，才能让产品的良性竞争成为主导"。这个案件已经尘埃落定，但反垄断机制以及反不正当竞争法律对于互联网经济的适用才刚刚开始。

在互联网金融领域，2013 年底至 2014 年初，阿里旗下"余额宝"与腾讯旗下"理财通"为争夺货币市场基金的"利基市场"明争暗斗，甚至在账户和入口终端争夺战中，双方旗下的"快的打车"和"滴滴打车"也不惜耗费巨资。可以预见不久的将来，互联网金融领域的反垄断、反不正当竞争的大幕将会徐徐拉开。

14.4　程序法领域的问题

程序法，在法律分类中，是指实体法以外，法院或是行政机关如何进行各种司法程序或行政程序的实证法。程序法可以定位为非关实体权利，而系为安排各种程序的法律。在我国，程序法包括民事程序法、刑事程序法和行政程序法。

互联网金融的发展，不仅对于诸如民法、金融法等实体法的立法、执法产生重大影响，互联网经济活动的特征也会对程序法的理解和运用产生一定的影响。

14.4.1 司法管辖权

司法管辖权（Jurisdiction）是指法院对案件进行审理和裁判的权力或权限。法院对案件具有管辖权，必须同时满足两个条件：即法院对所涉案件具有"主题管辖权"（Subject Matter Jurisdiction），即法院具有审理该类型案件的权力；同时，法院还需对案件当事人具有"个人管辖权"（Personal Jurisdiction），即法院具有对诉讼中涉及的当事人作出影响其权利义务的裁决的权力。我国《民事诉讼法》第二十四条规定，一般合同纠纷案件由"被告住所地"或"合同履行地"法院管辖；同时第二十五条规定，合同的双方当事人可以在书面合同中协议选择被告住所地、合同履行地、合同签订地、原告住所地、标的物所在地法院管辖。《民事诉讼法》第27条规定，侵权纠纷案件由"侵权行为地"或"被告所在地"法院管辖。

互联网金融活动是完全通过线上的信息和数据交换进行，与互联网货物电子商务不同的是没有线下实物的转移和交割，并且往往有多个法律主体参与同一金融活动。例如，一位上海投资者通过手机终端上"微信支付"绑定的"兴业银行借记卡"在香港购买了"财付通"链接的"华夏财富宝"货币市场基金，兴业银行注册地在福州，"财付通"所属的腾讯公司注册地为深圳，而"华夏财富宝"基金管理人华夏基金公司注册地为北京。这笔交易事实上包含了三个法律关系：

（1）投资者与兴业银行之间的银行卡支付法律关系，"财付通"是兴业银行委托的第三方支付机构；

（2）投资者与华夏基金公司之间的购买"华夏财富宝"基金法律关系，"财付通"是交易的中介人；

（3）投资者与"财付通"之间的服务协议关系。如果交易发生纠纷并且不清楚纠纷的问题是在哪一个交易环节，因为交易所有信息（包括身份认证、交易确认、支付确认以及基金交割过户）均通过互联网由计算机系统自动甄别及匹配，那么如何认定这笔交易的合同履行地并确定具有管辖权的法院？显然，这是一个需要在法院审判实践中探索并解释的程序法问题。

14.4.2 证据效力和举证责任

由于互联网活动中的信息至少有两个以上的信息终端连接，所以网络证据可以定义为从一个信息终端通过互联网传递到第一个终端的电子信息的载体，属于电子证据的范围。所谓电子证据是指承载有直接通过网络传输的诸如手机短信、电子邮件以及其他由计算机等电子设备获取的各类电子信息的信息载体。与传统证据相同，电子证据的认定需要符合真实性、关联性和合法性原则。尽管如此，电子证据作为一种新的证据形式，由于储存在计算机内的数据都可以被销毁、改变，而且各种加密技术都有解密的可能，并且如果发生争议的双方将原始数据稍加改变，就可能改变最初始自动生成的原始文件内容。

目前我国规定电子证据收集、认证等方面的法律规定大多比较原则，仅《合同法》第十一条、《民事诉讼法》第六十三条、《刑事诉讼法》第四十八条以及最高人民法院《关于民事诉讼证据的若干规定》第二十二条等部分法律条文或司法解释涉及诉讼中的电子证据问题，且大部分仍将电子证据包括在"视听资料"的证据类别内。因此，在电子证据的可采性认定方面，我国仍然缺乏较明确的法律支持，在审判实践中如何认定电子证据的效力也处于相对模糊的阶段，更多地采用与人证、书证、物证、视听资料等来形成证据链。

我国《民事诉讼法》明确规定"谁主张，谁举证"的原则，但在互联网环境下，电子证据本身的特性及证明力、取证难度决定了举证的难度。此外，由于电子证据的无形性、高科技性，当事人对于电子证据的获取途径无从知晓。因此，举证责任的分配对于在网络环境下电子证据的认定就显得尤为重要。

我国《民事证据规定》第七条规定法院可以根据公平原则和诚实信用原则，综合当事人举证能力等因素确定举证责任的承担。

互联网经济活动中的电子数据主要记录、存储在互联网服务提供商的服务器上，而互联网消费者所能获取的电子数据十分有限，无论是在举证的便利性上还是在技术实力上，网络服务提供商都比普通消费者更具能力。因此，在互联网经济纠纷中涉及电子证据的举证责任分配应以网络服务提供商承担举证责任为主。即便在互联网服务提供商作为被告的案件中，也可以适用举证责任倒置的规则来转移举证责任。

14.4.3　跨境交易的法律适用

互联网具有"跨国界"甚至"无国界"的特征，随着我国金融领域的进一步开放以及外汇管制的放松，互联网金融将必然延伸至境外金融市场，2014年4月10日确定即将开通的"沪港通"就是一次互联网金融很好的发展契机。

随着互联网金融渗透到跨境金融交易，不仅司法管辖权的问题日渐显著，准据法的适用也将会是一个重要的程序法问题。现代国际司法越来越重视准据法的选择方法，冲突规范的目的是就不同的法律关系应该适用的准据法，在本国或外国法律间作出选择，包括依法律性质、依法律关系性质、依当事人意思自治原则、依最密切联系原则等来选择适用准据法。对于互联网金融机构的经营者和互联网金融活动的参与者而言，这确实是一个在设计、宣传、销售跨境互联网金融产品或者投资跨境互联网金融产品时值得关注的法律问题。

所谓举证责任倒置，指基于法律规定，将通常情形下本应由提出主张的一方当事人（一般是原告）就某种事由不负担举证责任，而由他方当事人（一般是被告）就某种事实存在或不存在承担举证责任，如果该方当事人不能就此举证证明，则推定原告的事实主张成立的一种举证责任分配制度。准据法（Applicable Law），是国际私法中的一个特有概念，它是指经冲突规范指引用来确定国际民事关系的当事人的权利义务关系的具体实体法规则。

14.5　构建互联网金融法律体系

法律是社会规则的一种，通常指：由国家制定或认可，并由国家强制力保证实施的，以规定当事人权利和义务为内容，具有普遍约束力的社会规范。法律是一系列的规则，也称为法律体系（Legal System），通常是指一个国家全部现行法律规范分类组合为不同的部门法律而形成的有机联系的统一整体。随着互联网金融的发展以及对实体经济产生的重大影响，现行法律体系及法律规范已存在诸多不适应之处，需要系统化地予以修订。从一定意义上说，"平等、开放、协作、分享"的互联网精神与"安全性、私密性、专业性"的金融交易客观属性存在着天然的冲突，如何协调两者之间的关系，并通过法律规范和有效监管以达到两者融合共生、推动实体经济持续、健康地发展，是互联网业界、金融业界和法律业界需共同面对的重大课题。

14.5.1 国外立法适应互联网金融发展

互联网最早起源于20世纪60年代末的美国，随着技术的进步在短短几十年时间里迅速扩张、覆盖到全球的每一个角落，并深刻影响着每一个人的生活，甚至改变人们的思维方式和行为方式。法律是规范和调整自然人以及组织行为的规则，在互联网环境下人和组织的行为变化必然导致法律的变迁，尽管这种立法和修法过程需要相当长的时间。近年来，欧美国家为适应互联网经济，特别是互联网金融的迅速发展，已逐步开始对现有法律体系和法律规范进行调整和修订。尽管中国与欧美的国情不同，但"他山之石，可以攻玉"。

1. 普遍纳入现有法律框架

欧美各国普遍将调整互联网金融法律关系的规范纳入现有的整体法律框架下。各国都强调，互联网金融的从业者和金融活动参与者必须严格遵守已有的各类法律法规，包括一般的民商事实体法律、程序法律以及信息保密法、消费者权益保护法、金融法等特别法，并接受现有金融监管当局的监管。这是保证金融交易运行平稳安全的最重要的制度基础。

欧美各国在对互联网纠纷案件的司法审判中，如果尚没有明确的单行法律可以直接适用，则仍然适用一般民商法的规定，甚至适用"法律原则"（Legal Principles），由法官按照谨慎的"自由心证"来判案。

2. 现有法律修改和专门法制定

美国属于"普通法"体系，在立法领域更多地采用"单行法"和"判例法"，这种法律体系特点同样反映在互联网法律的修改和制定上。自1978年以来，美国先后出台130多项涉及互联网管理的法律法规，包括联邦立法和州立法，居世界之首，尤其是《统一电子交易法》（UETA）《统一计算机信息法》（UCITA）《在国际及国内商业行为中的电子签名法》以及《统一货币服务法》四部单行法成为美国互联网领域的基本法。

2012年4月，美国颁布《促进创业企业融资法》（JOBSACT），充分反映了美国对于互联网金融创新的法律支持。该法案规定：创业企业和小企业可以通过"众筹"方式每年最多筹集100万美元；将需要向SEC注册并公开披露财务信息的公司股东人数从499人提高到2000人，鼓励小企业通过"众筹"方式融资。

欧盟属于"大陆法"体系，在立法领域更多采用"成文法典"，由于成文法典繁复而不易制定，欧盟调整互联网电子商务的法律主要通过"指引"的形式来实施，至今已经形成了一系列有序的管理框架，包括《电子商务指引》《远距离合同指引》《电子签名的公共框架》《网络空间隐私和知识产权保护指引》《电子货币指引》等。

14.5.2 国外监管顺应互联网金融发展

西方从罗马时代起就一直强调和推行"契约精神"（Spirit of Contract），即指存在于商品经济社会，而由此派生的契约关系与内在的原则，是一种自由、平等、守信和有效救济的精神。基于"契约精神"，西方尤其是美国的金融监管体系最大的特点就是对规则的敬畏。不仅金融从业机构，也包括金融监管者均依法办事，即"有法必依，执法必严"。因此，对互联网金融发展过程中遇到的新问题、新行为，西方的监管当局首先是适用原有监管规则，在原有监管规则不能覆盖的情形下则着力于修改原有规则或制定新规则，在新规则没有被确立之前，在"法无明文规定即合法"的法律原则下即为合法的金融行为。

1. 建立统一的金融监管机构或协调机制

欧美各国针对本国互联网金融发展的不同情况和特点,采取了强度不等的外部监管措施。美国和欧盟因为深受此次金融危机的影响,对于互联网金融采用了相对严格的监管政策,而英国、澳大利亚等国家则采取了相对宽松的监管政策。但无论采用严格或宽松的监管政策,除美国以外,各国均着力于建立跨银行、证券、保险、基金等行业的金融"混业监管"机构,并且以形式上的"独立的非政府组织"而实质上"直接对政府负责"为特点。例如,1997年成立的英国金融服务管理局(Financial Service Authwrity,FSA)、1998年成立的澳大利亚金融监管理事会(Council of Financial Regulators,CFR)、1999年运行的卢森堡金融监管委员会(Commission de Surveillance du Secteur Financier,CSSF)。

而在美国,1933年出台的《银行法》规定了美国银行业分业经营、分业监管的格局。有关证券业务主要由证券交易委员会监管,而保险业务则受到州保险监督机构以及全美保险同业协会的双重监管。

1999年出台的《金融服务现代化法》终结了分业经营,开启了混业经营的金融格局,尽管短期内很难整合成立统一的监管机构,但事实上金融格局的变化还是引发了监管框架的调整。美国的监管被形象地称为"功能性监管"(Functional Supervision),具体分工为:由美国联邦储备委员会(Federal Reserve Board,FRB)全面负责监管金融控股公司,也可直接对银行、证券和保险子公司进行有限制的监管并行使裁决权;货币监理署(Officeof the Comptroller of the Currency,OCC)、联邦储蓄保险公司(Federal Deposit Insurance Corporation,FDIC)等其他银行监管机构、美国证券交易委员会(Securities and Exchange Commission,SEC)和各州保险监管机构分别对银行、证券公司和保险公司进行分业监管,一旦各监管机构认为美联储的限制监管不适当,可优先行使自己的裁决权;各监管机构之间建立协调机制以统一监管的有效性。

由于美国证券法下的证券概念较为宽泛,互联网金融各种新模式发展而创造的金融产品往往具有证券特征,而1934年《证券交易法》赋予美国证券交易委员会准立法权、准司法权和独立执法权,因而SEC正将一些互联网金融机构和产品纳入其监管范畴。例如,从事P2P的网贷的Prosper发行的凭证就被SEC认定为证券而需接受监管。

2. 重视征信体系的建设与开放使用

美国是世界上最早的征信国家之一,美国的征信机构完全采取市场化的第三方独立运行模式,由以盈利为目的设立的征信机构,为客户提供征信报告和相关咨询服务。美国征信机构提供的信用报告是商品,按照商品交换的原则出售给需求者或委托人。

在企业征信方面,征信公司可以提供企业概况、高管人员相关情况、关联交易情况、纳税信息、财务状况以及破产记录、犯罪记录、被追账记录等信息。在个人征信方面,征信机构对需求者提供信用报告,一般包括鉴定信息、贷款记录、就业记录、公共信息记录等。征信公司在收集相关信息后会对信息进行整合和加工以形成最终的信用报告。

在监管方面,美国征信机构以盈利为目的,按照市场化机制运作,并受相关法律的约束,但政府并不干涉征信机构的日常运行。美国于1971年制定的《公平信用报告法》规定了一套较为完整的规范征信机构、数据原始提供者以及信用报告使用者的法律,旨在保护所有消费者的基本权利,确保信用报告的准确性。同时,征信机构调用其他人的个人信用资料要得到被调用者的同意或司法部门授权,目的是防止个人信用资料被滥用,保护个人隐私权。

由于传统的不同,欧盟国家的征信模式各有不同。在欧盟27国中,3个国家采用公共征信模式，13个国家采用私营征信模式，而另11个国家采用公共和私营兼容性征信模式。公共征信机构（Public Credit Register，PCR）通常由金融监管机构主导设立，主要为加强金融监管目的而设立，通常为金融机构提供企业和个人的征信信息以帮助金融机构控制风险；私营征信机构（Credit Bureau，CBs）通常由独立商业组织运行，可进行独立调查和收集信息并将征信报告作为商品出售，但需严格遵守关于隐私权的法律。

3. 完善注册登记和强制性信息披露制度

美国法律对金融产品的监管是极其严格的，尤其是对于创新型金融产品。在监管措施方面，美国强调金融产品的注册登记制度以及强制性信息披露制度。注册登记制度（Registration System）是指金融产品发行人在准备发行时，必须将各种资料完整、真实、准确地向监管机构呈报并申请注册，而监管机构仅作形式审查并着重于事后控制和监管的法律制度。强制性信息披露制度（Mandatory Disclosure of Information）是指发行人有义务将金融产品的交易结构、运行模式、盈利预期、风险揭示等信息完整及时地予以公开，供市场理性判断金融产品价值，以维护投资者合法权益的法律制度。

注册登记制度和强制性信息披露制度与"审核制"相比，使得金融创新活动中的效率大大提高，而事后控制和监管也使得一旦违规则违规者承担的法律后果严重且代价极高。在此情形下，美国的金融从业者的守法意识和自我约束能力都比较强，监管成本也比较低。比如，美国"P2P网贷"平台的代表Lending Club，在刚刚成立1年多的2008年4月，为向SEC申请注册新的6亿美元众人支付票据（Member Payment Dependent Notes）而全面、无限期地停止公司所有新贷款业务，直到6个月后满足注册和信息披露的要求，该公司才全面恢复营业。

14.5.3 构建中国互联网金融法律体系

2013年以来，中国互联网金融的发展进入了"快车道"，"第三方支付机构""P2P网络贷款"平台、"众筹"平台在改变传统金融模式的同时，也激发了传统金融机构向互联网金融领域的渗透力，"当互联网遇上金融"爆发出强大的生命力和生产力，如果对其监管有序、规范发展，将对中国实体经济的发展具有不容忽视的推动作用。然而，如前文所述，中国目前的法律体系尚未跟上互联网金融发展的步伐，亟待系统性地加强相关立法工作。

1. 制定适应互联网大背景的上位法

我国目前尚缺乏调整与互联网相关的主体与行为的基本法，《电子签名法》也仅对互联网交易的第一个环节电子签名行为进行了规范。我国应该借鉴美国的立法经验，由全国人大常委会尽快制定《电子信息法》《电子交易法》，与已有的《电子签名法》匹配，形成"三位一体"的互联网基本法。

互联网基本法应当明确互联网活动参与主体、利益相关方（包括自然人、法人和其他组织）及其行为的权利义务、权益的保护及法律责任。对于国家而言，基本法应确保国家对互联网有一定的控制力，以保障网络安全和信息安全；对互联网经营者而言，基本法应完善"避风港规则"的适用条件，以明确互联网经营者的法律责任边界；对于互联网应用者和消费者而言，基本法应加强个人信息、虚拟财产和交易有效性方面的保护。

2. 修订与互联网金融相关的民商事法律或制定专门法

在制定基本法的基础上，应结合互联网及互联网交易的特点，由全国人大常委会对现有的传统民商事法律进行系统的梳理，分轻重缓急渐次设定修法计划，或者在现有的修法计划中增加对互联网因素的考虑，对各法律中与互联网经济不相适应的条款进行必要的、适当的调整,这些法律包括:民法领域的民法通则、合同法、担保法等;商法领域的专利法、版权法、反不正当竞争法等。针对互联网金融的特点,还应该对诸如票据法、银行法、证券法、保险法等金融法律作必要的修订。

除了修订现有法律,对互联网发展过程中凸显的隐私权问题,对互联网金融发展过程中凸显的社会信用体系问题,也应该加快立法进程,可以借鉴西方发达国家的立法经验,制定《隐私权法》,并把"信用信息公开"和"消费信息保护"等作为专章列入《隐私权法》,明确界定"公开信息"的范围、"非公开信息"的收集与使用的法律限制。

国务院及其下属相关部委,根据法律修订确定的原则和方向,也应相应修订其行政法规、规章和规范性文件,以适应互联网经济和互联网金融的发展需要,推动中国经济持续、稳定、健康、有序地发展。对于一些来不及列入人大立法或修法计划、但又对互联网金融的发展和规范至关重要的问题,在不违背法律强制性规定的前提下,国务院相关部委可以通过规章、规范性文件先行试点,待成熟后再纳入立法或修法计划。

此外,我国民事诉讼法、刑事诉讼法、证据规则等一些程序法律中的部分条款也存在与互联网经济和互联网金融发展不相适应之处,也应尽快作出修订以便与实体法配套实施。

3. 总结互联网金融争议案件的审判实践并逐步形成司法解释

互联网金融的快速发展,创新的商业模式使得每个个体参与交易的机会大幅增加,在提升交易效率的同时也增加了风险,交易机会增多和交易频次增多必然导致争议和纠纷的增多,可以预计与互联网金融活动相关的诉讼将会大幅增加。

我国法院在审理互联网金融案件的过程中,应加强与最高法院、省级高级法院之间的沟通协调,就一些互联网金融中的共性问题逐步形成共识,例如"P2P网络贷款"的贷款利率是否可以适用于民间借贷的利率规定。除法律规定应当不公开的案件外,互联网案件的审判判决应通过互联网渠道向社会公开,社会公众和互联网业界的观点和意见也能促使司法机关审判人员更好地理解互联网精神以恰当适用的法律来解决争议。

司法解释一直是我国立法和司法之间有效衔接的制度安排。因此,在总结互联网案件审判经验的基础上,最高法院可以适时颁布关于互联网法律适用的司法解释,包括对民商事实体法、程序法进行释法,并指导地方高级法院、中级法院和基层法院的案件审判工作。

14.5.4 健全中国互联网金融监管体系

我国市场经济的转型发展需要监管层用新的思维方式去指导及建立监管目标、实施监管政策,对互联网金融这个时代的"新事物",总体上应当坚持开放性、包容性和适应性的监管原则,将鼓励发展和规范经营列为并重的监管目标,逐步构建包括市场自律、政府监管和司法干预在内的三位一体监管架构,以维护金融体系安全平稳运行。

1. 形成互联网金融监管的理念和共识

美国经济学家斯莱弗认为:"任何制度安排都需要在'无序'和'专制'两种社会成本之间权衡"。对于互联网金融这样的新金融业态,监管应当体现适当的风险容忍度,依赖传统金融监管思路"一刀切"地严格监管会抑制创新并降低创新带来的效率提升。例如"P2P网贷"和"众筹"模式,如平台经营者能始终坚守金融中介的角色,不涉及"资金池",不踩"非法融资"红线,则完全可以让其自由生长,让市场去检验某种商业模式的生命力和生命周期,以营造良好的互联网金融发展环境。但是,互联网金融行业在摸索中寻找发展壮大的道路,并不意味着无序,有方向性的指导可以让整体风险处于可控范围内。因此,有效的监管目标应该设定为：既能鼓励行业有序发展，又能控制防范重大风险。

2. 确立互联网金融监管的基本原则

如何在"平等、开放、协作、分享"的互联网精神与"安全性、私密性、专业性"的金融交易客观属性之间达到平衡，是制定互联网金融监管政策的课题，可以考虑以下各项。

（1）实行数据归集及分类监管。金融监管部门应当收集、分析各种互联网金融平台及其产品的经营数据，对其经营风险大小和市场影响程度进行定期评估，以此确定具体监管政策的类别和实施力度，并对互联网金融企业实施分类监管。对于风险较低、影响较小的企业可以采取注册制或备案制且以市场自律为主的较为宽松的监管方式；对于风险较高、影响较大的企业，则应当采用审批制并严格纳入监管范畴。

（2）原则性监管与规则性监管相结合。原则性监管是指监管部门应坚持"鼓励模式创新、严控系统风险"的理念，充分了解并深刻理解互联网金融的商业模式，一方面给业界提供宽松的监管环境以使其获得充足的创新空间，另一方面指导互联网金融企业认识风险管控的必要性并促使其自觉守法经营并保护金融消费者的权益。规则性监管是指监管部门应分析互联网金融各种商业模式的主要风险因素，对其中风险高发的业态和交易制定明确的监管规则，并可实施强制性申报审批的政策。两者相结合，既可促进互联网金融的创新活力，又可实现系统风险的管控目标，将有助于互联网金融的长期可持续发展。

（3）注重监管统一性及防止监管套利。互联网金融提供的支付、投资、融资等服务与传统金融业并无实质不同，监管层应执行相同的监管标准，以防止利用"监管套利"的行为，维护公平竞争的环境。在设计监管规则时，对从事相同的金融业务的互联网企业和传统金融机构应适用相同的监管标准和程序；对互联网金融企业线上、线下的相同金融业务也应适用相同的监管标准和程序。

（4）关注和防范系统性风险。互联网金融的发展对于系统性风险的影响具有双重性，一方面互联网金融通过增加金融服务供给、提高资源配置效率，有助于降低系统性风险；另一方面，互联网金融也可能因经营者准入门槛低、安全技术风险大以及存在大量的金融冒险动机而放大系统性风险。金融监管部门应当高度关注此类风险，通过大数据采集和分析确定实时风险监控指标体系，建立"红线预警"机制。

（5）强化信息披露制度。建立有效的强制性信息披露制度，有助于提升互联网金融行业整体运营的透明度以及个体企业运营的规范性，金融活动参与者可根据披露的信息对相关互联网金融业务及其内在风险自行作出分析、判断和评估。充分准确的信息披露将有效发挥市场的自我监督作用，有助于增强金融活动参与者对互联网金融企业的信任度，夯实基础并促使互联网金融行业持续稳定发展。

（6）建立消费者保护机制。金融监管的一项重要目标就是金融消费者权益的有效保护，金融监管部门不仅要促进消费者了解互联网金融产品的性质和特点，引导消费者认识互联网金融业务与传统金融业务的共性和区别，更要建立适当的担保机制和消费者补偿机制，例如流动性第三方担保机制、金融产品保险缓释机制等。

3. 加强金融监管部门之间的协同性

互联网金融是"跨行业""跨市场"的新领域，消费者因互联网的便捷性参与金融活动意愿不断增强，规模不断增大。由于我国目前仍然采用"分业监管"的金融监管模式，"一行三会"分别监管各自的金融领域，因此有效的监管协调将是控制风险的基础保障。除了通过已有的金融监管协调机制，加强跨部门信息共享，沟通协调监管立场，还需要在国务院层面建立专门的跨部委联席协调机构，以制定"混业经营"趋势下的金融监管方向、监管原则以及分类监管下"一行三会"对于不同金融产品的监管优先权次序。

4. 强化互联网金融企业的行业自律建设

互联网金融领域虽然具有多种业务模式，彼此的发展程度和操作模式也不尽相同，但就整个互联网金融行业来看，已经具备成立行业自律组织的条件。

2013年8月的"中国互联网大会"上，与会代表共同签署了《中国互联网金融行业自律公约》，表示自觉防范管控风险，并接受社会的监督。

相比于政府监管，行业自律有"自觉性、自发性"优势，往往行业协会的管理效率更高、企业受约束的认同感更强。互联网金融行业发展的有序或无序在某种程度上影响着政府监管的态度和强度，因而企业自律程度的高低、行业自律能力的强弱也对整个互联网金融行业的未来发展具有重要的影响力。互联网金融行业的领头企业发挥主动性，携手组建行业协会、制定自律标准，形成自我约束机制，建立各细分行业的数据统计分析系统，并就信息披露的定义、指标、范围、频率等设定行业公认标准，将会强化整个行业对包括客户资金和信息安全风险、洗钱风险、流动性及兑付风险、IT风险、法律风险等各类风险的管控能力。

5. 打击互联网金融违法犯罪行为

互联网金融在较短的时期内经历了高速发展，与所有事物的发展规律一样，发展过程中也存在良莠不齐的现象，如2013年部分"P2P网贷"平台脱离了平台的居间功能，直接以平台的名义参与投融资活动，并形成"资金池"；又如部分"众筹"平台虚构项目吸引投资者资金，挪用资金用于房地产长期投资等。这些互联网金融的经营平台已经突破了金融中介的定位，事实上未经许可而从事传统金融业务，个别平台甚至为不法分子洗钱，挑战法律底线。互联网金融对于商业模式和金融产品的创新性、对于消费者大众的普惠性需要得到呵护和鼓励，但金融监管部门与司法机关也必须对越过法律底线的金融违法犯罪行为给予及时惩治。因此，金融监管部门应跟踪研究互联网金融的商业模式演变以及其发展趋势，分析其是否符合金融监管方向和监管原则，而司法机关应明确其中"罪与非罪"的法律界限，共同依法打击金融违法犯罪行为，以推动互联网金融长期、健康、有序地发展。

本章小结

通过本章的学习，应该熟知我国互联网金融法律体系尚待完善，包括上位法律缺失、法规不成体系、法规规章冲突、司法救济不足等全局性问题。在各个部门法领域都有自己的问题，其中民法领域的问题有：隐私保护和信息安全、电子合同的效力、金融消费者权益保护、居间、代理和自营问题，以及担保物权制度的网络适用问题。其中金融法领域的问题有：主体资格及特许经营、金融产品证券化、分业经营抑或混业经营、跨境交易和跨境支付等问题。还有虚拟货币的法律地位、非法集资的法律边界，以及反垄断机制的互联网适用。其中程序法领域的问题有：司法管辖权、证据效力和举证责任、跨境交易的法律适用等。因此必须构建互联网金融法律体系，我们考察了国外立法适应互联网金融发展，了解了国外监管顺应互联网金融发展的情况，认识到构建中国互联网金融法律体系的迫切性，更要加快健全中国互联网金融监管体系。

本章案例

储蓄卡异地冒领纠纷案

2001年6月14日，原告周某在被告A市某建设银行支行（以下简称建行支行）存款后领取并填写了《中国建设银行A市分行电子货币申请表》（以下简称申请表），领取储蓄卡1张及密码信封。申请表中载明：储蓄卡是建设银行龙卡的磁卡新品种，必须在建设银行北京市分行联网的储蓄所使用；储蓄卡凭私人密码使用。储蓄卡不得转让或转借，须牢记并妥善保管私人密码。原告同时在申请表中预留了其本人身份证件号码（号码为18位）。

原告取得储蓄卡及密码信封后，交给其表弟王某使用。2002年4月，王某持有该卡期间因未妥善保管，致使磁卡、密码被他人取得。2002年4月16日，有人在中国建设银行B市某支行储蓄专柜，凭借伪造的原告身份证件（其号码与原告本人身份证号码不同），并使用原告磁卡及密码一次性支取了账号内的存款14.07万元。取款人填写的储蓄取款凭条载明：原告户名、原告身份证件号码（号码为18位）、代办人姓名方某及方某本人身份证件号码、原告卡号。但上述凭条中载明的原告身份证件号码与其本人真实身份证件号码不一致。

本案的处理关键在于以下几个焦点问题的解决：第一，被告作为开户银行是否是本案的合格主体；第二，银行审查义务的界定，即身份证件号码是否作为审查对象；第三，原、被告是否应承担损害赔偿责任以及责任的划分。

一、关于被告是否为本案合格主体的问题在异地通兑通存的法律关系中，并不具备合同债务主体转移的法律特征。发卡行与付款行存在内部代办结算关系，正是基于此，发卡行在申请表中作出了通过联网的金融机构办理储蓄业务的承诺，申请表载明的内容只是说明持卡人对于付款行为实施者的认可，由此应当视为双方约定由付款行依据其与发卡行的合同关系办理履行付款义务。但与一般意义的第三人代为履行法律特征不同，即第三人事先并不确定，当然这是由以储蓄磁卡为载体进行储蓄业务的特殊性质决定的，并不妨碍异地通兑通存具有第三人代为履行的法律特征。因此，当第三人即付款行不适当履行时，应当由合同相对方即发卡银行承担违约责任。

二、身份证号码是否作为银行审查的对象保障存款安全是储户实现储蓄合同的最重要目的，同时亦应当成为储蓄机构履行的根本义务。特别是中国人民银行《关于加强金融机构个人存取款业务管理通知》中规定，办理个人存款业务的金融机构对一日一次性从储蓄账户提取人民币现金5万元以上的，必须在取款凭证上登记取款人的有效身份证件并经储蓄机构负责人签字后方可支付。因此，涉及大额存取款储蓄业务更是体现了安全优于效率的价值判断标准。2000年3月，国务院颁布了《个人存款账户实名制规定》，依据该行政法规规定，储户出示本人身份证件并经核对后，方可办理储蓄业务。银行要求储户全面、真实地提供身份证件内容，当然是为其在履行合同中便于全面履行审查义务以实现安全的目的，根据诚实信用原则，身份证件号码作为证件内容的组成部分无疑成为审查的对象。特别是身份证号码具有唯一性的特点，是保证"一人一证"的最关键要素，对此银行当然不能拒绝履行审查义务。

三、关于原、被告责任的划分。保护储蓄存款安全是储户和储蓄机构双方共同的义务，该义务既是约定义务，亦是法定义务。作为储户，应妥善保管自身的磁卡和密码，防止由于转移、占有等情形而导致风险的发生；作为银行，应当根据诚实信用原则，严格按照法定或约定的方式向储户履行付款义务，该义务集中体现为正确识别存款权利人。由此可以认定，原、被告在合同履行过程中，均具有一定程度的责任。

根据储蓄卡具有的货币电子化特有交易特点，磁卡和磁卡密码共同形成计算机交易系统确认存款人身份的手段，因此成为确保存、取款等交易安全十分重要的因素。基于上述原因，发卡银行已经在储蓄卡章程中向持卡人作出了关于密码的重要性以及泄密责任的充分说明，原告应当知晓密码泄露所可能产生的风险。原告在领取磁卡和密码后交给他人，后者未尽到保管义务致使被他人取得，原告应负担就授意他人使用其磁卡及密码所产生的风险和后果。原告未按合同约定内容使用磁卡及密码的行为属于不适当履行的违约行为，致使增加了银行付款风险，与以磁卡及密码作为载体进行交易所导致的损害结果具有直接的因果关系。因此，原告应当负有一定程度的违约责任。

身份证件号码作为金融机构的审查要素，由于其内部网络技术性问题，导致原告预留的身份证件姓名及号码无法在计算机交易系统操作平台上显示，实际付款银行无法通过网络审查存款人身份证件和姓名，致使取款人凭与实际权利人身份证号码不相符合的身份证件将存款支取，因此可以认定银行审查义务的缺失违反了法定义务，并与存款被支取存在直接的因果关系。银行内部的网络技术性问题系现有技术水平所致，并非由于银行的过错，但银行是否能以此免责呢？笔者认为应当予以否定。因为上述事实产生的原因属于金融机构内部问题，不能免除其应当履行的法定义务。此外银行在发行磁卡时已经知晓该技术瑕疵，因此应当将上述情况及时告知领卡人，这是由诚实信用原则派生的合同附随义务，但银行未履行该义务应属违约，由此产生的风险应由银行承担。

双方合同责任的划分，应当判断储户或银行应承担的各自注意义务程度。首先，存款人身份证件、磁卡及密码共同构成了交易认证的对象，三者都具有唯一性的特点，但是其中密码具有秘密性的特征，密码一旦确定和输入，非经复杂破译程序不可能再现，因此密码只有本人知悉，是保障交易安全的最重要因素。其他二要素虽然具有唯一性，但均须对外公示，故在现有技术条件下容易被伪造，对于保证交易安全具有相对的不稳定性，因此储户对于密码应当具有更高程度的注意义务。其次，在本案身份证件审查程序中，银行对于身份证件审查的义务也只能是形式上的审查即检查身份证件表面上是否符合规定，因为认定是否违反注意义务应当根据是否具有义务以及履行义务的能力两方面进行判断，不能苛求银行承担超出其实际能力的审查义务。而在实际取款程序中，计算机系统对于取款人提交的磁卡特别是密码将进行认证识别，属于实质性审查，无疑成为交易过程中更加关键的步骤。因此，原告对于密码和磁卡的保管义务大于银行对于身份证件的审查义务，故原告应当承担主要责任，被告应承担次要责任。

（资料来源：根据法院网相关案例整理）

讨论：

1. 储蓄卡具有电子货币特有交易特点吗？
2. 储蓄卡持卡人应如何保护自己的密码以及何时承担泄密责任？

本章习题

1. 试论述我国互联网金融法律体系尚待完善。
2. 简述互联网金融消费者权益保护问题。
3. 试述互联网金融法主体资格及特许经营。
4. 论述我国虚拟货币的法律地位。
5. 讨论互联网金融的司法管辖权。
6. 如何构建我国互联网金融法律体系?

第15章 互联网金融监管

学习目标

1. 互联网金融监管的必要性和特殊性
2. 世界各国的混业经营模式以及监管比较
3. 互联网金融的功能监管和方式
4. 互联网金融的监管模式选择
5. 构建我国互联网金融监管体系

案例导入

内地与香港多种货币支付互通

2009年3月12日,中国人民银行与香港金融管理局签订有关建立内地与香港多种货币支付系统互通安排(以下简称两地支付互通安排)的谅解备忘录,决定自2009年3月16日起正式运行两地支付互通安排。

建立两地支付互通安排,是中国人民银行和香港金融管理局为加强两地金融基础设施合作共同采取的一项重要举措,是双方致力于推动两地金融合作的延续和深化,标志着两地正式建立覆盖多币种的全方位跨境支付清算合作机制。

两地支付互通安排的业务范围为符合国家外汇法规制度规定可以使用相关外币进行跨境收付的项目。内地银行通过两地支付系统互通安排进行跨境收付活动,应遵守国家有关外汇法规制度的规定。两地支付互通安排首先开通港元、美元、欧元和英镑4个币种的跨境支付业务,然后再根据市场需求决定是否开通其他币种的跨境支付业务。

其中,港元、美元和欧元支付互通安排是指,中国境内外币支付系统通过内地代理结算银行及其香港指定代理行与香港的港元、美元及欧元即时支付系统进行链接,两地参与银行可分别通过两地的支付系统发起和接收相关币种跨境支付业务。英镑支付互通安排是指，中国境内外币支付系统通过内地代理结算银行与其香港指定代理行的网络进行链接，内地参与银行和香港银行可分别通过中国境内外币支付系统和香港指定代理行的网络，发起和接收相关币种跨境支付业务。目前，港元、美元、欧元和英镑的内地代理结算银行分别为中国建设银行、中国银行、中国工商银行和上海浦东发展银行，其香港指定代理行分别为中国建设银行香港分行、中国银行（香港）、中国工商银行（亚洲）和花旗银行（香港）。

两地支付互通安排的建立，可为亚洲区内银行提供同时区的支付渠道，有利于提高两地跨境多种货币支付的效率和降低两地跨境支付的风险和成本。同时，该项安排也有助于两地的参与银行提高其资金运用效率，增强其资金管理及跨境支付业务的竞争力，进一步密切两地的经济金融联系。

（资料来源：根据相关资料整理）

讨论：

请自行查阅资料，了解哪些国家或地区的跨行支付系统能够处理多种货币？哪些国家或地区的支付系统是互通的？

互联网金融的快速发展引起了社会的广泛关注。2014年3月5日，李克强总理在《政府工作报告》中提出："促进互联网金融健康发展。"我们认为，互联网金融监管是"互联网金融健康发展"的前提条件之一，但这一观点还没有成为普遍共识。至于如何做好互联网金融监管，更是一个开放命题，各方莫衷一是，也没有特别成熟的法规。针对这种局面，我们认为有必要讨论互联网金融监管的必要性与核心原则。

15.1 互联网金融监管概述

互联网金融的发展是全球大势所趋。然而，由于互联网金融在我国尚处于起步阶段，无论是法律规定还是监管标准均存在一定的空白，成为行业的风险隐患。因此，要在鼓励发展的同时健全我国互联网金融监管体系，促进互联网金融的健康生长。

15.1.1 互联网金融对金融监管体系的挑战

互联网金融的快速发展，对我国金融监管体系产生一定挑战，集中体现在以下几个方面。

（1）分业监管体制难以适应互联网金融混业经营趋势。互联网的开放性和虚拟性使得各类金融机构提供的服务日渐趋同，业务综合化发展趋势不断加强，金融机构和非金融机构之间的界限趋于模糊，原来分业监管模式面临越来越多的问题。

（2）基于传统金融制定的法律法规体系有效性减弱。①互联网金融监管依据法律位阶偏低，效力层级不高，执行中容易遇到诸多问题。②由于互联网金融活动的特殊性，特别是技术往往领先于监管，既有的法律法规中有些规定无法适用于互联网金融发展。③对互联网金融新业态的规范不健全。目前对于网络融资平台，在资金监管、借贷双方信用管理、个人信息保护、业务范围等方面均没有作出明确规定。

（3）互联网金融无序发展可能影响金融宏观调控效果。①影响货币调控效果。具有较高流动性的网络货币，如果没有100%的官方货币作为它的发行准备，实际上发行机构具有了类似商业银行的货币创造能力，并可在一定程度上改变货币乘数和货币流通速度，从而有可能对它的传导和效果产生影响。②影响信贷调控效果。由于网络融资依赖于企业和个人信用数据、行为数据、经营数据等"软信息"，当经济景气时，企业和个人经营状况较好，反映到"软信息"上较为乐观，融资也相对容易，所获得的资金有可能投向产能过剩行业，增加宏观调控部门逆周期调节的难度。

（4）互联网金融潜在风险可能影响金融稳定安全。①互联网金融高频交易可能产生新的系统性风险。互联网增加了金融市场风险传播的可能性，传播的速度更快、范围更广，交叉传染性有可能强化。②互联网金融对技术管理提出了更高的要求。开放式的网络通信系统，不完善的密钥管理和加密技术，欠安全的TCP/IP协议，以及计算机病毒、计算机黑客攻击、网络金融诈骗等，极易引起交易主体的资金损失。

（5）互联网金融加大反洗钱工作难度。由于互联网金融通过网络完成支付交易，资金流动更难以监控，为洗钱活动提供了可乘之机。第三方支付机构对用户和交易的审查不够严格，买卖双方只需在平台上注册虚拟账户，通过虚假商品交易，便可将非法资金"合法"转移。

（6）金融消费权益保护工作压力增大。①信息安全引发的权益保护问题。由于互联网金融交易主体无法现场确认各方合法身份，交易信息通过互联网传输，存在可能被非法盗取、篡改的风险。②运营过程中产生的权益保护问题。比如网络融资资金挪用、网络货币贬值或其交易商操纵价格及其发行人破产等，都会导致投资者或货币持有者资金损失。

15.1.2 互联网金融监管的必要性和特殊性

1. 互联网金融监管的必要性

在2008年国际金融危机后，金融界和学术界普遍认为，自由放任（laissez-faire）的监管理念只适用于金融市场有效的理想情景（UKFSA，2009）。我们以这一理想情景为参照点，论证互联网金融监管的必要性。在市场有效的理想情景下，市场参与者是理性的，个体自利行为使得"看不见的手"自动实现市场均衡，均衡的市场价格全面和正确地反映了所有信息。此时，金融监管应采取自由放任理念，关键目标是排除造成市场非有效的因素，让市场机制发挥作用，少监管或不监管，具体有三点：①因为市场价格信号正确，可以依靠市场纪律来有效控制有害的风险承担行为；②要让问题金融机构破产清算，以实现市场竞争的优胜劣汰；③对金融创新的监管没有必要，市场竞争和市场纪律会淘汰没有必要或不创造价值的金融创新，管理良好的金融机构不会开发风险过高的产品，信息充分的消费者只会选择满足自己需求的产品。就判断金融创新是否创造价值而言，监管当局相对于市场不具有优势，监管反而可能抑制有益的金融创新。但互联网金融在达到这个理想情景之前，仍会存在信息不对称和交易成本等大量非有效因素，使得自由放任监管理念不适用。

（1）互联网金融中，个体行为可能非理性。比如，在P2P网络贷款中，投资者购买的实际是针对借款者个人的信用贷款。即使P2P平台能准确揭示借款者信用风险，并且投资足够分散，个人信用贷款仍属于高风险投资，投资者不一定能充分认识到投资失败对个人的影响。

（2）个体理性，不意味着集体理性（禹钟华、祁洞之，2013）。比如，在以余额宝为代表的

"第三方支付+货币市场基金"合作产品中,投资者购买的是货币市场基金份额。投资者可以随时赎回自己的资金,但货币市场基金的头寸一般有较长期限,或者需要付出一定折扣才能在二级市场上卖掉。这里就存在期限错配和流动性转换问题。如果货币市场出现大幅波动,投资者为控制风险而赎回资金,从个体行为看,是完全理性的;但如果是大规模赎回,货币市场基金就会遭遇挤兑,从集体行为看,则是非理性的。

(3)市场纪律不一定能控制有害的风险承担行为。在我国,针对投资风险的各种隐性或显性担保大量存在(如隐性的存款保险、银行对柜台销售的理财产品的隐性承诺),老百姓也习惯了"刚性兑付",风险定价机制在一定的程度上是失效的。

(4)互联网金融机构若涉及大量用户,或者达到一定的资金规模,出问题时很难通过市场出清方式解决。如果该机构还涉及支付清算等基础业务,破产还可能损害金融系统的基础设施,构成系统性风险。如支付宝和余额宝涉及人数如此之多和业务规模如此之大,已经具有一定的系统风险性。

(5)互联网金融创新可能存在重大缺陷。比如,我国P2P网络贷款已经出现良莠不齐局面。部分P2P平台中,客户资金与平台资金没有有效隔离,出现了若干平台负责人卷款"跑路"事件;部分P2P平台营销激进,将高风险产品销售给不具有风险识别和承担能力的人群(比如退休老人)。

(6)互联网金融消费中可能存在欺诈和非理性行为,金融机构可能开发和推销风险过高的产品,消费者可能购买自己根本不了解的产品。比如,在金融产品的网络销售中,部分产品除了笼统披露预期收益率外,很少向投资者说明该收益率通过何种策略取得、有什么风险等。而部分消费者因为金融知识有限和习惯了"刚性兑付",不一定清楚P2P网络贷款与存款、银行理财产品有什么不同。

因此,对互联网金融,不能因为发展不成熟就采取自由放任的监管理念,应该以监管促发展,在一定的负面清单、底线思维和监管红线下,鼓励互联网金融创新。

2. 互联网金融监管的特殊性

互联网金融有两个突出风险特征,在监管中应注意。

(1)信息科技风险

信息科技风险在互联网金融中非常突出。比如,计算机病毒、计算机黑客攻击、支付不安全、网络金融诈骗、金融钓鱼网站、客户资料泄露、身份被非法盗用或篡改等。对于信息科技风险,阎庆民(2013)提出:①按风险来源分为四类:自然原因导致的风险、信息系统风险、管理缺陷导致的风险、由人员有意或无意的违规操作引起的风险;②按风险影响的对象分为三类:数据风险、运行平台风险、物理环境风险;③按对组织的影响分为四类:安全风险、可用性风险、绩效风险、合规风险;④主要监管手段包括:非现场监管、现场检查、风险评估与监管评级、前瞻性风险控制措施,也可以使用数理模型来计量信息技术风险(比如基于损失分布法的计量方法)。

(2)"长尾"风险

互联网金融因为拓展了交易可能性边界(谢平、邹传伟,2012),服务了大量不被传统金融覆盖的人群(即"长尾"特征),具有不同于传统金融的风险特征。①互联网金融服务人群的金融知识、风险识别和承担能力相对欠缺,属于金融领域的弱势群体,容易遭受误导、欺诈等不公正待遇。②他们的投资额小而分散,作为个体投入精力监督互联网金融机构的成本远高于收益,所以"搭便车"问题更突出,从而针对互联网金融的市场纪律更容易失效。

③个体非理性和集体非理性更容易出现。④一旦互联网金融出现风险，从涉及人数上衡量（涉及金额可能不大），对社会的负外部性更大。鉴于互联网金融的"长尾"风险，强制性的、以专业知识为基础的、持续的金融监管不可或缺，而对金融消费者的保护尤为重要。

15.1.3 互联网金融监管机制上的国际借鉴

我国互联网金融蓬勃发展后暴露出的各类问题，得到了监管层的重视。对国际上互联网金融监管机制的经验进行分析总结，可逐步建立并完善我国的互联网监管体系。

（1）发放牌照管理我国第三方支付。自 2010 年 6 月人民银行发布《非金融机构支付服务管理办法》将第三方支付企业纳入监管范围，人民银行先后发放了 250 块牌照。同年 9 月发布了《非金融机构支付服务管理办法实施细则》，随后对备付金存管和互联网支付发布了征求意见稿，在 2012 年 12 月针对移动支付发布了《中国金融移动支付系列技术标准》。

（2）将互联网借贷类平台纳入监管。国务院办公厅发文《关于加强影子银行业务若干问题的通知》，明确将互联网金融机构纳入影子银行的范畴。

我国开始了对互联网借贷平台"监管＋行业自律"的监管系统，从银监会办公厅发布《人人贷有关风险提示的通知》首次对 P2P 贷款平台风险作出提示，到全国范围内第一家互联网金融的行业组织——中关村互联网金融行业协会成立，再到由中国支付清算协会牵头成立的互联网金融专业委员会发布的《互联网金融专业委员会章程》与《互联网金融自律公约》，标志着我国互联网金融正在逐渐走向规范。

（3）明确规定互联网销售金融产品业务范围。规定现有基金销售、基金销售支付、第三方电子商务平台等基金销售业务类别，应获得相应的许可或牌照，遵守相关的法律法规、规章制度；保监会也下发《关于促进人身保险公司互联网保险业务规范发展的通知（征求意见稿）》，并颁布了《加强网络保险监管工作方案》。

15.1.4 互联网金融发展外部要求上的国际借鉴

互联网金融在国外发展的外部环境与我国存在四点显著差异：

（1）国外的利率市场化基本完成，有助于金融产品和服务的合理定价，避免非理性收益率带来的风险；

（2）国外的征信体系发展较为完善，信用报告和征信体系是互联网金融风险管理的核心，若缺少足够的信用评价数据，将难以对借款人或机构进行有效的信用资质判断，互联网金融相关业务的专业度、效率都将受到巨大影响，甚至直接导致违约，严重的将放大金融行业系统性风险；

（3）国外的金融市场品种丰富，多种投资渠道供投资者选择，也使得投资者更加理性，投资者的理性行为也将减小互联网金融市场的波动，降低风险；

（4）国外对互联网金融业务范围及合法性出台了相关法案，避免了由于定位不明、无法可依环境下开展业务而引起的法律风险。

这些外部环境无疑给互联网金融在国外的发展提供了良好的保障。在我国，利率非市场化，银行存贷利率受人民银行严格控制，其他投资渠道的高门槛更是将广大投资者阻拦在外。投资者或被动接受统一存款利率、或受制于进入门槛仅在有限的投资中选择，可以说长期以来，我国的广大投资者在购买金融产品时一直处于被动、受约束的境地。

伴随着我国金融改革政策的出台，自贸区的成立、利率市场化的推进、民营银行渠道的放开、国债期货等金融衍生品的相继推出、融资融券标的不断扩容和征信体系的加紧完善，发展多层次资本市场、推进利率和汇率市场化的金融改革目标正在一步步实现。

从投资者角度来说，互联网金融的出现改变了投资者的地位，拓宽了投资渠道，投资者转变为主动地根据自身的风险收益偏好在丰富的产品和项目中进行投资决策；而互联网金融的便捷性、高效率也改变了投资者的理财习惯。

从金融机构和金融体系角度来说，互联网金融的出现为金融产品的设计和销售提供了新思路，倒逼传统金融业加快创新的步伐，实现了支付结算功能、资源配置功能以及风险配置功能这三大金融体系核心功能的提升，促进我国金融机构和金融体系的逐步完善，是我国金融改革创新的构成部分和推动力量。我国金融改革的推进为互联网金融未来发展提供了良好的契机，而互联网金融在国外发展的经验借鉴则对我国金融改革提出了更为迫切的要求，两者将相互促进、共同发展。

15.2 互联网金融下的金融监管

互联网与金融结合的形式多种多样，比如利用互联网销售金融，实际是销售平台；在互联网上公布贷款需求的公示牌形式；更多时候是创新形式：把支付、理财、保险、担保等混在一个产品上，在网络上更快更全面地实现金融综合经营。互联网的这种发展给金融市场带来了活力，给消费者带来了更多的选择和便利。中国人民大学法学院副院长、重阳金融研究院研究员杨东指出，2002年之后金融混业态势正在加剧，互联网金融的发展使得这种混业的趋势更加明显。不管是金融机构、金融业态、证券、银行、保险、信托本身内部的融合更加加剧，特别是金融业态本身和互联网业态之间的融合也越来越加剧。互联网金融最大的特点是大融合、大混业、大金融的趋势。在这种趋势下，如何实现分业监管向功能监管的转变值得探讨。

15.2.1 互联网下金融混业经营

金融混业经营是指银行、证券公司、保险公司等机构的业务互相渗透、交叉，而不仅仅局限于自身分营业务的范围。与之相适应的监管模式也应当是混业经营下的金融监管，我国当前的分业监管，机构监管的格局已经不能适应当前金融市场向混业经营方向发展，市场迫切期待金融监管的改革。我国的金融经营模式并不是一直是分业监管的格局，而是经历了漫长的分分合合否定之否定的探索之路。20世纪90年代之前，我国的金融监管机构一直是央行，长期的计划经济使得金融市场发展缓慢，央行完全可以应付计划经济下的金融监管。1992年小平同志南巡之后，确立我国发展社会主义市场经济的方向，央行迫切需要探索一条符合我国国情的金融监管之路。1993年国务院颁发《关于金融体制改革的决定》，确立对我国的银行、证券及保险金融行业实行"分业经营，分业管理"的原则，自此分业监管的格局逐步确立。时过境迁，随着市场经济的逐步发展成熟，金融分业经营的模式已经不能适应市场的需求，2002年，国务院首先批准中信、光大、平安三家综合控股集团试点探索我国的综合化经营之路。自此之后，综合化混业经营在探索中逐步放开。在国务院2012年颁布的《金融业发展和改革十二五规划》中明确提出发展金融业综合经营模式。与之相适应混业经营下的从机构监管向功能监管的过渡的建议也被一再提起，并在政策上得到初步的探索。

互联网金融的发展，加剧了金融混业经营格局的形成，如前文所提到的互联网金融并不是简简单单的金融业与互联网在形式上的结合，更重要的是它裹挟着互联网所标榜的"开放、平等、协作、分享"的精神呼啸而来。要实现真正意义上的互联网金融，期待更多的金融创新，从鼓励创新的角度出发，现有的分业经营限制以及分业监管的限制不利于互联网企业的发展。以余额宝为例，实际上很难界定它的从业性质，它并不是如银行一般的储蓄公众存款的机构，而是通过委托天弘基金进行管理的一支基金，吸收公众存款的又不是天弘基金，实际上是打政策的擦边球。带来的监管方面的不便也是显而易见的，一方面行业外的人士说，互联网金融缺乏监管，另一方面，用余额宝自己人的话说，他们平均每个星期受到一次监管，这种监管有来自银监会的，也有保监会的。造成这种奇怪局面的原因不是监管机关监管不作为，也不是过度监管，而是监管机关不知道怎么监管，监管什么，所以会频繁监管。介于此，有必要从立法上确立对互联网金融机构的监管机构，监管模式，监管内容，而这样的立法又必须从我国金融混业格局的大局出发，明确混业经营发展格局下机构监管向功能监管的过渡路径。

15.2.2 世界各国的混业经营模式

目前世界上的混业经营模式大致可以分成三类：一是德国的模式，实行全能银行制；二是英国模式，实行金融集团制；三是美日模式，也就是金融控股公司制。这三种混业经营模式各有特色，基本涵盖了当今世界的混业经营的状况。

1. 全能银行制

在世界范围内有德国、瑞士、荷兰、卢森堡、奥地利等一些国家实行全能银行制，银行如同百货公司可以依法从事各种金融业务，包括吸收存款、发放贷款，经营各种金融工具、外汇、债券以及股票经纪业务、理财管理和保险等。客户只要到银行就可以办理所有的金融业务。银行业务，证券业务，保险业务同属一家公司，那就是银行，该公司只有一个董事会。这种模式有极强的规模效应，极大的提高金融效率，因此被欧洲大陆的许多国家所采用，但是弊端也是非常明显的。首先，如此庞大的金融集团容易造成垄断和剧烈的利益冲突；其次，这种模式的运转成功需要极其强大的监管和内部协调机制、风险管控机制。

德国联邦银行，在德国的金融业中扮演着极其重要的监管者的角色，它具有极高的权威，是高效运作的监管机构。同时德国银行的运作水平也非常高，有较强的内控机制，能够做到在监管和风险等因素下的制衡。众所周知，德国没有较为发达的证券市场，那么德国的金融市场就需要银行扮演更加重要的角色，德国银行能够在存储房贷和证券经营的利益比较中，调解自身业务的构成，以实现相对平衡。德国的证券市场相对稳定这对银行的稳定发展是有利的，因此从客观上讲这种混业经营的风险也相对较低。

2. 金融集团制

英国的金融集团制是 20 世纪 80 年代末金融自由化改革的结果。20 世纪 80 年代英国的金融业日益衰败，为了挽回这样的不利局面，英国政府在 1986 年颁布实行《金融服务法案》，宣布证券交易所交易对银行机构开放。在此之前英国银行分为商业银行和商人银行，两者的业务有一定的限制。自此法案颁布后，商业银行可以从事证券业务，商人银行也可以从事存款贷款业务，两者的界限逐渐模糊化，区别仅仅是侧重点有所不同。自此，英国的金融混业经营的格局形成。此次改革极大的活跃了英国的金融市场，不仅本土的银行可以进行投资银行业务，还吸引了如美国、日本等其他国家的金融资本的进入。但是，这种金融集团制的金融混业经营模式，并不是没有限制的让商业银行进入投资银行领域，商业银行并不能够直接参与到证券业务中去，而是要设立子公司或者由控股公司来进行。这种模式的好处是多方面的，一是能够在一定程度上在法律层面隔绝金融风险，子公司从事的金融业务出现风险时只会影响母公司的收益不会让母公司承担连带的风险，银行与子公司的相对独立同时也保障了存款人的利益；二是在子公司模式下，其经营具有一定的独立性，母公司要影响子公司的决策需要受到公司章程的限制；三是当子公司需要融资时其直接寻求的对象是母公司，在一定程度上保障了子公司的资金供给。

3. 金融控股公司制

这种模式主要以美国为代表，日本在其后的金融改革后也采用了这种经营模式。美国的《金融服务现代化法》规定投资银行业务不允许法律上定义的银行法人直接从事，也不允许其以设立子公司的形式从事证券业务。银行的控股公司可以以另设子公司的形式从事其他金融业务，这样银行与控股公司设立的子公司可以在同一个机构框架下实现混业经营。同时，美国各联邦法律也规定银行及其具有直接投资关系的子公司禁止从事证券类业务。打个比方说，一家公司拥有一家银行30%的股份，那么它就是这家银行的控股公司，同时这家控股公司又拥有一家证券公司25%的股份，那么这个控股公司同时控股该银行和该证券公司。那么这两个主体在同一家控股公司的框架下实现混业经营。但是，该银行不能够直接从事证券业务，它也不能以设立独立的子公司的形式从事其他金融业务。

美国的法律对金融控股公司进入相应金融业务实行了比较宽的政策，以适应市场变化的需要。法律规定，对于达到要求的控股公司，可以不向美联储申请而直接对新的金融领域进行投资，这样避免了繁冗的行政审批程序，极大地提高了金融市场的迅速反应能力和创新能力。但是，对于金融控股公司的退出则实行了比较高的门槛和限制，法律规定，金融控股公司要从事银行、证券、保险业务必须达到一定的资金要求，即金融控股公司本身应当具有一定的资金实力和资质而不是其控股公司，当控股公司不能满足相应的条件时应当退出相应业务。

另外，美国法律对于非金融公司直接参与到金融业中也有相对务实和开放的政策规定。为避免风险，法律禁止银行从事非金融业务，同时也禁止其通过控股公司从事非金融业务。但是对于持有储蓄类金融机构的控股公司，法律允许其从事非金融业务，这就在一定程度上使得实体经济能够直接参与到金融行业中来，提高了实体经济与金融业的关联度。

以美国为代表的这种金融控股混业经营模式，与英国为代表的混业金融模式较为接近，都是从组织设置上进行了必要的隔离，但同时又使得各金融业之间有着相当程度的联系。各国混业经营模式的比较银行全能制、金融集团制、金融控股制这三种模式有很大的不同点，主要的区别有以下几点。

（1）对于银行的权利和限制有所不同。德国的全能银行制，赋予了银行极大的权利，它可以从事各种金融业务，也有权利选择公司的结构模式，同时还可以参股到自己的客户中去，以此参与实体经济。但是以英国为代表的金融集团制和以美国为代表的金融控股制就对银行从事其他金融业务实行了诸多限制，美国则明确禁止银行在其公司客户中拥有股权，而英国虽然没有在法律上作出明确的禁止，但是也有一定程度的限制。

（2）在防止垄断和利益冲突上不同。金融集团制和金融控股制都在组织结构上对垄断和利益冲突作出了防范，金融集团制通过设立子公司的方式，实现不同金融业的相对隔离，金融控股制在这种隔离限制上就更加严格，两种模式都能够使得金融公司获得多元化的金融收益，又能够防范道德风险。而德国的全能银行制仅仅通过公司内部的规则自律和外部监管，而不是从体制上进行约束和防范，不能有效防止垄断的形成也不能实现防范道德风险和避免利益冲突。

（3）对于风险防范的能力不同。金融集团制和金融控股制在组织结构设置上充分利用了公司法人人格独立、承担有限责任的制度优势，即做到了内部防范又实现了外部监管的便利，使得银行业和证券业风险相对隔离。但是德国的全能银行制没有这样的特点。首先看金融集团制，银行与其控股的子公司是两个相对独立的法人，对外它们独立承担法律责任，如果不出现公司法人人格否认的例外情况，若子公司出现经营不善、破产等情况母公司银行仅以其出资额为限承担责任。金融控股公司就比金融集团模式的防范更加严格了，它的公司组织结构的设置，比后者更多了一道防线，银行和证券公司是在同一个控股公司下的两个独立的子公司。这种模式有效地防止了金融风险在不同的金融业之间传递。德国的全能银行制是商业银行为独立的法人，其下设各个部门从事各种不同的金融业务。一旦这些部门经营不善，所有责任需要由银行主体承担，风险非常大。由此，我们可以得出这样的结论：从风险防范的角度，金融控股模式是我国实现混业经营比较合适的选择，符合我国的国情。

15.2.3　世界金融经营模式演进

从世界范围看金融的经营模式经历了四个阶段。

（1）早期垄断阶段，这一时期各个金融行业各自独立，有严格的经营范围，但又不同于现在意义上的经营模式。现代分业经营模式主要出于防范风险利于监管的目的人为设置分业模式，而早期的分业经营主要是因为金融业发展尚处于初级阶段没有能力进行复杂的混业经营模式。

（2）20世纪初的混业经营，这一时期初期的分业经营已经不能适应社会发展的需求，为适应市场需求，初期混业经营模式大量涌现，如经济危机前的美国和英国。

（3）1923年至1933年经济危机后的分业经营，在经历了经济危机的西方资本主义国家认识到混业经营引起的金融混乱和监管困难是造成经济危机的原因之一，纷纷在法律上规定了分业经营的模式。

（4）20世纪后期开始的现代混业阶段，随着经济全球化格局形成，新的技术的不断发展，金融业也掀起了新一轮的大发展，介于旧有的分业经营不能适应新的市场需求，各国对金融系统进行了重大的改革，其中重要的内容就是打破了旧有的金融分业的格局。

15.2.4　各国金融监管模式

混业经营的发展给监管也带来了非常大的难度，在这种情况下选择什么样的监管模式是监管部门及整个社会面临的难题。金融监管模式是指一国关于金融监管机构和金融监管法规的结构性体制安排。随着全球经济一体化的形成，金融监管模式发生了重大的变革，从监管对象看，金融监管模式从分业经营走向了混业经营，从监管方式看金融监管模式正从机构监管逐步向功能监管过渡，从监管的维度看金融监管模式从单向监管向全面监管转变，从监管信息透明共享程度上看金融监管模式正从封闭式监管向开放式监管过渡。

1. 美国模式又称专业监管模式

美国金融市场的混业经营的格局已经相当成熟，但是其并没有合并各监管机构成立统一的监管机构也没有针对混业经营的监管部门。在金融控股集团公司的框架下，银行子公司仍然受到银行监管机构的监管,同时《金融现代化法案》规定,美联署从总体上对金融控股公司进行监督和评估,必要时对银行、证券及保险子公司拥有仲裁权,又规定当美联署与各业务监管机构的监管措施发生冲突时各监管机构的制度优先执行,从而使得美联署和各监管机构形成相互制约的关系。该法案还规定了一系列美联署和各监管机构之间的协调和兼容性制度,如美联署与各监管机构相互提供关于金融控股公司和各附属子公司的财务、风险管理和经营信息。一般美联署不得直接监管金融控股公司的附属机构,以避免造成重复监管。

2. 德国模式

德国的银行是全能的,商业银行能够从事的业务包括银行、保险、证券、基金所有金融业务,是名副其实的百货公司,银行也可以向实体产业、商业进行投资,成为其股东,加大了金融业和实体行业的深度结合。《联邦银行法》和《信用制度法》赋予了德国联邦银行极高的权威以及从事信用活动的金融机构应当从哪些方面受到监管。《联邦银行法》的立法目的在于保障银行业的稳定和债权人的利益,它规定了德国联邦银行在金融监管方面的权利,《信用制度法》则规定了从事信用活动的金融机构应当从哪些方面受到监管。从立法的规定看德国的金融机构所受到的监管主要来自两个方面,一是德国联邦银行,该机构是德国的中央银行;二是联邦金融监管局。在两者的协同性和兼容性方面,在面对重大决策和规则制定时,联邦银行与联邦监管局必须取得一致,其次两者信息共享。

3. 英国模式

英国的金融混业经营模式为金融集团控股模式,集团公司一般进行银行业务,保险、证券等其他金融业务则由其子公司来经营。其集团公司内部有严格的防火墙机制,防止各个金融业务之间的风险扩散。英国有统一的监管机构——金融服务监管局,2000年又颁布了《金融服务和市场法》,从而实现了由分业监管向统一监管的转变。2001年12月1日,FSA依照《2000年金融服务和市场法》规定,正式行使其对金融业的监管权力和职责,直接负责对银行业、保险业和证券业的监管。FSA也获得了一些其前任监管机构所没有的监管权力,例如,关于消除市场扭曲或滥用、促进社会公众对金融系统的理解和减少金融犯罪等。

4. 日本模式

日本实行的是单一化的混业监管模式,日本在战后50年的时间里一直实行的是行政化的金融监管。大藏省负责全国的金融监管事宜。1997年实行金融改革,取消了分业经营的限制性规定,允许实行混业经营。同年,日本颁布《金融监督厅设置法》,成立了金融监管厅,逐步削弱了大藏省的职能,直至2001年形成了金融厅单一监管的格局。

15.2.5 各国监管模式比较

从以上四种模式看美国中央和银行都有管辖权,同时有明确的权利界限,联邦制的国家一般采用此种监管模式。德国与英国的模式比较接近,但同时又有区别,这种"单元多头"的监管模式的优点在于监管集中统一,效率高,从德国和英国的实践看也是相当成功的。但是,对于法制不健全的国家而言采用德国模式更加符合本国实际,德国监管模式更加强调其银行监管局、证券监管局和保险监管局之间既要相互协作又要保持各自的独立。日本模式虽然监管效率高,能够防止各监管机构之间的相互推诿和扯皮,防止监管漏洞,但过于集中的权力容易导致腐败滋生。

15.3 互联网金融的功能监管

功能监管主要是针对风险的监管,基础是风险识别、计量、防范、预警和处置。在互联网金融中,风险指的仍是未来遭受损失的可能性,市场风险、信用风险、流动性风险、操作风险、声誉风险和法律合规风险等概念都适用,误导消费者、夸大宣传、欺诈等问题仍然存在。因此,对于互联网金融,审慎监管、行为监管、金融消费者保护等三种监管方式也都适用。

15.3.1 互联网金融的风险

互联网金融在运行中逐渐暴露出很多问题,如其交易缺少认证,客户备付金及其利息的所有权归属不明,沉淀资金因缺乏监管而存在欺诈风险,等等。这些问题使得互联网金融呈现出高风险性,具体表现如下。

1. 互联网金融很可能成为洗钱等违法犯罪活动的温床

互联网金融业务具有匿名性和隐蔽性,其运行往往不需要经过严格的资格审查,网络用户和手机用户都可以通过简单地设置身份证号和登录密码而在第三方支付平台上进行资金流转。这种认证方式存在很大弊端,不法分子极有可能在填写虚假信息后利用第三方支付平台的转账功能实现"黑钱"的划拨,实施非法转移资金、洗钱、收受贿赂、变相侵占国有资产、诈骗等活动,或者将资金转入项目中,再以投资回报的方式使不合法收入合法化。

2. 互联网金融存在技术性风险

技术性风险是几乎所有互联网业务的通病,主要体现在操作风险和安全风险两个方面。操作风险来源于投资者或者工作人员的操作不当,如 2013 年 8 月光大证券股份有限公司的程序员在进行高频交易下单时没有对可用资金额度进行有效的校验控制,导致巨量订单生成,期指、股指大幅波动,投资者遭受巨大损失。由于第三方支付平台的服务对象十分广泛,所以一旦发生操作不当,所涉及的投资者就可能是非常大量的。

互联网金融的安全风险系统的可靠性、完整性存在明显缺陷所致,表现为网络黑客非法入侵系统后盗取客户信息而造成客户损失,或者互联网企业在设计、运行和维护互联网平台时对系统设计不当或者运行不当,从而导致客户信息被盗用、客户权益受损等现象。

3. 互联网金融运行中潜在欺诈风险

随着 P2P 网络融资平台的发展,部分 P2P 融资平台由最初的独立平台逐渐转变为融资担保平台,进而又演变为经营存贷款业务的金融机构,这已经远远超出了 P2P 融资平台发展的界限,而且此类 P2P 融资平台的信息披露极不透明,其中一些已经涉嫌进行非法集资、非法吸收公众存款、擅自挪用沉淀资金甚至编造虚假债权和投资项目等欺诈活动。有些网络融资平台承诺的高额预期年收益远远超出了货币基金可能达到的平均年收益,这种依靠互联网企业进行高额补贴来兑付所承诺的高收益的做法导致了不正当竞争,很有可能成为虚假宣传后无法兑现高收益的欺诈活动。

4. 互联网金融面临市场风险

互联网金融的实质仍然是金融,其最基本的功能即实现资金融通并没有变,因此,互联网金融必然面临因金融产品价格的不利变动而产生的市场风险,主要是利率风险和流动性风险。为了推进利率市场化改革,中国人民银行自 2013 年 7 月 20 日起全面放开了金融机构贷款利率管制,由金融机构根据商业原则自主确定贷款利率水平。随着利率上下限的进一步放开，利率波动加剧，货币市场尤其是国债市场收益率曲线将发生不确定性波动。如果银行通过上调存款利率而使收益水平达到互联网金融相关投资理财的收益水平，就将吸引大量资金从互联网融资平台回流至银行，如此很可能引发流动性风险，此时如果恰值"双11""双12"或法定节假日等购物高峰时段，互联网企业承诺的"T+0交易"（在证券或期货成交当天办理好价款清算交割手续的交易方式）就可能导致大规模赎回情况发生。由于互联网企业参与金融业务并不受资本充足率、准备金等监管制度约束，所以一旦出现问题，"蝴蝶效应"将导致互联网金融危机范围的扩大。

15.3.2 我国互联网金融监管存在的问题

互联网金融业务的匿名性和隐蔽性决定了对其进行监管十分困难。另外，我国互联网金融出现的时间并不长，其运行中存在的问题尚未充分暴露，这也导致目前对其的监管几乎处于真空地带：没有专门的法律法规对其运行进行规范和治理，也没有专门的部门对其发展进行规划和支持。我国互联网金融监管状况堪忧，具体表现在以下三个方面。

1．互联网金融监管立法滞后

互联网的飞速发展大大加快了金融创新的步伐，互联网金融的创新在促进金融发展的同时，也给金融监管带来了极大的挑战。互联网金融的虚拟性会加大金融体系的不稳定性，进而削弱金融监管的有效性。日新月异的互联网金融业务，无论是投资理财产品还是各类平台的出现，都让监管部门力不从心、措手不及。互联网金融与传统金融业不同，目前对其创新的界定尚不确定，这导致很多情况下相应的监管立法也是滞后的。目前金融监管部门仍然延续着计划经济体制下的金融监管做法，对互联网金融实行"先发展，后规范"，在监管的同时又怕监管过度而阻碍了互联网金融创新。对互联网金融监管的"度"的把握使监管部门陷入了两难境地，这也是互联网金融监管立法必须慎重考虑的问题。

2．互联网金融监管取证难

互联网金融交易并不是像传统金融业务那样在柜台进行，其虚拟性使得对交易双方的身份认证和违约责任追究都存在很大的困难。证据是法官和监管部门认定事实、正确适用法律的依据，因而证据的保全极其重要，但互联网金融交易数据以电子证据的形式被记录和保存，电子证据的收集、保全、审查、出示等对传统取证制度提出了挑战，电子证据还很容易被伪造、篡改，其脆弱性使得互联网金融交易监管远比惩治其他违法犯罪行为困难。我国目前尚未建立跨市场的监管制度，货币市场与证券市场分业经营所造成的分业监管局面往往导致取证效率低下，虚拟货币的金融监管更加困难。

3．现有互联网金融监管主体混乱

互联网金融业务涉及多个监管部门，人民银行实施对第三方支付业务的监管，证监会实施对第三方证券基金销售业务的监管，根据银行对第三方的资金存管制度，银监会又要对银行进行监管。目前我国互联网金融监管主体众多、政出多门，对于跨市场的交易活动，以谁为监管主体尚不明确，这样的监管制度安排导致监管效率低下，一些互联网企业几乎处于监管的真空地带。中国人民银行2012年5月为支付宝颁发了第三方支付牌照，但具有支付牌照并不意味着支付宝就具有了基金销售牌照，基金销售牌照需要证监会另外专门发放，这就导致支付宝的"余额宝"业务中有部分基金销售支付结算账户并未向监管部门进行备案，也未能向监管部门提交监督银行的监督协议。中国证券监督管理委员会2011年9月发布的《证券投资基金销售结算资金管理暂行规定》第9条要求"账户开立人应当自销售账户开立之日起 5 个工作日内将有关监督协议和账户信息报中国证监会及账户开立人所在地派出机构备案",其 2013 年 3 月发布的《证券投资基金销售管理办法》第 29 条规定"基金销售机构、基金销售支付结算机构、基金份额登记机构可以在具备基金销售业务资格的商业银行或者从事客户交易结算资金存管的指定商业银行开立基金销售结算专用账户",但这些规定中的流程"余额宝"业务都没有走过,存在明显的脱离监管现象。

15.3.3 互联网金融的监管方式

1. 审慎监管

审慎监管的目标是控制互联网金融的外部性,保护公众利益。审慎监管的基本方法论是,在风险识别的基础上,通过引入一系列风险管理手段(一般体现为监管限额),控制互联网金融机构的风险承担行为以及负外部性(特别在事前),从而使外部性行为达到社会最优水平(谢平、邹传伟,2013)。目前,互联网金融的外部性主要是信用风险的外部性和流动性风险的外部性。针对这两类外部性,可以借鉴银行监管中的相关做法,按照"内容重于形式"原则,采取相应监管措施。

(1)监管信用风险的外部性

部分互联网金融机构从事了信用中介活动。比如,在 P2P 网络贷款中,一些 P2P 平台直接介入借贷链条,或者为借贷活动提供担保,总的效果都是承担了与借贷有关的信用风险。这类互联网金融机构就会产生信用风险的外部性,它们如果破产,不仅会使相关债权人、交易对手的利益受损,也会使具有类似业务或风险的互联网金融机构的债权、交易对手怀疑自己机构的清偿能力,进而产生信息上的传染效应。对信用风险的外部性,可以参考银行业的监管方法。在 Basel II 和 Basel III 下,银行为保障在信用风险的冲击下仍具有持续经营能力,需要计提资产损失准备金和资本(其中资产损失准备金用来覆盖预期损失,资本用来覆盖非预期损失),体现为不良资产拨备覆盖率、资本充足率等监管指标,具体监管标准依据风险计量来确定。比如,8% 的资本充足率,相当于保障在 99.9% 的情况下,银行的资产损失不会超过资本。在 P2P 网络贷款中,部分平台划拨部分收入到风险储备池,用于保障投资者的本金。风险储备池在功能和经济内涵上与银行资产损失准备金、资本相当。如果允许 P2P 平台通过风险储备池来提供本金保障,那么风险储备池的充足标准,也应该依据风险计量来确定。

(2)监管针对流动性风险的外部性

部分互联网金融机构进行了流动性或期限转换。比如,信用中介活动经常伴随着流动性或期限转换。这类互联网金融机构就会产生流动性风险的外部性,它们如果遭受流动性危机,首先会影响债权人、交易对手的流动性。比如,如果货币市场基金集中、大量提取协议存款,会直接对存款银行造成流动性冲击。其次,会使具有类似业务或风险的互联网金融机构的债权人、交易对手怀疑自己机构的流动性状况,也会产生信息上的传染效果。此外,金融机构在遭受流动性危机时,通常会通过出售资产来回收现金,以满足流动性需求。短时间内大规模出售资产会使资产价格下跌。在公允价值会计制度下,持有类似资产的其他金融机构也会受损,在极端情况下,甚至会出现"资产价格下跌→引发抛售→资产价格进一步下跌"的恶性循环。对流动性风险的外部性监管,也可以参考银行业的做法。Basel III 引入了两个流动性监管指标———流动性覆盖比率和净稳定融资比率。其中,流动性覆盖比率已经开始实施,要求银行在资产方留有充足的优质流动性资产储备,以应付根据流动性压力测试估计的未来 30 天内净现金流出量。按照类似监管逻辑,对"第三方支付+货币市场基金"合作产品,应该通过压力测试估算投资者在大型购物季、货币市场大幅波动等情景下的赎回金额,并据此对货币市场基金的头寸分布进行限制,确保有足够比例的高流动性头寸(当然,这会牺牲一定的收益性)。

2. 行为监管

行为监管,包括对互联网金融基础设施、互联网金融机构以及相关参与者行为的监管,主要目的是使互联网金融交易更安全、公平和有效。在一定意义上,行为监管是对互联网金融的运营优化,主要内容如下。

(1)对互联网金融机构的股东、管理者的监管。一方面,在准入审查时,排除不审慎、能力不足、不诚实或有不良记录的股东和管理者;另一方面,在持续经营阶段,严格控制股东、管理者与互联网金融机构之间的关联交易,防止他们通过资产占用等方式损害互联网金融机构或者客户的合法权益。

(2)对互联网金融有关资金及证券的托管、交易和清算系统的监管。一方面,提高互联网金融交易效率,控制操作风险;另一方面,平台型互联网金融机构的资金与客户资金之间要有效隔离,防范挪用客户资金、卷款"跑路"等风险。

(3)要求互联网金融机构有健全的组织结构、内控制度和风险管理措施,并有符合要求的营业场所、IT 基础设施和安全保障措施。

3. 金融消费者保护

金融消费者保护,即保障金融消费者在互联网金融交易中的权益。金融消费者保护与行为监管有紧密联系,有学者认为金融消费者保护属于行为监管。我们之所以将金融消费者保护单列出来,是因为金融消费者保护主要针对互联网金融服务的"长尾"人群,而行为监管主要针对互联网金融机构。

金融消费者保护的背景是消费者主权理论以及信息不对称下互联网金融机构对消费者权益的侵害。其必要性在于,互联网金融机构与金融消费者两方的利益不是完全一致的,互联网金融机构健康发展(这主要是审慎监管和行为监管的目标)不足以完全保障金融消费者权益。

现实中,由于专业知识的限制,金融消费者对金融产品的成本、风险、收益的了解根本不能与互联网金融机构相提并论,处于知识劣势,也不可能支付这方面的学习成本。其后果是,互联网金融机构掌握金融产品内部信息和定价的主导权,会有意识地利用金融消费者的信息劣势开展业务。此外,互联网金融机构对金融消费者有"锁定效应",欺诈行为一般不能被市场竞争消除(金融消费者发现欺诈行为后,也不会另选机构)。针对金融消费者保护,可以进行自律监管。但如果金融消费者没有很好的低成本维权渠道,或者互联网金融机构过于强势,而自律监管机构又缺乏有效措施,欺诈行为一般很难得到制止和处罚,甚至无法被披露出来。在这种情况下,自律监管面临失效,政府监管机构就作为金融消费提供了佐证。借款人如果在某个(P2P)平台上留下了过高的债务占收入的比重的记录,也很难从其他平台借款;就放款人而言,熟悉了某个平台之后也会产生依赖性;就借款人和放款人而言,转换平台的成本都是非常高的。目前,"一行三会"均已成立金融消费者保护局,对代理人实施强制监管,主要措施有三类:

(1)要求互联网金融机构加强信息披露,产品条款要简单明了、信息透明,使金融消费者明白其中风险和收益的关系;

(2)要开通金融消费者维权的渠道,包括赔偿机制和诉讼机制;

（3）利用金融消费者的投诉及时发现监管漏洞。有必要说明的是，功能监管要体现一致性原则。

互联网金融机构如果实现了类似于传统金融的功能，就应该接受与传统金融相同的监管；不同的互联网金融机构如果从事了相同的业务，产生了相同的风险，就应该受到相同的监管。否则，就容易造成监管套利，既不利于市场公平竞争，也会产生风险盲区。

15.3.4　互联网金融的机构监管和监管协调

互联网金融的机构监管的隐含前提是，可以对互联网金融机构进行分类，并且同类机构从事类似业务，产生类似风险，因此适用于类似监管。但部分互联网金融活动已经出现了混业特征。在这种情况下，就需要根据互联网金融机构具体的业务、风险，从功能监管角度制定监管措施，并加强监管协调。

1. 互联网金融的机构监管

我们认为，根据各种互联网金融机构在支付、信息处理、资源配置上的差异，可以将现有互联网金融机构划分成五种主要类型：①金融互联网化，包括网络银行、手机银行、网络证券公司、网络金融交易平台、金融产品的网络销售；②移动支付与第三方支付；③基于大数据的网络贷款（以阿里小贷为代表）；④ P2P 网络贷款；⑤众筹融资（谢平、邹传伟、刘海二，2014）。

（1）对金融互联网化、基于大数据的网络贷款的监管

①在金融互联网化方面，网络银行、手机银行、网络证券公司、网络保险公司和网络金融交易平台等主要体现互联网对银行、证券公司、保险公司和交易所等物理网点和人工服务的替代。基于大数据的网络贷款，不管是以银行为载体，还是以小贷公司为载体，主要是改进贷款评估中的信息处理环节。与传统金融中介和市场相比，这些互联网金融机构在金融功能和风险特征上没有本质差异，所以针对传统金融中介和市场的监管框架和措施都适用，但需要加强对信息科技风险的监管。②对金融产品的网络销售，监管重点是金融消费者保护。

（2）对移动支付与第三方支付的监管

①对移动支付和第三方支付，我国已经建立起一定的监管框架，包括《反洗钱法》《电子签名法》和《关于规范商业预付卡管理的意见》等法律法规，以及中国人民银行的《非金融机构支付服务管理办法》《支付机构预付卡业务管理办法》《支付机构客户备付金存管办法》和《银行卡收单业务管理办法》等规章制度。②对以余额宝为代表的"第三方支付＋货币市场基金"合作产品，鉴于可能的流动性风险（见前文），应参考美国在本轮国际金融危机后对货币市场基金的监管措施。A. 要求这类产品如实向投资者揭示风险，避免投资者形成货币市场基金永不亏损的错误预期。《证券投资基金销售管理办法》对此有明文规定。B. 要求这类产品如实披露头寸分布信息（包括证券品种、发行人、交易对手、金额、期限、评级等维度，不一定是每个头寸的详细信息）和资金申购、赎回信息。C. 要求这类产品满足平均期限、评级和投资集中度等方面的限制条件，确保有充足的流动性储备来应付压力情景下投资者的大额赎回。

（3）对 P2P 网络贷款的监管

如果 P2P 网络贷款走纯粹平台模式（既不承担与贷款有关的信用风险，也不进行流动性或期限转换），而且投资者风险足够分散，对 P2P 平台本身不需要引入审慎监管。这方面的代表是美国。以 Lending Club 和 Prosper 为代表的美国 P2P 网络贷款具有以下特点：

①投资人和借款人之间不存在直接债权债务关系，投资人购买的是 P2P 平台按美国证券法注册发行的票据（或收益权凭证），而给借款人的贷款则先由第三方银行提供，再转让给 P2P 平台；②票据和贷款之间存在镜像关系，借款人每个月对贷款本息偿付多少，P2P 平台就向持有对应票据的投资人支付多少；③如果借款人对贷款违约，对应票据的持有人不会收到 P2P 平台的支付（即 P2P 平台不对投资人提供担保），但这不构成 P2P 平台自身违约；④个人征信信息发达，P2P 平台不用开展大量线下尽职调查。在这些情况下，美国 SEC 是 P2P 网络贷款的主要监管者，而且 SEC 监管的重点是信息披露，而非 P2P 平台的运营情况。P2P 平台必须在发行说明书中不断更新每一笔票据的信息，包括对应贷款的条款、借款人的匿名信息等。

我国 P2P 网络贷款与美国同业有显著差异：①个人征信系统不完善，线上信息不足以满足信用评估的需求（饶越，2014），P2P 平台普遍开展线下尽职调查；②老百姓习惯了"刚性兑付"，没有担保很难吸引投资者，P2P 平台普遍划拨部分收入到风险储备池，用于保障投资者的本金；③部分 P2P 平台采用"专业放贷人＋债权转让"模式，目标是更好地联结借款者的资金需求和投资者的理财需求，主动、批量开展业务，而非被动等待各自匹配，但容易演变成为"资金池"；④大量开展线下推广活动，金融消费者保护亟待加强。总的来说，我国 P2P 网络贷款更接近互联网上的民间借贷。

目前，我国 P2P 网络贷款无论在机构数量上，还是在促成的贷款金额上，都超过了其他国家，整个行业鱼龙混杂，风险事件频发。我们认为，要以"放开准入，活动留痕，事后追责"理念，加强对 P2P 网络贷款的监管。

①准入监管。要对 P2P 平台的经营条件、股东、董监事和管理层设定基本的准入标准。要建立"谁批设机构，谁负责风险处置"的机制。

②运营监管。P2P 平台仅从事金融信息服务，在投资者和借款者之间建立直接对应的借贷关系，不能直接参与借贷活动。P2P 平台如果通过风险储备池等方式承担了贷款的信用风险，必须符合与银行资产损失准备金、资本相当的审慎标准（见前文）。P2P 平台必须隔离自有资金与客户资金，了解自己的客户，建立合格投资者制度，不能有虚假宣传或误导陈述。

③信息监管。P2P 平台必须完整、真实地保存客户和借贷交易信息，以备事后追责，并且不能利用客户信息从事超出法律许可或未经客户授权的活动。P2P 平台要充分披露信息（包括 P2P 平台的经营信息）和揭示风险，保障客户的知情权和选择权。P2P 平台的股东或员工在自家平台上融资，也要如实披露，防止利益冲突和关联交易。

（4）对众筹融资的监管

目前，我国因为证券法对投资人数的限制，众筹融资更接近"预售＋团购"，不能服务中小企业的股权融资，但也不会产生很大金融风险。将来，我国如果允许众筹融资以股权形式给予投资者回报，就需要将众筹融资纳入证券监管。在这方面，美国《JOBS 法案》值得借鉴，主要包括三方面限制。①对发行人的限制。如要在美国证券交易委员会（Securities and Exchange Commission，SEC）备案，向投资者和众筹融资平台披露规定信息，且每年通过众筹融资平台募资的总额不超过 100 万美元。②对众筹融资平台的限制。如必须在 SEC 登记为经纪商或"融资门户"，必须在自律监管组织注册；在融资预定目标未能完成时，不得将所筹资金给予发行人（融资阀值机制）。③对投资者的限制（即投资者适当性监管）。如果个人投资者年收入或净资产少于 10 万美元，则投资限额为 2 000 美元或者年收入或净资产 5% 中的高者；如果个人投资者年收入或净资产中某项达到或超过 10 万美元，则投资限额为该年收入或净资产的 10%。

2. 互联网金融的监管协调

目前，我国采取银行、证券、保险"分业经营，分业监管"框架，同时金融监管权高度集中在中央政府。但部分互联网金融活动已经出现了混业特征。比如，在金融产品的网络销售中，银行理财产品、证券投资产品、基金、保险产品、信托产品完全可以通过同一个网络平台销售。又如，以余额宝为代表的"第三方支付＋货币市场基金"合作产品就同时涉足支付业和证券业，在一定的意义上还涉及广义货币创造。另外，互联网金融机构大量涌现，规模小而分散，业务模式层出不穷，统一的中央金融监管可能鞭长莫及。所以，互联网金融机构的牌照发放、日常监管和风险处置责任，在不同政府部门（主要是"一行三会"和工信部）之间如何分担，在中央与地方政府之间如何分担，是非常复杂的问题。2013 年 8 月，国务院为进一步加强金融监管协调，保障金融业稳健运行，同意建立由中国人民银行牵头的金融监管协调部际联席会议制度，职责之一就是"交叉性金融产品、跨市场金融创新的协调"。这实际上为互联网金融的监管协调搭建了制度框架。

3. 互联网金融监管的要点

（1）监管的必要性。对互联网金融，不能因为发展不成熟就采取自由放任的监管理念，应该以监管促发展，在一定的底线思维和监管红线下，鼓励互联网金融创新。

（2）监管的一般性。对互联网金融，金融风险和外部性等概念仍然适用，侵犯金融消费者权益的问题仍然存在。因此，互联网金融监管的基础理论与传统金融没有显著差异，审慎监管、行为监管、金融消费者保护等主要监管方式也都适用。

（3）监管的特殊性。互联网金融的信息技术风险更为突出，"长尾"风险使金融消费者保护尤为重要，在互联网金融监管中要特别注意。

（4）监管的一致性。互联网金融机构如果实现了类似于传统金融的功能，就应该接受与传统金融相同的监管；不同的互联网金融机构如果从事了相同的业务，产生了相同的风险，就应该受到相同的监管。

（5）监管的差异性。对不同类型的互联网金融机构，要在风险识别的基础上分类施策，但在涉及混业经营的领域要加强监管协调。

15.4 构建我国互联网金融监管体系

15.4.1 我国对互联网金融的监管模式的选择

互联网金融的崛起和发展是革命性的，它必然倒逼我国的金融监管制度的改革和利率市场化的进一步形成。通过对国外金融监管模式的分析看出，我国采用德国的监管模式更加符合本国的国情，既在现有的银监会、保监会、证监会之上设立一个统一的监管当局，对三者进行统一和协调管理，力争在制度设计上做到，既保证三者的独立性，又要有相当的协调性，以适应混业金融经营的形式发展。

这种模式的优点有：首先，各监管部门相互独立，有利于实现专业化管理，防止权力过于集中带来的腐败现象，提高监管效率，有利于金融业从分业经营向混业经营的过渡；其次，三个部门在统一的监管当局下进行运作，能够实现相互之间的协同与兼容，实现资源与信息的共享；最后，现有的金融格局不变的情况下对三者进行必要的整合，防止监管模式剧烈的变化造成金融监管的混乱和不稳定也有利于节约社会资源。

具体到我国看，可以由中国人民银行设立这样的全国性的金融监管当局，以协调三个部门的具体工作，从银监会、保监会、证监会抽调资源和人力成立专门的由中国人民银行管辖的委员会。从立法上规定该委员的职权范围和界限，规定其没有直接的监管权，制定具体的制度，银监会、保监会、证监会的信息资源共享，以及出现监管争议时的争端解决机制，以防止监管真空和监管重叠现象的出现。

1. 确立互联网混业经营的合法地位

目前我国金融混业现状主要表现为银行、证券和保险三业业务合作的关系，是分业体制下混业经营的格局，主要形式如下。

（1）银证合作。这是货币市场与资本市场一定程度上的融合，我国银行无论从体制、运营模式、业务模式、金融产品都是相对传统的，创新能力明显不足，无法满足日益复杂多样的金融需求，简单来说就是银行与证券公司在各方面的合作，是货币市场在资本市场一定程度上的融合。银证合作是提升我国金融体系竞争力，提高我国金融市场化程度、顺应商业银行和资本市场自身发展需要的必然趋势，是进一步强金融对实体经济的促进作用的必然要求。

（2）银保合作。银保合作就是银行提供保险公司销售渠道，简单地说就是保险公司借银行卖保险。保险公司通过与银行签订代理协议实现银行与保险公司的联合，现在这种合作的范围也在不断扩展，从原先的代收保费、代卖保险发展到代支保险金、融资业务、保单质押贷款、客户信息共享以及个人理财等领域。

（3）证保合作。我国现在的证保合作主要是互为代理，共享客户资源以及资产管理合作方面。随着金融合作的不断加深，金融混业格局会越来越明显和深化，尤其是互联网金融的崛起，使得金融合作的主体更加多样，金融创新的形式更加多样，从立法和政策上讲应当鼓励不同金融主体之间的合作，守住规制互联网金融发展的三条底线：一是防止利用互联网金融进行非法集资；二是防止利用互联网金融非法吸收公众存款；三是互联网金融发展的安全。

2. 转变监管理念，促进监管创新

金融混业格局的不断发展和深化给金融监管带来了巨大的挑战，互联网金融的发展又大大加快了这个趋势的形成，我国金融监管面临如何从机构监管向功能监管过渡的难题。我国金融分业经营的格局向混业经营的格局转化不是一蹴而就的，是从简单的各金融业间的合作开始不断深化的过程，与之相适应的金融监管也应当是个逐步过渡的过程，现有的分业监管的格局不宜轻易打破，应当在现有的分业监管的体制基础上做必要整合，使得分业监管从各自为政到相互之间有合作有共享，逐步过渡。

3. 去除金融监管过度行政化

金融活动具有高度的专业性和高度的复杂性，金融监管专业化是必然的发展趋势，首先是机构设置上要去除过度的行政化色彩，让市场和行业发挥自我监管自我调节的机制。其次，专业人才的培养是从市场中走出的，自下而上的一个人才流通和发展的趋势，更加有利于金融监管的专业队伍的形成。鼓励和发展互联网金融行业协会的形成，在立法上巩固规范行业协会的权力，防止过度的行政干预，鼓励行政体制和行业中的人才流通。

4. 建立广泛而公平的信用评价体系和存款保险制度

金融业具有高度的风险性，要从立法促进市场竞争的公平性，建立健全金融从业主体的退出机制和广泛而公平的信用评价体系，使得互联网金融和传统金融主体在公平有序的环境

下展开竞争。同时，应当建立健全存款保险制度，为金融风险的扩散做一定程度的缓冲。存款保险制度是一种金融保障制度，是指由符合条件的各类存款性金融机构集中起来建立一个保险机构，各存款机构作为投保人按一定存款比例向其缴纳保险费，建立存款保险准备金，当成员机构发生经营危机或面临破产倒闭时，存款保险机构向其提供财务救助或直接向存款人支付部分或全部存款，从而保护存款人利益，维护银行信用，稳定金融秩序的一种制度。金融市场的风险不可避免，存款保险制度能够有效地提高金融系统的稳定性，防范金融风险，维护金融秩序。

15.4.2 健全我国互联网金融监管体系

为了应对这些挑战，需要在鼓励互联网金融发展的同时健全我国互联网金融监管体系，促进互联网金融的健康成长。

1. 构建有效的横向合作监管体系

根据互联网金融所涉及领域，建立以监管主体为主，相关金融、信息、商务等部门为辅的监管体系，明确监管分工及合作机制。

（1）对于银、证、保机构基于互联网的金融服务，"一行三会"可在坚持分类监管的总体原则下，通过建立和完善相应的制度法规，实施延伸监管。

（2）对于网络支付，人民银行作为支付系统的主要建设者、行业标准制定者以及法定货币的发行、管理机构，理应承担第三方支付、网络货币的主要监管责任，而基于支付机构衍生出来的基金、保险、理财产品销售职能，人民银行可与证监会、保监会一道，形成对支付机构的功能监管体系。

（3）明确网络借贷和众筹融资监管主体。网络借贷具有跨地区特征，人民银行在支付清算、征信体系方面具有监管和信息优势，建议由人民银行牵头监管。而众筹融资属于股权融资，可以由证监会牵头监管。

2. 尽快出台相关法律法规

（1）完善互联网金融的法律体系，加强适应互联网金融的监管和风控体系立法，明确监管原则和界限，放松互联网金融经营地域范围地理限制。

（2）完善互联网金融发展相关的基础性法律，如个人信息的保护、信用体系、电子签名、证书等。

（3）加快互联网金融技术部门规章和国家标准制定，互联网金融涉及的技术环节较多，如支付、客户识别、身份验证等，应从战略高度协调相关部委出台或优化相关制度，启动相应国家标准制定工作。

（4）尽快对网络信贷等互联网金融新业态建立全面规范的法律法规，建议在《放贷人条例》中明确网络借贷机构的性质和法律地位，对其组织形式、资格条件、经营模式、风险防范和监督管理等作出规范。

3. 加强门槛准入和资金管理

（1）严格限定准入条件，提高互联网金融准入门槛。

（2）加强网络平台资金管理。借鉴温州金改模式，建立网络借贷登记管理平台，借贷双方均须实名登记认证，保障交易的真实性。规定P2P企业资金必须通过商业银行进行资金托管，对包括资金发放、客户使用、还款情况等进行跟踪管理，建立资金安全监控机制，监测风险趋势。

4. 推进互联网金融监测和宏观调控，完善反洗钱规则

（1）人民银行可将网络融资纳入社会融资总量，要求网络融资平台报送有关数据报表，建立完善的网络融资统计监测指标体系。

（2）加强对网络借贷资金流向的动态监测，强化对贷款利率的检查并对网络借贷平台适当加强窗口指导，合理引导社会资金的有效流动。

（3）对网络货币交易开展监测。目前国内网络货币大部分属于封闭型，随着信息技术发展，网络货币受市场需求推动必将全面扩充升级，有必要及时跟踪分析网络货币的发展及影响，尤其是监测网络货币的使用范围。

（4）按照"特定非"的反洗钱监管要求，将网络融资平台公司、网络货币交易商纳入反洗钱监管。

5. 加快社会信用体系建设

要降低互联网金融虚拟性所带来的风险，必须加快社会信用体系建设，健全企业和个人信用体系，大力发展信用中介机构，建立支持新型互联网金融发展的商业信用数据平台，推动信用报告网络查询服务、信用资信认证、信用等级评估和信用咨询服务发展。

6. 加强互联网金融消费权益保护工作

（1）制定专门的互联网金融消费权益保护办法，对交易过程中的风险分配和责任承担、机构的信息披露、消费者个人信息保护等作出明确规定。

（2）成立以"一行三会"为基本架构的互联网金融消费者保护体系，解决相应金融纠纷，加强互联网金融消费者的教育。

（3）组织互联网金融行业协会开展行业自律，促进整个行业规范的发展和金融消费者保护。

15.4.3 互联网金融监管法律制度构建

随着互联网金融的发展，为了保护投资者权益、维护市场秩序，亟须对其加强监管。互联网金融出现的时间并不长，如何在防范风险的前提下既不抑制创新，又能提高新型金融产品的透明度、解决虚假信息问题和保护投资者的利益，这是互联网金融监管的难点所在。鉴于前述互联网金融的风险和现有监管法制的不健全，笔者认为应从以下四个方面建立健全我国互联网金融监管法律制度。

1. 建立互联网金融企业的征信制度

中国人民银行于2004年成立了反洗钱局（对内协助司法部门调查涉嫌洗钱犯罪案件，对外加强反洗钱方面的国际交流与合作），此后颁布了《金融机构反洗钱规定》（2006年）、《反洗钱现场检查管理办法（试行）》（2006年）、《反洗钱调查实施细则（试行）》（2007年）、《非金融机构支付服务管理办法》（2010年）、《支付机构反洗钱和反恐怖融资管理办法》（2012年）等一系列规范性文件。这些文件在强调对传统金融机构进行监管的同时，也不断强化对支付机构的监管。中国人民银行应当对以上文件中的相关规定进行革新、完善，使之能够反映网络反洗钱工作复杂性和专业性较强的特点。应当建立互联网金融企业的征信制度，对P2P融资平台、第三方支付平台的相关参与人和利益相关方的交易数据建立信用数据库，并要求互联网金融机构与银行合作，实现资金的第三方存管。同时，应当建立有效的反洗钱调查工作数据库，对大额、可疑、复杂、跨区域的互联网金融交易的账户信息和交易记录进行重点排查，防止互联网金融成为不法分子从事洗钱等违法犯罪活动的"温床"。

2. 对互联网金融企业实施业务许可制度

改革开放三十多年来，我国改革整体上采用一种循序渐进的方式进行：首先提出改革方案，然后在典型地区进行先行先试，如果试点成功，则改革方案在经过一定的修改之后逐步向全国推广。互联网金融监管也应循序渐进地进行。监管部门可以对互联网企业的准入实施业务许可制度，如第三方支付许可制度、基金销售许可制度、中间业务许可制度等，并且规定互联网企业如果介入金融业务，就必须制定更加完善的信息披露规则，对注册资本、技术协议、网络设备标准、业务范围与计划、交易记录保存方式与期限、责任界定等予以明确，同时要求其满足一定的资本充足率要求，确保对客户的信息予以保密和尊重客户的隐私权。现阶段监管部门可以先对某些实力比较雄厚、专业化程度较高的互联网企业颁发业务许可证，特别是要严格掌控P2P融资平台和第三方支付平台的运作模式和资金流向，在这批互联网企业发展成熟之后再逐渐放开互联网金融领域的准入条件，降低准入门槛。目前我国金融行业的监管模式是"分业经营，分业监管"，这容易导致监管部门之间存在监管真空或监管交叉、重复，而混业经营、混业监管已渐成国际金融业监管的发展趋势，因此，我国在制定互联网金融监管法律制度时，应当强调各监管机构之间的协调与沟通。

3. 建立互联网金融纠纷救济制度

互联网金融大大降低了金融服务和投资的门槛，便利了大量小额投资者参与金融业务，但互联网的虚拟性和金融行业的复杂性、专业性，导致很多投资者对互联网金融的风险和相关投资策略缺乏必要的认知，一些投资者受互联网企业的误导或虚假宣传而遭受极大损失。鉴于此，必须建立互联网金融纠纷救济制度，加大对投资者权益的保护力度。互联网金融立法应当对互联网金融业务的信息披露和风险揭示进行强制性要求，因风险揭示、信息披露方面的违规操作而造成的损失，投资者有权进行追偿。同时，立法应当畅通投资者的投诉渠道，如设立受理投诉的专业委员会、设置投诉咨询热线和网络平台等；应当强调互联网金融投资教育，提高投资者的风险意识和自我保护能力。

4. 制定监管规则及虚拟金融服务行业自律准则

对监管机构而言，由互联网金融发展所形成的虚拟金融服务市场是一个信息高度不对称的市场，对其进行监管需要多方协力。政府应制定监管规则，细化互联网金融发展的原则，界定互联网金融业的经营范围，设立规范的互联网金融行业准入门槛，设定网络金融行为的指引性规范和国家标准，甚至可以采用负面清单模型对违规行为进行明确警示，以实现市场良性竞争。互联网金融企业可以成立行业协会，实行行业自律。2013年8月，多家互联网金融企业成立了"互联网金融千人会俱乐部"，发布了《互联网金融自律公约》，该公约主要针对合规经营、风险管理、客户身份识别、交易资金安全、消费者保护等方面进行约定，这有助于构筑全面的风险管理体系。党的十八届三中全会提出让市场在资源配置中发挥决定性作用，互联网金融监管也必须实行政府监管与行业自律相结合，在防范互联网金融业务风险的同时促进互联网金融产业健康快速发展。

15.4.4 互联网金融监管的创新

金融企业与互联网平台的融合对于促进金融产品和服务的创新升级发挥着重要作用。监管部门在对互联网金融业实施监管的同时，应当鼓励其进行更多的创新。我国现行金融法律绝大多数以传统有形货币为调整对象，以此为基础的制度体系越来越难以适应互联网金融监管的要求。互联网金融的发展方兴未艾，制定新的法律规范来解决相关监管难题，这不仅是我国法制完善的问题,而且是保障国家金融安全、避免发生互联网金融危机的要求,因此,应当将互联网金融立法上升到国家安全的战略高度。市场准入、信息披露、企业内部结构、风险控制、资本充足率、广告宣传、消费者保护等,这些是互联网金融运行中最有可能出现问题的环节。互联网金融立法应当明确这些环节中相关主体的义务,加大对互联网金融违法犯罪活动的查处和惩治力度,严厉打击破坏互联网金融秩序的行为,确保互联网金融行业安全发展和国家的金融安全。

在完善互联网金融监管法律制度的同时,还应当从技术、机制、体制等方面重视和推进互联网金融企业的安全管理。互联网企业应当针对计算机设施(硬件与软件方面)存在的某种缺陷、兼容问题以及来自网络内部和网络外部的恶意攻击,通过修改或删除服务程序,防止客户资料被窃取、客户资金被盗用等安全性问题发生。互联网企业还应当加强内部控制体系建设,如建立内控稽核制度,防止内部人员违规操作、私自窃取和贩卖客户信息;应当大力发展先进的、具有自主知识产权的信息技术设施(包括硬件和软件),提高计算机系统的关键技术水平和关键设备的安全防御能力。中国证监会于2013年6月以新闻发布会形式首次提出了对互联网金融的关注;在2014年1月的新闻发布会上再次表示了对部分互联网机构在其理财平台业务推广中存在投资人收益构成表述不清、混淆概念误导宣传等不合规现象的严重关切,并提出将依法打击其中的非法证券活动。2013年12月中国人民银行成立了互联网金融专业委员会,负责全国互联网金融监管工作。随着政府部门对互联网金融发展中相关风险的重视,互联网金融的法制监管体系有望日臻完善。

本章小结

通过本章的学习,首先要熟悉互联网金融监管的概念,理解互联网金融对金融监管体系的挑战,认识到互联网金融监管的必要性和特殊性,了解互联网金融监管机制上的国际借鉴。本章重点是掌握互联网金融下的金融监管,理解互联网金融混业经营,熟悉世界各国的混业经营模式,掌握世界金融经营模式演进,以及各国金融监管模式的特点,并能进行各国监管模式的比较。必须掌握互联网金融的功能监管,了解互联网金融的风险,理解我国互联网金融监管存在的问题,掌握互联网金融的监管方式,熟知互联网金融的机构监管和监管协调。本章最后是如何构建我国互联网金融监管体系,我国对互联网金融的监管模式必须要慎重选择,不断健全我国互联网金融监管体系,加紧互联网金融监管法律制度的构建,推进互联网金融监管的创新。

本章案例

手机银行安全隐患——手机病毒

随着智能手机的快速普及,目前国内大多数银行都已推出手机银行业务,但受当前支付环境和安全形势的影响,手机银行业务一直不尽如人意。来自艾瑞市场调研的一组数据显示，由于网络欺诈、网络"钓鱼"等现象的持续泛滥，近六成智能手机用户表示最担心手机支付安全。这在很大程度上影响了手机银行业务的推广。

手机病毒可盗听客户密码

广州某大学学生张先生平时喜欢通过手机银行管理自己的个人资产，不久前，他通过互联网搜索下载了一款某国有银行手机网银支付客户端，但在登录使用几天后发现再也无法登录，一再提示密码错误。

在懂技术的同学的提示下，张先生赶紧到银行进行柜台查询，发现密码已被更改。张先生告诉本报记者，幸亏那个账号平时只是用来网上购买一些小额的东西，钱不多。

安全厂商分析，张先生的智能手机是感染了手机操作平台下知名的"终极密盗"手机病毒，其典型特征为，侵入手机后会自动在后台监听用户的输入信息，捕获到用户的银行密码后通过短信外发给黑客，对方一旦远程修改密码，则可进行转账操作。

欺诈短信暗含"钓鱼"网站

市民陈女士昨日向记者反映，其春节期间收到内容为"新春送豪礼，抢 iPhone4S"的短信，邀请其参加抽奖。陈女士用手机浏览了短信附带的网站，且"幸运"地抽中了头等奖，但该网站提醒陈女士在领奖前要缴纳手续费，并要求在网站中输入自己的手机银行账号、密码。

出于安全考虑，陈女士以此网站和此信息为关键字在网上搜索，发现该网站正在被大量网友举报，称任何人都能中奖，同时都会被要求支付手续费。

安全专家分析，陈女士收到的是典型的"钓鱼网站"短信，一旦输入将盗用客户银行卡密码。

现状：国内手机银行业务低端化

中国互联网络信息中心（CNNIC）的数据显示，截至 2011 年 12 月，我国手机在线支付用户达到 3058 万，另据市场调研公司 Berg Insight 的数据显示，手机银行用户已达 3.6 亿，有望在 2015 年增长至 8.9 亿。

然而，这一巨大市场的背后却是业务的低端化现实。从国外来看，手机银行可以汇集账户管理、转账汇款、支付、存取款、投资理财、三方存管、代缴费、信用卡、咨询等各种银行服务功能，一部手机可以管理个人所有的金融账户。相比之下，中国手机银行发展一直受到软硬件环境的制约，目前还停留在消费、转账层面。

农业银行电子银行部门一位高级工程师对记者表示，目前手机银行业务主要面临"软硬件标准化"问题。由于移动终端的软硬件系统不断变换，银行需要不断更新调试系统，在此过程中就有可能产生一些技术漏洞或盲点，让犯罪分子有可乘之机。

"对于银行而言，手机银行平台与软硬件如果能统一规范，手机银行的安全性就能大幅提高。"该工程师对记者表示。

专家：用完手机银行后清除密码信息

网秦手机安全专家邹仕洪博士对记者表示，整个手机支付行业需要通过构建安全的支付环境来提升用户的信心，这包括对信息的安全审核、对卖家或商铺采用全面认证、增强手机端的安全保护机制以屏蔽病毒木马入侵等，捍卫用户的支付安全。

而对于手机支付用户，邹仕洪则建议提高安全意识，选择正规电商网站进行交易，安装专业的手机安全软件，查杀和拦截手机盗号病毒，并识别短信、网页中可能存在的"钓鱼"网站链接。

专家建议，用户要做好以下几条：妥善保管好手机和密码、设置合理的转账支付限额、开通及时语短信通知服务、提防虚假WAP网址和网络钓鱼、使用完手机银行后应及时清除手机内存中临时存储账户、密码等敏感信息等。

银行：会不断进行安全升级

对于客户对手机银行的忧虑，中国银行业务人员对记者表示，银行会针对潜在的系统漏洞与病毒问题，不断进行系统开发和功能优化。工商银行一位业务部门负责人对记者表示："手机银行业务下一步将会进行硬件等物理认证、UK码识别等方面的突破，增加开放权限，未来还会不断进行安全升级。"

专家认为，目前韩国、日本手机银行的发展较成功，手机中内置智能芯片，可通过外插特殊记忆卡进行电子金融服务。

（资料来源：王亮，段郴群，薛松.广州日报，2012-02-03）

讨论：
1. 网络欺诈如何威胁手机支付安全？
2. 手机支付行业如何构建安全的支付环境来提升用户的信心？

本章习题

1. 为何说互联网金融对金融监管体系有挑战？
2. 论述互联网金融监管的必要性和特殊性。
3. 试述各国金融监管模式的特点并进行比较。
4. 论述互联网金融的功能监管。
5. 分析互联网金融的监管方式有哪些。
6. 简述互联网金融的机构监管和监管协调。
7. 为何要加紧互联网金融监管法律制度的构建？

参考文献

[1] 陈静. 历史的脚步——互联网金融服务及其在我国的发展（1998-2001）. 北京: 中国金融出版社, 2015.

[2] 姚文平. 互联网金融[M]. 北京: 中信出版社, 2014.

[3] 柏亮, 董云峰. 互联网金融+. 北京: 电子工业出版社, 2014.

[4] 沈虹杉, 谭杨杨, 等. 2014年互联网金融行业深度研究报告[R]. 成都社信财富股权投资基金中心, 2014-6.

[5] 戴险峰. 互联网金融为何盛行中国[J]. 金融视点, 2014, (3).

[6] 谢平, 邹传伟. 互联网金融模式研究[J]. 金融研究, 2012, (1): 11-12.

[7] 谢平. 互联网金融的现实与未来[J]. 新金融, 2014, (4): 04-08.

[8] 马云. 金融行业也需要搅局者[N]. 人民日报, 2013-6-21.

[9] 杨东. 互联网金融监管体制探析[J]. 中国金融, 2014, (8): 45-46.

[10] 中国人民银行金融稳定分析小组. 中国金融稳定报告[R]. 中国人民银行, 2014.

[11] 张晓朴. 互联网金融监管的原则:探索新金融监管范式[J]. 金融监管研究, 2014, (2):6-17.

[12] 吴晓求. 互联网金融的逻辑[J]. 中国金融, 2014, (3): 29-31.

[13] 曾刚. 积极关注互联网金融的特点及发展—基于货币金融理论视角[J]. 银行家, 2012, (11): 11-13.

[14] 陈跃平. 互联网金融助力传统融资模式并缓解中小企业融资困境[J]. 金融经济, 2014, (6): 146-148.

[15] 余丰慧. 银行的好日子快到头了[J]. 商周刊, 2014, (4).

[16] 杨剑. 互联网金融对商业银行的影响[D]. 厦门大学, 2014.

[17] 刘彬, 吴志国. 2013年互联网金融发展报告[R]. 北京: 北京证券期货研究院, 2014-2-28.

[18] 邱勋. 互联网基金对商业银行的挑战及其应对策略[J]. 上海金融学院学报, 2013, (4): 75-83.

[19] 贾楠. 基于货币市场基金的互联网金融理财创新探究——以余额宝为例[J]. 中国商贸, 2014, (4): 68-69.

[20] 部炜. 商业银行发展电子商务平台策略[D]. 广东工业大学, 2013.

[21] 宫晓林. 互联网金融模式及对传统银行业的影响[J]. 南方金融, 2013, (5): 86-88.

[22] 张劲松. 互联网金融经营管理之道[M]. 北京: 机械工业出版社, 2014.

[23] 陈予, 赵映珍. 第三方支付对商业银行影响和挑战[J]. 金融视点, 2013, (3).

[24] 严政.浅析第三方支付业务对商业银行的影响[J].时代金融,2012,(18).2014,(4).

[25] 赵可.浅谈互联网时代的第三方支付对商业银行的影响[J].商品与质量(房地产研究)2012,(9).

[26] 冯娟娟.互联网金融背景下商业银行竞争策略研究[J].现代金融,2013,(4):14-16.

[27] 梁璋,沈凡.国有商业银行如何应对互联网金融模式带来的挑战[J].互联网金融,2013,(7).

[28] 振良芳.商业银行奋起迎接互联网金融时代的挑战[J].金融与经济,2013,(9):11-14.

[29] 王军.互联网金融对商业银行的影响及对策研究[D].厦门大学,2014.

[30] 陆敏.余额宝等互联网理财产品对F农商银行个人业务影响的研究[D].厦门大学,2014.

[31] 彭钰.我国互联网金融对商业银行盈利性的研究[D].厦门大学,2014.

[32] 曾忠禄,张冬梅.动荡环境下的战略管理工具[J].情报杂志,2005,24(4):16-18.

[33] 娄伟.情景分析方法研究[J].未来与发展,2012,(9):19-27.

[34] 陈凯.数据与征信:互联网金融的拿手好戏[EB/0L].http://iof.hexun.com/2013-11-05/159390709,html,2013-11-05.

[35] 王晓明.金融信用信息基础数据库的建设和运行[J].中国金融,2013,(6):47-49.

[36] 王晓蕾.也谈互联网金融[J].中国征信,2013,(9):54-56.

[37] 邹年.美国的信用体系[J].时事报告,2004,(9):78-79.

[38] 杨群华.我国互联网金融的特殊风险及防范研究[J].金融科技时代,2013,(7).

[39] 钱金叶,杨飞.中国P2P网络借贷的发展现状及前景[J].金融论坛,(总第193期)2012,(1).

[40] 彭江莱.P2P网络信贷平台资金安全监管的法律问题研究[J].法制与社会,2013,(31).

[41] 张璐璇.P2P网贷业务问题频现行业急需完善流程加强监管[J].金融投资报,2014,(4).

[42] 邓建鹏.P2P网贷公司的法律问题与思考[J].互联网金融,2014,(1).

[43] 罗明雄,唐颖,刘勇.互联网金融[M].北京:中国财经经济出版社,2013.

[44] 安建,刘士余,潘功胜.征信业管理条例释义[M].北京:中国民主法制出版社,2013.

[45] 芮晓武,刘烈宏.中国互联网金融发展报告[M].北京:社会科学文献出版社,2014.

[46] 沈琨.网络金融征信系统助互联网金融风控升级[J].中国征信,2013,(12):54-56.

[47] 莫易娴.P2P网络借贷国内外理论与实践研究文献综述[J].金融理论与实践,2011,(12):101-104.

[48] 黄震,臧文静.我国互联网信用管理文献述评[J].中国征信,2013,(9):39-40.

[49] 彭冬梅.我国网络经济下信用体系构建过程中的问题分析[J].中小企业管理与科技(下旬刊),2012,(6):170-171.

[50] 宋世伦,刘岩松.关于电子商务信用体系建设的思考[J].征信,2012,(1):54-57.

[51] 袁新峰.关于当前互联网金融征信发展的思考[J],征信,2014,(1)39-42.

[52] 刘芸,朱瑞博.互联网金融、小微企业融资与征信体系深化[J].征信,2014,(2):31-35.

[53] 王希军,李士涛.互联网金融推动征信业发展[J].中国金融,2013,(24):60-61.

[54] 陆岷峰,刘凤.互联网金融背景下商业银行变与不变的选择[J].南方金融,2014,(1):5-9.

［55］李博, 董亮. 互联网金融的模式与发展 [J]. 中国金融, 2013,（10）: 19-21.

［56］刘逖, 卢涛. 算法交易及在中国资本市场的应用前景 [J]. 上海金融, 2012,（1）.

［57］穆怀朋. 征信业管理条例的法律地位及意义 [J]. 中国金融, 2013,（6）45-47.

［58］马义玲. 我国个人信用征信过程中金融隐私权保护问题探讨 [J]. 征信, 2014,（1）: 52-54.

［59］中国人民银行编写组. 中国征信业发展报告（2003-2013）[R]. 中国人民银行, 2013.

［60］陈胜, 方婧姝. 互联网金融监管寻路 [N]. 金融时报, 2013-11-11（8）.

［61］周伟丽. 银行供应链金融产品及风险分析 [D]. 南京大学, 2012.

［62］郭晴. 供应链金融模式分类及风险管理研究 [D]. 天津大学, 2012.

［63］韩冰. 基于中小企业融资困境下的供应链金融研究 [D]. 曲阜师范大学, 2012.

［64］刘鑫. 供应链金融资金流管理系统整合研究 [J]. 中国管理信息化, 2012, v.15; No.23210: 33-34.

［65］张辉, 于泽明. 2013—2014年余额宝用户分析报告 [R]. 北京速途研究院, 2014-3-5.

［66］中国人民银行编写组. 2014年第四季度支付体系运行总体情况 [R]. 中国人民银行, 2014-2-16.

［67］第一财经新金融研究中心. 中国P2P借贷服务行业白皮书2014 [M]. 北京: 中国经济出版社, 2014.

［68］徐松林. 试论我国第三方理财机构的法律监管原则与措施 [N]. 金融经济（理论版）2013年第1期。

［69］李隽. 余额宝概念股冲高回落, 相关基金公司或面临竞争 [N]. 第一财经日报, 2013-7-9.

［70］梁春丽. 余额宝动了银行的奶酪吗 [J]. 金融科技时代, 2013（7）.

［71］王艳伟. 余额宝意外变身高富帅, 公募集体焦虑四处挖角 [N]. 第一财经日报, 2013-7-15.

［72］秦成德. 国际贸易实务研究: 实践与决策 [M]. 北京: 对外经贸大学出版社, 2009.

［73］秦成德. 电子商务教育、理论与应用新进展 [M]. 合肥: 合肥工业大学出版社, 2009.

［74］秦成德. 电子商务法教程 [M]. 西安: 西安交通大学出版社, 2008.

［75］秦成德. 电子商务法 [M]. 重庆: 重庆大学出版社, 2004.

［76］秦成德. 电子商务法律与实务 [M]. 北京: 人民邮电出版社, 2008.

［77］秦成德. 移动电子商务 [M]. 北京: 人民邮电出版社, 2009.

［78］秦成德. 电子商务法 [M]. 北京: 科学出版社, 2007.

［79］秦成德. 网络虚拟财产的法律问题研究 [J]. 电子商务研究, 2006（3）.

［80］秦成德. 网络安全的法律保护 [J]. 西部通信, 2006（3）.

［81］Lisa T. Alexander, Cyberfinancing for Economic Justice, William & Mary Business Law Review, Vol. 4: 309-383, 2013.

［82］Rongxin Zeng, Legal Regulations E in P2P Financing in The U.S. and Europe, US-China Law Review, Vol. 10: 229-245, 2013.

［83］Jack R. Magee, Peer-to-Peer Lending in the United States: Surviving After Dodd-Frank,

North Carolina Banking Institute, Vol. 15: 114-174, 2011.

[84] Andrew Verstein, The Misregulation of Person-to-Person Lending, University of California, Davis Law Review Vol. 45: 445-530, 2011.

[85] Ronald J. Mann, Regulating Internet Payment Intermediaries, Texas Law Review, Vol. 82: 681-716, 2004.

[86] Bradford C. Steven, Crowdfunding and The Federal Securities Laws, Columbia Business Law Review, Vol. 1: 1-150, 2012.

[87] Eric C. Chaffee, Geoffrey C. Rapp, Regulating Online Peer-to-Peer Lending in the Aftermath of Dodd-Frank: In Search of an Evolving Regulatory Regime for an Evolving Industry, WASH. & LEE L. REV., Vol. 69: 485-533, 2012.

[88] Haewon Yum, Byungtae Lee, Myungsin Chae, From the wisdom of crowds to my own judgment in microfinance through online peer-to-peer lending platforms, Electronic Commerce Research and Applications, Volume 11, Issue 5, September–October 2012, 469-483.

[89] Yong Zhen, 6-China's banking industry, China's Capital Markets, 2013, 167-201.

[90] Linda Dezsö, George Loewenstein, Lenders'blind trust and borrowers'blind spots: A descriptive investigation of personal loans, Journal of Economic Psychology, Volume 33, Issue 5, October 2012, 996-1011.

[91] Weinstein, Ross S., Crowdfunding in the U.S. and Abroad: What to Expect When You're Expecting, Cornell International Law Journal, Vol. 46, Issue 2 (Spring 2013), 427-458.

[92] Burkett, Edan, Crowdfunding Exemption-Online Investment Crowdfunding and U.S. Secrutiies Regulation, Transactions: The Tennessee Journal of Business Law, Vol. 13, Issue 1 (Fall 2011), 63-106.

[93] Baritot, Jacques F., Increasing Protection for Crowdfunding Investors under the JOBS Act, UC Davis Business Law Journal, Vol. 13, Issue 2 (Spring 2013), 259-282.

[94] Fink, Andrew C., Protecting the Crowd and Raising Capital through the CROWDFUND Act, University of Detroit Mercy Law Review, Vol. 90, Issue 1 (Fall 2012), 1-34.

[95] Wroldsen, John S. (Jack), Social Network and the Crowdfund Act: Zuckerberg, Saverin, and Venture Capitalists' Dilution of the Crowd, Vanderbilt Journal of Entertainment and Technology Law, Vol. 15, Issue 3 (Spring 2013), 583-636.

[96] Bradford, C. Steven, Crowdfunding and the Federal Securities Laws, Columbia Business Law Review, Vol. 2012, Issue 1 (2012), 1-150

[97] Palmiter, Alan R., Pricing Disclosure: Crowdfunding's Curious Conundrum, Ohio State Entrepreneurial Business Law Journal, Vol. 7, Issue 2 (2012), 373-428.

[98] Mashburn, David, Anti-Crowd Pleaser: Fixing the Crowdfund Act's Hidden Risks and Inadequate Remedies, Emory Law Journal, Vol. 63, Issue 1 (2013), 127-174.

[99] Cohn, Stuart R., New Crowdfunding Registration Exemption: Good Idea, Bad Execution, Florida Law Review, Vol. 64, Issue 5 (September 2012), 1433-1446.

[100] Hazen, Thomas Lee, Crowdfunding or Fraudfunding-Social Networks and the Securities Laws-Why the Specially Tailored Exemption Must Be Conditioned on Meaningful Disclosure, North Carolina Law Review, Vol. 90, Issue 5 (June 2012), 1735-1770.

反侵权盗版声明

电子工业出版社依法对本作品享有专有出版权。任何未经权利人书面许可，复制、销售或通过信息网络传播本作品的行为，歪曲、篡改、剽窃本作品的行为，均违反《中华人民共和国著作权法》，其行为人应承担相应的民事责任和行政责任，构成犯罪的，将被依法追究刑事责任。

为了维护市场秩序，保护权利人的合法权益，我社将依法查处和打击侵权盗版的单位和个人。欢迎社会各界人士积极举报侵权盗版行为，本社将奖励举报有功人员，并保证举报人的信息不被泄露。

举报电话：（010）88254396；（010）88258888
传　　真：（010）88254397
E-mail：　dbqq@phei.com.cn
通信地址：北京市海淀区万寿路173信箱
　　　　　电子工业出版社总编办公室
邮　　编：100036